ORLD·HISTORY AND CULTURE·SERIES

·世界历史文化丛书·

印度通史

The History of India

林　太◎著

上海社会科学院出版社

目录

前言

印度，在不同时代、对不同民族而言，显现出各异的色彩。

在古希腊人的想象中，印度是一个寓言般的国度，充满着神秘。波希战争时，一位名叫提西亚斯的希腊医生，他生活在波斯宫廷里，传回了印度虎寓言般的模样："上下颚各有三排牙齿，尾巴顶端长着一些防护用的刺，依靠这些刺，在近战中保护自己，并放出刺攻击远距离的敌人，就像弓把箭射出一样。"斯特拉波是古希腊地理学家，其地理学巨著《地理志》对后世影响颇大，但其中有一段对印度的描述，无疑也是亦真亦幻的，"有身高10英尺，身阔6英尺的人，有些没有鼻子，仅用嘴上的两个出气孔替代鼻子。有故事说，有人就在这些人的耳朵里睡觉。还有一些没有嘴的人，他们生来温顺，生活在恒河源头周围，靠空气维持生命……"

在中世纪的欧洲人看来，印度是与财富、智慧和某些莫明的魔力联系在一起的。他们看到，全身佩带金银，穿着奇异华丽服饰的土邦主们，安坐于大象背上豪华的鞍椅里，在卫士们前呼后拥下，浩荡前行。他们也看到，密林深处的哲人们端坐树下石上，远离世俗事务，寂然修道，硕果累累。他们更常常在集市中看到这样的情景，一个衣不蔽体的男子对着前面置放的破篓，吹奏着葫芦形的笛子，篓中突然竖起一条眼镜蛇，随笛声而摇摆。就在不远处常有人要着绳索把戏，娱乐众人。

当欧洲人逐渐跨入现代时，他们对印度的看法发生了变化，产生了尖锐的分歧。英国史学家、法学家和作家麦考莱(1800—1859)认为印度文化是停滞的，没有新欧洲所推崇的理性主义和个人主义。他鄙视印度的传统文化，认为："一书架的欧洲文学典籍，比得上全部的印度和阿拉伯的文学作品。"那一派人对于印度政治贬斥有加，他们认为相对欧洲的民主革命，土邦主和苏丹的统治是专制暴政。面对印度的种种不足，他们狂言要将“泰晤士河和恒河的河水混合，造就一代棕色英国人”。另一些欧洲人通过对印度古代哲学和梵文典籍的研究，意识到印度文化的非实利性。他们对印度思维的形而上学、精密的宗教信仰以及无暇顾及世俗的观念，大加赞赏，推崇印度为“东方文明”的发源地。叔本华（1788—1860）在读了《奥义书》后，激动地说：“在这些书的字里行间，到处充满了明确而彻底的和谐精神。每一页都向我们展示了深刻的、基本的和崇高的思想。”施宾格勒（1880—1936）在《西方的没落》中，感叹欧洲文化的每况愈下，而凯瑟林（1880—1946）给苦闷和迷茫中的西方人带来新希望。他在《一个哲学家的旅行日记》中，对东方充满美好憧憬，并以自身的感受向西方人推荐印度。

随着印度对西方人的诱惑力和浪漫感渐渐消退，随着西方人对印度的认识由“幻”变真，分析不断深入，领域不断拓展，近代印度学得到了奠基。

另一方面，从印度本身来看，历史学等一些研究领域恰恰是它的薄弱点。印度人强调现象实体的内在规定性，避免明示现象实体，亦即重视隐于背景中的或无法直视的事象的基本属性，无视或漠视具体的可知实体。这种传统的思维方法使古代印度人在数学、天文学以及在哲学、宗教等宏观和抽象研究领域中业绩显赫，但在相对具体的研究领域几无建树。印度人从来没有比较详尽的地方志和风土志，作为比较，中国人擅长对具体事物和个别事物的研究，因此这方面典籍甚多，如《山海经》、《水经注》，甚至更具体、更专门化的如隋朝裴矩的《西域图记》，元朝袁桷等人的《延祐四明志》等。同样，印度人不重视记述和评析具体事象的历史学。因此，古代留传下来的历史著作寥寥无几，而且他们对个体不重视，也绝少留下个人传记，即便如波那的《戒日王本行》，与其说是历史，不如说是神话加历史文学。而中国《史记》恰恰就是以个人传记开始的。

西方人迫切希望了解印度从古至今的历史，而印度在这方面几乎是空白。因此，印度历史学，作为印度学的一部分，直至近代才真正开始显现出自身的轨迹。

18世纪，一些欧洲学者，更主要是在印度的耶稣会会士和东印度公司的雇员，他们为各自目的，探究印度的过去，寻找印度对欧洲的启发。当时哈斯丁斯总督企图以印度法律治理印度，所以资助几名欧洲来的印度学者搜集有关的梵文典籍。汇编后，先译成波斯文，再由哈尔海德译成英语。该书取名《印度法典》，于1776年刊行。1784年，威廉·琼斯等一些英国人成立了“孟加拉亚细亚学会”，印度学研究逐渐开展起来。到19世纪，他们在历史学、语言学、人种学等领域，取得了可观的成就。

应该指出，早期的印度历史研究主要涉及王朝和帝王们的兴衰。压迫臣民且不关心民众祸福，这是印度统治者的标准形象。所以欧洲学者们断定，印度的专制统治是落后且效率低下的，远远不能与西方世界相比。这一代学者坚信，古希腊文明是人类最伟大的成就，他们常用它作为标准来衡量印度古代文化，并总是认为印度文化是欠缺的。在碰到出类拔萃的印度杰作时，他们也试图把它们与希腊文化硬扯在一起。例如，历史学权威、《牛津印度史》作者文森特·史密斯，在述及阿旃陀的一幅壁画时，他写道：“可以推想，绘画艺术中的阿旃陀画派有可能源出于波斯而归根结底源于希腊。”这一阶段，西方中心论在印度历史学的研究中占据着主导地位。

步入20世纪，这种印度社会远不如西方，英国管理优于次大陆历史上任何一位统治者的鄙视性论断，深深刺痛了印度史学家。这一代印度学者，他们或投身于争取独立的民族运动，或深受运动的影响，兴起了带有明显民族主义烙印的史学研究，并且显然是对西方蔑视印度文明的反冲。他们的论点是：印度的“黄金时期”在英国到来之前就存在，比如孔雀王朝、笈多王朝；甚至在远古就曾有过特别荣耀的历史时期，例如哈拉巴文化。马宗达、赖乔杜里等人的著作中明显有这一倾向。但他们在把握民族主义的“度”上，似有矫枉过正之嫌。例如，印度古代文明对东南亚确有着较强的影响，但将其归诸于印度殖民地，就显得十分牵强了。

印度新一代史学家的崛起，可视为印度史学史的第三阶段。他们大都留学欧美，吸收先进理念，跳出狭隘的民族观，又不乏民族自尊。他们把印度历史放入世界范围进行考察，运用新的史学研究方法，来评判印度文化本身的价值。他们成为被世界接受的一派，罗米拉·塔帕尔应是领军人物。同时作出贡献的还有一些国际学者，如巴沙姆（澳大利亚）、斯皮尔（英国），等等。

当然，我们也注意到中国、东南亚、西亚各民族对印度的了解和认识。他们的看法与西方人的理解有很大差异，许多人对印度文化是敬仰的。例如，中国古代尤其是东汉以来，众多的求法僧连续不断地向西取经就说明了这一点。法显近六十岁还跋山涉水去佛国；唐玄奘为取真经，不顾禁令，越城出关，九死一生到天竺。又如，东南亚一些王朝的名字、国王的称谓，都取之于印度，有些王室甚至将自己的出身溯源到印度的神。我们还注意到，这诸多民族的学者们编纂了有关印度的众多典籍。亨利·伊利奥特和约翰·道生在《印度史学家所述的印度史》八卷本中，将往来印度的使者和游人们撰写的有关印度文明的情况，做了有用的选录和精辟的摘要，让我们能一瞥诸多珍贵的资料。年代更早、数量更多的有关印度的资料，则是中国呈现给世界的，如《佛国记》、《大唐西域记》、《南海寄归内法传》等。尤其是魏晋至宋，是中国研究梵文的高潮，唐玄奘成立了规模很大的翻译机构，甚至编出如《梵语千字经》等梵文字典。然而应该看到，东汉以来各代中国学者偏重的是佛学，注目的是寺院典籍，至于佛学以外的有关印度的知识常被忽略。法显、玄奘等只是将所见所闻记录下来，并非深入而系统地对印度历代政治、经济、文物、典章制度等进行潜心研究。此外，西亚人留给我们的也大多是一些游记。

所以，中国学问僧的典籍、西亚人的记载，都是在某一时段或从某一方面记录和反映了印度的社会和文化。就印度学而言，这种全面的、系统的和科学的研究，毕竟是近代兴起的，随着近代文明的发展而奠立的。

第一章 印度远古文明

一、印度的自然环境

亚洲南部有三大半岛,印度位于中间面积最大的一个半岛上。印度半岛东临孟加拉湾,西濒阿拉伯海,南部突出于印度洋,呈一个倒立的等边三角形。雄伟的喜马拉雅山脉和兴都库什山脉坐落半岛北部及西北部,将它与亚洲其他大陆隔离开。半岛的面积约 415 万平方公里,内部地形、地貌丰富多样,资源充足,物产丰盛,几千年来孕育和发展了具有自身特色的物质文明和精神文明。因此,它可视为大陆独立的一部分,19 世纪被命名为“印度次大陆”。第二次世界大战后,半岛分割成几个国家,遂改称“南亚次大陆”。今日印度共和国的面积为 297.47 万平方公里,居世界第七位。

半岛的地形从南到北大致可分为四部分。北部为高山区,呈东西弧形走向的狭长地带,由西向东为兴都库什山脉、帕米尔高原、喜马拉雅山脉。喜马拉雅山脉长 2 400 公里,宽 240—300 公里,平均海拔达 6 000 米。印度人称之为“大雪山”,人迹罕至。

第二部分是平原区,主要由印度河和恒河两大河系的流域组成。两河发源于喜马拉雅山脉西端,印度河流入阿拉伯海,恒河注入孟加拉湾。两河之间有塔尔沙漠,也称“印度沙漠”。东部还有雅鲁藏布江流经印度的一段,称布拉马普特拉河,注入孟加拉湾。

第三部分是南印度高原区。北边的文底耶山,与沿东西海岸走向的东高止山和西高止山组成一个倒三角形。西高止山海拔约 900 米,东高止山的海拔高度约400米,三山中间构成高原,称德干高原。

高原向南和东南,地势趋降,形成丘陵及沿海平原,即泰米尔丘陵或泰米尔半岛。

从印度半岛的生活环境来看,它坐落在北纬8度至37度之间。平原区处于北纬20度至30度,相当于中国长江以南,由于地形及西南信风的影响,两地的气候大异,印度平原区比中国长江以南地区更热,更潮湿。喜马拉雅山脉形成北屏风,每年6—9月,西南信风卷着热湿的空气滚滚而来,碰屏风阻挡,形成大雨,连月不断,每年85%的雨量集中于此时。这就成为人们生活和生产的关键。所以,水利成为居民的主要任务,千百年来平原地区水渠成网,德干高原人工水池处处可见,两地区的农业都很发达。

对于季节的划分,次大陆自古以来有两种传统分法。其一,12个月分6季,称为"春、夏、雨、秋、旱、冬"。其二,更通用的是分为3季,暑季(3—5月,天气炎热)、雨季(6—9月,西南信风)、凉季(10—2月,东北信风)。雨季与凉季较为宜人,暑季酷热,故印度历来有"坐夏"一说,或居家少出,或躲入树林。甚至有学者认为,印度的季风气候对形成印度民族的性格有相当影响,如气候酷热,高度潮湿,大气清澄,形成当地居民"被动"、"忍从"和"思索"的性格。

历史地理的变化同样值得注意。从公元前3000年至今,自然环境改变了很多。从印度河流域来看,尤其是在中、下游地区,现在要比古代干燥得多,因为印度河东边的塔尔沙漠的面积变得更大了。空中摄影也证明,今日的一些沙丘在古代是良田。其次,恒河中下游地区在古代是茂密的森林,人迹罕至。再者,几千年来印度河和恒河的河口都向前伸展许多,支流的变化也很大,且经常改道。例如文献记载某城市在河边,而发掘出的遗址却远离今日河道。还有,德干高原内陆的变化不大,东、西高止山至海岸的狭长沿海地带却不然,东海岸延伸,西沿海地带削减。

总的来说,地理环境对人类生活具有一定影响,愈是远古时期,影响愈大、愈直接。如果说上述学者对于季风气候形成印度民族性格的结论还是相当抽象,甚至有点"玄"的话,那么同为一脉的雅利安人在分别涉入印度和伊朗并定居后,确实产生了不一样的结果,尽管其间原因甚多,但地理环境或多或少起了一定的作用。前者的游牧民族强悍善战的特性，在南亚环境的侵蚀下，慢慢消磨殆尽，又经长年累月的潜移默化，变成养尊处优，沉湎于膜拜神灵，最终由征服者成为被征服者。后者则不然，他们在恶劣环境的挑战下，奋发图强，居鲁士、大流士等一代英豪，挥戈铁马，纵横千里，一度建立了雄跨欧亚非三大洲的波斯帝国。

二、史前居民与石器分布

目前已发现的人类在印度活动的迹象，可以上溯到40万年至20万年以前。经过漫长时期的缓慢进化，形成种族，人类学家称之为“原澳型人”，显然把他们与原始澳大利亚土著人联系在一起。原澳型人身材较矮，头发拳曲，肤色较黑，鼻子扁平，嘴唇宽厚。他们活跃在旧石器时代晚期至新石器时代。新石器时代后期，新民族进入，原澳型人一部分与新来者混血，一部分退入山中，至今尚存并保留着自身的语言和习俗。他们中有两个部落值得注意，其一为蒙达人，居印度东部荒凉地；另一为韦陀人，今居于斯里兰卡。原澳型人的来源有两说：土著说，即源于次大陆，再向东扩展到东南亚和澳大利亚；东南亚说，即发源于东南亚，东涉澳大利亚，西迁印度。

现存的韦陀人

新石器晚期进入的民族，在印度古文献、欧洲和中国的典籍上都有记载。欧洲人称他们为“古地中海人”，中国南北朝僧人汉译为“达罗毗荼人”。他们身材稍高，肤色浅黑，圆颅钩鼻。发源地也是两说：南印土著说；西来说，即古地中海人西来，与原澳型人混血而成。他们是金石并用时期的主要居民。雅利安人进入后，达罗毗荼人向南退入德干高原及斯里兰卡等地，今天是仅次于雅利安人的第二大民族。

还有其他一些人种，比如从西藏进入印度的蒙古人，以及中亚细亚一些人种等，但他们的影响小，仅隅一角。

至于石器分布，从今日的考古成果来看，发现的旧石器遗物较少，新石器遗物较多。

马德拉斯文化是南印度旧石器文化的典型代表。1863 年欧洲人在马德拉斯地区的阿布维尔、阿舍利等地发现此文化，故名。马德拉斯文化以拳斧（或称手斧）为代表，一般由石英岩制成，后在南印度各地均有发现。索安文化距今 10 万年之遥，是北方印度河上游旧石器文化的代表。索安是印度河上游的一条支流，第二次世界大战前夕在此发现了以砍斧（或称砍刀）为代表的旧石器文化，就以此河命名。这一发现推翻了此前学者认为北方无人区的说法。索安文化的石器与北京周口店的石器有相似之处，但无人骨发现。

旧石器时代的居民主要生活在洞穴内，以采集为主，也食兽肉。在安得拉邦库尔努尔的山洞里还发现旧石器时代用火的遗迹。并且，人们已有了朦胧的宗教意识。

新石器文化大量存在于次大陆各地。西印度兰那奇文化是新石器初期的典型，出土文物为几层，伴随磨光石器如石斧、锄、凿子等一起出土的还有粗陶。在 20 世纪 30 年代，今巴基斯坦南部基达山谷发掘出新石器晚期文化，并发现了人类种大麦的最早遗址，可见当时居民已知道原始农业方式。

新石器时期陶器的使用已十分普遍，有水壶、水罐、花瓶等；陶器可分为朴素型和装饰型，前者是光面的、粗面的、有色的，后者是刻画的、印花纹和描绘线条的。渔猎是主要的生产活动，栽培谷物和豢养动物已经开始。

中部的德干地区显示有细石器文化，即制造细小的燧石工具。印度南方有巨石文化，它与地中海的巨石文化极为相近，或许它是从西亚传入南印度的，倘若此说成立，这是两地区之间最早接触的见证。

三、哈拉巴文明

哈拉巴文明的发现是近代印度学研究的一座丰碑。

1856 年，英国在西北印度修建铁路，路经哈拉巴村（今巴基斯坦境内),发现许多坚固整齐的窑制砖块,就用来做路基。同时发现一些小石块,上面刻有铭文并伴有图案,背面有穿孔的拱出物。这些现象引起了考古学者的注意。

印章及文字

1920 年,英国组织调查团开始挖掘,证明这儿有古城。1922 年有新发现,在哈拉巴以南 600 公里的地方发现近印度河边上有几个大丘,当地人称土丘为“摩亨索达罗”(意为“死者之丘”),丘上有中世纪的佛教塔。考古调查团在整理佛塔时,意外发现塔下有古城,属史前的遗址,共七层之多,是每次印度河水泛滥毁城后,又在原址上复建的。1931 年,调查团发表报告书,以团长马歇尔的名字命名,报告书共三大册,为世界注目。报告将两地文化合称为“印度河流域文明”。60 年代恒河流域也发现同样的文化,到 70 年代共发现 60 多处遗迹,文明性质基本相同,仍以摩亨索达罗最大,而哈拉巴的文物更完整。此时,用“印度河流域”已无法涵盖其地域,遂改称“哈拉巴文明”,以最早发现地来命名。

哈拉巴文明是地域上最广阔的古代文明,比当时埃及文明和美索不达米亚文明的总和面积还要大得多。该遗迹西自南俾路支海滨,东到恒河与阎牟那河的河间地,北起喜马拉雅山南麓的鲁帕尔,南至纳尔马达河以南。东西横跨 1 600 公里,南北相距 1 100 公里。

哈拉巴文明是一种城市文明。城市的建造有精良的规划设计。以摩亨索达罗和哈拉巴为例,摩亨索达罗城面积为2.5平方公里,哈拉巴的面积是1平方公里。两城的基本样式一致,分为城堡和城区两个区域。城堡小,位于西边;城区较大,位于东部。

摩亨索达罗大浴池

城堡里有许多大建筑,用烧制的砖建成,有的砖长达57厘米,宽26厘米,厚9厘米。这些建筑主要是集体共有的,如大浴室、粮仓、会议堂、学校(或集体宿舍)。摩亨索达罗的大浴室长55米,宽33米,外墙厚2.4米,中心是一个露天浴池,南北长12米,宽7米,深约2.5米,南北两端各有台阶下到池底。池底及四壁使用涂胶泥板以防漏水,并在四壁涂上沥青。浴池是露天的,柱廊环绕四周,并有通道走向一系列房间。浴池有专用大水井供水,还建有很宽的下水道排泄。浴池主要用于宗教仪式,因为水被认为是纯洁的。

粮仓排列于浴室西,用砖砌起墩座,共3行,在每行墩座上设9个仓,彼此间有1米宽的过道分隔,使空气流畅,有利于粮食保存。沿北边的墩墙建有平台,平台有坡道缓缓降至地面,显然有利于牛车装卸粮食。粮仓区总长55米,宽37米。

会议堂占地750平方米以上,有20个方形柱子托起,柱子也是用砖砌成,分为4排,每排5柱。尽管会议堂十分显眼,但它与城堡内其他建筑物相配合理。

大浴室东侧有一座长83米,宽24米的建筑物遗迹。建筑物似“凹”字形,从三面环抱10米见方的庭院。残存的楼梯表明二楼还有一些房间。整个建筑物看来是集体宿舍,所以有学者推断是“神学院”的校舍。

城区的总体设计显得舒适和便利。街道成直线,纵横相交为九十度。主街是南北走向,宽达 10 米。其他平行的街道宽度约为 6—7 米,而东西走向的街道较窄,一般是 3—5 米不等。房屋格式整齐,中间设有庭院,挖有自用水井。居室一般 4—6 间,还配有一个洗澡间和一个厨房。据发掘来看,最小的套房是 2 间居室,最大的达 30 多间。有些住宅是楼房,楼梯的遗迹说明了这一点。城中有精心设计的排水系统,结构整齐,通向每一套房子,管道用砖砌成,铺涂沥青,有的至今不漏水。排水沟隔一定距离留有清理口。

对于城市建设,主持发掘工作的马歇尔教授感叹,在埃及和美索不达米亚古代文明中,花大量的金钱和精力建造硕大的宫殿和庙宇,而从来不留意一般的平民居处。但在印度河流域刚好相反,最好的建筑都是为市民使用的。

蓄须男子石像

哈拉巴文明的年代范围应是公元前 2400 年—公元前 1700 年,其中公元前 2200 年—公元前 1800 年的 400 年是全盛时期。

哈拉巴文明的生产是农耕为主。主要农具有青铜的齿耙、镰刀等,但没有发现犁。牛是主要畜力。大量的石器工具仍在使用,因本地是沙地,石材显然是远方运入,所以哈拉巴文明应是金石并用时代。农作物以大麦、小麦为主,枣、芝麻看来是普及的经济作物,豆类也有发现,文明的末期出现稻米。棉花的栽培是世界上最早的,比尼罗河流域早了几百年。有陶制的纺锭出土,可惜没有发现棉织品。驯养业有相当高的水平,牛、羊、猪、家禽、鱼等都是食物,甚至有驯象的证据。

除了大量的窑烧砖外,手工业方面令人瞩目的首推制陶。陶器以红色彩陶居多，还发现了世界上最早的上釉彩陶。制陶业的艺术水平也令人叹为观止。一件陶器上画着一只给羊羔喂奶的母山羊。罗塔尔出土的彩陶罐上，画着一只鸟栖于树枝，口含小鱼一条，树下是抬头仰望的狐狸。后来《五卷书》中的寓言“乌鸦与狐狸”是否与此画有关联？狐狸夸乌鸦歌喉甜美，致使乌鸦情不自禁，“哇”声一出，嘴中食物掉下，狐狸叼肉而遁。最有名的上釉彩陶是一人推独轮车的造型，除了栩栩如生的艺术造诣外，它还反映了当时的生活。

摩亨索达罗与哈拉巴等城市间有贸易往来，上述轮车可能是主要运输工具之一。同时，印度河流域与外界也有贸易往来，交往的路线有海、陆两路。距阿拉伯海坎贝湾不远的罗塔尔发掘出船坞遗迹，船坞就建在城东，南北走向，长 216 米，宽 37 米。在船坞南面有一条宽约 7 米的水道，与波加沃河相连，于是内陆水运与海运接成一体。因此，在波斯湾同时代的遗址中发现了哈拉巴文明的印章，而在印度河流域遗址中发现产自伊朗、伊拉克的玉、绿松石、天青石等宝石，还有异地装饰风格的绿松石花瓶等。阿富汗、中亚的一些宝石和生活用品在印度河流域遗址也有发现，这说明了双方的陆路贸易。

石猴

当地居民的文化生活也是丰富多彩的。他们有一定的文字表达能力，因为在印章上留下了字母。印章一般是用滑石做的，大多是方的和长方的，尺寸为 2 厘米至 3 厘米见方，也有圆的。正面为浮雕图案，图案有动物、树、人物等，图案边上有 5—10 个字母。反面有穿孔的突出物，绳可穿过，以便携带。印章有两种意义：表示谁所有及祈求神佑。印章不属个人，属商行和集体。印章至今出土 2 000 多块，共有文字符号 270 个（也有说近 600 个），其中 60 个符号为基本字母，至今未解读。文字似象形与标音混合体，显示其独立的体系。同样的文字也刻在陶器和其他器皿上，是一种类似蛇形的书写法，书写方向从右到左，次一行则自左向右，如此反复。

精美的立体雕塑使作品充满了活力和想象力。摩亨索达罗出土的蓄须男子石像，表情宁静而深沉，印度宗教冥思的特性可溯源于此。哈拉巴出土的两尊石雕是写实作品。一尊是静立的男子形体，另一尊更有动感，是舞？是运动？另有一只蹲着的小猴，仰起头，瞪着眼，在祈盼什么？青铜雕同样令人惊讶，摩亨索达罗出土的少女像身姿婀娜，体态线条从上至下一气呵成，修长的四肢伸屈有度，全身近乎裸露，仅以手镯和项圈作为点缀，尤其是满头发辫梳成的造型，据说今天的美容师也从中获得了灵感。马歇尔教授对出土的艺术品赞叹不已，“它们所表现出的设计、结构和线条，合理而优美，堪称工夫到家。更何况它们远远早于希腊的古典艺术时期。”

青铜雕：舞女

宗教是当时居民生活中不可或缺的。各地出土的神像不仅数量多，而且各种造型丰富多彩，尤以“小母神像”最具特色。有的神像与以后的印度教湿婆很像，有的与佛教偶像近似，可以肯定与后来的宗教有关系。但奇怪的是，没有发现大的神像，也没有大神庙。城市整齐规划，度量衡统一，这些都说明有统一的政府并且有很高的行政统治效率，但没有大神庙，这看似矛盾，至今给我们留下“谜”。念珠大多由宝石磨制，也有少量金子的和彩釉陶的。圆珠穿孔，线缀成串，有宗教和装饰的双重作用。

人类赌博的历史，大概可以上溯到公元前 2000 多年，因为在哈拉巴发现了世界上最早的“骰子”。以后雅利安人也记载，他们入印度后第一学会的就是掷骰子。

关于哈拉巴文明的人种，现在渐趋一致的看法是属高度混合的人种，以达罗毗荼人为主，有大量的原澳型人，还有其他少数民族，如骨头化石可证明有蒙古人。当时的社会形态至今还不是十分清楚,住房有大小,有赌钱,说明私有是存在的。武器发现不多,且很粗糙,装饰品多,制作精细,说明宗教为主,武力压制是不常用的。

哈拉巴文明消逝的过程,这又是至今未解的谜。一说亡于外来民族,尽管有一个带劈痕的头盖骨,有一个箭矢射断的腿股骨,但作为屠杀的证据显然还不充分,况且还不能排斥这是内乱造成的。另一说是水淹,因为摩亨索达罗共七层,最后一层为大水冲过,但另一些遗址却无水痕,所以也站不住脚。其他还有瘟疫说,过度采伐说,等等。不管怎样,哈拉巴文明在次大陆的后续文化中留下了它的印记,这是实实在在的。

《马歇尔报告》曾说,根据两地出土的文物,“非常清楚地证明,(哈拉巴文化)不是发轫之初,而是经过了相当长时期的演进,是千万人的努力造成的。因此印度如同波斯、美索不达米亚和埃及一样,是人类文明开创与演进的重要地域之一。”

作者点评:

两点说明:

“印度”作为一个空间概念,必须从历史意义上加以理解。“印度”在历史上只是一个地理概念,而不是一个政治实体。在印巴分治以前,“印度”的地理范围包括除了尼泊尔、不丹、锡金、锡兰(今斯里兰卡)、马尔代夫外的整个南亚地区。印巴分治以后,“印度”仅指印度共和国。这是世界学术界惯用的概念,本书也循此约定俗成。

这种“印度”概念的认知,古来如此。古希腊人就以“印度”为这一地域的称呼,我们在希罗多德等人的著作中多次看到了这种用法。事实上,“印度”一词的来历也说明了这一点。“印度”得名于印度河(该河系今绝大部分位于巴基斯坦境内),印度河在梵文中称为“信度”(Sindhu)。印度河流域一度成为波斯帝国的行省,称为“欣度什”(Hindush),一如波斯古碑铭中的“欣度”(Hidu)。可见古代波斯按习惯读音,将“S”变成了“H”。希腊人沿用波斯人的用法,“信度”就变异为“印度”了。其实,中国古代对“印度”概念的认知也是如此,同样意指这一广大地域。在“印度”称谓的来源和读音上,基本与古希腊和波斯人类同。《史记·西南夷列传》记述,张骞在大夏时见蜀布等,就“使问所从来,曰:‘从东南身毒国,可数千里,得蜀贾人市。’”唐玄奘也察觉到名称的变异,所以《大唐西域记》记载:“详夫天竺之称，异议纠纷，旧云身毒，或曰贤豆，今从正音，宜云印度。”至于印度河，《大唐西域记》说：“信度河旧曰辛头河。”显然唐玄奘用的是梵文发音。唐玄奘的“印度”的空间概念也指的是那一片地域，是时那儿存在着约 80 个国家，而《大唐西域记》总共记载了约 110 个国家，其中 75 国位于当时的印度。

其二，古代世界四大文明中，埃及文明和美索不达米亚文明在发展过程中曾出现断裂，而中国和印度的文明自古以来前后相继，从未间断。几千年来印度人在次大陆上创立了独一无二的文明。随着历史的进展，印度每一代人都给子孙留下一笔宝贵的财富，而每一代新人在继承传统后，又添入新的因素，使得次大陆文明不断发展。哈拉巴文明衰落了，但后来的印度文明吸收了它的营养，无论是农业、牧业，还是首饰念珠、宗教神像，甚至是赌博的骰子，都表明它是构成后世印度文明的渊源之一。正因为印度文化几千年来从不间断，这就为我们的深入探讨创造了有利条件，例如千百年来印度文明传承下来的是什么，排斥出去的是什么，加以修改的又是什么，并且更要知道为什么他们作出了这样的选择。还有，随着民族间的交往，印度文化直接或间接影响了世界许多地区，为这些地区摆脱蒙昧状态发挥了很大的作用，中亚地区、东南亚地区莫不如是。

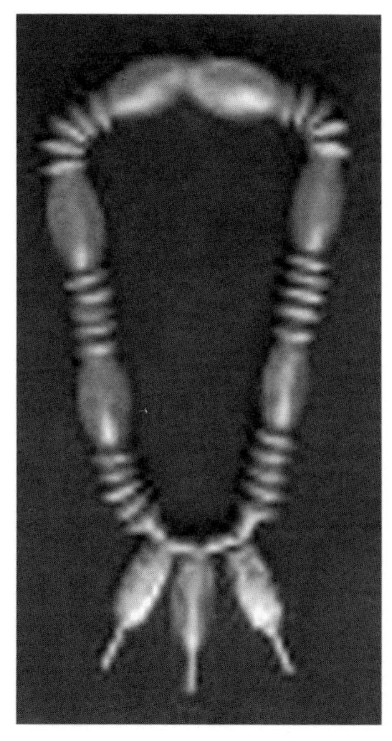

摩亨索达罗　项链

第二章 雅利安文化的冲击

一、雅利安人与《梨俱吠陀》

许多民族在追溯起源时，往往都流传一个美好的神话，雅利安人同样浪漫。

据《梵书》和《往世书》记载，印度第一位国王是摩奴(Manu)，该词显然是"人类"(Manava)的词根。摩奴是梵天大神所生，并且是男女同体者。他的女身一半生了两个儿子和三个女儿，从他们又传下一连串摩奴。第一任在大地上就位的国王是普里图。他开辟森林，躬耕田地，推广养牛、商业和其他一些生产活动。但是，当第十任摩奴统治凡世时，洪水暴发，涤荡一切。幸亏毗湿奴神向摩奴发出预警，因此摩奴建造了一艘船，载着他的家庭和七位圣贤，幸免于难。毗湿奴变成一条大鱼，将船导向一处山顶。洪水退尽，他们平安返回，继续繁衍人类。摩奴育有九子，长子是男女同体人，从这位长子引出了王室后裔的两大系统，从女身半体引出"太阴王朝"，男身半体引出"太阳王朝"。有人认为，这传说包含着某些历史的启示。洪水几乎是各大古文明的共同故事，巴比伦的洪水、希伯来人的洪水、尼罗河的泛滥、大禹治水、"舟船"、"神的警示"、"男女同体"等，都似曾相识，人类各民族在远古时也许有着某些共性。

雅利安人究竟源于何处？19 世纪的语言学研究提供了证据。梵文学者认为早期雅利安人的语言即吠陀语，在结构上，在发音上与希腊语和拉丁语有密切联系。此后，人种学研究，考古的发现，都得出类似结论。于是，图像渐渐清晰了。原始印—欧人有一种共同的语言，他们起源于里海地区和南俄大草原，随后逐渐分成许多部落，四出寻找牧场，向广袤的欧亚大陆辐射。有的到了希腊，有的去了小亚细亚，其中有一支来到伊朗并在哪儿居留了相当长的一段时间，因此吠陀语与伊朗语族有很多相似之处。公元前1500年左右，他们通过兴都库什山脉各隘口，移进印度西北部。

1907年的考古发现提供了佐证。是年在小亚细亚发现古代赫悌的石碑，此碑的年代约为公元前1400年，碑上提到因陀罗、密多罗、伐楼拿和纳萨蒂亚四神的名字，《梨俱吠陀》上也提及，这说明赫悌与雅利安人的祖先有共同的神。

“雅利安”作为一个民族的称谓，实际上是讹传。“雅利安”事实上是一种语言的名称，表明是源于印欧语系的一种语言。尽管“雅利安”命名一个民族不甚精确，但这约定俗成已变得盛行，如果再用“讲雅利安语的人”反而显得迂腐了。其次，“雅利安”一词应只适用于向伊朗—印度迁涉的一族，不可泛指印欧人，因为早期雅利安人只是原始印欧人中一族，两者的外延是不同的。

《梨俱吠陀》是雅利安人早期部落的诗歌集，对自然界各种现象加以神话来歌颂。诗歌所描述的状况包含着创作者当时的社会生活，所以，它也是有关印度雅利安人最早的文献资料。“梨俱”意为“赞颂”，“吠陀”本意是“知识”或“明”。这部诗歌集用的是当时部落的口头语言，该语言现称为“吠陀语言”，唱诗者自称“雅利安”。《梨俱吠陀》共有1 028首诗，分成10卷。每首诗长短不一，最短的是1节，最长的为58节，平均为10节。每节一般是四句话，一句为一行，所以又称“四行诗”。也有一些诗每节是3行或5行的。10卷共10 552节，规模颇大。一般认为，《梨俱吠陀》编成的年代是公元前1300年至公元前1000年，它是人类保存至今的最早的诗歌集。这些诗是雅利安人在祭祀、祭神时用以颂唱神的，早先没有文字，世代口传，成书是后世人笔录的。

二、五河时期的雅利安人

五河指的是印度河上游的五条大河，这些大河又有众多支流，遍及古代印度西北地区。雅利安人进入印度的最早落脚地就是五河地区。

《梨俱吠陀》提到25条河流的名字，据考证其中仅3条河流不属于印度河上游，其他提及的如喀布尔河、斯瓦特河、库卢姆河、加马尔河、印度河、杰卢姆河、吉纳布河、拉维河、比阿斯河和萨特累季河等，基本给出了一个地域框架。可见编纂《梨俱吠陀》时，雅利安人已入五河地区。此外，《梨俱吠陀》提到一些动物和植物，这也给我们一些启示。例如，《梨俱吠陀》多次提及狮子，但没有提及印度虎，后期梵文诗中经常提的莲花，还有印度东部特产的榕树、稻米等，都没有在诗集中出现，可见当时雅利安人虽然已到了五河地区，但仅仅囿于这一区域，还没有向东、向南拓展。

显而易见，五河时期雅利安人文化与哈拉巴文化在空间范围上产生了重叠。哈拉巴文化是本土文化，而雅利安文化是外来者在西北印度的环境下演绎的文化。进行两种文化的比较，有助于我们了解五河时期雅利安人的状况。

两者的不同点：

雅利安人	肤色白	高鼻梁	居住村落	母牛为主	产奶	男神为主	绘画黑陶
哈拉巴人	肤色黑	扁鼻子	居住城市	公牛为主	农耕	小母神	彩陶

两者相同点：都用铜，对铁生疏；都种大麦、小麦；都是多神教；都玩骰子赌博。

既相同又不同的地方：都使用马。但是雅利安人农牧并重，早期牧业为主，马用于战争；哈拉巴人知道马，主要用于拉车，用于城市间的商业往来。当然，还有一些各自的特色，比如雅利安人有一马拉的两轮战车，那是从两河流域学来的。

公元前 1700 年哈拉巴文化消逝，公元前 1500 年雅利安人进入，其间的 200 年究竟发生了什么？至今无定论。两者的传承关系有三说。(1)一次征服说，理由是雅利安人有战车，游牧民族强悍，等等。(2)分段征服说，分为两段，前段是公元前 1700 年，后段至公元前 1500 年。(3)先学习后征服说，本土人住在城里，雅利安人住乡间，双方共处，后者先向前者学习，最后征服前者。但是，有学者认为，从文献和考古的证据看，征服说本身还大有疑问。

进入五河地区后，雅利安人以血缘为纽带散居各地，这就形成村落，是一种血缘+地域的部落共同体。部落内的社会生活主要以家庭为主。家中成员合住在一起，相当和睦，但也有儿子不服管教被挖掉眼睛的记载。一般是一夫一妻，也有一夫多妻，但不准一妻多夫。寡妇可再嫁。喜尚多子多孙，女儿同样善待。法律上不认可妇女独立的社会地位，但妇女在家中的地位受到尊重，并可参加祭祀。一日三餐，素食为主，偶尔食肉。流行的娱乐是竞技、狩猎、歌舞和掷骰子。《梨俱吠陀》描述了骰子和赌场狂赌不休的场景，"它们滚下又疾速翻身，虽然无手，却以手征服人；如有魔术的炭块掷在桌上，它们自身虽冷却能烧毁人们的心。"它述及一名赌徒先输了身上带的钱，又接连输掉了牛、房子、老婆，他痛哭流涕，但仍紧握骰子，不肯罢手。

部落形成后，部落间的争斗接二连三地出现了。雅利安人是以养牛为生的半游牧民，母牛是财富的衡量标准，所以牛的劫掠常常导致部落战争。"gavishti"词意为"去寻找母牛"，此时转意为"去战斗"。《梨俱吠陀》中，一位国王名叫格帕拉(Gopala)，该词意为"牲畜的保护者"；另一位国王叫格巴拉曼帕拉蒂—帕拉克(Gobrahmanprati-palak)，意为"拥有牛的人的保护者"，国王的名字显示了国王的责任。此时，最有名的部落战争称"十王之战"，是十个部落联合起来与最大的部落婆罗多之间的战争，结果是婆罗多获胜。

尽管雅利安人部落间战乱不止，但他们同时还必须与土著居民战斗，如达萨人、帕尼人、达休人等。达萨人强悍善战，是雅利安人的主要对手。雅利安人每战都要祭神，尤其是祭因陀罗战神。《梨俱吠陀》中四分之一的诗是颂扬因陀罗神的，由此可见，与达萨人的战争旷日持久。达萨人长期的顽强抗争使得雅利安人对其耿耿于怀，"达萨"一词后来竟转意为"奴隶"。

随着各部落长久定居，政治组织慢慢演化了。在牛身上加烙印，表明属于家族；赌博时输牛、输老婆，这些都显示夫家长制确立了。家族组成集团就形成部落。部落需要保卫和拓展，最有能力者就当选为酋长以担此重任。酋长行使各种权力，也享有一些特权，逐渐步向君主。另一方面，作为对权力的牵制，两种部落会议产生，部落显贵组成"长老会议"，全体成员的集会称为"民众会议"。大事在两会议上决定，如选举祭司长、军事指挥者，而祭司长和军事指挥者既非世袭，又非终身制，这些表明原始民主尚存。

由于部落间兼并加剧，与土著居民又战争不止，部落酋长的重要性日益显现。随着君权神授思想的渗入，酋长被授予神圣的属性。于是，两种变化在潜移默化中形成。其一,酋长演变为国王,王位世袭成为必然趋势。其二,“长老会议”和“民众会议”尽管对国王还有所牵制,但国王是最后的决策者。

三、后期吠陀与史诗

印度古代典籍浩瀚,吠陀文献只是其中一类。

南亚研究的前辈张荫桐教授广阅博览,他在吠陀文献之间的关系问题上,对印英诸多专家的研究成果进行了分析和归纳,绘出简单明了的图表,使我们一览它们的主要联系脉络。

附:吠陀文献表解

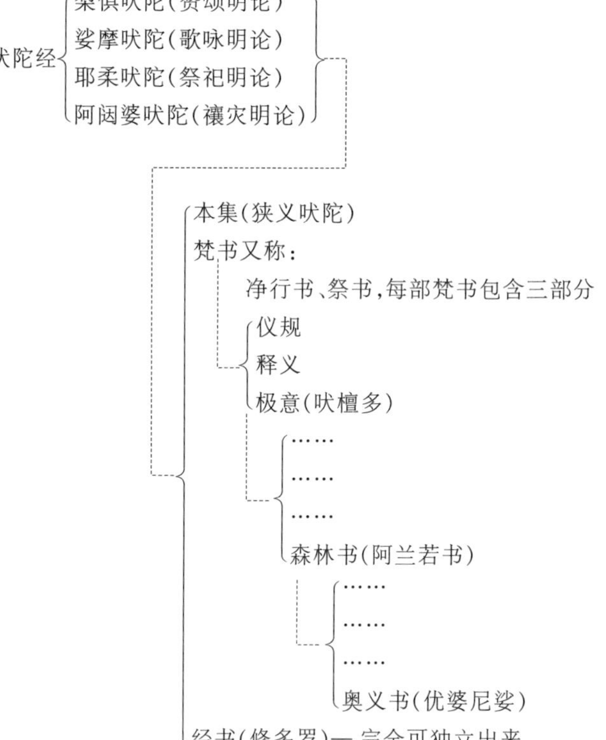

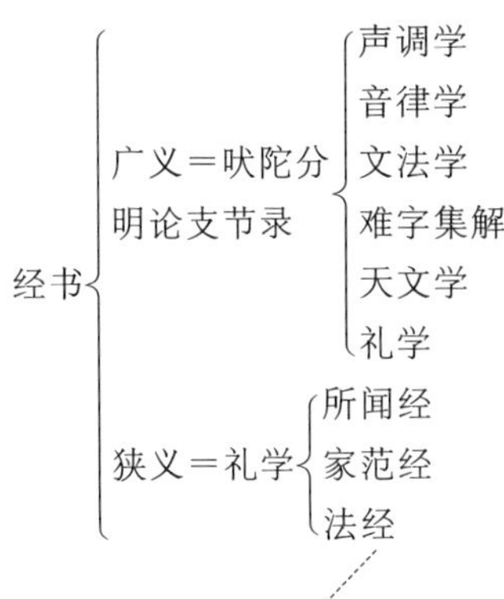

法论—编成韵文，阐明法经者，称为法论；现有法论八十余部，重要者四部，摩奴法论(即摩奴法典)为首要。

实利论—法论中专论政事的部分，也称《政事论》，共有五派十三部，其中以乔底利耶所著的最重要。

对表的简单解释:《梨俱吠陀》以后有三部吠陀。《娑摩吠陀》意为“歌咏明论”。“娑摩”原是一种饮料，酒神娑摩由此而来，后转意为“曲调”。它是一部歌曲集，共有 1 549 首圣歌，内容大多取自《梨俱吠陀》，为了适合祭祀吟唱，配上了曲调。《耶柔吠陀》意为“祭祀明论”，是祭祀用的祷文总集，共 84 章。祷文内容基本出自《梨俱吠陀》，为具体祭祀的需要作了一些必要的修改。《耶柔吠陀》又分为《白耶柔吠陀》和《黑耶柔吠陀》，后者比前者古老些。《阿闼婆吠陀》意为“禳灾明论”，是密语和符咒的总集，共 20 卷，731 首诗。阿闼婆是传说中第一位拜火祭祀的创行者。这种诗体咒语被认为有一种神力，可祈福消灾。这四部吠陀称“吠陀经”。“吠陀经”的注解书是《梵书》。《梵书》又分为《仪规》、《释义》、《极意》，其中《极意》最为重要。《极意》分为多部，以《森林书》为最重要。《森林书》又分为多部，其中以《奥义书》为最重要。印度教各派哲学大多从《奥义书》来，相传《奥义书》有 108 部，其中 13 部现在确认是原始《奥义书》。

《梵书》主要是注解吠陀经，每一吠陀都有为之作阐释的《梵书》，有的吠陀有几种《梵书》。《梵书》从写作形式来看，属散文体，是印度最古老的散文作品之一。其中最有名的一部是《百道梵书》。《极意》是《梵书》的最后一部分，最深奥的部分。《森林书》是哲人们栖居于森林深处苦思冥想后撰写的，属宗教哲学著作。《奥义书》是探索宇宙奥秘和吠陀启示的精华之作，意为“奥深的论述”，完全是关于自然现象与事物的神学推理，是关于至上灵魂(梵天)的性质的推理。其中最重要的两部是《歌者奥义书》和《广林奥义书》。

吠陀的最后一部分为《经书》,它完全可以独立出来。《经书》是研究吠陀各学科的简短明晰的论著。它们不仅根据吠陀,而且按当时的需要来进行解释,由此而扩展出来了。《经书》的内容庞大,有广义和狭义两种,广义的是《吠陀分明论支节录》,包括表中的六类。狭义的是《礼学》,分为三类,从生到死,从此生到彼生都包括了。第一类是《所闻经》,它们论述重要的吠陀祭祀并给予技术上的指导,此类论著有 12 种之多。第二类是《家范经》,论述印度人日常祭祀仪式和家庭礼仪并给予指导。此类经书有十余种存留至今,如《葛尸伽经》等,除规定家庭祭祀外,还有巫术与医药的实施仪式。又如关于儿童的《创造礼》,实是最古且最原始的冠礼的演变。其他有关结婚及丧葬的仪式,许多要点至今仍留在印度社会中。第三类经典是《法经》,讲述人们的社会职责、行为规范和宗教义务,可说是印度最古的法律学著作,主要是关于宗教方面的,也有一部分述及世俗法律。《法经》中有一部分叫《法论》。《法论》以韵文写成,旨在阐明《法经》。现有《法论》八十多部,重要的有四部。《摩奴法论》(另一汉译为《摩奴法典》)是重中之重。《法论》中论政事的是《实利论》,也称《政事论》,共五派十三部,尤以乔底利耶之著为最重要。

从历史的角度看,这些文献的编成分为三个时段。《梨俱吠陀》分为十卷,前九卷与第十卷在语法结构上明显不同,因此仅有《梨俱吠陀》前九卷成型在公元前 1300 年至公元前 1000 年。第二时段是《梨俱吠陀》第十卷和另外三吠陀及《梵书》的成型期,统称后期吠陀,数量上以《梵书》最多,形成于公元前 1000 年至公元前 600 年,少数在公元前 600 年以后。《经书》编成最晚,主要指狭义的《礼学》,时间为公元前 600 年至公元后 200 年。

史诗属另一类文献。与吠陀不一样,史诗不是以宗教、训世的形式出现,而是以讲故事的方式,所以文学和民间的色彩很浓。吠陀用梵文写,史诗最早以俗语写成。史诗是以“偈韵”体裁写的,即用俪句(对句)写,每句分 16 音节,两句为一对,末尾有抑扬的声韵。史诗的数量很多,最重要的是两部,即《摩诃婆罗多》和《罗摩衍那》。

《摩诃婆罗多》的作者据传为毗耶娑,但历史上是否真有其人,尚无定论。据温特尼茨认为,这部史诗非一人一时创作,而是几个世纪众多篇章的集大成,“是一种完整的文学”。《摩诃婆罗多》分为 18 篇,另加一篇补充材料,共有 10 万对句,其分量 8 倍于荷马史诗。“摩诃”意为大,“婆罗多”是雅利安人最大部落的名称。这部史诗描写部落战争,所以也叫“大战史诗”。它叙述般度族五兄弟与俱卢族一百兄弟间的王朝权力之争。起先双方各占一半国土,俱卢兄弟不满现状,就挑动般度兄弟赌博,般度兄弟输掉了半壁河山。但作为妥协,只要般度兄弟先去流亡十三年,就允许保留王国。流亡期结束,但俱卢兄弟拒绝般度兄弟复位。于是,双方决战于俱卢克谢特拉平原,战争持续了十八天,俱卢兄弟全军覆灭。般度兄弟进行了和平统治。后来他们放弃了王国,退隐到喜马拉雅山去了。以前大家认为这是个故事,第二次世界大战以后,经文献考证,尤其是根据近来考古发掘,人们愈来愈倾向于认为这是事实。

《摩诃婆罗多》战争场景

《罗摩衍那》是古代注重文饰的代表作,修饰讲究,词藻华丽,一度是宫廷史诗的模范。《罗摩衍那》篇幅较短,为 7 篇,24 000 对句。原著写本归功于诗人蚁垤。故事叙述拘萨罗国王子罗摩娶了毗提诃的公主悉多,罗摩的后妈想让自己生的儿子继承王位,就设计使罗摩、悉多和罗摩的弟弟流放十四年。三人被放逐到半岛的密林中,过着隐居的生活。但楞枷的恶棍国王罗波那绑架了悉多。罗摩组织一支军队,得到猴王哈奴曼的帮助,击败了罗波那,救出悉多。十四年后罗摩等重返故国,登上王位。

《罗摩衍那》

两部史诗的故事基本上是公元前 800 年至公元前 600 年的事，成书则较晚，先以俗语写成。经几百年演变，内容越来越庞大，篇幅也不断增长，但内容严密，有完整体系。两大史诗到公元前后改用梵语编写，公元 4 世纪定型至今。两大史诗对印度文学影响很大，几千年来历史、文学和戏剧，有一大半取材于两大史诗。它们对民间生活影响颇广，印度农村的节日集会非常多，有的长达半月。集会上往往由婆罗门用梵语念一段，当地人以方言复诵一遍，边讲，边唱，边舞，所以不识字者也会背。小孩识字常常从两大史诗开始。两大史诗也影响了印度哲学思想。例如，《摩诃婆罗多》有一篇插入文，称《薄伽梵歌》，是写黑天尊者教训一位将军的话，亦可独立出来自成一书，它讲做人的道理，行为标准，也是印度著名的伦理著作。唐玄奘在《大唐西域记》卷四摩揭陀条谈到，他看了《摩诃婆罗多》后，获得两个强烈的印象，第一是复杂之中有和谐；第二是不断追求统一，希望生活在发扬传统的统一的国度中。

公元前后，有许多模仿两大史诗而撰写历史的著作，这类书称为《往世书》，一般讲有 18 部。它们也是史诗格式，谈论开天辟地以及宇宙的毁灭和再生，叙述诸神与各大教长的谱系，以及太阳王朝和太阴王朝的世系与历史，等等。

总之，这一阶段尽管考古发掘尚不充分，但相对多的文献可资利用，所以从后期吠陀和史诗中，我们可了解公元前 1000 年至公元前 600 年间印度的概况。还有，公元前 600 年至公元前 400 年是印度文明发展史上的转折点，近似中国的春秋战国。如何会有如此大的变化，从后期吠陀和史诗中可探讨和分析政治、经济、社会、文化等诸多方面的原因。

四、恒河流域的开发

从《梨俱吠陀》提到的河流名称,我们能确定雅利安人当时占据了印度河上游的五河地区。《梨俱吠陀》后期的颂诗,首次提到了恒河,表明雅利安人的重心开始东移。后期吠陀,尤其是《梵书》,较为详尽地描绘了雅利安人东进的概况。

公元前12—11世纪,雅利安人逐渐向东扩展。《梵书》中出现了许多恒河流域的地名,从其叙述的线索中可看出,东进的主要路线是顺着喜马拉雅山脉以南的丘陵地带前进的。《梵书》有许多开辟森林的记载。由于森林茂密,沼泽丛生,最初的几百年里,雅利安人的扩展是缓慢的,他们靠"火神"引路,用火来焚烧森林,用石斧和铜斧来开辟山林。约公元前800年,铁器引进了。一百年后,雅利安人熟悉了各种铁器的使用,改良的铁器加速了拓展进程。与之相印证,1950年德里附近好几处遗迹都挖掘出铁器(这是印度出土的最早的大批铁器)并伴有绘画灰陶,这显然是雅利安人的。可见雅利安人已大规模使用铁器来清除密布的森林,建立农业拓居地。《梵书》还提到恒河流域原居住者,如提到那伽人(那伽,梵文意为"蛇"),提到专用来称呼原始森林居民的"尼娑德"人等,他们都被雅利安人征服了。史诗和《往世书》大致给出了雅利安人的活动疆界:北抵喜马拉雅山,南达文底耶山,东到今比哈尔地区。比哈尔南部有特大露天铁矿,开采了几千年,至今仍是印度的钢铁中心。雅利安人占据矿山后,铁器有了更大发展。

雅利安人进入恒河流域,已从半游牧状态演变为定居的农耕生活。铁器的使用,牛耕的推广,水利设施的兴建,以及除了种植大麦、小麦、豆类、棉花、芝麻等外,更学会了因地制宜的水稻种植,生产力大大提高了。安定的农耕生活导致了范围更广、种类更多的职业。铁匠、木匠十分吃香,他们不仅要制造马车、牛车,而且也是耕犁的制造者。铜匠、制陶工、制革工、建筑工、纺织工等的不断细化,也标示了手工业的进一步发展。定居的农业和细化的分工引向交换,促进了商业。既有地区间的交易,也有通过商路与西亚的贸易,《梨俱吠陀》甚至提到了船和航海,提到了沿波斯湾的西亚各海运中心,影射了海路贸易的开展。商人团体、集市和交易中心促使城镇出现,尽管当时的规模还不大。

五、种姓制度初现

雅利安人进入印度时，只是初步形成三个阶层，武士、祭司以及部落民，不存在种姓的意识，职业也不是世袭的，如"我是吟游诗人，我父亲是一位医生，而我母亲推碾谷物"。当时没有清规戒律限制这些阶层之间通婚，也没有不能与某种人共餐的禁忌。经过旷日持久的战争打败达萨人后，雅利安人为把他们拒斥在社会之外，尤其是恐惧自己被同化，才开始了种姓制度的第一步。

达萨人较黑，并且属于异类文化，所以种姓制度一开始是区别肤色。"种姓"一词的梵语是"瓦尔那"，意为"皮肤的颜色"。这就是种姓制度的"二分格式"，最早见于《梨俱吠陀》前九卷，仅是雅利安人与非雅利安人之间的分隔。

随着雅利安人内部分工的确立，雅利安人原有的三个阶层逐渐形成三个"瓦尔那"，非雅利安人则形成为第四个阶层，人们一出生就属于某一个瓦尔那，并且终生不变。种姓制度出现了，为了披上神性色彩，于是我们在《梨俱吠陀》第十卷看到了这样的故事：梵天大神从他的口中生出了婆罗门(祭司)，从双臂生出了刹帝利(武士)，从腿生出了吠舍(农耕者)，从脚生出了首陀罗(达萨人以及雅利安人与达萨人的混血)。"瓦尔那"在《梨俱吠陀》第十卷中也转意为"色象征"，上述四种姓分别被赋予"白"、"红"、"棕褐"、"黑"作为代表色。这就是种姓制度的"四分格式"。

"二分格式"与"四分格式"的两种分法具有一定的历史影响。"二分格式"中黑人不算人，是"妖"；"四分格式"中，首陀罗尽管社会地位低下，但也是梵天大神所生，仅分工不同，达萨人的地位提高了。但"四分格式"仍留有余地，前三种姓是"再生族"，意为下辈子仍投胎于人，首陀罗是"一生族"，即下辈子不一定是人。

种姓制度在中国魏晋至唐的古书中，译为"族姓"、"种姓"。16 世纪，葡萄牙人到印度，看到种姓制度，并认识到其特点之一是据出身定一辈子职业，于是称种姓制度为"卡斯特"，卡斯特意为"世袭职业集团"。

"业"与"轮回"，这两概念是种姓制度的基础。它们最早见于《奥义书》中。"业"与行为有关，所做的事称为"业"。"轮回"，即人生轮回或"尘世转动说"，是印度特有的概念。两者的结合形成惩恶褒善的"因果报应"。来生是幸福是悲惨，取决于前生的所作所为。西方宗教是上帝支配人,而印度的特点是:来生的命运掌握在你自己手中。值得注意的是,后来的宗教大都借鉴了“业”与“轮回”的概念,如佛教、耆那教等。因此,这两概念在印度的宗教哲学和思想史上有着重要的地位。

六、梵语和俗语

梵语是进入印度的雅利安人的语言。Sanskrit,意为“典雅”、“高尚”之语,中国古代汉译为“梵语”。公元前1300年,在雅利安人创编《梨俱吠陀》时,该语言称为吠陀梵语,表现出丰富、准确和有素养的特点。

至公元前700年,雅利安人统治了整个北印度。在这几百年间一些变化发生了。吠陀梵语作为祭祀语言逐渐脱离民众日常用语,日益僵化并变得晦涩难懂了。于是,公元前600年左右,一些有识之士对吠陀语言进行整理。集改革之大成并使之重焕光芒者,是公元前400年至公元前300年间出现的大文法家波尼尼。他在著作《波尼尼经》中,规范语言,定出文法,此后古典梵语便定型了。吠陀梵语和古典梵语在文法和词汇上有着相当大的区别。

杜巴广场婆罗门教寺庙

自公元前300年至公元1100年,梵语一直是官方语言。它在两个方面的成效尤为显著。其一,梵语是文学用语,也是婆罗门种姓及婆罗门宗教的语言。其二,梵语使用的范围不断扩大。佛教典籍,耆那教经书及史诗等,尽管原著以俗语编成,后来梵语渐渐取而代之。同样,梵语在空间上后来几乎遍及印度北部和中部。公元1100年后,伊斯兰教入主印度,梵语逐渐失去官方地位,仅在祭祀中使用。18世纪英国人入印时,已极少人懂梵语了。

俗语原文为Prakrit,意为“自然”、“乡土”,是各地方的民间方言系统,它与梵语几乎同时发展起来。公元前800年雅利安人已散居北部印度,他们带入的语言结合各地的环境因素,演变成了各方言系统。俗语是民众的日常用语。当波尼尼定下梵语文法以后,梵语几乎不再有大的改变,而俗语的演变却在不断进行。公元1000年时,俗语形成为几个重要的方言。发展至今,最大的方言就是印地语,是现在印度文学和日常语言的主要用语。

作者点评:

两点说明:

其一,哈拉巴文化是城市文明。雅利安人进入,北印度再次经历从游牧、农耕进向城市文明的演变过程。但这不能简单地看作是一种倒退,因为雅利安人带来了铁器的广泛使用,他们的起点比较高。雅利安人使用铁制工具开辟森林,开垦土地,进行大规模的农耕,物质文明有了迅速提高。生产力的大发展,使得民众有更多闲暇进行宗教活动和哲学思索,因此精神文明也硕果累累。他们贡献了梵语、宗教、各派哲学,创立了种姓制度。尤其值得注意的是,这些贡献,或者通过它们的被采纳,或者由于它们所激起的反抗,培育出了进一步的思想和制度。

其二,有一种现象十分有趣,尽管印度典籍的数量浩瀚,但基本上都是创作久远,而成书相当滞后。重要经典如四吠陀、两大史诗等,长期的传承全靠师尊口传、弟子记忆,并且几千年不走样,各地同一辞。

为了做到这种时间上、空间上口传不走样,印度人想出了种种措施。例如,他们强调宗教的神力就在于吟诵本身。必须忠实吟诵,哪怕脱漏或错误一字都是宗教上的重大过失,因此经典中的每一句都小心翼翼地吟诵和诚惶诚恐地聆听。又如,他们常用同义反复的词句来加强记忆和方便记忆。日本高僧深历师在《教行信证讲义》中说:“印度人在表达叹咏之句时,同义反复是其习惯。在中国,人们喜欢简洁,避免重复。”晋朝高僧道安在《出三藏记集序》中说:“胡经的描述极为详尽。如对一些叹咏之句反复叮咛,再三再四而不厌其烦。这些反复之句在汉译本中尽被裁略。”美国布洛姆菲尔德教授曾统计《梨俱吠陀》有五千行诗是反复出现的。据现在的研究看,这些几千年来代代口传不走样的典籍,一旦成书以后,却出现了好几个版本,《摩诃婆罗多》即如是。

第三章 摩揭陀王国的兴起

一、从十六国到四雄争霸

到公元前600年左右，雅利安人部落散遍整个北印度，并在各地定居下来。这些地区一般以定居部落命名，形成血缘加地域的国家。为了维系统治，政治组织出现了，有的是君主制，有的是共和制。北印度形成小邦林立的局面。

君主制大都集中在恒河流域平原，共和政体围列在北部边缘，处于喜马拉雅山南麓和今天旁遮普的西北印度。从地理位置判断，共和政体的建立应早于君主政体，因为长满树林的山麓可能会比遍地沼泽的平原丛林较易清理。还有一些雅利安人奋起反抗君主政体，他们迁移到山地建立国家，沿用更多保留着部落传统的共和制。西北印度的定居地就是如此。

公元前6世纪到公元前5世纪，北印度开始了从小邦林立到统一的政治国家的进程。较强的一些王国不断吞并邻邦，从喀布尔河流域到哥达瓦里河两岸，逐渐形成了十六国。它们是鸯伽、摩揭陀、迦尸、忏萨罗、弗栗恃、末罗、车底、跋沙、俱卢、般阇罗、婆蹉、苏罗娑、阿湿波、阿槃底、犍陀罗和甘蒲阇。其中犍陀罗和甘蒲阇两个国家在西北印度，婆蹉在拉贾斯坦，阿槃底与阿湿波分别位于文底耶山脉以北和以南，其余十一国都在恒河流域。在政治上，九国为君主制，七国为共和政体。这两种制度并非相互排斥，也有从一种政体转化为另一政体的，如甘蒲阇就从君主制转变成共和政体。一般来说，随着部落文化的衰败，以及对日益增长的农耕经济的依赖，这些更刺激君主制的成长。

北印度十六个主要国家

农业在许多地区是主要产业，养牛业已居次位，各国大部分的收入来自土地。平原的重要性凸显了。这时，一种新的因素已进入北印度的经济生活。这就是大量城镇涌现，并成为手工业和商业的中心。城镇往往据地区传统而建立，并形成自身的特色，这些地区传统就是长期以来专门从事某些特殊工艺，如制陶、木器、织布等。专业化的匠人们常常汇集在一起，因为这便利原材料的运入和产品的输出，这又形成了产品市场，促进了贸易。河流沟成运输网，港口遍布的恒河流域对于贸易的重要性，是不言而喻的。所以，控制了恒河平原在战略上和经济上都已先拔头筹了。

于是，恒河流域的几个大国崛起，无论在经济上还是在军事上日益强盛，兼并进一步加剧。到公元前 6 世纪下半叶，北印度形成了四国争雄的局面。它们是恒河流域各踞一方的阿槃底、跋沙、憍萨罗和摩揭陀。

此时王权已大大加强，王位成为世袭。国王加冕礼后，就开始一整年的王家祭祀，赋予国王神性。特别祭祀几年以后，还要举行一些献祭，再一次强调国王至高无上的地位。祭祀的形式很多，最有名的是“马祭”，让一匹特定的马自由驰骋，有时长达十日，然后国王宣称马蹄所经之处皆为王土。这些献祭涉及数以百计的祭司和大群牲畜，壮观的场景时时提醒臣民不忘君主的神圣。

二、摩揭陀统一恒河流域

在四雄争夺恒河流域的战斗中,摩揭陀逐渐脱颖而出。它的第一位重要的国王是频毗娑罗(也称瓶沙王)。约公元前545年,当他还是15岁的孩子时,由其父亲立为国王。他刚毅、果断并有远见。他与憍萨罗王室通婚并同时迎娶了吠舍离的公主,这样确保了西部和北部边境的安宁。频毗娑罗全力征服东南的鸯伽,因为鸯伽控制着通向海港的贸易,而这些恒河三角洲的海港又同缅甸海岸和印度东海岸保持着贸易。摩揭陀征服鸯伽,奠定了强国的基础,并使得内部贸易与对外贸易连在一起了。

频毗娑罗的国内治理也卓有成效。他任命有能力的人为各部大臣,并善于纳谏。摩揭陀土地肥沃,农产丰盛,但其租税仅限于六分之一,这在当时不算很重。他大修道路,并重视自然资源的利用,尤其是金沙矿的开采,使国家更为富饶。据《大唐西域记》记载,频毗娑罗兴建了一些城镇,其中最有名的就是新都王舍城。

约公元前493年,频毗娑罗的儿子阿阇世(又名未生怨)弑父登位。他继续其父的志向,通过军事征服完成统一大业。由于东南已经平定,他攻略的主要方向是北方和西方,整个过程是先守后攻。由于弑父,西北境外的各国不再受驾驭,他们结成联盟,进攻摩揭陀。阿阇世先建立波吒厘村要塞,以保卫都城。这要塞后来就发展成为孔雀王朝的大都市华氏城,繁华了四百年之久。

由于阿阇世不屈不挠和工于心计的谋略,不久他就转守为攻。他不仅有一支令人胆战心惊的象军,而且此时军事技术上的两种新武器也助他一臂之力。一种是大型的射弹器,用来投掷沉重的石块;还有一种是带刀的战车,许多利刀固定在车上,隐蔽着的驾驶者驾驭战车,突入敌阵,割倒敌军。阿阇世先征服了憍萨罗,尽管憍萨罗的国王是他的舅舅。接着,他继续西进,兼并了迦尸。最后,在宰相精心策划的离间计的帮助下,阿阇世又经过16年的持久战,一一击垮对手,结束了旷日持久的恒河流域统一战争。

公元前461年,阿阇世去世。以后五个国王相继登位,据说都是弑逆者,一度局势动荡。直到公元前413年尸修那伽即位,局势才稍稳定。但仅仅维持了半个世纪,约公元前362年就让位于篡位的摩诃帕德摩·

难陀。

难陀王朝创立者出身低卑。一说是国王与首陀罗妇女生下了摩诃帕德摩。另一说由公元1世纪古罗马史学家昆塔斯·库底乌斯提出:一名理发匠获得王后宠爱,谋杀了国王,再作为诸王子的监护人而夺了王权,然后处死这些年轻的王子。这个理发匠另外与一名高等妓女生了一个儿子,此人便是摩诃帕德摩·难陀。

难陀王朝虽然出身低卑,但一度是强大的王国。摩诃帕德摩既有能力,又有权势,《往世书》称他"刹帝利的毁灭者",由此推断,他攻城略地,屡立战功。难陀王朝曾一统印度北部并向南印度扩展。摩诃帕德摩的王位由其八个儿子先后继承,据希腊学者描述,国王拥有大量财富,并且指挥着一支2万骑兵、20万步兵、2千辆战车和3千头大象组成的军队。希腊人还告诉我们,难陀王朝开掘运河,修建灌溉工程。由于印度此时风调雨顺,连年丰收,加上井井有条的租税征集,难陀王朝在经济上蒸蒸日上。

正当难陀王朝踌躇满志向梦想的帝国迈进时,一位年轻才俊旃陀罗笈多的出现,将难陀王朝进一步的发展腰斩了。公元前321年,难陀王朝戛然而止,退出了历史舞台。

三、印度的"百家争鸣"

公元前6世纪至公元前4世纪,印度历史上发生了一系列重大的变化。政治上,北印度由小邦林立到统一的政治国家;经济上,涌现出大量城镇,手工业和商业高度繁荣;意识形态上,印度人对吠陀信仰产生了怀疑,出现了"百家争鸣"的局面。

所谓"百家",意指思想活跃,派别众多。佛教认为有96学派,耆那教认为有363派别。尽管学派繁杂,究其实质大体可分为三类:吠陀信仰;佛教和耆那教;异端与外道。

第一类派别中,尽管互有分歧,但都以吠陀为最高权威。四吠陀在历史上有过很大作用。五河时期,雅利安人以吠陀经维系了团结,征服了达萨人。恒河时期他们不断拓展,征服当地各群落居民,由部落成为国家,在此期间吠陀圣典一直是带领他们前进的旗帜。后来,政治、经济的变化导致了宗教和哲学思索的变化,旧的概念受到了冲击,新概念带来了活力。各种民间崇拜和信仰不断渗入传统。"吠陀不可更改"的观念越来越经不起冲击，适应环境的改变潜移默化地进行着。

古罗马史家库底乌斯的著作提到雅利安人对偶像的崇拜，这是至今能见到的有关崇拜偶像的最早历史记载。此时，大多数神祇已经人格化，形体、服饰、言行与人渐趋一致。这种神与人在形体上、性别上的趋同，必然导向偶像崇拜与庙宇建筑。《百道梵书》若隐若现地提到原始庙宇，史诗则明白无误地描述出供奉着众神的寺庙。

婆罗门教三相神的教义此时已显出雏形。雅利安人初入印度时，神祇众多但职责不明，如因陀罗是战神、风暴神、雷神、闪电神等。此时万神殿里的诸神，有三神威严日增，地位不断提高。“梵天”、“毗湿奴”和“湿婆”尽管形式尚未完备，但已分别体现了“创造意志”、“济世慈爱”和“惩恶判决”。

毗湿奴立像

六大哲学派别的形成，既可看到吠陀信仰内部斗争的激烈，又显示了争鸣的深化以及由此带来的积极成果。在印度人看来，“哲学”不仅是各哲学派别的理论，而且也代表宗教派别的主张。这六派哲学是：前思维派(弥曼差派)、后思维派(吠檀多派)、数论派、瑜珈派、正理派和胜论派。各派都以各自遵奉为经典的奥义书作为根据。其中前思维派和后思维派对印度以后的思想哲学的影响更大。

佛教和耆那教尽管都接受“业”与“轮回”两个基本概念，但都反对婆罗门教正统，否认吠陀权威，都反对种姓制度，都以更接近民众的俗语传教。两教的创始人都属刹帝利种姓，几乎同时在同地域(东印度)进行传教。

佛教的创立者本名乔达摩·悉达多，公元前 566 年出生于尼泊尔南部靠近印度边境的迦毗罗卫的释迦部落，是酋长之子。他原本娶妻生子，生活无忧。当感悟到尘世快乐的虚渺无常时，他决心寻求解脱真谛。他

29 岁出家,35 岁在菩提树下悟道,修道成佛后,称“牟尼”,所以叫释迦牟尼,意为释迦部落的“圣贤”。他也称“佛陀”,意为“获得正觉者”。

释迦牟尼第一次传教在萨尔纳特的鹿野苑,称为“初转法轮”,聆听者为最早的五名信徒。佛教教义总称“四缔八正道”。“缔”即“真理”,四缔为“苦、集、灭、道”。“苦缔”:人之受苦,总为有身;“集缔”:贪恋心招集众苦;“灭缔”:除灭贪欲,以为救世;“道缔”:通过八正道,可以救世。“八正道”取义于“尽离邪异故曰正,能达涅槃故曰道”,实际是八种修行的方法,即“正见”:见苦、集、灭、道四缔;“正思维”:思维而增长真智;“正语”:不作一切无礼之语;“正业”:除邪业,住于清净;“正命”:清净身、口、意三业,命顺正法;“正精进”:强修涅槃之道;“正念”:念正道,无邪道;“正定”:入于清净之禅定。释迦牟尼在 45 年间云游东印度各地,以俗语传教。80 岁涅槃。

佛陀的脚印(石雕)

佛陀圆寂后,信徒们举行过四次结集。所谓结集,即会诵教法,信徒们召开集会并通过会诵,编集经典,确认这些内容是佛陀的教导。第一次结集是在佛陀的涅槃之年于摩揭陀旧都王舍城召开,有五百僧徒参加。主旨是佛陀涅槃了,倡导大家团结。大迦叶任司会者,由优波离诵出律,阿难诵出法。公元前 380 年,第二次结集在吠舍离城举行。佛教分出上座部和大众部,一般称二部十八派。大会决定编纂佛典。公元前 250 年,第三次结集在华氏城进行。这次结集由阿育王本人召开,十分隆重,著名的学问僧帝须·目楗连子也出席聚会。但小乘教派不承认此次结集。会后,阿育王派人四出传教,除了到缅甸等东南亚各地外,据说也派人去欧洲一些地区。结果仅对锡兰产生效果并在岛上生根,至今佛教为锡兰国教。公元 120 年,第四次结集在克什米尔举行，由贵霜帝国的迦腻色迦王主持召开。此时佛教分成了大乘佛教和小乘佛教，所以小乘佛教仍不承认这次结集。

印度大乘佛教先入西域，后进中国，再传至朝鲜半岛和日本，另外也通过海路进入东南亚。小乘佛教进入锡兰和东南亚，后来在缅甸和泰国生根。

原始佛教经典是以巴利文编纂的。佛陀开始传教用的是俗语中的摩揭陀方言，这方言也称巴利文。巴利文佛典分为三藏，即经藏、律藏、论藏。经藏记载释迦牟尼的言行、政事，也记有一些大弟子的言行，经藏编成五个阿含部，意为五个圣教传统。律藏记载僧侣的戒律，应遵守的修行规则，以及佛寺的一般清规。论藏是论述佛法基本理论，带有哲学性质。原始佛典在第三次结集时已成文，带入锡兰。由于其南传，所以也称“南传”或“南藏”。

耆那的思想在公元前 7 世纪已经流传，直到公元前 6 世纪，传教师大雄才使耆那思想定型。大雄或称摩哈维拉（筏驮摩那）出生于恒河中游的大城市吠舍离，年代比佛陀略早，也是刹帝利种姓出身。他三十岁弃绝家庭，以一个裸体苦行者的身份云游四方，寻求真理，最终得道，称“耆那”。“耆那”意为“胜者”，指对自己情欲的胜利。

耆那教大雄坐像

大雄的传教局限在恒河流域，以后几个世纪耆那教传到西印度、北印度和南方的迈索尔地区。大雄倡导“七句义”为基本教理，“命、非命、漏、缚、戒、灭、解脱”。教理认为万物由命（灵魂）和非命（非灵魂）构成。命包括动与不动两类。能动的命包括人、动物和植物，不动的命存在于地、水、风、火四大元素中。非命包括有形物质和无形物质。有形物质由原子及原子复合体构成，无形物质由时间、空间、运动状、静止状组成。人的行为对人的灵魂形成一种障碍,称为“漏”,使圆满的本性受到“缚”。须修行五誓戒以求解脱,即不杀生、不妄语、不偷盗、不淫邪和不恋尘世,并且不断苦行才能达到“灭”的境界,即清除旧业,阻绝新业,这样灵魂最终获得解脱。摩哈维拉以一种混合的俗语来传教,称半摩揭陀语。公元前528年,大雄以72岁高龄去世。

与释迦牟尼不同,大雄自称是第二十四个得道者,即二十四个“生命洪流中的摆渡人”的最后一人,所以他不认为自己是耆那教的创始人。大雄之前号称有二十三祖,各祖之间年代久远,长达几万年,以示“源远流长”。耆那教编有各祖师承袭的世系表,还赋予每位祖师不同的名称、色彩和旗帜。如第一祖阿底那陀或称勒舍婆那陀的吉祥色为金色,以公牛为旗帜;第六祖名波特马巴罗波,尚红色,标帜为红莲;第十九祖的名谓是摩利那陀,尚金色(天衣派)或尚蓝色(白衣派),旗帜为水罐;第二十三祖巴湿伐那陀,蓝色为其吉祥色,标帜是头上有七蛇盘绕并安坐在蟒身上。二十四祖摩哈维拉身为金色,以狮子为旗帜。其他各祖尚色各不相同,标帜也各异,但大多为动物,如猿猴、马、鹿、山羊、水牛、乌龟、公猪等,少数用雷电、新月等。

公元前4世纪末,因闹饥荒,耆那教一部分信徒南迁迈索尔,留守的一部分在华氏城举行结集。于是耆那教教义得到整理和记录。当南迁的耆那教徒回归北方时,他们拒绝承认已制订的这些教典,便另立一派,因他们穿白袍,所以被称为“白衣派”,以示与“天衣派”的区别。“天衣派”模仿大雄的做法,不受衣帽桎梏,完全裸体。至公元1世纪时,耆那教正式分裂为两个宗派。公元5世纪,另一次结集在伐拉毗召开,最重要的教典大分经十二部(“十二安伽”)等在公元454年由德维迪伽尼最后编纂成文。这次是天衣派提出了疑义,因此整理出的宗教文献只得到白衣派的认可。

异端和外道与前两类不同,吠陀信仰、佛教和耆那教都有大量文献,异端和外道的典籍极少。他们大多通过婆罗门教、佛教和耆那教的典籍才为人所知。婆罗门把那些不是佛教和耆那教教徒、但反对吠陀的人,都称为异端。《莲花往世书》记:“持异端者佩带与吠陀经规定相反的标记,如佩带颅骨,还有蓄乱发、穿树皮等。”“异端是尚未进入生命第三界,从事吠陀经尚未认可的种种仪式的人。”

佛教把不信佛、又非婆罗门教的各种宗教称为外道。《长阿含经》斥责外道,称外道有三十六种,其中经常提到的有两种:顺世外道和邪命外道。"顺世"即随世人追名逐利,大多是无神论教派,如斫罗婆迦宣传唯物主义,认为人是土所造,最终归回到尘土。阿耆多·翅舍钦婆罗认为人由四种元素组成,去世时土、水、火、气各归原位,而观念消失在空中,因此傻子和智者同样消灭。邪命外道也称阿什斐迦教,由果萨罗创立。"邪命"相对佛教八正道中"正命"而言,是谓"邪的道理"。其教义是彻头彻尾的宿命论,他们认为命运控制了每个人的最微不足道的行动,并且一切都是无法改变的。该教派的僧侣们相信他们命中注定的工作就是苦行主义。《杂阿含经》记:"彼自害者,或拔发,或拔须。或常立举手,或蹲地或卧棘刺上,或卧竿上,或板上,或牛屎涂地而卧其上,或一足而立,身随日转,如是众苦精勤有行。"唐玄奘看到:"外道修苦行者,于河中立高柱,日将旦也,便即升之。一手一足,执柱端,一手一足,虚悬外伸,临空不屈。延颈张目,视日右转。""或数十年未尝懈息。"

印度的"百家争鸣"以佛教和耆那教占上风而告终,两教的信徒迅速增加。大雄去世时,耆那教徒遍及北印度。佛教的势头更猛,甚至对于吠陀信仰一度有后来居上的味道。另外,从统治者对两教的态度也说明它们的迅速崛起。摩揭陀王国的前两任国王频毗娑罗和阿阇世都是佛教和耆那教的庇护者,而且佛典和耆那教经籍都说这两王信仰本教。佛经记载,频毗娑罗曾不远千里,驱车前往释迦牟尼修行的圣地,恳请与佛陀面谈。并且"下车摘下宝冠,解去佩剑,收起伞,脱掉鞋子,双手作拱而进。进得屋来,五体投地跪拜在佛陀前"。阿阇世弑父即位后,感到内疚,但他不是去婆罗门教,而是去佛陀那儿悔过。在拜见之前,阿阇世也脱掉"五威仪"(即冠、伞、佩剑、鞋和白毛拂子),以示对释迦牟尼敬崇。尸修那伽王更是虔诚的佛教徒,佛教的第二次结集就是在他的赞助下举行的。

乌陀耶是阿阇世的儿子,他是耆那教的笃诚信徒,曾在华氏城中心建造雄伟美丽的耆那教寺庙。以后,孔雀王朝的开创者旃陀罗笈多在晚年时脱离王位,出家为耆那教苦行者,并遵守耆那教的传统方式,以活活饿死的极端行为结束了自己的余生。

作者点评:

印度的宗教实际上与政治、经济、社会等各方面交织在一起,它的外延比一般宗教概念的范畴要大得多。公元前 6 世纪至公元前 5 世纪的

"百家争鸣",看似是思想领域和宗教领域中的斗争,实际是政治斗争和经济斗争的延续。

社会的大动荡、大分化,使得原有格局发生了变化。由于此时一些非婆罗门种姓,尤其是刹帝利种姓和从事手工业的吠舍种姓已将商业掌握在手中,因此经济上具有相当强的实力,但是他们在社会生活中仍然遭到婆罗门种姓的排斥,双方之间的冲突势所难免。同样,城市中心的行会的头头们,事实上他们控制着当地的生产和贸易,但由于种姓的问题,社会法规否认他们应有的声望和地位。种姓制度的根源是吠陀信仰的婆罗门教,因此他们反对吠陀信仰,要求脱离婆罗门教。他们的这种不满就表现在加入异端教派,在当时尤其踊跃皈依佛教。从另一角度来看,佛教和耆那教经常从城市群众中、从低级种姓中获得力量,这些阶层要求平等、要求地位的社会内容,就成为它们宗教教义中的一个重要部分。当商人阶层在经济上占有支配地位,但政治上的控制权执掌在凭借吠陀信仰才得以高贵的上等种姓手中时,佛教和耆那教就代表他们对婆罗门教作出了回答。

这种宗教与政治和经济的紧密性,不仅表现为宗教斗争是政治和经济斗争的延续,而且这种激烈的宗教变革(百家争鸣)对印度以后的政治、经济、思想等各方面都产生很大影响。

例如,耆那教强调不杀生到了极端的地步,耆那教徒在行走时戴上薄沙面罩,捂住口鼻,以防偶然吸进微小的虫子而把它们杀死。这种极端也阻止了他们从事农耕,因为耕耘会杀死田里的生物。而且,耆那教教义有戒私财条规,尤其鄙视持有土地者,于是耆那教徒纷纷脱离农田。他们为了生计,选择从事商业和贸易,从事不危及生物性命的手工业。这样,耆那教逐渐与城市的扩展联系在一起,并作出了自己的贡献。西海岸海运贸易发达,耆那教徒是主力,他们出资、载货,航行远洋。在以后的朝代中,许多耆那教徒成了富甲一方的商贾。现代印度的一些大财团,如塔塔财团等,其祖上有着深深的耆那教的烙印。

顺便说及,鉴于印度宗教的特性,"僧士"阶层值得注意,如同中国的儒士、日本的武士在各自民族历史中的作用一样,僧士在印度历史的进程中,在印度文化的创立、传承和发展中,担当了重要的角色。

第四章 孔雀王朝的统一

一、波斯占领西北印度

历史上的西北印度地区，包括今巴基斯坦北部（五河流域地区），阿富汗的东北和帕米尔高原西部等地。今日的政治地图看似较乱，因为印度、巴基斯坦、阿富汗、塔吉克斯坦和乌兹别克斯坦等国交织在一起，但地形图却简单，呈“马背”地带。马头向东，即帕米尔高原（几条山脉如喜马拉雅山、兴都库什山、苏莱曼山等汇聚于此），以兴都库什山脉为主，拱起似马背，马屁股为伊朗高原。马背大致呈东西走向，北为中亚细亚草原，南边向东即是五河地区，只有几个山隘可以通行。沿马背北侧为“丝绸之路”。所以骑上马背就可以控制东西交往和南北通道，历史上是兵家必争之地。

居鲁士

第一个骑上马背者是波斯帝国。公元前6世纪中叶，当摩揭陀在恒河流域吞并各邦时，波斯兴起并向东发展。公元前530年波斯帝国已占有整个中亚，而阿黑门尼德帝国的创始人居鲁士就是在争夺马背地带时殒命的。公元前 518 年，大流士从马背跃下占据了五河流域地区，西北印度成为波斯帝国的一个省。波斯的统治名义上持续了近二百年，实际上到公元前 4 世纪中叶时，西北印度已被一些独立的小邦分割了。

波斯波里斯大流士宫殿

印度的古文献未提及这一情况，但大流士立下的贝希斯敦碑上清楚地标出统辖的二十个省，其中一个省在印度，称犍陀罗。后继的薛西斯也有碑留下，说在印度控制着两个省。按波斯帝国的规定，每一省都要派出一支军队，为波斯中央打仗。所以，希罗多德的著作中生动地描述了波斯军队中的那股印度部队，也提到西北印度是波斯帝国中人口最多和最富庶的省之一。

这是一次两个民族文化的大碰撞。犍陀罗的都城呾叉始罗（后来希腊人的称呼）成为吠陀知识和伊朗知识混合的中心。波斯文化在印度生活的许多方面可以感触到：波斯硬币被印度仿效；稍后的阿育王受到大流士石碑铭文的启发，有效而广泛地运用了这一手段；阿育王一些石柱的柱顶与帕塞波利斯的那些有明显雷同，因为这些柱顶就是来自西北的那些工匠雕刻的，而且阿育王石谕开头的用语也模仿大流士的诏谕；波斯的有些典礼在孔雀王朝的宫廷里得到遵守；印度西北地区普遍使用的佉卢文就源于波斯曾广泛使用的阿拉米文，等等。反之，早期的佛教思想影响了波斯甚至波斯以西的哲学和宗教运动，如在摩尼教方面；而后来，从波斯来的琐罗亚斯德教对佛教的大乘教派产生了影响。

二、亚历山大入印

公元前334年，马其顿的亚历山大开始东征。公元前327年5月至公元前325年10月，亚历山大的部队在印度西北地区征伐、驻留和撤退，这历时两年零四个月的事件史称“亚历山大入印”。

公元前327年5月，希腊部队通过开伯尔山隘进入印度河流域，先征服山里野民，然后用船搭浮桥渡过印度河，引兵攻城。亚历山大先后攻陷马萨加和奥尔诺斯要塞，尼萨城和呾叉始罗城的统治者不战而降。但是当大军到达杰拉姆河时，遇到当地君主波罗斯的顽强抵抗。两军隔河对峙，亚历山大派出几支军队佯攻，主力急驶到上游渡河。波罗斯闻讯，率军赶来，双方列阵决战。据随军文书记载，印度军队有4万步兵，4 000骑兵，战车300乘和战象200头。亚历山大集中优势的骑兵猛攻猛射印度军左翼，扯开一个缺口，更由于战象受伤后发狂，对本军和敌军不加区别地横冲直撞，致使印军大乱。波罗斯并不退缩，骑着象继续战斗，直至重伤被俘。亚历山大既是英雄相惜，敬重他的豪侠气概，也是明智的怀柔策略，所以仍然封波罗斯为王，令其继续统管旧地。

章：与波罗斯的战争

当希腊人进军到比阿斯河，即当时认定的波斯疆域东界时，将士们认为征服波斯的战争已经完成，思家心切，加之热带疾病和连年苦战，就搁下武器，拒绝前进。于是，希腊军队在这东征最远的地段兴建12座高耸的圣坛以作纪念后，顺流而下到印度河口，一路取道海上，另一路从陆路沿海岸，返回巴比伦。亚历山大在回撤途中，袭击马卢部落的城堡时，遭到顽强抵抗，亚历山大本人也身负重伤。希腊人在攻陷城堡后，曾进行了疯狂报复。公元前323年,亚历山大死于巴比伦城。

亚历山大为了控制新征服的地区并使之永久合并在帝国内,就把占领地建制为正式的州,由波斯或马其顿的总督管辖。同时留下守卫部队,驻扎在一些重要战略要地,筑起堡垒,形成了希腊人居住地。

亚历山大入印,尽管只有两年多一点,并且仅占领了西北印度一隅,但它对印度的历史进程和文化发展留下了不小的影响。1.亚历山大东征从希腊本土出发,跨过西亚和波斯来到印度,这开阔了当时人们的地理视野,开通和巩固了众多商道和航线,加强了西北印度与阿富汗、波斯、小亚细亚甚至地中海东岸的贸易,也加速了彼此间的文化交流。2.亚历山大随军文人留下的记载,是有关当时西北印度社会状况的独特的资料。例如,安姆比国王在都城呾叉始罗打开大门投降亚历山大时,以宰牛三千头、羊万只慰劳希腊大军,可见当时印度仍行宰牛宴客。希腊人还记载了呾叉始罗地区的一些奇异风俗,如穷人家的女孩送到市场上出售,买主除相面外,还要脱衣检查,满意后双方议价、成交。又如,当地人死后弃尸山林,实行兽葬,并已出现夫死妻陪葬等。后来印度社会流行的卖女、兽葬、萨蒂等,在公元前4世纪的西北印度早已有之。另据记载,一名叫加拉诺司的印度僧人,陪同撤退的亚历山大到巴比伦,后在柴堆上自焚而死,"按本国的习俗使自己得到永生"。显然他是一名耆那教徒,以自愿牺牲的方式了结了宿命。3.希腊人在西北印度留下居住地,许多人永久定居在那儿,他们的子孙后代被印度文献称为"耶槃那"。希腊人把西方文化和科学技

亚历山大大帝

术带入了印度。希腊艺术与印度艺术的融合,形成了独特的"犍陀罗艺术"。印度人还仿制希腊人的钱币。希腊的天文学尤其受到印度人的关注和学习。4.亚历山大入印对印度政治格局的演变起了很大作用。希腊大军打垮了西北印度的诸多小王国,摧毁了他们的统治机构。而希腊人的撤离留下了政治空白,这为旃陀罗笈多立国提供了机会,客观上也为印度的大一统创造了条件。

三、旃陀罗笈多建立孔雀王朝

旃陀罗笈多(汉译"月护王")出身贫困,家族替难陀王室养孔雀,属吠舍种姓。据贾斯廷(公元3世纪时的罗马史学家)和普鲁塔克(公元1世纪的希腊历史学家)记载,旃陀罗笈多曾在西北印度遇见过亚历山大,由于言语冒犯,亚历山大下令杀他,幸亏他及时脱身,但从此暗暗立下了建立王权的雄心。

旃陀罗笈多成就霸业的第一步是推翻难陀王朝。他在年少时就拜憍底利耶为师,后在争夺天下时又以他为军师。憍底利耶散尽埋于地下的宝藏,为旃陀罗笈多招募了一支军队,但与难陀王朝的军力相比,仍处劣势。旃陀罗笈多为此苦思良策。一天他看到一个性急的孩子在喝热粥时,被烫得哇哇直哭,母亲便训斥她的孩子,喝粥应从盘子的四周开始,因为中心处必然比边缘烫得多。旃陀罗笈多豁然开朗,他就移兵西北,利用亚历山大撤离造成的权力真空,积蓄力量。然后骚扰难陀王朝的外围地域,逐渐蚕食中央。最终双方在恒河流域决战,参战兵力达100万。公元前321年,旃陀罗笈多彻底击败对手,建立了孔雀王朝,定都华氏城,时年约25岁。

平定中原后,旃陀罗笈多杀了回马枪,锋芒直指西北印度。尽管亚历山大留下的地方官员进行了激烈抵抗,但旃陀罗笈多还是如愿以偿。接着旃陀罗笈多移军中印度,占据了纳尔马达河以北地区。

公元前305年,旃陀罗笈多又一次回师西北,与塞琉古一世对抗,争夺"外印度河地区"。塞琉古曾是亚历山大的一员部将,东征后留驻,掌管巴比伦州。公元前306年他自行称王,开始了塞琉古王朝。双方战至公元前303年签订和约,孔雀王朝给塞琉古500头大象,而塞琉古把包括阿富汗东北在内的外印度河地区割给印度,计有喀布尔、阿里亚、坎大哈和俾路支各州。和约包括一桩联姻，塞琉古国王的一个女儿在众多希腊女子陪伴下，来到华氏城孔雀王朝的宫廷。塞琉古还派出大使美伽斯蒂尼留驻华氏城，他在都城生活多年，并在印度广泛漫游，回去后写了《印度志》，可惜已佚，仅有辑本留世。孔雀王朝和塞琉古王朝之间定期交换使节，互赠礼品，礼品中甚至包括一些烈性春药。

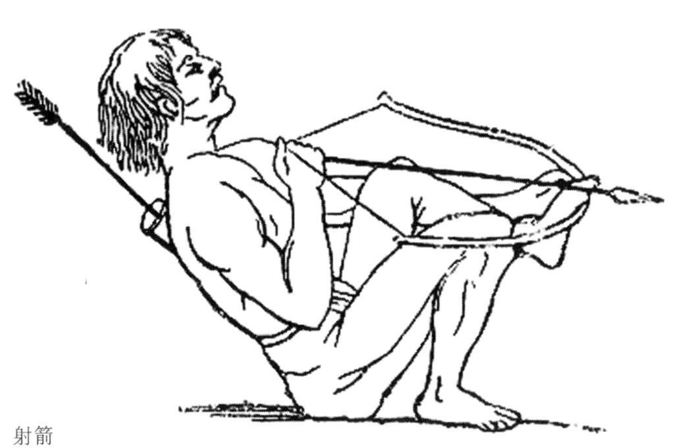
射箭

公元前 298 年，旃陀罗笈多去世，古文献对他的死有不同记载。一般认为，旃陀罗笈多晚年改宗耆那教，逊位其子，自己成为苦行者。他出走南印度，到耆那教圣地修行，并在那儿以正统的耆那教方式，安宁地慢慢饿死，了断一生。

旃陀罗笈多的继承人是其儿子频头娑罗，希腊人称他为阿米特拉加塔，是梵文“敌人的毁灭者”(Amitraghata)的音译。相传他与叙利亚国王安条克一世素有交情，在一次通信中，他请求安条克一世送他一些甜酒、无花果和哲学家。安条克在回信中说，他十分高兴赠送酒和无花果，但希腊人认为交易哲学家有失体统。另一方面，频头娑罗在领土拓展上还是有所建树的，他征服了“两海之间的大陆”。他出征德干高原，向南扩展到迈索尔。南方泰米尔诗人们提到孔雀王朝的战车雷鸣般地前行，白色的三角旗在阳光下灿灿生辉。由此可见，半岛地区已示臣服。至公元前 272 年频头娑罗去世时，除了东海岸的羯陵伽未被征服外，整个次大陆实际上都处于孔雀王朝的权力统辖下。

四、阿　育　王

阿育王(意译“无忧王”)是旃陀罗笈多的孙子。作为印度历史上业绩最显赫的帝王之一，他的真实面目真正为世人所知，还是 20 世纪初的事情。1837年，东方学家詹姆斯·普林塞普解读了婆罗米文书写的铭文。铭文提到一位名叫“天爱善见王”(全意为“神所宠爱的面目慈祥之王”)的国王，但这个名字与史料中提及的任何国王都不相符。查验锡兰的佛教编年史，发现一位伟大而慈目的孔雀王朝国王，于是推测性地把两者联系在一起。到1915年，马斯基的岩谕铭文显示，发布者自称“国王阿育王，善见王”，人们这才证实“善见王”是阿育王使用的第二个名称。由于身份的证实，人们从诸多石谕和佛经、尤其是汉译佛经中，才知晓阿育王为古代世界的伟大国王之一。

公元前272年，阿育王在兄弟争王中，杀了所有的竞争对手，登上王位。公元前260年，阿育王出兵讨伐羯陵伽，以征服尚未臣服的唯一邦国，更何况羯陵伽控制着通往南印度的陆海两路。这是一场毁灭性的征战，阿育王自述，羯陵伽“十五万人被放逐，十万人被杀，家破人亡者多倍于此数”。此后，除了半岛的南端外，阿育王统一了印度全境。

在稳定了几乎包括整个次大陆的疆域后，阿育王着手建立中央集权的帝国体制。国王是王朝体系的核心，掌握着行政、军队和税收的控制权。他对臣民实行一种家长式的专制制度。他在石谕中说：“芸芸众生，悉皆吾儿，今生来世，得财得福。”

中央官员由国王任命，管理严格，注重效率，同时也高薪养廉。祭司长和军事总指挥是群臣之首，他们两人俸禄最高，各为四万八千潘纳。祭司长不仅握有宗教感召的权力，此时开始担当起首相的职能。军事总指挥号令着一支庞大的军队，罗马史家普林尼认为那是一支有9 000头战象，3万骑兵，60万步兵的军队。另两位重臣是财政大臣和总税务大臣，他们各受年俸二万四千潘纳。财政大臣的责任是管理好现金和库存实物。总税务大臣有一大帮官吏相辅，以保证各地税赋的及时征收、入库及记录，并由全体大臣联署后递呈国王，以避免谎报和贪污。其他内阁大臣的年俸是

鹿野苑

一万二千潘纳。记账员和书吏的薪俸是五百潘纳,而一般工匠当时只能得到一百二十潘纳。

大臣会议没有确定的政治地位,但经常对国王所定的规章提出修正意见,当然最终决定权仍在国王手中。孔雀王朝的国王能够倾听臣子的善谏,阿育王的诏令表明,他与大臣们经常有磋商。

为了控制各部门、各地方及重要行业,中央派出监察官及其下属,从而形成监察网络。派往地方的监察官员在各地方中心工作,也担当地方行政和中央政府之间的联络。《政事论》还列举了对重要行业的监察,如对黄金和金匠的监督,还有对货栈、商业、森林产品、军械库、度量衡、地方捐、纺织、酒、屠宰场、娼妓、航船、母牛、马、象、骑兵、步兵和通行证等的监察。

为了与民众和边远地区联系并对它们进行控制,孔雀王朝还有一个行之有效的谍报体系。密探们无孔不入,他们在伪装下工作,常扮成隐士、商贾、苦行者、学生、乞丐甚至娼妓等。这些密探还常常把公众的意见带给阿育王。国王也借助情报员的上通下达,对边远地区保持着警觉。

孔雀王朝对地方的治理进行得井井有条。除了直辖的都城外,帝国分成四大区,每一大区由一名王子或王室成员任总督。大区内各部门的长官由中央委派,握有实权,能够牵制总督。司法官员是特别任命的,他们不仅履行司法职责,而且担负田产估价的职能,因为围绕土地而引起的争端是最普遍的。一般的惩戒是罚款,罪大恶极者处以死刑。阿育王每五年派出监察官,对大区的行政、财务作一次外加的查验。大区再分成地区,各地区又分成村落群,最后的行政单位是村。这些层次的地方官一般从当地居民中选拔。这一体制持续了几个世纪。村落群配备一名会计官和一名税务官。会计官主管地界,登记土地和契约,保管人口普查材料和牲畜统计。税务官负责征收各种类型的赋税。各村有村长,他向会计官和税务官负责。乡村一级的官员们的薪俸,或者由少交税收来替代,或者拨给土地,以其收获为报酬。

城市首席长官主管行政,维护法律和城市秩序,还有整顿市容的责任。他有一名税务官和一名会计官辅助,他俩的责任与农村的同行们一样。首都华氏城的行政管理较为特殊,它由 30 名官员治理,五人一组分成六个委员会。每个委员会监管下列职能之一:工艺劳作;外国居民;生死登记;贸易与商业;货物出售;商品销售税的征集(为卖价的十分之一)。

阿育王的经济建设处处显示勃勃生气。北印度的农耕经济居于压倒优势,国家的收入主要来源于土地。为了保证收入,孔雀王朝制定了详细的征税制度。土地税收由两部分组成,其一是使用土地的租金,其二是对生产物估价后确定的数额。估价因地区不同,土地质量不同而变更,一般是产量的六分之一,也有四分之一的。定期估计田产十分重要,因为它既确保税收合理,又能预知岁入,而且还成为有条不紊安排工作的依据。农村依然保持畜牧业,按照牲口的数量和种类进行估价,并依此征税。在许多地区,国王的税吏与农民直接往来,消除中间人的盘剥,以减轻农民的赋税。

政府组织新区的开垦和拓居地的建设。《政事论》记载,阿育王征服羯陵伽时,逐出 15 万人,实际上是将他们遣去开垦荒地和建立新的拓居地,并且不准他们拥有武装,政府还拿走他们剩余的粮食。

水利对于印度农业的重要性是不言而喻的。水库、蓄水池、运河和水井的建造和维修,是政府职能的一部分。灌溉用水是分配和计量的,定期征收水税。苏达尔桑那湖是有名的水利工程,这大湖泊是修建拦河大坝后形成的。湖边的碑铭显示,河坝自建成以后,八百年来不断维修,并开挖了几条辅助水道。

手工业有两种形式。国家手工业包括制盔甲、兵器等军需工业和造船等规模较大的行业。这些国家工场直接雇佣工匠,并可以免税。但国家手工业的其他一些行业,如纺纱和织布工场、矿山等,则有纳税义务。个体作业是更普遍的形式。他们通常是行会的成员,因为加入行会可免去单独操作之间的竞争,节省了精力和费用。从国家的观点看,行会的存在对于征税和全盘管理制造业,都是有利的。反之,职业的地方化和职业的世袭性质,又加强和巩固了行会。

商品的出售受到严格监督。产品要印上日期,便于消费者鉴别新旧。产品的价格受到严格控制,利润率的范围是固定的,以防商人获利过厚。商业监督人通盘考虑生产开支、供求行情和通行价格后,定出商品估价,以此作为纳税基数。商品税参照土地税收制度发展而来,商品税由地方税和贸易税组成,地方税固定为货物价的五分之一,贸易税是地方税的五分之一。逃税时有所闻,但处罚极重。孔雀王朝不存在银行体系,一旦资金运转出现问题,就只能向高利贷借钱。公认的借贷利率是年率百分之十五,涉及长途海运等较少安全保证的借贷,利率可达百分之六十。

城市繁荣,道路网发达,充分显示了孔雀王朝的经济实力。华氏城是王朝的首都,原本位于恒河和宋河交汇处的南边。由于河道变迁,今出土遗址已不靠河岸,位于河道东南20公里处。遗址面积为五平方公里。美伽斯蒂尼记载,城的规模很大,沿恒河矗立,有60座城门,570个城楼。宫廷雄伟,为木结构,大厅柱子底座遗迹至今不腐。阿育王分全国为四大区,各区首府都是繁荣的大城市,其中三座城市已为遗迹证实。阿育王时期的城市以政治为主,政府机关庞大,带动了城市的繁荣。

阿育王柱头

庞大的帝国,星罗棋布的城镇,繁忙的贸易,都由一个几乎遍布次大陆的公路网联系起来。国道以华氏城为中心,发散到各地。罗马史家普林尼记载一条国道从西北重镇呾叉始罗一直到华氏城,长达一千多英里,称为"王家大道"。公路还把华氏城与恒河三角洲联系起来,而那儿有着去缅甸、印度东海岸和锡兰的一些港口。道路沿线的设施也很周全,阿育王在柱谕诏告:"我已下令在路边种植榕树,给牲畜和人们以荫凉。我已下令种植芒果园林,我下令每隔九哩挖水井和建驿亭,我处处设立许许多多的供水点,以供牲畜和人们享用。"

商品丰富,道路通畅,促进了贸易发展和文化交流。南印度的宝石,西北印度的毛毯,东印度的亚麻布,是地区间贸易的大宗商品。海外贸易遍及四方,由于阿育王帝国疆域已远至喀布尔以西,印度货物走华氏城至呾叉始罗的国道,然后穿过传统的商路,经由里海和黑海运抵欧洲。也可从纳尔马达河河口出发,经海路后,溯幼发拉底河而上,与西亚诸民族进行贸易。南印度商人更喜欢走海路,或经亚丁湾,或走红海,与西方世界联系起来。

阿育王不仅在政治和经济上有所建树,而且在思想、宗教方面也阐述了新颖的观念,甚至可说是一次宗教改革。这就是他倡导的"大法"。

"大法"(Dharma,音译"达磨")一词源出于词根"dhr","dhr"原意为

“托撑”、“支持”或“承担”。Dharma 一词有广泛的涵义，阿育王就是在一种很宽的意义上使用这概念，常译为“宇宙之法”，“社会的和宗教的秩序”等。

阿育王的“大法”隐隐约约含有佛教的一些痕迹，这与他本身的经历不无关系。公元前 261 年，阿育王征服羯陵伽，战争引起的毁灭使他悔恨交加，在努力寻求赎罪时，佛教思想吸引了他。两年半以后，他成为一名实践的佛教徒。也正是在他的统治时期，约公元前 250 年在华氏城举行了佛教徒第三次结集。此外，在阿育王的铭文中，有一小部分是他作为一名佛教徒，为佛教僧伽教团作的宣言。法显记载：“塔南有一石柱，围丈四、五，高三丈余，上有铭文，云：‘阿育王以阎浮提布施四方僧，还以钱赎，如是三反。’”还有一些铭文描述了他皈依佛教及维护僧伽教团的态度。如他宣称：持有异见的僧尼应从教团中逐出；号召佛教徒努力通晓各种经文等。

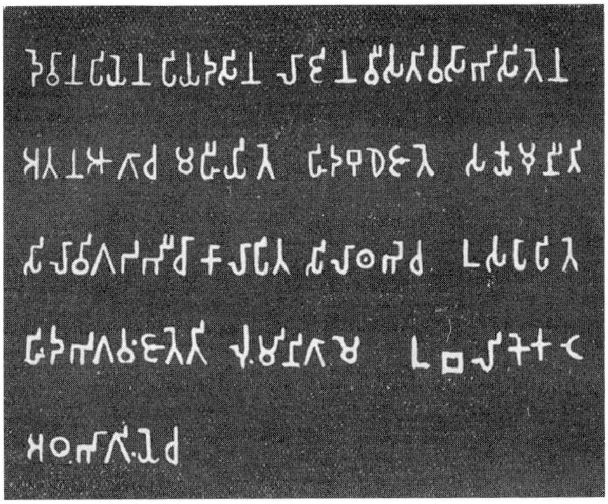

孔雀王朝铭文

但是“大法”决不是佛教的同一概念。除了作为个人信仰的佛教徒外，阿育王更是帝国的皇帝，需要他不偏不倚对待各宗教。所以在大部分铭文中，他一字不提佛教，完全以国王的面貌出现。社会动荡不安、宗教林立、各阶层关系紧张以及帝国幅员辽阔，这都需要一个核心，需要一种能凝聚民众的思想信仰。这些才是阿育王倡导“大法”的根本原因。因此，“大法”看似是一种信仰，其实更强调的是有关社会责任感的心境。它注重人们的行为规范，呼吁承认人的尊严，宣扬社会活动中的人道主义精神。

作为一个对各教各派都能包容，又能为它们所接受的信仰，“大法”不是以规章和条例来作出定义。它故意并且审慎地在细节上模糊不清，只是概括地提出基本原理。

“大法”强调宽容，指出宽容有两种类型，对人们本身的宽容以及对他人信仰的宽容。“阻止在不适合的时机吹捧自己的教派，毁谤他人的教派。在每一个场合人人应尊重他人的教派。所以和平友好要予以赞扬，以便人们可以听到别人的原则”。

非暴力是“大法”的另一个基本原理。非暴力既强调放弃战争和征服，例如阿育王甚至建议子孙们不用武力征伐，又蕴含限制宰杀动物，阿育王宣称：“过去御膳房每天要杀死十万只畜类，现在严加禁止杀生献祭。”另外，“大法”的政策包括一些福利类的措施，如植树、挖井、种果园等给人与畜享用，但阿育王道出了目的是：“我之所以做这些事情，是为了我的臣民能遵从大法。”

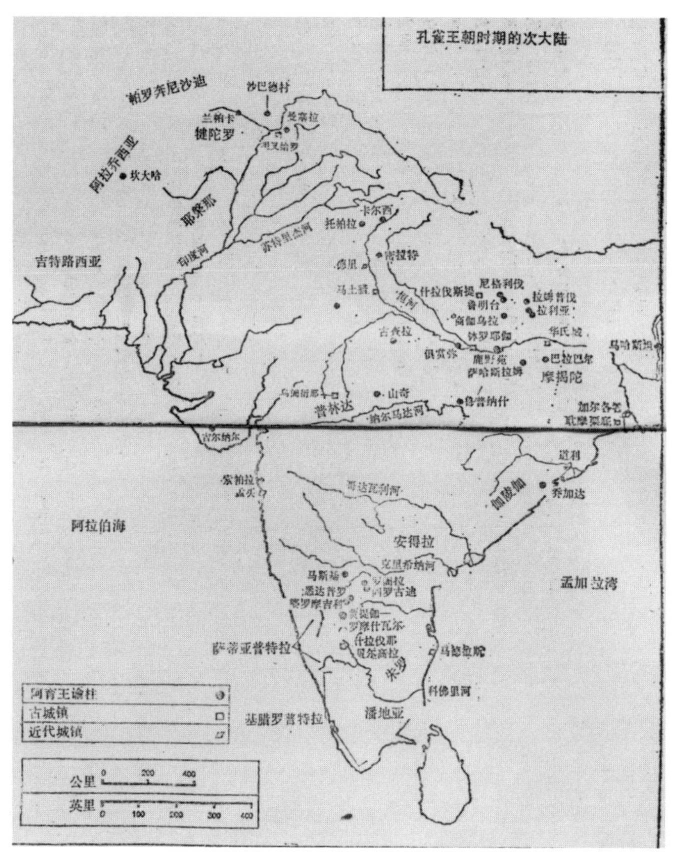

孔雀王朝时期的次大陆

阿育王为了宣传“大法”，专门设置了负责此事项的官员。为了让“大法”家喻户晓，阿育王将自己的诏令刻在岩石上，称为“岩谕”，也刻在特地竖立起来的石柱上和石碑上，称为“柱谕”和“碑谕”。这些石谕设立在群众聚集的场所，“用强大统治者的权力来感化和威慑民众”。为了起到更好的宣传效果，铭文也是入乡随俗，用当地的文字。今白沙瓦附近发现的那些铭文一般是佉卢文，在帝国西端，那些铭文用的是希腊文和阿拉米文。印度其他地区的石谕铭文用的是婆罗米文。

为了使“大法”发扬光大，阿育王派遣使者四出传教。王子摩哂纳作为传教使者出使锡兰，当时锡兰国王帝须对阿育王深为钦佩，处处以其为楷模，此后双方频频交换礼物和使节。释迦牟尼在菩提树下悟道，印度国王就把那棵树的一枝赠予。数世纪后印度的那棵亲本树被反佛教的狂热分子砍倒了，但锡兰的移植树却根深叶茂。尼泊尔山地也是阿育王所注目的，他把自己的一个女儿嫁给了尼泊尔的一位贵族。阿育王还派遣传教使团到达下缅甸、苏门答腊及其邻近地方。

在阿育王的石刻诏书中，他甚至过度夸耀自己不假兵戈，依靠“大法”征服了世界。他在铭文中说，他与希腊化世界的许多统治者交往并互换使节，其中有叙利亚的安条克二世，埃及的托勒密三世，马其顿的安提柯・贡那特，锡来尼的马伽司和伊比路斯的亚历山大，然后说：“那里的人们也听到了天爱善见王实施大法的消息，知道有关大法的条令和训谕。他们也正在遵行大法。”尽管言过其实，但可以确定的是，那些身披黄袈裟的传教信使曾在亚历山大城和塞琉古王朝古都安条克留下了他们的足迹。

然而，四出弘扬教义的策略除了在锡兰获得成功外，在其他地方没有取得效果。阿育王统治了约 40 年，公元前 232 年去世。随着他的逝去，孔雀王朝迅速衰落，勉强维持 50 年后，这个幅员辽阔的大一统帝国分崩离析了。

五、种姓的演变

公元前 1000 年至公元前 600 年，种姓制度初成；公元前 600 年至公元后 300 年，种姓制度发生变化，尤其是公元前 600 年至公元前 500 年的社会剧变，导致种姓制度在三个方面产生变异。

“阇提”作为新的内容显现在种姓制度中。“阇提”的梵文原意为“出生”，此时转意为“世袭职业集团”。由于城镇大量涌现，手工业、商业迅速发展，新的社会分工越来越多，越来越细，四大种姓的粗线条划分已无法符合社会发展的要求。“阇提”作为“亚种姓”的概念便适时而生。所谓亚种姓，大概而论是原四个种姓为大种姓概念，每一种姓有若干亚种姓包含在内。如吠舍种姓辖有若干“阇提”，某一“阇提”是世袭木匠家族组成，另一“阇提”是纺织世家,等等。从孔雀王朝后期编成的《摩奴法典》来看,它记有四大种姓所辖的45个“阇提”。

第二个新内容是“旃陀罗”的出现。“旃陀罗”即“贱民”或“不可接触者”。一开始,非雅利安人中有一族称“旃陀罗”,后扩大为贱民的总称。五河时期雅利安人主要碰到的是达萨人,当时将其纳入首陀罗。随着疆域拓展,碰到的土著更多,为了保持种姓的严密性,就以四大种姓之外的“旃陀罗”称之,他们处于社会最卑下的地位。旃陀罗的组成主要是土著居民,还有一些混合种姓所生的后代。

村社生活

最后,一种新的关系,即种姓制度与农村公社的关系初步固定下来。据《政事论》叙述,雅利安人进入五河流域分成部落时,形成了农村公社,它带有氏族性,是原生的社会形态的最后阶段。随着以职业世袭和内婚制为特征的种姓制度的形成,两者的关联越来越密切,种姓制度在农村公社中发挥了强大而持久的作用。欧洲教会有以教皇为首的总机构,而吠陀信仰没有总的领导机构,它以农村公社为单位发挥着宗教的作用。每一农村公社基本上有婆罗门、刹帝利、吠舍、首陀罗一整套种姓,以后“阇提”进入,往往一个村有十几个“阇提”。婆罗门专注于宗教、祭祀等活动,而其他的一些种姓,在行政管理、商业、手工业、农牧业等诸方面,各司其职。由此可见,农村公社成了基层的行政单位,而种姓制度保证了农村公社的土地公有性质,也提供了可靠而持久的劳动力。对国家而言,农村公社还是田赋、税收的单位,同时也是收税的行政机构。

作者点评：

孔雀王朝是印度古代历史上的辉煌时期。借助于四种重要的文献资料，近代印度学学者才得以描绘出它的较完整的全貌。这四种史料是《印度志》、《政事论》、石谕铭文和宗教典籍。

《印度志》的作者是希腊人美伽斯蒂尼，他是塞琉古王朝派驻孔雀王朝都城华氏城的大使。他在印度居住五年，期间游历了印度许多地方。回到西方后他撰写此书。可惜原著已佚，由于罗马史家常引用此书，欧洲学者将各书的引文辑出，汇编成书。

《政事论》相传是婆罗门出身的憍底利耶所著，他是孔雀王朝开国者旃陀罗笈多的老师和军师。《政事论》是类书，也译《实利论》，是古代印度有关政治体制的著作。此书本来已失传，20 世纪初在南印度出现，译成现代文，轰动一时。但此书显然非一人之力，而是几百年续写而成，借憍底利耶的名而已。例如，《政事论》更多叙述的是孔雀王朝后半段事迹。该书甚至提到中国的丝绸，而孔雀王朝的人恐怕对中国还不甚清楚。又如，《政事论》将梵文作为官方用语，这也是有疑问的。梵文独尊往往与婆罗门教联系在一起，孔雀王朝的几代英主都不是虔诚的婆罗门教信徒。再说阿育王的石谕就从来不用梵文。

石谕有碑谕、岩谕、柱谕等形式，《法显传》说："阿育王作八万四千塔。"目前已发现的石谕有 34 处之多，其中柱谕有 13 处，岩谕和碑谕为 18 处，洞谕为 3 处。最为人称著的是柱谕，呈圆柱体，上圆直径为 22 英寸—35 英寸，下圆直径为 35 英寸—50 英寸，高为 40 英尺—50 英尺。圆柱一般用石头制成，抛磨精细，上有雕塑、图案、铭文。唐玄奘曾记下其中之一："有大石柱，高三十余尺，书记残缺，其大略曰：'无忧王信根贞固，三以赡部洲施佛、法、僧，三以诸珍宝重自酬赎。'其辞云云，大略斯在。"最有名的是位于萨尔纳特的鹿野苑的石柱，四狮背靠背挺立的柱头已成为印度国徽的图案。13 石柱今已倒了 6 柱。石谕散遍各地，上面的铭文加起来有 4 000—5 000 字。

宗教典籍、尤其是佛教典籍，记载了阿育王的一些生平资料。由于 13 世纪后佛教在印度衰落，这些资料在印度已无可觅踪，仅保留在斯里兰卡、中亚和中国。当然，这些资料许多是传说，似人似神，历史价值需认真鉴别。

第五章 贵 霜 王 国

一、孔雀帝国遗产的继承者

孔雀王朝覆灭，庞大帝国分崩离析，印度的政治格局变得混乱了。这一时期涉及诸多政权和众多民族，有些民族与印度以外地区的发展和演变，有着千丝万缕的关系。西北印度和北印度卷入了中亚的骚乱中，外来民族再一次与本土民族激烈冲撞，在这舞台上活跃一番的主要有巽伽王朝、甘华王朝以及后来从西北涌入的外族，如波斯人、希腊人、塞人、月氏人等。中印度成为北方和南方联系的桥梁，在这广阔天地中一显身手的有羯陵伽、萨塔瓦哈那、伐卡达卡等。泰米尔半岛地区三雄长期并立，它们追循着自身发展的轨迹，在吸收海外文化和北方文化的同时，也确定了自己的特性。

孔雀帝国遗产的直接继承者是巽伽王朝。巽伽氏族属婆罗门种姓，来自印度的乌贯因地区，长期担任孔雀王朝的官员。公元前 183 年，时任军队总司令的普什亚密多罗谋杀了孔雀王朝最后一王，创建了巽伽王朝。普什亚密多罗原是一名教师，后投笔从戎，但仍是笃诚的婆罗门教教徒，他举行了两次大规模的“马祭”来显示自己的权威，以及表明对婆罗门教的热烈支持。巽伽王朝在普什亚密多罗与阿耆尼密多罗父子在位时期尚称强大，迦梨陀娑的剧本《摩罗毗迦与火天友》中把阿耆尼述为英雄可为佐证。

巽伽王朝最初拥有几乎整个恒河流域和西北印度的部分地区。由于战事不断，他们出征德干北部的邻国，抗击希腊人在西北的侵袭，抵抗东南方羯陵伽国王的进攻，统治力量日趋衰落。在大约一百年内，巽伽王国丢失了大部分土地，不断向东退缩，最后仅剩摩揭陀地区。即便在那儿，他们也控制不住局势，终于在约公元前 73 年易手甘华王朝。甘华氏族为大臣世家，执掌权力后仍允许巽伽各傀儡国王领有一隅，当一个有名无实的统治者。新王朝仍然碌碌无为，统治权力勉强维持。约公元前 28 年，德干中部崛起的萨塔瓦哈那王国挥师北伐，终将甘华王朝消灭。

女王的梦(巽伽王朝)

在甘华王朝的东南，曾被阿育王重创的羯陵伽，此时重又独立。公元前 1 世纪中，在雄心勃勃的国王卡罗毗拉统治下，崛起成为强国。卡罗毗拉刻制的著名的“象窟铭文”显示他接受过良好的教育，包括艺术、数学、法律和财政学，铭文还表示他醉心于军事征服。由于铭文词藻华丽且有夸张，并且这些行文遭到严重损坏，我们只能大致知晓他四处出击的一些战役。卡罗毗拉声称击败了德干西部的国王；向北占领了王舍城，一度打败摩揭陀；攻击了西北地区的希腊人；最后横扫半岛南部的潘地亚。铭文还提到国王将大笔金额用于臣民的福利，提到修建灌溉沟渠，等等。但这些只是昙花一现，随着卡罗毗拉去世，羯陵伽就默默无闻了，不久为萨塔瓦哈那所灭。

萨塔瓦哈那，中国古籍称之为“案度罗”，是操泰卢固语民族建立的政权，雄踞德干高原中部。从公元前 1 世纪至公元 3 世纪，萨塔瓦哈那王朝统治了四百五十多年，期间起起落落，与统治者的个人能力有一定关系。在西穆卡创建王国和继任者萨达加尼一世时，他们向北的势力一度达到恒河流域，摧毁了甘华王朝及其东南的羯陵伽王国。此后萨达加尼一世涉足纳尔马达河北的马尔瓦东部，抗击着希腊人和塞人。他牢牢控制着山奇地区，那儿的铭文称他为“吉祥之王”。对南方征战的胜利，使他自尊为“南方各地之王”，然后他实行了“马祭”，宣告强权帝国形成。但他死后，萨塔瓦哈那遭受了最惨重的失败，被从德干西部驱逐出去，逃遁至东海岸。当萨塔瓦哈那王朝在安得拉地区养精蓄锐，最终返回西海岸时，他们控制了从东海岸至西海岸的整整半个德干地区。公元 2 世纪上半叶，在乔达米普特拉及其儿子统治时期，萨塔瓦哈那的辉煌达到顶点。他们打败了塞人、希腊人，并作为南北间的联系枢纽，为次大陆贸易、为政治制度和思想文化上的交流，作出了贡献。他们把种姓制度、吠陀信仰传播到南印度，为南印度的雅利安化，发挥了重要作用。到 2 世纪末，由于要求独立的地方长官的权力不断膨胀，萨塔瓦哈那逐渐衰落了，终为婆腊伐所灭。

伐卡塔卡存在于公元 3—6 世纪，位于德干东南部，史密斯认为其地理位置十分重要，“它对于抗击北方古吉拉特的入侵是举足轻重的”。伐卡塔卡在 5 世纪达到最盛，对马尔瓦、羯陵迦、案度罗、古吉拉特等地进行广泛征略。以后迅速衰落，6 世纪时被遮娄其所灭。

二、泰米尔三邦

印度南端自古以来是泰米尔三邦称雄，它们是朱罗、潘地亚和其罗。公元前 3 世纪，三邦就出现在阿育王的铭文中。朱罗位于泰米尔半岛的东海岸，潘地亚政权在朱罗的西南，其罗的势力在潘地亚的西北，据有西海岸的控制权。三邦都使用达罗毗荼语族中最主要的泰米尔语，在半岛南端确立了具有明显地区特性的泰米尔文化。

这地区的早期历史记载包含在“桑伽姆”文学中。“桑伽姆”字意为“学社”，是诗歌集，与吠陀文献有些相似，但不是直接起源于宗教。相传在半岛中心地区泰米尔纳杜（意为“泰米尔人之地”）的马杜赖镇召集过三次集会，这是所有的南方诗人和吟游者的聚会，综合他们的作品就构成了“桑伽姆文学”。第一次集会据说有神仙参加，但创作的诗歌没有留下来。第二次集会编出了最早的泰米尔文法，称作“托尔卡地耶”（事实上文法是很久以后才编成的）。第三次集会，编纂了“八部诗集”和“十部长歌”，主要包括吟游诗人创作的二千多首诗歌，这些都保存下来了。

泰米尔三邦的战火不断,既有对外战争,也有相互间的争斗。据说三邦都参加了《摩诃婆罗多》中描述的俱卢谢特拉战役。可以肯定的是,公元前 2 世纪中叶,泰米尔人的舰队涉海进攻锡兰,占领了锡兰北部,但仅仅几十年后,又被僧伽罗国王达特哈伽米尼驱逐出来了。其罗占有西海岸两个重要港口,它的对外贸易十分繁荣。有诗唱颂其罗的国王尼顿·耶拉尔·阿当曾击败一支罗马舰队,这可能是攻击了一些罗马的商船。公元前 4 世纪美伽斯蒂尼记载潘地亚是女王当政,她拥有一支 500 头战象、4 000 骑兵和 1.3 万步兵的军队。但一度真正称霸泰米尔地区的是朱罗。在公元 1 至 4 世纪的早期朱罗国王中较突出的有两人。外号"烧黑腿的人"加里加尔发动并赢得了文尼战役,对手是潘地亚、其罗和 11 个小酋长的联军。此战后,朱罗人一度独霸半岛南端,并在东西两海岸修建港口,开展对罗马的贸易。那兰吉里是另一位英雄国王,不仅力压潘地亚、其罗两强,而且实施一种吠陀献祭和当地祭礼相混合的仪式,可见雅利安文化对南方已有了冲击。公元 4 世纪以后,朱罗遭到婆腊伐和潘地亚的攻击,一度衰弱,唐玄奘到那儿时,是"土野空旷,薮泽荒芜","人口稀少,盗匪横行"。但朱罗在 9 世纪时复兴,并达到历史鼎盛。

林伽崇拜

泰米尔三邦的演进加速了。这一方面归因于雅利安文化带来了君主体制、税收制度等成熟的模式。另一方面萨塔瓦哈那王国出现,提供了南北间的联系通道,次大陆在贸易的带动下,各方面的交流更活跃了。再有,罗马与印度的贸易大多集中在南方。所有这些有助于结束南方诸王国的孤立状态,泰米尔人带着自身的特性,紧密地与次大陆的其他部分联系起来了。

三、西 北 外 族

巽伽王朝继承了孔雀帝国的北印度部分,不久便逐渐龟缩到摩揭陀地区了。整个西北印度和大部的北印度此时卷入了中亚纷争的旋涡中。西北门户大开，安息人、大夏人、塞人、月氏人都先后涌入，在这舞台上表演一番，有的舞罢退出，有的割据并存，有的同化于本土，有的更是百年叱咤风云。

帕西亚人

亚历山大去世，他的一些旧将在波斯和邻近地区建立了一些王国。公元前 3 世纪中叶，安息和大夏从萨琉古王朝的统治下独立。安息是中国古籍中的称呼，因立国者是波斯人阿尔萨克，故名。欧洲人称安息为“帕提亚”。公元前 2 世纪上半叶，安息站稳脚跟后，开始向东西两个方向拓展。它多次打败了旧领主塞琉古王朝，至公元前 2 世纪下半叶，安息占有了波斯和两河流域的北区。公元前 1 世纪初安息与罗马接壤，自公元前 54—53 年双方第一次战争起，至公元后 3 世纪，两国打仗约三百年，安息挡住了罗马帝国的东侵。安息的首都从尼萨(今土库曼斯坦)西移百牢门(里海边)，再西移至塔息峰，这表明了它以罗马为争斗中心。然而，安息向东方的发展也卓有成效。公元前 2 世纪，它占领了阿富汗的大部，与印度有了直接冲突。双方几百年间有进有退，北印度出现强力政权时，安息就退缩一点，小邦林立时，就乘机前侵，但从未超过犍陀罗。

大夏，欧洲人称“巴克特里亚”，位于兴都库什山与阿姆河之间的富庶地区，是希腊人创建的。大夏的希腊人由两部分组成，一部分是亚历山大东征后留下的定居者；另一部分更早，是在公元前 5 世纪阿黑门尼德王朝时期，那时波斯帝国的国王们把流放的希腊人安顿于此。公元前 3 世纪中，大夏的总督狄奥多特反叛塞琉古王朝，获得独立。公元前2世纪上半叶，大夏扩展，成为又一个控制“马背”的国家。随后它进入旁遮普，顺印度河流域挺进到三角洲地区。公元前175年，大夏以兴都库什山脉为界，分裂成南北两部分。仅过二十多年，北大夏亡于塞人。南大夏在印度约二百多年，主要活动范围在阿富汗和北印度，它的首都一开始就设于五河流域的奢羯罗，公元后1世纪，南大夏为贵霜王朝所吞并。

南大夏的印度—希腊人国王中最负盛名的无疑是米南德，他在公元前155年至公元前130年当政。米南德武运颇盛，甚至打到恒河流域，进攻过巽伽王朝。斯特拉波给出了他征服地的版图，西达喀布尔，东到马土腊。普鲁塔克认为西印度的各港口和许多城市都属他管辖。在思想文化上，他在与佛教哲圣龙军一问一答的讨论中，收益匪浅，最后幡然皈依佛教。有关他与龙军的探讨，留下了颇著声名的佛教典籍《弥兰陀问经》。当婆罗门教在恒河中下游地区复辟时，米南德成为佛教的保护伞，许多佛教徒纷纷投奔西北。

塞人和月氏进入印度，则源于中国的历史变迁。在中国北部和西北部的辽阔疆域上，当时活跃着匈奴、乌孙、月氏等为主的游牧民族，他们逐水草而居，不仅为争牧场而厮杀，而且常常南袭，掠夺中原民众的财产。秦始皇为保护疆域和臣民不受游牧民族的侵扰和劫掠，修筑了长城。后继的汉朝更是小心翼翼地坚持在长城上设防。北方游牧民族掠夺中原财富的门紧紧关上了。但他们争夺牧场的行为不断加剧，终于酿成了人类历史上的大西迁。

月氏原先居住在甘肃敦煌，第一次西迁发生在公元前174年至公元前161年期间。匈奴人大举进犯并击败了他们，月氏人不得不一分为二，远远逃离。一支向南迁徙到今四川西北的羌人区，称为小月氏；另一支称为大月氏，迁移到今伊犁地区，同时把原先游牧在那儿的塞人赶向西南。约公元前161年至公元前158年，乌孙人从东北方向压来，又一次迫使月氏人向西迁移，同时月氏人再一次将塞人撵向西南，形成民族迁移的联动。公元前138年，张骞第一次出使西域，当他到大夏时，那儿已成了大月氏人的家园。

塞人，《汉书》称为塞种，《史记》称塞王，欧洲古代史称西徐亚，印度古代则称其塞卡，原先游牧在伊犁河流域，在大月氏的压迫下，向西漂游到咸海周围并摧毁了北大夏。当大月氏再一次压来时，塞人被迫迁入阿富汗，然后南下俾路支，在那儿滞留了约一百年，因此当地得名“塞卡斯坦”（意为“塞人之家”）。约公元前88年，塞人经休养生息后强大起来，通过波伦山隘，一拥而入印度河流域，定居西印度。约公元前80年，进入印度的第一位塞人国王毛伊斯（或叫莫加）在犍陀罗建立了塞人的政权。以后他们分而治之，在西北印度形成许多相对独立的小国，最远达到邻近于德里的马土腊。印度人称他们为塞人州长，所谓“州长”，是波斯人的一种地方行政制度，州长为世袭，其中较有名的是乌衍那的塞人州长鲁陀罗达曼。根据镌刻于公元150年的朱纳加尔长长的岩刻铭文，他是屡战屡胜的征略者，在德干、印度河下游流域和拉贾斯坦等地的出击都获得了胜利。这重要的梵语铭文还记载，他本人在文法、政治学、逻辑学上颇有研究，并且精通音律。他在苏达桑纳湖上修建了一座水坝，全部费用由国库开支。塞人州长统治西印度的格局一直维持到公元4世纪，是时笈多王朝崛起，将他们一一征服，此后塞人逐渐同化于印度人中。

四、贵霜王国

大月氏进入大夏不久，分成五个部落，称为“五翕候”。公元1世纪中叶，其中的贵霜部落在丘就却率领下统一了大月氏五部落，建立贵霜王国。然后越过印度次大陆西北方的山脉，建都于高附（今喀布尔），控制了今阿富汗大部和克什米尔地区。当时亚欧大陆有四大帝国：中国、贵霜、安息、罗马，其中贵霜的历史最模糊，至今仍有许多空白，一般认为贵霜王朝有八王或十王。贵霜国王的称号与希腊人和印度人国王的头衔不一样，不用“至尊国王”、“万王之王”或“罗阇”等，他们显然受到中国“天子”

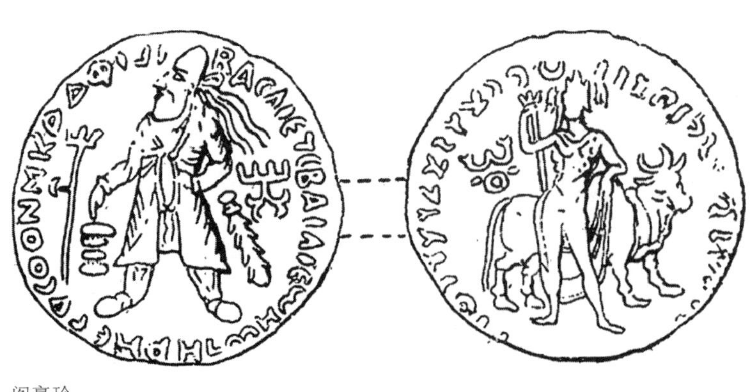

阎膏珍

称号的影响,常用"天神之子"的头衔。公元1世纪下半叶,丘就却寿80而逝,其子阎膏珍继位。

公元1世纪末,阎膏珍征服了西北印度,扩疆到恒河中游,贵霜帝国的基石奠定。此时贵霜王朝已相当富庶,阎膏珍发行的足色金币证明了这一点。制作金币的金子有一部分是从罗马帝国流入的,是罗马用来购买印度精致细布、香料、宝石等奢侈品的。

阎膏珍的继任者是迦腻色迦。迦王在历史上留下两个不确定的问题。其一是登位时间,只能推定为在公元78年至144年;其二是王室世系问题,迦腻色迦与丘就却、阎膏珍不是同一家族,很可能是出身小月氏(即到藏北地区与羌人混合的那一支)。

在迦腻色迦的统治下,贵霜王朝达到昌盛的顶点。在武功方面,迦腻色迦先东征恒河流域的摩揭陀,席卷了整个北印度。接着,迫使塞人各小邦国成为贵霜王朝的属国,以前的那些塞人州长现在常常充任帝国行省的统治官。贵霜王朝联合他们对付安息,安定了西北印度的疆界。然后征服克什米尔,接通天山南路。最后建都城于富楼沙,坐落在兴都库什山南麓,并建陪都于孔雀城(或称马土腊),以示重心移向北印度。此时贵霜王国的疆域南抵文底耶山,北控花拉子漠,西与安息接壤,东与中国汉朝以西域为缓冲。

佛教画

迦腻色迦在文治方面的建树,则应与大乘佛教的兴起和佛教的传播联系在一起。迦腻色迦在征伐摩揭陀、攻下华氏城时,要求当地统治者献出高僧马鸣。马鸣多才多艺,是印度文学、戏剧的开山祖,抒情诗泰斗。马鸣也是用梵文写作的权威。他同样喜好矛盾冲突的哲学,常常论述哲学体系的精微奥妙。作为佛教高僧,马鸣精彩绝伦的讲道,折服了迦腻色迦,使他不知不觉中皈依了佛教。

据信,大乘佛教的教义在大约公元前1世纪起源于案度罗,但它的兴盛则缘起于迦腻色迦统治时期。是时佛教哲学家们对大乘佛教作了详细论述,其中最杰出的是龙树。龙树出身于德干北部的一个婆罗门家庭,后皈依佛教。龙树论述“空”的教义,讲解“万物皆空”,传授“中观”,避免极端,等等。他奠定了大乘佛教的基本教义。

拿着鸟笼的药叉女,贵霜时期

然而,从外在形式来看,梵文佛经大盛以及佛像和菩萨像的出现,这是大乘佛教具有的两种特殊的形式。原始佛教的传教和佛典编纂都使用俗语,此时经马鸣和龙树的倡导及努力,梵文佛经大盛。此前,佛教无偶像,佛陀的存在是通过一些象征物来表示的,如一匹马,代表他抛弃了王子生活;一棵菩提树,代表悟道;一个轮子,代表佛陀第一次讲道。因此信徒们也不崇拜偶像,只崇敬与佛陀有关的或释尊用过的东西,如舍利珠、法轮、脚印(锡兰中部山区有一大脚印,相传是佛陀留下的)等。佛像更为直观,也易于礼拜,那是希腊艺术与印度文化结合的成果。佛像的主题是印度的而技巧方面部分来源于希腊艺术,柔美而飘逸的线条就是典型的希腊风格。佛陀的母亲被塑造成一位雅典主妇,成长中的佛陀时时被安上阿波罗式的脸。菩萨是大乘佛教独有的,是释尊慈悲思想的理想化的实践者。菩萨的地位比佛低,已有资格争取成佛了。但更重要的是赋予菩萨一种理念,即菩萨是以彻底无我的姿态为人类幸福而工作,在完成“普度众生”的工作以前愿意屏弃自身的升华。所以有些佛教徒甚至把菩萨解释成是佛陀生前的各种化身。菩萨像显得多姿多彩,那是印度雕塑的热情奔放与希腊传统的冷静沉稳浑然一体。总之，佛像、也包括弥勒佛与众佛像，以及菩萨像，都具有世俗性质，并且或者有活泼的生命之乐，或者有肃穆的威严感，这些都是易于崇拜的。

约公元120年，在马鸣副主持的协助下，迦腻色迦亲自主持了佛教的第四次结集。这是大乘教派的聚会，因为小乘佛教不承认此次结集。这次大会最有意义的结果是加速了传教活动，派出多个佛教使团去中亚及中国，并使整个西域佛教化。

迦腻色迦的后继者们统治了150年，但贵霜王朝的势力日渐衰退。波斯的事件再次参插进西北印度的历史。公元226年，阿尔达希尔击败安息，确立了波斯萨珊王朝的支配地位，他的后继者征服了白沙瓦和呾叉始罗，贵霜辖下的西北印度分成几个小国，成为萨珊王朝的附庸。

作者点评：

鉴于有关公元前2世纪至公元4世纪留下的资料不多，尤其是关于贵霜王国的文献资料十分匮乏，因此钱币学对于我们了解和整理这一段历史，有着至关重要的作用。

印度使用钱币已有2 700多年的历史，但是印度钱币学的研究却是近200年的事情。印度最早的钱币应是随海上贸易而传入的，约公元前700年。最早的钱币为凿穿形式，在《摩奴法典》中称为“古钱块”（Puranas），仿自巴比伦的钱币。

公元前2世纪，大夏王国的印度—希腊人沿用希腊的铸币方法，并采用两面压印的形式。其中，欧克拉提德和米南德两国王所铸钱币最多，也最精良。由于种族复杂，所以钱币往往有两种铭文，正面是希腊文，反面则是印度俗文；还有压印的图案，一般为印度常见的事物，有的钱币还有当时在位君王的名号。

公元1世纪中，贵霜王国仍仿照希腊、罗马的铸币方法。丘就却发行的钱币，正面是头部肖像，模仿奥古斯都大帝式的头像，反面是一位坐在罗马显贵椅上的国王肖像。阎膏珍征服北印度后，大量铸造仿罗马的货币，尤其是铸就大量金币，甚至在重量上也与罗马金币一样。然而，阎膏珍钱币的图案却是欧洲与印度两种风格，正面是国王的肖像和名号，反面常是类似湿婆神像或乘牛的图案。迦腻色迦的钱币在重量和质量上与阎膏珍的货币基本相同，但在文饰和文字方面大不相同。正面饰有国王肖像，其状态为在火神祭坛前的祭祀者；反面铸有各种不同的神祇，有拜火教的神灵，有印度的佛像，还有希腊的日月之神。钱币的铭文都是希腊文，但国王的头衔却译为古波斯文。迦腻色迦的继任者胡维斯迦在所铸的钱币上，是他盘足坐在象背上，或坐在宝座上，一脚悬着，一脚缩起来；反面有各色神像，有希腊的、波斯的和印度的，铭文是希腊文。再以后，币制开始败坏，金币成色不足，制作粗糙，图案单一，但都是印度风格，正面是国王站在祭坛前做祭祀，反面是湿婆及乘牛的像。残存的希腊影响只是钱文中的希腊字母。

顺便提及，笈多王朝的钱币是贵霜王国币制的延续。复杂的文饰逐渐化简，正面是站着的君王，反面是一位坐在莲花上的女神，但制作精良，优秀的艺术造诣远胜过前代。由于此时梵文大盛，因此钱币上的铭文不再是希腊文或印度俗文，而是文法严谨的梵文。

第六章 从笈多王朝到戒日王时期

一、笈多王朝的兴衰

笈多家族的起源不甚清晰,应是一个富裕的地主家族,渐渐在摩揭陀地区获得政治统治。公元 320 年,旃陀罗·笈多一世即位,笈多王朝不再默默无闻,逐渐进入繁荣。旃陀罗·笈多娶了栗占婆族的一位公主,栗占婆族自古以来是恒河下游的望族。借助与名门通婚,笈多家族抬高了社会地位。旃陀罗·笈多把婚姻的一些情节铸入发行的钱币中,这反而增加了笈多王朝是非王室出身的推测。旃陀罗·笈多一世的统治疆域从摩揭陀向西拓展到恒河中游一带,定都华氏城,并采用了"万王之王"的头衔。他在统治后期召开了一次大臣与王族成员会议,在这次会议上,王子三漠陀罗·笈多被正式指定为王位继承人。

约公元 335 年,三漠陀罗压倒另一位王子卡查,登上了王位。一位名叫诃梨犀那的官员呈献给他一篇长长的颂文,它铭刻在阿拉哈巴德的一根阿育王石柱上。

旃陀罗·笈多一世的婚姻钱币

颂文给出了一张引人注目的列表，详细列出了屈服于三漠陀罗的国王的名字，说他共战胜了 35 王，9 王为恒河流域，11 王在南印度，5 王在西北，等等。藉此，可绘出笈多王朝势力范围的版图。在东印度，阿萨姆、孟加拉等地的国王们被迫交纳贡赋。向西他扩展到印度河流域的一部分，迫使尼泊尔和旁遮普的国王们接受笈多王朝的宗主权。南方的情况有所不同，虽然三漠陀罗曾一度远征至东南沿海的康契普腊姆，中印度和德干各小国的君主们也承诺效忠，但这并不能视为直接的政治控制，原统治机构没有改变，强烈的抵抗时时发生。在一系列的征服完成以后，三漠陀罗实施了标志着显赫统治权的“马祭”仪式，用作牺牲的牲口达百头之多。

三漠陀罗在统治期间，铸造了一系列精致的金币。在钱币的图案上，他除了呈现为威严的征服者外，还被描绘成诗歌和音乐爱好者，一些钱币上铸着他正在弹奏诗琴。铭文与钱币图案相吻合，也记载他是一位多才多艺者，并显示他资助学术研究。佛学者世亲就受到他的赞助。

约公元 380 年，袭用祖父名字的旃陀罗·笈多二世登上了王位。在所有的笈多国王中，他的统治才能和文化修养被认为是最好的。事实上三漠陀罗的直接继承人是他的另一个儿子罗摩·笈多。罗摩是一个懦弱无能的统治者，他在与塞人的战斗中大败而归，并屈辱地愿意献出自己的妻子德鲁瓦德维以求降。这使国王的弟弟旃陀罗·笈多深感厌恶，他假扮王后，进入塞王的宫中刺死塞人暴君。他的英勇行为赢得人民的爱慕，在与罗摩的最后摊牌中，他杀哥娶嫂，登上王位。罗摩的钱币上，以及旃陀罗·笈多二世的一些铭文上，都表明王后是德鲁瓦德维。大约两个世纪后的一出戏《月护天女》描述了这一事件。

旃陀罗·笈多二世的钱币（文治武功）

确实，旃陀罗·笈多二世的主要战役就是与塞人作战。双方一系列的大战发生在 388—409 年之间。笈多王朝最终击溃了塞人，兼并了西印度,战败者遂同化于印度人中,因为此后印度文献不再提及塞人。旃陀罗·笈多二世发行特制银币,纪念这次胜利。这是一次重要的征服,印度西部边境不再是忧患的根源,而且笈多王朝掌握了西印度的港口后,得以插手印度与地中海的贸易。

对于德干地区,笈多国王以缔结联盟来加强地位。伐卡塔卡此时是德干地区的支配力量。旃陀罗·笈多二世把女儿嫁给伐卡塔卡国王鲁陀罗犀那二世,缔结联姻同盟。不久笈多王朝就得到了联姻的好处。鲁陀罗犀那二世登上王座五年后就去世了,儿子们还年幼,他的遗孀从约390年到410年摄政达20年。实际上伐卡塔卡此时成为笈多帝国的一部分。另外,德干地区其他一些小王朝也与笈多王室联姻,因此旃陀罗·笈多二世用不同的方法,取得了与其父亲同样的成果。

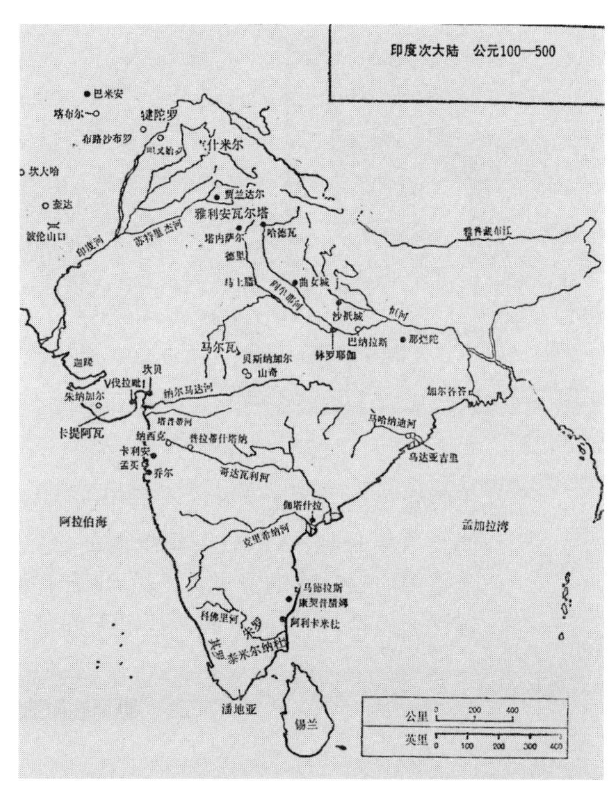

印度次大陆 公元100—500

旃陀罗·笈多二世采用"超日王"头衔。与他父亲一样,他在战场上的胜利也有立柱歌颂。不过那是竖在德里的铁柱,高达23英尺,上有铭文,刻其武功。此柱在工艺史上十分重要,因为几千年来未生锈。但人们真正赞赏的是他对文学和艺术的赞助,以及高标准的文化生活。东晋的法显在405年至411年访问了印度,收集佛教文献,研究印度寺院。他描写的印度正值旃陀罗·笈多二世统治的盛世,"其国丰饶,人民炽盛,最乐无比。诸国人来,无不经理,供给所须","民人富盛,竞行仁义",等等。

旃陀罗·笈多二世的王位由其儿子鸠摩罗·笈多继任(约415—

455)。对于来自中亚的嚈哒人咄咄逼人的攻势,鸠摩罗历尽艰辛,成功地维护了帝国的疆域。王子塞健陀·笈多(455—467在位)在危机四伏的局势中登位。他面临严酷的经济危机,致使铸币的成色下降;面临封臣们的脱离和反叛;更为凶险的是,不得不面临如狼似虎从中亚扑来的嚈哒人。笈多王朝费尽全力才击退嚈哒人的第一次攻击。塞健陀去世以后,笈多王朝的衰落越来越快,以后的王统混乱,至今不能确定。5世纪末,在遭到卷土重来的嚈哒人的沉重打击后,地方官们又纷纷闹独立,笈多王朝遭受着慢慢的侵蚀,约公元540年湮没无闻了。

德里铁柱

二、嚈哒人进入印度

嚈哒人,这是中国史书上的称呼,欧洲人称其为Elphalits,或称匈奴人的一支,印度史上的称呼也从"匈奴"的读音化出,称"匈纳"人,也称白匈奴人。嚈哒人的人种不详,或出于大月氏,或来自于吐鲁番。他们原先居住在中国的西北,5世纪初柔然出现于蒙古,嚈哒人受其压迫,向西南迁移。5世纪进入阿姆河流域,即原大夏所在地,获得了很大的发展。483年嚈哒人打败了已吞并贵霜的萨珊王朝,杀了波斯王。

约458年,嚈哒人第一次进入北印度,被塞健陀打退。5世纪末,他们在打败波斯人后,再一次从"马背"地带一泻而下,占领了西北印度大片土地,此时"土地庶衍,山泽弥望","四十余国皆来朝贺"。嚈哒人在印度以原来南大夏的奢羯罗为都城,但他们的习性仍是"居无城郭,游军而治。

以毡为屋,随逐水草,夏则随凉,冬则就温",对北印度以劫掠为主。他们几乎抢遍印度北部,所得甚众,过着富庶的生活,"王张大毡帐,方四十步。王著锦衣,坐金床,以四金凤凰为床脚";"王妃亦著锦衣,垂地三尺,使人撒之";"王妃出则舆之,入坐金床,以六牙白象四狮子为床"。

嚈哒人中最出名的王是密希拉古拉,密希拉古拉是梵文,意为"太阳之后",是印度人被迫对其的称呼,此人真名不详。他"立性凶暴,多行煞戮,不信佛法,好祀鬼神",尤其是残杀佛教徒。嚈哒王除了骑兵外,战斗力最强的是象军,他有战象 700 头,每头象载十名持刀举枪的士兵,象鼻缚刀,冲杀敌阵。

屡遭劫掠的印度各邦,终于携手组成联军,与嚈哒人抗衡,最终将密希拉古拉驱出平原。密希拉古拉逃到克什米尔,约 542 年死在那里。印度境外,西突厥人和萨珊波斯合击嚈哒人,565 年嚈哒人被彻底打败。

嚈哒人入侵的浪潮衰退了,但与嚈哒人同来的一些中亚部落却留在了北印度,还有一些向南和向西迁移。瞿折罗人就是这些中亚人中的一支,他们在 6 世纪定居西印度,英勇好战,后来散居整个北印度,自命为农村保护者。他们就是拉其普特族的祖先,并在几世纪后,再度主宰北印度的历史。

三、戒日王时期

从笈多王朝衰亡至 7 世纪初戒日王崛起,北印度是小邦林立。这期间既有民族置换,又有战国兼并,其中有五个主要王国。它们是后笈多诸王、穆克里、普西亚布蒂、梅特拉卡和高达。所谓后笈多诸王并非笈多王族后裔,实际上是笈多王朝的封臣,他们见帝国中央逐渐衰弱而纷纷宣告独立。他们先盘踞在摩揭陀地区,后被穆克里王国渐次逐出,迁至马尔瓦地区。梅特拉卡源出于伊朗,统治着古查拉特地区,并且把都城伐拉毗发展成当时重要的知识中心之一。7 世纪时,在王室的赞助下著名的梵文史诗《跋提诗》编撰成书。梅特拉卡王国偏隅一方,统治长久,直到 8 世纪中叶才屈服于阿拉伯人的攻击。高达位于东边的孟加拉地区,它后来一直是戒日王在东印度最强劲的对手,直到 619 年一仗后,势力才削弱。穆克里控制着以曲女城为中心的周围地区,普西亚布蒂占据着德里北方。这两国建立联姻同盟,即穆克里的国王娶了普西亚布蒂的公主。在穆克里的国王被高达国击杀后,国中的显贵们请求此时刚登上普西亚布蒂王位的戒日王统一两个王国,在都城曲女城治理国家。

普西亚布蒂家族初露头角,应在波罗羯罗伐弹那就任国王时,他有着强烈的征服愿望。但贯彻并完成这一夙愿的是其小儿子戒日王,也就是西方所说的曷利娑伐弹那(意译"喜增")。公元606年,戒日王开始了他的统治。波那,字意为"贤者",是当时有名的传记家、诗人,作为戒日王宫廷的座上宾,写了一部丰富多彩的传记《戒日王本纪》。唐玄奘遍游印度正值戒日王时期,他的《大唐西域记》与波那的撰著,从多方面反映并相互印证了当时的状况。处于乱世,戒日王不得不或结盟,或征战,以处理国与国之间的关系。经过多年的奋斗,他终于"臣服五印度"。在东边,他与布拉马普特拉河(即雅鲁藏布江流经印度的下游)北岸的迦摩缕波的国王日胄结盟,利用他可东西夹击主要对手高达国王萨桑卡。萨桑卡是高达国最有作为的国王,季羡林描述:"他简直像是一颗彗星,一霎时发出耀眼的光芒,立刻就又消失了。"萨卡桑仇视佛法,《大唐西域记》记载他:"信受外道,毁妒佛法,坏僧伽蓝,伐菩提树,掘至泉水,不尽根柢,乃纵火焚烧。"他曾与后笈多王朝联手攻击穆克里,杀了国王,掳走王后并关在曲女城的监狱中。这王后正是戒日王的妹妹。戒日王的哥哥王增曾经为解救其妹,领兵讨伐,606年又被萨桑卡杀害。由是戒日王占得了王位并兼管了穆克里的地盘。据《释迦方志》记载,当戒日王与日胄结盟夹击萨桑卡时,后者释放了戒日王之妹。但她不知底细,退隐文底耶山林中。戒日王兴师动众,大力寻找,终于在她和她的随从走投无路欲投火自焚时找到了她。多年以后,戒日王再率远征军到达孟加拉,终于在641年称王摩揭陀。在南方,戒日王于公元634年进军纳尔马达河,遭德干境内的遮娄其国王补罗稽舍二世的抗击,双方势均力敌,戒日王无功而返,但也确保了南疆的平安。在西方,马尔瓦地区的国王摩塔婆·笈多与戒日王结盟;另一王国伐拉毗则被击败,641年国王德鲁婆跋陀不得不通过联姻屈服于戒日王的势力,并在其宫廷中随侍。在北方,戒日王曾远征雪山地区索取贡品,也曾兵至迦湿弥罗(今克什米尔)取得佛牙舍利。他的军队从象军5 000,马军2万,步军5万,到征服后期增至象军2万,马军10万。他一度是北印度居位至尊的统治者,"戒日王行时,每将金鼓数百,行一步一击,号为节步鼓。独戒日王有此,余王不得用也"。

戒日王在文治方面的建树也不可忽视。除了对梵语大师"贤者"波那的庇护外，他本人也有三个剧本留世，其中《龙喜记》长演不衰，至今仍占据着一些地方的舞台。此外还有《八大灵塔梵赞》佛教颂诗传世。戒日王被认为宽容大度和秉性仁慈，对各种姓和各宗教一视同仁，并且对于宗教事业十分热衷。他两度邀唐玄奘出席庄严的宗教集会。641 年，曲女城举行学术辩论大会，除了三千余佛教徒外，还有婆罗门和耆那教徒二千余人，并有 18 位国王出席，“以次陪列”。扮饰华丽的象群护送金身佛像进入盛大会场的场面蔚为壮观。唐玄奘在会上宣讲了大乘佛教。玄奘论毕，悬讲本于会场外，“若其间有一字无理能破者，请斩首相谢”，结果“竟十八日，无一人敢问”。钵罗耶伽集会是每五年一次的“倾竭府库，惠施群有”的施舍大会，人们不分贵贱，不论宗教信仰，都可以参加讲法和施舍财物，所以史称“无遮大会”，会期长达 75 天。布施会的场面更为宏大，“比至会场，道俗到者五十余万”，戒日王由二十余国国王陪伴左右。不同宗教的神像，如释迦牟尼像、太阳神和湿婆像等，逐日轮流受到供奉。戒日王以“真珠杂宝金银诸花，随出四散”作为布施。

释迦牟尼像

戒日王统治了约 41 年，直接控制范围是恒河上游和中游。所谓“臣服五印度”，其他地区仅是称霸，因为当地的政权仍存在，仅表示效忠；后期“三十年不用兵”的说法，也仅限曲女城周围。公元 647 年，中国正使王玄策、副使蒋师仁，穿过西藏、尼泊尔到东印度摩揭陀时，正值戒日王死，国中大乱，臣子阿罗那顺自立，发兵拒中国使团并抓了王玄策的随从。王玄策借吐蕃、尼泊尔兵 1 万，击败印军，生擒阿罗那顺，并将其押回长安。

四、公元 6 世纪后的南印度

唐玄奘向南游历时，他曾惊愕可耕地面积随之递减。大面积的肥沃平原在南印度是不存在的，因此以大农耕为基础的王国在南方难以发展，小王朝割据的趋势是南印度早就形成并继续一以贯之的特征。

6 世纪中叶以后，位于巴达米的遮娄其和位于康契普腊姆的婆腊伐以德干高原为主战场，展开了长达三百年的冲突。6 世纪中，自称太阴系后裔的遮娄其击败伐卡塔卡并取而代之，以德干高原西部为基地，进而扩展到德干高原大部分地区。补罗稽舍二世(609—642 在位)在挡住戒日王的进攻后，向东征服羯陵伽，击败婆腊伐并占据其北部的一些省份。晚年却遭到东山再起的婆腊伐的重创，首都瓦达比被摧毁，补罗稽舍二世也死于战火中。此后是 13 年的空位时期。至 655 年补罗稽舍的儿子超日王一世努力统一了分裂的王国，恢复力量后与婆腊伐又进行一次旷日持久的战争，双方损失惨重。然而，超日王二世(733—746)一雪前耻，率军攻入了婆腊伐的首都建志城，刻石存念后撤离了。753 年，遮娄其王朝的一名封臣丹蒂杜尔加崛起，推翻了超日王二世的继承人，奠定了拉喜特拉库塔帝国的基石。

婆腊伐王朝创立者是从北方来的婆罗门种姓，通过与当地望族的联姻而崛起。从较早的一篇铭文得知，国王施行各种吠陀献祭，包括大规模的“马祭”。由此可见，婆腊伐王朝在雅利安文化的南传与南北文化的交流和融合上有所建树。另有记载，一位国王努力推广农业经济，他赏赐给臣民大量黄金和分配给他们 1 000 头耕牛，以鼓励开垦田地和奖励定居。婆腊伐的首府建志是当时南印度最繁华的都市，它以设计优良、市容整洁、庙宇宏伟，著称于印度，唐玄奘记载：“人户殷盛，家室富饶，大小二乘，兼攻习学，天祠数十，外道众多。”

在摩哂陀跋摩一世(600—630)统治时期，除了与遮娄其的战争，他还控制着泰米尔纳杜，并成为早期泰米尔文化的主导者和赞助者。他与戒日王是同时代人，也同样是一位颇有名望的诗人，还是戏剧《醉汉的快乐》的作者，并资助开凿出若干最优秀的石窟庙宇。后期的婆腊伐君主们在与遮娄其战争进行的同时，还曾渡海作战，帮助失去王位的盟友锡兰国王复位；与东南亚的海上贸易也一直进行着。婆腊伐和遮娄其都曾兼并对方，但后来都无法保住对方的疆域，可见双方在军事上是势均力敌的。

8 世纪中，局势发生了变化，泰米尔半岛的潘地亚加入了这场争斗。从公元 6 世纪起，潘地亚在泰米尔纳杜以南地区逐渐强大起来，此时它不断袭击一蹶不振的婆腊伐。公元 9 世纪，一度臣服于婆腊伐的朱罗重新崛起，阿迭达一世(871—907)还在王子时，谋杀了婆腊伐最后一王。南印度舞台上的主角们更换了。

朱罗在臣服于婆腊伐期间，一度默默无闻。9 世纪中叶，毗阇耶拉耶(约 846—871)占据了坦焦尔，自称为“太阳王朝”的后人，宣告独立，成为朱罗王国的统治者。他的儿子阿迭达一世推翻了婆腊伐王朝。907 年，阿迭达的儿子波兰陀迦掌权，统治了几乎半个世纪。他出征潘地亚，占领其首都马杜赖。但他的主要对手是取代遮娄其的拉喜特拉库塔。不幸，在他统治后期，拉喜特拉库塔击败了他，并占领了朱罗王国新近得到的北部地区。此后，朱罗王朝沉寂了 30 年，如潘地亚等一些被征服的地区又纷纷独立。

随着 985 年罗阇罗阇一世登基，朱罗王国励精图治，再次强盛。此时，它的主要敌手发生了变化。973 年，遮娄其后人泰拉帕先娶了拉喜特拉库塔国王的女儿，后推翻拉喜特拉库塔王朝，取而代之，又一次主宰了德干地区，史称“后遮娄其王朝”。朱罗国卷土重来后，进行了全方位征战。罗阇罗阇先攻击其罗、锡兰和潘地亚三者的联盟，粉碎了这些王国对西方贸易的垄断。他向西征服了其罗和潘地亚后，向北占领了羯陵伽，然后向南渡海攻击锡兰。这次掠劫性的征战在锡兰造成惨重破坏，彻底摧毁了锡兰的首都阿褥罗陀城。他还曾进行一次对马尔代夫群岛的攻击，这群岛在阿拉伯贸易中占有重要地位。

他的儿子拉金德拉一世更胜一筹，1014 年继位后，继续奉行扩张政策。他击败了后遮娄其，兼并了后者南方诸省，达到了争夺富庶的文吉地区的目的。他甚至发动一次远征，穿越奥里萨，挺进到恒河河畔，并且把圣河河水带回了朱罗首都。他利用强大的海军，跨海远征东南亚的室利佛逝王国，以争夺中国—印度贸易航道的主动权，因为室利佛逝控制着贸易咽喉地马六甲海峡。出征是成功的，朱罗军队占领了沿马六甲海峡的许多战略要地，甚至还征服了下缅甸的勃固地区。至少在 11 世纪初的一段时期，印度控制着中印贸易通过东南亚海岛部分的航道。

拉金德拉的后继者们主要与后遮娄其抗争，争夺的焦点仍是“谷仓”文吉地区。闪电式袭击并进入彼此领地内的老模式反复出现了。朱罗的一次袭击,洗劫了遮娄其的都城卡利亚纳。1050 年,遮娄其国王复了仇。直到朱罗国王库洛通加(1070—1118)时期,双方才稍稍缓和。库洛通加是朱罗最后一个有作为的国王,1077 年他向中国派遣了 72 名商人组成的使团。自他以后,朱罗王国频受攻击,攻击者是霍伊萨拉王国、卡卡提亚王国和亚达瓦王国。这大概是对朱罗王国的报应,因为上述三国本是遮娄其的封臣,是朱罗削弱了遮娄其而使它们得以独立。经几十年的消耗战后,朱罗已不堪风雨。此时宿敌潘地亚再起,从南方给了朱罗致命一击。13 世纪时,潘地亚取代朱罗,成为泰米尔地区的支配力量。

五、公元 7 世纪后的北印度

戒日王时期结束后,北印度又一次处于诸邦割据的局面。7 世纪后,拉其普特人成为霸权的有力争夺者,此后几百年间,他们在印度历史上发挥了重要的作用。拉其普特,意为“王族的子孙”,是 5 世纪中叶随哌哒人进入西印度的外族人。还在部落时期,他们就以此名作为尊称。6 至 7 世纪时,这类部落不断吸收外来族的子孙,如希腊人、安息人、贵霜人、塞人、突厥人、波斯人、匈奴人等,他们在血统上与当地人有了混合,在生活习俗上也日益印度化,构成了一个特殊的社会阶级,逐渐形成新的种姓。8 至 10 世纪,他们散布到北印度,融入印度社会,逐步掌握各地军政大权,形成封建王族。他们笃信印度教,骁勇善战。拉其普特一共有 36 个大族姓,发展至 12 世纪时,他们是北印度举足轻重的角色。

三强争夺曲女城,这是北印度舞台上诸强争雄展演的第一幕。“曲女城”一名出于唐玄奘的汉译,是戒日王时期的首都,它位于恒河上游,今新德里的北边,是当时帝国权力的象征。争夺的三方是普腊蒂哈拉、巴拉和德干地区的拉喜特拉库塔。

普腊蒂哈拉是拉其普特人的一支瞿折罗人的后裔,来自西印度,社会出身不明。“普腊蒂哈拉”意为“守门人”,是拉喜特拉库塔给敌对者设想的侮辱性的低卑身世。但普腊蒂哈拉人把这名称与神话中罗摩王的兄弟联系在一起,因为他在罗摩流放时为其守过门。公元 8 世纪中叶,纳加巴塔一世在成功抗击了从信德西来的阿拉伯人后,就向东展望。他的侄孙弗少王曾把势力扩展到孟加拉，但后来遭到拉喜特拉库塔的德鲁瓦的迎头痛击，弗少王落荒到渺无人烟的地方。8 世纪末，弗少王的儿子纳加巴塔二世一度是成功者，他不仅统治着拉贾斯坦和乌贾因的大部分，而且从巴拉王朝手中夺取了曲女城。可惜晚节不保，他最终败于世仇拉喜特拉库塔的戈文达三世。纳加巴塔二世的孙子波阇国王是普腊蒂哈拉最著名的君主。836 年，他占据了曲女城，并将两个主要对手驱回到他们自己的边界内，而且坚决挡住了西方阿拉伯人的威胁，击败了东方孟加拉的高达人。阿拉伯商旅马苏迪赞叹波阇王庞大的军队，尤其是骑兵的实力，特别提到其中的一支骆驼队伍，说它具有很好的机动性，在战争中发挥了很大的威力。马苏迪还描述了曲女城和平、繁荣的景象。波阇王之后，普腊蒂哈拉一路下滑，一百年后，它不再是强国。1018 年一支突厥军队洗劫了曲女城，最终结束了普腊蒂哈拉的统治。

巴拉王朝位于恒河下游的富庶地区，控制了孟加拉和比哈尔的大部分。8 世纪瞿波罗开创了巴拉王朝。这彪人马自称太阳族后裔，是拉其普特的一支，也有说他们从海上来。瞿波罗是地方领袖们选举出来的国王，由于选举细节不详，16 世纪撰写西藏史的佛教徒多罗那塔相信：孟加拉没有国王，人民遭受苦难，所以各地方头头选举国王，每一位新国王当晚都被女魔杀死，最后瞿波罗当选，女神金迪（湿婆配偶之一）给他一根棍子自卫，他用此棍杀女魔而幸存。约公元 780 年他的儿子达摩波罗即位，尽管他从严峻的逆境开始，但到了统治末年，巴拉王朝已是东印度的支配力量了。8 世纪末，他成功地征服了曲女城。达摩波罗是一名狂热的佛教徒，属大乘佛教，还建设了全印闻名的毗讫罗摩斯寺。他与西藏保持友好，与东南亚关系密切，贸易收

西藏佛教

入颇丰,所以在他大概 815 年死去前,地盘基本上是稳固的。他的儿子提摩波罗虽然失去了对曲女城的控制,但在对邻国的征战中有所斩获,他死于大约 855 年。以后巴拉王朝逐渐衰弱,直至 11 世纪摩西波罗时才有起色,但他生不逢时,盛极一时的朱罗国王拉金德拉远征孟加拉,迫使巴拉王朝处于防御,疲于奔命。摩西波罗死后,巴拉王朝衰落了,12 世纪让位于犀那王朝。

拉喜特拉库塔 8 世纪中叶在德干高原崛起。“拉喜特拉”的名称,最先见于阿育王石柱,是地方官的官名,“库塔”意为国家,因此它是地方诸侯强大后建立的国家。建国者丹蒂杜尔加及继承王位的他的叔父克利希纳一世,南征北战,荡平了周围诸国,并建筑了著名的凿石而成的湿婆庙。这庙不仅在艺术上被称为“最奇异的建筑狂想”,而且表明了他们的宗教信仰。接着,经过德鲁伐国王大肆扩张后,9 世纪拉喜特拉库塔成为德干地区的霸主。阿拉伯商人萨勒门访游后认为,拉喜特拉库塔富庶冠全印,国君甚至可为世界四大名王,另三王是巴格达的哈里发、中国的皇帝和君士坦丁堡的皇帝。10 世纪拉喜特拉库塔进入恒河流域争夺,916 年攻取了曲女城。但在南北的冲突中,它耗尽了自己的力量。正如前文所述,973 年拉喜特拉库塔为后遮娄其所取代。

蓝毗尼石柱

应该注意,在这些主要王国疆域的边缘,还存在着许多小国,它们同样为印度的历史和文化添上浓重的一笔。例如,4 世纪至 11 世纪统治了大部分迈索尔的恒迦族,尽管无人知其渊源,但 10 世纪时他们自认为耆那教保护者,并在贝格拉山顶上雕刻了一座巨大的耆那教神像，高达 56 英尺，在印度文化史上独树一帜。其他较重要的小国还有迦湿弥罗、迦摩缕波、沙希亚以及拉其普特的另外几族。

迦湿弥罗即今克什米尔地区，公元 7 世纪，它通过扩张和征服，控制了旁遮普北部。8 世纪穆克塔毗达在位时，迦湿弥罗达到强盛，他远征中亚细亚，带回大批学者和工艺专家，木儿坦仍留存着他修建的马尔旦德太阳寺的遗址。其军队的足迹还到达东印度和德干高原。他也曾派一名使者出使中国，目睹了唐玄宗的开元盛世。以后，迦湿弥罗有两件事令人印象深刻。其一，在名相苏雅的主持下，兴建了许多水利工程，引领湍急的河水灌溉大面积的耕地。其二，10 世纪时先后有两名王后执掌政务。国王桑卡拉跋摩横征暴敛，被民众击毙。王后苏甘塔试图借国王名义进行统治，挽回厄运，但遭到军人集团反对，在 914 年被废黜。迪达王后则是先后操纵她的儿子在内的几个国王进行统治，后来干脆自立为王。她手段高明，处事谨慎，直到 1003 年，才禅位于她的侄子。迦湿弥罗终因内战频繁，国势逐渐衰弱，1339 年被穆斯林征服。

迦摩缕波位于阿萨姆，是一个多山的国度。它是东印度与中国之间的中转枢纽，是靠贸易发展起来的。7 世纪时，日胄国王是一名开明君主，他出身婆罗门，为印度教徒，而且“君上好学，众庶从化，远方高才，慕义客游”，他几次派人去那烂陀寺迎玄奘前往论道。1253 年，迦摩缕波的许多地区被阿豪马人征服，阿豪马人是掸族的一支，来自东面的山区。阿豪马人将其名字给予了这一地区，“阿萨姆”得自“阿豪马”。

沙希亚王朝本是一个突厥家族建立，9 世纪时统治着喀布尔和犍陀罗。国王手下有一个婆罗门大臣，这个大臣夺了王位，称“印度教徒沙希亚”王朝。王朝离开喀布尔，东迁至阿托克地区立脚，成为北印度和阿富汗之间的缓冲国。1001 年国王阇耶波罗被伊斯兰军队打败，羞愧难当，自焚而死。后继者也是一触即溃，1026 年沙希亚王朝被终结。

拉其普特有 36 大族，除了上述几大族外，还有四个族实力较强。这四族自称从一位神传下，该神从阿布山附近巨大的献祭火坑中产生，所以这四族称为“火的家族”。这当然是有意识的企图，以坚持他们的刹帝利身份。帕里哈尔人以拉贾斯坦南部为根据地。乔汉人统治着拉贾斯坦东部，他们的旁系支配着邻近地区。索兰克人占据加提雅瓦尔地区；帕瓦尔人在马尔瓦确立自己的统治。伊斯兰军队入印时，他们都曾顽强抵抗过。

六、社会状况

尽管笈多王朝和孔雀王朝都被视为印度古代的“黄金时期”，但从统治结构来看，两者只是形式上相似，实质上有着相当大的不同。就两个王朝的行政管理而言，国王是等级制的中心，王储率各大臣和顾问们辅助国王。其他的王子们封为各省的总督，省划分成地区，各地区有自己的行政机构。但不同的是，孔雀王朝是强势的中央集权，各地方一律按中央政令行事，阿育王甚至洞察边远地区官吏的所作所为。笈多王朝是一个由松散的封建关系连结起来的大国。在直接统治下的恒河流域，国王将很多权力下放给省级长官，因此地方行政有相当大的独立性，无论是政策上的决定，还是地区级官员的任免，一般都有省区总督作出决定。农村统治机构和城市管理机构，不再是一种官方贯彻下来的制度，而是地方代表们组成，代表了地方的利益。在城市议会中，商业利益据支配地位。至于恒河流域以外地区，笈多王朝常常用缔结联姻同盟和政治同盟的方式进行控制，这只是得到承诺效忠而已。

至于后来，戒日王的“象不解鞍，人不释甲，居六载，而四天竺之君，皆北面以臣之”，先不说其中的夸大，就按唐玄奘的叙述，戒日王统一时，诸侯的统治机构根本没有触动，戒日王的中央集权也无从谈起。因此戒日王一死，众诸侯自立，天下纷争不已。

笈多时期另一显著变化是俸禄制度。官员的年俸有时不是以现金，而是以授地来支付。这见于频繁发现的刻在石上和金属上的授地铭文，也见于如《大唐西域记》等类似的文献上。现金俸禄只支付给军事服役者。田地赐予宗教僧侣，作为服务的奖赏；赐予世俗官员，替代薪俸。授地主要是休耕地和荒芜地。授予婆罗门和佛教教团即“僧伽”的土地是免税的，受授者出租土地，收取产量的三分之一。授予世俗官员的土地，家属可以传袭，但是受赠人不可驱逐原有佃户，他有权获得产量的三分之一或二分之一，剩下的留给佃种者。

笈多时期的司法在理论上和司法程序上更加完备了。法律文本一般以摩奴的《法经》为基础，并作了详尽阐述。这一时期许多法律著作涌现于世，最闻名的是述祀氏、那罗陀、布里哈斯帕蒂和迦旃延那的撰著。作为种姓社会基础的“大家庭制”就盛行于此时。所谓“大家庭制”即父辈和儿辈在祖传的财产上,有同等的所有权;儿子们在父亲的财产上有同等的所有权。至于司法程序,它分成几个等级。乡村司法,由村议会负责;县级司法,由县法官负责,并由当地富商协助审理案件;各省的司法,由王室成员和高级官员负责处置。国王出席的法庭为最高法庭,由法官、大臣、祭司长及顾问们协助,在有些场合也邀请商业机构的代表来协助。有效证据是文件、目击者、犯罪工具或物证。神裁法作为证明手段得到承认并被运用。判决根据法律文本,或根据社会惯例,或根据国王的诏谕。

南印度的司法大同小异,但陪审制曾盛行一时。后遮娄其王朝的超日王六世(1076—1127)时,法律著述家威杰那内斯瓦拉编撰了古代印度法律的权威著作《密陀沙罗》,这是一部法律汇集,在印度教法律史上据有重要地位。

从法显的《佛国记》及印度同时代文学的描述中,我们可知道笈多时期的城市十分繁荣。那些精美建筑是"重阁精舍,高大严丽","城中王宫殿皆使鬼神作,累石起墙阙,雕文刻镂,非世所造"。考古挖掘发现笈多时期各地层的物品不仅数量多,而且显出精湛的技术和较高质量,可见都市居民生活在舒适和安逸中。犊子氏的名著《爱欲经》用清晰的文体分析和讨论了爱之艺术的问题,是一部爱的艺术的指南书,它附带描述了富裕市民的文雅生活:环境舒适而不奢侈,伴以诗歌和绘画的情调,悠扬的音乐不绝于耳。该书还认为,高等妓女是都市生活的通常特色,是需要的职业之一,既不使之浪漫化,也不嗤之以鼻。高等妓女经常得到职业培训,因为她常常作为一名有文化的伴侣而被召唤,就像日本的艺妓和希腊的名媛一样。

爱欲经

在戒日王时期,曲女城取代华氏城成为当时最繁华的都城。据玄奘记载:“其长二十余里,广四五里。城隍坚峻,台阁相望,花林池沼,光鲜澄镜。异方奇货,多聚于此。居人丰乐,家室富饶。花果具繁,稼穑时播,气序和洽,风俗淳质。”真是一个风光美,贸易隆,人民富,道德淳的都市。伐拉毗是西印度商业、贸易、文化、学术的中心,“居人殷盛,家室富饶,积财百亿者乃有百余室矣。远方奇货,多聚其国”。

对外贸易一直是国家大宗收入的来源,此时发生了重大的变化。曾经带来巨额利润的印度—罗马贸易,在公元3世纪随着哥特人入侵罗马帝国而终止。此时印度商人们更倚重东南亚贸易,他们在东南亚各地建立了许多商站,其中主要是三个国家:甘孛智、占婆和室利佛逝。这三国与印度都有交往,但与南印度如婆腊伐王朝的贸易更为密切。与中国、与西亚的贸易一如既往地进行,并且有所发展。出口商品变化不大,仍是香料、胡椒、檀香木、珍珠、宝石、化妆品、靛蓝和各种药草。进口商品却不一样了,中国丝绸大量涌入,阿拉伯、伊朗的良种马大量增加。马可·波罗曾列举南印度五小国进口阿拉伯马匹,称每小国年进口马二千余匹,“一马售价至少值金五百两,合银百马克”,并解释:“每年购马如是之众者,盖因所购之马不到年终即死;他们不懂如何养马,而且国中无蹄铁工人。售马的商人不愿失去每年售马的利润,运马来时,不携蹄铁工人俱来,所以每年获利甚巨。马匹皆用船舶从海上运载而来。”印度商人与非洲也有贸易,从埃塞俄比亚进口大量象牙,他们甚至远涉马达加斯加和坦桑尼亚等东非的港口,在当地市场与中国商人一较高下。

由于6、7世纪后,印度战乱不止,阿拉伯人的势力不断东来,此时西印度的贸易主动权逐渐移到阿拉伯人手中。他们定居在印度海岸,从印度商人手中收购货物,然后渡海与西方贸易。

印度最早的教育称为“净修林”式。圣哲们远离尘世,居于森林中修行,他们的栖息地就称为“净修林”。学生们来自各地,拜师就学。教育方式是师生面授,内容是宗教学和哲学。而后,数学、天文学、医学等纳入。

此后,正规教育逐渐形成,在婆罗门机构和佛教寺院中进行。从理论上说,婆罗门机构的学习期限从幼年起延续30年左右,实际上除了培养为祭司者外,一般人是不可能的。佛教寺院一般学习十年,但培养僧侣的话,就必须学习更长时间。当时,北印度的帕塔那附近的那烂陀,西北的呾叉始罗和南印度的建志等都兴起为规模可观的教育中心。其中最负盛名的是那烂陀寺,“僧徒数千,并俊才高学也”,它吸引各地乃至远及中国和东南亚的学生"咸来稽疑",唐玄奘就曾在此学习、演讲和授课。那烂陀寺依靠许多村落的捐助来维持,学校提供免费教育和大多数学生的住宿。正规教育的重点是文法、修辞学、作文、诗歌、逻辑学、吠陀文献或佛学典籍,有些教育机构还教授医学,甚至出现兽医学,这主要与军队至关重要的马和象有关。

古代那烂陀大学

教育的第二种方式由行会提供。行会把成员资格限定于特定行业的人,一行会就是一特定行业的技术教育中心,各自传授采矿、冶金、纺织、印染、木工等方面的知识。

七、种姓制度的确立

种姓制度,公元前 1000 年至公元前 600 年是初成时期,公元前 600 年至公元后 300 年是演进时期,300 年至 700 年是确立时期,直至在印度逐渐消亡,再无大的变化。

以《梨俱吠陀》第十卷的四大种姓与《大唐西域记》的记载对比:

	《梨俱吠陀》	《大唐西域记》	《佛国记》
婆罗门	祭司	净行	
刹帝利	武士	王种	
吠　舍	农民	商贾	
首陀罗	奴隶	农人	
旃陀罗			恶人

《梨俱吠陀》与《大唐西域记》所列的前两个种姓变化不大，后两个种姓变化大。唐玄奘记载的种姓制度与印度以后的种姓制度差别不大，可见已基本确立。法显时期出现了旃陀罗，即“不可接触者”，《佛国记》记载，“旃荼罗名为恶人，与人别居，若入城市则击木自异，人则识而避之，不相唐突”。

至于种姓制度在印度的必然性和必要性，人们作了大量努力，意图从根本上理解它，从理论上界定它。但至今难以有一个令人信服的结论。列出人们较赞赏的两种看法：印度学者古尔耶在《印度的种姓和阶级》中标出种姓的六大特点，(1)社会分隔；(2)种姓间的上下等级；(3)饮食与社交限制；(4)日常生活与宗教生活的限制；(5)种姓间的职业限制；(6)种姓间的婚姻限制。另一学者施里尼瓦斯则作了如下界定：“一个世袭的、内婚的、通常是地方性的集团，与世袭职业相联系并在等级制中占有一定地位。”简单归纳，其特点为：(1)种姓是与生俱有，非后世归依；(2)婚姻限制；(3)空间上的限制，即特定种姓居住在特定地域；(4)职业世袭；(5)种姓是分等级的。

作者点评：

印度这一时段除了笈多王朝和戒日王时期在北印度一度有过统一外，其他大多数时期是小邦林立，相互争斗，呈现一种混乱的格局，但历史面貌仍然能比较完整地重现，应该说汉文资料功不可没。

这一时期，中国赴印的求法僧、使者、商团络绎不绝。他们的见闻、著述、译介，为近代印度学的研究提供了第一手的、具有永久价值的亲历实录，有些甚至是唯一幸存的，可谓弥足珍贵。例如，《汉书·西域传》记有较完整的大月氏的情况，《后汉书·西域传》中的专条是《汉书》大月氏记载的继续，这才使贵霜王国的政治史有了脉络，可作出较系统的论述，也才能与仅构成片断的钱币和铭文相互印证。法显《佛国记》对笈多盛世的赞叹，唐玄奘《大唐西域记》对戒日王时期的实录，以及两人对以前诸朝代的追述，才使得印度古代历史豁然开朗。追循王玄策出使印度的足迹，戒日王死后的一段历史才昭然世人。宋云出使天竺，周游嚈哒，会见了嚈哒王，他留下的有关文字是东西方关于嚈哒的唯一完整记载。义净对印度医学的叙述，令人印象深刻，即便《齐民要术》，也记载了印度麦子的生长时节。至于汉译印度典籍中，印度社会状况、人物生平的片段资料，更是丰富多彩。

近代印度学的专家们对于汉文资料，予以了充分的重视。例如，对于《大唐西域记》和慧立著《大慈恩寺三藏法师传》可为互补的两书，19世纪中叶以来，欧洲人掀起了研究热潮。法国人在1857—1858年先译了《大唐西域记》；英国人则两书都翻译，并且《大唐西域记》有三种译本。以后欧洲主要语言都有《大唐西域记》的译本。日本在明治维新以后，也研究此两书，1912年崛谦德《解说西域记》，1936年小野玄妙译的《大唐西域记》较为有名。欧洲和日本学者对于《大唐西域记》几乎是逐句考证的。对于《法显传》也如此，19世纪中叶以后，欧洲和日本学者纷纷从事《法显传》的翻译、整理和研究，如日本长泽和俊的《宫内厅书陵部图书寮本法显传校注》。

千古名僧唐玄奘

对于汉文资料在重现印度历史方面的举足轻重地位，印度史的专家们也予以高度评价。早期的印度史权威，英国的史密斯对《大唐西域记》的评价是："印度历史对于唐玄奘的欠账，怎么估量也不会过高。"印度史学家马宗达对法显、玄奘、义净等人的评论是："（他们）把亲身经历写成长篇实录，这些书有幸完整保存下来，且都译成了英文。三人在印度生活多年，学习了印度的语言，法显和玄奘广泛游览，几乎遍及全印。希腊旅行家在这几方面，确实是相形见绌的。""这些记载给我们绘出了印度当时的实情，这类写照是任何地方都找不到的。"

当然，中国当代学者对印度学研究也作出了自己的成绩。章巽先生先后出版了《大唐西域记》校点本和《法显传校注》。前书受到学术界众口一词的赞誉；1985年的《法显传校注》更是代表了当代中国对法显和《佛国记》的研究水平，对长期以来困惑未解的一些问题，予以了澄清。同年，季羡林先生主导的《大唐西域记校注》吸收了国内外研究成果，对原著作了全面论述，对其中许多人名、地名、族名、典章、术语进行了注释和考证，填补了国内外印度学研究的一些空白。尤其是季羡林先生的"校注《大唐西域记》前言"，堪称研究唐玄奘的集大成者。

第七章 印度与外部世界的交流

一、古代印度与西部世界的交流

自古以来,印度与外部世界的交往从未隔绝过。远古时期由于缺乏实物依据和文字资料,人们只能对当时的状况作近似的推测,如原澳型人发源于何处以及如何迁徙的,达罗毗荼人的情况也大抵如此。哈拉巴文化时期,凭借在西亚发现的零星的类似印度河流域的"印章",人们推断着两地可能发生的交流。雅利安人西来说已基本形成定论,但他们入印早期与"家乡"的联系如何,仍是一片混沌。随着雅利安人定居并在印度河流域及恒河流域扩散,他们与外界的交流也逐渐清晰起来。据现有资料来看,古代印度与西方、中亚、东亚和东南亚,都有着广泛的交流。

公元前975年,地中海东部腓尼基人的推罗王希兰派出舰队从红海港口出发,迎取运自印度的"象牙、猿和孔雀",以装饰所罗门王的宫邸和寺庙。公元前7世纪至公元前6世纪,印度与巴比伦之间的海上贸易处于繁荣时期,支持这一论点的实物证据近来频频发现。公元前6世纪,波斯人建立了世界上第一个雄跨欧亚非三大洲的波斯帝国,希腊人和西北印度的居民,都成了波斯帝国的子民。印度除了人力、物力常为中央朝廷效劳外,还经由波斯直接与希腊人交往。约公元前518年,大流士的军队占领印度河上游,其军中的希腊雇佣兵斯库拉克斯在约公元前510年泛舟印度河,并顺流直达河口,然后取道红海返回故土,历时两年半。他写下了途中的所见所闻,可惜原著已佚。克特西亚斯比斯库拉克斯稍稍晚一些,他的著作记录了印度的一些寓言。公元前5世纪,名声显赫的希罗多德在他的传世之作中,记述了一些印度的情况,可惜他不是亲身经历,而是来自波斯人的传闻,有些则借用了斯库拉克斯的叙述。如他描写波斯军队中的印度雇佣兵"穿着棉布衣服,配备着芦秆做的弓、矛以及带铁头的竹箭"。书中还提到印度犍陀罗地区是阿黑门尼德帝国内人口最多和最富庶的地区。提西亚斯号称希腊旅行家和作家,约公元前401年成为波斯人的俘虏,然而他竟作为御医在波斯王的苏萨宫廷中生活了20年。提西亚斯将这段经历作了记录,可惜他缺乏严谨的治学态度,只留下一大堆有关印度的生动的故事,有些近乎荒诞。真正弥足珍贵的资料是公元前4世纪随亚历山大入印的希腊文人们留下的著作,这些人基本上是亲身经历。以后也有一些记述亚历山大入印历史的希腊和罗马作家,他们确实留下了一些精湛之作。如阿里安(约96—180)的《亚历山大远征记》、普鲁塔克(约46—120)的《希腊罗马名人传》等。有关印度地理方面的重要著作,有阿里安的《印度记》、斯特拉波和托勒密的地理学著作。还应看到,正是由于波斯的桥梁作用和亚历山大的远征,使得东西交通比任何时候更通畅,这为稍后时期阿育王派出使者在西亚、北非乃至东南欧的活动创造了条件。

菩萨像

接着,塞留古王朝的希腊人和大夏的希腊人与印度进行了广泛的交往,并且为印希合璧的犍陀罗艺术风格的产生、发展和最终定型起了关键的作用。尤其是大夏的希腊人,一边传播希腊艺术,一边吸收印度文化,并且自身最终皈依了印度宗教,甚至一度成了印度佛教徒的保护伞。

以后是贵霜和罗马的交往,约公元前25年,潘地亚的一名国王派遣一个使团从布罗奇港起航,大约四年后到达罗马,将稀奇古怪的礼品献给了奥古斯都。这些礼品包括虎、野鸡、大蟒蛇、龟、一名和尚和一名无手臂但能用脚趾弯弓射箭的男童,据说罗马皇帝对礼品十分欣赏。使团首席大臣扎马诺切加司还带了一封用希腊文写在仿羊皮纸上的信,信中建议与罗马结盟,并许以罗马人在其辖域内自由通行权。又据罗马人记载,公元 99 年来自印度贵霜王朝的大使祝贺罗马皇帝图拉真登基并呈递国书。罗马皇帝大悦,盛情款宴远方来使,并请他们在剧院的元老席上观看演出。只是贵霜王朝历史模糊,不知派遣大使的在位国王是谁,阎膏珍抑或迦腻色迦?公元 1 世纪,一名住在埃及的希腊人根据自己沿红海、阿拉伯海航行至印度海岸的经历,写了《厄立特里亚海周游记》,详细提供了商人、船只、贸易的货物及航海路线。如埃塞俄比亚提供非洲象牙和黄金,并且也是印度平纹细布的市场。迪奥斯考利得岛屿是一个重要的交易港,印度的商船载来稻谷、小麦、纺织品和女奴,运走龟甲。位于波斯湾南岸的一些城镇,得到印度的铜、檀香木、柚木和乌木,运往印度的有珍珠、紫色染料、纺织品、酒、枣、黄金和奴隶。位于印度河三角洲的巴尔巴里库姆是另一个非常频繁使用的港口,进口亚麻布、黄玉、珊瑚、树脂、乳香、白银、金盘和酒类,出口大量的香料、绿松石、天青石、平纹细布、丝绸、棉纱以及靛蓝。布里奇是印度西海岸最古老和最大的贸易中心,与西亚一直有着大宗贸易,进口产自意大利、阿拉伯和希腊的各种酒类,还进口铜、锡、铅、珊瑚、黄金、树脂、雄黄、锑、金银币以及各种医药软膏,出口各类香料、甘松香油等药品、蓝宝石、宝石和龟甲。在《周游记》上称作阿利卡米杜的地方,1945 年考古发掘出一个相当规模的罗马人居住地,还有一个贸易站,毗邻的是一个港口,实物印证了史料。古罗马人与印度的贸易主要用金通货来支付,在德干和南印度一再发现窖藏的罗马金币,显示了贸易的规模。普林尼曾抱怨,与印度贸易是罗马帝国国民收入的一项沉重负担,当时罗马每年有 5.5 亿“西斯特司”流往印度。而从印度进口的主要是奢侈品,如香料、钻石、纺织品和诸如猿猴、鹦鹉及孔雀等玩赏动物,供给富庶的罗马人及其眷属。

公元 7 世纪后,阿拉伯人确立了优势,控制了印度与西方交流的水陆通道。此后阿拉伯人与印度进行着活跃的贸易活动,并将印度商品和印度学术与文化一并传播到了西方,印度的医药学和数学的十进位法也由他们传到了欧洲,成为人类的共同财富。

印度与中亚的交流并非以贸易为主,主要是文化上的传播和征服。公元前5世纪阿育王特遣传道师远赴各国宣扬教义,在兴都库什山脉南北都可看到他们的足迹,在阿富汗坎大哈发现的用希腊文撰写的碑铭就可证明这一点。公元前1世纪中,大夏或粟特已盛行佛教之说,《弥兰陀问经》反映了这一段历史。而在中亚其他各国,拜火教及类似信仰还有一定势力,两种文化有过碰撞和交流。由于贵霜帝国崛起,它在南亚和中亚的政治势力,使得佛教成为从里海海岸、中亚细亚大草原到中国西域之间的游牧民族的共同宗教信仰。到玄奘时代,印度文化和佛教在中亚仍然一直留存着。

巴米扬立佛

二、古代中印交流概述

古代中印之间的交流始于何时?贸易上的往来已难以准确考证,然而文化上的交往尚有蛛丝马迹可寻。如果将孔子的传言:“西方有圣人焉”,就臆测“圣人”即释尊,这似乎难脱牵强附会。同样,念常的《佛祖历代通载》甚至溯源至西周穆王时代已“西极有化人来”,这篡改伪书《列子》周穆王篇之作,更是以讹传讹。《佛祖统记》说阿育王在中国境内建有19处藏佛舍利塔,隋代费长房《历代三宝记》也记述周王朝就建了阿育王塔,而且佛塔和佛典都在秦始皇焚书中被毁,这些记载显然也有穿凿附会之嫌。

应该说中原王朝积极开拓西域地区是从汉朝开始的。尽管张骞出使西域,在大夏看到从印度辗转而来的蜀布等产物,尽管这可推断中国云南、四川与印度有一条贸易通道,双方已有了交流,但中原王朝真正得知印度,应是张骞带回的信息。张骞打通西域之路,强化了汉武帝扫荡匈奴、经略西域的决心。经过几次征战,汉朝在西域建立了统治,尤其是公元前 60 年南匈奴降汉,天山山麓通行无阻了。于是西域的物产,甚至印度、波斯、罗马的货物,源源不断地进入中国内地。

另一方面,月氏自敦煌不断西迁,最后发展成贵霜帝国,一统印度与中亚,这使中印之间的沟通和交流,较之以前变得更为通畅。迦腻色迦王时期,大乘佛教广为传播,致使中亚和西域佛教化,从而为佛教传入中国内地铺平了道路。据《魏略·西戎传》记:"昔汉哀帝元寿元年,博士弟子景卢受大月氏王使伊存口授《浮屠经》。"元寿元年应是公元前 2 年,这是有记载的佛教思想传入中国的开端。《后汉书·楚王英传》记载:"楚王英崇尚黄老与浮屠,洁斋三月后向神立誓。"公元 65 年,明帝将楚王英为赎罪而献纳的 30 匹绢退还,并命他把这些绢充作供养居家信徒和出家者所需的资金。上述两条资料是经得起推敲的。《后汉书·西域传》还记:"明帝梦见金人,长大,顶有光明,以问群臣。或曰:'西方有神,名曰佛,其形长丈六尺而黄金色。'帝于是遣使天竺问佛道法,遂於中国图画形象焉。"于是明帝派遣秦景前往西域求法,秦景在途中邂逅梵僧迦叶摩腾、竺法兰,他们以白马驮载佛像与佛典,正辛勤地跋涉传道,秦景慕迎他们同返京城。公元 67 年,两位印度名僧来到洛阳,译经传道。洛阳白马寺就是这段美好传说的历史证物,但它显然基于一个背景:是时以兼度自身及他人为主旨的大乘佛教先在统治者中,再后在民众中已流传开了。

是时,双方在政治和军事方面也有了直接的接触。班勇随父亲班超镇守西域,一生几乎都在那儿度过,他将亲身见闻写成《西域记》一书。据记载,公元 1 世纪下半叶一名贵霜国王曾向汉朝求娶公主,希望政治联姻,但未有结果。班超在公元 73 年驻守西域,后在那儿活动了 30 年。他巧妙地运用刚柔相济的外交和战争的手段,陆续降服罗布泊西南的鄯善、于阗、疏勒、龟兹、莎车诸国,并打败了贵霜 7 万军队,阻止了月氏的扩张势头。

随着道路的熟悉和通畅,印度文化、尤其是佛教文化通过直接和间接的两个途径,即印度僧侣和西域僧人的大量东来,源源不断输入中国内地。梁朝僧佑的《出三藏记集》列举了竺摩腾、安世高、支娄迦谶、康孟祥等八位高僧或学者。这竺、安、支、康等姓氏表明了这些高僧的国籍,竺即天竺,安为安息国,支是大月氏,康乃康居国。其他东来的梵僧还有竺法兰、鸠摩罗什、菩提达摩及第一位从海路来到中国的耆域等。

佛典汉译就发轫于这些东来的佛僧。公元前2年伊存传授《浮屠经》于景卢,大概是译经的最早记载。佛典汉译的第一阶段应是后汉至西晋,主要有安世高、支谦、竺法护等人。公元148年安世高到达洛阳,他本是安息国王的嫡子,但无意驭国,在国王驾崩后禅位叔父,然后飘然出家,云游各国。他"闻一而知十",旅居中国在短期内即通晓中文。在148年至171年的二十余年间,他潜心佛典翻译,《出三藏记集》列载他所译的并有详细名目的经典,计有34部,40卷,实际存世之作更多。以后译经的规模扩大了,但许多外来的和尚要一并通晓梵语、汉语以及中亚古代语言,是十分困难的,以致"或善胡文而不了汉旨,或明汉文而不晓胡意"。于是直译、甚至不解处音译,就势所难免。此时除了支谦、竺法护的译文尚能挥洒自如、颇受好评外,其余大多文笔生硬,仅勉强表达意思,文采却无法兼顾,难尽如人意。直到鸠摩罗什来到中华,这种直译风气才有了根本改变,"什既率多谙诵,无不究尽。转能汉言,音译流便"。完全直译肯定索然寡味,只注重文笔华丽,委实太"艳",而鸠摩罗什可以得乎其中,是"难可世遇"者。这一阶段著名的译经者还有昙无谶、佛陀拔驮罗、宝云等。

外来的和尚不一定都能念好经,当本土高僧读一些汉译本为不知所云而烦恼,欲去印度一睹梵文原典时,当他们希望亲身游历佛祖之天竺,一求真谛时,由此掀起了始于曹魏、终于南宋末年近七百年之久的中国求法僧的西游取经运动。朱士行,曹魏时人,在洛阳讲解《道行般若经》,常苦于经文辞藻晦涩,难晓其文。因为东汉竺塑佛翻译此经典时,"不解处以音译为之"。于是公元260年,朱士行毅然西行,求取《大品般若经》原典,成为有记载的西行求法第一人。后来他在于阗取得真经,由弟子弗如檀等十人护送回洛阳,而自己最终以80高龄客死于阗。以后从东晋到唐代中期,去印度的求法僧"相望于道",多达数百人,有名可查者有170余人,平安归国的约40多人,其中包括法显、玄奘、义净、宋云等。这些人不仅留下了游记,成为弥足珍贵的印度史料,如法显的《佛国记》、玄奘的《大唐西域记》、义净的《南海寄归内法传》等,而且玄奘等居功至伟,开创了佛典汉译史上的一个新时代。这一代译经者汉文娴熟、通晓梵语,因此汉译佛典的文与质俱佳。玄奘以后的著名译经者还有义净、实叉难陀、善无畏、金刚智、不空等人,北宋译经大师中四名印度法僧功不可没,他们是法贤、法天、师护、法护，这些人前赴后继，硕果累累。

从译经的方式来看，佛典汉译工作最初松散，常是一个懂梵文的与一个通汉文的搭档。开始时有些佛经常常没有写本，全凭记忆口诵，先写成梵文或中亚古文，然后再汉译。后来参加的人多了，分工也逐渐细化，形成了最初的译场。道安(312—385)可能是最早组织译场的人。他 12 岁入寺，18 岁剃度，受佛图澄赏识收归门下。他在重建檀溪寺以及在主持长安五重寺期间，创建了译场。鸠摩罗什将译场推至宏大，译一部经少则几百人，多则一两千人，如译《大品经》时，参译者 500 人，译《法华经》时，在长安大寺聚集参译者 2 000 余人，译《思益经》集众僧 2 000 余，译《维摩诘经》为 1 200 人等。但是分工最细化、组织最精良的应数唐玄奘的译场，尽管其规模不如鸠摩罗什的庞大。如在译《瑜伽师地论》时，玄奘奉诏主导，其他分工有五人笔受、五人证文、两人证字、七人证义，还有证梵语、监阅、写经论等多人。译经事业经历近千年，现在保存下来的经卷数，包括中国高僧学者所著的注疏和讲义在内，足有 3 000 多部。仅《大藏经》正续两编为 12 560 卷，《卍字续藏》为 7 144 卷，这两大部头就达中国的“二十五史”篇幅的六倍以上。

中印文化交流带动了一些学科和艺术的发展。当汉译佛典越来越多时，为方便检索，目录学发展起来了。如道安在 364 年完成的《综理众经目录》，网罗了自后汉灵帝至成书时约二百年内的作品。以后该目录几经道安补注，因此有“道安录”之称，只可惜已散佚。现存最早的目录学著作，应是梁代僧佑的《出三藏记集》15 卷，而地位最高、堪称完备者当推唐玄宗时公元 730 年由智升编纂的《开元释教录》，“此书集诸家之成，而补其阙漏，订其讹误”，可称后来居上。这些经录汇编了诸多佛典的内容提要，便于人们对浩瀚经典的浏览和把握。还有，大藏经也编纂成立了，许多民族都编有自己崇尚的大藏经，各种版本达 15 种之多。它们不仅在宗教研究方面意义重大，而且还是研究各地区社会历史的著述。

古代印度在语言学方面成就显著，自后汉佛法行于中国，印度语言学随之入中原，它对汉语音韵学的发展产生了影响。正史中有关这方面的记载最早见于《隋书经籍志》，“能以十四字(十四个梵文元音)贯一切音，文省而义广，谓之婆罗门书”。汉字是象形文字，对于声韵方面的研究自然稍有忽略，宋代郑樵的结论言简意赅：“梵人长于音，所得从闻入，华人长于文，所得从见入。”经借鉴梵学后，中国人创制了汉语读音的反切法。

《颜氏家训》点明了创制者及时间，“孙叔然创尔雅音义，是汉末人独知反语，至于魏世，此事大行”。曹魏时李登的《声类》当是中国第一部音韵学专著。《高僧传》记载：“陈郡谢灵运笃好佛理。殊俗之音，多所达解，以经中诸字，并众音异旨，于是著十四音训叙。条例梵汉，昭然可了，使文字有据焉。”可见诗人谢灵运也为此下了工夫。至唐末，佛僧守温又作出了新的贡献。他依据印度古代梵语音符，制定了汉语的“等韵”，即音表或字母表，因为自东汉至唐，“但有反切，无所谓等韵。唐时僧徒依仿梵书，取中国三十六字，谓之字母，溯等韵之源，以为出于梵书可也”。

由于中印不同文字的碰撞，中国语言及文学接受了一些新的营养。许多新概念融入了汉语词汇中，如菩萨、佛、浮屠、业、魔、解脱、轮回、缘……等等。中国的文学也如此，新的因素不仅表现在鬼神故事上，而且产生一些新的文体，如唐代传奇小说、笔记小说等。再后的《西游记》是最明显的例证，其中孙悟空的形象源自《罗摩衍那》的猕猴哈奴曼，《六度集经》又赋予它猴王的身份、过人的智慧、变化的神通以及降妖伏魔的高超本领，宋代《大唐三藏取经诗话》中就有这身手不凡的猴王，《西游记》则进一步演化为孙悟空。鲁迅在《中国小说史略》中说：“魏晋以来，渐译佛典，天竺故事，亦流世间，文人喜其类异，于有意或无意中用之。”

古代印度对中国艺术方面的影响也历历在目。印度的庙宇建筑，不管是早期的洞窟式，还是以笈多风格称著的独立式，在中华大地处处能看到它们的踪迹。就雕塑来看，印度各宗教都有凿窟造像的习俗，此艺术也随佛教东来。如新疆遗有古代龟兹、高昌等石窟雕像，河西走廊留有敦煌千佛洞、天山麦积山、云冈、龙门石窟，直至山东云门山、辽宁义县万佛堂等，分布广泛。江南有栖霞山石窟雕像、四川有广元窟、大足石窟等，十分丰富。中国本有自身的雕塑传统，如殷墟出土的大理石鸟兽雕，濬县和洛阳古墓出土的周代玉雕，不仅本身非常精美，而且还使用黄金和绿松石的镶嵌艺术。到汉代，大型雕塑出现了，如西汉霍去病陵前的马踏匈奴像等。由于中国文化传统的根底强大，印度风格的雕塑由西向东，随时代推移，同中国风格逐渐融合，甚至可说是佛教艺术中国化了。只要从西域、经敦煌、至云冈、龙门的石窟雕像来看，这雕塑的风格变化明显地表现出来。

至于绘画，从西晋至隋唐，诸多大师都与佛教绘画有缘。一则他们均有意吸取印度绘画艺术的精华，二则都把为寺庙作壁画或画佛像、菩萨像等视为宗教“功德”。例如晋朝顾恺之作画最重神气,他在瓦棺寺画毕维摩诘像,尤其点上眼睛后,一揭幕便光彩照人,短期内为该寺募捐百万,可见印度宗教文化在中国的影响。以“没骨皴”著称的张僧繇是梁朝一代绘画大师。梁武帝修建众多佛寺,大多由他作画。他的画看似平淡,实质奇巧无比。据说唐朝大画家阎立本在荆州看其佛教壁画遗作,第一天说他“虚有其名”,第二天则言“尚算能匠”,第三天评为“不负盛名”,在一连欣赏十来天后,干脆睡在画下“不忍离去”了。张僧繇曾用中国绘画史上称为“天竺遗法”的凹凸画法,在建康的一乘佛寺内,绘制了富有立体感的壁画,“寺门遍画凹凸花,称张僧繇手迹。远望眼晕如凹凸,就视即平,世咸异下,乃名凹凸寺”。北齐的曹仲达“能画梵像”,他最能把握静态,充分显示衣服下垂的状态,故以“曹衣出水”著称。吴道子是唐明皇御用画师,曾作寺观壁画300多间。据《京洛寺塔记》,他融合了梵画艺术,画的神佛“天衣飞扬,满壁风动”,人物有八面,生意活动,而且线纹别致,雅称“莼菜条”。因此他获得“吴带当风”的赞誉,名冠众画师,“笔法超妙,为百代画圣”。

佛教绘画

印度音乐随佛教进入中国,公元3世纪佛教音乐已在中原流行。隋朝时,七声音阶随天竺乐人传入我国,梵音与晚钟在寺庙奏鸣。唐朝时音乐呈现百花齐放,天竺乐以及不同程度吸收了印度音乐的安息乐、龟兹乐、康居乐、西凉乐等,在中土大地各领风骚。

即便当时不登大雅之堂的魔术类等雕虫小技,也能看到印度文化的痕迹。东晋干宝《搜神记》记载,永嘉年间(公元 307—313)有天竺人到江南来,表演了四种幻术,“剪绢还原”、“吐火术”、“断舌复原”及“烧物不损”。如记述“断舌复原”:“将断舌时,先以舌吐示宾客,然后刀截,血流覆地,乃取置器中,传以示人,视之舌头犹在,继而还取含续之。坐有顷,人见舌则如故,不知其实断否。”又如《譬喻经》记载:“昔梵志作术,吐出一壶,中有女子与屏处作家室,梵志稍息,女复作术,吐出一壶,中有男子……梵志觉,次第互吞之。”据《高僧传》,西方来华传经送宝的一些高僧,大多会一些幻术。例如佛图澄 310 年来到洛阳,为了显示西方高僧的法力,以便在中土弘扬佛法,他表演了“钵内生莲”。佛图澄用一只空钵,灌上清水,然后双目紧闭,两手合十,口中念念有词,顷刻间,钵内发芽生枝,开出娇艳的莲花。他的另一手本领是“九莲灯”。鸠摩罗什为显示自己的神通力,演过“吞针”的绝活,“聚针盈钵……引匙进针,与常食不别”。

古代印度文化,尤其是佛教,对中土上自帝王将相、下至士族百姓的广泛影响,是不能忽视的。即便三国时期昏庸不堪的吴国君主孙皓,也召请康僧会入宫,只是“皓生性残暴,无法对其传述佛的奥旨,以致其心始终闭塞而未开慧眼”。这至少说明孙皓变得虔诚佛教了。又如 383 年前秦苻坚为得到鸠摩罗什和西域珍奇,不惜遣军 7 万远征。隋朝文帝、炀帝不管是明君还是昏君,对佛教则恭虔有加。武则天立“无字碑”的原因众说纷纭,但观其一生事佛,古言“武后时师弟所传,不立

金刚经　说法图

文字，不落言诠，……故碑无字，是当时佛学所然”，至少值得一思是否原因之一。佛学思想对中国士族文人有着很强的吸引力。魏晋玄学与印度佛学、哲学间的关系是不言而喻的。世界上现存最早的雕版印刷书《金刚经》，实际上是868年王阶为父母祈福禳灾而刻印的，可见“印为中用”，影响着民众的世俗生活。苏轼以居士自诩，口诵佛诗“溪声便是广长舌（佛的广长舌，意为佛陀在训诲和讲经），山色岂非清净身（佛的法身）”，一手疾书，一手持酒壶，旁边炉上“东坡肉”正炖得烂酥喷香。这正是一幅中印文化融合的绝妙画卷。

其他诸如天文、地理、数学、医学等，印中之间都有着不同程度的交流。

古代中国同样对印度产生不少影响。例如季羡林认为中国的蚕丝最迟在公元前4世纪就已输入印度。中国的纸至晚在公元7世纪传到印度，以后连造纸术也一并传导过去。647年，唐玄奘在汉译佛经的同时，还曾奉命召集道家学者将老子的《道德经》译成梵文，介绍到印度。中国其他的一些发明，如罗盘针、火药、印刷术等都先后直接或间接传入印度。而在制糖方面则是相互学习，唐朝初“太宗遣使取熬糖法”，是中国向印度学习；而在明末清初，中国制造白砂糖的技术则传授给了东印度。

三、中国西藏与印度的交流

一个民族的形成是由多方面的因素决定的，在西藏民族的历史上，有一个因素不能忽视，那就是以宗教的文化内容以及宗教作为传播载体而构成的主体文化，在西藏民族的形成中起了重要作用。早期的藏族文化是以土生土长的苯教文化为凝聚的核心。苯教对自然现象加以神化，是一种原始类宗教。苯教的巫师们借助能与神力沟通，获得了特殊地位。在王室的重大活动、军事征战，乃至民众的婚丧嫁娶时，他们通过占星卜卦，预兆吉凶，来指导人们的行为。因此巫师们在藏民中具有一种敬畏感和依赖感。佛教传入后，藏族民众在苯教信仰的基础上，接受了佛教。而后佛教融合了苯教并且后来居上。从这一角度而言，藏族是以苯教和佛教作为主体文化而形成的一个民族。

因此，古代时期西藏与印度的交流最重大的成果是藏传佛教的形成。佛教正式在西藏传播，应是吐蕃王朝松赞干布（617—651）统治时期。松赞干布统一西藏后，大力倡导佛教，这主要基于社会发展及政治的需要。首先，吐蕃建立时，事实上还处于部落联盟阶段，集权体制尚未形成。据《新唐书》记："赞普与其臣岁一小盟，用羊、犬、猴为牲；三岁一大盟，夜峒诸坛，用人、马、牛、闾为牲。凡牲必折足裂肠陈于前，使巫告神曰：'渝盟者有如牲。'"显然，吐蕃王朝的最高统治者赞普与其他部落间的君臣关系不甚明确，而且苯教巫师的神力晓谕、咒语仪式在盟誓中仍起着重要作用。其次，苯教巫师大多出身于几大贵族，这些贵族与王室世代通婚，这对集权体制明显形成反动。松赞干布的父亲曾企图削弱贵族的力量，结果"被进毒遇杀而薨逝"。所以松赞干布继位后大力提倡佛教，这不仅因为藏族此时的社会发展需要一种文明程度更高的宗教，也是他集权和削藩的手段。

文成公主入藏时带去的释尊12岁等身像

松赞干布先后与佛教兴盛的尼泊尔、唐朝联姻，尼泊尔、唐朝的大力倡佛，对佛教在西藏的传播起了很大作用。如文成公主入藏时带去了佛像和众多经卷。如尼泊尔公主玻利库姬嫁来西藏时，带有金刚、弥勒、多罗等佛像和经书，还带来了僧侣和建筑寺院的能工巧匠，并在拉萨建了南都寺，这就是金光灿烂的大昭寺。松赞干布为取得佛教真谛，派出17人赴印度那烂陀寺留学七年，带回大量佛经和佛像。同时，松赞干布还派遣吞米桑布扎去印度学习梵文。吞米桑布扎学成归来后，用梵文字体创制拼写吐蕃语的字母，确立书写规范，编制文法，诞生了藏族文字。此外，著名的印度法僧古萨诺、尼泊尔僧人香达和汉僧天寿和尚等入藏，将经文译成各具他们背景特色的藏传佛典。

藏传佛教在松赞干布之后经历了二毁二荣，最后才在西藏扎下根，成为全民族的宗教。赤松德赞(755—797在位)年幼继位，政权操纵于信奉苯教的贵族手里。他们以赤松德赞的名义，发布“禁佛”命令。一时间逐僧人、毁寺庙、埋佛像甚嚣尘上，甚至将大昭寺改为屠宰场，佛教一片萧条。赤松德赞成年后，为重集大权，再次积极倡佛。他清除了“禁佛”者，并且一面去长安求取经书并邀汉僧入藏，一面去印度先后迎请寂护和莲花生上师来藏传教。寂护是印度大乘佛教显宗的著名大师，莲花生上师是印度佛教的密宗大师。结果前者建树不多，而后者“实施念咒、幻术、调伏了恶魔并多行奇迹”，更受到具有苯教文化传统的藏民的欢迎。此后，西藏相继迎来大批印度佛僧，真言密教在西藏逐渐盛行。

西藏大昭寺

在印度佛教和汉地佛教的选择上，由于西藏人偏好逻辑的、体系的和有条理的思维方法，因此他们更倾向于选择与之思维方法相近的印度佛教。于是，印度佛教与汉地佛教发生了一次碰撞，这就是西藏历史上有名的“拉萨之争”或称“渐顿之争”。公元792年在拉萨宫廷中，以摩诃耶那为代表的汉地佛教与以莲花戒为代表的印度佛教，就佛教的中心思想展开了长达三年的争论。摩诃耶那持禅宗立场，主张惠能的禅定顿悟说，莲花戒针锋相对，阐述了渐次积修行的必要，论证渐悟说。据《西藏插图经卷》及《佛教文献》的作者杜茨认为，西藏人注重逻辑性，因此莲花戒投其所好，而汉地和尚只注重具体形象，这犯了西藏人之忌，因而失败。杜茨引用争辩中初始交锋的情节作为证明：莲花戒从印度到来时，大乘和尚来到河边接战。两巨僧出语微妙，互相揣度对方智慧的深浅。莲花戒弯身绕着大乘和尚转了三圈，他以此询问三界轮回的原因为何。为了表示轮回的原因在客观与主观的对立妄想中，大乘和尚立即脱去上衣(众目睽睽下袒胸露腹的直观行为)，并把手中衣服向地上猛甩两下。尽管神态生动，但这种非合理性却大倒西藏人的胃口。当然，实际上那是赤松德赞带有倾向性干预的结果，致使莲花戒成为胜者。拉萨论争后，汉地和尚一行被迫离开西藏，返回中原，此后吐蕃王发令，汉地的经典和修行方法禁止流传西藏。莲花戒则继续以“对机说法”的手段，作出了许多迎合西藏民众心愿的明智之举，如主持修建了桑耶寺院，落成的庆祝活动也持续 13 年，因为按西藏的民间信仰“13”数字被视为特别神圣。通过寂护、莲花生、莲花戒等众多印度佛僧的努力，藏传佛教的基础巩固了。

赤松德赞的儿子热巴中也是一名热心的护佛法之王，841 年他遭到反佛势力的暗杀。他的弟弟苯教教徒朗达玛(841—846 在位)即位后，进行了西藏佛教史上第二次禁佛运动，且规模更大。朗达玛“嗜酒喜肉，凶悖少恩”，采用严厉措施打击佛教。佛教寺院遭到封闭；死去多年的文成公主被判为“妖精”；小昭寺成为牛圈，金刚萨埵像成为系牛的地方；佛教经典、佛像被销毁；众多僧侣被迫还俗。遭此沉重的灭佛打击后，西藏佛教处于崩溃边缘，百年之后才稍稍喘过气来。西藏佛教历史一般以朗达玛的“破佛”为界，分为“前弘期”和“后弘期”。

大昭寺

藏传佛教又一次复兴，阿底峡功不可没。阿底峡又名殊胜，法名燃灯吉祥智，曾任那烂陀寺和超岩寺的主持，在印度佛教界颇著声名。他在

1042年来到西藏的古格。阿底峡深谙密宗，讲解精辟，折服了西藏佛教徒。仁钦桑布德高望重，一生翻译了17种佛经、33种论、108种密宗经咒，被藏民誉为藏传佛教的开创者之一。尽管此时他已年届85岁，因对阿底峡的讲解赞叹不已，自愿拜他为师。阿底峡努力从事藏传佛教的改革，实现了教理系统化，强调了修持规范化。如他撰写了佛教经典《菩提道炬论》，提出了佛教徒从学佛修法开始到修成正果为止，在修习过程中应做的功课，以及要求依法修行，循序渐进。以后他又写了《入二谛论》、《中观教授论》等约30种佛教论著。又如他强迫僧侣独身，制订严格的道德戒律，排斥渗入佛教仪式中的苯教仪式，并创立了"噶当派"。经过阿底峡在西藏一系列的讲经、著述和传教活动，佛教在西藏复兴了。所以从这个意义上说，是阿底峡开创了藏传佛教史上的"后弘期"。三个半世纪后，宗喀巴略略改革这一派，噶当派逐渐被称为"格鲁派"，相对于"红帽派"，格鲁派也称"黄帽派"，成为藏传佛教主流。佛教也成为中国西藏的全民宗教。

藏传佛教的根本典籍是藏文大藏经。它汇编于13世纪末，总共收有四千多部，绝大部分译自梵文，一小部分由汉文转译。藏文大藏经分为《甘珠尔》和《丹珠尔》两大部，"甘"意为"言传身教"，"丹"意为"论著"，"珠尔"是翻译。若对照佛教"三藏"而言，《甘珠尔》包括"经藏"的全部和"律藏"的一部分，分为七类，约一百帙，八百部；《甘珠尔》的部分目录由贡噶多吉编纂。《丹珠尔》包括"论藏"全部及"律藏"的一部分，分为十五类，二百二十四帙，约三千四百部；《丹珠尔》的部分目录出自仁钦朱之手。藏文《大藏经》有诸多版本，如北京版、德格版、拉萨版、纳塘版、卓尼版等，北京版编定于1683年，德格版成书于

《丹珠尔》

1730年。由于13世纪伊斯兰教入印,东印度超岩寺的典籍大多流入西藏,形成呾特罗部,这庞大的文献至今只有在藏文大藏经中才能看到。

四、印度与东南亚的交流概况

1924年至1928年,法国人开办的河内远东博古学院在越南清化省东山县,发掘出以兵器、生活用具、装饰品和鼓等四类为主组成的古代文物,其中青铜鼓为重要的特征,这类本土文化被定名为东山文化。它的分布范围几乎涵盖了东南亚所有的半岛地区和海岛地区,属马来人文化,是东南亚印度化之前的状况,时约公元前300年至公元前100年。

东南亚半岛地区最早出现的国家是“林邑”和“扶南”,是马来人政权。前者位于今越南中部靠海地区,后者的中心在今柬埔寨南部。其中扶南与印度的关系相当密切。据《梁书》记载,外国来的混滇与女王柳叶结婚,建立扶南。“扶南”是古高棉语,意为“山王”,时约公元100年,两人育有七子。又据印度的说法,乔陈如娶那伽族的明月公主为妻,建立了扶南王朝。尽管两种说法都可商榷,但印度文化正是在那时传入半岛地区的。扶南使用梵文并以之为官方文字,同时传入的还有神像,既有大乘佛教的佛像,也有印度教湿婆派的神像。3世纪中叶,扶南与中国和印度交往频繁。朱应和康泰是三国孙权时人,受命出使扶南,回国后分别写了出使见闻录,即《扶南异物志》和《吴时外国传》,从中可看到印度文化对扶南的影响。康泰还在书中记录,他在扶南时遇到印度派来的使者。

海岛部分的起步稍晚,是受中国和印度的商业交往而发展起来的,因为它最早的发展中心在苏门答腊东北,显然与控制马六甲海峡有关。法显赴印度求佛法,回归中国时走海路,据《佛国记》记载,411年法显从锡兰出发,“九十日许,乃到一国,名‘耶婆提’”,当时“其国外道,婆罗门兴盛,佛法不足言”。据考证“耶婆提”位于苏门答腊岛上,可见政权初步形成并已印度化。海岛部分真正强盛的早期国家是室利佛逝(约650—1300),它包括苏门答腊大部、马来半岛一部分、爪哇西部、婆罗洲西部及其周围的海域。国名源于梵文,“室利”意为“好,妙”,“佛逝”为“胜”。唐朝义净在671年至689年间海道去印度,回归时在东南亚住了几年。义净记载,室利佛逝此时已盛行佛教,以小乘佛教为主。10世纪末,室利佛逝与南印度的朱罗争夺海道控制权，11世纪初被打败，首都沦陷，逐渐衰弱。

婆罗浮屠

稍晚崛起的海上强国是夏连特拉，位于爪哇岛中部，王朝名称也出于梵文，“夏连”意为“王”，“特拉”为“山”，即“山王”，盛行大乘佛教。尽管它存世仅一百年左右（约750—850），但给世界留下了婆罗浮屠这一宝贵财富。婆罗浮屠位于今日惹城西北，盖于小山坡上。18世纪荷兰人深入爪哇内地时发现，原以为是八层，第二次世界大战日本人占领后，又在底下挖出两层，因此在结构上共十层。婆罗浮屠的一大特点是浮雕，位于第二至第五层，共1 460篇幅，连接起来长达五公里之多。建筑及浮雕是仿印度那兰陀派，浮雕刻佛经故事，但栩栩如生的人物是爪哇人。十层建筑的含义为“菩萨修积十地功果之地”，佛经宣扬“修积功果”需十个阶段，即“十地”，如第一地叫“欢喜地”，第十地为“法云地”等。印度的佛塔是掩埋舍利珠或佛陀圣物的，婆罗浮屠却是王陵，埋国王的骨灰盒，盒上有咒符，摆在底下第一层中间，意为国王从第一层开始修积功果，一层层上去，经“十地”而成佛。此外，印度东部巴拉王朝时，那兰陀寺院是佛学中心，夏连特拉曾派王族到那兰陀寺院学习，还捐钱修一座佛塔，钱是由一支海军送去的，可见夏连特拉的强大以及与印度关系的密切。

爪哇东部是一系列政权更迭，但与印度的交往从未间断。马打兰约900年建国，艾尔朗加在位时（1019—1049）开发了巴厘岛，印度教传入，历尽岁月至今较为完好保存，其“纯度”甚至超过印度本土，故称为“印度教博物馆”。而在东爪哇主要是印度教和佛教的混合宗教。马打兰之后的谏义里王朝(1049—1222)和新柯沙里王朝(1222—1292)，与印度、中国、欧洲都有贸易往来，主要是香料贸易。满者伯夷(1293—1520)建国后，在14世纪上半叶，依仿印度的政治制度和组织，进行了改革，如按照《摩奴法典》制订法律等。

东南亚半岛地区自早期的林邑、扶南的马来人政权后，进入该地区建国立业的主要有四种人，他们是孟高棉人、缅人、泰人和越人。孟高棉人来源两说：来自印度，或从中国云南、西藏迁徙去，但在社会文化上则基本是印度化。以后孟人与高棉人分道扬镳，孟人入缅甸南部，高棉人入扶南。7世纪初高棉人建立真腊。《新唐书·南蛮传》：“真腊，一曰吉蔑，本扶南属国也，贞观初并扶南有之。”真腊盛行印度教加佛教，结束于802年。后为吴哥时期，至1431年遭受泰人毁灭性打击后，高棉人向东南迁至金边附近。但中国从唐朝至明朝都称其为真腊。吴哥王朝的开创者是查耶·跋摩二世(802—850在位)，“跋摩”为梵文，是帝王贵族的称号。查耶宣称自己的王统是太阳系和太阴系合一。吴哥王朝先是大乘佛教加印度教，12世纪中叶转变为小乘佛教，并延续至今。王朝另两名较为重要的国王是塞耶·跋摩二世(1113—1150在位)和查耶·跋摩七世(1181—1218在位)，前者是吴哥窟的建造者，后者修建了吴哥通城。

吴哥窟

“吴哥窟”，“吴哥”是音译，意为“蛇王”，因此称为“蛇王窟寺”，建于

1120 年前后，费时 5—6 年。1431 年王朝覆灭，建筑没于热带丛林，逐为世人遗忘。1860 年法国人不顾柬埔寨人的传说“林中有鬼，进者必亡”，深入丛林，使之重现天日。吴哥窟有三层四方平台，上面盖有一些宝塔，中间的塔最高，距地面约 50 米。四方平台外有长方形围墙，墙外有大壕沟，吴哥窟总面积约 2.5 平方公里。建筑上刻有浮雕，数量比婆罗浮屠多一些，更为精细。婆罗浮屠是纯大乘佛教，吴哥是大乘佛教为主，加上印度教及原始宗教；婆罗浮屠的浮雕反映生活较多，吴哥的浮雕讲述王者、神、蛇王较多。吴哥窟后面有一城，即吴哥通城，意为“蛇王之城”，10 世纪起几造几毁，查耶七世第四次建造。通城建有五个城门，面积为九平方公里。元朝周达观《真腊风土记》有详细描述。通城中心的制高点是巴荣寺，塔楼顶端有四侧面，每一面墙都有精巧雕刻的一个大大的人脸，这显然是神王合一的例证，因为人脸是国王查耶七世的面容，他从四面不可一世地俯瞰着自己的都城。

缅人属藏语系人，也有说是羌人的一支，5 世纪入缅甸，后进入依洛瓦底江中游转弯处的皎施谷仓，849 年在皎施西北建城，成立蒲甘王朝，期间接受了小乘佛教。阿奴律陀(1044—1077)一统中、下缅甸，以梵文为拼音创立缅文。其小儿子江喜陀(1084—1112)保护了大量移入缅甸的佛教徒和印度教徒。他还在蒲甘城中兴建了小乘佛教寺庙阿难陀寺，今日缅甸以“万塔之国”闻名于世，最早的塔即建于阿难陀寺。

掸人尾随元朝大军三征缅甸(1277—1287)而南下，蒲甘王朝被元军摧毁，掸人取而代之，占领了皎施地区。后来掸人主要的一支进入泰国至安南地区，建立了一系列王朝，主要有四：1238 年建立速古台王朝，1290 年建清迈王朝，1350 年建阿瑜陀王朝，1353 年建南掌王朝(今老挝的前身)。一般来说自 1238 年起，掸人留在缅甸的仍称掸族，进入泰国的称暹罗人或泰人或傣人，进入老挝的称寮族。泰人在移动的过程中，主要向孟人学习，逐渐印度化，并接受小乘佛教。

越人原是中国东南沿海百越的一支，进入红河三角洲后成立雒越。公元前 215 年秦朝军队打败雒越，设立海南、桂林等郡。公元前 207 年赵陀独立成立南越国。公元前 111 年汉武帝灭南越，设交趾、九真、日南三郡，至公元 939 年，越南北部一直隶属于中国王朝。在这一千年中，中国文化深入北越，儒、道、释(中国式佛教)进入安南，并且当地盛行中国文字。939 年越南独立并不断拓展。1471 年越南灭掉替代了林邑的占婆，并继续南攻柬埔寨,19 世纪初完成今日越南的版图。但是,占婆及其以南的地区,原印度化的局面基本维持。

总之,除了越南北方和菲律宾的绝大部分以外,古代东南亚其他地区都程度不同地受到印度文明的影响,并在印度化的过程中呈现出一些特点。第一,有关印度文化对东南亚的传播方式和途径。1. 根据碑铭得知,在苏门答腊、克拉地峡、下缅甸、阿拉干地区等,都曾存在着印度移民的小型集居地。尽管它们不是以政权的形式存在,但却是印度文化一个个传播中心和仿效样板,语言文字、宗教文化乃至思想观念和生活方式,都传染给了当地人并为他们作出示范。2. 一些印度扩张者去东南亚冒险,有些人获得了成功,这自然有利于印度文化的传播。如创建扶南国的说法,不管是混填娶柳叶,还是乔陈如娶月光公主,以及可确证的 3 世纪末来自印度的王族对扶南的统治,这些人都不遗余力地推行着印度文化。3. 10 世纪末、11 世纪初,朱罗人对东南亚的远征,这对于政治、经济、法律、文化等都是一次较为全面的输出。4. 还有一些传教者,他们旅行至东南亚地区潜心传教,如迦湿弥罗的皇太子求那跋摩终使爪哇人皈依了佛教。他后来又去中国传教,公元 431 年死于南京。5. 东南亚的本土统治者有意识地学习和借鉴印度文明,也为东南亚印度化发挥了作用。如许多王朝的称谓、国王的名字或自觉或自然地取自印度式的命名,有些甚至将其王室源流上溯到印度。室利佛逝、阿瑜陀王朝等莫不如是。第二,除少数地区外,梵文成为古代东南亚广泛使用的文字,自公元 2 至 3 世纪开始,梵文长期以来一直是东南亚各国的官方文字。公元 4 世纪至 6 世纪的梵文碑铭大量留存下来了,几乎遍及整个半岛地区和大部分海岛地区。例如,著名的六坤碑发现于克拉地峡附近六坤地区的一座清真寺内,碑上留有印度塞卡纪年的年代,换算成公历应为 775 年。梵文碑铭记载了室利佛逝修建一座大佛寺,以及夏连特拉在各地建设一系列佛寺。顺便说及,这些梵文碑铭常常会给我们带来意外惊喜。例如,正是对六坤碑碑铭的考据,才确定了夏连特拉是王朝的名字,并且与室利佛逝齐名,而承担古代东南亚重要史料的中国史书对夏连特拉几乎没有记载。也正是对碑铭的地名的考据,才知道夏连特拉海上力量强,势力范围大。如红河三角洲 767 年的碑铭及占婆 774 年或 874 年的梵文碑铭,都言及夏连特拉"海上来犯",为其强大的海军力量及活动范围提供了佐证。第三,印度古代文明确实对东南亚地区形成强力冲击并发挥很大影响,但这种冲击和影响不是印度文化的全盘移植，更不是印度开拓殖民地的结果，而是印度文化与本地文化的结合，是东南亚地区印度化。例如，婆罗浮屠的浮雕借鉴了印度文化和传统，但人物形象和生活场景却是当地的。婆罗浮屠和吴哥窟借鉴了印度崇尚天上之圣的寺塔的造型，但它们却是颂扬地上至尊的国王的陵墓，并且是人间与天上的结合，是神王合一。又如东爪哇马打兰国王艾尔朗加规范了古马来语，借助梵语为拼音进行表达和书写，形成当地的语文，后来发展成今日印度尼西亚的加韦文。事实上，半岛地区在8世纪以后，海岛地区在11世纪时，都先后完成了本地文字的创建。并且，随着近阶段东南亚考古的发现，原先“印度古代文化、尤其佛教文化是东南亚地区的开化者”的结论，越来越受到挑战。更多迹象表明东南亚地区在印度化以前，本土文化已发展到了相当的水平，决非原先所认为的“处于石器时代”。第四，半岛地区的缅人、骠人、越人、掸人及分流后的泰人、寮族等，基本上是从中国的西藏、云南、东南沿海等地迁徙过去的，但他们进入半岛地区后，除了越南北方外，大都直接或间接(向孟人学习)印度化了。第五，传入东南亚的印度文化来自印度不同地域，北印度、南印度、东印度及泰米尔半岛与东南亚都有直接的接触，而且，既有大乘佛教、小乘

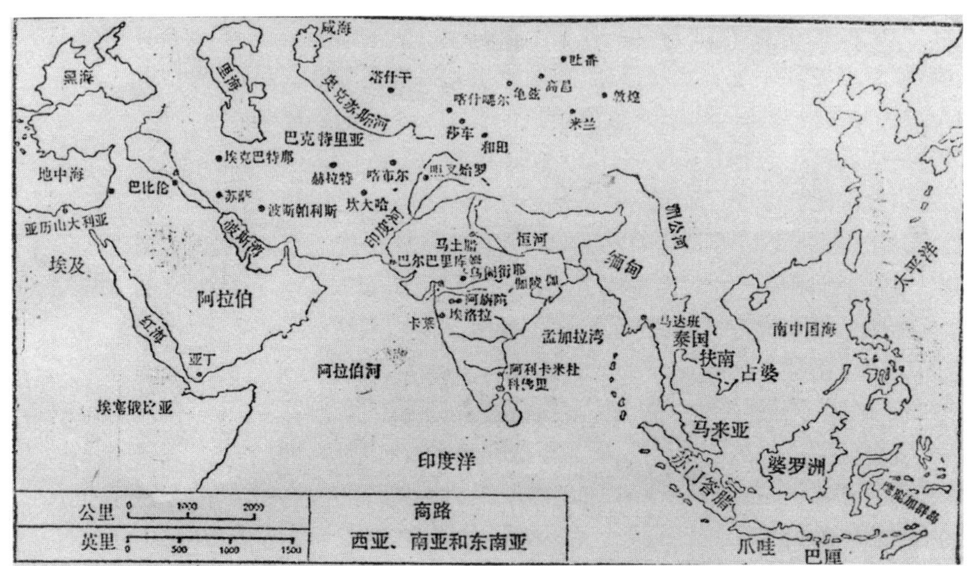

古代商路

佛教,也有印度教及其诸多教派。因此不管从时间上、空间上、内容上看,印度对东南亚地区的影响是十分广泛的。

作者点评:

尽管印度次大陆因自然地理的封闭而自成一格,但惊涛骇浪及入云高山并不能阻断印度居民与域外民族的交流。自古以来印度繁荣发达的物质文明和精神文明,通过对外交流,对东、西方世界产生了很大影响。例如,中印之间的交流,促使处于两者间的西域地区和东南亚形成了两个文化圈,中印文化、尤其是印度文化对这南北两大区域的开化、发展和繁荣,发挥了极其重要和十分巨大的作用。凭藉着丝绸之路上往来不绝的中印贸易和中西贸易,经过物质财富的长期积累和印度文化熏陶的长期积淀,天山南北沿线兴起了几十个国家,出现了空前的欣欣向荣,并且整个西域佛教化了。从这意义上说,西域的物质和文化繁荣正是中印交流的一个积极结果。从相反的方面来看,当阿拉伯人崛起,大食帝国在唐朝中期阻断了中印贸易和文化交流时,西域地区迅速衰落,诸多国家、城市连同兴盛一时的宗教文化,短短时间内便尘封于暴风呼号的荒芜中。另一方面,凭藉着季风的发现和利用,中印的海上贸易发展起来了,大食帝国对西北陆路的阻断,更令海上丝绸之路得到了迅猛发展。控制马六甲海峡的苏门答腊岛东北地区,作为中印交流的中转站,最早发展起来。随着中印海上贸易的加速拓展,整个东南亚很快繁荣起来,人口猛增,城镇如雨后春笋,并且几乎整个区域迅速印度化。所幸,海上丝绸之路的贸易不断壮大,并且后来东方与西方海路贸易也加速拓展,由中印贸易与文化交流带动起来的东南亚没有重蹈西域地区的覆辙,反而是蒸蒸日上,不断繁荣昌盛至今。

第八章 古典时期的印度文化概述

一、文学、艺术、哲学

经过吠陀时期和史诗时期以后，古典梵文文学迅速形成为印度文学史上的又一个高潮。

梵文文学在笈多时期达到了历史上的辉煌顶点。在孔雀王朝时期，阿育王的碑铭基本上是俗语，一度压倒梵文；巽伽王朝重升梵文的地位，但仅是装饰，收效不佳；到贵霜的迦腻色迦王时，一改巴利文佛典的前貌，梵文写经大盛；以后，两大史诗也定型为梵文。笈多王朝时，梵文戏剧、诗歌和散文等通过王室的赞助，达到独霸文坛的地步。

印度的戏剧有着悠久的历史，是从吠陀时期的舞蹈和哑剧发展而来。相传公元前后问世的《舞论》，就提到了有关戏剧的各方面，如音乐、唱歌、舞蹈、韵律及各方言的应用等。可见当时印度的戏剧艺术已相当成熟。马鸣被誉为梵文戏剧的“开山祖”，他的《舍利弗品类论》原作抄本片断 20 世纪初在吐鲁番一座寺院中发现，内容为佛陀两个大弟子舍利弗与目犍连皈依佛教的故事，这是现存最早的梵语戏剧残卷。在新疆还发现同时代的另两种佛教戏剧的残卷，其中之一是佛陀生平的戏剧改写本。公元 3 世纪时有名的梵文戏剧家是跋沙，1910 年在南印度波德摩那帕附近一座寺庙的藏书中发现 13 个剧本，它们被认为是跋沙久已失传的作品。他的戏剧风格朴实，其内容或者依据史诗故事，或者来自历史上的传奇，绝大多数描写阿槃底国王乌代因的恋爱艳遇。他的《婆须达多梦中记》常被后人奉为楷模。梵语戏剧还有一个引人注目的特点，剧情中上层社会身份的人讲梵语，社会地位卑下的人物讲俗语。这显然把社会中的等级关系，搬到了舞台上。

迦梨陀娑是最杰出的古典梵文文学家，是旃陀罗笈多二世的宫廷诗人，在戏剧、史诗、抒情诗等诸方面都有杰作存世。他著有三种梵文剧本，《沙恭达罗》、《勇健与广延》和《摩罗毗伽与火天友》。其中最著名的是七幕爱情剧《沙恭达罗》，该剧由于歌德的赞扬而闻名于欧洲，迦梨陀娑被誉为“东方莎士比亚”。《沙恭达罗》描写了杜斯阳太王与山林女神的女儿沙恭达罗的浪漫故事。这位君王打猎时遇见沙恭达罗，一见钟情后成婚并赠戒指为证。由于沙恭达罗沉湎于思念君王而无意中得罪了天神，因此当她去宫中找杜斯阳太王时，他却因神灵的诅咒而不认识她。唯一能驱除魔力的戒指却一度不慎为鱼所吞，最后渔人发现戒指，终使有情人团聚。《勇健与广延》则是凡世的国王与天国女歌伎之间悲欢离合的爱情喜剧。《摩罗毗伽与火天友》在剧情及诗上都逊色于上述两剧，但其独特的优点是较为写实地描述了巽伽王朝的宫廷生活和社会情形。富有创造的幻想，细腻的柔情描述，对自然的同情心，这些使迦利陀娑在世界戏剧史上占有很高地位。

《沙恭达罗》剧景

首陀罗迦与迦利陀娑的时代相距不应太远，据传曾一度为王，他的十幕剧《小泥车》是一部受到众人追捧的剧本，他把落魄商人与有钱妓女的爱情喜剧，描述得生动、活泼、充满生气。有剧本传世的另一君主是戒日王，他的《璎珞传》、《龙喜记》和《妙容传》深受民众喜爱。《璎珞传》是一部反映宫廷生活的戏剧，叙述乌阇衍那国王与王后的侍者海女的恋爱故事。

女主角最后证实为锡兰的公主,在渡海覆舟以后,栖身于王宫为侍女。

有吉在梵文戏剧方面的声望仅次于迦梨陀娑,他出生于 8 世纪上半叶,是毗陀巴的一个婆罗门,有一段时期受到曲女城君王耶肖伐尔迈的庇护。他的剧本有三种流传至今,尤以诗的美妙而著称。《茉莉与青春》描写了柔弱而高尚的情感,故事讲述乌健城国的大臣的女儿茉莉与在城中求学的文人青春相遇后堕入情网,但国王却将茉莉赐婚于他的宠臣,此人恰为茉莉所不齿,历经磨难后有情人终成眷属。他的另两出剧本是《大雄本行》和《后罗摩本行》,显示了作者描写"伟大"和"雄壮"的功力。

其他还有许多为人称道的梵语戏剧家与优秀作品。如人生本的崇拜黑天的名剧《结发辫》。又如约 800 年的氏宿授的《罗刹婆与指环印》,那是一部政治剧,有关孔雀王朝的政事,尽管剧情复杂,但处理得充满生气和动作,所以仍饶有趣味。黑君的《智月的兴起》大概是独树一帜的。这是约公元 1100 年的作品,是一出讽喻剧。其中所有的人物都是抽象的观念或象征的形体,剧中有力度的常是托谕的人物诵唱道德及哲学的诗歌。这种形式后人常有仿效,但无出其右。

《本生谭》或《佛本生故事》是一部佛教寓言故事集,由 547 篇故事组成,讲述释迦牟尼前一辈子的事,并且在插入故事时又往前推了好几代,该书对当时的社会状况有一定的反映。《五卷书》是古典寓言、童话的又一部力作,更多的是婆罗门教气息,全书由五个主要故事组成,分为五卷,故名。它是一种类书,始于笈多时期,以寓言、故事及箴言形式为主,言明哲理,用以教人。因为常用寓言写,亦称禽语文学。印度的故事以及叙述故事的方法,深深影响了世界的许多民族,如意大利薄伽丘、英国乔叟、德国格林兄弟、法国罗封丹等人的作品,又如阿拉伯人的《天方夜谭》等,都曾受到印度童话和寓言的影响,而古希腊的《伊索寓言》与印度寓言有着明显的相互交流的痕迹。

公元 6 世纪时,故事集形式的浪漫文学一度流行,其中有功德富的《故事广记》和民间故事集《鬼语二十五则》,可惜两书的原本已佚。所幸 11 世纪的梵文作家月天编写了《故事海》,那是传奇的现代风格处理,其中包括上述两书,并且还有《五卷书》的摘要。此后较著名的还有《御座三十二故事》、佚名者的《鹦鹉七十故事》等。

戒日王的御用文人波那被认为是梵语散文的杰出大师,《戒日王本纪》是他的代表作。这是一种浪漫的传记文学,叙述青年戒日王如何成就王业。他的撰写是事实与小说的混合,文中充满谐语和双关语。另一部散文著作是《伽旦波利》,叙述一位公主因羞涩而失去良缘的遭遇,对心理的描写有独到之功。波那的书被赞誉为“传记鲜明凝重,小说巧妙流畅”。

在诗歌方面,印度盛行叙事诗和抒情诗。马鸣的《佛本行赞》和《美难陀传》是古典风格的早期叙事诗。《佛本行赞》是一部用梵文写成的最早的佛教著述,是用长诗写就的佛陀的传记,从释迦牟尼的诞生直至涅槃,歌颂伟人并弘扬佛法。迦利陀娑的《云使》被誉为抒情诗的楷模。《云使》是格律长诗,由一百二十首四行诗组成,而每行诗又是以十七音节的慢进韵构成。《云使》描写中印度的一个流亡者,望着向北漂浮的黑云,心中充满思乡恋妻之情,他就托付云为使,将这一片深情捎给住在喜马拉雅山中的妻子。他以优美、悲怆、充满力度的文辞向云叙述北行的各种情景,叙述他山居故宅的美丽,叙述妻的可爱、处境的悲哀,以及期待团聚“在秋天的满月下,享受荣辉而爽明的良夜”。《云使》的诗句在当时非常流行,许多铭文也深受影响。迦利陀娑的抒情诗集《季节的循环》分为六章,描写印度人习惯的一年六季即春季、夏季、雨季、秋季、旱季、冬季。作者将人类情绪、男女爱情与自然景色之美,巧妙地融合在一起。迦利陀娑也创作宫廷体叙事诗,如《罗怙的家族》及《战神之出生》等。

节日

7世纪上半叶的伐致呵利是抒情诗的佼佼者。他的诗集《三百咏》从古至今脍炙人口,而在《情诗一百首》中,其名言:“灯光伴随着火炉的焰光,日光或者星月之光,众多光中却无爱人双眼明光,此世对我而言黯然无光”,常被用作印度抒情诗范例。阿摩鲁著有《一百首诗》,他善于把握情人的感情，善于描写快乐与忧虑、愤怒与诚挚。12 世纪，胜天的长篇抒情诗《牧歌》是古代晚期的经典之作，内容描述黑天与罗达间发生的爱情、离异及最后和好的故事。他将优美的道白与复杂的韵律自然地糅合在一起，以表达丰富的恋爱感情。该诗被认为是梵文诗歌前后古典风格的承上启下之作。

南印度及边缘地区的文学循着自身的轨迹发展，呈现出梵文文学与方言文学共盛的局面。两部杰出的著作是南方梵文文学的典范。这就是日辉的《山民与有修》和檀丁的《十王子所行记》。日辉生于公元 6 世纪，《山民与有修》是史诗类作品，叙述伪装成山民的湿婆与有修之间的战争。《十王子所行记》的成书时间约为公元 6 世纪，檀丁喜好文饰，驾驭词藻的能力超群，这在他的一首诗中达到了极端。这首诗能够正读和反读，一方叙述《罗摩衍那》的故事，另一方讲着《摩诃婆罗多》的故事。

方言文学使用的是南印度当地的自然语言。《俱罗尔》和《纳罗底耶》是古代泰米尔语文学的名篇。前书是织匠提鲁华鲁瓦所著，此书是属于人生三大目标(关于法、情、政事三者)的 1 330 首箴言诗的集合本。提鲁华鲁瓦并非个人名字，而是南印度贱民的宗教导师的名称，“俱罗尔”是一首箴言诗的诗名，也被用来作为全书的书名。《纳罗底耶》也是箴言诗集，共有四百首箴言诗，内容涉及轮回、报应、超脱、法律、尘世生活和爱情等诸多方面。稍后时期，出现两篇泰米尔语史诗《宝石脚镯》和《马尼梅加莱》，这两篇史诗本是梵文作品，但原作已佚，却意外地在泰米尔语的书中保存下来了。

印度戏剧与诗

出于地方性忠诚的感情，边缘地区出现

了一些历史性传记。形式上有诗篇、有散文,但以散文更普遍;内容上是传奇加历史加感情色彩加臆造。例如帕马笈多的马尔瓦国王传记,比兰纳的《超日王四世传》,更为著名的是12世纪卡兰纳写的有关克什米尔历史的《诸王流派》。

耆那教僧人金月生于1089年,是一位博学的多面手。他既是耆那教长老,也以学者及诗人闻名。他在宗教上建树颇丰,因他而使瞿折罗成为耆那教的主要城市。同时,他也写有众多世俗著作,如文法、辞典、诗学、诗集等。《六十三完人传》是他的一部代表作,尤其是此书的“附录补充部分”,更成为经典,其中的故事明显是采自民间流传的素材,金月将它们由俗文译成梵文。

此外,梵文大盛与这一时期的文法学家的成果是密不可分的。诸多后人对《波尼尼经》作了注释和补充,其中较为权威的有公元前3世纪迦旃衍那写的《释补》。公元前2世纪波颠阇利也是语言的系统分析的研究者。他的《大疏》对波尼尼文法著作进行了更有价值的注解,他用语生动、简洁,在句法和词汇演化的研究上影响深远。而近现代学习梵文者大多参考17世纪婆陀吉的《月光疏》,因为它更通俗易懂。公元4、5世纪长寿师子的《长寿字库》则是一部最为著名的梵语辞书。

阿旃陀石窟第十九

印度绘画、雕塑、建筑等艺术方面的发展,在哈拉巴文明时期就达到了相当高的水平。印章上的植物、动物等图案,构思简洁,造型生动,充满着生命的活力。哈拉巴和摩亨索达罗和谐统一的古城建筑,前文也已作了较为详细的阐述。

印度艺术在孔雀王朝时期达到了又一个辉煌的高潮。王权赋予印度艺术以庄严及威武,阿育王石柱就是这方面的典范之一。鹿野苑的石柱象征宇宙之柱,“石含玉润,鉴照映彻”,挺拔高大,不言自威。柱头顶端是四头背靠背威武挺立的雄师,四狮鬃毛披洒,目视四方,张嘴欲吼。这屹立的四狮,组合成拳头,威猛、团结,成为印度国徽的图案。史密斯教授对其艺术性赞叹不已:“我们很难在其他国家寻觅到更优美的兽物雕刻的古代艺术品,它是现实和理想的成功结合。在每一细节上都恰到好处。”

宗教是印度艺术另一个不竭之源,而且赋予艺术以一种神性,不管其表象是肃穆、活泼,或者诙谐。

战士

古代印度的宗教绘画大都保存于石窟中。世界闻名的阿旃陀石窟位于德干地区的瓦格霍拉河谷,是在高约二十多米的花岗岩峭壁上开凿的,沿河谷排列,共二十九窟,主要为佛教艺术,从公元前 2 世纪到公元 7 世纪中,前后费时达八百多年。精湛的壁画与雕塑共存,令人赞叹不已。由于佛教在印度衰落,石窟一度为茂密的树林和泥石湮没,为人遗忘。直至 1819 年,一队英国军官猎虎,偶然发现了洞窟,才使这艺术宝库重见天日。绘画《六牙白象本生》、《国王及其从人礼拜菩提树》等代表着早期风格;《对佛陀的引诱》、《坐着的少女》都是笈多时期的佳作。《农村场景》、《波斯的王子和公主们》顾名思义,其历史价值是不言而喻的。作为整个洞窟来看,第一窟称为毗诃罗式洞窟,凿于笈多王朝时期,是所有洞窟中最为壮观和丰富多彩的,其众多壁画堪称古典绘画艺术的顶峰。还有,阿旃陀石窟的建筑和雕塑也十分精湛,如十九洞窟,无论是总体的构设,还是局部的匀称,都令人赏心悦目。此外,马尔瓦地区的巴格石窟约开凿于公元 5 至 7 世纪,共有九窟,其佛教壁画深有造诣。德干地区的巴达米石窟与埃罗拉石窟的壁画也异常精彩。

印度雕塑的一种形式是伴随着窣堵波而成长起来的。在宗教的作用下,印度人对于“死”的重视远胜于对“生”的重视,圣人寂灭后,凡人总是要去顶礼膜拜,因此窣堵波的形式成立了。窣堵波原先是一个半球形的砖顶盖或土墩建于一件神圣的遗物上,这遗物或是佛陀的,或是一位受尊崇的圣徒的，或是一本神圣的经书。后来窣堵波四周围上了栏杆，栏杆成圆形或方形，为便于祭奠和清扫，围栏设有门楼，这给予雕塑者一显身手的机会。存留至今最早的一处是约公元前2世纪巴尔胡特的栏楯。上面刻有半人大小的许多小神雕像，还有众多浮雕组成的藤蔓，蕴含神话中如意树的形象。最著名的是一位战士，显然是当时士兵的真实写照。与之相映，迪达甘吉发现的《持拂药叉女》是另一传世杰作。她神情静谧，曲线流畅，乳房丰满，欲哺天下，这亦神亦人的雕像有“东方维纳斯”的美誉。

持拂药叉女

若从雕塑的风格来看，除了围绕窣堵波的作品外，还有犍陀罗和马土腊两大雕塑流派。前者受到希腊、罗马和波斯等外来文化的影响，主要在西北地区，佛像、神像都具有明显的希腊化倾向。泥塑是犍陀罗流派的一种普遍技能，许多泥塑偶像装饰着各大寺院。石雕也是普遍存在的，如分别高达53米和35米的两尊巴米扬立佛，就是典型的犍陀罗佛像，只可惜2001年初被塔利班政权彻底摧毁。后者是北印度雕塑中心，马土腊派有着塑造第一尊佛陀偶像的荣誉，那可能是以耆那为原型而塑成的。人们还使用当地出产的美丽的红砂岩雕刻裸体女像，并成为该派的传统特色。

在雕塑的表现手法上，由于神像和神话故事的宗教内涵不同，作品表现出的特色也各异。例如佛教的释迦牟尼雕像总是庄重、严肃、安详端坐，对周围的一切保持冷漠状，而印度教的湿婆雕像则形成鲜明对照，其色彩斑斓，常呈现引人入胜的狂舞姿态，这一静一动令人印象深刻。又如《恒河女神降凡图》是摩诃巴里普罗的大型壁雕，它描绘了天神及众多男女神灵及龙、象、蛇等诸多动物欢欣跳跃，争先恐后地赞颂象征生命的圣河之水倾泻到世间。

印度的金属雕艺术有着悠久的历史，各种精品层出不穷。11世纪南印度的青铜雕“舞者湿婆”是艺术史上的稀世珍品。它在表现艺术精湛的同时，还巧妙地用栩栩如生的形象来寓意或象征许多宗教含义。湿婆被赋予三目，天启目将洞察世间一切。他还被安上四只手臂，后面的两只手臂反向伸出，弯曲的角度和水平高度保持均衡，后右手持沙漏形手鼓，象征宇宙的创造，后左手托着火焰，象征按时焚毁世界的劫火，前面右手臂作无畏状，左手臂似象鼻下垂。湿婆右脚踩着象征无知的侏儒，左脚随腿凌空翘起，意指解脱。他周身围着火焰光环，整个雕塑底座是莲花状圆盘。这动感十足的作品暗蕴的整个含义是：宇宙生命的创造、巩固、毁灭、恢复和解脱。

湿婆

窣堵波是早期的宗教建筑形式，其中公元前 2 世纪至 1 世纪的山奇的窣堵波最具代表性。它的最终形式是三百年间不断完善后才成型的。窣堵波直径约 37 米，高约 24 米，刚落成时是土墩。巽伽王朝时，建筑者在半球形的土墩外面复砌上砖石，涂上泥灰，底部构筑沙石台基，设上围栏，围栏内有通道，通道有双重扶梯与地面相衔接。半球体顶上建方形平台，平台上再建三层伞形顶盖。案度罗王朝时，窣堵波围栏四方陆续建成四座门楼，门楼上布满石雕，有深浅不同的浮雕，也有三维立体雕。如东门楼上雕有盛装的大象，长翅膀的狮子，成双成对的孔雀。最负盛名的是门托上扶树而立的药叉女，其充满动感的“S”形三曲式后来成为展示人体美的标准模式。北门楼石雕犹如连环画，讲述一些佛教故事。总之，整个窣堵波气势宏大，造型匀称，构思精湛，雕刻细腻，堪称稀世之作。

在窣堵波半球体上不断增加伞形顶盖，逐渐形成了尖锥体的塔，并且越盖越高。例如 5 至 6 世纪留存下来的佛都伽耶大菩提寺规模宏大，相传释尊就在这儿的菩提树下悟道。玄奘记载：“（大塔）高百六十尺，下基面广二十余步，垒以青砖，涂以石灰。层龛皆有金像，四壁镂作奇制。”

洞窟庙宇同样给建筑师提供展示才艺的机会。洞窟挖在山坡上，由僧侣们作为神殿和寺院。洞窟是精心设计的,有相当复杂的结构。如卡莱洞窟,它由一扇矩形的门进入,门厅正面有形态生动、超过真人大小的人物浮雕。再向前进入长方体的朝拜厅,后殿一端有一个小型的窣堵波。卡莱厅前墙上的雕刻十分美丽,厅堂内柱子排列整齐,间距划一,柱头柱脚雕刻精巧,整个建筑的各部分非常匀称。洞窟建筑最困难的是采光,而卡莱洞窟的建造者却将它设计的十分精彩。朝拜厅由两长排柱子分割为三,宽大的中部是中堂,两旁狭窄部分为走道。前墙有一大二小三扇门通往中堂和旁边两走道。中门上面有一个大大的马掌形窗户,从窗外投射进来的光线正好照亮远在尽头的窣堵波。教徒们聚集在较黑暗的中堂的中央部分,前面是明亮的圣者的窣堵波,这必然给人肃穆和主次分明的十分感人的印象。

山奇窣堵波

从大块岩石劈凿出庙宇,这大概由洞窟庙宇发展而来。其中最引人注目的是埃洛拉的凯拉沙纳塔庙,当建成或“劈成”时,它已成了朝天打开的独立式庙宇。实际上它巧夺天工,是完整地从山坡的岩石上劈出的。凯拉沙纳塔庙雄伟壮丽,专家们常拿它与希腊雅典的巴台农神庙作比较。

平原地区大都是独立式的庙宇,富商们的慷慨捐赠加上地理优势,庙宇的规模越来越大,越来越辉煌,越来越精致。大幅的壁画和大群的神像,被请来恰如其分地点缀庙宇的空间。这使得绘画、雕塑、建筑融为一体,更蓬勃发展起来了。例如,以佛教学院闻名海外的那烂陀寺,规模宏大,“周国四十八里,九寺一门,是九天王所造”。又如稍晚时期的卡朱拉霍神庙,更以别具一格的性爱、艳情雕像而闻名。当然,这不应视为色情,而是通过世俗恋情来体现对宗教的奉献。

山奇栏门的药叉女

值得一提的是，印度人把艺术由实践升华到了理论，成为充满理性的智慧。《工巧论》详细讨论了雕像各部分之间的比例、尺寸、姿势、弯曲度、发型、装饰以及被雕塑对象的地位和品貌等。《度量精义》则是建筑学方面的主要著述，此书叙述房屋与庙宇的根基和建筑方法，论及市政设计，雕像等，并给出建造中的详尽细节。

"哲学"，在梵文中称为"研究的科学"。通过活跃的辩论，印度教哲学逐渐形成六大思想学派，这就是后人所称的印度教"六论"。虽然这些论说起源于早期的哲学思想，并且持续到更晚的时期，但它们的一些主要原则是在笈多王朝以及稍后时期中得到清楚阐释的。

正理论（Nyaya，字义"分析"），主要代表作为乔答摩的《正理经》、生于公元 350 年左右的犊子的《正理经释》和生于公元 640 年的乌堵达伽拉的《正理经释》。这一学派有严格的论理体系和知识理论，以逻辑为基础，讲述一些正确的思维、辩论及深究的方法，主要用来与佛教大师进行辩论。

胜论（Vaisheshika，字义"个别特征"），代表著作有迦叶卡南达的《胜论经》，波罗沙陀帕达的《题法要集》，前书相传为公元 2 世纪下半叶的作品，实际看应更晚一些，后书则可断定为公元 700 年左右。胜论属于原子论哲学一类，企图以原子来解释世界的起源。它认为宇宙由许多原子构成，所以存在着物质世界，与灵魂是截然分开的。它是六论中"尘世哲学"味最浓的。

正理论和胜论发展到后来，成为互相密切补充的两派，最后联合成为一个理论。生于 10 世纪的乌堵衍那是两派合一的见证者，这可以从他的名著《一束花》中体现出来。

埃罗拉神庙

数论(Sankhya,字义“计量”),是一种实体论哲学,因反对奥义书的观念论而产生。创始者伽毗罗摈弃“世界灵魂”的概念,将物质与无限复杂的灵魂区别开。物质是实在的,世界最终的因子是“原始物质”。“原始物质”是单一的,由“德性、激情、淡泊”三个构成要素连接起来,达到平衡即成常态世界。存世的代表作是公元 300 年左右的自在黑天的《金七十论》,以及系统诠释《金七十论》的婆察巴帝弥斯罗的《数论诸谛之月光》。

瑜珈论(Yoga,字义“运用”)即“运用意志”,是宗教信仰的直接的结果。代表著作是波颠阇利的《瑜珈经》,他与大文学家同名,但是另外一人;还有相传为广博在公元 500 年左右所著的《瑜珈释》。瑜珈以绝对集中思想于一个超自然目标,达到完全控制意识,进而导向认知最终实在。

弥曼差论(Mimamsa,字义“探究”)也称“前思维派”。由于看到《吠陀》正在被忽视,为再次强调《吠陀》是根本法理,弥曼差派由而缘起。如何对祭祀规则书作出正确阐释,这是该论主动承担的使命。弥曼差论的代表作是耆弥尼撰写的《弥曼差经》,此书最有名的注释本有两,作者分别是公元 5 世纪的夏巴罗和公元 700 年左右的鸠摩利罗,后者的释本尤为重要,它的引证含有当时社会及学术生活状况。

吠檀多论(Vedanta,字义“吠陀的终结”)又称“后思维派”。它声称起源于《吠陀》,认为“绝对灵魂”存在于万事万物之中,并阐述存在的最终目的是肉体死亡后个体灵魂与“绝对灵魂”的融合统一。吠檀多的经典是拜陀罗衍那的《吠陀哲学经》，该书仅是一些口头禅，若没有诠释，晦涩难懂。最好的诠释者就是宗教改革家商羯罗。他是“不二论”的主要代表，认为“觉悟”是获得解脱的不二法门。他把知识分为两种，一种是较低的知识，以求适合民众了解；另一种是高级知识，以适应严格的哲学思想的要求。他的主要著作是《梵经注解》、《广林奥义书注解》、《世尊歌释》。自商羯罗以后，吠檀多派从六论中脱颖而出，获得了广泛的流行。

卡朱拉霍庙

佛教哲学在部派争辩以及与婆罗门教的辩论中，得到了发展。其时，唯心主义新倾向的代表者是无著，他的生卒年代大约是公元 290—360 年，有七部主要著作存世，其中《辨中边论》是主要的哲学著作，意在分别中道与边见。

在认识论方面有所建树的是无著的兄弟世亲，他以《三十颂论》、《二十颂论》为人称著。他认为，其他学派主张的“真实灵魂”和“法”不过是“识”的变现，此外什么也没有；“圆成实性”和“依他起性”既相同，又不同，一个不能离开另一个来理解。其他还有 5 世纪时的世亲第二和 5 世纪下半叶的陈那。前者的《金七十真实论》是批判婆罗门教数论的。后者至少有十四部哲学著作，但梵文原本荡然无存，其中《关节明灯疏》、《观三时论》等六部仅存藏文本，《取因假设论》等三部只有汉译本，《观所缘缘论》则存于汉文和藏文文本中。陈那将前人的认识论观念发展成为对一般知识的评判，并详细讨论了“究极实在”、“真如性”等命题。

佛教因明学即逻辑学是这一时期的一大贡献。无著的《瑜伽师地论》

使用了“因明”的名目,《顺中论》反驳了数论派的因三相说。陈那继承前学,确立了佛教逻辑学。他的集大成之著《集量论》,以及《因明正理门论》等,把量(认识根据)分为现量(直接感觉)和比量(推论)两种,由宗(主张命题)、因(理由概念)、喻(实例)组成的三支作法,并利用“九句因”对因的三相(理由概念的周延关系)作了明确说明。他的逻辑理论称为“新因明”,以区别以前的“古因明”。7世纪中叶的法称更新了陈那的学说,解决了陈那以来在因明学中发生的一些难题。他的《量论释》、《正理一滴》等七部论著,被视为正典,大有后来居上之势。

佛像　贵霜时期

此外,耆那教学者金月的著作《思维量》,孟加拉学派恒伽沙所著的《诸谛如意宝珠》等,在印度哲学史上都占有一席之地。

二、科　学

古代印度在科学技术上的成就是举世瞩目的。孔雀王朝前后是一个高潮,笈多时期是又一个高峰,以后停滞了相当长的时段。

在古代印度,天文学一直与不太科学的星象学相辅相成,天文学家往往兼为星象学家。印度最早的天文学源出于宗教目的,祭祀者为了将祭祀时日推算准确,必须精确观察日的行程,月的盈虚,尤其是二十八星宿的黄道。保存至今最早的天文著作是吠陀时期的《条替沙明论支节录》,其文体为“偈韵”,内容完全是年岁的推算,但已有五年一润说,已能定出月亮与太阳在夏至、冬至两点的位置。以后是《鹧鸪氏本集》,它提到星座并列出它们的名称。耆那教在《太阳的教言》中,把地球描绘成以须弥山为中心的一个大圆盘,行星沿须弥山自东向西旋转。此外,《摩诃婆罗多》、《摩奴法论》中也言及天文宇宙学。

公元后,印度天文学的性质与以前大不相同,它发展成为一种体系,具有明显的科学性,并且吸收了外来天文学、尤其是希腊天文学的知识。公元505年左右,彘日的《五手册论》是集大成的著述,他将当时成为权威并具有指导性的五种手册的理论,加以阐述和发扬。他在其中一册《太阳手册》中揭示的有些主要学理,与希腊天文学的成果不谋而合。另一位天文学家圣使在约499年完成了他的《圣使集》,该书在天文学史和数学史上同样重要。它分为四部,前两部分为数学,第三部分为天文的计时法概要,第四部分是关于天体运动,他的创见性说法是:地球绕地轴每日旋转,并将一年推断为365.358 68天。此后的著名天文学家是梵藏,他在公元628年著成《梵明满手册》,该书大致承袭前人的理论,但叙述得更为详细,更有条理。作明轨范师生于1114年,是古代印度最后一位天文学大家。代表著作《顶上珠手册》成书于1150年,它更为完整而清晰地叙述了已有的学理,对其中一些定则加以修正并详细解释,但鲜有新的创见。

星象学是研究星体对人生影响的学问。研究天体现象暗蕴良好或恶劣的征兆,以及这些征兆对人世变化的预示,这在各文明古国中都曾发生,印度也不例外。彘日是古印度星象学大家,其代表作是《广集》,讲述自然星象学;还有《星占论》,研究星座的位置,预言人生幸福与否。尽管这些书被后人认为是假科学的产物,但其中述及建筑房屋、掘井、修造花园、建池塘、寻找地下水、塑造神像,以及有关情论、结婚、珠宝的功能等,均可以反映出当时的许多社会状况。

印度的数学研究同样与天文学有密切关系,因此算术与代数也是圣使、梵藏等人著作的一部分。在《圣使集》的前两部分、《梵明满手册》的"算法章"和"库达伽迭亚"、《顶上珠手册》的"嬉有章"和"因数算法章"中,我们可以看到古代印度最高阶段的数学成就。这些章节中叙述的简单算术的八种方法已与今人相同,即:加、减、乘、除、求平方与立方、求平方根与立方根的方法;其次是关于"分数"和"零"的概念。运用数学有比例及利息的计算法。代数方面有多元方程式和高次方程式。印度几何学最重要的著作是《准绳经》,它属《仪轨经》的一部分。为精确设计祭祀场地及其他重要构成部分,所以直角、正方形、圆形以及用绳的准确丈量等都是必要的。在大量的文献中残存的《准绳经》有七部，其中三部特别有价值，如《迦旃延那准绳经》。当然，上述几位学者在几何学上也各有建树，如圣使对圆周率的计算达到了3.141 6。

印度医学的源头据说是释迦牟尼时代的阿特利亚，他以口授传下了医术。在六名嫡传弟子中，贝拉和如火自成流派，并且贝拉有直接的医学文本传世，《贝拉本集》的不全手抄本是在南印度发现的。

稍后的印度医学权威是阇罗伽、妙闻和婆拜他三人。阇罗伽是迦腻色迦国王的御医，他的医学著作是《阇罗伽本集》，据作者陈述，该著是其前人如火著作的修正本。《阇罗伽本集》共有八篇，涉及范围很广，其中一篇陈述身体健康的三大因素是营养、睡眠与节食。该著很早就被译成波斯文，后在公元800年左右译成阿拉伯文。妙闻与阇罗伽不同，他偏重外科学。《妙闻集》现存本应是公元4世纪成书，他的医术和声望极高，甚至传布到中南半岛的柬埔寨。婆拜他生于公元600年左右，他的名下附有两种著述，《八科提要》和《八科精华集》。另外值得注意的是，英国鲍威尔中尉1890年在中国新疆库车的佛教窣堵波中发现一部古老手稿，它可能是与贝拉和如火并立的第三个学派的论著。据考证其时代约为公元350年。这部著作共有七册，其中三册为医学著作，一册专述大蒜的医药功效及延年益寿的作用，另一册名《精髓》，是古代名医论著的提要，再一册是古代的治病处方，也提及医学的权威学者，其中对妙闻的评价甚高。

再后，约公元800年，摩陀婆伽罗的《疾病研究》是一部病理学著作，它对重要的疾病有详尽的罗列和论述。该著名声颇大，为后世这一学派奉为权威，因此诠释之著数量很多。《西迪瑜伽》是佛令达的撰著，它提供了热病、中毒等病患的大量处方。

沙恩伽陀罗的《沙恩伽陀罗集》是一部另类的医学著作，它成书于1200年左右，主要介绍药用鸦片和水银的炼制及疗效。

《药物语汇》是一部药物学辞典，产生于古代，以后多人修订，内容时有增删。此外，我们从希腊植物学家塞奥弗拉斯特的《植物史》中，可以了解到印度的草药知识已传入西方世界，因为该著介绍了来自印度的各种植物与药草的医学用途。

古代印度在金属冶炼方面也取得令人瞩目的成就。矗立在库特卜塔附近的德里铁柱是极少的几件幸存物之一，它高达二十三英尺，其上的铭文为笈多国王大唱赞歌，几千年来风风雨雨，至今几乎不生锈，被人称为

“不可思议的作品”。还有一座与常人身材相仿的佛陀站立铜像(现在英国伯明翰博物馆),它分两段铸成,也是冶金方面不可多得的精品。水银作为专门学科,在印度逐渐发展起来,它融合了医疗、化学、金属冶炼乃至炼丹术等各科目。如《丹宝集论》对水银的疗效、金属化学性质和冶炼技术进行了实效性的研究。

三、宗教的演化

佛教在印度的发展可以分为三个时期。原始佛教时期,指释迦牟尼及其直传弟子时期的佛教,约公元前 530 年至公元前 370 年;部派佛教时期,由于对教义、戒律等方面产生不同看法,佛教分裂为上座部和大众部,以及分属两部的十八派,时间跨度约公元前 370 年至公元后 50 年;大乘佛教与小乘佛教分裂时期,约公元 50 年至 13 世纪初佛教在印度消亡,这个时期又可分为前后两个阶段,以 6、7 世纪佛教密教化为界线。

佛像　笈多时期

在部派佛教时期,受在俗信徒们的支持,以偶像崇拜、菩萨运动和梵文写经为特征的大乘佛教逐渐兴起。“乘”即“车”,大乘即大车子,意为“普度众生”;小乘即小车子,只能坐一人,意为“修身成佛”。小乘佛教实际是大乘佛教对其的贬称。为了表示独自的思想,大乘佛教编纂了新的经典,相继出现了《般若经》、《法华经》、《维摩诘经》、《华严经》、《阿弥陀经》及净土经典等。《般若经》是基本教典,它阐述了大乘佛教的基本教理,确立了大乘佛教的根本立场。它数量庞大,种类繁多,玄奘翻译的《大般若波罗蜜多经》六百卷,也仅是《般若经》最后的总论部分。其他各经典也从不同的视野,对各自推崇的教理进行了详细阐述。

从历史的角度看,公元 2 世纪龙树提出

中道观,弘扬“缘起性空”说,大乘佛教的教理发生了飞跃,富于逻辑地奠定了“空”思想的理论基础,建立了大乘佛教第一个派别中观学派。公元4至5世纪时,无著、世亲宣扬“三界唯心,万法唯识”的学理,形成大乘佛教的瑜伽行派。后来两派逐渐融合,形成瑜伽行中观派。

5世纪初,佛教在笈多王朝宽容的宗教政策支持下,在那烂陀建立了大寺院,它是大、小乘兼学之地。佛教中心又回到了发迹的故乡摩揭陀。在这一时期,佛教的基地主要在恒河流域,克什米尔和犍陀罗一带。

5世纪末,呎哒人侵扰北印度,尤其是密希拉古拉对佛教徒的迫害,这给予克什米尔地区的佛教以毁灭性的打击。戒日王时期,印度北方出现短暂统一,佛教有所复兴,那烂陀寺作为佛教研究的中心曾一度兴盛。此后,西印度的佛教除了伐拉毗地方外,已基本消亡。

从玄奘留学印度结束(645年)后的约三十年间,佛教正迅速地密教化。“密教”是“秘密佛教”的简称,它有两个特点:一是相对宽松的祈祷或咒术的仪式,二是神秘主义。所谓祈祷或咒术,即对神、命运及自然现象等能对人们幸与不幸产生重大影响的对象,通过祈求或某些定式咒语对它们施加影响,以使人们祈福禳灾的愿望能够实现。神秘主义则是人们能够直接感知神祇,能够向佛、菩萨等诸神直接倾诉和祈求。此外,密教还含有其他一些混合因素。如金刚霹雳乘中,称为“多罗”的“女救世主们”是男性菩萨的配偶,她们也受到崇敬,这显然是“女性性力”崇拜的影响。又如,密教的有些仪式无疑来自于西藏的习俗,甚至祷词用的就是西藏语,“om mani padme hum”意为“看,宝石落在荷花里”,这是神圣的性交的象征性表述。

性力派神像

巴拉王国是最后一个信仰佛教的国度。立国者瞿波罗(约 750—770 在位)在摩揭陀建立了飞行寺,相传它十分华丽,西藏的桑耶寺就是仿照它建立的。约 780 年,达摩波罗在恒河沿岸建立了超岩寺,它不仅是佛教寺院,而且也教授哲学、逻辑、文法学等一般学科,该寺的佛教组织、佛典等几乎原封不动地传到西藏,对西藏佛教的形成有密切关系。那烂陀寺、飞行寺和超岩寺成为当时的佛教中心,但三寺院的佛教教义已全然密教化了。1203 年作为佛教最后据点的超岩寺被伊斯兰教教徒破坏,这标志着佛教在印度本土消亡了。

"印度教",这是穆斯林入主印度后,对原有的主导宗教的称呼,现已通用。此时这称呼的意义有二,其一,表示在印度的与伊斯兰教相对立的宗教;其二,一种根深蒂固且又源远流长、但以新面貌示人的宗教。

印度教可溯源到吠陀教。雅利安人入印,定居于印度河流域,经与当地文化数百年的冲突和融合后,在公元前 1300 年左右,逐渐形成了吠陀教。它以《梨俱吠陀》等为圣典,将各种自然现象神化并予以崇拜,以繁杂的祭祀为中心,以及在社会生活中推行种姓制度,这些构成了吠陀教的特征。

公元前 6 世纪至公元前 5 世纪,由于社会大动荡、大分化、大改组,尤其是受到佛教、耆那教等新兴宗教的冲击,吠陀教发生变革,逐渐演化成以婆罗门至上、吠陀天启和祭祀万能为纲领的婆罗门教。由于婆罗门祭司在宗教和社会生活中据有至高至尊的地位,以及名目繁多、程式烦琐、规模庞大的祭祀仪式,使得婆罗门教越来越脱离民众,越来越落伍时代,其主导地位不断受到挑战,甚至几次被替代。

在婆罗门教向印度教的演化过程中,受崇拜的神祇发生了很大变化。在土著雅利安化的同时,雅利安社会也吸收了一些土著的信仰。有些吠陀教和婆罗门教的神无声无息地湮灭了,取而代之的是三位一体的梵天、毗湿奴和湿婆三神。梵天是"创世者",毗湿奴是"保护神",湿婆是宇宙间罪恶横行时的"摧毁者"。创世、维护和摧毁是事物的自然顺序,三位一体概念与自然循环观联系起来了。

印度教解释说,梵天大神创造了世界,他"造虚空,虚空造风,风造水、地,水地造丘山草木,如是有世间"。

毗湿奴曾在远古的大洋中,沉睡在千头蛇盘成的卷圈上,此时他苏醒了,升腾到天的最高处,从那儿观察世界。当罪恶蔓延时,他就以化身进入人类世界，从罪恶中拯救众生。赋予毗湿奴以化身，这是印度教的一大特点，化身说既宣扬了一神的信仰，同时又可吸收其他各种信仰方式，成为印度教发展的有力武器。深受民众崇敬的《罗摩衍那》中的持斧罗摩，《薄伽梵歌》中的勇者克里希纳，先后都纳入毗湿奴显现凡世的化身。当佛教不断融入印度教时，佛陀就成了毗湿奴第九个化身，印度教也吸收了佛教和耆那教的许多教义教规，就这样诸佛、菩萨在万神殿中与印度教的众神和安相居了。第十个即最后一个化身目前正在到来，他将以骑着一匹白马的迦尔吉形象到来，这个设想是弥撒亚思想与大乘佛教弥勒佛到来的一种结合。

毗湿奴

湿婆从吠陀的风暴之神、土著的山神和泰米尔神摩鲁伽演化而来，同时吸取了不少民间信仰的形式，尤其是生育力崇拜，如林伽崇拜和公牛神崇拜，以及延伸到推崇与生育力联系在一起的女神。

祭祀万能大大淡化，这是印度教的另一特征。此时，从祭坛仪式唯一，已转移到信徒与神之间可有完全的个人沟通。信徒们可自行到供奉三大神及其化身的庙宇中祭拜，也可以去朝拜毗肯塔山和凯拉萨山，因为这两座山分别供奉毗湿奴和湿婆，还可以通过各种瑜珈修行道路去领悟“绝对者”或“宇宙灵魂”，甚至掬一把恒河之水也可得到神佑，因为恒河水从天国降下，具有纯化的效能。

由于神祇发生了变化，信徒们在祭拜的实际活动中形成两个主要派别。梵天大神无形无影，远远退隐于天幕之中。因此对毗湿奴神和湿婆神的祭拜，形成了毗湿奴派和湿婆派。对毗湿奴神的崇拜在北印度较为盛行，而湿婆神的祭拜者在南方人数众多，至今如是。由于密宗信仰在印度教崇拜中的作用，又衍生出一派，称作“夏克提”或“性力派”。他们认为男性只有与女性结合在一起，才能受激而活跃起来。所以，众神获得了妻子，这些妻子同样受到祭拜，如毗湿奴的妻子拉克什米。湿婆的妻子雪山神女更以多达十种化身示人，有伽利、德迦等，她们各有自己的职能，并且都受到崇拜。

《薄伽梵歌》场景

一般认为,公元8世纪,宗教改革家和哲学家商羯罗对婆罗门教进行了一系列的改革,最终完成了婆罗门教向印度教的过渡。商羯罗出生于卡拉迪的一个婆罗门家庭。他谋求对吠陀哲学的晦涩和难懂之处,予以清晰明了和通俗易懂的阐述,由此使吠陀圣典普遍地为民众所理解,为民众所接受。婆罗门祭司声称,只有他们能与神沟通并有能力操纵看不见的力量,从而独占高位并蒙上神秘的面纱。针对这一情况,商羯罗宣传,人们只要坚持如苦行主义这样的虔诚修行,就能直接感悟"绝对者"。他反对不必要的典礼,从印度教的祭祀中清除许多无意义的仪式。他还借鉴佛教的"僧伽"的组织形式,建立自己的"摩塔",实施一种简单化的朝拜。"摩塔"发展很快,不久到处都建有分支机构,成为商羯罗指导中心。

印度教民众化,这使得宗教经书发生了变化。除了四吠陀、梵书和奥义书外,《摩诃婆罗多》、《罗摩衍那》、《摩奴法典》、《薄伽梵歌》及多部《往世书》,此后都成为印度教的主要经典。印度教民众化也使印度教神殿在各地迅速建立起来。

7世纪以前,耆那教在德干和南方的一些地区,受到当地王室的赞助,7世纪以后这类赞助渐渐终止,他们从迈索尔等地区被撵出来了。在西印度,耆那教的势力维持不变,他们大体上是一个小而繁荣的社会,从商业中取得利润,再投资于商业活动中。耆那教稳定的另一个因素是常常得到古查拉特王室的支持。佛教的两项变化,即梵文写经和偶像崇拜,在耆那教身上同样发生。耆那教一度在阿布山大兴土木,用白色的大理石建造了许多庙宇,这成为西印度建筑群的代表作。庙中安置着众多雕塑,大雄及其圣徒们略有僵硬的直立像和盘腿的坐像是耆那教神像的基本模式。但到此时,耆那教已成为次要的宗教,几乎被看作是印度教的一派。

公元1世纪,基督教随着商船来到了印度。圣·托马斯遵从天主教会的旨意,两次来到印度传教。据说,第一次他到达西北印度的帕提亚国王冈多法勒斯处。第二次传教是可信的,约公元52年圣·托马斯到达马拉巴,沿海岸建立了一些叙利亚式教堂。而后,他取道陆路去东海岸,到达马德拉斯城附近的一个地方,此地后来称作"Beth Thuma",即希伯来语"托马斯之家"。他的传教遭到强烈反对,公元68年他被杀死在马德拉斯城附近的麦拉波尔。尽管基督教在古代印度没有大的发展,但一直存留下来了。据记载,孟买附近的卡利亚纳海港曾有过一位波斯基督教会任命的主教。

作者点评:

在印度古代文明中,孔雀王朝和笈多王朝时期是印度古典文化的繁荣时期,戒日王时期这种繁荣仍在继续。然而8世纪至13世纪,有时被称为"黑暗时期",以示印度文化的衰落,这是值得仔细研究和认真评判的。

8世纪至13世纪,印度北方政治上分崩离析,征战不已,社会发展相对停滞,这与前期北方为主导的古典文明,形成强烈反差。但是次大陆的中心不是限定在一个地区,此时进步的创新精神是与南方联系在一起的。南方诸国此时蒸蒸日上,这可在霍伊萨拉各庙宇体现出来,因为庙宇有其世俗象征性,是王朝显示自身的纪念物。这也可以在商羯罗和罗摩努阇的哲学中体现出来,因为它们一改缺乏自信和保守的旧貌。这还可以在向海外拓展的积极性上体现出来,他们一方面欢迎阿拉伯商人,一方面积极与中国贸易,另一方面大举进入东南亚市场。当北方保持静态时,南方前进了。

次大陆多种多样的文化,经过不断冲突和融合,渐渐趋向一致的步伐没有停顿下来。众多的种族、辽阔的地域、分裂多于统一的政治局面、参差不一的经济基础,形成了不同的语言,多样的宗教及形形色色的风俗习惯。然而,民族文化是民族性的如实反映,随着民族的不断融合,多样性文化渐趋一致,一个富有包容性的大民族文化正在不断演化中。尽管有各地方言存在,但梵文通贯南北,并对各个领域的冲击,如佛教、耆那教用

娑罗室法蒂艺术女神

梵文写经等，都是显而易见的。印度教的复兴，以及它与佛教、耆那教的某些融和，对群众性崇拜的让步，如湿婆派的林伽崇拜来源于民间等，宗教的趋同性也逐渐显示出来。南方和边远地区的雅利安化，以及这些地区文化反矢向的流动，都使地区性差异日益缩小。

再者，"黑暗时期"传承和形成的一些"性格"，对日后的社会有着持久的影响。封建主义作为政治—经济结构的基础，一直存留并继续影响社会的发展；这一时期逐渐形成的许多亚种姓，继续在社会等级制度和社会生活中发挥作用；甚至今天印度各邦使用的语言，许多导源于13世纪时的各地方言。

印度文化正是靠着深厚的底蕴，在全新的伊斯兰文化的强烈冲击下，才没有导致彻底崩溃。并且，它携着传统，融合新的元素，引进了新的活力，在新的时代，开始了新的发展。

第九章 德 里 苏 丹

一、穆斯林进占印度

在1206年德里苏丹王朝建立以前,穆斯林大规模入侵印度有三次。

第一次是阿拉伯人进占信德。7世纪初,伊斯兰教立足于阿拉伯半岛,以后四出扩张。公元664年阿拉伯人占领喀布尔后,从西北方向进入印度。不久印度军队反击,入侵者一度退出喀布尔。712年阿拉伯人卷土重来,这一次他们从海路进占印度河口,不久溯印度河上行,占领了信德地区。作为占领者,他们用两种方法处理当地居民的宗教问题:改信伊斯兰教;或者按伊斯兰原始教义的规定,交纳"杰齐亚",即当地居民交纳人头税。这样,印度宗教存留下来了。阿拉伯人占领信德地区后,并没有进一步扩展。一则内部还不稳定,哈里发一再易位,管理占领区的伊拉克总督也被调换,甚至召回了率军征战的大将穆罕默德·宾·卡西姆;二则印度拉其普特顽强抵抗,他们击败了试图攻击库奇和马尔瓦两地的穆斯林军队,阻止了阿拉伯人继续前进的企图。

第二次是伽色尼的马茂德劫掠北印度。伽色尼地处阿富汗南部,本是一个城市的名字,改信伊斯兰教的突厥人强大后,以此为首都建立政权,它就成了一个政权或王朝的名字,存在于976年至1186年,是中世纪控制马背地带的王国。

976年,突厥贵族萨布克蒂金击败了沙希亚王国,夺得外印度河地区,并拓疆到白沙瓦以西,建立了伽色尼王朝。998年,马茂德继承了其父的王位,使伽色尼王朝达到鼎盛。伊斯兰教中央阿拔斯王朝的哈里发卡迪尔(991—1013 年在位)授予马茂德“国家的右手”称号。马茂德的财富来源主要有二:其一,他在花拉子漠等中亚地区统掌大权,当时中国与地中海之间的贸易源源不断,他从中获利甚巨;其二,印度寺庙众所周知的财富和旁遮普平原丰富的物产,是他取之不尽的聚宝盆。为了确保这两大财源,马茂德对印度的战略是突袭式的劫掠,没有长久占领土地的目的,因为他的骑兵必须保持极强的机动性,以便能快速地从印度的征战转换到对中亚地区的征战。

从 1000 年至 1026 年,马茂德 17 次劫掠北印度。1000 年马茂德在白沙瓦地区掠抢,次年转抢锡斯坦。1004—1006 年,他屡次攻破战略重镇木尔坦,并遍抢印度河下游。1008 年马茂德彻底打败沙希亚王国,再入旁遮普,满载财富而归。以后,阿富汗军队的劫掠几乎是每年必至。

马茂德的征战是精心策划的。他的军队在秋高马肥时节到达印度,这不仅免除了军粮之忧,而且也是财富集中的时候。从 1010 年到 1026 年,马茂德的屡次入侵都指向有寺庙的城镇。因为庙宇是财富的贮藏地,信徒们捐赠的难以计数的现金、金银、珍珠、宝石等都集中在那儿,而且破坏异教的偶像是他们的宗教功绩。所以,马土腊、塔内萨尔、曲女城都是突袭的目标。例如马土腊市中心有一座高耸雄伟的寺院,积时二百余年才修建竣工,庙内有五尊赤金偶像,每尊高达五码,大眼睛由名贵宝石镶嵌而成。1018 年末马茂德以火攻,将这金碧辉煌的寺院付之一炬。又如,素负盛名的索姆那特城也是在劫掠中被摧毁的,13 世纪穆斯林的一篇报道披露了事件的经过:

索姆那特坐落在海滨,这著名城市的奇观之一是一座庙宇,庙中有一尊偶像,这偶像悬浮在庙宇的半空中,没有任何东西支撑或悬吊它。异教徒见到漂浮空中的偶像不胜诧异,印度教徒更视它为至尊至圣,常去朝觐,他们深信人的灵魂在脱离躯体后,都云聚于斯。1 000 名婆罗门负责照料庙宇和接待众多香客,寺院门口还有 500 名女子又唱又跳。庙宇中有 56 根涂着铅的柚木柱子。漂浮着神像的殿堂故意弄得较暗,但有昂贵的用宝石装饰的许多吊灯照亮着。庙中有重达二百“曼斯”的金链条,夜幕降临时,金链条像钟一样被摇动,唤起婆罗门履行礼拜。

1025 年 12 月中旬,马茂德率军进攻索姆那特。印度人进入庙宇哭泣和呼喊保佑,然后冲出寺院,义无反顾地投入战斗,直至全部战死,死亡人数超过 5 万。穆斯林冲入寺院大肆抢劫。那儿有许多金银偶像,容器中盛满宝石,这一切都是印度名流们送来朝拜的,总值超过 2 万第纳。当国王问及随从们如何评论这偶像的奇特之处,以及如何飘悬空中时,人们争论不休。有几人强调偶像是隐蔽着的支持物吊挂着的,国王指派一人用长枪探索偶像的四周和上下,但没有碰到障碍物。此时,一名随从认为:顶上的穹形华盖是天然磁石制造的,而偶像是铁的,聪明的营造者巧妙设计,使磁力从各方保持均衡,偶像就悬挂在正中了。于是,国王派人从顶上移掉一些石块,以决断这个论点。当两块石头从顶上移走时,神像就转向一边,更多石块被移走时,偶像进一步倾斜,直至最后搁到地上。

除了是残暴的劫掠者,马茂德还是一个有教养的贵族。他把伽色尼建设成为中亚当时最繁荣、最有文化气息的城市。他用劫掠来的财富,修建了图书馆、博物馆和清真寺,这些大型作品堪称当时伊斯兰建筑学的精华。他本人喜欢波斯文学,并将波斯文化传播到印度。他尊重、善待有才学的人,宫廷中礼聘一些有名的文学家、史学家和科学家。例如,阿尔比鲁尼大概是当时中亚最有才智的学者,他在花拉子漠战役中被伽色尼军队俘获,后奉马茂德之命,在印度度过十年。他的巨著《印度考》涉猎广博,探讨了政治、社会、历史、地理,以及天文学、数学、物理学、化学和矿业冶炼学等,充分显示出他对印度文明有着十分透彻和敏锐的观察。

马茂德死于 1030 年,他的两个儿子自相残杀,国势迅速衰落。北印度人终于松了一口气,又回复到他们内部的喋喋不休的争斗中去了。

穆斯林第三次入印,最终导致北印度改朝换代。1150 年,原为伽色尼王国附庸的古尔政权,在有“世界焚毁者”之称的乌拉-乌德-丁领导下,与马茂德后人直接对抗,建立了自己的王朝。由于王朝的首都在阿富汗中部的古尔城,故名古尔王朝,也由于统治者是皈依伊斯兰教的阿富汗人,所以又称阿富汗王朝。1173 年,古尔王吉亚斯-乌德-丁派他的弟弟穆伊兹-乌德-丁·穆罕默德(1173—1206)领军彻底击败伽色尼,夺得了中亚的统治地位。后者在历史上称为古尔的穆罕默德。

1175 年,古尔的穆罕默德率军从高墨尔山隘进入印度河平原,开始了进军印度的征战。他与马茂德不同,不是沉迷于劫掠性的袭击,而是要将北印度纳入统治版图。1191 年,穆罕默德在控制了印度河流域后,向恒河流域进发。与古尔军队对峙的是乔汉王朝的普利色毗罗阇三世,后者联合了其他一些拉其普特王国,在塔拉因村与古尔军队力战,并将穆罕默德打得落荒而逃。第二年,穆罕默德征集勇猛的山民,组成 12 万大军卷土重来，普利色毗罗阇为首的联军集合了约30万大军，征募了3万匹军马和3 000头战象，双方在同一战场会战。穆罕默德先用缓兵之计麻痹了印度军队，而后乘拂晓发动袭击，交战中又一度诈败，扔下军械辎重，令争夺的印度联军混乱不堪。日暮时，古尔部队统帅遣上机动灵活的轻骑兵，以迅雷不及掩耳之势，扑向已成强弩之末的拉其普特联军，普利色毗罗阇被俘处死。此战获胜，穆斯林通向德里的门户打开了。

二、德里苏丹五王朝

德里，字意为“门槛”，位于恒河上游流域，在恒河最大支流朱木拿河西岸。德里北边是喜马拉雅山脉南麓，南面是中印丘陵的北端，丘陵西面是印度沙漠，德里西面是印度河流域，东面则是辽阔的恒河流域，因此它是印度东西交通的咽喉，历来是兵家必争之地。从历史上说，古代西北印度先行发展，中期时重心移到恒河流域，后来东、西、中印度都繁荣发达，德里的战略地位越发显得重要。况且印度人对古尔军队的抵抗力量就来自这一地区，因而在入侵者的脑子里，德里就是印度的中心。

库特卜高塔

第二次塔拉因战役结束后，穆罕默德将印度的事务交给他的奴隶身份的将军突厥人库特卜-乌德-丁·艾伯克，自己返回了古尔。艾伯克继续高歌猛进，1193年攻克了德里，并在以后十多年中不断征战略地，几乎占领了整个北印度。他把司令部建在德里，从那儿管理印度境内的穆斯林统治区，并派出部将继续东进，征服了比哈尔和孟加拉。古尔的穆罕默德在此期间几次往返古尔和印度(1194年，1195—1196年，1206年)，1206年在返回伽色尼的途中，于印度河边的达姆亚克被一些身份不明的刺客杀死。古尔王国面临分裂。同年冬，艾伯克独立，建立了德里苏丹，这不再是阿富汗王国的扩展，而是印度新政治实体的中心。

“德里苏丹”是一种约定俗成的称呼，约用于大体上从 13 世纪到 16 世纪的北印度的历史。由于突厥人统治者自称“苏丹”，以德里为首府，并且该政权是北印度居支配地位的政治因素，故名。德里苏丹共有五个王朝，即奴隶王朝、哈勒吉王朝、图格鲁克王朝、萨伊德王朝和洛迪王朝，历时 320 年。

奴隶王朝(1206—1290)，因开创者艾伯克的奴隶身份而得名。中世纪的中亚仍然存在着奴隶制，但它与西方和东方的奴隶制并不相同。西方的奴隶主要用于生产，而东方的奴隶(如果存在的话)大多用于家务。在中亚，投身为奴和赎身为自由人相对容易。如欠钱还不起就当奴隶，有钱便可赎回自由身；也可以卖自身为奴，如果替主人出力或有功，便可得褒奖，亦可免去奴隶身份。中亚当时战乱不已，这种局面给突厥人带来一种特殊机会。突厥人文化程度不高，大多数人出身卑贱，因此难有出头之日。但是，突厥人好战，中亚人尚且难与其匹敌，更不用说长期过惯安乐的农耕生活的印度人了。因此他们根据设身处地的环境，寻觅到了一条出人头地的捷径：先去当奴隶，替主人在战场上拼命，然后因战功升为侍卫、将军等，随着地位升高，主人不得不还与自由人身份。此时身居高位，且又无了奴隶身份，便出人头地了。因此，当时突厥人中流行着一句精辟之语，“要出人头地，当奴隶去”。

许多突厥人经由此途径，真的出人头地了，并在北印度大大活跃了一番。艾伯克就是其中的一人，他一生中有着不同的称呼，有称“奴隶武士”、“奴隶侍卫”、“奴隶将军”。这些称呼恰恰说明了两点：表明了他的奴隶身份，说明了他一生军戎的升迁轨迹。艾伯克在童年时被一个商人带到城里，法官阿济兹·库非收买了他，并让他与自己的儿子们一起接受宗教和军事训练。库非死后，他的一个儿子把艾伯克卖给一名商人，商人把艾伯克带到伽色尼，古尔的穆罕默德慧眼识人将他买下，此后他追随穆罕默德的马前马后。艾伯克虽“貌不惊人”，但具有“一切可嘉的品质”，并且他“攻城略地，战无不胜”。由于他在政治、军事各方面的表现出类拔萃，深得古尔的穆罕默德的器重，因此从武士到马厩主管到侍卫、将军一级级升上去，并且还把一名门第高贵的女子嫁给他。当穆罕默德遇刺身亡时，艾伯克已掌管了北印度的军政大权。就在艾伯克登上王位之前,穆罕默德的侄子作为主子家族的代表给他送来了释放证书和一副华盖。

在整个奴隶王朝,有一个特点值得注意,即由侍卫头头们组成的“四十人集团”权势显赫。这“四十人集团”绝大部分是奴隶出身,突厥人居多,还有埃塞俄比亚人、伊朗人、阿富汗人等。四十人集团在德里控制朝廷。集团至奴隶王朝灭亡一直存在,父由子继。艾伯克创立王朝,也是依靠这个集团。

奴隶王朝的第三任苏丹伊勒图特米什(1211—1236)也是奴隶出身。他属于突厥的伊勒巴里部落,由于他“相貌堂堂”,又“才智出众”,竟惹起同胞兄弟们的妒忌,他们合谋将他赶出家门。伊勒图特米什在逆境中没有气馁,反而更加发愤图强,他将自身卖给艾伯克。随后,他凭借功绩步步晋升,直至被任命为巴翁达的总督。苏丹不仅还他自由身,而且还把女儿嫁给他。1210 年 11 月,艾伯克在玩马球时坠马身亡,他的儿子阿拉姆即位。但是,伊勒图特米什在“四十人集团”的支持下,率兵在德里附近击败了阿拉姆,当上了苏丹。

伊勒图特米什执政时渡过的最大难关,是避免了成吉思汗的攻击。1220 年,成吉思汗灭掉花拉子漠,其国王子一度逃到拉合尔,请求德里苏丹收留。一则伊勒图特米什惧怕蒙古大军,不愿受牵连,拒绝了王子的请求;二则在印度河西岸观望的蒙古军队认为印度太热、太潮湿,便引军撤退,继续西征去了。

躲过此劫,奴隶王朝逐趋强盛。1229 年,巴格达的哈里发穆斯坦西尔·比拉授予伊勒图特米什荣誉之袍并册封他为大苏丹。还有,伊勒图特米什对艺术和文学的赞助,一直为印度人津津乐道。史学家西拉杰写道:“从来没有一个在位的君主对待学者和教士如此善良、仁慈和恭敬。”

伊勒图特米什死后,宫廷内讧不断,连续五任苏丹死于非命,期间惟有拉济娅执政时(1236 年 11 月—1240 年 5 月),有过一段短暂的稳定。拉济娅是伊勒图特米什的女儿,她执政的进退及原因,同时代的史学家西拉杰留下了一些写照:“苏丹拉济娅是一位伟大的君主。她聪明、正直和宽宏大量。她赞助学者,主持正义,保护臣民,又能统帅军队。她被赋予一个国王应有的一切品质,但她没有生就合适的性别,所以,在男人的评价中,所有这些美德和才能是一文不值的。”由于是一个女人,并且还执掌着国内的统治,因此被人怨恨,最后遭到谋杀。

使德里苏丹政权最终在印度北方稳定和巩固下来的是巴勒班，他恰恰也是奴隶出身。青年时他被蒙古人作为俘虏带到巴格达。博学的赫瓦贾把他从蒙古人手里买下，并于1230年把他带到德里。巴勒班的才干引起了伊勒图特米什的注意，于是他转为苏丹的奴隶。起初，巴勒班任苏丹的侍从，他凭借功绩和才能频频高升，成为“四十人集团”的一员。待到1246年伊勒图特米什的次子马茂德被拥立为苏丹时，他成为幕后真正掌握实权的人，并且把女儿也嫁给了苏丹。傀儡马茂德没有子嗣，在他死后，巴勒班轻易攫得苏丹之位。

巴勒班(1266—1287)“摈弃娱乐，喜怒不形于色”，在执政的二十余年间，平定内乱，铲除异己，用匕首和毒酒对付反对他的前朝臣子，巩固了个人和家族的统治。他整饬朝纲政纪，仿照波斯的国王礼仪和宫廷制度。他再建密探体制，控制军政官员和地方长官。他重建中央军队，遏止蒙古人的小股入侵，降服骚扰滋事的拉其普特首领。结果在他的治理下，社会动荡减少，人民生活相对安定。1287年，他以高龄80去世。由于他的长子在抗击蒙古人时阵亡，苏丹之冠戴在他的孙子凯库巴德头上。但这不肖之子整日酗酒、纵欲，1290年突厥人的另一支哈勒吉族，在老年领袖菲鲁兹沙带领下，夺得王位。奴隶王朝终止。

哈勒吉王朝的统治约30年(1290—1320)，期间共有五任苏丹。

菲鲁兹沙即位时已70岁，执政以宽容为本。由于哈勒吉人久居阿富汗且血统混杂，菲鲁兹沙更倚重本族的阿富汗后裔，以此赢得了许多阿富汗贵族的支持，这些贵族感到以前的苏丹轻视了他们。对于曾经反对他篡权的人，他也既往不咎。他还授官给一些印度穆斯林，以缓和社会矛盾。

阿拉-乌德-丁是年迈苏丹的侄子兼女婿，他野心勃勃，时时觊觎着苏丹之位。他将对老苏丹心怀不满的那些贵族纳于帐下。他为建立功勋，先后成功地征伐了东印度和昌巴尔河流域的马尔瓦。为筹集资金，他擅自率领8 000轻骑兵，翻过文底耶山，远袭南印度的亚达瓦王国都城德瓦吉里，迫使亚达瓦国王签降约，获得大量黄金、马匹和战象。北归后，他刺杀苏丹，取而代之，时值1296年。

就王国的地域和苏丹的权利而言，阿拉-乌德-丁是哈勒吉王朝最显赫的一个。为防止贵族反叛，他不惜以剥夺群臣为代价，不断增强自己的地位。他废除以前各任苏丹的授地，不管是封地，还是宗教赠予。他不允许地方贵族征收任何附加捐税，确保剩余收入进入国库，使地方贵族失去反叛的经济基础。为消除权贵们聚集谋反，他下令禁酒，使他们无法以饮宴聚会。贵族成员间的婚姻，必须得到苏丹允诺，以防止政治性的联姻。他建立高效的密探网络，注视着任何风吹草动。

阿拉-乌德-丁建有一支庞大的常备军，官兵直接招募，由国库以现金支付薪饷。军队实行马打烙印、人点名的制度，杜绝空额，确保军队的战斗力。他利用这支精良之师，攻占了拉贾斯坦、古查拉特、马尔瓦等地，迫使拉其普特臣服。有一次他甚至将绝色美貌的古查拉特王后戴菲掳来，娶为新娘。他还远征南印度，取得对德瓦吉里的宗主权。此外，他的军队挡住了小股蒙古军的几次突袭。

奴隶将军卡富尔一度是哈勒吉王朝举足轻重的人物。他具有杰出的军事才能，是一名攻城掠财的好手。他四次率军奔袭南印度，每次都载誉而归。1307 年，他奉苏丹之命，进攻德瓦吉里的罗摩旃陀罗，使命有二：对其数年未纳贡金予以惩罚；将美后与前夫所生的女儿带回，因为戴菲的前夫正在那儿享受着庇护。卡富尔不辱使命，带回了大批贡物、战利品和那位可爱的公主。后来，这位公主嫁给了苏丹的长子希兹尔汗王子。1308 年、1310 年卡富尔又先后两次南征，大获全胜。尤其第二次，他洗劫了南部最繁华的都城马杜赖，毁掉了许多异教寺庙，战利品不计其数。1313 年卡富尔第四次南征，再度平息了德瓦吉里的反叛，并撤销其藩臣地位，由德里直控。

卡富尔因苏丹重病迅速返回德里，剥夺了其长子希兹尔汗的继承权，除掉苏丹家族中重权的成员。1316 年 1 月阿拉-乌德-丁去世，卡富尔立其年仅六岁的幼子为苏丹，自己摄政。他弄瞎了长子及其他几人的眼睛。当他欲对 17 岁的穆巴拉克施展阴谋时，这名已故苏丹的王子没有坐以待毙，他贿赂士兵杀死了卡富尔，又刺瞎了幼弟的眼睛，自立为苏丹。

穆巴拉克一改其父的苛政，一次释放囚徒达 1.8 万人。他虽然曾平息了古查拉特的反叛，重新征服了德瓦吉里，但他好淫乐，荒政务，尤其宠信奴隶哈桑，使他平步青云，甚至得到胡斯劳汗的称号。这胡斯劳汗是改宗伊斯兰教的印度教徒，最后他遣人刺杀了穆巴拉克，自己登位(1320 年 4 月 15 日至 9 月 3 日)，并把偶像崇拜引进了宫廷。北方边境指挥官吉亚斯-乌德-丁·图格卢克，以伊斯兰教的名义团结了一批突厥首领，指责胡斯劳汗以印度人身份和低级种姓的出身而篡位。他兵逼德里，杀掉了胡斯劳汗，然后自宣为苏丹，建立了图格卢克的王统。

在五个王朝中，图格卢克王朝的统治时间最长(1320—1413)并一度达到德里苏丹时期的鼎盛。其中，穆罕默德·宾·图格卢克(1325—1351)和菲鲁兹沙(1351—1388)统治时略有政治措施，尽管这些举措有的成功，有的失败。

图格卢克

穆罕默德是王朝开创者的儿子。他是一个有争议的人物，因为所作所为不落俗套，被认为是个疯子。虽然他的有些想法看似疯狂，但这些举措的背后，自有他的逻辑思维。据中世纪史家的记载，他为了尽早登位，事先在德里东南的村中搭起木棚，待其父用完午餐检阅象队时，整个木棚倒塌，老苏丹及次子殉命。

登基后，他设想建立一个强大的印度帝国。向北，他远征花拉子漠，甚至深入中亚腹地；向南，他征服了瓦朗加尔。1326 年，为了更好地控制德干地区、继续兼并南印度，他决定迁都德瓦吉里。如果迁移只涉及宫廷，这或许还有可能，但穆罕默德试图迁走几乎整个德里。在与背井离乡观念的碰撞中，在没完没了又没有办法解决的新问题的缠绕中，在民众的怨声载道中，1330 年朝廷最终还是返回德里。

帝国的野心迫使穆罕默德进行了几项经济改革。他强行在富饶的河间地(朱木拿河与恒河之间的地区)增税，结果引起农民的激烈反抗。反抗被镇压下去了，税收政策也适当作了调整，但不走运的是河间地区偏偏连续几年闹灾荒。为加强税收管理，杜绝漏税，他命令封臣如实申报土地数量和收支状况，这取得了一定成效。由于黄金与白银大量短缺，1329 年穆罕默德开始进行币制改革。他借鉴波斯和中国的货币制度，制造与金币、银币等值的铜质辅币。由于管理混乱，监督不严，加之铜币易于仿造，结果伪币大量出现，致使贸易停顿，市场萧条。1332 年，国家不得不用降低了成色的金、银币，不分真伪地换回那些辅币，结果是得不偿失。

为了实现帝国梦,穆罕默德统治时期征战经久不息。他征服了喜马拉雅山地区的坎格拉,在南印度的领土扩张也屡屡成功,他的版图一度超过以前任何一位苏丹。但好景不长,1334 年潘地亚王国宣布独立,1335 年稍北的瓦朗加尔同样仿效,1336 年维阇耶那伽王国建立,1338 年孟加拉反叛,随后巴玛尼王朝自称苏丹。这样,德干地区和东印度都先后脱离了德里朝廷。气急败坏的穆罕默德四出平叛,疲于奔命,1351 年他在信德讨伐反叛者时,死于热病。"国王从臣民那里得到了解脱,臣民也从国王的结果中获得了自由",一位 16 世纪的历史学家如是说。

菲鲁兹沙是穆罕默德的表弟,他在宫廷贵族和宗教权势的支持下,继位苏丹。他采取宽松政策,并且明显向穆斯林倾斜。他将前几任苏丹转为国家所有的封地,归还给以前的所有者或他们的后裔,宗教赠地也退还,同时还慷慨授地给文武官员。对农民,他减免了一部分苛税,并开凿河渠,改进耕作技术,提高农业生产。他花了六年时间,进行了土地价值的重新评估,得出了总值近 7 000 万"坦卡"的估价。在城市里设立就业安置所,为失业的穆斯林安排工作,还建立贫民医院,抚恤孤儿和寡妇。

为了赢得正统逊尼派的支持,他迫害异教徒,强化对印度教徒人头税的征收,禁止印度教的宗教节日,一再摧毁庙宇以获得宗教功绩。菲鲁兹沙设立征集奴隶的部门,全国一度蓄养 18 万奴隶,仅德里宫廷就达 4 万以上。有些奴隶还接受工艺培训,苏丹通过出租他们得益。在军事上,苏丹出兵征伐孟加拉、坎格拉等地,但收效甚微,往往以苏丹的让步而告终。在文化事业上,菲鲁兹沙也有所作为。他曾下令翻译坎格拉图书馆中印度教徒的一些手稿,将它们从梵文译成波斯文和阿拉伯文。他被阿育王的石柱深深吸引,下令把密拉特和托普拉的石柱移至德里,并把其中一柱居高临下地安放在城堡顶上。他好奇地想知道铭文的内容,可惜无人能解读,他只被告知这些是魔力咒文。

1388 年 9 月,菲鲁兹沙去世,争权风云再起,苏丹之位六年中换了五人。这既表明政局动荡不安,也显示后继者们软弱无能。但真正给图格鲁克王朝以毁灭性打击的是 1398 年帖木儿率领军队对北印度的扫荡。

帖木儿属突厥人的古尔坎族,1336 年生于中亚的凯什,1369 年登上撒马尔罕的王位。以后,他南下阿富汗,西征伊朗和美索不达米亚地区。1398 年初,他声称德里苏丹允许偶像崇拜,不是好的穆斯林,必须受到惩罚。他先攻占印度河畔的木儿旦,接着血洗了塔兰巴城,随后沿路屠杀,有一次杀戮男俘虏达 10 万人，在 12 月上旬推进到德里城郊。17 日双方决战，德里苏丹拥有 1 万骑兵、4 万步兵和 120 头战象，但却不堪一击。接下来的半个月，帖木儿的士兵烧杀抢劫，“两个月中，飞鸟绝迹”，德里遭到彻底破坏。帖木儿回归时，用印度的牲口拉着印度工匠造的车装着从印度得来的战利品，前后续拥足有几十里长，最后连德里的金属城门也一并拆下装上车拉走。在归途中，还捎带抢劫了密拉特、坎格拉等城镇。

帖木儿临走时指定希兹尔汗统治旁遮普，1414 年后者举兵东进，占领了德里，废黜了图格鲁克王朝。希兹尔汗声称是先知的后代，出于先知穆罕默德女儿法特玛传下的萨伊德家族，所以该王朝史称萨伊德王朝。但它却是一个短命的王朝，仅仅维持了 37 年(1414—1451)，先后四任苏丹。

希兹尔汗(1414—1421)和穆巴拉克(1421—1434)父子两人先后执政，都是同样的平淡无奇，他们所辖领土仅西北印度和恒河中上游地区，自保版图已倾尽全力。两人的结局大相径庭，希兹尔汗是善终，穆巴拉克是阴谋的牺牲品，遭到首相穆勒克的谋杀。后两任苏丹穆罕默德(1434—1445)和阿拉姆沙(1445—1451)也是父子，在这样的局势中上台，他们是“受摆布的玩物”。穆罕默德与爷爷一样，也算是善终。阿拉姆汗在与首相大吵一场后，孑然出走，退隐到巴达翁，在那儿纵情享乐，欢度余年。首相哈米德深感势单，邀镇守西北的布鲁尔·洛迪进京主政，不意引狼入室，布鲁尔杀哈米德，统揽全权。

洛迪王朝历时 75 年(1451—1526)，只有三任苏丹，都是父子相继。此时，王朝已趋衰落，版图仅剩西北印度及德里附近一点地方。

布鲁尔是纯粹的阿富汗人，入主德里后，阿富汗人成为王朝的主要支柱。布鲁尔竭力弱化苏丹的独裁统治，用高官厚禄及大片封地馈赠众臣，赢得了他们的效忠，稳固了初建的王朝。随后他主动出击，打败了虎视眈眈的四周邻国，摒除了他们想占据德里的念头。他不喜炫耀，对臣民慷慨大度，允许亲近者与部族人共享富贵，还常常接济穷人，因此博得了民众的好感。他尊重学者，赞助学术，尤其在宗教上采取宽容的态度，一些有名望的印度教学者也成为宫廷客人，使得社会矛盾有所缓和。布鲁尔较为平稳地统治了 38 年。

1489 年 7 月，布鲁尔的次子继任苏丹，称塞坎达尔沙。他有能力，有魄力，执政伊始就致力于加强王权。他镇压反对他的贵族；建立密探机构,监视官僚及贵族们的一举一动;清查主要官员及封臣的账目。在经济上,他取消商税和谷物进口税,以促进贸易的发展;平抑物价,使民众生活稳定,甚至亲自审查市场的交易价。他执法严格、公正,常常直接听取贫苦人的申诉;身边常带着伊斯兰教法律人员,以备随时咨询。他十分重视文化及教育的建设,许多梵文著作在其赞助下译成了波斯文,他本人也创作过几首不错的波斯文诗歌;他尊重人才,常对有能力和有贡献的穆斯林给予经济奖赏。在军事上,他或出征蒂鲁特,迫使当地王公称臣纳贡,或攻克比哈尔,指派封臣直接控制,或签约孟加拉,约定双方互不侵犯,或修建亚格拉城,作为与拉其普特诸王公作战的前沿指挥部。但是在宗教上,他一改其父的宽容,实施一些偏执的政策。

1517 年 11 月,塞坎达尔沙死去,长子伊卜拉欣在亚格拉即位。他杀死了拥兵自立、意图分裂的弟弟,暂时免去了王位之忧。但他有勇无谋,漫无节制,立足未稳就宣称"王权不认亲族",将几个地位显赫的阿富汗旧臣囚禁并斩首。于是,反叛四起。在自相残杀的内战中,洛迪王朝的元气耗尽。最终,贵族们决定邀请外援来推翻伊卜拉欣,然后重建德里苏丹。旁遮普省督兼信德省督的苏丹的叔叔出面,吁请早就对印度虎视眈眈的巴卑尔予以帮助。巴卑尔接到邀请后,大喜过望,引军进入了北印度。1526 年,巴卑尔与伊卜拉欣在班尼帕特平原决战。巴卑尔胜,伊卜拉欣被杀。随着洛迪王朝灭亡,德里苏丹结束了。巴卑尔在印度建立了自己的王朝,开始了莫卧儿帝国的历史。

三、注入新的因素

随着穆斯林的入主,一些新的因素注入了,印度传统的政治制度、经济模式和社会文化发生了激烈的变革。从最高统治者的名称一直到民众的日常生活和用语,或多或少都能看到新因素的存在。

苏丹,意为"王中王",是伊斯兰教地方领袖的称号,由哈里发分封,代哈里发管理地方行政。1055 年塞尔柱人进入巴格达,13 世纪蒙古人又一次征服了这一古城,因此伊斯兰教中央事实上已不存在,哈里发只剩下空名。德里的苏丹在印度实际上是不受任何约束的政教合一的最高统治者,他也是军队的统帅和法律的最高代表。因此,德里苏丹政权是中央集权的专制政府。

德里的中央政府由苏丹主持，有“四大支柱”协助，他们是首相、内务大臣、军队最高指挥官和大法官。首相监管国家各部门的运作，重点监督征集岁入、检查账目和管理开支。内务大臣负责民政管理，是首相最得力的协助者。各部门的高级官员一般由苏丹委派。还有一些官员地位不高，但职责重要，如会计长，负责管理收入账目；审计长，审查国家的开支，等等。

军队最高指挥官掌管着两类军队及其装备的登录簿册。一类是常备军，包括王室卫队、首都禁卫军等；另一类是各封地征集兵员组成的军队，因为封邑主必须承担提供军队的职责。军队由不同民族的士兵组成，有突厥人、阿拉伯人、蒙古人、波斯人、非洲人和印度人，而地方上的募军大都是印度人。军队的主要兵种是步兵、骑兵和象兵，还有众多的弓箭手。战斗编制是借鉴蒙古人的体制，以五十、一百、五百、一千人或骑为单位组织起来。

大法官负责处理国家的法律书信往来，处理法院与省级官员间的关系。他是苏丹的首席法律顾问，协助苏丹作出最高裁决。大法官有他的代理人派驻在王国各部分，行使地方的司法职责以及反馈当地信息。法律以《古兰经》的训谕为依据，由乌尔玛(伊斯兰教的神学工作者)帮助解释。刑法十分严厉，经常使用酷刑和暴力逼供。法律在实际执行中，不得不实行双重标准。伊斯兰法律只在都城和穆斯林人口集聚的城镇中有效。农村继续执行旧的法律，非穆斯林保持着自己的司法制度。起初双重法律产生一些冲突，最后政府作出让步，只要非伊斯兰教法规不危及国家，它就可以在非穆斯林中使用。例如，印度妇女的“萨蒂”问题，即丈夫死后，妻子坐在火柴堆上焚身殉夫，依照伊斯兰教基本法“沙利亚”，自杀是非法的，焚身殉夫当然是自杀行为，但这对印度教妇女是允许的。

苏丹直接控制德里周围、各要塞以及各要塞的常备军可攻击的范围。边远地区划为省份，数目为 20 至 25 个，派遣省督管理。各省的行政管理是朝廷各行政部门的翻版。省督的权力受到两个因素制约:距离首都的远近，以及朝廷中的人事关系。

除了行政机构的新因素外，德里苏丹时期的统治集团本身，有了一种全新的变更。就民族而言，它以信奉伊斯兰教的突厥人为主，还包括波斯人、阿富汗人、阿拉伯人、埃及人等，可以说是一个军事集团。从人数来看，奴隶王朝创立时，外来穆斯林不超过 1 万人。由于蒙古人切断了自阿富汗和西亚大规模移民印度的可能性,陆上仅有招来的小批的同族人,而每年海上只带来少数贸易商,他们一般定居在西海岸各港口,加上穆斯林在印度出生的子孙,总的增量毕竟有限。到 16 世纪,外来的穆斯林总数不超过 5 万人。事实上他们与印度教徒、与印度下层民众的接触不多。随着与印度人不断通婚,本地化成为趋势。

在印度逐渐形成的穆斯林社会,大致可分成三大部分:贵族集团、城镇市民及少量的农耕者。真正对政治发挥影响的是那些贵族。贵族集团可分为两类,一类占据着军队和行政官员的位置,另一类则拥有宗教特权,他们都是苏丹政权依靠的力量。那些执掌世俗权的官员被描绘成“佩剑者”,把持着从中央到地方的军政大权,操纵着国家机器的日常运转并享受着由此带来的利益。那些神职权贵是“挥笔者”,为新立法、新事物、新风气提供神谕的依据,成为不可忽视的政治声音。苏丹不得不厚待这些宗教贵族,经常授予他们官位,大规模兴建清真寺,不断以田地和实物捐赠宗教事业等。

贵族集团除了是既得利益者外,他们还有不稳定的一面。因为贵族集团不是由同一民族组成,并且没有什么健全的组织,很难指望他们能够同心同德。内部不同利益集团之间的争斗从未间断过,常常为了一己私利不惜损害国家的利益。与苏丹的亲疏,使得非同族人常常貌合神离。德里苏丹建立帝国的野心未能实现,国家政权的最终瓦解,各地诸侯纷纷独立,贵族集团的离心力显然是重要原因。

外来的穆斯林大都选择生活在城镇中,为中世纪的印度城镇注入了新的因素。他们与众多的印度人比邻而居,这必然引起一些变化,或激烈的、或平和的、或潜移默化转变的。对非穆斯林强行征收“杰齐亚”即人头税,这在开始时是雷打不动,甚至是故意夸张的,因为除了宗教的因素外,它还强调了统治者与被统治者之间的差距。这新的因素又连锁引起了另一种变化。印度市民和匠人只要改宗伊斯兰教后,就可以停交“杰齐亚”。因此,城镇中手工业者的改宗还是经常发生的。有趣的是,苏丹们一度不太热心于鼓励大规模的改宗,因为日益增加的改宗会导致岁入的损失。

印度工匠是按行业种姓组织起来的,种姓间的区别就自然而然地在改宗伊斯兰教的工匠中保持着,种姓制度平和地渗入了穆斯林。随着时间推移,工匠们的职业世袭制度在印度教徒和穆斯林中都延续下去了。

德里苏丹时期城镇再度繁荣起来。首先,王室、贵族及作为统治者的众多穆斯林都居住在城市，他们尽情追求物质享受，有时故意大讲排场，以体现征服者的荣耀。这使得城市需求大幅增加，促进了商业和手工业的发展。其次，穆斯林的占领与统一，客观上使北印度被纳入了更大范围的贸易市场，与中亚、与海外的联系密切了。商人们消除了以前小邦林立的隔离状态，重又建成了贸易网络。许多技术占优势的城镇，成了为出口、为交换而生产的基地。例如，古查拉特和孟加拉的各城镇大量生产棉织品、丝绸、拉绒、缎子等，坎贝就以棉织品的数量、质量及廉价而声名鹊起。再者，当时每个城镇都有一个交易市场并且定期举行集市。届时，各贸易商、批发商做着大宗生意；随着大篷车一起来的流动商既做买卖，也搞运输；小贩、货郎带着驮载货物的牲口挨家挨户出售及收购货物。有些远道而来的商人，甚至利用城镇上的小客栈作为临时商店。

史学家伊本·巴图塔描述了各省城的繁荣，更把德里形容为穆斯林世界中最豪华的城市。苏丹及宫廷的存在，交易兴旺的商业社会，更由于许多国家工场的设置，这些都为德里的繁荣作出了实质性的贡献。据记载，德里有个丝织工场雇用的织工多达四千余人。

德里朝廷为了提高行政效率，加强城市间的相互联系，发展了运输体系和邮政服务。道路形成网络并改修成了石头路面，普通的交通工具是牛车，贵族用马车。沿路设有固定驿站，提供客栈、商店。邮政服务有两种，快的是马拉的邮车，更普遍的是步行投递。几乎每个村落都可以提供马匹和投递员的替换。步行投递员携带一根棒，棒上附着铃，铃声旨在穿越森林时吓走野兽，到村落时宣告邮政服务的到来。这种亲近的形式在印度农村中一直延续到 19 世纪。

德里苏丹时期，印度的土地制度发生了一些变化。尽管在伊斯兰教统治薄弱的地区，农村公社依然存在，但在北印度比较发达的中心区域，新的土地关系即伊斯兰教的土地制度出现了。

苏丹授地给他的官员以代替薪俸，这种授地称为“伊克塔”。授地的大小由一个村落到一个省不等，授地并不是授予土地本身，而是授予土地的税收。因此，“伊克塔”并不是世袭财产，授地是否延续要视苏丹的意愿而定。“伊克塔”持有者，有的每年向苏丹交纳一笔固定年金，余下的土地收入抵作薪俸，这类授地往往较小；有的以岁入中固定的一份作为薪俸，余下的呈交给苏丹，这类授地一般较大。“伊克塔”持有者还需从他获得的份额中，维持一支军队，随时供苏丹调遣，马和步兵是有定额的，士兵往往征募而来。“卡尔萨”意为“山庄”，是王室领地，雇当地人耕种，收入供苏丹宫廷使用，直接由财政部门管理。“姆尔克”类似“赏赐地”，一般由苏丹赠赐给清真寺，也有一小部分是赐予个人的。这后一部分成为私有地，数量有限，但历史影响值得注意，因为后来出现的土地买卖记载与这部分私有土地有关。总之，德里苏丹时期的土地制度是伊斯兰教土地国有制与印度土地公有制两者的结合。应该指出，新垦的土地一般归国家所有。

穆斯林入主北印度，在文化上的冲击不仅涉及面广，而且影响持久。由于文化演变的进程是缓慢的，由表及里的，主要的叙述留待莫卧儿帝国这一章。但文字语言的冲击则明显在前期就反映出来。穆斯林把波斯语及阿拉伯语带到了印度，替代梵语成了官方用语。穆斯林贵族一般通行波斯语，因此波斯的文字和语言成为文学和宫廷用语。阿拉伯文则为《古兰经》和文告等的正式用语。由于波斯语不是一种大众都熟悉的语言，为了更好沟通，随着时间的推移，一个新的语种形成了，这就是乌尔都语。“乌尔都”的字义是“军队”，乌尔都语以波斯字母的音来拼写德里-密拉特地区的方言克里·波利语，使用印度语言的句法，并从波斯语和阿拉伯语中借用大量词汇，从而形成新语言。乌尔都语形成后盛行于德里及德里以西地区，并成为今天巴基斯坦的官方用语。德里以东仍盛行印地语。印地语实际上与乌尔都语同出一源，但它是用梵语天城体字母书写当地的方言，并吸收大量的梵语词汇。印地语最初的发展应归功于拉其普特宫廷中的吟唱诗人，他们在创作历史叙事诗如《普利色毗罗阇传》、《毗沙拉德瓦传》等诗篇中，慢慢地使早期印地语规范，并流传开来。今日，印地语成了印度共和国的官方用语。

四、北印度的地方政权

德里苏丹统治了北印度以德里为中心的广大地域，但对外围地区，常常鞭长莫及，尤其后三个王朝，各地纷纷拥兵自立，形成割据状态。在这些先后建立的地方政权中，较强大的有九个，七个在北印度，两个在德干高原，既有伊斯兰教政权，也有信奉印度教的统治者。

孟加拉遭受穆斯林入侵，甚至比艾伯克建立奴隶王朝还要早。1205年，艾伯克的恩主古尔的穆罕默德派遣另一猛将伊克迪亚尔远征孟加拉，他成功地赶走了当地的统治者。由于他与艾伯克的地位相等，而且孟加拉与德里之间路途遥远，加之丰足的财富十分诱人，在艾伯克建立奴隶王朝时，孟加拉游离在外。以后德里苏丹几征孟加拉，只要军队撤走，孟加拉就一次次反叛。直到图格鲁克王朝时期，孟加拉才一度真正臣服。

1345年孟加拉重新独立，至1490年，一直由伊利亚斯王朝统治。期间有两起事件值得注意。加内什来自孟加拉北部，是一名低卑的印度教徒。他有魄力、有能力，经苦心钻营成了宫廷中强有力的大臣。他利用几任统治者的无能，以及王朝几次战役失利后的日益衰弱，逐渐操纵了政权。1415年他最终夺取了孟加拉的王位，他任命一些婆罗门为大臣，甚至在宫廷中设一名“祭司长”。尽管后来穆斯林反对派迫使他退位，但妥协地让他改宗伊斯兰教的儿子成为苏丹，称号为贾拉勒-乌德-丁·穆罕默德。1431年，穆罕默德死后传位给儿子，由于新君王暴虐，不得人心，被大臣推翻。王位复归伊利亚斯王朝。

第二起事件是阿比西尼亚人夺权。当时朝廷大量蓄养阿比西尼亚奴隶，他们中许多人充任宫廷卫队，有些人被提拔到很高位置。1486年，当法特沙苏丹意识到他们日益强大的势力是一种危险时，时任卫队司令的阿比西尼亚人先发制人，杀了法特沙，夺了孟加拉王位。1493年，阿拉伯人后裔萨伊德·胡赛因击败了阿比西尼亚人，因功绩和能力被拥立为王，开始了一个新王朝。他一度开拓疆域，兼并了阿萨姆和奥里萨的部分地区。由于阿富汗人在班尼帕特战役中被巴卑尔击败，他们纷纷向东逃避。1538年，阿富汗贵族舍尔汗·苏尔控制了孟加拉，创立了苏尔王朝，历史进入了莫卧儿帝国时期。

中世纪的孟加拉与中国明朝保持着友好关系，双方往来频繁。《明史·郑和列传》记载郑和所到的“凡三十余国”中，就有孟加拉。随郑和下西洋的从员，在归国后将实地见闻写录成书，其中提及孟加拉的甚多，如马欢的《瀛涯胜览》、费信的《星槎胜览》、鞏珍的《西洋番国志》等。《星槎胜览》记载，永乐十年(1412年)和永乐十三年(1415年)，孟加拉“王知我中国宝船到彼，遣部领赍衣服等物人马千数迎接”，孟加拉王“铺绒毯于殿地，待我天使，宴我官兵，礼之甚厚”，双方互赠了礼物。孟加拉王“以金盔、金系腰、金盆、金瓶奉赠天使；其副使皆以银盔、银系腰、银盆、银瓶之类”。费信感叹：“此国有礼富足者矣。”此外，成书于16世纪末或17世纪初的慎懋赏辑录的《四夷广记》，对孟加拉国的记载十分详细，将其疆里、陆路、山川、国统、制度、风俗、物产、书籍、译语等，分门别类加以叙述。

《明史》中记载的孟加拉与中国的交往就更多了,如 1408 年“榜葛剌国王靄牙思丁遣使送物入明”;1409 年“榜葛剌遣 203 余人入明”;1414 年“榜葛剌国王赛勿丁遣使入明,送来麒麟、名马等”;甚至 1420 年“为沼纳朴儿侵榜葛剌事,明廷遣侯显出使沼纳朴儿”,进行调停等。

克什米尔一直保持着对德里苏丹的独立。1301 年,印度教王公苏诃提伐再建统一国家,使该地区遭伽色尼的马茂德劫掠后,从一蹶不振中慢慢苏醒过来。1315 年,一名穆斯林冒险者沙·米扎尔来到克什米尔寻找机会。1321 年,藏族首领凌扎那取代苏诃提伐,成了克什米尔的王公,他任用沙·米扎尔为家庭教师。1339 年,凌扎那死后,沙·米扎尔夺取了王位,建立了伊斯兰教政权。

锡坎达尔和扎因-乌尔-阿比丁在克什米尔的历史上,是较有影响的两个统治者。前者在 1394 年即位,曾与帖木儿互派使者。他在宗教上推行强硬政策,恣意破坏印度教寺庙,大肆迫害印度教徒,当地居民要么改宗伊斯兰教,要么殉教或出逃。同时,他慷慨对待同教者,致使许多穆斯林从波斯、阿拉伯和伊拉克等地投奔到他的朝廷,其中不乏一些有学问的名士。就在他的 22 年任期内,克什米尔全境基本完成伊斯兰教化。扎因-乌尔-阿比丁以“仁慈、慷慨和开明”载于史书。他统治克什米尔达 50 年之久(1420—1470)。在社会和经济上,他注重治安,打击犯罪,一度使偷窃和抢劫几乎绝迹。他调整商品价格,减轻民众赋税,并使以前大大贬值的货币恢复信誉。他大修公共工程,给臣民带来福利。在宗教上,他采取宽容的政策,鼓励出逃的印度教徒回归,允许他们建立寺庙,还取消了“杰齐亚”。他常与有学问的婆罗门交往,支持他们著书立说。在文化上,他除了本族语言外,还通晓藏文、波斯文和印地文。他喜好并赞助文学、音乐和绘画,在他的倡导下,不少阿拉伯和波斯的著作译成了印地语,而史诗《摩诃婆罗多》和历史著作《诸王流派》从梵文译成了波斯文。由于这些事迹与后来的阿克巴大帝的政绩有些共性,后人称他为“克什米尔的阿克巴”。也正是在阿克巴时期,克什米尔并入了莫卧儿帝国的版图。

古查拉特隅于西印度,历来是滋事地区。1297 年,哈勒吉王朝时,古查拉特并入德里苏丹版图,成为它的一个行省。1391 年扎法尔汗担任省督,他出生于改宗伊斯兰教的拉其普特家庭。1396 年他正式宣布独立,建立古查拉特王国。独立的王国真正强大起来是 1411 年艾哈迈德·沙登位以后。他骁勇善战,在统治的 30 年间版图不断扩展。他留给历史的见证,是登基第一年开始建造的艾哈迈德巴德城。这座城市以美丽和富有鉴赏力著称,后来成为王国的首都。

贝加尔哈是古查拉特较有作为的另一名苏丹,在他53年的统治期间(1458—1511)王朝进一步强盛。登基初始,他制服敌对的朝臣,挫败了妄图推翻他的阴谋。接着他东征西战,屡屡获胜,扩展王国疆域达到历史之最。此时,最严重的挑战来临,1498年达·伽马航海成功,葡萄牙人首次出现在印度西海岸。他们看中了有着坎贝和布罗奇等富庶港口的古查拉特海岸,并在那儿设置据点和商站。十年后,葡萄牙人几乎垄断了香料贸易,这当然损害了既得利益的穆斯林商人。1508年,贝加尔哈派遣突厥人阿亚兹统率舰队,与库尔德统率的埃及舰队联合,在孟买以南的乔尔港海面,击败了葡萄牙舰队。第二年葡萄牙人卷土重来,在第乌岛附近的海上,摧毁了穆斯林联合舰队,重掌海上优势,并迫使贝加尔哈议和,还获得在第乌建商馆的权利。

巴哈杜尔是贝加尔哈的孙子,1526年登位,是印度中世纪时期因成败两重天而出名的统治者。古查拉特在他的统治时期一度达到鼎盛。巴哈杜尔勇敢善战,1531年他摧毁了马尔瓦王国,将其并入版图。但在与胡马雍作战时,他一败涂地并失去大部国土。为了与葡萄牙人结盟抗击莫卧儿帝国,1537年2月,他乘船启程去会见葡萄牙总督。不料葡萄牙人在谈判过程中将他溺死,随从也全部杀掉。巴哈杜尔的后继者们平庸无能,只是权臣们掌握中的傀儡。1572年,阿克巴轻而易举地将古查拉特并入莫卧儿版图。

马尔瓦自1305年被阿拉-乌德-丁兼并以后,一直臣服于德里苏丹。帖木儿的劫掠使德里苏丹一蹶不振。1401年省督迪拉瓦尔汗乘乱独立。1406年他的儿子继位,称号为胡尚格沙。新王喜好战争与冒险,但屡战屡败。唯一聊以自慰的是,1422年他化装成商人去奥里萨侦探并袭击该国,在勒索75头大象后退兵。1436年,他的不肖之子在无所作为一年后,王位被大臣马茂德篡夺,建立了马尔瓦的哈勒吉王朝。

御史官赞颂马茂德"知礼"、"博学"、"勇武",说他对穆斯林和印度教徒一视同仁,称他戎马一生,征战闲暇时还不忘让手下给他诵读有关各国君王的史书。这显然是吹捧,因为马茂德连年征战,鲜有胜绩。惟有与美华尔一战,让人颇费猜测,因为双方都庆贺己方的胜利。美华尔在奇托尔城建凯旋塔作为纪念,而马茂德也在杜曼筑七层塔标榜功勋。1469年6

月，他执政34年后去世，终年68岁。

以后几任苏丹大都碌碌无为，或潜心于终日祷告，或沉湎于争权夺利。1510年马茂德二世即位，为了摆脱穆斯林贵族的影响，他重用印度教徒梅第尼·拉伊为大臣。拉伊一度被嫉恨的穆斯林逐出，但他率军杀回，并生擒苏丹。拉伊自诩拉其普特人的骑士风度，放回马茂德二世，恢复其王位。受此一劫，马尔瓦再也没有复元。接着，马茂德二世又铸下大错，他收容了与古查拉特苏丹巴哈杜尔争位的弟弟。1531年3月17日，愤怒的巴哈杜尔攻入杜曼，马尔瓦臣服于古查拉特的统治。

江普尔与马尔瓦一样，乘帖木儿大举入侵的混乱，宣布独立。1394年赫瓦吉·贾汉奉命前往江普尔城镇压动乱。这座美丽的城市本是菲鲁兹·图格鲁克苏丹为纪念其恩主而兴建的。贾汉稳住了局势，帖木儿却搅得天下大乱。贾汉借机拥兵自立，称号为“马立克-乌什-沙尔格”，史称沙尔吉王朝。1399年，他的养子穆巴拉克沙继位，三年后死去，传位其弟伊卜拉欣沙。伊卜拉欣沙以文人著称于世，统治了大约34年。在他的扶持下，江普尔成为北印度伊斯兰教文化中心。1408年建成的阿塔拉清真寺至今矗立，那是明显融有印度教风格的伊斯兰教建筑。此时的江普尔有“印度的设拉子”的美称，“设拉子”是古代伊朗的文化中心。伊卜拉欣沙死于1436年，此后再无明主出现。1479年，江普尔被洛迪王朝的巴鲁尔苏丹击败，复归德里苏丹。

在北印度，还有若干地方政权是印度教徒统治的，美华尔和迈华尔就是拉其普特人建立的。当哈勒吉王朝围攻奇托尔要塞时，拉其普特的古希拉家族从城中逃出，进入山区与苏丹军队游击周旋。14世纪中叶，该家族出现一位帅才哈米尔，他夺回了都城奇托尔，建立了美华尔政权。1364年随着哈米尔死去，美华尔一度沉寂。1430年拉那·古姆帕即位，美华尔“深红色的旗帜”再度高高升起。它在与古查拉特和马尔瓦等穆斯林政权的抗争中，虽然没有辉煌胜利，但终能在险恶环境中幸存下来。古姆帕在文化上有所建树。他对建筑情有独钟，修建了32座要塞，尤其突出的是古姆帕加尔要塞，那是在特殊环境下，将他的两项才能合二为一的见证。他在音乐上深有造诣，也是文学批评家，曾对胜天的《牧童之歌》作了精彩的评论。他还有剧本存世，但自己生命的终结却是一出悲剧，他得了精神病，1469年为儿子所杀。美华尔再度显现光荣，是1509年拉那·桑伽即位以后。他戎马一生，历经百战，身负八十余处伤疤，还失去一只眼睛和一条腿。在击败古查拉特和马尔瓦后，桑伽公然直接向德里苏丹叫板。他与巴卑尔结盟，双方商定美华尔从南边和西边攻击德里，巴卑尔从北方进击。他谋划拿下都城后，再摆脱巴卑尔，独享成果，成为印度之主。但是，古查拉特不断袭击和骚扰，使他不能如约出兵。巴卑尔却势如破竹，并完成改朝换代。桑伽与巴卑尔反目成仇，1527 年坎努一战，桑伽一败涂地，不久便死去了。美华尔从此一蹶不振，17 世纪并归莫卧儿帝国。

1394 年，拉瓦尔建立了迈华尔政权，他宣称是古代曲女城统治者哈达瓦拉族的后裔。迈华尔在美华尔以西，拉瓦尔的后人乔达国王修建了乔德普尔城，一度兴盛。为了抗击穆斯林，迈华尔和美华尔曾缔结联姻同盟，后因为继承问题，引起两邦交恶，争斗不休。1520 年左右，迈华尔解体为几个小封邑，到阿克巴时代都归属于莫卧儿帝国了。

五、南印度的地方政权

1311 年，奴隶将军卡富尔统领的南征直指泰米尔半岛的潘地亚，这将南印度的原有秩序全部搅乱。当德里苏丹军队满载战利品北归后，留下一片旷野，这一时机被巴玛尼和维阇耶那伽两王朝的创建者抓住了。

巴玛尼王国的建立仍遵循当时那种熟悉的模式，即省督反叛并宣布独立。扎法尔·汗受德里苏丹任命，在道拉塔巴德统治德干。他自称是波斯英雄巴曼的后代，所以在 1347 年 8 月脱离德里而独立时，建立的王朝就称为巴玛尼王朝。巴玛尼王国在所有独立的穆斯林政权中，是最强大的。扎法尔·汗即位不久，就开始南征北战。十年后，巴玛尼成为占据德干北部和中部的区域性大国。为了更好治理国家，扎法尔·汗把王国分成四个省，每一省由省督管理并保持一支军队。鉴于开国者的能力和威信，巴玛尼一度国泰民安。

维阇耶那伽是一个“被遗忘的帝国”，随着 1565 年都城毁灭，渐渐为印度人遗忘。直到 1900 年，英国人罗伯特·塞维尔的研究呼唤起了人们对这湮灭国度的注意。此后，尘封的历史资料被大量发现，如 15 世纪意大利旅行者尼古拉·孔蒂记载着他曾到过维阇耶那伽的所见所闻；15 世纪中波斯人留下了描述维阇耶那伽城如何富庶的资料；16 世纪葡萄牙人与维阇耶那伽交往甚密，许多葡萄牙人留下当时的记录。随着多年的艰难考证及考古调查的累累硕果,维阇耶那伽的历史慢慢清晰了。

1323年德里苏丹讨伐南印度的瓦朗加尔,他们在征战中俘虏了当地的两名王子诃里诃罗和布卡,并把他们带回德里。兄弟俩在改信伊斯兰教后,被送回南印度,作为封臣辅助苏丹管理地方。重返故里的两兄弟,经历了复归印度教的不寻常过程。他们在当地宗教领袖的帮助下,以地方神维鲁帕克沙副代理的名义,不仅再列入种姓,而且恢复了印度教信仰的身份。同时,兄弟俩也开始领导摆脱德里苏丹的独立斗争。1336年,诃里诃罗在通加巴德拉河南岸修建维阇耶那伽城(意为"胜利之城"),开始了维阇耶那伽王国的历史进程。

在以后的一段历史时期中,巴玛尼和维阇耶那伽是南印度的主角。巴玛尼存在了近200年(1347—1538),维阇耶那伽延续了三个王朝,历时300余年(1336—1642),双方的主要目的与精力都在于角逐南印度的统治权。两国的分界线是克里希纳河,争斗既有宗教的原因,也有经济利益的驱使,主要是为了占有"雷焦耳河间地"。雷焦耳位于克里希那河与其支流通加巴德拉河之间,土地肥沃,盛产稻米,还有丰富的矿藏资源。南印度14世纪至16世纪中叶的政治史,就是以两国间的这场长期战争为主要背景。

巴玛尼的建国者扎法尔·汗1358年死去,七个儿子和孙子先后短暂在位,但在内耗中无所作为。1397年11月,另一个孙子菲鲁兹沙即位。他略有才能,一开始也力图有所作为,在1398年和1406年两次出征维阇耶那伽获胜,索取了大量赔款,甚至强迫对手把公主送入他的后宫。但几年以后,他沉溺于生活享受,疏理朝政。他常与学者、隐士们交往,热衷于探讨学问,常留恋后宫,用各种不同的语言与其不同民族的妻子们自由交谈。1420年他的第三次征战遭到惨败,并且失去了南部和东部的大片土地。1422年9月他被迫逊位给兄弟艾哈迈德。

艾哈迈德即位不久,就对维阇耶那伽进行一场报复性的战争,他的军队将维城重重围住。维阇耶那伽的国王被迫赔款求和,大象驮着钱财,由王子押运,送到巴玛尼军营。约1425年,艾哈迈德派遣猛将阿扎姆进攻信奉印度教的瓦朗加尔王国。阿扎姆大获全胜,杀死当地的国王,掠得无数战利品,彻底摧毁了瓦朗加尔王国。

1435年2月,艾哈迈德病死,巴玛尼王国复归于平淡。1463年,九岁的穆罕默德三世登上了王位,权力操纵在太后手里。她重用能臣马茂德·加万，致使巴玛尼王国在国内事务和国际关系中展现出一种积极的姿态。加万北征马尔瓦获胜，消除了来自北方的威胁。接着南征维阇耶那伽，夺回西海岸的重要港城果阿，掌握了贸易的控制权。他使巴玛尼的疆域"拓展到了前所未有的范围"。1481 年 3 月穆罕默德三世又一次沉重打击了维阇耶那伽。巴玛尼的军队一直进击到富庶的康契普腊姆，从众多古庙中掳掠得"无数财富、珍珠和贵重的宝石，此外还有无数的女奴"。

但是内部的危机毁掉了巴玛尼王国，加万曾试图阻止过，但最终却成了危机的牺牲品。巴玛尼的穆斯林贵族分裂为两派，一派称为"德干人"，他们是早已落户的移民和当地印度人改宗者；另一派称为"外国人"，包括突厥人、波斯人、阿拉伯人等新近来到的外来者。后者更有胆略和更为成功，他们遭到前者的妒忌和憎恨。加万属于"外国人"。"德干人"伪造了一封信件，诬陷加万暗通夙敌维阇耶那伽。这样，忠心耿耿和屡建功勋的加万失去了苏丹的信任。1481 年 4 月，他遭到了"德干人"的暗杀。苏丹对加万的死悔恨交加，但为时已晚。不出一年，他也死去了，由年幼的儿子继位。权力落入"德干人"手中。

两派的敌对，激化了内部危机，加速了巴玛尼中央力量的衰退。各省督迅速强大，不断向中央权力挑战。1538 年，巴玛尼王国解体，让位于五个新王国，即比贾普尔、高康达、阿马德纳加尔、比达尔和贝拉尔，史称巴玛尼五王国。它们虽然相互间偶有战争，但大多时候联合起来对付南北宿敌。1565 年塔利科塔一战，巴玛尼四国(除了比达尔)联军彻底击溃了维阇耶那伽。

关于巴玛尼五王国的简史：

贝拉尔最早脱离巴玛尼王国，创立者伊马德沙原是印度教徒，以后改宗伊斯兰教，1484 年宣布独立，为当时梵文文学最盛的地区。1574 年被阿马德纳加尔兼并。

比达尔是巴玛尼都城附近的特区，面积很小。其政权迟至 1526 或 1527 年才建立，1618—1619 年为比贾普尔吞并。当地遗留的一些建筑物艺术价值颇高。

1489—1490 年，比贾普尔的省督阿迪尔汗宣布独立。他是格鲁吉亚人，少年时卖身给加万为奴，由于战功逐步提升为省督。另一说，他是突厥苏丹穆拉德二世的儿子，1451 年苏丹死去，兄弟争位，其兄继承了王位，他为逃避谋杀，17 岁时逃亡波斯，后又到印度，卖身为奴。他宽大亲和,廉洁公正,深得文武官员尊敬。他娶一位印度教女子为后,也任用一些印度教徒为官。阿迪尔汗之后的四任继承者,都没有大的作为。1579—1626 年在位的阿迪尔汗二世被认为是除了开国者外,最能干和最得人心的君主,因此曾一度繁荣。1686 年,幸存近 200 年的比贾普尔被莫卧儿帝国的奥朗则布纳入版图。

阿马德纳加尔的创立者是马利克·艾哈迈德。他的父亲在谋害巴玛尼王国首相加万时,是主谋之一,并在加万死后成为首相。马利克·艾哈迈德受命任朱纳尔的省督,1490 年他宣布独立。以后,他迁都至战略要地并建立了以他名字命名的阿马德纳加尔城。他以及他的继任者们都忙于对邻邦的战争,没有大的建树。1600 年,王国遭到莫卧儿军队蹂躏,1637 年并入莫卧儿帝国。

高康达面积颇广,占据着哥达瓦利与克里希纳两河之间的下游地区,并一直延伸到孟加拉湾。此地原本是印度教瓦朗加尔王国,1425 年被巴玛尼王国征服。高康达的建国者柯特布沙是突厥人,奉命任该地省督。1518 年他不满朝政,宣布独立。他长期执政,90 岁时被儿子谋杀。此子在位七年后,由其弟伊布拉欣继位。新王贤明,准许印度教徒任高官。1611 年他死后,高康达势颓,1687 年亡于奥朗则布的莫卧儿帝国。高康达的都城曾两次迁徙,最后定于巴拉迦,后更名为海德拉巴,它发展极为迅速,至 17 世纪为印度第四大城市。

维阇耶那伽与巴玛尼王朝及以后独立的五王国同时存在于德干地区。它作为印度教王国,对于伊斯兰教政治势力在德干地区的扩张,起到了一种牵制作用。

1343 年,诃里诃罗迁入新建的都城维阇耶那伽,与邻国的争夺更为激烈。布卡继位后,与瓦朗加尔联手对付巴玛尼王国,获得了雷焦耳地区,开始了与巴玛尼争夺南印度霸权以及由此带来的无休止的战争。1379 年,布卡的儿子诃里诃罗二世即位,他一改前二王不称帝的做法,僭用了“万王之王”等皇帝称号。他对内采用宽容政策,给各宗教以同等自由,对外则不断扩张领土,兼并了迈索尔、建志,并不惜跨海一战,迫使锡兰国王称臣,一度称霸南印度。

维阇耶那伽第二次鼎盛于南印度,是在克里希纳·德瓦·拉亚统治期间(1509—1530)。是时巴玛尼王国因马茂德·加万的死而衰退。1509 年,德瓦·拉亚击退巴玛尼对雷焦耳地区的进攻,接着反攻,进军到巴玛尼王国的中心。这次战争本可以终结巴玛尼的统治,但德瓦·拉亚认为,保留巴玛尼国王将阻止省督们宣告自治,对付一个虚弱的巴玛尼国王,要比对付几个虽小却强盛的王国更为容易。巴玛尼苏丹恢复了原位,但他知道这是凭借维阇耶那伽的"恩赐",所以德瓦·拉亚统治期间是和平的。其时,维阇耶那伽的经济和文化得到了很大的发展,连巴卑尔都称赞德瓦·拉亚是印度最强大的帝王。

巴玛尼五王国静观维阇耶那伽的变化,等待着攻击的良机。除了贝拉尔外,四个苏丹国联合起来,通过相互通婚建立了巩固的联盟。1564年底机会来临,伺机的狼群扑了上去。1565年1月,塔利科塔一役,穆斯林联军彻底摧毁了维阇耶那伽大军,杀死了国王罗摩·罗亚,接着疯狂抢劫维阇耶那伽城,用火和剑使它沦为废墟。据《当代争辩》的作者记载:"胜利者虏获大量珠宝、首饰、贵重的家具……男女奴婢,及武器、盔甲,应有尽有,满载而归。"菲里希塔也说:"他们的抢夺实在惊人,联军每人都掠得无数金子、宝石、帐篷、武器、马匹和奴仆,除了大象要交给国王外,余者全归自己。"

此战后,虽然维阇耶那伽在五王国相互争斗的夹缝中生存着,但再也没有复元。1642年,历时300余年的维阇耶那伽王国在外力压迫和内耗中,彻底解体。

维阇耶那伽王国的真正亮点在于一度繁荣的经济和文化,这在印度历史,尤其在南印度的历史上,占有重要地位。在当时印度,维阇耶那伽城是仅次于德里的第二大城。意大利旅行家尼古拉·孔蒂曾于1420年游历过该城,记道:"城围六十英里,城墙沿山蜿蜒而上,……城内经常保持九万壮丁,以备随时武装起来……该国王在印度各国中愈显强大。"1443年,帖木儿之子的大使拉扎克访问了维阇耶那伽城,他赞叹:人口如此稠密,真出人意料,库房内充斥着国王的珍宝,还有硕大的金块,"国内居民,无论贵贱,即便是一般工匠,在他们的耳、项、臂、腕、手指上,都佩戴着名贵的珠宝和金饰品"。葡萄牙人帕斯估计维城至少有十万户、五十万居民,城里货物应有尽有,他甚至描写了一间象牙房,从上梁至四壁,都是用象牙雕花镶嵌而成。

外国人的游记还介绍了维阇耶那伽与北印度一些不尽相同的社会状况。南印度妇女的社会地位较高,她们积极参与政治、社会文化方面的工作。妇女可接受角力、舞剑、音乐、绘画及文学方面的培养,并参与这些方面的活动。努尼兹写道:“维阇耶那伽的妇女们,有的专事角力,有的从事星象和占卜,有的担当会计、统计,有的是文书。她们写的书,与男性作者相比毫不逊色。有些妇女音乐造诣颇高,能弹奏各种乐器并大展歌喉。……还有妇女法官、管家,甚至王宫的日夜警卫也有妇女的身影。”

帕斯记载,在维阇耶那伽妓女卖淫是合法的,政府按户抽税,首都及大城市的繁华区必有妓女户。妓女的地位不低,有的跻身贵族,有的为王室的情妇。有些名妓相当富有,拥有十万枚金叶以上的财产。阿卜杜尔·拉扎克记载:治安机构有1.2万名保镖,治安人员的薪水取之于妓女。每天下午,妓女们坐在各户门前的漂亮座椅上,由寻芳客选择后带进屋。治安机构维护秩序,贵重物品一般不会遗失。

关于南印度人的“食”,据努尼兹介绍,他们的食谱甚广,除了牛肉外,其他飞禽走兽的肉几乎都可成美食,“甚至连麻雀、老鼠、猫、蜥蜴都可吃,这些东西在维城市场上都可以买到”,并且“这些动物都是卖活的,以使买主知道是否所需要的”。

动物的另一用途是作为祭礼的牺牲。帕斯记载,国王行祭的牺牲是24头水牛和150头羊。这些牺牲的头被一把大镰刀一刀宰下,然后送往祭坛。在“九天节”的最后一天,还须宰杀250头水牛和4 500只羊!

作者点评:

自雅利安人入主印度以后,不断有异族入侵北印度,希腊人、塞人、帕西亚人、贵霜人、哌哒人等,他们一度成为地区的统治者,有的甚至执政了相当长的时期。然而,由于(1)他们虽然作为异族而来,但没有带来不同的成熟宗教。(2)这些早期入侵者先在印度教正统派不十分强大的那些地区定居下来,所以进入社会结构的各层次较为容易。(3)外来者在民族上、文化上与当地产生一些冲突,并造成当地社会的一些修改,但这些变化对于印度教、佛教正统派来说,是可以接受的,或至少他们是愿意作出妥协的。(4)佛教积极推进改宗,加之这些外来者宗教上的空白,致使佛教大获成功。

因此,这些外来者尽管一度得到了统治权,但对于印度各方面的改造是有限的,最后都被既存的社会所同化,原先各方面的差异也慢慢淡化了。

穆斯林入占印度则不同,它引起了翻天覆地的变化。这种变化可以从两个方面来看。从浅层次的政治表象上看变化不大。除了最高层的圈子外，对社会的其余部分来说，由于外来的穆斯林人数很少，各地的统治者和酋长们继续当政，照旧行事；土地制度基本保持不变，农民仍然耕耘原有田地，继续向王朝的官员和地主交租纳税；民众也不存在人口迁移。但从深层次来说，穆斯林的入主，引进了另一种全新的先进文化，带来了新的宗教、新的生活模式、新的社会概念。惟有这次冲击，产生了改变和修正印度原有文化模式的可能性。

另一方面，从历史的角度看，开始时的变化不大，甚至同化不断发生，如伊斯兰教的突厥人采用了当地人的衣食习惯等；但长远看演化深刻，今日南亚政治版图，印度、巴基斯坦、孟加拉、尼泊尔、斯里兰卡等各自独立，充分说明了这一点。

第十章 莫卧儿帝国

一、巴卑尔建国

巴卑尔，印度莫卧儿王朝的创建者，他的正式名号是扎希鲁-丁·穆罕默德，但人们习惯以他的绰号"狮虎"——"巴卑尔"来称呼他。巴卑尔的父系是帖木儿的第五代子孙，母系是成吉思汗的后裔，所以他是有蒙古血统的突厥人。

1494年，巴卑尔11岁时，就继承其父王位，成为中亚法罕那的封建主。开始时，他事业的发展重心在中亚。1497年与1503年，他两次企图攻占撒马尔罕城，争夺突厥斯坦的中央王位，但都失败了。不久，乌兹别克人从北方进入，将巴卑尔从法罕那赶出。巴卑尔逃到了喀布尔。当时喀布尔是个国际城，他带领几百人在城中抢地盘，最终控制了这座城市。他以此为基地，企图重返中亚，几次与乌兹别克人抗争，甚至找波斯为后台，但都遭到失败。失望之余，他将眼光移向东南面。1518年他开始向印度发展。前三次行动是小试锋芒，仅仅是杀戮和劫掠。1526年，巴卑尔见时机成熟，率大军在兵家必争之地班尼帕特与洛迪王朝决战。巴卑尔军1.2万人，苏丹伊卜拉欣率领的洛迪军旅多达10万之众。然而，巴卑尔笑到了最后。他的胜利除了高人一筹的战略决策和指挥才能之外，还有一支强大的炮兵。这支精锐之师拥有当时欧洲和土耳其的一种新式重炮。炮队共有700门大炮，用牛车拖着，列于阵前，大炮是前膛点火，一门炮一天只能打16发。守军虽然人数众多，且有战象百余，但巴卑尔集中炮火齐发，掩护步兵、骑兵挺进。战象抵不住猛烈炮轰，反而掉头冲向己阵，洛迪全军溃败，苏丹也亡于战阵。巴卑尔挟胜威，一鼓作气拿下德里与亚格拉，奠定了帝国的基础。

巴卑尔

巴卑尔的下一场大战，是对付拉其普特身经百战的首领拉那·桑加，即那位独眼独臂、身上战疤八十余处的猛将。桑加肩负民族复兴的重任，统率120名酋长以及一支8万骑兵和500头战象组成的大军，列阵于亚格拉西边的坎瓦，准备决一死战。巴卑尔自知胜败系于一战，尽管人数处于劣势，但显示出刚毅果断。他在军营中盛酒满杯，然后摔杯于地，并将所带之酒全数倾掉，发誓不再饮酒，以示破釜沉舟的气概。士兵在他的感召下，手搁在《古兰经》上发誓血战。1527年3月16日，巴卑尔再次采用密集炮火猛轰的战法，大获全胜。他率军渡过朱木那河，挥师东进，彻底击溃了拉其普特同盟。1529年5月6日，巴卑尔在哥格拉河岸击败了最后一个强劲对手，即久居印度的阿富汗人的10万联军，终于席卷了恒河平原。

1530年12月26日，巴卑尔病逝于亚格拉，时年48岁。他的遗体被运到喀布尔，葬在他喜爱的山麓花园。百年以后，莫卧儿皇帝沙·贾汉在此建一座清真寺，以纪念这位开国元勋。

巴卑尔不仅一生戎马倥偬，显示出非凡的组织能力和军事才干，而且“嗜好音乐，擅长艺术”，尤其在突厥语文学上功勋卓著。一般认为，突厥语文学始于帖木儿年代，时至巴卑尔已达一百多年。《巴卑尔自传》尚存于世，文体美丽，且风骨凛然，是突厥语文学名著之一。相对中世纪中亚著作大多带有浓厚宗教色彩，巴卑尔的传记叙述真实，较多反映了当时的状况，故历史价值颇高。1590年《巴卑尔自传》由阿布杜尔·拉希姆译成波斯文，1826年欧斯金和莱顿把它译成英文，1871年此著又被译成法文本,后又有德文本问世。《巴卑尔自传》的欧洲主要语言的译本大都以波斯文本为范本。此外,安尼特·苏姗·贝弗里奇出版了巴卑尔韵文诗的英译本,还选编了他的突厥语抒情诗诗集。

二、胡马雍的颠沛流离与舍尔沙的苏尔王朝

胡马雍继任乃父帝位,时年 23 岁。他登基时的局势可谓内忧外患。王室内明争暗斗,他的两个堂兄弟觊觎着王位,他的三个兄弟卡姆兰、欣达尔和阿斯卡里也在暗中斗法。在压力之下,胡马雍不得不授予三兄弟封邑,这破坏了帝国的完整性。卡姆兰是三兄弟中最年长者,他得到了莫卧儿王朝赖以起家的喀布尔以及旁遮普,这使胡马雍失去了补充兵员的最好源地。是时,朝廷的贵族们拥有推选新王的权力,他们纷纷结党营私,并在胡马雍的兄弟中寻找靠山。军队由不同种族组成,往往为各自利益互相倾轧,这使内部纷争更激烈、更危险。在外部,各异己力量潜伏着,随时伺机反扑。拉其普特人遍布北印度,他们只是暂时被征服,古查拉特地区更是反复无常。阿富汗首领们是最强悍的对手,他们盘踞在比哈尔和孟加拉,保留着强大力量,等待着能使他们心悦诚服并率领他们团结奋战的领袖。胡马雍(该词意为"幸运")实在不幸运,他处于一种既无外援,又无内助的相当孤立的地位。

战端频频发生,胡马雍疲于东西二线的奔袭。他登基不满半年,先在德里东南的卡林贾尔打败了他怀疑可能反叛的省督,接着挥师东进在丘纳尔围困了阿富汗酋长舍尔沙。但越来越强大的古查拉特势力,使他不得不接受阿富汗人"敷衍的非正式投诚",转而向西进击古查拉特的巴哈杜尔沙。1535 年胡马雍的西征取得了胜利,他甚至把巴哈杜尔沙赶出了大陆,迫使他在第乌岛避难。

但此时,阿富汗人强有力的领袖脱颖而出,他就是一度被围困于丘纳尔的"穷寇"舍尔沙。舍尔沙原名法里德,出生于久居印度的阿富汗人小贵族家庭,少年时聪颖过人,勤奋好学,尤精通波斯语和波斯文学。他受继母嫉恨,早早离家,开始冒险和奋斗的生活。1522 年他投靠比哈尔的统治者洛哈尼,因正直和勤奋博得新主人的宠信,又因他只身一人勇敢地打死一只虎而被授予舍尔沙称号。他后来荣升为洛哈尼的副手和其幼子贾拉勒汗的教师。但不久他另择高枝,参加了巴卑尔的军队,在征伐东方

的历次战役中屡建功勋。

1528年，当以前的学生贾拉勒汗成为比哈尔年幼的国王时，舍尔沙离开了莫卧儿人，再度成为比哈尔的副省督，并成了政府的实际掌权者。经过四年经营，他又将军队掌握手中。丘纳尔要塞是兵家必争之地，舍尔沙早就对它耿耿于怀。他是幸运的和有谋略的，是时，丘纳尔的领主被其长子杀死，因为他终日迷恋一名年轻美貌的女子，而没有察觉儿子日夜膨胀的野心。舍尔沙渔翁得利，美人与江山一起抱，他乘机娶了这名寡后，而这孀妇也把丘纳尔要塞献给了他。另外，舍尔沙利用胡马雍征讨古查拉特的时机，壮大了自己的力量，许多有实力的阿富汗贵族都投奔在他的麾下。

双方的决战不可避免。胡马雍在战略上犯了错误，他不是挥师直捣高尔地区，切断舍尔沙与孟加拉盟友的联系，而是进攻防守完备且易守难攻的丘纳尔要塞。结果舍尔沙争取到半年整军备战的时间，然后突袭胡马雍的后路。当时，胡马雍在欢宴后，正享受着鸦片，听到舍尔沙军队欲切断其归路，便仓促集结军队西撤。1539年6月，舍尔沙军队在乔萨伏击，大败莫卧儿军队，胡马雍走投无路跳进恒河，一个船民用皮筏救了他的命。1540年5月17日，双方在卡瑙季(即古代的曲女城)第二次决战，舍尔沙在战术上棋高一着，而且军队骁勇善战。胡马雍又一次大败，落荒而逃，开始了十五年颠沛流离的生活。1542年11月23日，印度的一代英主阿克巴就出生在其父隐匿于沙漠的流亡时期。

1539年12月，舍尔沙自立为王，建立苏尔王朝，其王统延续了15年。政权初建，舍尔沙全力对付西方的拉其普特人，以拓展疆土。1542年他征服了马尔瓦，然后进军中印度，1543年双方在赖信堡展开反复的争夺战。战况惨烈，拉其普特人为了使妇孺免受侮辱，就将她们都杀死，然后投入激战，直至全部壮烈牺牲。随着信德和木儿坦并入阿富汗人王国，舍尔沙的主要对手只剩下马尔德夫酋长统治下的拉托尔人(拉其普特人之一族)。1544年，舍尔沙用离间计瓦解了马尔德夫抗争的信念，他伪造拉其普特将军们与他通信，信中答应暗助舍尔沙攻击马尔德夫。结果，拉托尔人中计退出正面抗击。尽管如此，战争还是非常激烈，舍尔沙丧失了几千名士兵才赢得胜利。这样，苏尔王朝基本完成了对北印度的控制。

舍尔沙不仅是一个成功的征服者，也是一位杰出的行政组织设计者。他进行了一系列对后世颇有启发的改革。后来，阿克巴帝国的政治、经济等各方面的政策中,处处有舍尔沙改革的影子。

土地税制的改革为未来的土地制度打下了基础。苏尔王朝重新丈量土地,估定土地质量,并据此直接与佃种者确定土地税额。地税改革的原则是估产时从宽,收税时从严,纳税必须按时、全额付清,否则强制执行。税额一般为产量的四分之一或三分之一,纳税既可实物,也可现金,但鼓励货币缴税。国家以契约的形式承认耕种者的权利,规定他们的义务。如遇军队占地或大灾难时,佃户可豁免税额,甚至还能得到贷款。由此,政府增加了岁入,农民也保障了利益。

舍尔沙进行了关税改革,改善了王国的经济环境。他在铸币上严加控制,以杜绝历代舞弊之风。他取消繁杂的商业税,规定只在入境和销售两个环节纳税,这措施也调节和抑制了物价。为促进商业交流,他大力发展交通,主干道贯通国内各主要城市,其中最长的一条大道至今还保存着,它长达三千多英里,从东孟加拉的宋纳港直到印度河流域。苏尔王朝遵从历代传统,在大道两旁种植行道树,在一定间隔内修建驿站,并将穆斯林和印度教徒分开安置。驿站既为休息室,也传递朝廷与地方间的消息。

为维持社会安宁和秩序,舍尔沙实行地方治安制度,贯彻地方犯罪由地方负责处理的原则。因此,各村各乡的头头都为抓罪犯,追赃物,维持治安,尽心尽力。这种制度效率相当高,以致当时游历其地的尼海姆稍有夸大地评价:"任何人即使身怀巨金,在荒野夜间长卧,也不必戒备,这是最安全的国度了。"在司法方面,舍尔沙坚持法律面前无尊卑之分,无亲疏之分,他甚至严厉地处置了自己的亲属。

为建设一支强大而有效的军队,舍尔沙除了要封臣提供征募兵员外,还维持一支亲自指挥的常备军。他用个人忠诚为纽带,以严明纪律为约束,建成一支 15 万骑兵、2.5 万步兵、300 头战象以及配备火炮的强大军队。此外,舍尔沙为了控制政局,曾设想每隔两三年官员相互调任的计划。

舍尔沙的改革,得到了后代专家们的首肯,基恩认为他是"开明君主","没有一个政府能单一产生如此大的智慧,甚至包括英国政府,他意图建立一个基于国民意志基础上的帝国"。史密斯的《牛津印度史》甚至断言:"如果舍尔沙能亲自维系他所建立的王朝,那么伟大的莫卧儿帝国将不致出现在印度的舞台上。"但苏尔王朝的寿命不长了,1545 年 5 月 22

日,开国者在一次意外的火药爆炸中死去。舍尔沙的坚毅刚强与后继者的软弱无能形成鲜明对比,王国内部互相倾轧,陷于混乱状态,这为莫卧儿人卷土重来提供了大好机会。

胡马雍失败后到处流亡,几次寻求庇护,几次遭到驱逐,不得不一度隐匿于沙漠中。1544 年,他潜赴波斯,请求塔马斯甫庇护,并允诺将来收复坎大哈后,献地于波斯。1545 年,在塔马斯甫的帮助下,胡马雍攻占了坎大哈和可不里等地,但他食言了,没有交出土地。接着他又驱军占领喀布尔,将他兄弟卡姆兰剜却双目,送去麦加。1555 年,胡马雍从喀布尔发兵入印,打败了已不堪一击的苏尔军队,7 月收复了德里和亚格拉,重执北印度牛耳。1556 年 1 月胡马雍从德里藏书楼的楼梯上摔下来,不治身亡,结束了波折不断的一生。

胡马雍陵墓

三、阿克巴的武功

胡马雍意外身亡时,阿克巴正随他的摄政王贝拉姆远戍旁遮普。1556 年 2 月 14 日,阿克巴宣布即位,是年 13 岁。当时,除了一个空空的帝王头衔外,阿克巴只有西北印度很小的一块统辖地。同在旁遮普,王族锡卡达正招兵买马,图谋自立。元气大伤的苏尔王朝因有智勇双全的西穆将军辅佐,正显现复兴的迹象。西穆率军打败莫卧儿守军,夺回了德里和亚格拉,并调兵遣将,准备与阿克巴一决胜负。

1556 年 11 月 5 日,双方的决战在古战场班尼帕特展开。西穆是印度教徒，自上尊号“超日王”，率领一支包括 1 500 头战象的 10 万大军，浩浩荡荡奔赴战场。在这支军队中，9 万多人是印度教徒，穆斯林和外来族人数很少。阿克巴的军队由摄政王贝拉姆指挥，约 1 万余人，成员复杂，有突厥人、蒙古人、波斯人、乌兹别克人，还有非洲人，贝拉姆本人是波斯人与土库曼人的混血。西穆攻击阿克巴军的两翼，获得初战胜利，但乱军中一支流矢射中他的眼睛。西穆落马倒地，不省人事。部队失去统帅，仓皇溃散。阿克巴手起剑落，杀死西穆。莫卧儿军乘胜收复德里和亚格拉。

阿克巴

逐渐长大的阿克巴与摄政王的矛盾日益尖锐。贝拉姆虽立下大功，但过于刚强自信，他一直视阿克巴为不懂事的少年，不仅很少向他请示，更处处约束他。同时，他独揽大权，在朝廷树敌众多。1560 年春，阿克巴在生母和养母的帮助下，削去摄政王的权柄，临朝亲政。贝拉姆曾试图反抗，但被打败。阿克巴感念旧情，赦免了他。可是在遣他去麦加的途中，一个阿富汗人将他刺死，并将财物掳去。贝拉姆的家人逃过劫难，阿克巴将其子阿卜杜尔·拉西姆接回加以抚养，后擢升他为帝国主要贵族之一。接着，阿克巴又用两年时间，清除了后党及养母党，其间争斗十分激烈，阿克巴有两次几乎被谋杀。至 1562 年 5 月，阿克巴真正掌握了实权。

此时，阿克巴实际控制的地方仅仅是西北印度的一部分和恒河中游地区，约占全印面积的七分之一。西北的喀布尔在异母弟弟哈基姆手里，属半独立性质。北方的喜马拉雅山各邦及克什米尔等地完全处于独立状态。东边的孟加拉、比哈尔与奥利萨由一个阿富汗王子统治。西边的信德、土尔坦早已摆脱了帝国的统治，古查拉特、马尔瓦的统治者各自为政，不承认德里的号令。德干地区五大邦国各行自治并相互争斗。半岛南端的酋长们大多是印度教王公，与北方已长久没有交往了。葡萄牙人已悄悄潜入西海岸，占领了果阿和弟乌。阿克巴默察着严峻的局势，运筹着如何进行漫长而艰难的征服历程。

阿克巴一生四出征战，经过40年的努力，最终平定了北印度和中印度。1564年，位于中央省西北的卡坦加王国第一个遭到阿克巴大军的打击。那是印度教女王治理的独立小王国，女王美貌、英勇、精明，不愿屈服强力。她拼死抵抗，但在力量悬殊的较量中，惟有自杀，以留不辱之美名。

拉其普特人仍是北印度的一支强大力量，阿克巴对他们采用心战为上的明智政策。他尽力拉拢，以博取好感，因此许多拉其普特部族归顺了德里政权，并心悦诚服为阿克巴南征北战，流血疆场，为莫卧儿帝国的最终奠立，作出了很大贡献。如1562年斋浦尔的比哈里·马耳归顺了阿克巴，并将女儿嫁给皇帝为妻。以后他带着儿子、甚至孙子为莫卧儿开疆拓土。其他一些曾长期反抗的拉其普特首领们，此时在开明政策的感召下，一一归顺了莫卧儿帝国。1569年2月，兰桑波尔地区的酋长把象征权力的堡垒钥匙呈献给了阿克巴。同一年，卡林贾尔的地方首领臣服了德里政权。第二年，比卡内尔君主和加塞梅的国王，也投降了阿克巴，并仿效比哈里·马耳，分别将自己的女儿嫁给了阿克巴。难怪有史家研究后感叹，“中世纪印度产生的一些最伟大的战略家和外交家”都为莫卧儿四代皇帝效劳。

对于负隅顽抗的拉其普特，阿克巴则无情地予以剿灭。1567年阿克巴以3万精锐之师攻打美瓦尔首都奇托尔城堡，经四个月的浴血奋战，防守军士英勇战死，妇女宁死不辱，3万余人遭屠戮。阿克巴荡平城堡，把城中称为“王国象征”的大铜鼓(这鼓直径十英尺，敲鼓之声数里之外尚感震撼)与城堡母神宝座上的巨大烛台一起，统统运往亚格拉。美瓦尔王系流亡在外，拒不就范。1572年，王子普拉塔普继承传统，毫不妥协地抵抗强大的莫卧儿王朝。1576年，普拉塔普战败，一名酋长冒名顶替为他献身。普拉塔普虎口脱险后，转战山区，常以野果充腹，仍坚韧不拔地继续战斗。至1597年1月19日去世前，他收复了一些失地。后世的印度人尊他为“无畏英雄”、“坚韧斗士”、“勇敢、崇高的爱国者”。普拉塔普的儿子阿马尔·辛格继承父志,继续抗战,但阿克巴决不手软,终于在 1599 年将他剿灭。

拉其普特王

对于同为伊斯兰教的异己,只要不听从意旨,阿克巴毫不留情,一一将他们征服。靠近西海岸的古查拉特是当时印度最富庶地区之一,港口、商业、手工业和农业都相当发达,统治者拒不听阿克巴号令。1572 年,古查拉特由于内部矛盾重重,发生动乱,阿克巴抓住时机,亲自出征,终于在 1573 年 2 月 26 日攻克重镇苏拉特。待全局平定后,他稍事整理,就移交部属管理,自己迅疾回师,奇袭几个堂兄参与的新的叛乱。他率快骑 11 天兼程 600 英里,于 1573 年 9 月 2 日在艾哈迈达巴德附近,给予妄图割据称雄者以毁灭性打击,牢牢控制了盛产棉花和靛蓝的整个古查拉特地区,并且莫卧儿帝国还有了与阿拉伯、波斯湾和埃及贸易的岁入。局势稳定下来后,阿克巴将锡克里定为陪都,冠名为“胜利之都”。

阿克巴在 30 多岁的壮年时大展鸿图,开始了对孟加拉的征服。孟加拉盛产大米、丝绸和硝石,其时它在阿富汗王子达德汗控制下。达德汗“对国家政务一无所知,又不像他父亲小心谨慎”,却自视甚高,他不承认阿克巴的君主地位,还下令进攻帝国东部边境的据点。1574 年阿克巴发兵东征,时值雨季,行军艰难,但阿克巴为教训这“放肆之人”,不顾一切前进。他在帕特那大败孟加拉军队,然后乘胜进击,1576 年 7 月俘虏并杀掉达德汗,占领了整个孟加拉。这样,印度北部西起阿拉伯海,东至孟加拉湾,广大的富庶肥沃地区基本上都已掌握在阿克巴手中。

西北边境地区十分复杂,但它在战略上、经济上及文化传统上都占有重要地位。印度历代统治者都力求对西北地区维持严格而有效的控制,阿克巴也费尽心机,以严厉征战与和平宽宥相结合,较好地处理了这一棘手问题。喀布尔由阿克巴的异母兄弟哈基姆任省督,他实际上是独立统治者。哈基姆与地方贵族串通,与朝廷中心怀不满的高官勾结,欲图谋不轨,甚至夺取王位。1580 年他试探性地从喀布尔进兵旁遮普。阿克巴闻报大怒,1581 年 2 月 8 日亲率骑兵 5 万、战象 500 及大量步兵出征阿富汗。哈基姆不敢顽抗,撤兵旁遮普。阿克巴乘胜追击至喀布尔,同年 8 月 9 日将其击败。但阿克巴以宽宥态度,令其宣誓效忠后,又把阿富汗政务交他管理。1585 年 7 月哈基姆去世,喀布尔正式并入莫卧儿帝国。史密斯在其权威著作《牛津印度史》中说:"自 1582 年起,阿克巴的事业已达到顶峰,此后的 23 年生涯,他可以随心所欲了。"

坎大哈是西部边境重要的国际商业中心,亚洲各地的货物大多在此集散。由于葡萄牙人控制了红海,与波斯剑拔弩张,海路航运一时危机潜伏,因此印度与亚洲各国的贸易,更多依仗坎大哈交易。同时,坎大哈又是战略要地。由于赫拉特以北无天然屏障,外来民族一旦占据坎大哈,就可长驱直入喀布尔河谷,然后再到印度。因此,对莫卧儿帝国来说,不控制住坎大哈,疆土就不会安全,那里是必不可少的第一道防线。再者,在西北边境上,阿富汗的土著居民、乌兹别克人、尤苏夫扎人,都是"强悍可怖的山中土著,他们任意抢劫,甚至攻城略地,他们凭借天然险要地势,不受制于任何君主的统治"。

精明的阿克巴将整个西北通盘考虑,毕几功于一役。他首先清剿乌兹别克人,迫使他们投降。接着他派出大将彻底打败尤苏夫扎人,并力图将他们赶尽杀绝,最后的幸存者亦被卖到图兰和波斯。山里的另一些土著,如斯瓦得、巴伽尔、布纳尔等族人,也一一被征服。1586 年,阿克巴派遣大军打败了克什米尔的苏丹及王子,将其正式并入莫卧儿版图。接着,1591 年征服了信德,1595 年占领了俾路支斯坦。此时,坎大哈波斯米尔扎正遭受家族内部纷争的困扰和外部乌兹别克人的骚扰,阿克巴利用这一大好时机,威迫、利诱双管齐下,1595 年兵不血刃地受降了坎大哈。

阿克巴对德干地区一直耿耿于怀,在巩固了中印度和北印度后,1591 年他派遣使者到德干各苏丹的朝廷,胁迫它们臣服于德里,但收效甚微。于是阿克巴决心斥诸武力,1595 年派王子率军讨伐阿马德纳伽尔。城防由守寡的王太后旃德比比指挥,她机智勇敢,固守城池近年,最后双方签订城下盟:贝拉尔割给德里,阿马德纳伽尔的幼儿国王承认阿克巴的宗主权。但在莫卧儿军队撤退后,阿马德纳伽尔国内发生内讧,反对派以不平等条约为名,迫使旃德比比辞职,并撕毁条约。莫卧儿人卷土重来。1597年双方在哥达瓦里河边的苏帕决战,莫卧儿军大胜。1600年8月德里军队继续进击,攻破了阿马德纳伽尔城,恢复了莫卧儿的宗主权。最后,该王国在沙贾汗时期并入帝国。

1599年,另一路南征大军在阿克巴亲自率领下,锋芒直指坎德什地区。由于当地军民苦苦死守,加之那儿正闹瘟疫,阿克巴的强攻一时不能奏效。于是他改变方式,用大量金钱收买坎德什官员,结果"金钥匙打开了城门"。阿克巴把新征服的德干地区分成三个省,委任第三个儿子丹尼雅勒为副王,负责镇守和治理。1601年5月阿克巴班师回京,完成了一生中最后一次征战。

四、阿克巴的文治

依靠武力建立起来的统治,从表面上看也许非常光辉,但实质上是脆弱的,阿克巴充分认识到这一点。他深知要建立一个伟大的帝国,文治武功不可偏废。在从军事征服者演变为伟大领袖的过程中,阿克巴充分显示了他的文治才能。

莫卧儿帝国幅员辽阔,统治集团是外来民族,其风俗习惯与当地的宗教和文化有很大差异,双方冲突屡屡,有时十分激烈。在这种状况下,阿克巴按照自己的思想和原则,建立了一个带有浓烈军事性质的高度中央集权的统治机构。换言之,那是波斯-阿拉伯政治制度与印度环境相结合的产物。

在集权的统治机构中,王权高于一切。皇帝是国家元首、行政首脑、军队的最高统帅、主要的立法者、司法的最高审判官,也是真主在世间的最高代表。阿克巴每天参加三次会议,第一次是上朝,第二次是重臣的日常事务会,第三次会议是在下午或晚上,讨论宗教、政策、政务等事项;在一段时间内,根据情况会专门安排一天处理司法案件。阿克巴通过这些会议,行使王权,发布旨令。

中央政府位于德里,主要设置四大部:田赋部、军事部、作坊管理部、宗教事务及司法部。田赋是莫卧儿帝国最大的收入来源。1582年,阿克巴大胆起用印度人托达·马尔任税务和财政大臣。自德里苏丹以来,主管田赋的官员都由穆斯林担任。但正是托达·马尔进行了中世纪印度惟有的一次田赋改革。他借鉴舍尔沙未尽的改革措施,制订了田税的标准制度。其实施的秩序是:1. 土地测量;2. 土地分类;3. 确定税率。原先的测量工具在材料上易受冷热、干燥及潮湿等诸因素影响,误差较大。托达·马尔改用统一制作的铁环连接竹尺为丈量工具。测定的土地,经过一段时间的实际耕作以后,以地力及休耕状况的不同,将土地分为四类:每年都能耕种的土地,为第一等;两年内不定时可耕种的土地,为第二等;三、四年内,经休耕后可耕种的土地,为第三等;五年内难以获得收成的土地,为第四等。只对前三等实际耕种的土地征税,税额为收获量的三分之一,农民可以付现金,也可以交纳实物。如以现金纳税,则依当时市价为准。田地税额十年估定一次,十年后另行测估。这制度在北印度及古查拉特推行,以后略加修改,也贯彻到德干地区。田赋改革十分成功,至阿克巴去世时,印度已相当富裕。当代印度史专家英国斯皮尔教授对 16 世纪英国与印度的农村生活进行比较研究,他认为当时印度农村的生活比英国农村稍强。他还将印度与中国万历年间进行比较,因为 16 世纪 80 年代左右,中国正是张居正改革的时期,斯皮尔教授认为中国和印度当时人口大约都是 1 亿,托达·马尔的田赋改革比之张居正的"一条鞭法"毫无逊色,甚至更显成效。

军事部门在莫卧儿帝国政府中的地位是举足轻重的。政府的官僚机构就是按照军事方式编制的。军官和政府官僚主要由西北外族组成,官阶的定位遵循曼沙达尔制度。"曼沙达尔"是波斯语,意为"官位",该制度分为三十三等级,以骑兵数目为阶,最低官员指挥十骑,最高的指挥万骑。最高的三个级位,即指挥万骑、八千骑、七千骑的高位,保留给三个王子。军官的任命、升降、免职、调离等权限,全部由皇帝掌控。每个官员的官阶、薪水都有委任状具体规定,他们有责任提供固定人数的军队为国家服役,所以他们成为国家法定的贵族,军事、民政都由其一人掌控。军官和政府官员领取薪俸的方式有两种:从国家银库支领现金;或者授予"扎吉尔",即指定某一地区的税收为他享有,价值与其薪俸大致相等,但土地所有权仍归朝廷。官员们的待遇非常优厚,一个"五千骑"的军官月薪至少有 1.8 万卢比,一个"一千骑"官员的月薪为 5 000 卢比,而"五百骑"的官员受月俸 1 000 卢比。官员的职位不是世袭的,他活着的时候才拥有"扎吉尔",死后爵位、官职和扎吉尔不能传给儿子,英国人霍金斯在 1608 年写道:“莫卧儿的惯例是:贵族死后,皇帝没收他们的财产,并用来赐给他所喜欢的该贵族的孩子。”这种领地收回制度,使高官们无法为子孙留下福泽,所以他们在有生之年尽量挥霍享受。这制度也妨碍一个独立的世袭贵族阶级的形成,这就不存在一个能制止国王独裁的强大力量。因为世袭贵族的子孙在地位和财富上不会仰赖于国王的恩惠,只有这样,长期稳固的贵族集团才能仗义执言,规谏君王,防止其专制、残暴。曼沙达尔制度开始时有 1 800 人封官,成为军政骨干,到后来冗官产生,达 6 000 多人,制度也略有变化或扭曲。

作坊管理部日益重要,这与当时城市繁荣,商业和手工业发达相适应。莫卧儿帝国时期,印度城市繁荣、富庶,这在当时著作的记述中,比比皆是。例如,1585 年菲奇记载,“亚格拉与法特普尔是很大的城市,两者都比伦敦大得多,且人口稠密。亚格拉和法特普尔相距仅 12 英里,沿路是销售食物及各种货品的商店,人群往来熙攘,热闹非凡,俨然已成通衢市场,与城中无异”。另两名同时代的欧洲人记载,旁遮普“物产丰富,拉合尔是这地区最主要的城市,不仅城广人多,而且民众富有,是印度最大商埠之一”,“不亚于欧洲或亚洲的任何城市”,它“气候适宜,世界顶级产品汇集于此,如此氛围,举世无双”。当然,最大的城市是德里,它是手工业集聚地,工匠们有的制造炮、弓箭等军器,有的做精致无比的宫廷用品,德里的首饰闻名世界,至今留有“银街”。作坊管理部不仅对这些城市的企业、商业进行管理,而且还是外贸机构,管理印度与欧亚各国大量的贸易活动。除了中国、中亚及非洲等传统的外贸对象以及运输路线外,这时一个重要的特点是英国人和荷兰人的商务非常活跃,他们在印度各中心地,纷纷设立商馆,承担很大一部分的印欧贸易。从英格兰激烈批评英商运来金银购买印度的商品来看,印度当时的对欧贸易应是出超的。还有记载表明,当时欧洲商人千方百计讨好、迁就和贿赂印度官员,以图谋贸易上的方便,他们中有些人达到了目的,有些人碰了一鼻子灰。

宗教事务及司法部在四大部门中最为重要,并且与其他三部门关系密切。宗教自古以来是印度的头等大事,宗教部门的地位之高,对各方面的作用之大,是不言而喻的。至于司法,最显著的特点是穆斯林与印度教徒的诉讼各有宗教庭所处理。在农村,村落组织与印度教制度仍然存在,继续发挥着作用;甚至在城市里,涉及印度教徒有关继承、婚姻等民事诉讼,也都依据印度教的习惯法判决。穆斯林法庭受理初审和上诉案件,审判遵循《古兰经》的禁令和训诫,遵循《法典》和有名的法理学家对圣法的解释。重大刑事案件和处以极刑的案件需上报,最终审判由皇帝定夺。

帝国幅员辽阔,阿克巴坚持大一统印度的方向,坚持中央集权。他把全国分成15个省,即孟加拉(包括奥利萨)、阿拉哈巴德、比哈尔、亚格拉、奥德、德里、阿杰米尔、木尔坦(包括信德)、拉合尔(包括克什米尔)、艾哈迈达巴德(古查拉特)、喀布尔、马尔瓦、坎德什、贝拉尔、阿马德纳加尔,各省均设省督管理,以税务官加以牵制,并派遣众多密探以洞察各地的状况。各省的行政机构是中央政府的缩影。

从一个外来的少数民族及异教集团的统治者,上升为整个印度斯坦都接受的领袖,吸引不同的人们为了良好愿望共同合作,而不是在恐惧中顺从,这是阿克巴另一项文治业绩。他一反前代穆斯林王朝暴力统治的做法,改为伊斯兰教和印度教亲善的政策,以建立广泛的政治基础。1562年他娶了斋浦尔印度教统治者比哈·马尔的公主为妃,后来继承王位的查罕杰,就是这桩联姻的结果。以后阿克巴连续娶了几个印度教女子,都相待甚厚。他用联姻的方式,尽力调和两者之间的感情。

1568—1569年,阿克巴在占领奇托尔和兰桑波尔之后,尽力拉拢拉其普特的头领们,虽然这些人都以印度教保护者自居。他邀请他们为莫卧儿帝国服务,并与其中一些头领约法三章,以表示与他们和解的愿望。例如与邦迪的协约:邦迪的酋长们可免除将新娘送入莫卧儿后宫的惯例,这惯例显然对拉其普特人是一种屈辱;免除他们的“人头税”;印度教寺庙受到尊敬等。事实上他还授予一些拉其普特头领很高的职位和帝国荣誉,有的成为军事司令官,有的成为行省统治者,有的还成为阿克巴机密圈子中的成员。如斋浦尔的比哈·马尔成为曼沙达尔制的“五千骑”高官,儿孙也一直在军中任高职。苏贾纳·哈拉把兰桑波尔要塞的钥匙献给了阿克巴,他本人成为朝廷地位很高的贵族。阿克巴也授予一些拉其普特首领以特权,暗示他们与穆斯林贵族有着几乎相等的地位。例如,有些人可在宫廷中骑马,可全副武装骑马至公众会议厅,允许他们的皮鼓一直敲到红门,这些都是高规格荣誉的象征。阿克巴统治后期,多数拉其普特头领都领受了莫卧儿帝国的“曼沙达尔”,莫卧儿骑兵三分之一是印度教徒。据统计在阿克巴时代,中央政府的官员70%来自印度以外,剩下的30%中,印度教徒与穆斯林各占一半。因此斯皮尔教授说:“这些拉其普特人实际上成了帝国的合伙人。”托德描述阿克巴为:“第一个成功征服拉其普特的人,他能用镀上金光的锁链来束缚他们。"

阿克巴以卓越的见识和勇气对印度教徒采取一系列非常宽容的政策。印度教崇拜偶像,伊斯兰教反对偶像崇拜,因此以前的苏丹朝廷规定,印度教徒要保留习俗,须交纳"进香税",每年的税额多达几百万卢比。1562 年阿克巴取消了这项税收。1564 年甚至取消了岁入更多的"人头税"。其他的宽容政策还有:禁止奴役战俘;允许各宗教建立寺院,自由传教;允许被迫改宗伊斯兰教的人恢复他们原来的信仰;在重要的伊斯兰教和印度教节日,宫廷都举行隆重的庆典,并且允许印度教徒穿传统的服装;政府职务不问教籍,向一切人开放。同时他对于印度教的一些陋习坚决予以取缔,如明令禁止"萨蒂"(焚身殉夫,即丈夫死了,妻子在柴堆上将自己活活烧死,以殉夫君)、童婚、近亲婚配、杀婴等,允许寡妇再嫁。

在印度教徒人口占压倒多数的国度里,要为莫卧儿帝国建立一个广泛的社会基础,宗教问题是一个不得不解决的棘手问题。阿克巴具备了宗教改革的条件。首先,"他精明的头脑和宽广的胸怀,是上苍赋予他来承担这一重大责任的"。其次,阿克巴的母亲是波斯学者的女儿,据阿克巴本人回忆,她的说教在其心灵播下了宽容精神的种子。再者,阿克巴自小受伊斯兰教苏菲派的熏陶,他接受"通过虔诚与安拉合一"的主张,树立了超脱于宗教之上的观念。还有,他的拉其普特的妻子们和信奉印度教的朝臣们为他拓展了伊斯兰教以外的世界。另外,1574 年,当还是一个正统的逊尼派穆斯林时,他曾修建一所礼拜堂,召集伊斯兰教神学家讨论教义,但不久他们的讨论流为粗鄙的辱骂,甚至进行人身攻击,这使阿克巴感到失望和震撼。于是他把各种宗教派别的有识之士召来,经常在礼拜堂举行宗教辩论,从中悟出"一切宗教都有光"的道理。最后,他在几名助手、尤其是阿布·法齐的协助下,开始了宗教改革。

1579 年 6 月,阿克巴在礼拜堂以自己的名义宣读了"呼图白"(意为"宗教讲义"),向伊斯兰教"乌尔玛"(神职人员)挑战,并在同年 9 月颁布"无误法令",宣布自己对于一切宗教事务有最高裁判权。接着,阿克巴致力于一种新的宗教,"将各教教义的精华熔为一炉,变成全国所崇奉的新宗教,使整个帝国都能和谐无间地成为一个整体"。这就是"Din Ilahi"(意为"真理"、"圣王"),实质是"圣王教团",即以王为中心,万教在下,每一宗教都可存在,但要服从圣王,阿克巴是"圣王教团"的先知。在这旗帜下,伊斯兰教、印度教、耆那教、祆教、基督教都被包括在内。耶稣会教士巴图利说:“这种新组合的宗教教义,部分得自穆罕默德的《古兰经》,部分取自婆罗门的经典,还有的来自基督的福音,根据研究所得及旨趣所在,定出取舍。”德国研究阿克巴的史学家冯·内尔评价:阿克巴可以为自己的业绩感到骄傲,他平生事迹可证明他的谦虚、务实。他一度是政治、宗教、哲学的创立者,他创设的宗教无时间、空间的限制,体现宗教事务中的大度和宽容。

其实,阿克巴年幼时不受庭训,不习文墨,身为帝王不知阅读,但他有着浓厚的求知欲、惊人的记忆力和敏锐的理解力。他用口述来弥补写作,让学者们为他朗诵来弥补阅读不足。印度学大家史密斯写道:“只要看到他概括问题和发表精辟论述的能力,你一定认为他具有渊博的学识,而决不相信他是个文盲。”阿克巴尊重知识,尊重学者,对于文化事业给予足够的支持,例如他专门成立了一个翻译机构,把梵语、阿拉伯语、突厥语及希腊语的众多名著,译成当时的宫廷语言波斯语。

阿克巴对艺术有浓厚兴趣,他一生爱好音乐,曾恭敬地请教印度音乐名家坦逊。1565 年,出于对建筑的喜爱,他在亚格拉要塞修建了规模宏大的石城。在他的鼓励支持下,孟加拉和古查拉特的建筑师们各显其能,在广袤地区建起了几百项风格各异的美丽建筑,只可惜它们大多在沙贾汉时期被毁掉了。

“前有阿育王,后有阿克巴”,印度民众如是评价,犹如中国的“秦皇汉武,唐宗宋祖”。查罕杰描述其父:中等身材,健美硕壮,黑眼黑眉,“两眼明亮如日照下的海洋”。声如洪钟,讲话时既诙谐,又有活力。他的一举一动没有世俗气息,处处显示出神的庄严和灵光。尽管他平易近人,却有一种令人肃然起敬的慑服力,“在伟人之中独显伟大,在卑微之中显其卑微”。英国的斯皮尔教授评价:阿克巴的才能是全方位的,他拥有创造性的想象力。他利用成功来改变局势,而不是用成功来侮辱对方。因此,他的统治是因为某些理由被认可,而不是因为强大的力量迫人接受。他的王朝得到了印度教徒和穆斯林的效忠。

五、查罕杰时期(1605—1627)

17 世纪是世界历史上的关键时期,中国是明清之交,欧洲是民族国家形成时期,代表新兴力量的思想先驱辈出,如培根、笛卡儿等,印度是莫卧儿帝国的全盛时期，它向南扩展，几乎一统南亚半岛。1605 年 10 月 17 日阿克巴去世，至 1707 年的一百余年中，莫卧儿帝国是三位皇帝：查罕杰、沙·贾汉和奥朗则布。三人都是父子相传，前两人约占一半时间。1707 年奥朗则布死，历史重现王位争夺的混乱，加之西方势力进入，并不断壮大，莫卧儿王朝已日薄西山。

查罕杰

查罕杰的王位得来不易，阻力来自他的父亲和他的长子。阿克巴生有三子，二子穆拉德和幼子达尼亚尔死在阿克巴去世之前。查罕杰本无兄弟争王之虞，但他在阿克巴晚年曾有图谋不轨之举，为其继嗣蒙上了阴影。1601 年他在阿拉哈巴德僭行独立，组织自己的朝廷，发布诏谕，封赏臣子。后在阿克巴的严词训斥下，才不得不有所收敛。再者，阿布法齐是阿克巴倚重的大臣，他为“圣王使团”的宗教改革四处奔走，深得阿克巴赞许，皇帝多次在公开场合称其为“朋友”。查罕杰怀疑阿布法齐在阿克巴面前进谗言诋毁他，就唆使手下设伏将他暗杀。阿克巴闻讯十分悲伤，但出于父性的弱点，放过了查罕杰，父子两人因此长期不和。朝中若干大臣乘机怂恿查罕杰的长子库斯劳，利用祖父的荫庇取得帝位。库斯劳以和悦近人，颇得民心，一切似乎顺利。然而，1604 年 11 月查罕杰毅然回到都城，向父请罪。阿克巴将他足足监禁十天，但两人关系有所缓和。阿克巴去世前，再三考虑后，终将头巾和礼服授给了查罕杰。在大多数贵族的拥戴下，1605 年 10 月 24 日查罕杰在陪都亚格拉庄严即位，尊号为“信心之光、世界之王查罕杰大帝”。

查罕杰执政后首先处置库斯劳的反抗。查罕杰继承大统，库斯劳处于半拘留状态，惴惴不安。1606 年 4 月库斯劳从亚格拉宫中潜逃，密赴旁遮普，沿途获得不少支持，组织了 1.2 万人的军队。皇帝发兵亲征，仅三个星期大败反抗者，库斯劳被五花大绑押到父亲面前，遭受痛骂后被弄瞎眼睛，在监狱中度过余生。

查罕杰对叛逆的儿子十分绝情，但对梦寐以求的艳女努尔·贾汉却一往情深，自一见钟情到计娶立后，至沉醉以终，前后数十年未曾移情。尽管现代的研究学者一再提出质疑，但印度民众一如既往地传诵着他俩的浪漫史。努尔·贾汉原名米赫鲁·妮莎，是波斯移民，其父携妻投奔阿克巴，在赴印途中于坎大哈生下了她。当时阿克巴每月在后宫设游园会，贵族妻女常奉命入宫，共游助兴。在一次游园会中，已亭亭玉立的妮莎突遇太子查罕杰。当时太子正在调教鸽子，错把妮莎当作宫女，将两只鸽子交给她，不意失手，一鸽飞走，查罕杰大怒，斥责她。倔强的妮莎不堪受气，索性把另一只鸽子放飞。太子正待发作，此时妮莎的面纱不意落下，皎容毕现，太子惊呆了。以后，他日夜思念，欲娶为妻。阿克巴查实妮莎已许配贵族阿里库利，又为了执行穆斯林与印度教徒通婚的亲善政策，就强令查罕杰娶印度教王公的女儿。为断其思念，阿克巴促令 17 岁的妮莎与阿里库利成婚。

1605 年查罕杰登基，授阿里库利封地。两年后听到阿里库利"不服从政令及图谋背叛"时，遣孟加拉总督惩办他，结果阿里库利杀了总督，自己也被总督的随从杀死。妮莎及其女儿被带到了宫廷，其时她已 34 岁。查罕杰几次屈尊求爱，但妮莎认定他是预谋杀夫之人，几次冷冷拒绝。皇帝震怒，夺其封地，断其收入，但妮莎不屈，以针线自给，又摘花园玫瑰花制香水出售，抚养女儿。皇帝见此，心中对她更为敬爱，还给封邑，又处处照顾，并力辩杀其前夫之嫌。坚持几年后，妮莎终于回心转意，1611 年正式册立为后，加尊号努尔·贾汉，意为"世界之光"。

此后，查罕杰由于健康不佳，且沉湎于酒，逐渐倦于政务，喜求安逸。从 1613 年起，实际执掌权柄的是皇后努尔·贾汉，专政达 14 年之久，期间帝党与后党勾心斗角不绝。1627 年查罕杰崩，寡后庐墓相守 18 年而死，葬帝侧。据说，努尔·贾汉还擅长波斯诗文，死前曾自题墓碣，在印度流传甚广，"照我可怜墓，望勿耀明灯；玫瑰纵鲜艳，毋庸丽此坟。为免飞蛾扑火而长生，更何劳夜莺为我啼辛酸"。(罗家伦《心影游踪集》)

查罕杰大体上因袭阿克巴的政策，本人在文治武功上也无足称道，一生中惟有几件事值得注意。在外交方面,英国、荷兰、葡萄牙都已涉足印度,查罕杰加强与英国接触,利用英荷势力抗拒葡萄牙。在内政方面,除了后党崛起外,他也曾东征孟加拉,南伐德干,西南发兵美华尔,但这些征战仅仅是镇压当地的反叛,并没有扩展莫卧儿帝国的版图。

查罕杰在西北与波斯的争斗中,遭受了严重挫折。波斯王沙·阿拔斯(1587—1629)是亚洲当时最强大的统治者之一。他十分清楚坎大哈在商业和战略上的重要地位,处心积虑欲夺取它。1606 年,波斯人强攻坎大哈,但没有成功。以后阿拔斯改变策略,以和平面目出现。他不断送礼并派遣使者以好言相慰,终使莫卧儿人疏忽了坎大哈的防卫。1621 年,他利用莫卧儿帝国内部发生骚乱,突然包围了坎大哈,经过连续 45 天的强攻,终于占领了该城。

查罕杰当然不甘心失败,为夺回坎大哈,进行了大量的准备,随后组织了一支庞大的远征军。领导这次远征的是他的儿子沙·贾汉。其实,沙·贾汉此时更担心后党会利用他不在首都之机,危及他继承王位的权力,因为皇后将她与前夫生的女儿嫁给查罕杰的幼子沙里耶尔,并企图使女婿成为王储。于是,沙·贾汉佯作攻势,实质按兵不动,远征就这样夭折了。以后,沙·贾汉不堪后党的压力,起兵反叛,开始了三年内战。皇帝派王子巴尔维兹和大将军马哈巴特汗讨伐沙·贾汉。1623 年 3 月,沙·贾汉被击败,由于不断遭到追杀,他如丧家之犬,四处逃窜。至 1625 年,他无处藏身,只能请求饶恕。查罕杰虽然宽恕了他,但予以痛斥,说他是搬起石头砸自己的脚,这种自损行为在以后事业道路上会成为障碍。

一波未平,一波又起。马哈巴特汗在平定沙·贾汉的叛乱中立下大功,他是阿富汗人的后裔,由于勇敢和谋略,从一介武夫擢升到统兵大将,此时却遭到努尔·贾汉的猜忌。后党一面把他与王子巴尔维兹拆开,差遣他到孟加拉,一面迫害他的女婿,清算他的家产。马哈巴特汗被逼反了,他趁皇帝与皇后等一干人去喀布尔的途中,在杰卢姆河畔大胆袭击,俘虏了皇帝。逃脱的皇后先以武力营救丈夫,遭到失败后就自投叛营,与皇帝同受监禁。马哈巴特汗押着他们向喀布尔远去,但多谋的努尔·贾汉计骗叛将,终于逃脱,并另集大军讨伐。这回轮到马哈巴特汗逃跑了,他最后窜到德干,投靠了宿敌沙·贾汉。随着 1626 年巴尔维兹死去及 1627 年 10 月查罕杰去世,沙·贾汉终于时来运转,率兵从德干出发与后党一争天下。

关于查罕杰,“他是一位很有血性并且感情丰富的人物,家庭亲情观念强烈,但却不能将这热情推及一切人”,传记学家贝弗里奇如是说。确实,查罕杰有着极细腻的感情,爱与憎表现的淋漓尽致。同时他有着很高的艺术鉴赏力。他赞助艺术、文学,热爱大自然,本人就是一个画家。他的回忆录《查罕杰的尊威》显示出文学上的很高造诣。

六、沙·贾汉时期(1627—1658)

1627 年 10 月查罕杰去世,1628 年 2 月沙·贾汉即位,期间是印度历史上惯常发生的王位之争。争锋的另一方是王子沙里耶尔,一则他有岳母努尔·贾汉的后党支持,二则他坐镇北方,掌有地利。沙·贾汉一方则有足智多谋的朝臣阿萨夫汗相助。查罕杰死时,沙·贾汉尚在德干。阿萨夫汗一面火速派人给沙·贾汉送信,要他率兵日夜兼程北上,一面抬出已故的胡斯劳的儿子巴克什即位,以堵沙里耶尔称帝之路。阿萨夫汗在争取到兵马统帅伊拉达特支持后,彻底打败沙里耶尔的军队,弄瞎他的眼睛并投入监狱。沙·贾汉赶到亚格拉后宣布为帝,“献祭的羔羊”即过渡性皇帝巴克什被迫退位,先遭囚禁,后流亡波斯,作为波斯王的食客了其终生。为稳住王位,沙·贾汉以闪电方式,尽杀王室中可与争位的男子。

沙·贾汉

王位初定,曾有一度升平景象,其间沙·贾汉平定了两次叛乱。第一次发生在即位第一年,是一名山地酋长的叛乱,他很快被制服,退回了山区。莫卧儿王朝为绝后患,派兵进剿,将叛军从老巢中赶出,酋长也死于逃窜中。第二次发生在即位的第二年,叛乱者是德干地区前副王、阿富汗贵族洛迪,叛乱爆发于德干中部。尽管困难稍多,经帝国精锐之师三年的无情打击,叛军被击溃,洛迪及其儿子等一批头目都惨遭分尸。

沙·贾汉在德干地区,继续了传统的扩张政策,主要对手是前辈们尚未征服的阿马德纳加尔、高康达和比贾普尔。沙·贾汉先对付阿马德纳加尔,他以重金贿赂对方的大臣法特汗,此人为阿比西尼亚人马利克·阿姆巴尔的儿子,阿姆巴尔曾率军几次挫败了查罕杰的进攻。当儿辈们较量时,沙·贾汉的策略十分成功,1633 年他轻而易举地将阿马德纳加尔并入莫卧儿帝国。为嘉奖法特汗的帮助,皇帝也授予他高官厚禄。

对高康达和比贾普尔的征伐共有两次,第一次是沙·贾汉亲征,第二次则是他的儿子奥朗则布所为。1635 年,伊斯兰教什叶派掌控的高康达和比贾普尔意图秘密拥立阿马德纳加尔原王室的幼孩沙吉为流亡苏丹,并帮助他复国。逊尼派的沙·贾汉闻讯大怒,立即率师讨伐,要求两国承认他的宗主权、停止支持沙吉和每年定时纳贡。在大军压境面前,高康达选择了屈服,一一接受了莫卧儿帝国的要求。比贾普尔为维护主权,不惜拼死一战。初期,比贾普尔人截断敌人的补给线并在水井里下毒,加之视死如归的奋勇抗战,在都城附近取得了局部的胜利。随着战局发展,他们在其他战场全军尽墨。1636 年 5 月,大势已去的比贾普尔人被迫缔结和约。莫卧儿皇帝对德干地区两国的宗主权正式确立。1636 年 7 月 11 日,沙·贾汉胜利班师,留下年仅 18 岁的第三子奥朗则布任德干的副王,辖府设在以奥朗则布的名字命名的奥朗加巴德城。

年轻的奥朗则布初露头角时就显示出好战的个性。1638 年他拿巴格拉那初试牛刀,这不仅因为小王国位于到古查拉特的必经之路上,战略位置十分重要,而且它胆敢收留妄图复国的原阿马德纳加尔的小苏丹沙吉。奥朗则布不费吹灰之力,攻占了巴格拉那,并迫使躲在那里的沙吉缴械。

但是,奥朗则布初期的执政并非顺风顺水。1644 年由于兄长达拉·苏克敌视他,处处掣肘,而其父又偏向大王子,奥朗则布自认不能有效独立主持德干政务,就知难而退,愤然辞职。此后他作为古查拉特的总督,曾远征坎大哈等地,但都无功而返。

1653 年初,奥朗则布因与达拉·苏克敌对,不能长期留在朝廷,所以第二次南下德干任副王。这一次他决心大展拳脚,摧毁高康达和比贾普尔的独立,获取两国的财富和资源。高康达十分富饶,其都城海德拉巴是世界钻石贸易中心。比贾普尔的国土从阿拉伯海延展到孟加拉湾，横跨印度半岛，无论在战略上，还是对外贸易上，都有着得天独厚的优势。

1656年，奥朗则布发兵征讨高康达，借口是"米尔·朱姆拉"事件。"米尔·朱姆拉"是高康达王国的一种官衔，穆罕默德·萨伊德当时任米尔·朱姆拉。萨伊德出生于波斯大油商家庭，本人是什叶派教徒。他在高康达从事钻石和宝石的贸易，由于在财源上的贡献，被提升为该国的米尔·朱姆拉(史书后来就以此官名替代了他的真名)。朱姆拉是王国的首富，拥有20冒德(约合1 600磅)的钻石，有岁入400万卢比的领地，还有一座优良的炮厂，并维持一支强大的军队，"虽然他的地位是贵族，却拥有君主般的权力、财富和威势"。这种地位使国王感受到了威胁，他的打击就不可避免了。1655年11月，高康达国王以朱姆拉的儿子穆罕默德·阿明在朝廷上的无礼行为为由，将阿明及朱姆拉的家属逮捕入狱。愤恨不已的朱姆拉就与莫卧儿皇帝和奥朗则布暗中串通。

奥朗则布从沙·贾汉那儿得到指示，要他命令高康达苏丹释放朱姆拉家属。于是奥朗则布巧妙利用这一条件，他根本不给对方答复的时间，就以不服从命令为由，出兵征战。1656年1月，莫卧儿士兵洗劫了海德拉巴，2月将高康达城团团围住。但沙·贾汉在长子达拉·苏克的挑唆下，意识到了奥朗则布的诡计，大为震怒，严令解围。1656年3月30日，双方缔结和约，奥朗则布很不情愿地撤围，高康达苏丹付出了100万卢比赔款和割让一个县的代价。奥朗则布并不甘心，他让自己的儿子穆罕默德娶了苏丹的女儿，并强迫苏丹答应新女婿为他的继承人。米尔·朱姆拉因功擢升，不久应召德里，出任帝国的首相。

1657年，奥朗则布对比贾普尔的征战终于付诸实施。1656年11月4日，比贾普尔的苏丹去世，由他18岁的儿子阿迭尔沙二世继位。奥朗则布认为阿迭尔沙不是已故苏丹的亲生子，并且来历不明，要求父王允许他进兵讨伐。沙·贾汉允许他"在处置比贾普尔的事务上便宜行事"。征战之初，奥朗则布一路高歌猛进，由于达拉·苏克深恐三弟声誉日隆，权势过人，因此在朝廷屡进谗言。8月沙·贾汉突然干预，严令奥朗则布议和。这样，比贾普尔苏丹在付出巨大赔偿并割让比达尔等三地后，才得以苟延残喘30年。

沙·贾汉统治时期遭受的重大挫折在于自然灾害和西北边境内外的几次战争。1630—1632年，德干和古查拉特地区连续三年发生特大旱灾,原先肥沃富饶的粮仓变成满目焦土,渺无人烟。据英国行商彼得·芒迪留下的纪实史料来看,灾荒的景象十分恐怖,饥民易儿而食,遗尸遍地,又造成疫病流行,仅德干高原就有几千万人丧生。

作为西北商贸中枢,坎大哈一直是莫卧儿帝国力图收复的重镇。1629 年沙·贾汉利用波斯王国的坎大哈省长阿里·马尔丹汗与其国王的矛盾,以授予皇室荣誉、赠予无数金银为利诱,致使马尔丹汗把这座要塞交给了莫卧儿人。波斯人曾企图收复它,但被击退。30 年代波斯忙于和土耳其交战,坎大哈一直处于莫卧儿帝国的掌控中。1648 年 12 月,波斯王阿拔斯二世在作了精心准备后,利用纷飞大雪,袭击并包围了坎大哈。印度坎大哈总督软弱无能,援军又渺无踪影,在坚守了约三个月后,于 1649 年 2 月 11 日率兵投降。同年 5 月,奥朗则布与萨杜拉汗率军 5 万意图夺回坎大哈,由于军事技术差强人意,尤其火炮质量低劣,因此无法攻破城堡,最后不得不撤围。经过三年准备,1652 年奥朗则布与萨杜拉汗再次率大军远征,但面临波斯人精良的炮兵,印度火炮无法轰开缺口,重蹈失败覆辙。1653 年 4 月,王子达拉·苏克指挥了第三次出征,火器方面的劣势,使他与其弟一样无功而返。三次远征莫卧儿人死伤众多,不仅耗费了 1.2 亿卢比,相当国库岁入的一半以上,而且屡次败北严重影响了帝国的威望,结果是莫卧儿帝国永远失去了坎大哈。

沙·贾汉另一个梦想是夺回祖先在中亚细亚的旧领地。巴尔克和巴达克山是巴卑尔的世袭领地,这两地位于通向撒马尔罕的道路上,撒马尔罕是帖木儿的都城和巴卑尔早期奋斗的舞台,所以占领两地是沙·贾汉实现梦想的第一步。1646 年统治上述两地区的乌兹别克人家族爆发父子内战,沙·贾汉乘机派王子穆拉德率军远征。大军越过兴都库什山脉,历经艰辛后,终于占领了巴尔克和巴达克山。然而,王子厌恶当地的萧条和恶劣气候,竟留下大军,自行返回印度。沙·贾汉不得已,先派马尔巴特汗前去领军,次年又派奥朗则布率大军去进一步巩固占领地。但此时,乌兹别克人已组织起全民族抵抗,他们神出鬼没,到处攻击和劫掠莫卧儿人的据点。尽管奥朗则布全力以赴,但对局势仍一筹莫展。1647 年 10 月,皇帝终于决定放弃。两年的征战,印度白白耗费了 4 000 万卢比,没有得到一寸土地。

沙·贾汉执政时期最大的灾难是晚年四个儿子争夺王位的战争。沙·贾汉共有四子两女,太子达拉·苏克,遥领旁遮普及西北地区;次子舒贾，驻守奥里萨与孟加拉；三子奥朗则布，治理德干地区；四子穆拉德，派驻古查拉特。四子系同父同母，均有不同的行政治理及统兵打仗的经验。王位争夺主要在长子和三子间展开。长子深得沙·贾汉宠信，常居朝廷接近权力中心，他具有学者风度，但个性倨傲，树敌过多，缺乏政治家的敏锐和军事统帅的威严。在众兄弟中，奥朗则布的能力最强，他政治斗争经验丰富，并有卓越的外交和军事才能。

1657 年 9 月 6 日，沙·贾汉突然重病不起，兄弟间的残杀争位迅即展开。舒贾在孟加拉称帝，率兵向首都进军，但被镇守中央的达拉·苏克击败。穆拉德在 1657 年 12 月 5 日自行称王，与奥朗则布结成同盟。双方歃血宣誓，达成瓜分帝国盟约：战利品的三分之一归穆拉德，三分之二归奥朗则布；帝国平定后，旁遮普、阿富汗、克什米尔及信德归穆拉德，穆拉德即自立为王，自行树立旗帜，发行钱币。联军与达拉·苏克军的厮杀主要有两大战役。1658 年 4 月 15 日的达尔马特战役，联军获胜。这一仗的结果是达拉·苏克由巨大优势的地位下降到与奥朗则布相等的地位。1658 年 5 月 29 日，双方在亚格拉附近的萨姆加尔平原进行残酷的生死决战。穆拉德冲锋陷阵，脸上三处受伤。达拉·苏克身先士卒，四处冲杀。就在双方相持不下时，达拉·苏克的座象被乱箭射中，他只能弃象骑马。但这造成了他的最终惨败，军士们见座象上没有了指挥官，以为战败，于是军心涣散，乱作一团。联军大获全胜并乘胜追击，6 月 8 日攻占了亚格拉。达拉·苏克曾一度逃脱，颠沛流离，后来逃至波伦山口以东的达达尔，投奔他曾搭救过的一个阿富汗酋长，但这背信弃义的酋长将他交出。他被押至德里，在经历了游街等侮辱后，1659 年 8 月 30 日终被斩首示众。大局稳定后，奥朗则布诱捕了昔日同盟穆拉德，几年以后将他处决。即位后，他率军讨伐二兄舒贾，兼并了他的领地，而舒贾仅带 40 名随从，向阿拉干方向逃窜，不知所终。

有趣的是，1657 年 11 月中旬，正在兄弟争位打得不可开交时，垂死的沙·贾汉竟然完全恢复了健康，但他对迅猛发展的残杀局面已无法控制，只能坐观其变。奥朗则布占领了亚格拉后，就将沙·贾汉作为普通战俘囚禁，未予任何优待。在八年的监禁生活中，他只能祈祷冥思，从宗教中寻求慰藉。1666 年 1 月 22 日，沙·贾汉在凄凉中死去，终年 74 岁，死后附葬于泰姬陵。

沙·贾汉的一生与其父亲查罕杰颇为相似，两人在军政方面均没有重大建树，他们取得王位都是从兄弟或亲人之间的残杀中争来，晚年都遭遇儿子的背叛，忧郁而死。同样，两人对王后的专情如出一辙，由于泰姬陵闻名遐迩，沙·贾汉对爱姬的钟情不渝，似流传更广。

泰姬陵

1612年沙·贾汉娶波斯绝色美人为妃，入宫后尊号慕玛泰姬·玛哈尔，意为“宫廷的冠冕”。两人情深意笃，然而1631年她死于生第十四个孩子之际，年方39岁。临终时，她请求沙·贾汉为她“修建一座世界上空前壮丽的陵墓”。沙·贾汉遵其遗言，历时22年，花费500万卢比，终有举世杰作屹立于阎牟那河南岸。据有的历史学家记载，沙·贾汉原打算锦上添花，按泰姬陵的模式，在河的北岸再修建一座全黑色大理石的陵墓，作为自己身后安息地，与泰姬陵遥相呼应，相映成趣；然后河上再架一道飞虹，黑白两陵成一线。由于时局变迁，他的夙愿无法实现，致使又一杰作终未能问世。

七、奥朗则布时期(1658—1707)

1658年7月21日，奥朗则布在亚格拉即位，1659年6月在全印平定后又举行盛大的登基典礼，尊号“世界的征服者”。奥朗则布50年的统治分为两个阶段，第一阶段(1658—1681)以北方为中心；第二阶段(1682—1707)重心移向德干。

平定边境骚扰是奥朗则布初期需要解决的重大问题。在帝国的东北疆,1661年孟加拉总督米尔·朱姆拉(即前文的萨伊德)率精锐之师出征,意图制止阿豪马人的不断骚扰。阿豪马属蒙古人血统,原居上缅甸,13世纪时占领了布拉马普特拉河(即雅鲁藏布江流经印度的下游河段)流域的部分地区,后不断向西扩展并逐渐印度化。阿豪马人利用莫卧儿帝国内战之机,不断抢劫。朱姆拉进剿初期,帝国的大军"吓跑"了阿豪马人,1662年3月17日占领了其都城加尔冈,缴获大量战利品。随着雨季来临,未损元气的阿豪马人四出袭击莫卧儿军营,连连得手。雨季过后,朱姆拉反击,在付出很大代价后,迫使对方缔结赔款及割地的和约。1663年3月30日,米尔·朱姆拉在返回达卡的途中病死。沙伊斯塔汗接任孟加拉总督,任职30年,政绩显著。其一,他严惩了葡萄牙海盗;其二,1666年从阿拉干国王手中攻占了吉大港及孟加拉湾的桑德维普岛。然而,此后阿豪马人卷土重来,毫无结果的战争持续不断。

西北边境是另一块骚乱不已的重灾区。土地荒凉,物产稀少,迫使剽悍的阿富汗人以抢劫为生,不管是农村小镇,还是旁遮普西北富裕的城市,都遭受过阿富汗人的骚扰和劫掠。1667年初尤苏夫扎人冲下山,蹂躏了哈扎拉县,切断了喀布尔通向德里及克什米尔之间的交通,莫卧儿地方政权几经努力,局势才平定下来。1672年,阿弗里迪人的冲击规模更大,他们击败喀布尔省长,杀死1万、俘虏2万莫卧儿士兵,获得大量战利品。帕坦人卡塔克族在诗人酋长胡沙尔汗领导下,与阿弗里迪人两强连手,一再击败莫卧儿讨伐军。1674年6月,奥朗则布亲自坐镇西北指挥作战,一年后才基本扭转局势。以后帝国的阿富汗总督阿明汗采纳妻子的建议,一方面以怀柔安抚政策进行统治,如发给他们一定的补助金,给予若干粮草资助等,一方面竭力离间阿富汗人各部落,"使两根骨头相撞,令它们折断"。

西北边境对阿富汗人的战争对帝国的利益有着深远的影响。战争不仅加重了帝国的财政负担,而且对政治和军事的影响危害更大,因为在随后征伐拉其普特人的战争中就不可能雇佣阿富汗人作战了。还有,将帝国的精锐之师从德干抽调到西北前线,致使以西瓦吉为首的马拉塔人异常活跃,他们几乎抢遍了整个德干高原。

奥朗则布在宗教方面进行了重大调整,一意孤行地推行歧视印度教徒的政策。1665年,法令规定穆斯林商人的关税率是2.5%,印度教徒商人为5%;1667年,对穆斯林的关税废除,但对印度教徒商人的关税依然不变。1669年,帝国发出通令,拆毁异教徒所有的学校和寺院。1671年法令规定,税务员和会计员必须由穆斯林担当,由于穆斯林在人数上和技术上还无法全部承担起来,后改为税务员两者各占一半。1679年4月,为“革除异教,增强伊斯兰教”,全国再度开征“人头税”。1688年穆斯林地主所欠高利贷者(多为印度教徒)的债务宣布废除。1695年,除了拉其普特人,禁止其他所有印度教徒坐轿、骑象、骑马和携带武器。此外,奥朗则布还颁令禁止印度教的节日庆祝,等等。

奥朗则布

除了社会、经济等方面的歧视政策外,奥朗则布更通过严厉的圣战,迫使非穆斯林政权归附正统的伊斯兰教逊尼派。这不仅凶残地摧毁异教政权,而且也偏执地排斥了什叶派穆斯林,如伊斯兰教什叶派的布赫人、科查人就进行过激烈的抗争。

莫卧儿帝国在北印度遭遇到两股颇为强大的“异教”力量,他们是拉其普特人和锡克人。拉其普特人一度是莫卧儿人的同盟者,为帝国的拓展南征北战,立下汗马功劳。奥朗则布为实现他的“伊斯兰教王国”,改变了对拉其普特的政策,决定取消他们在迈华尔和美华尔地区的政权。1678年12月,迈华尔的拉托儿人首领贾斯万特·辛格死去,奥朗则布借口此人无后嗣,立即委派亲信去那儿任主要官员。次年2月,贾斯万特的两个遗腹子出生,拉托儿人要求皇帝承认其中幸存的阿其特·辛格为已故首领的继承人。但皇帝提出,要在德里后宫把他抚养成人,并改宗为穆斯林后再继位。这种伤害激起了拉托儿人30年不屈不挠的武装抗争。最后双方缔结了“体面”的和约。

西索迪阿人占据着美华尔地区,奥朗则布的侵略性政策,拉托儿人和西索迪阿人的亲戚关系,即阿其特的母亲是西索迪阿人的公主,更由于帝国再度征收的人头税，使得西索迪阿人忍无可忍，走上抵抗的道路。1679年，当奥朗则布大军压境时，他们放弃城乡家园，坚壁清野，退入深山打游击。他们神出鬼没地袭击莫卧儿军队，抢走他们给养，陷其于受饥挨饿中，致使“莫卧儿政令失去作用，将领人人自危，提出种种遁辞，以求规避这危险的指挥权”。1681 年 6 月，疲惫的双方签订了和约，美华尔割让三个县代替人头税，莫卧儿军队撤出，西索迪阿人维持了自治。

其他如马土腊地区的贾特人，马尔瓦地区的本德拉人等，都在奥朗则布圣战的旗帜下被剿灭。素以爱好和平著称的萨特纳姆(意为“好名声”)人遭到一支帝国大军的残酷镇压，他们几乎全部战死。

莫卧儿人在征服印度的过程中，阿富汗人和拉其普特人是他们的左膀右臂，并且常在征伐阿富汗人时利用拉其普特人，反之亦然。此时，奥朗则布同时与两者交恶，使他的军队失去了最好和最忠实的补充来源。更何况在与拉其普特的战争中，耗费了巨额金钱，并把数千条人命抛在了荒无人烟的土地上。

锡克人由小到大，此时已成为一支强悍的力量。锡克人，不是一个人种或民族的概念，而是得名于锡克宗教，是锡克教徒的集合概念。他们主要是西北外族进入者的子孙，此时已完全同化于印度文化。锡克教徒间开始是宗教关系，然而他们在几百年的历史中不断遭受严厉迫害，致使他们更加坚强团结，终于形成锡克人社会。锡克人的前期历史大致可分三段：和平发展阶段(约 1500—1606)；武装自卫阶段(1607—1767)；军事封建阶段(1767—1849)。

锡克教的创建者是那纳克(1469—1538)，他的思想深受其老师吟游诗人迦比尔(1440—1516)的影响。迦比尔主张宗教改革，倡导“天下大教”的概念，希望伊斯兰教、印度教合一，他吟唱的诗常含融合两教之意。顺便说及，迦比尔的诗在印度文化史上占有重要地位，20 世纪 20 年代《迦比尔诗选》译成英文，刊行世界。

那纳克以通俗易懂的语言，对迦比尔充满神秘倾向的思想，进行了令人信服的阐述。那纳克强调神的超然存在和无处不在，以及神的仁慈性；他又强调人的盲目和无知，但他们知晓得救的必要，而过去他们寻求的得救之道都是错误的，如印度教徒进寺庙拜神，穆斯林入清真寺做礼拜。正确的得救方法是古鲁(意为“师尊”、“祖师”)唤醒人们的精神知觉，而民众只要“牢记神名”或“默念神名”即可。由于人们相信那纳克表达了神谕，因此赋予他“古鲁”的称号，他成为第一代古鲁。在此基础上，锡克教滋生了。

“锡克”，梵文原意为“门徒”或“学生”，信徒自称是祖师的“门徒”，由此得名。锡克教的基本教义有五：崇拜一神；真挚的友爱；追求真理；不贪婪或知足；节欲。起初，锡克教是互助自给的团体，主要成员是受压迫、需互助的城镇小商人和手工业者。1550年后一度大发展，在农村中迅速盛行，人数大增。锡克教以西北五河地区为根据地，以旁遮普省的阿姆利则为中心。阿克巴在位时，全力推行“圣王教团”，意图伊斯兰教、印度教合一，所以对锡克教并不压制，反而一再支持，因此锡克教和平发展非常顺利。阿克巴还把阿姆利则的一片土地赐给锡克教第四代古鲁，后来锡克教徒在这片土地上建起了城市，并将城中的一个池子整修、扩大，池边建造了著名的锡克教庙宇。第五代古鲁阿尔琼(1581—1606)编纂了锡克教“第一部圣书”《阿迪格兰特》，“阿迪”意为“最初的”，“格兰特”意为“文典”，所以这部锡克教圣书也称《元经》。

金庙

1606年，阿克巴去世，在查罕杰的王位之争中，阿尔琼用一笔钱支持了胡斯劳。于是查罕杰以叛逆罪名把阿尔琼投入监狱、没收财产并折磨至死。自此，锡克人开始武装自己，他们退至喜马拉雅山脚下，初建了军事组织。至奥朗则布时，他是一个偏执的伊斯兰教逊尼派信徒，更不能容忍锡克教的抵制。1675年，他逮捕了第九任古鲁巴哈杜尔，并把他押解到德里,然后让他进行选择:死亡或者改宗。巴哈杜尔宁折不弯,五天以后被处极刑。古鲁的殉难,更激发了锡克教徒的团结和斗志。继任的古鲁哥文德采取一系列措施把信徒组织起来,形成强大战斗力。首先,他赋予战斗者以宗教的神圣性,实行用匕首搅过的水进行洗礼,受过新洗礼的男子被授予“辛格”(狮子)的称号,女教徒的姓名后加上“考尔”(公主)。其次,他建立了“卡尔萨”(原意“纯洁的人”,转意为“神权政治”),将信徒门编制起来,其性质是政教军合一的组织。再者,用宗教来巩固锡克人的一体化关系。除了新洗礼外,还定了四项教规:(1)禁止吸烟。(2)婚姻神圣,一夫一妻,寡妇不得再嫁。(3)不拜偶像,冥冥之中自有主宰。(4)教徒必须有五“K”:蓄长发,无论男女,一生下来就不剃发、不刮胡子,男子用头巾把头发裹成两瓣莲花状,终年不卸;穿短裤,裤长齐膝;佩短剑,剑长约七英寸,似匕首,女子的短剑长两分,藏于衣内;戴梳子,梳子插在头发中间,每日梳洗头发时用;戴铁手镯。他们意图用新名称、新衣饰、新仪式来塑造一个有别于其他的集团。最后,为了增强号召力和凝聚力,哥文德进行了若干体制改革,他宣布古鲁在“卡尔萨”中寻觅,废除了私相传袭的制度;他还编撰了《十大主权》,作为《元经》的补充。

由于锡克人集聚西北一隅,距印度中心路途较远,也由于锡克人的团结和强悍的战斗力,并且他们大多是武装自守,而不采取咄咄逼人的攻势,还由于此时奥朗则布领土拓展的锋芒直指南方,因此锡克人得以在莫卧儿王朝后期,继续割据西北,建立自己的政权,并不断壮大势力,逐渐进入军事封建阶段。直至 1849 年,在英国人的猛烈炮火一再打击下,他们才丧失了自治政权。

自 1681 年 9 月起,奥朗则布率军亲征,南下德干,帝国的统治中心也趋向南移。如前所述,奥朗则布在当王子时,就曾有扩张帝国,吞并比贾普尔和高康达的野心,现在他可以放手大干了。1685 年 4 月 11 日,帝国大军将比贾普尔城堡团团围住。尽管守军浴血奋战,无奈人员、马匹伤亡惨重,补给缺乏,城内又发生饥荒,疾病流行,在顽强坚守一年后,1686 年 9 月城堡终被攻陷。奥朗则布进入比贾普尔,将锡坎达尔王宫里的油画、壁画以及众多精美艺术品统统捣毁。城市一蹶不振,逐渐荒芜了。

1687 年 2 月初,奥朗则布亲自指挥大军围攻高康达,无论火炮轰击、云梯登城还是坑道掘进,在粮食、弹药充足及斗志昂扬的守军面前,丝毫没有占到便宜。于是他改变策略,仿效阿克巴“以金子为钥匙”,贿赂城门守将。守城的统领是一名贪财的阿富汗将军,他献出了入城通道。高康达灭亡了,1687 年 9 月正式并入莫卧儿帝国版图。

17 世纪中,马拉塔人在德干西北迅速崛起,成为一个强大的异教政权。他们不断出击,搅得整个德干地区天翻地覆。剿灭这股力量,也是奥朗则布决心南下的目的之一。事实上,奥朗则布此次南下后,再也未能返回北方,而马拉塔人的强大和不屈不挠的斗争,正是主要原因之一。

马拉塔,原本是地区的名称,位于德干西北,是西高止山北部与文底耶山、萨特普拉山的交汇处,为德干高原的最高区域。马拉塔地区西边是狭长的海岸平原,东面是丘陵,以浦那为中心,方圆数万平方公里,易守难攻。马拉塔人自古为山民,当地的气候和地理环境,使他们形成纯朴、自信、剽悍的性格。由于山区物资贫乏,他们习惯于长期出山当雇佣军。马拉塔人有自己的语言和文字,作为纽带,它将各部落民众紧紧联系在一起。马拉塔人历史悠久,但一直默默无闻,此时迅速崛起、强大,如燎原之火,这与领袖人物西瓦吉的出现不无关系。

西瓦吉

西瓦吉(1627—1680)出生于信仰印度教的贵族家庭,其父一度为浦那的统治者。他少年时就喜欢骑射,热心宗教事务。19 岁时,西瓦吉纠合一群族人,出山打家劫舍,以穆斯林为攻击目标。1646 年,他夺取了比贾普尔的托尔纳,在此建筑新堡垒,开始了建立政权的征途。以后他用武力、阴谋、暗杀、贿赂等各种手段,夺得了许多城堡,建立了独立自主的根据地。

1659 年,饱受打击的比贾普尔派出大将阿弗扎勒率军讨伐,要“将这叛逆或活捉,或拉回尸体”。阿弗扎勒派一名婆罗门与西瓦吉谈判,并邀请他会晤,乘机暗害。西瓦吉晓以宗教大义,策反了婆罗门来使。在得知阿弗扎勒的阴谋后,西瓦吉将计就计,内穿铠甲、暗藏兵器,在剽悍武士的保护下赴会。在两人见面拥抱时,穆斯林将军用带铁夹的左臂将西瓦吉的脖子钳住,右手握匕首刺来,但西瓦吉的铠甲挡住了匕首,他迅速用称为“虎爪”的钢手套反击,杀死了阿弗扎勒。后续的勇士们冲杀过来,击溃了群龙无首的穆斯林军队,俘获马匹四千余,武器无数。西瓦吉扩大了自己的地盘,一时声威大震。

1660 年,奥朗则布决心镇压马拉塔人,就命令德干总督发兵讨伐。莫卧儿军队初期得胜,并一度占领了浦那。但经过两年的游击战后,西瓦吉掌握了帝国军队的行止动向。1663 年 4 月 15 日,他潜入敌营,杀死了总督的儿子和一些将领,总督本人也险些被斩首,在失去拇指后落荒逃命。1664 年 1 月 16 日至 20 日,西瓦吉洗劫了西印度最富庶的海港苏拉特,获得了 1 000 万卢比以上的钱财。

1665 年初,莫卧儿人在接连遭受挫折后,派遣有勇有谋的贾伊·辛格将军率精锐之师远征马拉塔。经过半年苦战,终于在 6 月 22 日迫使西瓦吉签订普兰达尔条约。根据条约,西瓦吉割让了 23 个堡垒和年产值达 160 万卢比的土地,自己只剩 12 个堡垒和年产值为 40 万卢比的领土。为消除后患,贾伊将军采用招安手段,竭力劝降西瓦吉,并让他去亚格拉晋谒皇帝,还不惜许诺给予高规格的荣誉和奖赏。1666 年 5 月 9 日,两人偕同进京,面觐皇帝。奥朗则布对西瓦吉既有英雄相惜之意,又不愿放虎归山,因此封他为五千夫长,常邀他出席宫廷大宴,同时对他实施监管,密探不离左右。西瓦吉意在地方封王,不愿在朝廷为官,现在发现自己遭到软禁,似成瓮中之鳖。于是他精心设计,决心逃脱樊笼。他先假装生病一段时间,然后又装作康复,接着吩咐手下每天晚上分送出一大篮一大篮水果,给贵族、婆罗门、医生和托钵僧等,以答谢他们的关心和帮助。起先礼品篮受到严密检查,几天后监视人员松懈了。于是,西瓦吉和他的儿子就藏在大水果篮里,溜出了亚格拉。以后他扮成托钵僧,日夜兼程,1666 年 11 月 30 日回到了根据地。临别之时他给奥朗则布留下书信,以示豪侠之气。

西瓦吉重操旧业,逐个恢复 1665 年交出的堡垒。1670 年 10 月,他第二次洗劫了苏拉特,虏获大量钱财和物资。西瓦吉的势力不断增强,1674 年 6 月 16 日,他在瑞加尔正式加冕为王,称号是“独立的君主”,并建立一栋华丽的宫殿。以后他逐一征服了毗连地区,地盘不断扩大,财富不断积累。1680 年 4 月 14 日，他的事业戛然而止，终年 53 岁。

西瓦吉的儿子桑布吉(1680—1689)继承王位，他勇敢生猛，却贪图享受。尽管他坚决抗击帝国大军，但由于内部叛变和宫廷阴谋，加之他“毫无禁忌的淫乱生活”，遭到一支莫卧儿精兵的袭击，在床上寻欢作乐时被活捉。桑布吉被游街示众，遭受各种酷刑，1689 年 3 月 11 日受尽折磨死去。许多马拉塔人的堡垒，包括都城瑞加尔，都落入奥朗则布手中。

亚格拉堡入口

奥朗则布的势力在 1689 年达到了顶点，北印度和印度半岛几乎都归入了帝国版图。他将这辽阔的疆域分为 21 个省：亚格拉、德里、阿拉哈巴德、阿季米尔、比哈尔、孟加拉、拉合尔、克什米尔、古查拉特、马尔瓦、木尔坦、信德、奥里萨、坎德什、贝勒尔、奥朗加巴德、比达尔、比贾普尔、海德拉巴、喀布尔、奥德。据统计，莫卧儿帝国在奥朗则布统治下有三亿三千二百五十万卢比的岁入，而在阿克巴时代只有一亿三千二百万卢比。但是，奥朗则布的鼎盛时期没有维持长久。留守德里的朝廷逐渐失去了控制，官员们阳奉阴违，整个行政松弛败坏。地方上酋长们和税务官各行其是，中央鞭长莫及。敌手从四方崛起，奥朗则布只能暂时打败他们，但无法永久征服他们。而这首当其冲的强大对手仍是马拉塔人。

马拉塔人迅速恢复元气，形成一场民族抗战。尽管马拉塔中央政府未能重建，但将领们各自为战，他们以游击战、突袭战的方式使莫卧儿军队陷于泥沼之中。马拉塔人“从孟加拉到马德拉斯，横扫印度半岛，像风一样不可捉摸。尽管头领被俘、据点被占，但无法使抵抗力量陷于枯竭”。“他们完全掌握着主动权，打乱了帝国军队的每一项计划”。

马拉塔人无休止的战争把皇帝拖得筋疲力尽。1705 年奥朗则布在极端紊乱、痛苦和孤独中，撤到阿马德纳加尔。1706 年，一支马拉塔军寻踪而至，一度威胁皇帝的军营。1707 年 2 月 20 日，奥朗则布满怀惆怅，病死于南印度，享年 89 岁。

奥朗则布的一生显现出十分强烈的个人印记。首先，他是一名狂热的宗教信徒，以建立正统逊尼派的“伊斯兰教王国”为己任，一生为之不懈努力。其次，他勤勉、认真、忠于职守。他每天上朝，每星期三主持司法审判，此外还亲自书写诏令，大量阅读奏疏和来信，口授官方回文等。再者，他生活简朴、严谨，尽力避免禁忌的食物、饮料、衣饰等。他在宫廷中严禁大肆铺张，如简化庆祝他生日的仪式；有时甚至到了偏执的程度，如他禁止在宫廷奏乐，把乐手和歌手遣散出宫。他极少鼓励艺术和文学，一生中唯一赞助的著作是《阿拉姆吉尔法典》，这是在印度制订的伊斯兰教法律汇编。还有，奥朗则布对于敌手冷酷无情，即便自己的亲人也不放过。长子穆罕默德·苏丹曾与二伯舒贾合作，奥朗则布一上台就将他逮捕并终生监禁。王子阿克巴公然反叛，奥朗则布决不饶恕，在全印追捕，致使他无处藏身，只能逃遁波斯。1677 年，另一王子阿扎姆与高康达国王协商，想挽救该王国的灭亡，结果被捕收监，七年后才得释放。穆阿扎姆在代奥朗则布执掌大权时，也曾公开反对父皇，虽然他与其弟阿克巴不一样，没有举兵反叛，但仍被囚七年，1694 年才获释并被派往喀布尔任职。

也许奥朗则布有许多值得称道的地方，但作为一个政治家，一个最高行政官，他未必是成功者。他在死前留下的遗书中说：“我不知道我是谁，到哪里去，我充满罪恶的一生不知如何判决。……我虚度了大好的年华，真主在我心中，我却盲目不见。我的将来已无望。”奥朗则布一生叱咤风云，然而临终时惆怅的语调将给世人揭示什么呢？

八、莫卧儿帝国的瓦解

奥朗则布死后，莫卧儿王朝的衰落加速。中央内讧不绝，地方各行自治，境外势力不断入侵，仅仅过了 20 年，庞大的帝国分崩离析，形成了地方割据的局面。到 18 世纪 50 年代，莫卧儿王朝只能控制德里、亚格拉一带了。

在统治王朝内部，王子们重复上演了争夺王位的自相残杀。幸存的三个儿子中，长子穆阿扎姆在喀布尔，二儿子阿扎姆、三儿子巴克什在德干,他们都立刻宣布自己继任王位,纷纷率兵杀向亚格拉。1707 年 6 月穆阿扎姆与阿扎姆两军激战于亚格拉南面的贾焦,阿扎姆兵败身亡。穆阿扎姆进入都城即位,上尊号"巴哈杜尔沙"。1708 年初新皇帝率军远征德干,击败巴克什,后者重伤身亡,王位之争告一段落。

1712 年,巴哈杜尔沙做了五年皇帝后,以 70 高龄在拉合尔去世。血腥的王位继承战在他四个儿子中又一次展开。结果长子贾汉达尔先后打败并杀死三个弟弟即位。新皇帝沉溺于宠妃,不思进取。仅 11 个月,法鲁赫西亚替父(巴哈杜尔沙的次子)复仇,将伯父打败并将其在狱中斩首,夺得王位。1719 年法鲁赫西亚又被他的首相授意杀害。以后的几个皇帝大多是懦弱无能的傀儡,个别想有作为者,也往往遭到废黜。

宫廷贵族们同样在明争暗斗,相互倾轧。他们分为两大派,在印度长久定居的或原籍为印度的穆斯林,称"印度穆斯林派";外来的贵族统称莫卧儿人,根据他们的原籍,又可分为两派,来自中亚属逊尼派的贵族,形成"土兰派",来自伊朗什叶派的信徒,称为"伊朗派"。皇帝为获得贵族支持,常把珍宝分给他们,穆阿扎姆上台时就如此。反之,贵族们为了自身利益,常施展阴谋,废立皇帝,1719 年就曾四度易帝。除非武力胁迫,各地的封邑主们也拒不纳税,他们常骄傲地自称"不顺从的柴明达尔"。

从 18 世纪 20 年代至 50 年代,独立与半独立的地方政权不断涌现,割据局面逐步形成,其中较为强大的有孟加拉、奥德、海德拉巴以及马拉塔人、锡克人等。

孟加拉、奥德和海德拉巴虽然没有公开宣布脱离莫卧儿帝国,但这些地区的省督纷纷自立,实际上是独立的政权。1717 年,穆尔希德·库利正式被任命为孟加拉省督。以后他发展自己的势力,成为实际统治者。尽管地区内部的倾轧不已,外部马拉塔人的打击不断,但这种游离于帝国的自立状态,一直维持到 1757 年才为英国人破坏。奥德地区的独立始于萨达特汗,1724 年他出任奥德省督,并把它演变为自己的独立王国。直到 1764 年布赫尔战役后,奥德地区逐渐为英国东印度公司控制。海德拉巴是地区名,也是城市名,1713 年莫卧儿皇帝任命尼查姆为德干总督。1722 年尼查姆升迁为德里政府首相,后与其他朝臣政见分歧,擅自回到德干,1724 年事实上独立。海德拉巴的自治维持了 200 多年,直到 1948 年加入印度共和国。

马拉塔人仍是莫卧儿帝国的心腹之患,不仅是宗教对立,更主要是他们的力量日益强大。1689年,桑布吉死后,马拉塔人一度群龙无首,他们一边各自与莫卧儿军队作战,一边倾力于内部的纷争。结果桑布吉的儿子沙胡在巴拉吉的帮助下,获得了胜利。巴拉吉是婆罗门出身,在乱世纷争中,逐渐显示出统掌政务和军事的才能。1713年至1720年,巴拉吉任佩什瓦(首相),实际执掌了朝政大权。他去世后由其儿子巴吉·拉奥继任,佩什瓦一职由此变成世袭。此后巴吉·拉奥一世在浦那自号为中央政权,但各地的马拉塔军事首领仍自统一方,并不听从他的调遣。

马拉塔的军事领袖们在战争中征服大片土地,这些征服地就成了他们的领地,各自世袭统治,所以都成了半独立的王公。马拉塔王国就这样演变成了马拉塔联盟。军事领袖们四出征战掠地,马拉塔联盟的版图大大扩展,他们占领了古查拉特、马尔瓦、拉贾斯坦等地,在德干他们向克里希纳河以南的诸多王公强索钱财,在北方马拉塔人的扩张也收获不少,甚至德里一度也在他们的掌控中。

1760年末,正当马拉塔人风头正劲,大有取代莫卧儿王朝的趋势时,他们在班尼帕特遇上了侵入印度的阿富汗人,双方在这闻名遐迩的古战场激烈厮杀。结果马拉塔人遭受了灾难性的失败,扩张主义无力继续,他们永远失去了1761年以前的主导地位。

锡克人在与莫卧儿大军一百多年(1606—1707)的殊死搏斗中,越战越强,越来越成熟,他们最终与印度教分道扬镳,形成了自立的一族。1708年,第十任古鲁哥文德被一名阿富汗人刺死,班达继任。他继续着锡克人自治国家的建设历程。锡克人与穆斯林几次交战互有胜负。班达曾率军攻下西尔林,烧毁清真寺,尽杀城中的穆斯林,因为该城领导者瓦扎尔杀害了哥文德的儿子们。莫卧儿大军赶来复仇,又将班达赶回山区。1716年锡克人战败,班达被俘并死"在几只大象的践踏下"。

锡克人的建国进程并没有停顿,他们仍不屈不挠地斗争着。由于波斯王纳迪尔沙和阿富汗人领袖阿卜达利的入侵,以及莫卧儿王朝的衰退,西北印度的局势发生了很大变化,形成了几强逐鹿的战场。锡克人抓住时机,积极采取主动,他们充分组织起来,增强作战能力,逐渐扩大势力。60年代锡克人逐渐控制了旁遮普全境,到1767年左右,锡克教国家基本成型。

以后,锡克人进入了自身发展的第三阶段,即封建军事阶段。锡克人的各股势力把旁遮普瓜分,原先的"卡尔萨"组织演变成了"密斯尔"(意为

"封邑"、"战士社团"),组成了 12 个自主的"密斯尔",各由强有力的酋长领导,形成了"神权政治的联盟封建制度"。18 世纪末兰吉特·辛格统一了 12 个"密斯尔",一度兴盛。19 世纪 30 年代后,随着莫卧儿王朝日薄西山和英国军队步步进逼,锡克人的主要敌手成了英国人。

外族入侵加剧了莫卧儿帝国的解体,入侵的势力主要有三,波斯王纳迪尔沙、阿富汗国王阿卜达利以及英国和法国为首的西方力量。

纳迪尔沙是突厥后人,出生于贫穷之家,原是占山为王的强盗。1722 年阿富汗人开始在波斯统治,当波斯人进行反抗时,纳迪尔沙的勇敢和才能有了用武之地。在逐出阿富汗人后,他已成了波斯国的实际统治者。1732 年他废黜了无能的主子,成为摄政王,1736 年正式成为波斯王。第二年他举兵向东,攻下坎大哈,城堡中许多阿富汗人逃亡到莫卧儿王朝统治下的喀布尔。纳迪尔沙派出大使到德里交涉,结果大使被扣留,要求被拒绝。1738 年心怀愤恨的纳迪尔沙进军印度,一路轻而易举地占领了伽色尼、喀布尔和拉合尔,并继续逼近德里。双方主力在卡纳尔决战,战斗仅进行了三小时,莫卧儿军队一触即溃,德里皇帝无奈亲赴波斯王营帐求和,结果成了阶下囚。1739 年 2 月,纳迪尔沙带着俘虏的莫卧儿皇帝进入德里。波斯将领们纵兵洗劫都城,屠杀民众 2 万余。波斯王在德里逗留了 2 个月,掠得财富达 7 亿卢比,包括印度两件著名的国宝:以"灿烂之山"闻名的钻石和沙·贾汉的孔雀宝座,还有无价的珍贵文物——论印度音乐的波斯文手稿。纳迪尔沙离开时,还带走 300 头大象、1 万匹马和 1 万匹骆驼。经此洗劫,德里一蹶不振,再也没有复兴。这次入侵使莫卧儿帝国威信扫地,并"流血而衰竭"。

1747 年,纳迪尔沙遭暗杀,其手下的一名阿富汗军官马德沙·阿卜达利乘机先后征服坎大哈、喀布尔和白沙瓦等地,将阿富汗建成一个独立王国。1748 年以后,他的锋芒直指印度,在以后十多年中阿富汗军队 12 次侵入印度,占领了旁遮普、克什米尔等西北地区,并多次打到德里。相比纳迪尔沙对印度的疯狂劫掠,阿富汗人的入侵在客观上对印度历史的发展造成了更大的影响。

其一,如前文所述,他们严重阻碍了马拉塔人势力的蔓延。阿富汗人在西北印度的肆虐,与马拉塔人对北印度的征伐,势必发生冲突。两者的决战不可避免,这就引发了第三次班尼帕特战争。1760 年 10 月 29 日,马拉塔人挟占领德里的胜果到达班尼帕特,11 月 1 日阿卜达利在与北印度若干穆斯林联盟后,也兵抵这著名战场。马拉塔军由4.5万名骑兵和步兵组成,阿富汗军兵力6万,步、骑兵各3万,其中2.3万步兵和7 000骑兵是印度同盟者提供的。阿卜达利的火炮占有明显优势,其威力更大、射速更快。阿富汗人的军官都有甲胄护体,马拉塔人几乎身不披甲。阿富汗军训练有素,在军纪和机动能力方面,均比马拉塔军更强。经过几个月的拉锯战后,马拉塔人已处于粮尽无援的地步,惟有拼死决战。1761年1月14日,双方的决战从拂晓开始,一直进行到下午三点,战况惨烈。马拉塔军除极少数人逃生外,"一代领袖人物几乎全部惨遭杀戮"。此外,马拉塔人还丧失了5万匹马、20万头牛、数千匹骆驼和500头大象。经此殊死一战,马拉塔人元气大伤,再也无力称雄印度。

其二,阿卜达利入侵印度,至少在旁遮普,间接地使锡克人争取独立的斗争获得了最后胜利。锡克教古鲁哥文德曾宣布要建立一个从白沙瓦到拉合尔的锡克国家,所以他们为实现这一目标,前赴后继地不懈努力。阿富汗人的入侵,摧毁了莫卧儿朝廷在这一地区的力量,又粉碎了马拉塔人染指那儿的念头,并且在长期征战中,阿富汗人本身的力量也遭到了削弱。锡克人抓住时机,以切断对手供给线的巧妙战略,更因为本身生死存亡的自觉所激发的惊人活力,终于迫使阿富汗人自认失败,并在1767年完成了夙愿。

其三,波斯王纳迪尔沙将阿富汗从印度版图割出,阿卜达利又从伊朗人手中使阿富汗获得独立,同时他以强大力量进一步巩固其自主地位,最终使阿富汗与印度彻底分离了。

18世纪上半叶,英国和法国在东方已占有不少根据地,他们在印度的力量也逐渐由小到大。法国人利用印度内部矛盾,逐渐控制了部分地区;英国人仿效法国,也取得较大成功。以后两国在印度的利益发生冲突,相互不断争斗,最终英国人占了上风。马克思对印度这段历史有过概括性的描述:"大莫卧儿的无限权力被他的总督们打倒,总督们的权力被马拉塔人打倒,马拉塔人的权力被阿富汗人打倒,而在大家这样混战的时候,不列颠人闯了进来,把所有的人都征服了。"

九、中世纪的印度文化

伊斯兰文化和印度文化是广博精深、高度发达却又截然不同的两种文化,但是它们在南亚地区中共存并且融为一体了,这真是人类历史上的一个奇葩。我们可以看到穆斯林朝廷中兴起研读、翻译梵文经典的热潮,穆斯林传教士们研究印度哲学,学习瑜珈,探讨印度的医学和天文学。反之亦然,印度教徒学习穆斯林的经纬度计算法、日历及十二宫的推算,借鉴他们在化学和医学上的成就。

在文学方面,承袭印度古典传统的梵文文学及后来兴起的印地语文学,都得到一定的发展。约 1300 年,米斯拉写了几部关于弥曼差派的著作。另外还有一些论著是研究瑜珈派、正理派与胜论派的。戏剧方面有贾章苏里的《扫荡哈米尔》,瓦乌纳・巴纳的《雪山女神出嫁》(1400)等。鲁巴・哥斯瓦米的梵文剧作多达 25 部左右,较为出色的有 1532 年的《靓丽的马陀瓦》、《智慧的马陀瓦》等。

较之梵文文学,中世纪印度的印地语文学得到更大的发展。印地语文学是用不同的方言撰写的。16 世纪的盲诗人苏尔达斯是虔诚文学的代表人物,他用布拉贾语写作,以朴实和生动的语言创作了《苏尔诗海》。杜尔西达斯(约 1532—1623)用印地语阿沃提方言写的《罗摩功行录》,看似译本,实际是创造性的改写本,渗入了对人性的同情以及对人心的探讨,这是北印度最为盛行的文学著作之一。17 世纪印地语诗人哈里拉尔以《七百对句诗集》称著于世,他在凝练的诗体中,显现出对自然的沉思,新颖并充满美感。此外,埃克纳特促进了马拉塔语文学的发展,他撰写了对《薄伽梵歌》的评注 。米拉・巴伊的布拉贾语诗歌是人们乐于传唱的。金迪达斯和维迪亚帕蒂是孟加拉语文学的有功之臣。瓦里斯的《希尔与郎卡》(男女主人公的名字)是旁遮普语写就的浪漫故事的典范。

随着伊斯兰教入印,一些新的因素出现于印度文坛。波斯语文学在朝廷的赞助下,一路顺风顺水。阿米尔・胡斯劳(1253—约 1325)是一位多才多艺且多产的学者,也是早期最有名的波斯文作家。他成名于巴勒班统治时期,后成为哈勒吉王朝的宫廷诗人,他也是德里图书馆的管理者和负责人。阿克巴时期的吉扎利是韵文作家中最著名的。马利克・贾亚西在 1540 年写了《莲花公主》,那是哲理性很强的叙事诗。为吸取印度传统文化的精华,许多经典被译成了波斯文,阿布拉・法兹勒在这方面作出了很大贡献。他是波斯文作家、书法家、诗人、散文家、评论家和史学家,受阿克巴指令,全权负责将梵文及其他语文的重要文献译成波斯文的工作。1589 年巴道尼历时四年翻译了《罗摩衍那》;萨尔欣迪将《阿闼婆吠陀》译成波斯文;史诗巨著《摩诃婆罗多》的一些篇章也被译成波斯文。此外,数学、天文学等一些科学名著一一被译解了。伊斯兰教历来有修史的传统,这传统也引入了印度。由于修史大多得到朝廷的赞助,因此史书多以波斯文撰写。早期较著名的有菲鲁兹沙本人写的《菲鲁兹王朝的胜利》、胡斯劳的《阿拉伯伊斯兰教史》、西拉杰的《纳西尔通史》、阿菲夫的《菲鲁兹王朝史》、萨尔欣迪的《穆巴拉克王朝史》等。莫卧儿王朝时期有阿布拉·法兹勒的《阿克巴本纪》、巴道尼的《历史选集》、拉霍里的《帕德沙本纪》、伊纳亚特的《沙·贾汉本纪》、哈菲的《精华录》等;翻译的历史著作有阿卜杜尔·拉希姆译《巴卑尔传》、沙哈巴迪译《克什米尔史》等。

随着乌尔都语的产生,乌尔都语文学也蓬勃发展起来。阿米尔·胡斯劳被认为是乌尔都语的第一位诗人,他用还未定型的乌尔都语写了抒情诗《莱赫达》。1308 年,萨姆纳尼写了一本小册子,阐述苏菲派思想,这是现存的乌尔都语最早的散文作品。尼扎米是巴玛尼王朝时的诗人,他以男女主人公的名字和经历写了一首题为《巴达姆与拉奥》的诗,这是乌尔都语的第一首叙事诗。大诗人沃利(约 1668—约 1707)特别擅长抒情诗,他的大胆改革使乌尔都语抒情诗摆脱了波斯抒情诗的影子。尽管沃利不是第一位乌尔都语诗人,为确立其地位,人们还是称他为乌尔都语诗歌的开山祖。较杰出的散文家还有凯苏德拉蒙(?—1325),他是一位德高望重的宗教长者,其代表作《崇高的爱》是介绍苏菲派思想的作品。穆拉·沃西的名著《趣味大全》写于 1639 年,它取材于著名的波斯故事《心与美》,是现存的乌尔都语文学中的第一篇故事散文。中世纪后期,有两人值得一提,米尔(1722—1810)被尊为乌尔都语的诗圣,他的抒情诗首屈一指,超越了前人并且后无来者,他一生中写了六部乌尔都语诗集。拉非·绍达(约 1705—1781)擅长写颂诗,所以称“颂诗之尊”,他的诗韵律优美,用词洗练,又被誉为“语言巨匠”。

两种不同文化的相互吸引,兼容并包,是这一时期文学的又一景观。一些穆斯林用印度方言书写印度传统文化为主题的作品,乌尔都语诗人阿米尔·胡斯劳就撰写了好几部印地语著作,马利克·贾西亚也写了有关巴德米尼的作品。反之,印度教作家拉伊·马尔用波斯语撰写了伊斯兰传统的编年史。而比贾普尔苏丹的国家档案一般是用马拉塔语书写的。

在绘画方面,“本土的”和“外来的”因素结合在一起,形成了莫卧儿画派。它是波斯细密画、印度传统画和西方写实画的融合，而移入印度的波斯细密画中又有中国工笔重彩画风的影响，那是蒙古征服者传到波斯的。巴卑尔和胡马雍对绘画艺术精心扶植，并把这份遗产传给了阿克巴。阿克巴统治时期，17 位主要画家形成了莫卧儿画派的早期核心，其中 13 人是印度教徒，但最负盛名的却是胡马雍复国后从伊朗召来的画家米尔·萨伊德·阿里和阿卜杜勒·萨马德。由于胡马雍的早逝和阿克巴对绘画等艺术的大力扶持，因此一般认为阿克巴是莫卧尔细密画的奠基人。查罕杰和沙·贾汉时期绘画进一步发展，达到了高峰。由于奥朗则布的宗教狂热及对艺术的漠视，莫卧尔的绘画与建筑都趋向式微。

细密画，莫卧儿时期

莫卧儿绘画的早期作品《鹦鹉故事七十则》，是画家们不同风格作品的汇集，既有波斯和印度风格的融合，又有异于两者风格的创作。阿克巴时期的代表作是《哈姆扎传奇》及《阿克巴本纪》两书的插图。1567 年前后，米尔·萨伊德·阿里和阿卜杜斯·萨马德等约一百名画家开始为阿拉伯史诗十四卷本的《哈姆扎传奇》的波斯文译本绘制插图。历时 15 年，共绘出 1 400 幅插图，这些作品崇尚活力，充满动感。宫廷画家也为印度两大史诗绘制了插图，如印度教徒达斯万特为《摩诃婆罗多》波斯文译本绘制的插图带有浓浓的印度传统，色彩亮丽，画风细腻。以后各时期也是大作迭出，如查罕杰时代的《吐绶鸡》、《猎鹰》、《斑马》、《巴尔维兹与女人们》等细密画，崇尚自然，栩栩如生。此时西方画风东渐，细密画的平面表现风格发生了变化，引进了透视法并注重对光的描写。沙·贾汉时期的绘画更强调色彩和装饰，因此《沙·贾汉本纪》等传纪的插图及《沙·贾汉的三个儿子》等作品，鲜艳亮丽，笔触细腻。

拉贾斯坦画派别树一帜，它的形成时间大致与莫卧儿画派相同，其民间艺术色彩更浓，呈现印度西部风格。拉贾斯坦画派与崇尚自然主义的莫卧儿画派形成对照，其作品大多取材于印度古典文化，以夸张的手法创作，因此该派的风格更抽象，更多带有宗教的神秘性和象征性，在印度教观看者的心里较容易引起共鸣。

由于反对偶像崇拜，并且穆斯林入主印度后对各地寺庙、塑像大肆破坏，所以这一时期印度雕塑艺术一片萧条。

建筑艺术恰恰相反，从德里苏丹到莫卧儿帝国，许多帝王对建筑艺术情有独钟，十分内行，并大力赞助，而且印度、伊斯兰教两种风格融合互补、相得益彰，所以精湛的杰作层出不穷。穆斯林入印之初，没有大量清真寺，但每天五次觐拜是必须的，因此最早的觐拜地是由印度宗教的寺院改造的。德里的古瓦特清真寺大概是最有趣的范例。该清真寺的前身是一所 10 世纪乔汉王朝时的印度教庙宇。庙中央偶像林立的圣殿被移去，只留下四侧垣墙，按照穆斯林朝麦加方向觐拜的规矩，壁龛建造在庙的西翼。待到清真寺改造初成，入寺觐拜的穆斯林却看到那些回廊柱上尽是印度教款式的雕塑，这令他们大为不快。为了掩盖这一点，统治者又让印度工匠建造有五个拱门组成的一道大屏饰，横跨西翼正面，以遮住朝拜方向的印度雕塑。但工匠们仍然“偷梁换柱”，他们用印度式的梁柱支撑拱门，以替代伊斯兰风格的放射性契形拱门，并且在装饰花纹方面也顽强地显示印度文化的根源，因为花纹是莲花漩涡饰与阿拉伯书法体饰的混合物。

穆斯林根基初定，需要建造清真寺时，不得不大量使用印度工匠。印度传统建筑风格通过工匠之手，赫然进入伊斯兰教建筑中。其间，有些是印度工匠在无意中渗入了他们习惯的风格，有些是由于宗教隔阂，故意在建造清真寺时，融入印度传统，以此作为无声的反抗。以后，两者相互融合的建筑风格不断扩散，从而开创了建筑学上的“帕坦风格”，亦即印度—伊斯兰教风格。

印度中世纪的建筑主要包括陵墓、清真寺、宫殿及城堡，建材一般采用红砂岩和白色大理石，既古朴浑厚，又清新雅致。库特卜高塔及相关建筑是早期德里风格最著名的建筑之一，高塔是 12 世纪末奴隶王朝的开创者库特卜-乌德-丁·艾伯克始建，坐落在德里南郊，是一座象征性的凯旋塔,以独立的塔楼、工整精练的书法铭刻及钟乳石支撑柱为显著特点。这座圆形石塔原为四层,1370 年第四层被雷电击毁,菲鲁兹·图格鲁克修复高塔,并增加了第五层,高度达到近 73 米,塔的第四层以白色大理石为贴面,其他四层由红砂岩砌成。塔的一侧是艾伯克修建的印度第一座大清真寺,它是在捣毁的印度教神庙原址上修建的,为就地取材,艾伯克下令摧毁了 27 座印度教和耆那教寺庙。高塔的另一侧则是笈多王朝旃陀罗笈多二世时留下的著名的不锈铁柱。1993 年这一杰出的建筑群被列为世界文化遗产。

阿塔拉·德维清真寺

帕坦风格的建筑在印度其他各地也是屡见不鲜。1377 年奠基、1408 年落成的阿塔拉·德维清真寺,是江普尔风格的典范。它的拱门特别高大,整个前部建筑看似凯旋门,厚重而敦实。江普尔建筑风格强烈显示出印度传统建筑的影响,诸如坚实宽厚的倾斜墙、方形石柱、狭窄的走廊以及殿内繁复而精致的装饰等。西部的古查拉特原是印度传统技艺的中心,在加米清真寺(1325)及卡济清真寺(1333)等建筑中,印度风格的片段结构比比皆是。东部孟加拉的阿迪纳大清真寺(约 1368 年)最早盖有 378 个圆顶,这类圆顶以及雕刻有莲花的边饰等,显然都是印度艺术的产物。布尔吉斯在其五大册的《西印度建筑一览》中,对德里苏丹时期的建筑评论道:“糅合了本地建筑的一切精美优点,表现出他们自身的创作能力,由而形成完善的建筑艺术。”

莫卧儿时期印度—伊斯兰风格的建筑新颖、精致,其中不乏惊世杰作。1573 年竣工的胡马雍陵由伊朗建筑师设计,显示出波斯风格,但这座大型建筑的外表大量使用白色大理石，而不是波斯风格惯用的彩釉砖装饰，这显然含有印度建筑的因素。而且，这肃穆、古朴的陵墓坐落在幽静安谧的方形花园中央，独具一格并成为后世陵墓的样板。阿克巴时期的著名杰作还有亚格拉城堡和法特普尔城。亚格拉城堡既是皇宫，也是军事堡垒，城堡主要用红沙石建造，所以也称亚格拉红堡。法特普尔城，意为“胜利之城”，建于1569年，现已荒废，但最初建成时气势磅礴，城内宏大的建筑有：乔德巴伊宫和比尔巴罗宫，这两座形式别致的建筑是皇后和贵妃们居住和游玩的地方；勤政殿和枢密殿，是皇帝主要的办公场所，均为印度式的设计，装饰也都具有印度传统的特点；凯旋门，为彰显阿克巴武功而修建；称之为“潘基·摩诃尔”的，那是金字塔形的五层建筑，是仿照佛教的精舍的形式；加米清真寺，建筑评论家弗格森形容为“一座浪漫主义的石材艺术品”。整个城堡被评论为“反映了一位伟人的伟大心灵”。阿克巴时期另两座杰出的建筑物是阿拉哈巴德的“四十柱宫”和锡坎达拉的阿克巴陵。据建筑史家芬奇估计，前者就凭“有四十根印度式的大石柱支撑的皇宫”，其修建、雕琢等，至少需要5 000至2万人工作40年。阿克巴陵墓是阿克巴在世时设计的，1605年始建，1613年竣工，陵墓共有五层平台，渐高渐小，加之带有广阔花园，十分壮观。

查罕杰的建筑成就稍稍逊色，但他对花园情有独钟，他的花园“设计得就像一块波斯地毯”。王后努尔·贾汗为其父亲伊第默德-乌德·道拉在亚格拉修建了一座豪华的陵墓，该建筑被认为是莫卧儿早期的雄浑古朴风格向以后优雅静穆风格的过渡作品。

道拉的陵墓

沙·贾汉时期，莫卧儿王朝的建筑艺术达到辉煌的顶点。亚格拉城堡中心的珍珠清真寺通体为白色大理石，素雅、纯净，其艺术造诣令人叹为观止。1639 年，德里红堡始建，漫漫城墙用巨大的红砂岩构建，峻拔雄伟，十分大气。同时期建造的德里大清真寺矗立在德里红堡斜对面，它是印度最大的清真寺，寺内广场可容纳 2 万余人。它的通体白色与红堡相互辉映，反差的颜色冲击着人们的视觉。

沙·贾汉奉献给爱妃的泰姬陵已属世界一大奇观，泰姬陵的总体设计方案汇集了各民族建筑智慧的精粹。印度、波斯及中亚各地的建筑师们拟订了众多设计方案，最后波斯(一说土耳其)建筑大师乌斯塔德·依萨一举中的，然后他采用了其他各方案的长处，因此泰姬陵是博采众长和融合众多智慧的结果。整个工程费时 22 年，耗资 4 000 万卢比。

从总体建筑看，洁白明亮的大理石构筑了陵墓的主体，整体布局平衡工稳，强调庄严和谐的对称结构，然后加上精雕细刻和镶金嵌玉，这就把简洁明朗的伊斯兰风格与富丽工巧的印度风格完美和谐地结合起来了。整个陵墓为长方形，东西长 580 米，南北宽 305 米，四周采用印度传统建筑常用的红沙石为围墙。泰姬陵主体建筑位于陵园中央，全部用白色大理石砌成，浑然一体，丝毫不见斧凿之痕，就像一整块白玉石雕出来似的。陵园东西两侧各有一座附属建筑，东为聚会堂，西为清真寺，两者均由红沙石砌就。它们与白色的主体建筑色彩对比鲜明，相得益彰，宛若一对棕红肤色的宫女，侍立冰肌雪肤的皇后左右，愈显皇后的白皙晶洁。主体建筑群前面是正方形花园，一碧狭长池水和两边若干平行拓展的石径，把个花园切成有棱有角的数个小花圃。花园正南方则屹立着高达 30 米的红沙石拱门。

眺望整个建筑的外形，对称工整的几何图形，以及局部的方形、圆形、三角拱形、圆柱形等，十分悦目，显然是简洁明快的伊斯兰建筑风格；当仔细观摩、细细欣赏时，就会发现那豪华、富丽、细致、工巧蕴于其间，恰恰体现了印度传统建筑艺术的精华。

定神凝视，就会看到寝宫的拱门上镌刻着《古兰经》经文，四周的围边不是伊斯兰式明快的线条，而是镶嵌着五颜六色宝石的装饰性花边。此外，门扉窗棂也不是几何图案饰，而是各种花卉透雕，黄金作梗，翡翠为叶，各色宝石、玛瑙、水晶为花、为蕊，精雕细刻，色彩缤纷如锦绣，泱泱显出的显然是印度传统工艺。

珍珠清真寺

沙·贾汉朝廷另一举世闻名的精美艺术品是孔雀宝座。一天,沙·贾汉突发奇想,欲制造世界第一宝座,令其价值和艺术远超其他各国皇帝的御座。他自行设计图纸,而后用时七年,花费1 000万卢比,才铸成孔雀宝座。此座状如卧榻,四腿用纯金铸造,彩色的华盖由12根绿宝石柱子支撑,每一柱上有两只宝石镶嵌的展翅孔雀,孔雀栖息玉雕金嵌的树下,树的枝干、叶子都缀满钻石、红绿宝石、珍珠等。1739年纳迪尔沙将宝座掳去波斯,后竟不知所终。

作者点评:

在穆斯林入印至欧洲人东来并占领印度期间,南亚次大陆上主要演变着两种文化的碰撞、对立与融合。伊斯兰教文化和印度文化是底蕴深厚、高度发达,却又截然不同的两种文化。它们在铁与火中碰撞,在血与泪中对立,在汗与思索中融合。以宗教为例,两教的教义及教徒的生活习俗大相径庭:(1)印度教注重偶像崇拜,按马克斯·韦伯的说法,是泛神的一神论;伊斯兰教反对偶像崇拜,是严格的一神论。(2)印度教以宽容、和平共处为主,不以武力压服异教;伊斯兰教初入南亚时,力主战场征服,不信或不愿皈依伊斯兰教者沦为社会底层,甚至为奴。(3)印度教以农业为主,风俗习惯、行为法则等均与农村生活有关;伊斯兰教注重贸易,所作所为以商业生活为基准。(4)在生活习惯上,印度教徒崇拜牛,食猪肉;穆斯林则喜食牛、羊肉。(5)印度教徒入寺院朝拜,热闹非凡;穆斯林遵守五功,安静肃穆,等等。

由对立至融合,两个宗教派别的作用值得注意。(1)巴克提运动,“巴克提”是梵文，意为“虔诚献身”，是印度教的一个派系。它不重形式，重自己念唱，全心全意奉献给神。巴克提运动始于公元前后，从次大陆南端开始，逐渐向北，在德里苏丹时期大盛。为何？印度教注重仪式，初时伊斯兰教予以严厉打击，所以不重仪式的巴克提运动迅速发展。其次，农村中伊斯兰教势力未到，巴克提运动流行的唱歌形式与农村喜歌善舞的习俗合拍，因此在农村中兴旺。再者，它注重个人虔诚崇拜，不易与异教发生冲突，而且对其他宗教更宽容，亦不遭其他宗教排斥。(2)苏菲派，“苏菲”意为“粗羊毛”，是伊斯兰教的一个派系，主张“通过虔诚与安拉合一”。苏菲派对逊尼派和什叶派持中立态度，且不热衷于政治，故未遭两大派排斥。苏菲派在传教方面立下殊功。11 世纪，苏菲派创立于巴格达，很快向东传，12 世纪在中亚盛行，尤在同化突厥人时立下大功。13 世纪，随大军进入印度，其宽容的态度和宗教崇拜形式与巴克提运动有相仿之处，因此其易于相处的特性在促进两教和平共处及融合方面，发挥了很大作用。

加米清真寺，“浪漫主义的石材艺术品”

总之，中世纪的印度向世界奉献出一种崭新的文化，而这种新文化又深深扎根于两种历史悠久却有很大差异的传统中。

第十一章 欧洲人东来及印度沦为英国殖民地

一、葡萄牙在东方的海上霸权

1498年5月17日，葡萄牙人达·伽马绕好望角到达印度古里港，开始涉足东方。葡萄牙人入侵东方和争霸东方的主要目的在于插足、进而垄断东西贸易，具体目标是印度的胡椒和布的贸易，以及东南亚的香料贸易(包括胡椒、丁香、肉豆蔻等)。

16世纪初，葡萄牙人口不足100万，而新兴的莫卧儿帝国不仅地广人众，而且正处上升趋势；然而葡萄牙人船坚炮利，技术先进，军队训练有素，因此他们根据利弊，定下东进步骤。第一步先求通商。出口一些玩具、镜子、梳子等，换取胡椒和布。第二步设立商站。通商后谋求设站，起先仅是代理店及栈房，后逐渐扩大。第三步在东方各据点筑堡垒、盖教堂，企图永远驻扎下来。除了葡萄牙人在东方的控制中心果阿城外，这些东方据点一般不满20人，有些仅几人守卫着，舰队在海上巡游，给据点保护，所以堡垒一般在军舰大炮的射程之内。第四步构设海上控制网。鉴于陆上能力有限，葡萄牙人只能用铁舰、火炮控制沿海港口，同时把东方各分散的据点联系在一起，而且控制物产地以及海上运输通道。海上控制网范围很广，西起南非，东至日本，其中包括印度七个据点、锡兰(今斯里兰卡)布伦奇港、波斯湾和非洲东海岸的一些港口，以及马六甲、中国的澳门、日本的长崎等，总部设在印度的果阿。

海上控制网始建于1502年，1548年在长崎设立商站，标志着建网完成。1502 年达·伽马第二次远航抵印，与第一次出航不同，这次他不仅率领众多商船，而且还有颇具规模的装备火炮的舰队。他在海上击沉穆斯林香客的船只，逼退阿拉伯人，然后在印度西南海岸柯钦设立据点。1505 年葡萄牙舰队在西印度海外打败了阿拉伯与印度的联合舰队，取得了东方的海上霸权。1509 年阿布奎克赴东方就任总督，他与以后各任总督一起，大力推进海上控制网的建设。是年，葡萄牙人占领波斯湾入海口，占据红海海口的小岛，在东非莫桑比克占港口、设堡垒。1510 年占领果阿，将其建为总督驻地。1511 年据有马六甲。1517 年到澳门，1553—1557 年明朝允许其在澳门设站。1518 年占锡兰，1543 年到日本，1548 年在长崎设站。整个海上控制网共建商站约 60 个。

鉴于自身的弱点，葡萄牙人还实行另两项政策：其一，以继续“十字军”事业作为向东方扩张的借口，换取当时在欧洲还有一定势力的天主教教廷的支持。1502 年罗马教皇准许葡萄牙国王称为“阿比西尼亚、阿拉伯、波斯和印度的航海、征服和通商之王”。其二，阿布奎克总督及其后任，均竭力鼓励葡萄牙人与当地女子通婚，以便在各据点有永久的葡萄牙居民。

1588 年英国彻底摧毁西班牙“无敌舰队”，在西半球，荷兰、英国已替代西班牙、葡萄牙，执掌了海上控制权，而且船舰、火炮及航海技术也后来居上，但惟有通往东方的航海图仍掌握在西班牙和葡萄牙手中，使荷、英东进一时受阻。90 年代机会终于来临。荷兰人林希霍登是一名神甫，他任职于葡萄牙教会机构，后被重用为主教，并派往印度果阿。1590 年他返回荷兰，带走了整套航海图，整理后在 1595 年出版航海图集，轰动一时。“荷兰商人阶级倍受压抑的事业心，如决堤之水奔腾而泻”。就在当年，尼德兰北部 6 个城市分别组建公司，年底即船航东方。1596 年至 1601 年，荷兰人 15 次航海东方，共达 69 艘船舰之多，一举冲破了葡萄牙人的“海上控制网”。

二、英、荷东印度公司的成立和英荷之争

1600 年 12 月 31 日，英国伊丽莎白女王将特许状授予“对东印度贸易的总裁和伦敦商业公司”，这标志着英国东印度公司的成立。1595 年荷兰组织了六个公司东航，1602 年六公司合并，正式成立“联合的东印度

公司”。初时两国东印度公司的比较,资本:英国东印度公司为2万英镑;荷兰东印度公司为70万英镑。公司的性质:其一,英国东印度公司是特许公司形式,是带中世纪色彩的商业公司,往往一次东航的生意做完,就结账并解散,不是永久性的。再有生意时,另行组织。荷兰东印度公司是股份有限公司,是世界上第一个资本主义性质的公司,理论上是永久性的组织。其二,英属东印度公司初时的东方贸易是纯商业性质;荷属东印度公司得到政府授权,不仅做生意,而且可开战、停战、订约等,是商业、政治、军事合一的组织。

英荷在击破葡萄牙“海上控制网”方面,可谓心有灵犀,互帮互衬,但控制网一旦突破,双方在东方的争斗立刻展开了。

1605年荷兰舰队在柔佛海峡(今新加坡岛北)打败葡萄牙舰队,东方海上霸权易帜。尽管荷兰人经营的重点在于垄断香料贸易,但他们对印度棉织品垂涎三尺,企图用印度布换取东南亚海岛的香料,然后运回欧洲。1605年荷兰在印度东南海岸的马苏利帕塔姆建立了第一个商馆。以后,荷兰人插足古查拉特、科罗曼德尔海岸,接着又把葡萄牙人撵出马拉巴地区。1658年他们得到尼加帕塔姆并把它建成荷兰人在印度的总部。

1601年英属东印度公司开始遣船东航香料群岛。1608年在第三次东方贸易的返航途中,“赫克托尔”号单船驶往印度到达苏拉特港。船长霍金斯赴亚格拉晋见莫卧儿皇帝查罕杰,向他呈递英王詹姆斯一世要求通商的信件。他受到了礼遇,并在印度居住近三年,后因葡萄牙人的一再反对,他无功而返。1612年,两艘英国船在苏拉特近海打败了葡萄牙人的船只,令英国人威信大增。翌年,莫卧儿帝国准许英国在苏拉特建立第一个商馆。1618年查罕杰颁令,准许英国人在莫卧儿帝国境内自由贸易和开设商馆。于是英国人在亚格拉、布罗奇、阿马达巴德等地先后设立商馆,归苏拉特商站总辖。

英荷双方最初争斗的焦点在于争夺香料贸易的掌控权。香料主要指胡椒、丁香、肉豆蔻等,其中胡椒是最大宗的交易品,运抵欧洲市场可获利16倍,丁香及肉豆蔻尽管交易量较小,但利润是胡椒获利的数倍。所以东来的欧洲人都紧盯着香料贸易。英荷双方在东方的主要冲突有两次。1619年西爪哇军事冲突,英国船29艘,荷兰船83艘,荷兰获胜。双方订约:(1)英国香料贸易中的丁香和肉豆蔻必须向荷兰人购买,但不可超过贸易总量的三分之一;英国至多可得胡椒贸易量的二分之一。(2)筑堡垒,双方联防,费用各半。(3)各自派军舰巡游,以防他人染指。1623年的"安汶事件"对于双方划分东方的势力范围,具有决定性的意义。安汶位于荷属东印度(今印度尼西亚),英荷在安汶各设商站。荷兰人得报,英人欲联合日本浪人攻击荷兰商站,于是荷兰人抓捕18名英人,其中10人酷刑致死。英自知不敌,遂改变东方政策,从东南亚撤出,专营南亚。当时看英国人似乎吃亏,但长远来说,实是大大得利。

英国人专注于南亚后,在印度的发展颇为顺利,地盘不断扩展。1639年英国人以每年600英镑的价格,从地方统治者手中租得东海岸一条狭长区域及一个小岛,建立英国居留地,取名圣乔治堡,1653年扩建成马德拉斯市,成为英国势力在科罗曼德海岸的中心,管辖这一地区的英国商馆。西海岸是英国人另一个重点拓展的区域。1661年,葡萄牙公主凯瑟琳嫁给复辟时期的英王查理二世,孟买成了她陪嫁的一部分,英王又将孟买转赠给东印度公司。1687年新殖民地兴建完毕,公司在西海岸的总部由苏拉特迁入孟买。英国人经营的第三块殖民区域是孟加拉湾地区。英人在奥里萨、孟加拉和比哈尔地区先后设立好几个商站,并将它们置于遥远的马德拉斯管辖。1698年,一小支英国远征军到达恒河入海口的一处,他们意欲在这儿建立堡垒。当时那儿是一片树林和沼泽,野兽出没其中,只有三个茅舍居住着当地人,四周有一些他们耕种的稻田。英国人向收割稻子的农民打听,这是什么地方,农民不懂英语,看着英国人手指着地,便以为英国人是打听这片稻子是何时收割的,就随口说"Kal Kala"(当地语"昨天收割的")。英国人以为这就是地名,于是东印度公司就以1 200卢比从当地王公手里买下了这片称之为"加尔各答"的土地,建起了堡垒。当然,英国人按他们当时的惯例,又给这堡垒起名"威廉堡"。从1700年起,沿孟加拉湾的英国商馆就划归加尔各答统辖。

尽管荷兰人的重心在东南亚的香料贸易,但他们在印度与英国人的商业竞争并未中止。1630—1658年,荷兰人在科罗曼德海岸进行了较大规模的扩张,并且还将贸易范围延伸到其他地区。1672年至1674年,荷兰人经常骚扰英国统管的从苏拉特至孟买的交通,而且在孟加拉湾劫持三艘英国货船。

从总体来看,英国的力量在印度有了飞速发展,荷兰人虽有扩张,但两者的强弱差距越来越大。1759年,心有不甘的荷兰人为恢复在印度的地位，一面拉拢孟加拉的纳瓦布贾法尔，一面从巴达维亚(今雅加达)急调战舰六艘，不惜与英国一战。11 月双方战于比德拉，荷兰的陆军大败，他们的舰队在上驶胡格列河时也被摧毁。1781 年，荷兰人作了最后一次反扑，结果他们丧失了尼加帕塔姆和锡兰的亭哥马里。后经法国斡旋，荷兰人虽然收复了亭哥马里，但永远失去了他们印度总部的所在地。

三、英法争霸印度

1604 年，法国商人曾赴东方寻求机会，收效甚微。1643 年，路易十四即位，法国日趋强盛，由于西班牙和葡萄牙已衰弱，天主教会冀望法国能在东方带来新的振兴，因此积极鼓励它在东方拓展。法国在东方经营的重心原在东南亚的半岛地区，此时又将触角伸向南亚。1664 年法属东印度公司组成，法国在印度的开拓有了一些实质性的进展。

1668 年，法国商人在苏拉特建立了第一个贸易站，次年又在马苏利帕塔姆设立第二个商站。1673 年法国人马丁和勒斯平奈从南印度东海岸的穆斯林总督手中得到一个小村庄，次年精明能干的马丁开始兴建这块名谓本地治理的殖民地。他修建城堡，筹措军饷，建立武装，设立工厂，经过几十年的积极经营(其中 1693—1697 年一度被荷兰人占领)，本地治理欣欣向荣，并在 1697 年后成为法国在印度的首府。1706 年该地人口达到 4 万多，而同年的加尔各答仅 2.2 万人。法国在印度的第二块根据地是位于孟加拉的昌德纳戈尔。1674 年法国人从当地纳瓦布手中获得这块地方，1688 年取得永久所有权，90 年代将其建成法国在东印度最著名的商站。

此后一段时间，法国在印度的发展不是很快，而且时有起伏。18 世纪初，曾出现一个低潮，甚至关闭了好几个商站。1720 年 6 月，法属东印度公司改为“永久的印度公司”，才暂时止住下滑。

1742 年，杜布雷任本地治理的总督，他把政治目的置于商业活动之上，要在南印度建立一个殖民帝国。早在 1740 年任总督之前，他就建立一支由法国军官指挥当地土著的军队，这是印度土兵的开始。任总督后，他拉拢土邦主，让他们同意法国派军队保护，而法军的费用由印度人负担。这种方法取得明显效果，法国的势力迅速扩大。结果，法国人的这一新战略，与英国人的蓝图形成尖锐冲突，随着冲突不断加剧，双方最终酿成了战争。

英法的印度争霸战持续了约17年(1746—1763),史称“加尔纳迪战争”。加尔纳迪位于东高止山与海岸之间,是一片较为平坦的丘陵地,英法双方在此激战,故名。战争共进行三次,双方都使用印度土兵作战,英法军官仅几十人或数百人,在后指挥及督战。

第一次加尔纳迪战争(1746—1749)是欧洲的奥地利王位战争在印度的延伸。欧洲战场上的对立,也使印度的英法双方处于交战状态。1746年法国凭借从毛里求斯远调而来的由八艘战舰组成的舰队,控制了制海权,随后陆海两路包围并攻克了马德拉斯。当地的印度朝廷命官为显示自己的权威,要求法军撤出马德拉斯。遭拒绝后,他派兵进攻法军,不料一触即溃。1748年6月,英国人派出由海军少将统率的大舰队,展开反攻,从陆海两路进击法国大本营本地治理,但收效甚微。此时,奥地利王位继承战在欧洲战场结束,双方在印度亦随即停战。根据《亚琛条约》,1749年初法国将马德拉斯归还英国,换取北美的路易斯堡。

第二次加尔纳迪战争(1749—1754)起因于印度土邦主的王位争端。1748年海德拉巴和加尔纳迪两个小王国分别发生王位继承的争斗。法英各支持一派,结果得到法国支持的昌达·萨希布和穆扎法尔·姜格分别成为加尔纳迪和海德拉巴的新统治者。为感谢法国的支持,杜布雷被任命为克里希纳河以南莫卧儿帝国全境的总督,他还得到本地治理附近及奥里萨部分沿海地带,并且一支由900名欧洲人和4 000名印度土兵组成的法国军队常驻海德拉巴。杜布雷的殖民帝国方略在南印度似乎一帆风顺,甚至超出了他的乐观期望。

英国人决不会坐以待毙,他们全力支持昌达·萨希布的政敌穆罕默德·阿里,阿里当时正被法军围困于特里奇诺波里城。后来闻名全印的克莱武此时初出茅庐,他原是东印度公司的文职人员,后投身军队为官,他建议“围魏救赵”,即远袭萨希布的首府阿尔科特,以解阿里的被困。1751年9月12日,克莱武率800人(其中印度土兵500人)奇袭成功,占领了阿尔科特。接着英军反击,在1752年打败了法国围困阿里的以及增援的军队,并迫使这两支法国部队投降。1754年法国召回富有才华的杜布雷,并与英方缔约。据约,法国放弃奥里萨沿海地带,双方保持各自实际占有的领土。这样,英国人取得了加尔纳迪,法国人仍在海德拉巴保留支配地位。

第三次加尔纳迪战争(1756—1763)是欧洲英法七年战争在海外的伸展。在印度,战争实际上只进行了四年(1757—1761),后两年因法国败局已定,基本无战事。1757 年 3 月,克莱武顺利占领了法国人在孟加拉的据点昌德纳戈尔。1758 年两国都增兵印度,法国攻占英军在加尔纳迪的战略要地圣戴维堡,但在围攻马德拉斯时,英国增援舰队赶到,法军被迫撤围。同年,两国舰队在本地治理海外决战,法国惨败。以后英军一路高歌猛进,1761 年 1 月 16 日,本地治理守军立约投降,战胜者摧毁一切工事、城墙、炮台,“昔日繁荣而美丽的城市,不到几个月,变成断垣残壁,几无一栋完整的房子”。不久,金吉、马埃相继陷落,法国人在印度的势力土崩瓦解。根据七年战争结束后两国订立的《巴黎条约》,法国收回了本地治理等五个据点,但不得设防。此后,法国在印度除了一部分商务外,政治及军事势力基本退出。

四、印度东北地区的沦陷

英国征服印度,战略上是以三块巩固的殖民管区为基地,四出攻击,不断扩张。西南是孟买管区,东南是马德拉斯管区,东北是以加尔各答为中心的沿孟加拉湾地区,三者都濒临大海,可以充分得到海上支援,有利于兵源和后勤的补给。

突破的机会出现于孟加拉。1756 年,孟加拉的纳瓦布阿拉瓦迪去世,他没有直系子嗣,纳瓦布之位就传给外孙西拉吉。此前,英国人不经纳瓦布允许,曾擅自在加尔各答整修武备,增建炮台,西拉吉对此极为不满。即位后,他照会英国人,告诫他们应安分经营商业,不得构筑城堡,并命令他们撤除新增炮台。英国人未予理会,反而肆无忌惮地收容他的政敌。同年 6 月,愤怒的西拉吉发兵 5 万,攻占了加尔各答。

英人决不会坐视财源丧失,他们大肆渲染“黑洞事件”,以“复仇”、“惩戒”为借口,立即从马德拉斯派兵反扑。所谓“黑洞事件”,1756 年 6 月,印军进入加尔各答时,英国人大多撤到停在港口的军舰、商船上。滞留城内的英人为印军抓获,关在东印度公司关押轻犯人的小屋中,小屋长 5 米 5,宽 4 米 5,仅有两个小窗,所以欧洲人称之为“黑洞”。一星期后局势平静,关押者被放出。豪威尔是获释者之一,时任东印度公司高级职员。他发表文章称,关入小房者多达 146 人,活着出来的是 23 人。此夸大事端的言论一出,英人怒不可遏,誓言报复。

克莱武率 3 000 名远征军在孟加拉登陆,其中 2 200 名是印度土兵,土兵是葡萄牙语“Sepoy”的意译,即为欧洲人驱使的印度雇佣兵。1757 年 1 月 2 日英军占领了加尔各答,2 月 9 日西拉吉与英军议和,恢复东印度公司原有权益,赔偿损失。克莱武继而在 3 月攻下法国属地昌德纳戈尔,阻断法军干预。随后他又以西拉吉收容法人为借口,再兴战端。

克莱武是施展政治阴谋的行家。他洞悉纳瓦布与其手下重臣的关系,并竭力收买遭疏远的大臣。他拉拢最大的钱庄主塞特,收买执掌兵权的将军米尔·贾法尔和拉伊·杜尔拉布,并允诺将贾法尔扶上纳瓦布宝座。

双方的决战在普拉西展开。普拉西是森林中的一块开阔地,纳瓦布投入 5 万步兵、1.8 万骑兵,50 门大炮,英军有 3 000 人,仅 10 门炮且火力稍逊。战争仅打了一天(6 月 23 日),由于贾法尔和杜尔拉布两名将军按事前所约,按兵不动,致使印军大溃败。英军仅付出死 18 人、伤 56 人的代价,就取得了史称“划时代”的战役的胜利。西拉吉逃回首都,几天后被俘,遭到杀害。贾法尔当上新的纳瓦布,成为英国人的傀儡。他在与英国签订的条约中表示:“英国人的敌人就是我的敌人,不论他们是印度人还是欧洲人”;“当我要求英国人援助时,我将负责供养他们”。

奥德是第二个遭英军践踏的地区,事情的起因与孟加拉局势有一定关系。贾法尔初即孟加拉纳瓦布之位时,几乎是量全区之物力,结英国之欢心。他赔款 1 770 万卢比,给英国陆、海军及官员的礼物约 125 万英镑,送给克莱武一人就达 23.4 万英镑。但是 1760 年随着克莱武辞职回英国,贾法尔受宠的日子也结束了。后继者豪威尔及范西塔特认为贾法尔无信且无能,就将他废黜,扶植卡西姆为新纳瓦布。

卡西姆实际是个很有心计的人,他即位之初,兑现了承诺,付给英国人一大笔钱,并割让白德瓦、米达甫尔和吉大港三地。待地位稍稳,他对英国人在孟加拉进出货物可全部豁免关税,提出了异议。但英人我行我素,且变本加厉,以致双方矛盾不可调和并且兵戎相见。1763 年 6 月 10 日,英军 5 100 人(4 000 人为印度土兵)与纳瓦布 1.5 万人对阵。卡西姆兵败,在杀掉全部英国俘虏及他怀疑暗通英国人的一些重要官员后,逃到毗邻的奥德求援。他与当时身在奥德的莫卧儿皇帝沙·阿拉姆二世及奥德纳瓦布舒贾结成同盟,联兵反击。1764 年 10 月 22 日,双方在布克萨尔决战,联军大败,皇帝向英国人求和,卡西姆与舒贾遁逃。英军进占奥德。

这场战争使孟加拉及奥德的地位又一次产生变化,更加有利于东印度公司了。在孟加拉,由于卡西姆的举兵反抗,贾法尔又重新当上纳瓦布并作出重大让步。1765 年初贾法尔死去,其儿子纳杰姆继位,不得不接受英国人挟持,同意他们的条件:全部的行政管理权交由副王执掌,副王由英国人推荐,未得英国人同意,不得撤换。加之同年 8 月,莫卧儿皇帝沙·阿拉姆二世正式将孟加拉等地的财税管理权授予东印度公司。这样,孟加拉的行政、财税等实权完全由英人掌控。1772 年,英国人认为这种双头统治已无必要,最终接管了全部统治权,首府也从穆希达巴德迁至加尔各答。

由于东印度公司在奥德没有良好基础,直接统治的时机尚未成熟,加之奥德与马拉塔联盟接壤,马拉塔人的袭击令人头疼,于是 1765 年第二次出任孟加拉总督的克莱武考虑再三,与奥德的纳瓦布缔结了《阿拉哈巴德条约》。根据条约,奥德的大部分还给原纳瓦布,但需交付赎款 500 万卢比;英军长驻奥德,维持费用由印度方面支付;将阿拉哈巴德及周围地区从奥德划出,作为皇帝沙·阿拉姆二世的王室领地,以示酬谢。皇帝则颁布敕令,正式授予英属东印度公司在孟加拉、比哈尔、奥里萨的财税管理权。这样,奥德开始沦为英国人的附属国,同时成为抵制马拉塔人或阿富汗人的缓冲地。莫卧儿皇帝从 1765 年起寓居阿拉哈巴德,受英人控制,直到 1771 年才被马拉塔人接回德里。由于沙·阿拉姆二世回归原都城,英人乘机收回阿拉哈巴德及周围地区,将其归还奥德,又榨得赎金 500 万卢比。

五、德干和南印度地区及印度斯坦的沦陷

战乱不已是这一阶段德干和南印度地区的总态势。这一地区存在着四种主要力量,即印度本土的马拉塔联盟(印度教)、海德拉巴、迅速崛起的迈索尔(均为伊斯兰教)以及英国人的孟买管区和马德拉斯管区。期间,既有印度王公之间的争战,又有英国人与印度人的战争。印度王公们为了领土或为了一些蝇头小利喋喋不休地争斗,例如,马拉塔与迈索尔在 1764—1765 年、1766—1767 年和 1769—1772 年就爆发过三次大规模的

战争，而英国人或者是在后的黄雀，或者谋渔人之利。一旦时机出现，英国人就以战争手段，鲸吞印度领土。

海德尔·阿里

1767—1769 年爆发了第一次英国—迈索尔战争。海德尔·阿里时任迈索尔邦苏丹。他是个很有才华的冒险家，早先投入迈索尔总司令南贾拉杰门下，很快扶摇直上，不久取代了恩主，保留傀儡国王，成为迈索尔真正的掌权者。接着他不断扩张领土，终于在1766 年招致海德拉巴和马拉塔人的联合进攻。一支英军分遣队以与海德拉巴有约在先为借口，开进了迈索尔地区。海德尔以割地及纳贡为条件，诱使马拉塔人退出战争；又以同样方式，促使海德拉巴与英国人毁约，与自己订立军事同盟条约。这样，交战的双方由原先三家联盟攻击迈索尔，演变成迈索尔和海德拉巴联手对抗英国人。

1767 年 9 月，英军击败迈索尔与海德拉巴联军。1768 年海德拉巴以割让几个县的代价与英媾和。1769 年 3 月，迈索尔诱敌深入，然后用骑兵突袭英军老巢马德拉斯，并击败了从孟买管区遣来的英人援军。这出其不意的打击，迫使英人于 4 月 4 日签订和约。根据条约，双方交换俘虏，归还彼此所占领土。并且，英人利用印度三强之间有隙，答应迈索尔在遇到其他势力攻击时给予援助，为以后行动留下伏笔。

1775—1784 年期间，第一次英国—马拉塔联盟战争(1775—1782)与第二次英国—迈索尔战争(1780—1784)交织在一起。马拉塔联盟内部的佩什瓦(意为“首席”，马拉塔联盟最高统帅的称呼)位置之争，给一直在寻求扩张的孟买管区的英国人，提供了良好时机。1773 年拉古纳特·拉奥串通他的一些心腹，将时任佩什瓦的亲侄子纳拉扬·拉奥杀害，自己登位。但其政敌们群起而攻之，他们拥立已故佩什瓦的遗腹子即位，并将拉·拉奥逐出。这丧家的拉·拉奥投靠了孟买的英国人。1775年3月7日，为获得英人军事援助，拉·拉奥与孟买管区缔结了《苏拉特条约》。据约，英人派2 500人的军队援助他，军费由他承担。作为酬报，拉·拉奥割让萨尔塞特岛与巴塞因港给英国人，并将布罗奇和苏拉特两地的一部分税收转让给他们。

1775年5月18日战争正式打响，英人初战小胜。1778年11月孟买管区派出一支3 900人(其中3 300人为印度土兵)的远征军，攻击马拉塔首府浦那，途中遭到马拉塔军的勇猛打击。英军败退瓦德岗，陷入走投无路的境地，被迫签订求和条约。孟买英人允诺：交还自1773年起所占领的马拉塔人土地；撤回从孟加拉派来的部队；让出布罗奇税收的一部分等。这样，英军才屈辱地从被围的山地退出。然而，自1773年起，英国政府在孟加拉设立总督，兼管马德拉斯、孟买两管区，诸如宣战、媾和等重大事宜，均须有孟加拉总督允准。此时哈斯丁斯总督不承认瓦德岗条约，并决心洗刷耻辱名声。他派出一支大军横跨印度大陆，安全抵达苏拉特，战争又继续进行。

这时一种新的格局出现了。马拉塔联盟、迈索尔和海德拉巴在饱受英国人拉一派打一派、各个击破的痛楚后，以及在对唇亡齿寒有所觉悟后，在1780年组成了抗英总联盟，并且还打算争取法国人的援助。按照约定，海德拉巴向北出击沙卡尔地区，迈索尔进攻加尔纳迪，马拉塔人兵分两路，一路征战孟加拉，一路攻击孟买，与统一指挥和统一行动的英军展开决战。

但是，利己主义和目光短浅的印度王公们，在强力威胁和利益诱惑下，最终未能将抗英战争进行到底。1780年，抗英大联盟的军事行动开始不久，英国人将所占的贡土尔县还给海得拉巴，以反复无常出名的王公尼查姆下令班师，海德拉巴脱离了联盟。同时英国人用一大笔钱收买了马拉塔联盟中主攻孟加拉的邦斯勒系，致使大本营无后顾之忧。此时只有马拉塔联盟中的另两系统佩什瓦和信迪亚以及迈索尔仍坚持抗英战斗。1781年，英军深入信迪亚领土中心进行攻击，2月攻陷西帕利。信迪亚在震惊之余，1781年10月与英方单独媾和。1782年2月15日，英军孟加拉部队以强攻占领了阿马达巴德，8月攻占瓜廖尔，但进攻浦那的企图遭到挫折。以后在信迪亚的斡旋下，1782年5月17日佩什瓦与英人签订了《萨尔培条约》，这标志着第一次英国—马拉塔联盟战争的结束。根据条约，英国人占有了萨尔塞特岛，但归还其他所占领土。该条约使英国人与马拉塔人休战 20 年，给英国人从容征服迈索尔和其他一些地区，提供了时机。

马拉塔联盟的单独退出，对迈索尔人是沉重打击。但顽强的迈索尔人仍不屈不挠地抗击着英军，双方在战场上互有胜负。1780 年海德尔以 9 万之众和 100 门大炮，“势如排山倒海”，在波利罗尔击败了一支 4 000 人左右的英国军队。1782 年他的儿子提普在坦焦耳包围了 2 000 名英军，迫使他们投降并屈辱地撤走。但英军在 1781 年 7 月 1 日、8 月 27 日、9 月 27 日三次在不同地点，击败了迈索尔人。1782 年 12 月海德尔死去，提普继续领导抗战。双方又经过一年多的拉锯战，眼看都无法取胜，1784 年 3 月签订《曼加洛尔条约》。在相互归还征服的领土和释放俘虏的基础上，第二次英国—迈索尔战争结束。

1790—1792 年，英国人发动了第三次英国—迈索尔战争。自 1784 年停战以后，英国人集中精力巩固已有成果并积蓄力量，而印度王公们却为了争夺领土战乱不已，处处显出疲态。同时，英国人冷静地分析局势，意识到三支印度主要对抗力量中，马拉塔联盟较为强大，迈索尔抗英最坚决，因此摧毁迈索尔是其主要战略目标。另外，印度王公们的纷争，使英人惯用的拉一派打一派手段有了施展机会，甚至发展到利用印度王公打另一印度王公的地步。

1790 年，英国人以共同瓜分迈索尔领土为条件，分别诱使海德拉巴和马拉塔人于 6 月 1 日及 7 月 4 日加入反迈索尔的三国联盟。马拉塔人和海德拉巴各派出 1 万人协同英人作战。在强弱悬殊的局势下，提普仍然率兵英勇奋战，经过三次较大战役的拼杀后，终究寡不敌众。提普退守首府塞林加帕坦，在紧紧受困、突围无望的情况下，1792 年 3 月经过谈判，被迫签订《塞林加帕坦条约》。根据这城下之盟，提普割让一半领土，由英国、马拉塔联盟和海德拉巴瓜分。此外，迈索尔还赔款 300 万英镑，并把他的两个儿子送到英人军营中充作人质。对于英国而论，“这些领土的获得，强化了东印度公司的力量和占领区域的完整性”。

第四次英国—迈索尔战争（1799 年）短暂且惨烈。1792 年失败以后，元气大伤的提普苏丹不甘没落，他竭力争取法国人为“得力的同盟军”，以与英人抗争。是时，法国的督政府在欧洲与英国正处于一场殊死的战争中(1795—1799)。提普向凡尔赛派出使节,并且自己宣称加入雅各宾俱乐部,允许迈索尔辖地升挂法兰西共和国的三色旗,在首府种植“自由之树”以示对法国仰慕,而且还在法国招募志愿者来迈索尔助阵。结果法国政府与提普签订了攻守同盟,并在 1798 年 4 月,一些法国志愿者在曼加洛尔登陆。

英国韦尔斯利总督在 1798 年到任,经一年的部署与备战,1799 年 2 月正式向提普宣战。英军分别由马德拉斯及孟买压来,从东南、西北两面夹攻,直取都城塞林加帕坦。此外,英人促海德拉巴作为附庸参战,拉拢马拉塔人至少中立。再者,英人使出一贯伎俩,收买了迈索尔的首相和轻骑兵司令等一批内奸。在他们的配合下,英军长驱直入。尤其当英军轰破都城,提普与之血战时,内奸关闭了城门,断绝迈索尔军退路,结果提普阵亡,全境被英军占领,整个战争费时仅两个半月。迈索尔被瓜分了,西部、东南部和东部的大片地区被英人吞并。东北约两个半县的领土割让给海德拉巴。其余部分由英人扶植原先印度教旧王室的后裔统辖,这名年仅五岁的新君王与英人签订“辅助金条约”,一支英军常驻迈索尔,并由当地负责供养。1800 年,海德拉巴被迫将其从迈索尔获得的土地转交给东印度公司,充作供养英军的辅助金。

第二次英国—马拉塔战争(1803—1805)是争夺印度斯坦统治权的决战。如果说迈索尔的沦陷,使马拉塔人感悟到唇亡齿寒的含义,那么本次战争的结局,使他们体悟到鹤蚌相争的后果。

以浦那为首府的马拉塔佩什瓦,只是马拉塔人象征性的首领。浦那王公名义上管辖四个属邦,实际上他们各自为政,各有企图,相互争斗愈演愈烈。1802 年 10 月,霍尔卡邦首先发难,打败了佩什瓦和信迪亚两邦的联军,直捣浦那。佩什瓦逃至巴塞因,请求英国人助其复国,12 月双方订立了《巴塞因条约》,规定一支不少于 6 000 人的英军长期驻扎在佩什瓦复辟的领土上,费用 250 万卢比由浦那政府承担;将苏拉特割给英国;马拉塔各邦若与海德拉巴等英人附属国发生纠纷,悉听英属东印度公司处理。1803 年 5 月,英军开入浦那,恢复了佩什瓦的统治。

接着,英人宣布《巴塞因条约》适用于所有马拉塔属邦。各邦王公当然予以拒绝,战争爆发。以信迪亚邦为首,联合邦斯勒,派遣大军 25 万,加上法国训练的新军 4 万,合力攻击浦那。霍尔卡邦和盖克瓦尔邦再一次让英国人的离间得逞,它们按兵不动,袖手旁观。英军以 5.5 万人避强攻弱，历时五个月终将参战的两邦击败。英人分别在1803年12月17日与邦斯勒订立《德奥冈条约》，12月30日与信迪亚签订《苏尔吉—阿尔金冈条约》。霍尔卡邦终究未能置身事外，1804年4月，获胜的英军腾出手来攻击它。孤立无援的马拉塔人尽管浴血奋战，最后还是丧失了大部分国土。1805年12月，双方订立和约，霍尔卡邦总算要回一部分沦陷的土地。

通过这场战争，英国人获得大片割地，不仅有富饶的朱木拿河与恒河之间的河间地，而且马德拉斯管区与孟加拉管区的领地连接起来了。马拉塔三大属邦不得不接受英国或驻兵境内（佩什瓦），或驻兵边境（信迪亚），或官员驻扎首府（邦斯勒），并且所有驻军开销由马拉塔人承担。那些条约还规定，马拉塔任何属邦与英国盟邦发生冲突时，悉听英人仲裁。战后，英军占领了德里，莫卧儿皇帝处于英人控制之下。皇帝被迫宣布：凡东印度公司的辖地与保护邦，均不再受莫卧儿王朝的统治。由此可见，马拉塔人的独立地位已基本丧失，莫卧儿皇帝也形同傀儡，难怪英国评论家蒙罗嚣张地说："我们现在完全是印度的主子了。"

1817—1818年是第三次英国—马拉塔战争。第二次英马战争后，英国人变本加厉，进一步迫使佩什瓦、信迪亚和邦斯勒分别与之签订新约。根据三个新条约，佩什瓦放弃马拉塔联盟的领导身份，这沉重打击了他的权力和威望；英人借道信迪亚，取得对拉其普特各邦的控制，而它们本来是信迪亚的掠财之地；邦斯勒丧失独立，置于"辅助金条约"的体系中。

在如此苛刻条约的压抑下，马拉塔人不甘沉沦，他们对英国人的敌视日益增加，各属邦秘密串联，意图反扑。1817年11月，佩什瓦巴吉·拉奥二世在浦那起兵，他们焚毁英国驻扎官的邸所，发兵2.7万人袭击英军军营。邦斯勒和霍尔卡两邦也起兵响应，但先后被英军击败。1818年6月，佩什瓦的疲惫之师最终惨败，他走投无路，只得向英军投降。失败的三邦不得不再次签订屈辱条约。邦斯勒将纳尔马达河北岸割让给英人，其未成年的孙子被立为王公，辖有其余地区。霍尔卡将纳尔马达河南岸割让给英国人，并供养一支英国驻军。佩什瓦的职位被废除，巴吉·拉奥二世受禁于坎普尔，凄凉度残年；原领地由英人管辖，划出一部分交由西瓦吉的后裔统治，是为萨塔拉土邦。

尽管征服了迈索尔和马拉塔两大劲敌，英人还面临着另一种不得不认真对付的局势。由于莫卧儿帝国的疆土破裂得极为细碎，大小王公多达数百。为控制这类弱小土邦,英人使用订立条约的方法将它们纳于辖下。"辅助金条约"(又称"军事辅助金条约")是最常使用的方法,即印度王公同意把对外交涉权授予英国,同意英军驻扎境内,以担负防御职责,驻军一般仅是几名英人军官,大部是印度土兵,而供养军队的费用由王公承担,这就是辅助金。有些王公交不出钱,就把某地区划出,以其收入充作辅助金。这种方式始于1740年,法国的杜布雷首先在海德拉巴实行。后来英国人学用此方法,并把它扩大到全印度。1765年先试行于奥德,1787年用于加尔纳迪,1798年海德拉巴、1802年佩什瓦等均接受了辅助金条约。在迈索尔、马拉塔被征服以前,王公们往往是被迫签订"辅助金条约",当两者被征服后,签约形成风气,王公们惟恐处于受打击或遭排挤的不利地位,常常是主动争着与英国人订约。

六、西北印度的沦陷

进入19世纪30年代,印度尚处于独立的地区,只剩下西北印度的信德和以旁遮普为中心的锡克教政权。

信德地区存在着三个弱小但又相互独立的伊斯兰教国家,它们与东印度公司签订了友好互不侵犯条约,并且都忠实履行条约的义务。在英国进攻阿富汗不利时,它们不仅没有乘人之危,反而在道路运输等方面给予英人诸多方便。然而,1842年2月英人借口东印度公司在信德的专员公署受到攻击,次年派军打败三国,将它们并入孟买管区。

如前所述,1767年锡克人击败了阿富汗人后,成为西北地区的支配力量,自身形成12个类似王国模式的"密斯尔"。到19世纪20年代,一位杰出的领袖人物兰吉特·辛格出现了,他以武力和豪迈气概一统众多密斯尔,而后征服克什米尔,占领白沙瓦,建立了以旁遮普为中心的强大的锡克教国家。正当事业一帆风顺时,1839年59岁的兰吉特因醺酒中风,不久死去。锡克教政权顿时陷入无政府的混乱状态,各派系发生了长达四年的权力斗争,这大大削弱了锡克人的力量。1843年,无趣的各方终于同意五岁的小孩达利普·辛格为国王,由其母摄政。

1845年12月13日,英人借口锡克军队渡过苏特里杰河,"无故挑衅,侵犯英属领土",亨利·哈丁总督发布了宣战公告。早已集结的4万英军、100门大炮和70艘舰船,开始进攻锡克人占领区。锡克人以勇猛善战著称，是英国人侵占印度以来从未遭遇的强劲对手。哈丁总督曾参加过滑铁卢大战以及其他大小战役上百次，他以老将身份，亲自督战，仍屡陷险境。可惜每每在激战的紧要关头，锡克将官不时会犯下愚蠢错误，致使战场形势逆转。如第一次战役，在英军阵脚动摇时，锡克首相兼军事指挥拉尔·辛格没有让军队猛扑上去，给予狠狠一击，结果英军获得喘息机会，反败为胜。又如12月21日英军攻击锡克人费罗兹沙的防御阵地时，锡克人防守稳固，一次次击退来犯之敌，但军队总司令特吉·辛格无端下令退却，导致战略要地失守。再如索布拉昂镇战役，当英军总司令哀叹“我们几乎身陷绝境”时，锡克将军泰吉·辛格突然弃职离开战场，军士们不得不放弃战斗。由于锡克指挥官屡屡的低级失误，联系到英人惯用收买内奸的手段，因此至死不屈的锡克民众很可能又是一次次阴谋的牺牲品。顽强的锡克人在胜利无望的战争中坚持了近两个月。1846年2月20日，英军占领了拉合尔，3月9日，锡克人签下屈辱的《拉合尔条约》，主要内容是：割让苏特里杰河以南领土以及该河与比阿斯河之间的河间地；赔款1 500万卢比，三分之一付现金，余款以克什米尔抵充；改组锡克政府，幼主留任君王，但需服从英人派遣的行政专员的监督；大幅裁军，步兵不得超过2万人、骑兵以1.2万名为限，大炮几乎全部交出；英人派官员长驻拉合尔。3月16日，英印当局以100万英镑的价格，将印度教徒居多的克什米尔和查谟卖给戈拉布·辛格，褒奖他在征服锡克人时立下的战功，也离析了锡克人的势力。

锡克教王国的真正覆灭是第二次英国—锡克战争(1848—1849)。木儿坦省督穆尔拉杰暗中抗拒英国专员的节制，并且拖延交纳税款。1848年3月英方让他到拉合尔述职，他以辞职的方式来周旋。当拉合尔政府派官员前去接替空缺时，他在4月2日将两名陪同的英国官员谋杀。达耳豪济总督决心兴兵讨伐，他在10月10日宣布：“锡克人未经示警宣战，向我全面攻击。……他们将遭遇猛烈的战事。”随后发兵2万人，火炮百门，进攻木儿坦。锡克人为保卫政权浴血奋战，英国人为扩张霸业全力拼战，战况激烈，双方死伤惨重。1849年2月古查拉特一役，英方取得决定性胜利。3月29日，英印总督宣布兼并旁遮普省，废除锡克教国王。英国最终完成了对印度的征服。

作者点评：

英国的远东殖民政策，吸取了葡萄牙、荷兰和法国的殖民经验，并根据印度不同时间和不同局势，经过自身的摸索和理解，逐渐形成、制定并加以贯彻。

其一，主宰海上控制网，占据战略要地，逐渐向内陆辐射。这是葡萄牙式“蓝色海水政策”(Blue Water Police)和英国式大陆政策的结合。葡萄牙取果阿为海上控制网总督地，主要是面向大海，并非将其作为向内陆发展的桥头堡，相对而言与印度各王国的冲突尚不激烈。英人则不然，先占沿海据点，将马德拉斯、孟买及加尔各答，即印度东南、西南和东北的主要港口掌握在手，而后向内陆伸展，与印度各国各邦发生了强烈冲突。这状况与葡、英两国在中国的情况相似。葡萄牙占据澳门，主要面向海洋，为海上控制网一据点，因此与明、清政府的冲突不致激化。英国人的目标显然不仅限于海港，鸦片贸易向内陆的渗透，挑起了中英战争。战后强迫清政府签订的《南京条约》等，与英印一系列条约十分相似，割地(割香港)、赔款、开放通商口岸、领事裁判权等。然后英人利用口岸为基地，不断蚕食内陆，其海洋加大陆的政策十分明显。

其二，英人在印度的商务活动，一开始就在军事及政治的配合下进行。火炮为商业开路，武力强行取得特权，而后是政治上的控制。所以，英人商业所到之处，就是其政治力量建立之地，尽管有些地区是直接兼并，有些藩邦是归为附庸，有时两种方式择机而行，但是都在它的牢牢掌握中，有时甚至可达到事半功倍的效果。

其三，在征服印度的过程中，英人利用了印度的分裂局面，使出种种手段。(1)对付印度王公，他们拉一派、打一派，有时甚至利用一个印度王公打另一个印度王公。(2)他们建立土兵军队作为征战的工具，用此地区的印度土兵打彼地区的印度政权。(3)英人经常使用政治阴谋、行贿高官或收买内奸，这类手段用在对付印度藩邦的联盟上，常能将其分化瓦解，各个击破；用在军事进攻时，亦有意想不到的效果，或如入无人之境，或可绝地逢生。(4)英人用辅助金条约的方法，将众多军队的开销，转嫁到印度人头上。(5)他们用“年金”的形式，把王公养起来，将他们的辖地兼并，节省了军力和精力。

第十二章 英属东印度公司的统治及印度社会向近代转型

一、英国东印度公司的早期状况(1600—1773)

早期的东印度公司以“1702 年公司危机”案为界,大致可分为两个阶段。第一阶段,公司处于内外交困的境地;第二阶段,公司逐步兴隆,垄断地位巩固,贸易有了飞速的发展,尤其以印度三大商港为中心,设立了三个管区。

英人贪婪的目光早就盯向这富饶的次大陆。早在 1527 年,一名英国商人罗伯特·汤恩就曾向亨利八世建议,出航西北,开辟一条更快捷的直达印度的新航线,但两次试航都以失败告终。1583 年 2 月,以拉尔夫·费杰为首的一伙商人,携带女王写给阿克巴大帝的信,远航东方。费杰等四人在波斯湾口欲偷渡去印度时,被葡萄牙人抓住,葡人竟然将四人运抵果阿囚禁。后来费杰等三人寻机逃脱,进入印度,在印度及东南亚游历八年后,带着大量情报返回伦敦。

1599 年,伦敦大贸易商集会,筹备对东印度贸易的公司。他们集中了 2 万多英镑的资金,向国王申请贸易特许状。是时,荷兰人刚刚将欧洲的胡椒价格提高一倍以上,香料贸易的暴利产生了强烈的示范效应,这是英国东印度公司获得特许状的直接原因之一。就在 1600 年的最后一天,女王颁发了特许状,授予公司 15 年东方贸易的专利权。1609 年詹姆士一世又将专利权的 15 年期限,改为永久性授予。

东印度公司初期,海上力量尚处弱势,在东方常常受到荷兰人的排济。在国内,其他一些英国公司也想染指它的特许垄断权。例如,1637年“柯坦协会”在查理一世的支持下成立;“阿萨达公司”也企图在印度海岸建立殖民地。英国革命后,原先国王颁发的特许状失效,公司在贷款给新政府助其渡过难关后,1657年“护国主”克伦威尔才发给新的特许状。更糟糕的事接踵而来,议会为了解决财政困难,1698年通过法案:凡向政府贷款200万英镑者,即可成立对东印度贸易的新公司。结果“英国东印度贸易公司”应运而生,并获得对印度贸易的独享权利。那家老公司按现行法案条款,三年后将自动解散。公司的董事们面临着“国无二主,两个东印度公司必毁其一”的险境,在英国和印度全力以赴,据理力争并努力调解,终于在1702年达成两者合并的协议。1708年新公司组建完毕,定名为“英商东印度贸易联合公司”,双方股金各占一半。

随着东印度公司在印度的进展,它的性质渐渐发生了变化。1600年特许状允许公司制定内部法律,1615年国王授权公司在内部具有司法权,可对罪犯判罚直至死刑。以后公司将立法与司法权扩至印度殖民地。1677年,公司被授权铸造印度货币,在殖民地使用。1683年的特许状授予公司招募军队、宣战及媾和的权力。17世纪下半叶起,英人以马德拉斯、孟买和加尔各答三大商港为中心,设立三大管区,各设一名省督管辖。至此,东印度公司已从最初的贸易公司,演变成商业、政治、军事、司法合一的组织。

二、英国东印度公司的后期状况(1773—1858)

1757年普拉西战役后,东印度公司全力向内陆发展,它的权力迅速在次大陆蔓延、膨胀。那么,一个商业公司治理如此一个疆域辽阔、历史悠久的东方帝国,它具有这种能力吗?它的权利是否受到英国议会严密而有效的监督?它的经营正如期望的那样为帝国带来了滚滚的财源吗?不久,随着公司管理的混乱暴露出来,人们很快看到了答案。1767年英国议会通过议案,要求公司每年向国库交纳40万英镑。而事实上,东印度公司的利润不仅不足以支付庞大的行政管理费,而且还需向财政部借款百万英镑。尤其1773年公司发生财政危机,又一次请求政府贷款时,这更促使议会下决心进行干涉。

1773年在诺思首相的建议下,制定了《管理法案》,这是议会关于印度一系列法案中的第一个，它主要解决财政问题和管理问题。法案规定，公司董事必须向财政部呈交由印度发来的涉及税收的所有信件；每半年应向财政部长上交财务报表；公司董事会处理有关印度民政或军政，必须向内阁相关部长提呈报告。法案也具体确定了印度殖民政府的组织形态。统治印度的最高行政机构设于孟加拉管区的加尔各答，管理以前的三大管区。总督由首相提名，国王任命（第二任总督改由公司提名，国王批准），任期五年。设立一个四人组成的参事会，辅助总督管理。第一任全印总督是华伦·哈斯丁斯，他原是孟加拉管区的总督，1774 年 10 月正式就任。法案还规定在加尔各答设立最高法院，由一名首席法官和三名法官组成，负责在印度的英国臣民的诉讼和审判。1781 年法案对此作了一些变动，规定印度总督和参事会成员不受加尔各答最高法院的管辖。另外，法院对税收事务也没有审理权。

1773 年法案对管理和监督东印度公司，对有关印度行政、司法、人事等诸方面，都作出了规定。这样，英国在印度的管理体制已初步奠立，治理也大大改善。然而，各项规定只有广泛的原则，缺乏明确的责权的具体区分，例如总督本身的职权及范围，行政与司法部门之间的关系，参事会如以多数票否决了总督的裁决将如何处理，等等。

随着几年的实践，《管理法案》的缺陷越来越突出，哈斯丁斯总督在公司董事会的支持下，权力不断膨胀，另一方面，政府欲控制东印度公司的愿望越来越强烈，当 1783 年公司又一次向议会提出财政援助时，改革势所必然。1784 年，议会通过《印度法》，由于该法案由首相皮特提出，所以也称“皮特法案”。法案的核心是制定了“双重管制”的政策。法案规定，在伦敦成立一个督察委员会，它由财政大臣、国务大臣和四名国王任命的顾问组成，全权监督东印度公司的民政和军政。以前，公司在伦敦由 24 人组成的董事会权力很大，印度的各项政策基本由董事会定夺。现在政府设立督察委员会，它对政府和议会负责，这就形成了两个系统。以后有关印度的政策由公司提出，但决策权由政府掌控。反之，已决定的政策，又需通过公司具体贯彻执行。这种双重管理体制一直实行至 1858 年。

“1813 年法案”进一步削弱了公司在印度的权势。此前，英印贸易基本由东印度公司承办，1813 年法案取消了它的垄断权，以后英国公司都能够直接经营对印度贸易。同时法案确定了英王对印度领地的“当然主权”。1833 年《特许状法》又进了一步，停止东印度公司在印度的贸易活动,撤销其在印的贸易机构。此后,东印度公司成了英国政府下属的一个纯粹的行政机构。

东印度公司

"1858 年法案"是受到 1857 年印度大起义冲击后制定的。此后英国政府改变了统治印度的政策,取消了东印度公司管理印度行政的权力,使它退回到一般的商业机构。公司在印度的领地成为英王的直辖殖民地,女王任命总督进行治理,并在内阁设立印度事务大臣。

总之,在 1600 年至 1858 年的 250 多年间,英属东印度公司在印度从一个特许垄断贸易的商业组织,发展成为占有广大领土并建立政权的一个政治军事商业集团;以后,权势不断下降,逐渐演变为英王直辖殖民地的一个非垄断的一般性商业机构。1874 年 1 月 1 日,重负不堪的东印度公司正式解散。

三、印度农村在掠夺中蜕变

1757 年征服之初,东印度公司就在孟加拉的占领地直接征收田赋。1765 年公司从莫卧儿皇帝处取得了孟加拉的财政管理权,他们扩大了征税的区域,加大了榨取田赋的力度。1765—1777 年间,公司实行五年、三年甚至一年为期的短期包税制。英国人不考虑原来土地所有者的利益,将包税权进行拍卖,谁出的钱多就包给谁,所以投机者竞出高价。由于包税人在土地上没有长远利益,因此对农民凶狠搜刮,如 1770 年印度大饥荒,饿死约 1 000 万人,孟加拉人口锐减三分之一,可是 1771 年的净税收甚至超过1768年。这种杀鸡取卵式的掠夺不可能持久。以后几年，就难以收到足够的田赋了，而无田地牵挂的包税人也常常捞到一笔钱后逃之夭夭。于是，1777—1786年间，殖民当局酝酿着田赋制度的改革，他们允许原来的柴明达尔(意为“土地所有者”)有优先包税权。因此这十年可视为田赋制度的过渡时期。1786年以后，公司在征服土地上的田赋制度逐渐走上正规，根据各地区的不同情况，主要实施“固定柴明达尔制”、“莱特瓦尔制”及“马哈尔瓦尔制”三种田赋制度。

“固定柴明达尔制”最先在孟加拉实施，它是一种永久性的田赋制度，就是确认包税的柴明达尔为土地所有者，田赋一经估定，永久不变。1776年四人参事会之一的弗朗西斯提出这一制度的初步建议，1786年新任总督康沃利斯指派参事会成员肖尔进行地权、地租等问题的调查研究，以便按公司董事会意图，推行“固定柴明达尔制”。1789年9月18日、11月25日、1790年2月10日新的田赋制度分别在孟加拉、比哈尔、奥里萨试行，为期十年。然而仅过了三年，1793年总督就宣布“固定柴明达尔制”正式实行。

肖尔在调查报告中提出土地税制度的两条原则:保证政府税收;耕田者应受到保护。他又指出，要实现第一条原则，应有柴明达尔包税，因为他们是原土地、耕田及财产的所有者。这避免了过去包税者疯狂掠夺或完税前逃遁而难以追缴的弊病。至于第二条原则，尽管田赋的定额相当高，试验区1790—1791年的田赋总额是1765—1766年度的近两倍(该年度是公司取得征税权的第一年)，但由于此定额是永久不变的，这给柴明达尔留下了余地，因为生产的发展以及开垦荒地等产生的效益，则留给包税人处理。1795年、1801—1807年这一制度又分别推行到贝拿勒斯和马德拉斯管区的北部各地。由于永久固定的田赋制度被认为对殖民当局的财政不利，以后实施的地区(主要在今北方邦西部)改为临时柴明达尔制，一般每五年重订田赋额度。

“莱特瓦尔制”主要实施于马德拉斯管区(除了北部大部分地区)和孟买管区。“莱特瓦尔”是阿拉伯文，意为“农民”，“莱特瓦尔制”就是以农民为征收田赋的对象。政府对农民的土地进行测量、定级、估税。田赋额度通常30年修订一次。农民只要按时足额向政府纳赋，就可永久占有及使用相应土地。

“莱特瓦尔制”1792—1808年首先试行于马德拉斯管区的一些地方。

1808—1820 年间对于是农民、还是村社为直接纳税者，产生过激烈争论。1820 年 5 月省督宣布该田赋制在全区(除柴明达尔制实行的地区外)实施，农民与政府直接订约，耕种多少土地由农民自愿决定。相对试行期，正式实行的“莱特瓦尔制”在田赋税率上略有降低。1861 年马德拉斯在全区进行一次新的土地调查，根据调查结果，1864 年田赋税额再次降低，从净产量的三分之二，降为二分之一，时间仍是 30 年不变。1819 年孟买省督艾尔芬斯顿将“莱特瓦尔制”引入孟买管区，经土地调查和核实田赋后，1835 年正式在孟买管区实行，方式与马德拉斯管区基本相同。

“马哈尔”是印地语，意为“村庄”、“庄地”，“马哈尔瓦尔制”就是以村庄为单位制定田赋额度。村庄及其田地为农村公社集体共有的，由该公社为纳税者；庄地为封邑主占有的，该受封者为纳税人。两种纳税主体的税率不同，公社纳税者较之封邑主纳税人，其田赋税率要高出 20%左右。纳税主体有土地所有权。1822 年马哈尔瓦尔制在北印度中部一些省份正式实施。

一系列地税制的实行，除了英国殖民者获得较稳定并且相当高的田赋收入，部分柴明达尔从中渔利，印度农民遭受掠夺普遍贫穷外，它更对印度农业社会带来了强大冲击。从柴明达尔制来看，包税人在法律上成了地主，而世代耕作的农民被剥夺了土地占有权，他们有的成了佃户，有的举家出走，农民成分发生了变化。就“莱特瓦尔制”而言，在其实行的南印度和德干地区，原先农村公社集体土地所有制根深蒂固，现在以莱特瓦尔为纳税人，并在法律上承认他们对土地的所有权，这就形成了土地的集体共有制(另一种是农村公社的土地分有制，即土地各家占有，田赋各家分纳，但土地不能自由买卖和转让)向农民土地私有制的转化。还有，殖民政权在实行柴明达尔制时，有意识培养了一批新型地主。莫卧儿时期的收税员是世袭的，现在包税者能按时足额纳税就当下去，不然就撤换掉。于是出现了两种类型的地主，一种是柴明达尔本身；另一种是商人、高利贷者、官员，他们以钱拿下包税权，这些人往往是“不在地主”，即不居住在包税土地上，因此中间层次比较多，农民的负担更重。几十年后“不在地主”成为一股较大的力量，后来他们对印度大起义持强烈的反对态度。

总之，殖民政府一整套地税制的实施，对于中世纪传承下来的印度农村社会体制，产生了极大的破坏力，作为农业社会主体的农民遭受着莫明的掠夺,印度的农村社会正处于痛苦的转型之中。

四、备受摧残的印度手工业、商业

从历史的角度看,印度的手工业、商业一度走在世界前列。自古以来,印度的工业及手工艺术产品一直是各国商人追逐的目标,也是印度巨大财富的来源之一。西方专家在《工业委员会报告》中感叹:“欧人东来初时,印度工业的发达决不逊色于西方国家,有些方面甚至更为进步。”在对外贸易上,印度也处于出超地位,即便在 1708—1756 年,纯金块构成孟加拉进口货物价值的 75%,而孟加拉出口商品主要是棉织品、丝织品、糖、黄麻、鸦片等,细棉布,尤其是达卡细布行销世界各地。

普拉西战役成为转折,印度原有的商业、手工业开始遭受冲击,备受摧残。英国军队击败了印度王公,占领其国土,有些王公为取得原有王位,不得不付出大量钱款,如孟加拉王公贾法尔和卡西姆支付赔款 150 万英镑,而后在 1757—1765 年的八年间,另支付给东印度公司 500 万英镑以上。从 1765—1780 年的 15 年间,东印度公司得到了征税权,它将超过 1 000 万英镑的得益,或购买印度货出口,或将金银直接输出(当时有一部分输往中国),或以各种方式转往英国。这造成印度财富大量外流。在 1757—1780 年的 23 年间,孟加拉净流失 6 亿卢比,“血”被抽干,贸易和工业发展的后续资金枯竭了,这曾经富裕的地区变得极为贫穷。印度其他地方的状况也大抵如此。

东印度公司利用特权以及歧视性税收等手段,排挤、打击印度城镇各行各业。印度的海外贸易古来发达,由此带动金融业的活跃和城镇的繁荣。但此时东印度公司攫取对外贸易的专营权,享有外贸的免税特许证,有的公司职员甚至将特许证卖给印度商人,直接渔利。在对内贸易方面,公司除了垄断一些如盐、烟草等重要商品的贸易外,还利用不同的税收来挤垮印度商人。例如,孟加拉的印度商人得不到孟买地区的棉花,因为那是东印度公司垄断的,当他们转而从北印度输入时,就要加付 30%的入境税。许多遭受排挤的印商,为了生存,只能充当东印度公司的批发商、分销商和零售商,而他们原有的商业网络,自然无偿地成为东印度公司的资源了。

印度的布曾经行销天下,大量输往欧洲,输往中国部分地区,几乎独霸东南亚市场,如此发达的一个手工行业,此时全然凋零了。印度棉纺织业的衰败经历了两个阶段。其一,东印度公司为得到足量及有保证的棉织品,就以定购包销的方式,与织布工订立合同,要求他们按时按量交付产品。有的甚至将织布工集中起来,汇于商馆生产。若以生产方式本身而论,它将分散经营的织户组合起来,集体化生产,这具有一定的时代进步性。但公司以一种极不公平的条件与织布工订立合同,其收购价远低于市价,有的甚至低于成本。公司有时还运用手中的政权机器谋取利益,如他们动用警察强行摊派,对于反抗者、违反合同者,甚至处以鞭打等肉刑。织户在如此压榨下,生存难以为继,许多人抛弃了这一职业。丝织等其他手工业,莫不如是。其二,对织布工场和个体织户来说,更严厉的打击来自英国商品的不公平竞争。为阻止大受英国民众欢迎的印度棉织品和丝织品进口,英国议会在 1700 年与 1720 年分别通过法律,“自印度进口的棉织品和丝质货品,不准在英国国内穿着或作其他用途”。1780 年,又紧急停止从印度进口印花布四年等。提高进口税,这是英国阻止印度纺织品进入英国的常用手段,如 1842 年棉织品的进口税率为 50%,棉布为 67%。与此同时,英国政府积极鼓励纺织品出口。一方面工业革命提高了纺织品的产量和质量,降低了成本,使英国产品具有较强的竞争能力,另一方面英印殖民政权降低英国布的入口税,如 1863 年各类棉织品的入口税率仅为 2%—3.5%。在印度境内,殖民政权对过境税实行不同标准,英国布征税 5%,印度布为 20%。自 1782 年第一批英国布进入印度,在 1786—1790 年间,英国棉纺织品输入印度年均 120 万英镑,至 1809 年增加到 1840 万英镑。相反,1813 年印度棉布由加尔各答出口英国为 200 万英镑,到 1830 年变成净输入英国棉织品 200 万英镑。曾经繁荣兴盛的印度纺织业,就这样遭到了灭顶之灾。其他如丝织业、运输业、造船业等,也都循此覆辙,一一衰落。

从古代起,印度就有诸多手工业的种姓,他们逐渐汇集于城镇。现在受此沉重打击后,他们中的许多人无法生存,回到了农村,在那儿艰难度日。另外,孟加拉与德干地区自古以来商品流通繁忙,此时由于英人歧视性的苛捐杂税,沿途已是车马稀疏。

印度本土的工业没落,商业衰败,金融业成了无源之水,更主要是英国人利用统治权力,用各种手段尤其是非经济手段搞垮了印度的金融信贷业。殖民政权一方面关闭印度金融行的铸币厂,停止他们办理政府的汇兑及信贷业务;另一方面,它支持英人创办银行,授权他们发行钱币,在信贷和汇兑业务上予以扶持。1770 年英人创办的印度斯坦银行开业;1806 年孟加拉银行投入运营。反之,孟加拉的贾格特・塞特家族,一度是印度金融业的巨无霸,孟加拉约 70%的税收是经他的钱庄而归入国库的。此时在殖民政权及英人银行的夹击下,不得不宣布破产。

总之,曾经的手工业、商业和金融业构成了印度中世纪城镇赖以存在的基础,三者的颓废,使许多城市萧条了,更有一些中小城镇连同它们的传统体制和曾经的繁荣一起消失了,只留存于尘封的历史之中。

五、转型中的印度农村和城镇

旧的已废,新的当立,但印度转向近代化之初是辛酸的、被动的,因为它是在外来民族摧毁性破坏的基础上,在又一轮的掠夺中被迫与世界接轨的。印度开始成为宗主国的原料供应地、商品市场和投资场所。

以前,印度农业属自给自足的自然经济,种植主要是维系自我消费,现在开始转向为商品经济服务。世界市场需要的农产商品,在印度扩大了种植。这些经济作物主要是罂粟、棉花、黄麻、蓝靛、烟草、茶叶、桑蚕、咖啡等。同样是棉花种植,以前供给国内手工业,织布后进入流通领域。此时棉花由东印度公司收购,用于出口,与世界市场挂钩。因此出口数额猛增,1813—1844 年印度输往宗主国的原棉由 4 000 多吨猛升至 4 万吨,升幅高达十倍。生丝也如此,从 1813 年至 1828 年从加尔各答出口的生丝激增近 17 倍。随着对中国鸦片贸易的发展,罂粟的种植面积也不断扩大。鸦片的收入一度占殖民政府财政收入的第二位,仅次于田赋。

此时,生产方式发生了变化。其一,强迫种植制,由于这些作物非农民生活所需,殖民当局通过行政干预,规定农民种什么以及种多少,然后由东印度公司统购包销。其二,种植园经济,由英商或东印度公司职员兴办茶叶、蓝靛、咖啡等种植园。关于园地的来源,兴办者或者依靠殖民当局支持,以很低、甚至全免的租金租用国家土地,或者由政府给予长期低息贷款,租用地主土地。他们募工进行生产,产品主要销往欧洲。其三,由殖民当局或英商预付资本组织生产,他们与农民签订合约,向农民提供种子、技术培训及必要的投入,产品由出资方收购。蓝靛、罂粟、烟草等大都采用此方式。必须指出,尽管运用了近代生产方式,但这些都是必须卖出的非生活所需的商品，而且唯殖民当局和英人是出资者、管理者和购买者，其掠夺式的收购价，对于印度人来说，只是辛酸和痛苦。

在城镇，同样的变化也在发生。除了工艺品和奢侈品等少数行业外，传统的手工业，有些为英商控制，专门生产用于世界贸易的商品，其他大多数行业因为市场萎缩，生产规模狭小，入不敷出，已趋衰败。人们日常生活所需品，许多已为英国进口商品所替代。在商业方面，印商在内外贸易中受到歧视和排挤，有些商人为了商行能维持下去，只能充任英商在印度的代理商、分销商或零售商，这样印度商业的业态发生了转型。印度的商业网络向外与世界市场沟通，向内深入城镇乡村，它们推销英国商品，为宗主国收购当地的原料和土产，在殖民宗主国变印度为商品市场及原料供应地的过程中，起了辅助的作用。

六、政治结构中的近代因素

西方的统治方式与东方印度的现实环境相结合，在立法、司法和行政诸方面，都显现出了一些新的因素。据 1773 年法案，东印度公司在商业、军事、政治、行政各方面都得到英国国王和议会的特别授权，征服地也由公司建立政权并予以治理。这样伦敦的公司董事会成了印度的最高权力机构，立法、司法、行政的几乎所有方针政策都由它制定。自 1784 年“皮特法案”后实行“双重管制”，英国政府和议会对印度的控制权日益加强，印度的政治演变也更趋近代化。

立法分为两个层面进行：英国议会制订法案，规定东印度公司在印度的权力范围；东印度公司根据议会法案授予的权限，制订印度的法案及条例。因此开始时，东印度公司在印度的行政权与立法权是界线模糊的。英国议会 1833 年法案取消了印度省一级（省督参事会）的立法权，规定在总督参事会中设立专司立法的成员，由此建立总督参事会和立法成员组成的总督立法会议。此后的立法活动均在总督立法会议的规范下展开，行政权和立法权开始分离。1853 年的特许状法加强立法会议的力量，进一步对印度殖民政权的立法职能进行改革。总督立法会议扩容，除原有成员外，新增加“立法参事”六名，四名来自四个省（孟加拉、孟买、马德拉斯和西北边省），另两名是最高法院的首席法官和一名陪席推事，这些人必须有十年以上任文官的资历，立法会议的总人数达到 12 人。这样，印度殖民政府的行政权和立法权基本分离。

最初,英国人在印度建立的司法体制较为混乱,它存在两套体系。第一体系根据1773年法案建立,它属英国国王法院,援用英国法律,1774年在加尔各答设立高等法院,负责审理在印度的英国臣民的民事诉讼和刑事审判。以后又分别在马德拉斯(1800)和孟买(1823)设立高等法院。第二体系是殖民当局建立的高等法院,它将民事和刑事分开审理,所以1773年哈斯丁斯总督在加尔各答分别设立了高等刑事法院和高等民事法院,既审理印度人的案件,也审理在印度的英国人的诉讼。殖民地政权体系的高等法院也同样在马德拉斯(1802)和孟买(1827)设立。双重的司法体系造成了一定的紊乱。直至1861年的司法改革,才结束这混乱不堪的局面。

行政方面的改良,较为显著的是建立文官制度。东印度公司在印度建立政权之初,是政企不分。殖民政府的官员由公司董事会委派,大多由公司职员担任,而当时进入公司服务的英人只凭简单推荐即可,因此素质不高。依1773年法案,哈斯丁斯担任了由国王任命的统管三个管区的总督。他的身份变更了,不再属东印度公司董事会委派,而是直属国家政府官员,于是他开始建立与公司分离的文官制度,当时还只是初型,很不健全。康沃利斯总督(1786年9月—1793年10月)和威尔斯莱总督(1798年5月—1805年7月)继续充实文官制度。前者旨在"实行严格的纪律和伦理标准",后者于1800年在加尔各答开办威廉堡学院,培训行政人员,提高他们的素质和能力,增强有关印度的知识。

英国议会在1813年法案中进一步削弱了东印度公司对行政方面的人事任免权,它规定只有持海利伯莱学院毕业证书的人才能由公司董事推荐为文官。海利伯莱学院1806年在英国建立,它是培养印度文官的基地。在1833年法案中,议会正式取消了东印度公司职员把持印度行政官职的特权。法案规定,印度人、出生在印度的英国人,不论其宗教、出身、肤色,都可担任高级官员。1853年法案取消了东印度公司任命官员的权力,用公开的竞争考试制度来选拔官员。考试不分英国人、印度人,只要年龄在23岁以下,都可参加1855年在伦敦举行的第一次考试,应试者一律用英语作答。合格者经一年培训后,担任收税官、治安官等职务。当然,竞争考试制度对英国人是平等的,对印度人却不利,因为考试仅在英国举行,只用英语,而且最高年龄限制在23岁以下,后来甚至逐次下降,

1859 年为 22 岁，1866 年为 21 岁，1877 年更降为 19 岁，所以真正能够符合条件的印度人可谓凤毛麟角。还应看到，由于文官的仕途由英语考试而定，因此客观上对殖民当局倡导英语教育，起了推动作用。

七、印度近代意识的开端

印度人在被征服的过程中，认识到欧洲人船坚炮利及军事素养的优越性，在传统农业、手工业、商业被摧毁的事实中，意识到科学技术及良好的经营管理的重要性，就在这些血和泪的教训中，印度的近代意识开始萌发，逐渐学习和吸纳一些先进的东西。

应该看到，西方式教育对于印度近代意识的启蒙，发挥了很大作用。18 世纪中叶，英人入占孟加拉时，印度原有的高等教育仍然因袭着传统，古典文学、逻辑学、传统哲学、宗教经典及梵文、波斯文、阿拉伯文依然是主要的学科和研究项目。不管是自然科学，还是政治学、经济学、历史、地理等人文学科，都没有列入课程，以致印度人对次大陆之外的世界几乎一无所知。普拉西战役后，英国人开始了侵占全印度的进程。为了更好、更深入了解这个东方国度和古老民族，殖民当局、传教士以及东印度公司开办了一些学院和研究机构，在这些机构中，有些人旨在新形势下复兴印度教育，有些人则对印度人种学、语言学、历史学等展开全面深入的研究。例如，哈斯丁斯总督为了治理印度，任命几位学者将梵文中有关印度法律的文件汇编在一起，先译成波斯文、再译成英文，并定名为《印度法典》，1776 年刊行于伦敦。1781 年他又鼓励创办了加尔各答宗教学院。而在汇编《印度法典》的基础上，1784 年威廉・琼斯在加尔各答创办“孟加拉亚洲学会”。1792 年公司派任贝拿勒斯的驻扎官乔纳森・邓肯在当地创办了梵文学院，即今日梵文大学的前身。1823 年阿姆赫斯特总督在加尔各答设立了另一所梵文学院。

英语教学体制最早由东印度公司的民事官员格兰特提出，但没有得到政府的支持。将英文教学付诸实现的是传教士，首开其端者是凯里。他是浸礼会的传教士，1793 年到加尔各答，教会学校开设于马德拉斯。为便于教育，他将英文版《圣经》译成孟加拉文，还设立英文教育和孟加拉散文文学基金会。在他大获成功的鼓舞下，有识人士又相继成立了几所英语学校，如 1817 年的印度学院，后来它发展成普瑞赛顿学院。

英国政府正式介入印度教育当是1813年法案。它规定每年从东印度公司税收中拨出不少于10万卢比用于英属印度居民的文化教育。但是对于印度教育应当奉行什么体制，在实施中产生了两种意见。有些人主张应资助印度传统的教育制度，有些人则力挺西方式教育制度，实行英语教学。前者形成“东方学派”，后者称为“英语学派”。

实际的发展情况表明了当地知识人士对西方式教育的倾向。印度近代意识的先驱拉姆·莫汉·罗易站在印度应该现代化的立场，当看到东印度公司成立的公共教育委员会用拨款筹建梵文学院时，就向总督递交请愿书，表示：“梵文的教育制度，如果为英国议会的政策所决定，那么英国将使印度继续沦为愚昧无知。但是，如果政府立意要促进印度民众进步，那么必须着重于自由和开明的教育体系，其中包括数学、自然科学、化学、解剖学及其他实用科学。”他提议多多编印上述学科的教材，聘请西方学者来授课。又如，传教士设立教科书社，在两年内售出英文书籍3.1万册以上，而公共教育委员会以拨款资助出版的阿拉伯文和梵文的书籍，三年的销售额连成本都难以收回。

1835年，本廷克总督及参事会核准立法参事麦考莱的《麦考莱备忘录》，最终作出决定，教育拨款以后全部用来推广西式教育，并创办了加尔各答医学院，介绍西医教学。1854年7月19日，议会监督会主席查尔斯·伍德对印度的西方式教育进行调查及规划后，提出了《伍德教育文档》，制定了新的教育体系。此后英属印度的教育有了稳定的发展。新体系的要点是，建立从小学至大学相互衔接的教育系统；设立奖学金制度，奖励优秀学生；私人可以兴办学校，由政府基金给予补助；各省设有教育部门，负责教育领导工作；在各管区的中心城市分别设立一所大学。1857年，以伦敦大学为样板，在加尔各答、马德拉斯和孟买建立了三所大学，以后在拉合尔和阿拉哈巴德又兴办两所新的大学。鉴于《伍德教育文档》奠定了印度近现代教育体制的基础，它被称为“印度教育大宪章”。

英国人入印并成为决策者，这必然会对原有的宗教格局产生一定冲击。尽管殖民当局标榜对各宗教宽容和不偏不倚，但从它制订的指导政策来看，一些变化不可避免地发生了。其一，将宗教教育从政府教育机构中分离出来。表面上看，基督教的宗教宣传不得进入校园，而实际上对印度传统的宗教领导学校的旧观念，形成了破坏性的冲击。其二，鼓励基督教的传播。按印度教法律，改宗基督教者将被剥夺继承权和其他一些权利,殖民当局在1832年和1850年两次通过法律,取消了这种改宗者被褫夺权利的陈规。另外,1813年法案一改过去不鼓励基督教传教的做法,变为允许传教士进行宗教宣传,并策动大批传教士进入印度,鼓励他们办学校。以后又把他们办学成果作为楷模,大肆宣扬。当然,教会学校对当时印度青少年确实有一定的吸引力,也培养出一批新型的知识分子。因此,殖民当局的宗教政策对印度近代意识的形成,客观上起了一定的推动作用。

现代新闻事业的开展和报纸的创办,对传播先进思想起了重要作用。1780年第一家英文报纸《孟加拉新闻》创刊。以后三大管区先后都出版了英文报纸。1813年后,传教士大量入印,有些人创办了印度文字的报刊,1818年第一家当地文字的《达尔巴新闻》创刊于孟加拉。同年印度总督参事会废除了出版预审制度,自由办报风气日渐。办报者不仅有东印度公司前职员、传教士,还有印度近代意识的先驱们,如拉姆·莫汉·罗易在1821年创办了孟加拉语周刊《明月报》。

新的意识逐渐为人们接受,一些社会陋习越来越遭到人们的厌恶。1795年和1802年的《孟加拉管辖条例》宣布杀婴溺婴为犯罪。在印度,杀婴溺婴的荒谬习俗由来已久。一种是宗教的还愿,例如,一个久婚不孕的妇女向神祈求,希望能生育子女,如果生了两个以上,就将一婴抛入恒河入海口,"婴祭"河神。另一种主要是溺杀女婴,因为女儿出嫁要丰厚的嫁妆,贫穷的家庭负担不起。

另一恶俗是所谓的"萨蒂",即寡妇焚身殉夫。这一残忍的陋习以贞节为标榜,以避免轮回转世的苦难为引诱,一度在印度非常盛行。政府及一些有识之士早就想禁止这极不人道的祭礼,但惟恐引起民间的不满,激成民变,所以不敢严厉制止。1812至1817年间,当局几次颁令加以劝阻,但收效甚微。孟加拉各地仍行殉葬之风,"萨蒂"者年达千人。直至1829年12月4日,经印度当地各方的支持,政府痛下决心,颁布条例:宣布"萨蒂"为非法,须受法庭惩戒,强迫或劝诱"萨蒂"者等同杀害罪,赞同者亦属犯罪。尽管保守势力组成的"达摩社"等屡次上书,逼迫政府撤销法令,甚至有些地方还发生骚乱,但蒙昧的行为毕竟为时代所不容,这根深蒂固的千年陋习,终于慢慢消亡了。

另一祸害社会,威胁百姓生命的陋习,是以"迦利的使者"自居的杀人越货的匪帮,称为"图旗"(意为"盗匪")。迦利是婆罗门教神话中的女神,是湿婆神的妻子雪山女神的十个化身之一。迦利的使命是破坏,所以她的形象可怖,嗜血、身边挂满人头骷髅。印度教有杀牲献祭的传统,后来旁门左道假借此说,以杀人献祭,所杀之人一般为外地过境之人。久之,这些人自称迦利的使者,妄信是为迦利而杀人,成为商旅的一大祸患。1829 年政府成立专门机构镇压匪帮,1831 至 1837 年间逮捕了三千多名匪徒,基本肃清了祸害。

此外,还有几项陋习先后被铲除。1843 年当局颁布废除奴隶条例,当时各种形式的奴隶和变相奴隶在印度有好几百万。条例规定自动释放奴隶,对主人不作任何补偿。1847 至 1854 年取缔了奥里萨山区孔德人实行人祭的恶习。孔德人认为,要田地收成好,必须以人肉作献祭。举行祭礼时,搭一个高高的祭坛,上面绑一个活人,人们绕祭坛狂呼乱嚎,祭司一声令下,刀斧手将那活人的肉一块块割下,然后把尸骨与木架一起烧掉,整个过程十分残忍。禁令发布前,奥里萨山区每年约有 50 人死于祭坛。

新旧时代的转换,总会产生一批承上启下的杰出人物,他们的贡献在于唤起本民族的觉悟,印度民族也不例外。被泰戈尔誉为“开创现代印度的伟大先驱”的拉姆·莫汉·罗易(1772—1833)就是这批功勋人物中最显著的一位。罗易出生于孟加拉一个世代从政的印度教家庭,属婆罗门种姓。他早年接受严格的家庭教育,精通梵文、巴利文,谙习波斯语、阿拉伯语,20 岁时开始学习英语。他在阅览《圣经》英译本时觉得意犹未尽,便又研读希伯来文及希腊文的原著。通晓多种文字,令他眼界开阔,有利观察、比较、思考各种社会问题。他 16 岁时写文章主张废除偶像崇拜,差一点遭到长老们的惩罚,被迫离家出走。三四年间他游历了北印度,还到过中国西藏。1804 至 1814 年他在东印度公司任税吏,1815 年迁居加尔各答。此后,他专注于理论研究和社会活动,将毕生奉献给了复兴印度的事业。

罗易从宗教改革入手,开始了启蒙及改造印度社会的历程。在印度,自古以来宗教深入民间的生活,控制着人们的思想,它的影响遍及整个社会,与政治、经济、文化有着密不可分的关系。因此,宗教改革是首要之举,否则其他思想的、社会的、政治的革命无从谈起。罗易宗教改革的主旨是倡导一神论,用综合各宗教的方式,促使社会的融合。1815 年他组织了“友爱协会”,宣传一神教思想。他提出“梵”是唯一的神,无形无影,所以无需偶像,无需仪式,无需祭司。“梵”与人直接沟通,人们只要崇敬,便能悟觉。他通过倡导一神论,巧妙地将奥义书精神、伊斯兰教一元论及基督教思想熔于一炉。罗易采用托古改制的方式,告诉国人最早的婆罗门教是不设庙宇、不拜偶像的。今日的许多不良形式,都是后人别有用心加上的,现在应还其本原。1828 年他按自己的思想,建立“梵社”,并将梵社的神堂向一切人开放,彰示虔诚与仁爱。

在当时印度教社会中,妇女的社会地位最低,遭受着最残酷的欺压,尤其他在亲眼看到自己的嫂嫂被迫“萨蒂”遭受活焚时,更是深受震撼。他意识到要提高妇女地位,首先应倡导男女平等。他四出宣传,主张妇女应享有同等的受教育权,尤其应拥有同等的财产继承权,这是她们能自立的根本。没有财产继承权,妇女在丈夫死后,就失去了生存的依靠,这也是造成“萨蒂”的原因之一。罗易还坚决反对印度教内长期存在的一夫多妻、童婚、寡妇不得再醮等陋习。1829 年本廷克总督宣告“萨蒂”非法时,多达 2 000 名的印度教徒上书英国政府,表示反对总督的颁令。罗易代表一些进步的印度教徒来到英国,也向英国政府上书请愿,表示支持总督的决定。

罗易在破旧规的同时,也积极立新风。他大力提倡兴办近代教育和新闻报刊。他的教育宗旨是西方先进的自然科学、人文科学和印度传统文化中积极的东西应结合起来。他倡导英语和印度语教学并举,鼓励印度青年了解西方先进思想,掌握近代科学技术。1817 年他在英国友人海尔的帮助下,创办了印度第一所近代类型的学校,即建于加尔各答的“印度学院”。1821 年他创办了孟加拉语周刊《明月报》,次年又出版了波斯语《镜报》,成为宣传近代思想的阵地。为使人们对基督教思想有所了解,1820 年他撰写了《耶稣箴言》及《和平与幸福指导入门》两本小册子。1823 年代总督亚当颁布限制出版法,规定报纸及期刊需经政府批准才能发行时,罗易就此向最高法院和英国国王分别上书,全力维护印度人的新闻自由权力。

1827 年罗易又一次上书,反对歧视性的《陪审团法案》,呼吁司法的平等、公正。根据法案,印度教徒和穆斯林在法庭上需接受基督教徒的司法审讯,而审判基督教徒时,印度教徒和穆斯林却不能担当陪审团成员。在政治上,罗易主张印度行宪政并多多给予印度人参政的机会。1830 年他赴英国向英国下院提呈报告,提出全面改革印度行政制度的要求,他深信印度人民有足够的聪明才智，并要求以他们的才能和专长，参与国家领导的工作。

八、殖民当局对印度附属国的政策

英国殖民者在征服印度的过程中，由于政治管理的欠缺和军事力量的不足，所以采用“直接或间接由英国主宰整个印度”的方法，即在军事征服后，使用直接兼并与订立“辅助金条约”的不同策略，这样就产生了直辖殖民地和附属国两种统治形式。

但是这两种形式，尤其是附属国形式，不是固定不变的，而是殖民政府视形势的需要，恣意将其改变。哈斯丁斯在将奥德等附属国作为“篱笆”来缓冲马拉塔人等强劲对手的攻击时，以所谓的“平等”、“友好”对待它们。为使附属国能俯首帖耳，他甚至在 1775 年 2 月 26 日，上书英国罗斯首相，建议欲长久保持权势及强化与附属国关系，莫过如使附属国与皇家政府建立制度上的直接关系，这会令土邦主们觉得地位提高，权位也获得了保障。随着大局初定，当殖民当局稍有余力时，他们就将那些在经济上、军事战略上具有重要地位的附属国兼并了，如贝拿勒斯、加尔那迪等。但此时对一般附属国，大多数意见认为应予以保留，只是英国政府应加强对其控制。根据这一精神，韦尔斯利总督就曾迫使附属国成为“从属同盟”的关系，它们的军事、外交等，都受到东印度公司的监察和严控。英人还派遣驻扎官常驻它们的都城，因此这些附属国只是在形式上仍保持着内部的主权。

随着征服印度的大局已定，存在众多附属国的弊病渐渐显露出来。这些附属国在领土上与英属印度交错在一起，随着印度成为英国商品市场和原料供应地，在货物运输与征税方面带来了极大的不方便，如公路、河运等交通要道都要穿越一些附属国；尽管英属领地之间已取消了过境税，但一些王公依然有自己的关卡税。在政治上，这些附属国承袭着旧传统，内部王位之争的事端层出不穷，造成一邦或多邦的政局动荡，战乱不已。这对英国在全印度的商品销售及原料收购，形成很大威胁，如那格浦尔是著名的棉花产地，内乱一起，棉花就很难如期如数地收购上来。因此殖民政府在 1834 年和 1841 年制定方针，采取有选择兼并的策略，即衡量利弊后，择其重要的予以兼并。例如 1853 年大贺胥总督在兼并那格浦尔时，认为当地的棉花对英国纺织业的繁荣有着举足轻重的作用，而且它是孟买到加尔各答的主要交通枢纽。同年，在兼并富裕的比拉尔地区时，他认为这是扩大英属领地政治体制的需要，并且对国库收入大有裨益。总之，有选择地兼并一些附属国，有的是为了扩大政治势力，有的是为全面通商，增加税收，有的是为增强军队的机动能力，有的是为了对其他附属国形成一种威慑力量。

为了使兼并附属国师出有名，殖民当局制造了种种借口，“转属说”是当时常用的怪诞借口之一。所谓“转属说”，意即王公无嗣，死后其领土由殖民当局收归并统辖，其养子和他人都无权继承。1832 年 8 月，本廷克总督以卡恰尔土邦王统断绝为由加以兼并。奥克兰总督先后以此借口对曼达维(1839)、科拉巴(1840)、贾劳恩(1840)实施了兼并。苏拉特有着众所周知的优良海港，为殖民当局垂涎已久，1842 年奥克兰总督终于等来机会，以“转属说”为借口而将其吞并。大贺胥总督在这方面更是“业绩显著”，他凭借此说而兼并的重要附属国有萨塔拉(1848)、桑巴普尔(1849)、巴加特(1850)、乌代普尔(1852)、加色(1854)，等等。

殖民当局兼并附属国的另一借口是英人“善政说”，或者更确切地说是王公“治理不善说”。对奥德的兼并就是援用这条标准。奥德尽管是最早签订“辅助金条约”的附属国，但它地处殖民帝国的中心地带，当英国对印度的占领基本完成时，殖民当局迫不及待地着手解决这一“时代的错误”。英人指责王公行政败坏，民众承受着莫大的痛苦，所以必须有良好的政府替代，以便给“千万人民带来幸福”。1856 年 2 月 13 日，英国代表乌特勒姆正式宣布兼并奥德，将奥德王室的最后统治者移居加尔各答，靠殖民政府的年金度残年。其他以治理不善为由兼并的附属国众多，主要有“对人民暴虐”的库尔格(1834)、“支持人祭”的贾提亚(1835)以及阿豪姆(1838)、齐塔亚(1843)等等。

九、印度大起义(1857—1859)

印度大起义是英国入占印度以来矛盾积累的大爆发，也是印度民族意识积淀的初步体现。自 17 世纪初，英国殖民者借经商贸易之名，以掠夺性的剥削来压榨印度人民，以武力来蚕食和霸占印度国土，由外来者而成为统治者，使这古老的国度在政治、经济、社会、军事和文化各方面，发生激烈的变革。在这变革中,印度民众除了最初的仇恨外,还在慢慢形成朦胧的民族意识,随着对立情绪不断增长,终于选择了反抗的大起义。

印度大起义

印度上层势力中的许多人成了大起义的领袖,这是因为他们与英国殖民当局长期积累的矛盾,已到了难以调和的地步。大贺胥总督在八年任期(1848—1856)中,曾计划等到莫卧儿皇帝巴哈杜尔沙二世死后,取消皇帝称号并将王室从皇宫迁至库特卜。又如,殖民政府直接管辖奥德后,将原王公废弃,逐出宫邸。还有,殖民当局不仅兼并那格普尔、加色等伊斯兰教统辖的附属国,而且也停止印度教王公诸如拉奥二世的年金,取消封号,等等。这些举措在政治上沉重打击了穆斯林和印度教的贵族们,因此两教的政治领袖都在暗中推动着反英的抵抗运动。

农村的税制改革,众多士绅丧失了权力,而大贺胥进行若干项目建设时,征用了一大批地主的土地,并且没有给予任何补偿。这些权势人物的既得利益遭到了剥夺,心中忿忿不平。英国商品大量倾销印度,手工业者失业,农民破产,他们游荡于社会,群起怨尤。

宗教的因素更是错综复杂,但它根深蒂固的传统对于抵御外来文化,凝聚内部团结,有着十分强大的号召力。当时一般印度民众对基督教文明深感震惊,竭力排斥。他们甚至认为近代的科技和产品是不可信的,如电话等是作弄人的巫术;对英人废除印度社会几千年来的阶级制度,他们感到是侮辱了他们的宗教;对英人颁布条例,允许寡妇再嫁,他们更是怒不可遏。还有,西方传教士竭力扩大基督教的影响,而殖民当局也用立法来鼓励印度人皈依基督教。这些做法令印度教徒和穆斯林反感、愤恨，令各地的宗教领袖们感到地位动摇，权利受到威胁，所以他们都奋力抗争。例如，在北印度穆斯林村庄发生了传饼事件，一村长持六个饼，送给邻村村长，接饼者再做六个饼，传送又一邻村村长，如此不已，达数月之久，始于何处，不得而知。同样，在印度兵营中，发生传递莲花的事情，一士兵送一朵莲花给营中军官，他持花默默凝视良久，转传他人，如此辗转至全营每一人，再传至邻近印度兵营。传饼呼唤穆斯林团结，莲花对印度教徒的激励之情含义深远。这情形看似神秘，但个中政治、宗教含意，不言而喻。

英国人在东方开疆辟土，连年征战(包括不断对阿富汗、缅甸等的战争)，所需的兵员大部分是印度土兵。起先这些雇佣兵享有战时额外津贴，英国指挥官对他们的欺压还有所收敛，双方矛盾相对平缓。后来，尤其是在缅甸之战、锡克之战，土兵们死伤颇大，怨恨日增。他们也曾多次要求加薪，不仅未得准允，而且战局明朗后，津贴反而被裁减，这令他们愤怒不已。起义前英印军队 28 万人，其中 23.3 万人为印度土兵，分属孟加拉、孟买、马德拉斯三大军区。其中孟加拉军团是主力，它实际上由西北边省和奥德土兵组成。1856 年 2 月甘宁总督就任，1857 年初他发布指令，命令孟加拉军团待命，准备前往中国参战。这些士兵大部分是印度教徒，禁忌出海，其余的也不习惯海上行军，所以他们的抵触情绪十分激烈。因此，在英印军队中印度士兵的不满日益加剧。

此外，英国人在军队部署方面，客观上也为大起义创造了条件。是时，英国人正在进行克里米亚战争、伊朗战争和中国第二次鸦片战争，因此在印度的兵力十分空虚。一些重要的战略地区如德里、阿拉哈巴德等地，全由印度部队把守。

在这种种原因和条件下，起义随时可能爆发。1857 年，英军更新装备，采用新式的恩菲尔德步枪，为保护枪械，表层涂有一层油脂。当时军中到处传言，这种油脂含有牛油和猪油的成分。猪油是穆斯林、牛油是印度教徒禁忌的，因此土兵们认为受到了侮辱，兵营中一片愤怒，“火星落到了干柴上”，印度北部和中部地区“全都燃烧起来了”。

1857 年 5 月 10 日，起义首先在距德里 40 英里的密拉特爆发。土兵们枪杀英国军官，冲进监狱，释放囚犯，纵火烧毁官府。第二天起义军占领了德里，宣布拥戴莫卧儿皇帝巴哈杜尔沙二世，于是号召力大增。各地土兵和民众纷纷响应，不到四个月，起义的熊熊烈火迅速燃遍几乎整个北印度和中印度。

起义势力以德里、坎坡尔和勒克瑙为三大中心,德里是起义的中央政权所在地,皇帝也在那里。德里附近各支印军都汇集首都,武装力量达到5万多人,声势浩大。7月初外地调来的英军赶到,占领了城北高地。司令巴纳举军攻城,屡屡不克,身心憔悴,7月5日猝然丧命。印军3万乘机反扑,意图夺回城北高地,亦数攻不克。9月旁遮普英军驰援,局势急转直下。英军兵分五路对德里发起总攻。克什米尔门遭陷,英军涌入城中,印军宁死不屈,顽强抵抗。一名英国战地记者写道:上校赛格看到一名印度步兵经过英勇搏斗,徒手打死曾勇立战功的慓悍骑兵汤姆逊,他就冲上前去击毙了他,夺回汤姆逊的尸体。此时另一名印度士兵冲上前去,他令赛格惊慌失措。旁边另三名英国兵前来解围,这名印度人毫无惧色,先刺死一个英兵,又刺伤另一英兵,但被第三名英士兵刺死。战役结束后,赛格和已死的汤姆逊都获得了"维多利亚勋章",这名英国记者补充说,那两名印度士兵也实实在在应获"巴哈杜尔沙勋章"。巷战进行了六天,英军以几名将校及5 000多士兵阵亡的惨重代价,才攻克德里。莫卧儿皇帝被俘,放逐仰光,终死于斯(1862),残存的莫卧儿王朝正式灭亡。

坎坡尔起义的领导者是马拉塔王裔那那·沙西布,他原已退休在家,因遭大贺胥总督停发年金,故加入起义,被印军拥为首领。7月9日印军猛攻英国部队,激战18天后,英军不支求和。印土兵允许英军乘船撤走,待弃械的英军舟至江心,土兵开枪射击,英军仅四人逃脱。另据记载英籍妇孺被俘后,也遭杀戮。11月英军反攻,英少将哈夫洛克率领的军队进行了残酷的复仇,惨死的印度民众不计其数。

5月30日,勒克瑙起义爆发,英方原有驻军千人,另有700名忠诚殖民政权的印度士兵,他们一起全力死守。数日后英军指挥官阵亡,副指挥继续率兵抵抗,直至9月25日一支援军强行突入,局势才稍有缓和。年底英国本土军队远涉重洋赶到,由英印军队总司令科林·康培尔亲自督阵,在强悍的尼泊尔廓尔喀军协同作战下,激战至1858年3月,才将勒克瑙占领。

除了三大中心外,其他地区的战斗也十分激烈,其中最有名的是詹西保卫战,而詹西女王拉克湿米·芭依(1835—1858)更被印度人民视为民族英雄。芭依出身寒微,七岁时嫁给詹西王公拉奥,以后在宫中受过良好教育,长大后有勇有谋,体恤宽厚,深受民众爱戴。詹西土邦在1804年与英印殖民当局签约,成为附属国。1853 年 12 月王公病故,无子,由收养的幼儿继承。殖民当局根据“转属说”,以王公无亲生子嗣为由,兼并了詹西土邦。年轻的王后多次抗争,无果。大起义爆发后,芭依投入斗争,成为领导人。1858 年 3 月 20 日,英军围困詹西城,芭依一面指挥修筑防御工事,一面领导民众坚壁清野,切断英军补给。3 月 24 日,守城战打响,女王身着戎装,亲临前沿阵地,在硝烟中指挥作战。4 月 3 日城破,女王坚持巷战。5 日詹西城完全沦陷。入夜,女王身着男装,背负养子,率部突围而去。以后她领军成功占领了瓜寥尔。6 月 18 日瓜寥尔又在英军强攻下失守,女王身先士卒,奋力搏杀,壮烈牺牲,时年 23 岁。她的无畏精神一直激励着印度人民争取民族解放的斗争勇气。1947 年印度独立后,人们在她牺牲地普尔巴克竖立一座石碑,以志纪念。

詹西女王

大起义的后阶段主要是各地的游击战,至 1859 年 4 月最后一股起义力量在中印度被镇压,局势基本稳定下来。起义失败了,但有几个方面值得注意。从双方的兵力来看,最初参加起义的印度士兵约 12 万,响应的农民多达 200 万。英军 3 万人,又从中国、缅甸调援 2 万余人,下辖土兵约 10 万,其中 5 万是锡克人。很可悲,殖民当局在剿灭锡克王国时,主要借力孟加拉土兵,而大起义镇压孟加拉土兵时,锡克人又冲锋陷阵。另外,还有 5 000 名尼泊尔义勇军,这支骁勇的部队,在扑灭起义火焰时,发挥了很大的作用。随着战局发展,英军增至 11 万,征召的印度土兵达到 31 万。其次,起义者在武器和其他装备上已远远落伍,如他们使用前膛炮,较之英国新式的后膛炮,在射程、射速率、杀伤力上都处于下风。又如,现代电讯系统和邮政系统也掌握在英国人手中,这样他们就可以在全国互通情况,共同协作,把握了先机。从全国范围讲,绝大多数印度土邦和地区的首领仍效忠于英国殖民当局。他们在财力、兵力上给英人强大的支持。即使一些参加起义的王公,他们也是各有目的,所以起义后期英方使用怀柔手段,致使许多王公退出起义,有的甚至反戈一击。此外,大起义只是临时推出德里皇帝为号召，缺少一个协调一致和强有力的中央指挥机构，以致各地区被英方一一击破。

大起义对印度社会产生强烈震撼，对印度的历史进程有着深远的影响。由于这次大起义，有名无实的莫卧儿王朝消亡了；一度权势显赫的东印度公司在印度的统治终结了；英王的直接管辖，也宣告了印度名副其实的灭亡，完全沦陷为英国的殖民地。印度在这种特殊的背景下，带着深深的殖民地烙印，艰难地在近代化的道路上前进着。

作者点评：

伊斯兰教文化对印度传统文化的冲击渐趋平和，两种文化正在缓缓融合之时，西方文化接踵而至，又掀起轩然大波，而且它的影响更强烈、更广阔、更深远。在经济上，英国商品的倾销和原料的掠夺，深入印度城镇、乡村，这不仅破坏了印度传统的社会经济结构，而且将印度与世界市场紧密地联系起来了。例如，当美国独立战争如火如荼进行时，输往英国的棉花大减，而挽救英国众多纺织企业的，恰恰是源源不断运来的印度原棉。中英鸦片贸易和鸦片战争给中国人带来了切肤之痛，而对印度来说，则是罂粟种植业的黄金时代。在政治上，欧洲人的东来也使印度局势的演变与世界的发展联系在一起。例如，英荷东南亚的安汶事件，决定了两国在东方殖民地域上的划分，也在一定程度上影响了印度的历史走向。英法的七年战争，将印度牵连进去，成为两国在海外战争的一部分。更为可悲的是，由于法国将海外争斗的重点放在北美的加拿大，因此分别在英、法旗帜下互相厮杀的印度土兵们，无论孰强孰弱，孰勇孰怯，实际的胜负在英法两国的海外决策中已然定夺。又如，法国民主共和派曾大力宣传“杜布雷事件”，以此为法国大革命营造舆论。杜布雷是法国东印度公司的经理，他制定政策，谋划战争，一度使法属东印度公司迅速发展。他在替法国政府办事时，垫出了自己所有的家当，被召回法国后，他身无分文，遭受贫困，一直与东印度公司打官司，1763 年穷困而死。法国民主共和派据此大造舆论，赞扬新兴力量，谴责君主专制的无道和严厉压迫。因此杜布雷被捧为英雄，大革命后为他著书立说甚多。印度与法国大革命居然若即若离地联系起来了。在军事上，印度大规模的战争已不是“内战”，这次大起义已“走向世界”。在英印双方激战正酣时，英国人截留了派往中国进行第二次鸦片战争的军队。而中国军民得知印度人民抗英的消息时，也“人心俱大喜”。印度大起义同样受到欧洲广泛关注。英法各国的有关报道连篇累牍。马克思在起义爆发仅两个月,即1857年7月31日就写出了《来自印度的消息》并予以定性,“这些事实甚至能使约翰牛也相信,他认为是军事叛乱的运动,实际上是民族起义”,恩格斯也称之为“伟大起义”。总之,迈向近代的印度,已与世界有机地联系在一起了。

第十三章 殖民地化与印度近代化初型

一、殖民地的统治体制和统治政策

大起义的冲击带来了"全面的重新审视",审视的结果是原执政者"错误严重",是"软弱无能且笨拙",于是英国女王在 1858 年 11 月 1 日发布诏书。依据诏书精神,英印殖民地在统治体制和统治政策各方面,进行了重新建构。这种重组决定了英属印度此后约 60 年的特点和性质。

"重新审视"首先宣告了东印度公司在印度统治的终结,因为它必须为"错误严重"负责。1858 年 8 月 2 日,《改善印度政府法案》告示,印度由英国女王接管并以她的名义直接统治。9 月 1 日东印度公司董事会举行了最后一次会议,决定将"这辽阔的国土及其在印度的众多人员,作为礼物呈献给英国女王陛下并由其直接统治,希望女王愉快接纳,也请记住公司以往作出的一切贡献和成功经验"。董事会还通过对公司全体员工奖勉的决议,以及对指摘其"软弱无能且笨拙的政府"进行辩解。东印度公司以后名存实亡,1874 年 1 月 1 日正式解散。

依据新法案,在英国内阁设立印度事务大臣,他对英国议会负责,主管印度事务。该大臣由一个 15 人组成的印度参议会辅助,参议会成员主要是前英印殖民当局的高级官员,一般在印度生活过十至 15 年,"任职期间表现良好",他们负责处理有关行政事务。原先监督东印度公司的督察委员会撤销,东印度公司董事会和督察委员会的权力集中到印度事务大臣及其参议会手中。由于英国国内的政客们对印度事务的知识很少,因此议会对印度事务大臣的监督往往有名无实,加之 1858 年法案授予印度参议会控制印度政府财政的决策权,及1870年英印间设置直接电报线,致使印度事务大臣手握重权并能有效地控制印度局势。

印度总督由女王任命,并被特授副王衔位,代表英王成为印度最高统治者。总督在印度事务大臣的指导下,根据政府的总方针,制订实施于印度的具体政策及负责日常管理。换言之,总督及总督的参事会被授予印度的立法权和行政权。原总督甘宁担任英王统治后的第一位总督。

总督参事会过去在成员间没有明确的分工,事无巨细均由总督依据欲处理之事的性质临时分派交办。为使印度殖民政府更好地运转,以适应英王直接统治后的新需要,1861年的《印度参事会法》较明确地制订了参事会的组织结构及职责。在行使行政权时,总督根据需要,将外交、税收、财政、内政、军事、法律等部门,分别授权各成员专门负责,除非重大政务或牵涉其他部门的业务由总督召集参事会商讨外,各参事会成员均可自行处理职责内的政务,这就逐步形成部长负责制的政府状态。在立法方面,根据法案规定,参事会设六至12名委员组成立法会议,人员由总督任命,任期两年,其中非政府官员不得少于半数。但立法会议权力有限,有关公债、预算、宗教、军事及土邦政策等重大立法,没有总督指示,不得擅自提出;通过的法案须有总督批准方为有效;遇有紧急情况,总督可颁布紧急命令,具有与法律同样的效力。

军队改组是显而易见和当务之急的。大起义始于兵变,兵变的发起者是孟加拉兵团的印度雇佣兵,12.8万人的部队,竟有12万人投身大起义。起义的士兵大部分战死于英军的炮火,其余的或葬身于尼泊尔边境的丛林,或被英军缴械后杀害。孟加拉兵团只剩空壳而已。其他兵团尽管参与起义及伤亡程度有所差别,但起义因子犹存,因此重新整编是势所必然。

"分割与平衡"是英印政府彻底改组军队及以后几十年建军政策的原则。第一,在印度维持一支有不可抗御优势的英籍驻军。英籍军队的人数扩充了,英印士兵的配备在大起义前是一比五,现为一比二,后改为一比三,如1863年驻印的英军是6.5万人,印度土兵是14万人。英军的装备与后勤也大大加强,并将战略要地和主要交通线牢牢控制在手。即使在以后的二次世界大战中,英国也只抽调印籍部队赴其他战场作战,绝不减少英籍驻军。第二,东印度公司留下的约1.6万人的欧籍军队,或遣散,或吸收进英人军队。第三,大起义前,印籍士兵中高级种姓人数较多,大起义中他们成为组织核心。改组后，高级种姓人数大大缩减。锡克人以及尼泊尔的廓尔喀人在大起义中未加入反英行列，而且在帮助英人镇压起义时又骁勇善战，因此他们被大量招募入伍。北方的帕坦人和拉其普特人替代了大量南印度土邦的印籍士兵。第四，孟加拉、孟买和马德拉斯三管区分置三个军团，因为它们有各自的传统，亦可阻止不满情绪相互蔓延。将不同种姓、不同民族和不同宗教的印籍士兵分别单独建成班、排，再把它们混编成连、营等建制，这样使印籍士兵既能协同作战，又难以形成合力。第五，战略性的兵种，如炮兵、海军等，绝对由英人掌握。军队中中校以上的军官，全部由英籍或欧籍军官担任。

1861 年《印度高等法院组织法》出台，根据组织法，分别在加尔各答、孟买、马德拉斯各设立一个高等法院，替代原先混乱的双重法院机构，统一了司法体系。关于编撰完整、系统的法典，麦考莱可说不辱使命。遵行 1833 年法案，一个法制委员会在第二年建立，麦考莱任该委员会的负责人，他起草了《印度刑法》草案。在搁置了一段时间后，1860 年这部《印度刑法》经过修订，成为法律。《民事诉讼法》与《刑事诉讼法》则分别在 1859 年与 1861 年正式颁布。

地区性的统治分为两大类，即英属殖民地与印度土邦。英属印度为 11 个省，由总督任命省督进行管辖，并设置省参事会予以辅助。省参事会是总督参事会的地方翻版，没有多大实权，只是在拉拢当地印度上层人物和知识界人士方面，起了一些作用。省参事会中设置立法委员四至八人，其中多半由非官员担任，负责制订省法规。孟加拉、联合省及旁遮普先后在 1862 年、1886 年和 1898 年成立了省立法参事会。

印度土邦在大起义中，有的成为反抗殖民政府的中坚力量，有的成为镇压起义的忠实帮手，这些教训和经验，使得英国政府深切认识到妥善处理土邦的重要性。因此，女王在诏书中宣布了对土邦王公的保护政策："印度王公与东印度公司签署的所有条约和协议，我们均予以接受，并审慎维护"；"我们无意扩张目前已经拥有的领土和主权"；"我们尊重本地王公的权利、尊严和荣誉，亦如对我们自己的一样"。根据诏书精神，甘宁总督在 1860 年宣布废除"转属说"，规定王公在没有嫡嗣时，养嗣有权继承王位。因"转属说"被兼并的土邦，有些归还给了前统治者的养子，如 1881 年迈索尔土邦恢复，1886 年瓜廖尔回归信迪亚等。仍有一些兼并地区未予归还，如大起义漫延最广、战况激烈的奥德省，不仅未回归邦国建制，而且大部分私有土地都被新建的殖民政府下令没收，理由是这些大小地主都参与了“暴乱”。其他未恢复土邦的还有詹西、那格浦尔、比拉尔、萨塔拉、桑巴普尔等，因为这些地区是大起义的中坚，更重要的是它们在经济上、交通上的重要性。

根据女王诏书，土邦与英印政府应是平等的同盟国关系。因为按照土邦与东印度公司签订的条约，双方是盟国，而诏书宣告是“接受”和“审慎维护”这些条约的。女王诏书中的“直接领土”和“主权”也不包括众多土邦，诏书还表示“无意扩张”。事实上，土邦在形式上也仅仅保持半独立地位，每一土邦都有副王派驻的行政专员一人，他代表副王行使职权。为破除这“名”与“实”不符的状况，1877 年元旦生效的法令宣称，维多利亚女王兼任“印度皇帝”，这就把印度土邦归列于英帝国之内，土邦的王公及民众都成了英王的臣属和子民。

大起义暴露出的一个弊病是英国殖民者以印度主子自居，高高在上，骄横跋扈，而广大印度民众，即便是王公、贵族，也几乎没有参政的权益。这种相互隔离的状态，不仅使殖民政府与印度社会脱节，而且损伤了印度民众的民族自尊，造成双方的敌视。为改变这一状况，英国女王在诏书中标榜，对待印度本土臣民，就像对待帝国其他地区的臣民一样，“我们一定忠实履行我们应尽的义务”，并表示“所有我们的臣民，不论其种族和信仰，只要教育和能力符合规定，具有勇于负责的精神，都可自由、公正参与公职工作”。据此原则，印度的统治政策发生了变化。印度事务大臣查尔斯·伍德要求印度总督选择印度人担任立法参事。这样总督参事会和省立法会吸收了几名印度人加入，如 1862 年甘宁总督提名帕提亚拉土邦的王公丁卡尔·拉奥和贝拿勒斯的王公参加总督参事会。

为使更多的印度人参与政府公职，不断演进的文官制度多少发挥了一些作用。1833 年的特许状法案规定了可以任命印度人从事公职，甚至可担任政府的高级职务。1853 年开始了以考试选拔官员的制度。事实上，大起义之前几乎没有印度人能够通过文官考试制度而步入仕途。1864 年萨丁德拉纳特·泰戈尔成为通过考试后担任文官的第一名印度人，以后通过这一途径任文官的印度人略有增加，但仍属凤毛麟角。英政府在 1870 年通过法令，准许不经过考试任用印度人为官员。1879 年按《法定文官条例》，印度人无需考试出任文官者，应有省督提名，总督参事会批准，最高可占文官名额六分之一。这种官员称为“法定文官”，地方政府推荐时,考核其年龄、家庭、社会背景、能力及受教育程度等。“法定文官”制度到 1886 年停止实行,代之而起的是将文官分成三个等级,高级文官称为“印度文官”和“帝国文官”,次一级的称为“省文官”,省文官以下则称下级文官。第一级文官主要由英国人担当,他们通常在大起义前与东印度公司或 1858 年后与印度事务大臣订立过契约。省文官在各省分别聘用,由省督任命,随着时间推移,印度人充任省文官者越来越多。下级文官几乎全由印度人担任。这个制度的原则一直维持到英国人统治结束,只是个别方面因人因时略有变动。尽管印度人担任国家高级官员者仍然寥寥无几,但中下级官职向他们全面开放,这对印度人积极参政,表达民族的愿望以及在近代人力资源的培养等方面,在客观上还是有一定积极意义的。

英印政府“与民参政”的另一个方式,是建立地方自治会。1872 年、1876 年和 1878 年,孟买、加尔各答和马德拉斯三区分别建立了自治会。其成员由地方政府官员和当地非官方人士组成,并规定其中的三分之二必须是民选的非官方人士。开始时,主席职位由地方政府长官担任,以后这职位向非官方人士开放。自治并非政治意义的,其实质是担当市政职能,负责举办并监督教育、卫生等公益事业。例如,自治会设保安官若干,负责有关治安、卫生与协助收税等管理;设置行政官,督办市政建设等等。这对英印政府来说,借用了印度的人力和财力,扩大了公益事业;而对印度人则有了参与管理地方事务的机会。1882 年,里彭总督颁行地方自治法,建立县自治会,县以下的乡镇,设立乡镇公所,甚至一度实行由乡镇民选的代表选出乡镇长。不久以后,印度事务大臣认为此举不妥,修改了自治法,规定各乡镇代表大会应以县长为主席,而县长是政府命官。

印度殖民地的财政原先由印度总督及其参事会控制,大起义阻断了一些原有的收入来源,增加了一些新的支出,共造成 4 200 万英镑的新债务,至 1859—1860 年度仍出现 700 万英镑的赤字。于是新的财政改革从英国和印度同时展开。1858 年法令规定,印度事务大臣及其参议会对于印度财政具有最高控制权。未经印度事务大臣参议会批准,英印政府不得动用印度国库的岁入费用。授权印度总督监督全印度的财务行政,没有总督批准,各省政府亦不得动用经费。1859 年詹姆斯·威尔逊出任总督参事会的财政委员,他在九个月的时间里(他在加尔各答工作九个月后病死),制订了印度财务管理制度。他的后继者萨默尔·莱因实践了威尔逊计划。1860 年开始实行预算制度，内中规定，将必要的开支先做成不同的项目，再加以分配，地方政府必须遵行。那种地方财政自我支配的旧方式，就这样慢慢与世界通行的财政制度接轨了。此外，威尔逊和莱因采取了一些重要的经济手段，如 1860 年至 1865 年征收非农业收入的所得税，10％的统一关税（以后在自由贸易呼声日高的情况下，减为 5％），以及印花税，等等。通过这些手段，至 1864 年印度的年度赤字消失了。斯皮尔教授评价道："威尔逊与莱因的工作标志着现代印度财政的开端。"

进入 70 年代，财政、税收方面发生了一些变化。一方面强化了中央集权，对于一些重要部门，如邮政、铁路等的收入，完全受中央控制，一些重要的税收如盐税、鸦片税和关税等，全部由中央国库收存。另一方面，也兼顾了地方政府的利益，助其摆脱逐渐陷入财政枯竭的境地，在土地税、消费税、印花税、林业税、商业登记和注册商标税的收入方面，由中央与地方共同分配，而份额的比例视各省的需要而定。这样，各省可以量入为出决定自己的预算。另外，在新经济领域的发展方面，地方有更大的自由度，这不仅增加了地方财源，而且使它们以主动负责的态度加强行政管理，改善地方工作。

印度宗教的敏感性是不言而喻的，大起义使约翰牛更领悟到了这一点。为长治久安，宗教政策的调整势所必然。女王在诏书中宣称："我们决不将我们的宗教信仰，强加于我们的臣民，也决不因为他们所持各种不同的信仰而差别对待，他们都将依法享受到公正平等的保护。我们一定严格约束相关官员，用最大的包容，决不干预人民的宗教信仰和崇拜方式。"此后，除了传教士进行基督教传播外，官方不再向印度民众直接宣扬西方宗教，也不再直接鼓励传教。

二、近代产业的出现及初步发展

印度产业的近代化从一开始就深深打上殖民地烙印。由于印度传统产业本身发展缓慢且落伍时代，加之殖民政府的刻意打压及任意摧残，传统的产业与生产方式已趋消亡。因此，印度的近代产业完全是在新的基础上发展起来的。铁路、港口、电讯、采矿、公路及重大水利工程等基础设施建设，大都是英印殖民政府筹划起动，依靠大举侵入的英国资本建成的，所以这些领域基本上掌握在殖民政府和英国资本家手中。

印度铁路始建于约1848年,距宗主国兴建铁路高潮仅几十年。印度铁路的早期发展可分为两个阶段。前期,由于英印殖民政府无权为生产目的举债,所以它另辟蹊径,在英国寻求私人公司投资。为了让它们无风险顾虑,殖民政府提供土地,予以减免税收的优惠,并承诺它们5%年收益,若超过5%,则超额利润由政府和公司分享。作为承诺收益的补偿,殖民政府有权在行政和财务上进行管理,并在铁路运行25年后,有优先收购权。在政府的策励下,大印度半岛铁路公司、东印度铁路公司、马德拉斯铁路公司等,在19世纪40年代至50年代相继建立。1853年从加尔各答至恒河河畔拉杰马哈尔的铁路首先建成。至1859年,八家公司修筑了5 000英里的路线。自1867年起,劳伦斯总督(1864年1月—1869年1月)及以后的梅约总督(1869年1月—1872)大举国债,解决了铁路及大型水利工程的资金问题,由此进入了政府筑路阶段。以后,修建铁路的发展更为迅猛,至1914年,铁路网已通贯全印度,达3.5万英里,成为亚洲之最。铁路便利了交通,大大促进工商业的发展,使商业网络遍布沿海、内地,对商品流通、原料采购以及吸引投资发挥着巨大作用。在1855年至1860年间,印度海外贸易额的年均价值约520万卢比,1869年至1874年间,年均海外贸易额约达9亿卢比,1900年的进出口额更是超过了60亿卢比。而且,借助铁路网,辽阔土地上的印度人民联系更密切了,这有助于民族精神的培养。泰戈尔感叹道:“没有铁路,就没有现代印度。”

德里红堡

电讯业的发展与修建铁路几乎同步进行。1851 年印度电报线开始架设,50 年代至 60 年代,电讯业进入快速发展时期,1865 年印度与欧洲间的第一条电报线设置并开通。到 19 世纪末电报线的架设已达 3.8 万英里。1854 年建立起了邮政制度,它以邮资低廉、效果显著为特点,很快发展到全印度。同时,港口、公路和河运等的基础设施,在 1854 年至 1855 年大贺胥总督设立公共工程部后,有了显著的发展。

英国资本和印度民族资本几乎同时举办大型产业,这是印度工业近代化进程的一个显著特点。在印度当时的三大支柱产业中,英国人主要投资于黄麻业和采煤业,印度资本则集中在棉纺织业,这种英印双方各有侧重的投资,客观上避免了矛盾激化以及相互杀伤,有利于刚起步的印度近代工业的发展。

黄麻作为重要的纺织材料和包装材料,其产品在欧洲市场十分走俏。这促使英商大力投资黄麻业。1855 年,曾在锡兰经营咖啡种植园的英国人乔治·奥克兰,在盛产黄麻的孟加拉地区里石拉,兴办了第一家黄麻厂。以后英商纷纷投资黄麻工业,至第一次世界大战前,黄麻工厂已达 64 家,雇佣工人近 22 万人,孟加拉也成为世界黄麻制造业的中心之一。与之相适应,黄麻的种植面积不断扩增,1874 年为 85 万英亩,到 1913 年迅速增至 315 万英亩。

英国资本在矿业上的投资重点是采煤业。1843 年几家英资商行投资成立了孟加拉煤业公司,1846 年它的年产量是近 10 万吨,随着铁路和钢铁工业的迅猛发展,以及孟加拉、比哈尔和奥里萨煤田丰富储藏量的发现,印度采煤业突飞猛进。1860 年是 29 万吨,第一次世界大战前,已达 1 600 万吨。1938 年起超过了 2 800 万吨,达到了完全自给,并有余量出口。其他采矿业也基本为英资控制,但产量一般。如黄金开采,至第一次世界大战前,产量仅 60 万盎司。阿萨姆石油公司始建于 1899 年,产量少得不值一提。惟有锰矿例外,始采于 1892 年,但产量直线飙升,1900 年尚不足 13 万吨,至第一次世界大战前,已达 82 万吨,产量据当时世界第一位。

印度商人投资近代工业同样始于 50 年代,他们的首选是棉纺织业。印度是种植棉花历史最悠久的国家,也是棉花种植大国,棉布历来是他们的重要商品。所以棉纺织品在印度有一个成熟的市场。有些印度商人一面是英国商品在印度的批发商或代理商,一面自已经营商业,此时基本已完成了资本的原始积累。1851年袄教徒柯·纳·达瓦尔在孟买兴建第一家棉纺织厂,1854年2月建成投产。之后,印度民族棉纺织业有了较快的发展。1893年印度人创办的近代棉纺织厂达142家,雇佣工人13万。盛产棉花的西印度以孟买、艾哈迈达巴德和那格浦尔等城市为依托,形成了最早的棉纺织业中心。至第一次世界大战前,印度近代棉纺织厂已发展到271家,雇佣工人达26万。

钢铁业是英印资本都青睐的目标。英国资本先期涉入,但后来居上并获得成功的却是印度民族资本。1875年英国人成立了第一家孟加拉冶铁公司,1899年建立孟加拉钢铁公司,由于技术原因,这些公司举步维艰,它们除了产铁外,炼钢没有大的进展。印度的钢铁市场主要依靠德国、比利时及宗主国进口的钢铁来弥补。印度民族资本塔塔家族挺身而出,创设了塔塔钢铁公司,是当时唯一的名副其实的近代冶金企业。公司创办者贾姆谢德浦尔·塔塔毕业于爱尔芬斯顿学院,早期大规模经营对中国的棉花贸易和鸦片贸易。在1857年英国入侵伊朗的战争,1867年英人侵略埃塞俄比亚的战争中,塔塔家族是英军的军火和军需的供应商和运输商,从中获利甚巨。60年代塔塔集团大量向英国和日本输出棉花,家族财产迅速膨胀。此后,贾姆谢德浦尔将一部分资本投向实业,1869年他在孟买建立棉纺织厂,以后在那格浦尔、孟买、艾哈迈达巴德又先后设立多家棉纺织厂。1901年,他不失时机,大举向钢铁业进军。他从美国谋求到人才和技术的援助,从德国订购了整套设备,但在有生之年并未完成整个项目的建设。1907年,他的儿辈们在道拉·塔塔的主持下,选址比哈尔的萨克奇附近建厂(为纪念已去世的老塔塔,改地名为贾姆谢德浦尔),那儿有千年以前就已发现并开采的露天富铁矿,从而迈出了现代印度民族钢铁工业的第一步。以后,日益壮大的塔塔家族还先后在1910年建立了第一家电力公司,充分利用印度丰富的水利资源发电;1912年创办了印度民族资本的第一家水泥厂,接着涉足采煤业以及进军金融业等,成为当时印度最大的财团。

英国资本的另一投向是水利工程和种植园产业,这使印度农业渗入了一些新的因素。1867年劳伦斯总督大举公债,其中一部分用于扶植水利工程。借此新政策而兴建的工程有1874年完成的亚格拉运河,1878年的恒河下游运河,1882年的西尔欣德运河。这些运河包括其引水渠在内,总长达3 700英里,它们在农业上发挥了巨大的作用。“殖民地运河”

位于旁遮普,它自成灌溉体系,使广漠的国有荒地尽受灌溉之利,成为丰产的农田。切纳河下游水利工程修建于1890—1900年,共长2 700英里,灌溉面积达200万英亩之多,致使原来荒无人烟的不毛之地,成为农业高产区,赢利达到四成。至19世纪末,政府投资兴建的水利工程扩大了灌溉面积达1 200万英亩。

投资种植园的首选是种茶业。18世纪,东印度公司的一个主要利润来源是茶叶贸易,当时的茶叶几乎全部是从中国进口的。18世纪末,阿萨姆地区发现了一些野茶树,这给了人们一个启示,中国茶树是否适应当地气候环境呢?1834年本廷克总督派人去中国寻求茶树种,学习栽种技术并招募中国茶农。政府投资创建了茶叶种植园,其中还附有茶叶加工厂,并在1839年将其出售给英资的阿萨姆茶叶公司。这种实践大获成功,1850年后,种茶业和制茶业迅速发展,茶叶种植园普及阿萨姆、孟加拉、北印度山区及南印度。此后印度茶叶产量年年递增,同时从中国进口的茶叶不断减少。1850年英国的茶叶几乎全部来自中国,1869年英国从印度得到茶叶1 000万磅,同时从中国进口1亿磅,1900年英国进口印度产的茶叶增加到1.37亿磅,而中国茶叶的进口则锐减到2 400万磅。

16世纪,印度引进咖啡种植,18世纪咖啡种植园集中建于南印度、尤其是迈索尔地区,一度非常兴盛,还曾移植到东南亚地区。由于1862年一次毁灭性的虫灾和此后巴西咖啡种植业的崛起,1885年印度的咖啡种植业似乎走到了尽头。同样命运的还有蓝靛种植,它的形式是农民分散种植,英商集中收购产品,一度购销两旺,在世界市场占有不小份额。1897年德国人发明了化学染料,蓝靛种植业迅速衰亡。其他一些以传统形式和种植园形式种植的传统作物,也命运各异。棉花和黄麻的种植一直红红火火,长盛不衰。东印度的孟加拉、西印度的马尔瓦一度繁花似锦的罂粟种植却经历了大起大落。政府向农民收购罂粟液,制成鸦片出售给贸易商,利润高达200%。外贸商将鸦片销往中国,再获暴利。随着对华鸦片贸易激增,罂粟种植面积迅速扩大。1842年中英《南京条约》签订后,鸦片贸易几占英印政府出口总值的四分之一。20世纪初,在中国人民严厉抵制和美国等国际反对力量的压力下,英国不得不停止了对华运销鸦片。印度的罂粟种植业迅速衰弱。

不管是引进种植、创就辉煌的茶叶种植园,还是昙花一现的蓝靛和一蹶不振的咖啡种植园,不管是以传统种植形式操作的昌盛不衰的棉花、黄麻等传统作物,还是曾经火暴、后又一落千丈的罂粟种植,它们都不再是为“自给”而种植的产品,而是为市场、尤其是为销往世界市场而种植的商品。从这意义上说,印度的农业已踏入了近代化的发展道路。

印度工农业和商业能否规模发展和持续发展,一个主要的问题是资金和后续资金能否充分与及时供应。19 世纪 50 年代,英国早已完成了第一次产业革命,成为“日不落”帝国,拥有世界商品市场的最大份额。英国的工商业主和金融机构握有大量急需投向的资金,由于对印度一无所知,对投资的风险无法估量,发展前景不甚明了,因此他们很少投资于印度。为解决这一矛盾,一种具有特色的新的经济组织形式出现了,那就是经理行。

在印度,英国人和印度人分别建立了两类不同的经理行,两者的规模和职能有所差异,而且印度经理行是仿效英国经理行而建立的。英国经理行初创于 1813 年以后,是年东印度公司的东方贸易垄断特许权被取消,其他英国公司的商品和资本可以自由进入印度。由于对印度市场尚不熟悉,他们需要在印度寻找代理行,以确保利益,经理行由此应运而生。它们一般是股份公司形式,大多蜕出于以前的贸易代理行,甚至有许多前东印度公司的人员加入,因此经理行对当地的社会、习俗、行情有相当的了解,并且具有丰富的实践经验。

经理行主要是作为英国金融资本的代理,帮助它们在印度投资实业。经理行接受英国投资商的委托,按其要求在印度创建企业或公司,甚至可在企业落成后继续提供各种服务,如企业管理、原料采购、设备维修及更新、市场调查和产品销售,等等。此外,经理行还提供中介服务,如帮助英资企业从当地官员、大地主那里长期租用土地、矿山、种植园;也代办设备采购和人力资源招募等。再者,它们可以担当金融职能,通过社会吸纳存款,经营贷款,帮助企业融资;也可以充当担保,帮助不同公司间相互拆借资金,或向英国银行贷款。还有,它们常常有自营企业或商业,也常常直接承包企业工程和政府市政工程。另外,它们常收购印资公司的部分股权,也把自己控制的英资公司的股票出售给印度投资人,使得英印资本相互渗透。

经理行经营代理的广泛性,决定了它收益来源的多样性。它的收益来自各种代理佣金、中介佣金、管理费用、销售提成、贷款利息、股票分红及自营利润,等等。经理行的多种职能,决定了它涉猎行业的多样性。如

1892年成立的马丁公司，不仅承包诸如铁路等基础设施工程，而且创立煤业公司，建造发电厂、水泥厂，甚至还开办了保险公司，经营茶叶种植园等。

1858年，弗拉姆其公司作为第一家印度经理行在孟买成立，它以纺织厂为主要业务对象。一般而言，印度经理行的开办，有的是为了巩固家族利益，而后做大做强，扩大自身势力。如1887年塔塔家族建立了塔塔父子公司，成为其家族的经理行。有的是几个企业或同行企业为了自保，联合成立股份公司式的经理行，为原料采购和占有产品市场，为资金的筹划和调度，它们统一计划、统一行动，以便在英印大集团的阴影下，挣得自身的生存空间。

与世界进展的步调不同，印度工业近代化深受本土环境和传统的影响，这就形成一种印度式的近代管理模式。印度大多数工厂的规模很小，雇工少于五人的工场比比皆是，它们很难独立自主。一个印度经理行往往将几十个、甚至几百个小工场(厂)，纳于辖下的控制网内，负责它们的原料供应和产品销售，也为它们拆借资金。这样就形成一个经理行为中心，网罗一大群小工场，对外存在着明显的界限，内部却又十分松散，似是两个时代的生产管理体制的一种结合，并在近代化的轨道上慢慢演变着。

三、近代宗教改革运动

19世纪下半叶与20世纪初，正当殖民统治者欢呼“英国在印度的统治堪称全盛时代”时，在这古老而衰微的大地上，宗教改革和近代思潮正形成一股新的时代气息，漫布全印度。

步入近代，印度教体系陷入了一种令人困惑的境地。一方面，它深深扎根于传统之中，承载着过去和现在，并被寄望展示更好的未来。因此它在维系印度社会的一致性方面，作出了重大贡献，并依然是绝大多数印度人重要的信念支柱。另一方面，它处于一种前所未有的颓败状态。陈腐的种姓制度在民众中造成很深的隔阂、怨恨，妨碍了民族意识的形成，落伍的教义束缚着人们的思想，陈规陋习压抑了人们的个性，繁琐的祭礼耗费了巨大的精力、财力。面对新时代的冲击，众多教徒有的探索抗争，有的悲观厌世，有的逃避现实，有的漠然置之。

但是，西风东渐已成事实，随着英国在印度的全面统治，西方思想和文化通过立法、行政、教育、商业、产业等种种渠道，以咄咄逼人之势影响了印度社会。更有甚者，英国殖民者为了宣扬西方文明的优越性，1813年英议会批准了印度基督教工作条例，竭力贬毁印度教，宣扬要使印度成为“棕色英国”。传教士通过建学校、办报刊、设立慈善机构，诱使大批印度教徒改信基督教。在这种情况下，印度教徒感受到了步步进逼的宗教危机，救亡图存的呼声日渐增高。

最先觉悟的是一批受过西方教育和受到西方思想影响的知识分子。他们深深意识到印度教的颓败与落伍，为了改革，为了复兴，他们在吸收西方思想的基础上，用新标准与新价值观，重新审视印度教的神学体系。先大力宣传，继而建立组织，宗教改革在印度大地上蔓延展开。

宗教改革运动发端于孟加拉，1828 年拉姆·莫汉·罗易在大力开展思想启蒙的同时，在加尔各答创立了“梵天斋会”，后称为“梵社”，这是第一个宗教改革的团体。“梵社”的初期改革致力于团结和思想解放。罗易倡导不分教派，崇拜一神，这消除了因信仰不同而产生的隔阂，有利于民族的凝聚力；他主张废除偶像崇拜，这破除了部分陈规陋习，减少了繁琐的礼拜，使人们从狭隘的思想桎梏中，获得自由与解放。

“梵社”进一步的宗教改革是在德文德拉纳特·泰戈尔(1817—1905)领导下进行的。德·泰戈尔是印度诗哲，国际学院创办人，是诺贝尔文学奖获得者拉宾德拉纳特·泰戈尔的父亲。老泰戈尔毕业于印度学院，曾建立文化团体“真理认知社”，后并入梵社。1843 年老泰戈尔开始主持梵社工作，他规定必须通过入会仪式才能成为正式成员，从而使松散型的梵社转变成紧密型的组织。他还拟定信仰宣言，制定规约，出版刊物，派遣社友前往印度各地宣传教义，更多吸收同道。梵社影响迅速扩大，成员数目不断上升。

19 世纪 60 年代，梵社内部以凯沙布·钱德拉·森(1833—1884)为首的青年激进派崛起，他们将宗教改革引向了社会改革。森毕业于加尔各答大学，入社之初，深得老泰戈尔器重，这位长者曾力排众议，提拔他为梵社理事及执行秘书，位高权重。后来，森领导的青年派态度和主张越来越激烈。他们在教义上倾向于更多吸收基督教的内容，这为泰戈尔的老一派所不容；在社会改革上，公开挑战种姓制度，提出不同阶级的男女可以通婚，寡妇可以再嫁，这在当时社会中的一般印度教徒看来，完全是离经叛道。终于，梵社产生了分裂，1865 年森一派自创“印度梵社”，原来的梵社则称为“真梵社”。然而，新组织更孚众望。

印度梵社以彻底改革狭隘的印度教教规为己任，竭力使之大众化、平民化和社会化。它开办妇女教育、工人教育、慈善事业以及组织禁酒。新社的力量迅速扩展，分社不断增多，而且出现了一批女社员。1872年，在森奋斗不懈的努力下，以及社会各进步力量的支持下，终使印度政府颁布《婚姻法》，禁止童婚、禁止一夫多妻、寡妇再醮为合法、各种姓间可以通婚，等等。这使森的声名大噪，达到其事业和影响的顶峰。但是随着森被奉为先知、奉为偶像，他忘乎所以，屡屡破坏梵社的规矩，甚至1878年他违反禁止童婚的约规，将13岁的女儿嫁给一名王公，并举行旧的印度教婚礼仪式。这些行为使越来越多的印度梵社成员反感，致使内部又一次分化。更激进的一批青年退出印度梵社，另建“大众梵社”。

大众梵社的领导人有谢思特里、摩亨·鲍斯等，他们提出了更进一步的社会改革思想。他们主张女子可以接受高等教育，此前印度梵社尽管提倡妇女教育，但反对她们接受高等教育。大众梵社还力主印度现代化；呼喊印度民众奋起自救，并首推立宪制度；要求有目的、有计划的社会改造。这些主张受到广大民众尤其是青年们的欢迎。因此，大众梵社的影响压倒了同时存在的真梵社和印度梵社。

祈祷社，又名福利社，受孟加拉梵社运动的影响，1867年成立于孟加拉。祈祷社是在凯沙布·钱·森的指导下创立的，但他本人并未全力以赴，日常工作与组织发展工作主要由森的同仁拉钠德担当。该社虔诚地遵行一神论，废除偶像崇拜，但更致力于建立社会的福利事业，并以此为契机进行社会改革。他们在各地创办了许多孤儿院、育婴堂、夜校、寡妇收容所、贱民福音堂等等。

在立足于行动的同时，拉纳德也提出了他的两大改革理论。其一，革新运动，不应当仅仅注意外在的社会，而应同时着眼于内心的觉悟。他说：“改革者必须从整个的人着想，不可只想到外在的世界。”“宗教改革与社会改革是分不开的，正如爱人与爱上帝不可分开一样。”拉纳德将内心洗练列为重要工作，这不仅适应了印度社会环境，重视宗教信仰在心理建设中的重要性，而且对一味追求欧式社会改革的人，也是一种很好的启迪。其二，印度社会需要改革，这是不能逃避的现实，但需遵行社会成长与发展的延续性，切忌蛮干。拉纳德指出：“有人认为，所谓改革，就是勇于将旧有传统抛弃，单凭自己的理智选择，做正当合适的事。这种看法是不完全的，传统是经历磨练、长期形成的，想一蹴而就完成改革，这是无知的盲动。”“真正的改革家不是在一块干净的石板上写字，而是要把写了一半的句子完成。”

如果说，梵社和祈祷社是受到西方文化影响，并将西方思想和方法综合运用于印度宗教改革和社会改革，那么，另有一些宗教改革运动是从印度的传统中吸取养料，从古代经典中寻求改革的依据和基本原则。

雅利安社，又称圣社，1875 年由达亚南达·萨拉斯瓦蒂（1824—1883）在孟买创立，1877 年中心移至拉合尔，主要流行于旁遮普和北印度。萨拉斯瓦蒂是婆罗门僧侣，精通梵文。他广泛周游，在许多地方建立了分支。他的信条是回到吠陀时代去，因为凡是当代美好的东西，在吠陀时代就已孕育，只是后人牵强附会，把本不属于吠陀时代的东西，硬塞进去，致使人们对吠陀产生错误评价。雅利安社与梵社一样，主张崇拜一神与废除偶像，但萨拉斯瓦蒂不似梵社的领袖们求助于西方文化，而是从古典中寻找思源，并力图恢复吠陀原本的纯洁性。他的著作《真理之光》表述了复古就是维新的观点。雅利安社的另一特点是民族主义倾向比较显著。它提出“印度是印度人的印度”口号，深得民心，加之萨拉斯瓦蒂常常直接向群众说教，雅利安社发展迅速，至 19 世纪末成员达到约十万人，成为印度北部、旁遮普和联合省最有影响的宗教改革团体。

罗摩克里希纳传道会是以罗摩克里希纳·帕拉马汉萨（1836—1886）的名字命名的，它原本称为“苦行社”，其实它并没有明确的会社形式，只是以苦行潜修来感召世人。罗摩克里希纳是加尔各答附近达克希内什瓦地方一所迦利女神庙的高僧，凭借坚定的信仰，过着刻苦自修的苦行生活。他未受过高等教育，但聪明、勤奋、好学，不仅精通印度教教义，还向阿訇学习伊斯兰教教义，向基督教徒学习《圣经》。他与梵社的领袖们经常交往，共同探讨宗教问题。他善于用幽默的寓言和简单有力的谚语讲道，经他指点迷津者，无不深深感动，敬谨奉行。由于他口授布教，不曾辑印成书（《罗摩克里希纳福音》由其弟子据他布教记录下来），所以远近民众，无不赶来以亲聆教导为满足。他的品格和学识吸引了一群受过高等教育的孟加拉青年，其中一位毕业于加尔各答大学的青年纳伦德拉纳特·杜塔与他关系更为密切，成为其门徒，即后来闻名世界的维韦卡南达（1863—1902，中国曾汉译为辨喜）。1893 年世界宗教会议在美国芝加哥举行，维韦卡南达在大会上介绍了罗摩克里希纳的思想，引起国际宗教界的注目,他的演讲词迄今成为世界名篇之一。他说:“大会已证明,神圣、清净、慈悲的世界不应成为任何教会的独占物。大会也已证明,如果从来没有产生高尚的和神圣的人格,世界上也就不会有宗教。我坚信在不久的将来,我们将在所有宗教的旗子和标帜上,读到如下誓言:互相帮助,决不互相抗争;和睦共处,决不毁谤他人;维护和谐与和平,不作无益之争。我赞许过去存在的那些宗教,我崇拜与他们共在的神灵。”因此,罗摩克里希纳教义也被公认为一种世界博爱思想。维韦卡南达回国后创办了罗摩克里希纳传道会,进一步弘扬其导师的思想。

罗摩克里希纳的思想具体可归纳为五,其一,发扬光大印度古典文化的精髓,以吠陀精神、尤以吠檀多思想为理想,启发人性的真与善。同时对印度教其他的和以后的各学派及其典籍,不管它们是一神教,还是多神教,也不管它们是否崇拜偶像,一并承认它们的价值和地位。其二,普天之下的宗教目的都是一致的,是“博大的爱”。各宗教是大同下的小异,仅是走向大同的路径不一样。如同维韦卡南达在演讲词中表述,不管是印度教的神祇毗湿奴、湿婆、罗摩、黑天,佛教徒觐拜的佛陀,还是基督教崇拜的上帝、伊斯兰教信奉的真主,甚至是一些较小宗教崇奉的大神,都是同质异名,各宗教是殊途同归。其三,在人与神交往的方法上,诸多宗教和教派各有各的形式,有的是礼仪祭拜,有的是偶像崇拜,有的是自修自悟,有的是心灵直接沟通。罗摩克里希纳认为,这只是人与神交往的不同阶段,祭礼、奉献、崇拜等属于低级阶段,精神沟通及内心自悟等属于高级阶段,但两者都是走向与神灵结合的同一目标。由此可见,罗摩克里希纳提出了一种“人类宗教”的体系。其四,普天之下诸多流传千百年的制度,都有其存在的合理性和必要性,不必处处寻其瑕疵,刻意废黜,这是不必要的,也是不可能的。因此,更没有必要标新立异,徒生纠纷,只要温和渐进,朝着理想不懈努力,社会改良的目的就能达到。其五,宗教的使命是实现“博大的爱”,因此切忌只讲空话,而应以“为人类服务”作为崇高职责。诸如举办济贫赈灾等慈善事业是最实在的,并且在实际的社会服务中,求得自我精神的升华和解放。

维韦卡南达在国际上的有力宣传,使西方人对印度的历史文化有了更深一层的了解并发生广泛的兴趣。他在国内激励印度民众认识过去的光荣,又提倡学习他人长处,竭力融合东西思想。同时他强调改革者应该亲身体验苦修生活,并以身作则。在他的努力下,罗摩克里希纳传道会发展成为孟加拉地区最大的宗教改革组织，并在海外几十个国家、尤其是美国建有数百个传道会活动中心。

1875 年布拉瓦兹基在美国创办神智学社，1886 年该组织在马德拉斯市郊建立分社，然而它在印度真正得到发展，应归功于贝桑特夫人。贝桑特夫人原籍爱尔兰，1847 年生于伦敦，早年热衷于自由主义，后成为费边社的积极分子。1889 年她加入神智学社，1893 年来到印度，时年 46 岁。1907 年贝桑特夫人担任神智学社社长，1917 年又被选为印度国大党的全国委员会主席，1933 年逝于马德拉斯。贝桑特夫人居留印度 40 年间，由倡导宗教改革转而致力于教育文化事业，最后献身于争取印度自治的斗争，她无疑为印度的近代化运动和民族解放运动作出了贡献。

贝桑特夫人认为，要解决印度当前存在的问题，必须依赖印度古典文化的复兴。她在自传中说："印度最重要的工作，是要恢复、加强和发扬古印度的宗教文化，它将带来新的自尊心。对过去的骄傲，对未来的信心，这必将激发起爱国精神的风尚，并作为重建印度的开端。"由此可见，贝桑特夫人的旨趣在于通过复古而后维新、改革，但她过多地强调一些旧信仰、旧习俗，加之很玄的神秘主义色彩，以致许多人深感困惑，望而却步。然而在贝桑特夫人的努力下，神智学社还是有了很大发展，它的分社遍布全印各地，对于印度、尤其是南印度的宗教改革和社会改革，有着不可磨灭的贡献。

贝桑特夫人在贝拿勒斯创办了一所中央印度教学校，作为实践她目标的奋斗场所。她将自己的财力和精力几乎全部投入进去，以后学校渐渐发展，成为一所学院，后归并于印度教大学，即迄今在印度享有盛名的贝拿勒斯印度教大学。

总之，19 世纪下半叶至 20 世纪初的近代宗教改革运动，与以往的宗教改革不一样，它的特点在于波及整个印度，具有浓厚的民族意识，并且与社会改革和政治思潮密切结合。正如澳大利亚的印度学专家巴沙姆教授所说："改革也就获得了一种民族主义气息和全印度的规模。"

四、民族主义的萌芽

印度近代民族意识发端于罗易等一代人的启蒙活动，早期展现为遍及全印度的宗教改革运动，在这一系列的宗教改革和社会改革中，先期的觉悟者一方面对传统价值观进行重新审视,另一方面,在不断吸收西方先进思想的同时,与宗主国日益对立、对抗,民族主义的意识越来越强,内聚力持续积累着,并且从宗教改革、社会改革逐步转向了政治改革。

自19世纪70年代起,民族主义的政治改革运动在印度渐趋发展,在达达拜·瑙罗吉和马哈提瓦·罗纳德等人的努力下,形成了初步的理论体系。瑙罗吉(1825—1917)是民族运动早期的著名领袖,国大党的奠基人之一。他出生于孟买的一个袄教家庭,就读于爱尔芬斯顿学院,后成为该学院的数学和哲学教授。19世纪30年代,他是孟买管区主要的社会活动家,建立了许多文化教育社团,还主办《真理之声》杂志。1852年,他与几名民族主义者共同创建了孟买协会,团结了一大批进步的知识分子。1855年后,他去了伦敦,次年建立了伦敦协会,以后在印度的孟买、加尔各答等地建立了分会。罗纳德(1842—1901)是孟买管区另一位民族运动的领袖。他出生于那西克城的一个婆罗门家庭,毕业于爱尔芬斯顿学院。他通过考试,成为文官系统的一员,担任过法官、治安官和孟买殖民政府高等法院的法官。

瑙罗吉在1901年出版的著作《印度的贫困和非英国式的统治》中,全面阐述了他的理论。罗纳德的观点则通过他大量精彩的演讲表达出来,并汇编于《印度经济学论文集》。两人的理论概括起来,是探讨了印度贫困的原因,以及指出民族振兴的道路。关于前者,瑙罗吉提出“财富流失论”。由于英国残酷而无休止的榨取,印度的财富大量流往宗主国,致使印度元气大伤,陷入贫困和灾难的境地。罗纳德提出“附庸论”。殖民政府对印度赖以生存的农业,课以不堪负担的重税,造成连年饥荒。英国技术和大机器生产的商品,倾销印度市场,摧毁了印度传统的手工业。这样,印度只能充当宗主国的农业附庸,一直延续着贫穷与落后。对于民族振兴的道路,瑙罗吉提出“回归公正论”。他认为英国在印度的殖民统治是违背了英国人固有的“公正和宽大”,所以是“非英国式的统治”。因此,只要向明智的英国人揭露真相,呼吁回归公正,那么英国就会改变殖民政策,“财富流失”的问题就迎刃而解了。他身体力行,远赴英国,加入自由党,并在1893年通过竞选,进入下院。他在下院演讲时呼吁,英国应以“英国的统治精神,以及英国人公正和宽大的本能”,来决定“印度按英国的自由和公正的方针受到治理”。罗纳德则提出了“工业振兴论”,他指出,印度要复兴,其根本出路在于兴办民族工业,实现工业化,同时他呼吁英国政府给予贷款和技术帮助。在农业上，罗纳德主张土地兼并，资本集中，经过对农业资本家的引导，进行大土地耕作，从而使农业经济近代化。为振兴民族工业，他提倡开展国货运动，刻意培养民族市场。

19 世纪 70 年代以后，印度地区性的民族组织不断涌现，这些组织以新的面貌示人，且有着广泛的群众基础。

1870 年，卓施创建了浦那人民大会，他与罗纳德一起，领导了提倡国货运动，他们纺棉纱、穿土布衣服，开办国货商店，一度将这一运动开展得有声有色。

1876 年，苏伦德拉特·班纳吉(1848—1925)在加尔各答建立了印度协会。班纳吉出生于孟加拉的一个婆罗门家庭。学业结束后，他赴英国参加文官考试，以优异成绩通过，但殖民政府不予录用。经过法院诉讼，班纳吉才在孟加拉一个县任副治安长官，并且任事不久即遭罢黜。这一打击使班纳吉认识到，民族不独立，国家不强盛，人民就必然遭受外族统治，备受歧视。他转而投身于公众运动，成为印度民族运动的领袖。1876 年后，他以印度协会为基地，以意大利复国三杰之一的马志尼为榜样，积极开展印度统一运动。他广泛吸收会员，尤其是中产阶级和青年学生。他还直接向民众呼吁，鼓动舆论，使印度协会的影响扩大到北印度许多地区，成为孟加拉的第一大组织。

1877 年印度协会针对文官考试制度的斗争取得初步胜利。是年，文官考试的规定再度修正，将应考者的年龄从 21 岁降为 19 岁。以当时考试的苛刻，印度青年几乎丧失了求仕的机会。这种修正引发了印度青年的忿恨。班纳吉抓住时机，通过印度协会，发起全国性的抗议运动，先后在加尔各答、拉合尔、阿拉哈巴德和德里等地举行群众大会，抗议文官考试的不公平，唤起民众团结的意识。班纳吉自述："这是印度在英国统治下，我们为了共同的目的，不分宗教、种族，采取一致行动的第一次。从此我们认识到必须树立目标，才能团结奋斗。我们之间虽然种族、语言、宗教、风俗有所不同，但是为了达到政治目的，印度人民是可以联合一致，团结对外的。"他还说，运动的"真正目的是团结国人，唤醒印度人的民族自觉"。一系列集会后，印度协会派遣加尔各答的著名律师戈什，携带请愿书前往伦敦，请求英国议会不降低文官考试的年龄限制，并在英国和印度同时举行考试。

1878 年英印政府发布《武器法》和《地方语出版法》，意图限制持有武器和控制地方新闻报刊的出版。班纳吉领导印度协会与浦那人民大会携手斗争。通过联合斗争,民族主义者们认识到了自身的潜力,斗志更加昂扬。他们提出了参政的更高要求,甚至表达了实行代议制度的愿望。

其他较重要的民族组织还有1884年成立的马德拉斯士绅会,它以1878年创办《印度报》的青年知识分子为核心,以及1885年建立的孟买管区协会。

应该看到,印度不断壮大的中产阶级才是民族主义理论及其组织的真正的社会基础。在这二十多年期间,它由小变大,由局部发展到全印度。如达弗林总督所说,尽管相对总人口而言,"它还是很少的少数,但这个少数集团现在拥有共同的语言、态度和理想,它已经能担纲全印度的看法,并且最有能力改变全民族的态势"。反之,民族主义又转化为"一种激励,它进一步促进了中产阶级的凝聚力。这种激励的力量,部分来自有着哲学渊源的印度古典文明,部分来自英印政府的自由主义政策,诸如英国女王的宣言、始于梅奥总督的市政自治、文官选拔制度,等等"。

五、印度国大党成立及其早期活动

尽管民族主义组织遍布全印度,但它们都是地区性的,各自独立的。通过一系列的斗争后,民族主义者深深了解,只有建立永久性的和全国性的组织,才能使他们发起的社会改革和政治改革真正有效。1882年班纳吉在其编辑的《孟加拉人》报上,呼吁召开全国性的国民会议。1883年印度协会领头召集各地代表在加尔各答举行了一次印度国民会议。

对于印度民族日益高涨的改革运动,英印政府不得不认真面对。总督达弗林深知察觉民意的重要性,表示:"我们当前最大的困难,是无从确知真正的民意,假如能够有一个合适而负责的机构出现,让政府从这个机构里得到足以反映民意的建议,这确实是民众之福。"

休谟审时度势,顺应潮流,积极调和各派思想,为催生国大党起了积极作用。休谟是英印政府一名高级文官,崇尚自由主义,1882年退休。他默察印度当时局势,建议创办一个参议会之类的机构,由政府主办每年开会一次,集各方各派人士,反映方方面面的意见,供政府参考,同时提供各方精英彼此交流的机会。1883年,他给加尔各答大学的毕业生写了一封公开信,鼓励他们组织一个学会,促进印度人在政治、社会、伦理和思想文化诸方面的改革。他的努力获得几位印度贤达的赞助和一批优秀青年的热情支持。接着,他上书及会晤了达弗林总督,呼吁英印政府支持,并得到应允。全国性统一组织成立的时机成熟了。

1885 年 12 月 28 日,印度国民大会首次全国会议在孟买召开,宣告印度国大党诞生。出席成立大会的才俊共 70 人,都是自费参加,其中有瑙罗吉、波纳吉、阿叶尔、罗纳德等人,他们受各方各派推荐并得到政府首肯。休谟以发起人资格、也以西姆拉地区的代表,出席了大会。与会者共推孟加拉著名律师波纳吉为主席。与此同时,班纳吉领导的印度协会等在加尔各答举行第二次印度国民会议,讨论的主旨及内容,与国大党全国会议相似。印度国民会议一结束,班纳吉就代表它宣布并入国大党。国大党作为权威性的全国组织,其地位进一步巩固了。国大党的成立是印度民族精神成长的标帜,它成为寻求民族自治、自主的领导力量。

此后,国大党年会每年都在圣诞节前后举行,会址一般都选在大城市,第二、三届会议分别在加尔各答和马德拉斯召开。每次会议都引起社会的广泛重视,出席人数也逐年增加。国大党建立之初持温和改良的态度,主要是批评时政和提出改革要求,他们通过各种决议,送呈殖民政府参考。这些具体建议概括起来有:采用代议制的政府制度,在中央与地方推行自治;撤销印度参事会;普及一般教育与专科教育;削减军费,裁减印度籍兵员;任命印度籍军官;司法独立,与行政分离;任用印度人为高级行政官员;文官考试在英国和印度同时举行,等等。由此可见,他们的宗旨是不背弃大英帝国的统治,只请求英印政府改良,通过下情上达,使民众、尤其是中产阶级的呼声让殖民政府知晓。这种近似哀求的手段令甘地印象深刻,他在《印度自治》中描述:“直到那个时候,我们总是以为,要拯救我们的灾难、穷困和痛苦。只有前去英皇殿哀求,如果哀求不得,只能坐以待之。”

为了更方便与宗主国打交道和更好地影响英国议会和民众,国大党主动积极地在英国进行宣传。1887 年瑙罗吉担当国大党在英国的代表,1888 年班纳吉和诺顿也前往英国。同年,在伦敦克雷文街 25 号设立了“印度政治代理处”,开展对英国的鼓动工作。1889 年,它改称“印度国大党英国委员会”,由韦登伯恩任主席,迪格比为秘书,成员中还有一些激进派人员。英国委员会发行《印度》杂志,把国大党关于印度事务的观点,公示给英国公众。起初,《印度》的出版是不定期的,在 1892 年改成月刊,

1898年改成周刊。它免费发给议员们、记者、政治协会和俱乐部。英国委员会经常安排一些会议、讲演和访问,向议员们简要介绍一些印度的情况和问题,也邀请他们参加一些政治性早餐和午宴。

许多在印度任职的英国官员对初建的国大党抱有很大的热情,其中有些人如休谟一样,在退休后参与国大党的活动。至1900年,先后有三人被选为国大党的年度主席。至于殖民政府对国大党的态度,最初是带有好感,但谨慎待之,并且常常主动予以辅导。如1886年达弗林总督邀请国大党第二届年会的全体代表至总督府参加游园会。1887年马德拉斯省督也设宴招待国大党第三届会议的代表。

尽管早期国大党会议开始时,都要向英国政府显示效忠并表达感激,会议结束时,必定向英国女王起立致敬,但这种和谐并没有维持长久。达弗林总督曾经批准休谟的计划并同意国大党成立,但在1888年年底他任满离印前,对国大党的喋喋不休已大为不满。他表示国大党提出的建议和要求,不能代表整个印度的民意,不必过于重视。事实上,英印政府当时允许国大党成立,更多的只是一种政治装饰,标榜大英帝国的民主以及对殖民地民意的重视。他们仅仅视国大党为摆设,让它提建议、评时政、高谈阔论。因此,国大党呈送政府的提议常被束之高阁,英国官僚依旧我行我素。就这样,两者的关系发生了新的变化,从20世纪初直至印度独立,国大党与英印政府总体上处于互相斗争的对立状态。

国大党毕竟还是有所收获的。国大党每年有年会,闭会期间设立一个常设机构,从事大量的组织与宣传工作。他们在印度组织集会,在英国大造舆论,在这一系列的鼓噪下,1890年英国议会议员布雷德洛在下院提出法案,要求改革和扩大立法参事会,让印度精英参加立法工作。英国政府不得已提出一个修正案,1892年通过,这就是《印度参事会法案》,据此,国大党的一些有识之士被吸收进了总督立法会议和省督立法会议。这也是国大党早期取得的成就之一。

六、印度穆斯林的近代启蒙及文化教育运动

印度穆斯林的近代启蒙始于19世纪中叶,赛义德·艾哈迈德汗(1817—1898)是启蒙运动的主要活动家之一。他出生于德里一个贵族家庭,母亲是莫卧儿王朝宰相的女儿。他攻读法律,曾任司法文书,30岁时

进入德里法院工作。自60年代起,他全身心投入穆斯林的复兴事业,在教育、宗教和政治诸方面,均有建树。

赛义德看到,穆斯林传统的教育体系,在铁路、电报和新式企业的时代里,已途穷没落。1857年穆斯林的统治结束了,政治上、经济上、文化上的特权亦趋东逝。英语替代了波斯语的地位,成为官方用语,穆斯林对于学校和其他社会教育机构的授予权被英印政府剥夺了。传统的穆斯林教育失去了财政的来源,那些教职人员的雇佣也面临危机。墨守成规的穆斯林教育需要改革已是刻不容缓,没有适合时代的教育体系,他们将在政治上、社会上受排斥,整个教派将一事无成。1864年,赛义德创办了科学社,将西方自然科学和社会科学的一些名著,译成乌尔都语,还出版双语对照的杂志,介绍西方科学。赛义德在教育改革上有更远大的目标,认为只在传统教育的基础上自我更新是不够的,应提倡西方教育,"用英语、西方的艺术和科学进行教育,将使穆斯林社会取得更快更好的进步","英语是科学的、进化的和官方的语言,穆斯林以其为媒介将进入现代世界"。因此,他努力创建一所西方教育模式的穆斯林大学。1875年他在阿利加尔建立了英国—东方伊斯兰教学院,并且继续努力,力图把学院升格为穆斯林大学。据载,每天晚上赛义德都要与儿子讨论此事,他认为"阿利加尔应是'穆斯林的剑桥'",应成为培养教育、社会和政治方面的穆斯林领袖的摇篮,这些人最终将引导整个教派完成教育改革和社会改革,并以此为阶,步入政治,取得权力。由于穆斯林内部保守派对于西方教育的抵触势力尚盛,赛义德在有生之年里,未可如愿。

赛义德的宗教改革是与雄心勃勃的教育改革相配合的。以维护伊斯兰教为标榜的乌尔玛,对实行西方式教育的阿利加尔学院,提出种种质疑。赛义德为此进行了辩护与抗争,他创办了《纯化伦理道德》刊物,一方面旨在对旧传统的乌尔都语报刊进行改造,另一方面又对实行西方式教育的各种质疑进行驳斥。他还与一些志同道合者为兴办西学大声呐喊,他们辩解道:《古兰经》是真主的旨意,"自然界"是旨意的体现,所以接受外来思想,采用西方教育方式,不仅不违反教规,反而是对"自然界"纯化。为此他以现代感和反传统的思维撰写了《古兰经诠释》。此外,他还在生活实践中破除一些伊斯兰教的陈规陋习,如改革仪式、革除多妻制,等等。

在政治活动方面,赛义德灵活利用英方、印度教徒和穆斯林的三角关系,努力把穆斯林树立为一支独立的力量。起先,他还常常谈及与印度教徒的紧密关系,越到后来,其穆斯林本位的立场越表面化。他曾说:"印度教徒与穆斯林是印度的两只眼睛,伤了一只就会损伤另一只。我们应结成同一心灵,在统一整体下活动。如果能联合,则互荣共存,如果相互倾轧则两败俱伤。"而在另一方面,他又处处担忧人口只占五分之一的穆斯林的利益为多数派任意宰割,他说即使穆斯林都投自己教派的票,"根据数学我们能够证明,将是印度教徒四票对穆斯林一票,那么现在穆斯林如何才能保卫自身利益呢?"所以赛义德常常以穆斯林的利益作为衡量的杠杆,这表现在他力主推广西方式教育的同时,又竭力反对西方式的民主,因为如果实行了西方的民主代表制,穆斯林在议会中永远居于少数者地位。当国大党成立后,赛义德认为那是印度教徒的组织,主要是为印度教徒谋利的。它的建立对印度穆斯林的利益和前途构成了威胁。此后,他的伊斯兰教立场更为彰显。他不赞同穆斯林加入国大党,并且对"国民大会"党的名词十分反感,"我不理解'国民大会'这一名词意味着什么。设想生活在印度的不同种姓和不同信仰者是一个民族吗?或者能够成为一个民族吗?并且他们的目标和愿望是同一的吗?"由此,现代印度穆斯林的民族分离主义始露端倪,"两个民族"的理论从此发端。

赛义德反对现行的选举制度,并根据穆斯林的要求作了设想。他大力宣传,既然穆斯林在历史上更为重要,更富影响,那么他们赋予的权力就应该建立在这一基础上。1896 年 12 月赛义德等人向政府递交提案,表示穆斯林与印度教徒在立法议会上的席位应该平等,因为印度教徒有"人数上的优势",而穆斯林的"历史地位"同样重要。以此类推,两教在市镇一级的席位也应对等,因为:"一个公众党派的重要性不仅依靠它的人数,而且还依赖其他的理由。"这种坚持自身为独立力量的做法,客观上有利于穆斯林的团结和力量的内聚。

其他一些伊斯兰教社会活动家,诸如阿卜杜尔·拉蒂夫、纳瓦布·毛赫·穆勒克、赛义德·阿·阿里等,都为穆斯林近代启蒙作出了贡献。如 1863 年拉蒂夫在加尔各答开办了文学社,那是第一个穆斯林近代启蒙的会社,它要求会员关心当代思想和知识。1877 年赛义德·阿里在加尔各答创立了全国穆斯林协会,这是一个社会政治组织,主张用议会手段来谋求穆斯林的利益。它后来改名伊斯兰教中央协会,提出了一些改革建议。

穆斯林文化教育运动是近代穆斯林启蒙运动重要的组成部分。文化教育运动由两部分构成:主张西方式教育,以创建阿利加尔穆斯林大学最为典型;主张在伊斯兰教教育基础上进行改革,主要有乌尔玛领导的德奥班德以及弗朗吉·马哈尔运动。

自赛义德·艾哈迈德汗起,印度穆斯林在思想上、理论上逐渐成熟起来,坚持自身是独立力量的信念越来越强。他们看到穆斯林对于西方学识的了解远逊于印度教徒,政府中印度人担当的高级职位,基本上由印度教徒垄断。因此赛义德等启蒙活动家,致力于在穆斯林中推广西方式教育。

穆斯林大学的创立是一个旷日持久的运动(1875—1920),其进程大致可分为三个阶段。1875 年在赛义德等人的努力下,英国—东方伊斯兰教学院在阿利加尔建立,此为第一阶段。

1898 年 3 月 27 日赛义德去世,纳瓦布·毛赫·穆勒克为完成赛义德遗愿,开始了第二阶段的工作。他全身心投入,力图将阿利加尔英国—东方伊斯兰教学院升格为穆斯林大学。他设立"赛义德纪念基金会",为建立穆斯林大学筹款。同时,他还以 1886 年赛义德发起组织的"穆斯林教育会议"为基地,积极进行宣传和组织工作。为了在思想上和人事上有一个全新的面貌,阿利加尔学院的理事会进行了改组。该理事会成立于 1889 年,共有 70 名成员,主要是学院的各基金会的捐赠人和负责人,理事为终身制,因此基本上是富有而相当守旧的人。此时,崛起的青年一代发起了挑战,他们提出取消终身制,扩大理事会成员数,以便能有新鲜血液输入。青年人士大都为该校的毕业生,他们形成了自己的派系,要求在政策上有更大的话语权。1899 年青年一代成立了"校友会"社团,经过斗争后,1903 年其中三名佼佼者被选入理事会,他们是阿夫塔卜·艾哈迈德汗和著名的阿里兄弟,即邵克特·阿里和穆罕默德·阿里。此后,运动大有起色。

1911 年穆斯林大学开始了具体的实施步骤。其一,"穆斯林大学建设委员会"替代了"赛义德纪念基金会",阿加汗为主持人。他与精通募捐的邵克特·阿里一起,开始巡回全国,发表演说,动员穆斯林赞助。结果一年之内就募集了 260 万卢比,其中阿加汗本人捐了 10 万卢比。其二,1911 年 2 月 16 日成立了"穆斯林大学组织法委员会",以马赫穆达巴德为主席,4 月起草组织法,经过两次修改,9 月 23 日正式提呈英印政府审批。穆斯林以为大功即将告成,阿加汗奔赴英国并完成了"效忠宪章"草案的修改,准备在国王加冕后呈上。

风云突变,英印政府担忧这种全国性的穆斯林教育机构将变成激进的青年穆斯林成员的基地,所以一连采取三个步骤,以便将其纳入殖民政府设想的轨道。1912 年 8 月 9 日,总督参事会教育委员巴特勒递交给马赫穆达巴德的信上,转达了印度事务大臣与政府的决定:不同意成立全印度性质的穆斯林大学,建议大学命名为“阿利加尔大学”。这明显把全国性的穆斯林大学降级为地方性大学。穆斯林当然进行抵制,于是政府开始第二个步骤。它一方面以撤销政府的支持相威胁,迫使董事会就范;另一方面准备扶持白沙瓦、拉哈尔、孟买、达卡等地建地方伊斯兰教学院,以此孤立阿利加尔。第三步骤是 1913 年 4 月 3 日,巴特勒建议尽快成立印度教的大学,哈丁总督表示赞成,回信道:“我完全赞同你的建议,我们应该培植起孤立阿利加尔的趋势。”1915 年相对晚几年提出意愿的印度大学反而先成立了,而穆斯林大学悬而未决。

在政府的软硬兼施下,穆斯林内部经过争执,最后同意在“依照印度大学为条件”的框框下,于 1920 年成立了穆斯林大学,但这与穆斯林革新派的初衷是大打折扣的,以致在成立会上穆罕默德·阿里说:“这不是你也决非我梦想的大学,我们也无法称它为一个伟大和光荣的成就。”尽管如此,阿利加尔穆斯林大学运动大大强化了穆斯林的独立意识,传播了先进的理念与文化,培养出了一代印度穆斯林领袖。今日,它仍是印度共和国最著名的伊斯兰教大学。

德奥班德传统复兴运动始于 1867 年,中心在德奥班德神学院,它坐落在当地的清真寺内。早期的著名人物有穆罕默德·卡西姆·南诺塔维和佐尔菲夸·阿里,他们是 19 世纪伊斯兰教改革家沙·瓦利乌拉的门生,意欲秉承师旨,复兴传统,建立自己的教育体制,以引导印度穆斯林遵循正统宗教和传统社会的道路。他们为学校财政来源定下规矩,即避免依赖政府,主要在穆斯林王室和大地主中寻求资助,以贯彻独立自主办学的原则。另外,德奥班德复兴运动对发展新乌尔都语宗教文学方面作出了有意义的贡献。

1880 年南诺塔维去世,接班的年轻一代加快了改革的步伐。其中为首者是佐尔菲夸·阿里的儿子马赫默德·乌尔-哈桑,他是德奥班德第二期学生,完成学业后留校任领导。他有洞察敏锐的眼光及现实主义的态度,更积极倾向于改革旧规。学院采用了一些明显的英国教育模式:以“系”的组织划分各个专业,学生按程度分“级”、分“班”,制订考试制度,完成了应学的所有课程后，授予一定学位。

哈桑通过建立一些乌尔玛的组织，更积极地推动穆斯林的宗教和社会活动。“校友会”建立于 1910 年，成为德奥班德运动的中坚。在校内，它进行了一些课程改革，加强宣传瓦利乌拉和沙西德的思想，此两人是 19 世纪发动圣战的领袖，改革者企图以强调反抗的新方式，来教育新一代。在校外，“校友会”组织不断扩张，它还推荐其成员进入政府学校、学院任教阿拉伯语课程。为促进对公众的影响，它出版一些价格低廉的宗教书籍和小册子。“校友会”计划在全国建立分支机构，积极筹款并且告诫穆斯林应多多关心宗教和立法事务。

1913 年，德奥班德神学院附属的“古兰学校”建于旧德里中心莫卧儿时代的清真寺。其主要目的是进行《古兰经》和伊斯兰教教义的指导，以及对欠缺宗教知识的西方派加强传统文化的培训。这样，在古兰学校存在的两年中，它加强了传统派与西方派的沟通，成了双方政治消息的传递和讨论的中心。一些重要人物如乌尔玛的欣迪与西方派的阿里兄弟及阿萨德等人就是在这儿相识，并经常会面的。

1915 年 9 月，当哈桑率众去麦加朝圣时，英政府以所谓的“丝信阴谋”为口实，说哈桑欲以阿富汗为根据地企图武力反英，使他在麦加被捕，引渡给英国，第一次世界大战期间一直囚禁在马耳他。

传统派的另一据点是弗兰吉·马哈尔学院。它有更悠久的历史，奥朗则布时期建于勒克瑙地区弗兰吉宫，从那时起它一直是次大陆伊斯兰教传统教育的中心。步入 20 世纪，阿布杜尔·巴利是引导弗兰吉与现代世界融合的革新者。他是开拓型的人物，其通信从西北边省到孟加拉、马德拉斯，几乎遍及当时整个印度，可见影响之广。1905 年，他首先在办学理念上与时代接轨。那时学校是家庭世袭主宰，没有固定而严密的规章可循。巴利虽是学校创建者的后代，但立志改革，建立了一套正规的组织结构，打破了家天下。1910 年他建立两个组织，在政府现行的法律内，进行伊斯兰教的社会工作，也帮助穆斯林在世俗事务方面获取进展。

巴利比哈桑更胜一筹的是他与阿利加尔派的诚挚合作。1912 年 12 月他与阿里兄弟相识，忠诚不渝地为穆斯林事业奋斗的共同理念使他们殊途同归，结下深厚友谊。宗教上，兄弟俩自谦为徒，接受巴利的指导，政治上，两派共同在 1913 年成立一个组织“卡巴奴仆社团”。这是一个卓有成效的组织。它以宗教为旗帜，提出维护卡巴神庙和其他伊斯兰教圣地的荣誉,不使它们遭受非穆斯林的侵略,而事实上它将松散的穆斯林组织起来了。“卡巴奴仆社团”的总部设在德里,分支机构遍及勒克瑙、孟买、海德拉巴、达卡等城市,以及联合省、旁遮普内一些较小的地区。1913 年“社团”的在册人数达 8 000 人,更具特色的是它召开了妇女会议,由阿里兄弟的母亲、邵克特·阿里的妻子和巴利的妻子主持,呼吁妇女们给予道义和财力上的支持。

通过文化教育运动,整个穆斯林的自我意识有了明显增强。不管是西方派,还是传统派,对于本身的旧观念以及官方的政治霸权都是一种挑战,他们一再强调自己的目标,并且广泛地宣传和动员群众,促使穆斯林意识到自身。在同一教派是一家的基调下,西方派和传统派逐步联合起来了,“卡巴奴仆社团”是双方合作的楷模。他们还利用报刊、杂志进行宣传,通过召集会议,征募捐款等,把各个阶级的穆斯林无论贫富、无论男女、无论有无文化,都初步汇集起来。

另一方面,西方派和传统派在个性上相互弥补,相得益彰。西方派的改革着重于吸取外部先进的养料,其最大作用是促使穆斯林进入现代,接触世界并与世界联成一片,他们可以读英语书籍,可以讨论达尔文、黑格尔,谈谈“星云假说”、“进化论”,这在以前几乎是不能想象的。乌尔玛则着眼于传统,从内向外对教育和社会进行改革,虽然回到《古兰经》、先知的训喻,但却是活学活用,促使它们与当代的穆斯林社会结合。通过伊斯兰文化的更新,促进穆斯林抬起头;通过对莫卧儿的怀古,因自己的光荣历史而自豪,激发前进的力量。在促动穆斯林对自我进一步自觉方面,传统派的作用同样不可低估。再者,两派改革者各以自己的方式动员穆斯林,有作为的一批人基本上都被组织起来了。

文化教育运动培养了一批穆斯林新一代的领导人,如阿利加尔派的阿里兄弟、阿加汗,传统改革派的巴利、哈桑等。他们的组织能力和宣传能力在运动中得到了锤炼。他们动员广大穆斯林支持他们的主张,加入他们的组织,这早就逾越了学院的围墙,而到达了全社会。这些活动对提高他们的领导能力,对政治局势的正确审视,起了很大作用。这些人物一度活跃在印度穆斯林近现代的历史舞台上,他们为全印穆斯林联盟的成立和发展发挥了重大作用,也领导了此后规模更大的哈里发运动。

作者点评：

印度是在完全沦陷为殖民地的情况下，开始了近代化进程，这是一个最显著的特点。因此，英国统治者与印度被统治者之间不可调和的民族矛盾，决定了南亚次大陆各方面的走向。政治上，素有“议会之母”称号的英国，将其所谓的民主制度贯彻到疆域辽阔、文化底蕴深厚的印度时，既要求这移植的制度能维持殖民统治安稳长久，又不得不对它进行调整以适应当地状况，因此这套制度一开始就走了样。同样，英印政府扶植起来的国大党迅速异化，它不再是殖民政府标榜民主的招牌，而是站在民族主义的立场上，与殖民统治的政治冲突愈演愈烈。经济上，印度的产业近代化与其往昔的经济发展几乎完全断裂，近代进程是在一个全新的平台上起动的。一方面英国资本大量、迅速进入，投资于以铁路、现代通讯为代表的基础设施建设、以采煤业为标志的矿业和以黄麻业为重点的产业，近代进程发展快速。另一方面，印度民族资本迅速壮大，它们依靠国外引进的先进的企业管理、技术和设备，全新地发展了以棉纺织业领衔的、以钢铁业为荣耀的近代产业。经济的发展，民族资产阶级和知识分子的壮大，带动了思想文化的近代化。宗教改革率先吹响了追赶时代的进军号；社会改革触及广泛，迅速掀起高潮；政治改革引起深层次的震动，它以民族主义为旗帜，提出了自治的目标，并开始为之奋斗。同样，近代思想文化的启蒙运动在印度穆斯林中也开展起来了，并且发展势头迅猛。当印度民族主义新一代崛起时，一个面貌一新的印度将展现于世界。

第十四章 第一次民族运动高潮及第一次世界大战的影响

一、国大党的温和派与激进派

随着国大党不断壮大，各阶级成员纷纷加入，它的组织构成日益复杂，其内部分化的趋势日渐显现。国大党的奋斗目标以及如何达到目标的方式，这是各方争议的焦点。1895年，国大党第十一届年会上，以戈帕尔·克里希纳·郭克雷为首的温和派与巴尔·甘加达尔·提拉克、奥罗宾多·高士等人为代表的激进派，产生了明确的分歧。温和派认为，维护英国在印度的统治，这是没有选择余地的，而且在长时期内也没有另外的选择，因此他们要与英印当局合作，而那些存在的问题应通过改革加以解决。他们主张渐进的、平和的和循规蹈矩的改良。激进派要求政治自由，谋求印度自治。他们认为，如果不是国家的主人，社会改革、发展教育和实业救国，都纯属空谈，而国大党现行的“祈求、请愿和决议”等改革手段，只是“乞讨”。

提拉克(1856—1920)是早期国大党内的一位领袖人物。他出生于马哈拉施特拉的一个婆罗门家庭，1876年毕业于孟买大学，1881年创办了英文《月光报》和马拉塔语周刊《狮报》，从事爱国思想宣传。他强调，印度丧失独立后，财富遭掠，光荣不再，因此印度的前途是先赢得自由，再进行社会改革。他从印度和马拉塔历史的荣耀中，吸取前进力量，又将西方的知识和制度作为争取印度自治的斗争武器。1895年他组织一年一度的西瓦吉祭奠，并在《狮报》上提出“司瓦拉吉”(该词出自梵文，吠陀文献中就曾出现,意为“自治”)的政治主张,这显然是将印度正统的观念与民族英雄西瓦吉的爱国精神结合起来,为新的民族主义服务。提拉克还以“牺牲、服务”取得群众对他的拥戴。1896—1897 年间,鼠疫猖獗时,他组织志愿队并身入疫区,努力扑灭病灾。甘地曾赞誉他犹如高耸入云的喜马拉雅山,仰之弥高。

提拉克像

其他主要的激进派人物还有孟加拉地区的贝平·帕尔(1858—1932)和奥·高士(1872—1950),前者早期加入梵社,是宗教改革的积极参与者,1887 年加入国大党。后者七岁就赴英求学,毕业于剑桥大学,1893 年回到印度。拉·拉易(1865—1928)是激进派旁遮普地区的领导人,先入梵社,后参加国大党。这些人与提拉克一样,打着复兴主义的旗号,实质为印度自治运动积极奔走、宣传。

郭克雷(1866—1915)与提拉克是同乡,也同样出生于婆罗门知识分子家庭。他与提拉克一样,富有领导才能,积极投身于民族事业,但在许多事情的见解上,两人却截然相反。郭克雷以自由主义为政治标榜,更赞赏西方式的宪政道路。他希望印度获得如加拿大一样的自治,进而在英国的保护和指导下,争取民族的平等权和参政权。

郭克雷创办“印度之仆社”,训练和培养了一批有宗教献身精神并投身印度民族事业的人才。凡入社者,均需在浦那总部培训三年,重要骨干必要时还延长两年。培训既有理论学习,又有身体力行的实践,成材率很高。郭克雷为“印度之仆社”亲订七条守则,如:国家利益至上,全心全意全力服务国家;不计个人私利;待一切印度人为兄弟,不分信仰,不分阶级;持有清白情操;重视社团利益,为之倾心倾力;等等。郭克雷在 1889 年加入国大党,很快进入最高层,并成为温和派的领袖。温和派只是希望改革现存制度,而不是在根本上抛弃殖民统治,因此积极走议会道路。郭克雷本人进入英印政府的立法委员会。他精通经济理论,因此在讨论财政问题时,总是最积极的一员。“郭克雷在加尔各答英印政府议会上有关年度预算的演讲,与他的国大党主席就职演说一起,成为新民族主义的孪生的政治报告”。

郭克雷是国大党当时高层领导中最早赏识与支持甘地的人。是时,甘地在南非领导印度侨民用消极抵抗的手段,反对南非政府的迫害。郭克雷十分赞赏,他在1901年国大党年会上,高度评价消极抵抗是“以精神为武器抵抗暴力,以个人忍耐之勇克服强力,以正善胜邪恶”。次年他亲赴南非鼓励甘地,又募集18万卢比给予支持。甘地也给予郭克雷很高的评价,将他比作圣洁的恒河,“如此磅礴,如此慈蔼,令人得以接近”。甘地还认为,郭克雷的“所作所为,都是出自一种纯洁的动机和拯救印度的目标,他对于祖国的热爱十分深切,以致随时都准备以身殉国”。

二、寇松及孟加拉分省案

1899年,寇松就任印度总督,时年40岁。他野心勃勃,意图借印度扬名,作为竞争首相的台阶。但印度最终未能使他如愿,并且几乎断送了他的官宦生涯。寇松一到印度就肆无忌惮放言:英国既是过去印度的管理者,又是未来印度的指导者,印度必须辛劳以事,才能期待酬偿。带着这种帝国主义思想,以恩赐者自居,寇松开始了他对印度的治理。

他首先解决边疆问题。前任总督们的“前进”政策,曾使西北边境的山民部落暴乱不已。寇松改变策略,撤回军队,只集中驻留于各要塞、据点。然后他任用部落税吏管理部落,着重建立联络通道,积极改善交通。1901年英印政府建置西北边省,加强对该地区的直接监控,局势稍缓。其次,他以拉拢和威吓两手对待土邦的王公们。他曾申斥一些王公,也曾派一些服务团辅导他们,还专门设立王公学院,培养王公子弟。再者,寇松以“仁慈专制”为标榜,在经济、福利方面采取了一些积极措施,如改革税制,减轻农民负担,兴修水利,促进农业生产,修建道路,推进公共事业等。还有,寇松对官僚机构进行了大调整,裁减了一批冗官,以提高工作效率。与此同时,他将加尔各答市政局的民选代表名额也削减了一半,这显然打击了印度民族主义者。

寇松的文化与教育政策引起了很大争论。一方面,他好大喜功,加之他的偏好(据记载,寇松在所有的印度总督中,是最喜好艺术的、尤其是建筑艺术),便以维多利亚纪念馆为样板,大兴土木,在加尔各答修建了一座纪念馆,以及建造了颇具规模的帝国图书馆,还设置了考古部门,保留了许多珍贵文物。另一方面,1904 年他修改了原来制订的《国务机密法》,使印度民族团体和报刊受到当局的严密监视,一旦刊有批评殖民政府的文章,编辑和作者都可能遭到监禁。

寇松的一系列教育政策更像一把双刃剑,既影响了印度教育事业的发展,也暗淡了他自己的前程,更尖锐了英印之间的矛盾。尽管教育不似农业,在当时的印度没有直接与民众的生存紧密联系,但它与正迅速成长起来的西方化的中产阶级关系密切,"当这一新阶级讨论土地问题时,他们称呼农民为'他们',当他们思考教育问题时,他们的用语是'我们'"。西方式的教育为他们提供了新的理想、新的希望和新的雄心。在这种情况下,1904 年殖民政府不合时宜地颁布了《大学法》。法案名义上重新规划大学和学院,针对加尔各答"过度增长"的大学,拟定建立研究生部门,以便促进学业更高发展;为加强对学生的管理和提高学习效率,同时引进大学住宿制。但在另一方面,法案运用对学院进行指导和登记审核的权力,使政府有效控制日益增多的私立学校,并用增加官方任命委员的方式来执掌大学。这些措施造成了一系列的摩擦。殖民政府还常常以专家治校为标榜,安插一些人员取代那些新的民族主义者。印度师生当然意识到殖民当局的用心,他们认为总督已"原形毕露",就积极反对《大学法》,他们阐释寇松的政策是"宣告战争",是"官僚干涉",是"对新民族主义有预谋的攻击"。

1904 年,寇松第一任期结束,尽管在教育政策上颇受争议,但还是受到包括印度民族主义者在内的各方不错的评价,他开始了印度总督的第二任期。待他秋天回到印度后,形势急转直下,他的一系列新政策均遭到了激烈反对。他的军队改革措施,即执掌军权问题,与军队总司令产生难以调和的分歧,而英国内阁明确支持军队总司令。在印度,尤其是孟加拉分省案,更激起了印度民族主义者的愤慨,他们进行了不屈不挠的斗争。在这内外交困中,1905 年秋寇松递交辞呈,回英国去了。

孟加拉省是当时印度第一大省,包括东孟加拉、西孟加拉、比哈尔、奥里萨和阿萨姆地区,人口 7 800 万。它是印度政治、经济、文化的一个中心地区,也是民族运动的策源地。分割孟加拉省的设想在 1903 年就提出，理由是地广人口多，不便管理。因此，将东孟加拉与阿萨姆合并，建“东孟加拉与阿萨姆省”，省府设在达卡；西孟加拉与比哈尔、奥里萨合并，仍称“孟加拉省”。东孟加拉与阿萨姆省有人口3 100万，其中三分之二是穆斯林，缩减的孟加拉省人口为4 700万，主要是印度教徒。因此人们认为，英印政府的实际目的是分裂民族运动的力量，以及扶持东孟加拉较落后的穆斯林，充任反对力量。

多利亚纪念馆，加尔各答

印度城乡民众群起反对。1903—1904年孟加拉各地举行上千次抗议集会。国大党数次派代表团，或会晤寇松总督，或赴英国，力图说服当局取消孟加拉分治，但无收效。1905年9月1日殖民当局通过了孟加拉分省提案，10月26日，提案付诸实施。在苏·班纳吉等人的领导下，反对及抗议活动迅速发展成大规模的群众运动。加尔各答商人罢市、学生罢课，人群涌向街区，举行示威游行。其他一些城市也举行了规模不等的示威游行。许多组织定这一天为“国丧日”。各地民众纷纷开展抵制英国货的运动，有些地方还焚烧了英国进口的布及其他一些商品。

以提拉克为首的激进派抓住群众运动迅猛发展的大好时机，在《狮报》上提出“四点纲领”的政治主张，并要求国大党高层采纳，以推进运动的发展。这“四点纲领”是司瓦拉吉、抵制、司瓦德西（自产）和民族教育。由于对是否树立司瓦拉吉为目标产生争议，“四点纲领”一度遭到国大党领导层的拒绝。经过激进派的大力宣传和努力，1906年国大党年会通过决议，终于接受“四点纲领”，但双方对司瓦拉吉的理解仍有一定分歧。温和派宣告在英帝国内自治是国大党努力奋斗的目标，而提拉克认为，所谓印度自治就是摆脱任何外国的奴役，由印度人全面管理本民族事务。自治后应建立"印度联邦共和国"，各族人民享有充分的自治权。

关于"四点纲领"中四者的地位，提拉克强调，司瓦拉吉是目的，另三者是实现目的的手段。印度要真正达到自治，必须根治贫穷的原因，必须发展民族工业。英国商品源源不断涌入印度，摧毁了印度的工业和农业，这是造成印度贫穷的主要原因。"司瓦德西"意即印度人必需的商品应由印度人自行生产。由此"抵制英货"和"自产"运动是印度真正实现自治的必要手段。印度自治能否真正实现，能否长治久安，新人辈出是重要条件，所以民族教育刻不容缓。

随着斗争的进展，提拉克又提出"联合抵制"和"消极抵抗"的手段。"联合抵制"缘出于四点纲领中的"抵制"，是抵制英货的深化和扩展。它不再局限于经济领域，而是扩展到政治、经济、文化、军事等各方面。由于这种"联合抵制"是一种否定式的行为，即用"不"来进行的抵抗，有别于非法抵抗和暴力抵抗，所以提拉克在宣传这种斗争方式时，称为"消极抵抗"。消极抵抗在具体实施过程中，出现了鼓吹抵制国家机关、法庭，号召放弃公职，抵制国立学校，兴办民族教育，号召印度人民拒绝用鲜血和钱财帮助殖民当局在印度境内外作战，等等。印度人民在抵制英货的同时，也积极资助民族工业发展。例如，塔塔集团在筹建钢铁公司时，遭到殖民政府重重阻拦，融资尤为困难，久久没有解决。此时，在"联合抵制"和"自产"运动高涨时，它发行了 163 万英镑股票，竟在短短三个月内被认购一空。

反对孟加拉分省案的运动在城镇、乡村广泛展开，印度人民的民族觉悟不断提高，政治积极性空前高涨，集会、游行此起彼伏，抵制与自产运动轰轰烈烈。以提拉克为首的激进派显然占据了压倒性优势。此时，一个新的现象产生了，那就是带有明显暴力倾向的一些秘密组织涌现了。这些组织的成分十分复杂，既有西方式知识青年的激进组织，他们意图以武装斗争来推翻殖民政府；也有一些传统式的组织，这些受抑制的人们认为，以反抗的手段来获得自由是一种宗教责任；还有一些极端组织，他们采用谋杀手段，以此作为对迦利女神的奉献。

印度人民对孟加拉分省案声势浩大的反抗，令英印政府深感震惊和不安。同样，激进派声称要在英国统治之外自治，尤其是他们的广泛活动和巨大能量，也令国大党温和派惊慌失措和深深担忧。此时宗主国的情况发生了变化。1905年英国自由党在间隔十年后上台，新自由主义强调国家、社会和民族的积极作用。英国的白人殖民地诸如加拿大、澳大利亚等，已先后取得了自治权，殖民地的内部事务完全由自治政府处理，它们不再叫“殖民地”，而改称为“自治领”。新西兰、南非联邦的自治也正在酝酿之中。鉴于局势变化，英国为瓦解印度的反抗运动，作出了一些政策上的调整。新的印度总督明托1905年11月就任，他原先任职于加拿大，有着较丰富的世界及人文知识，他被期望能扭转因寇松的失策而引起的动荡。1906年，新近出任印度事务大臣的莫莱宣称，准备实行印度立法会议的改革，增加印度人的席位。正处于焦头烂额的国大党温和派，借此机会，谋求与殖民政府妥协。国大党领导层积极展开工作。1907年，郭克雷在英国拜会莫莱，商讨如何压制激进派，帮助政府控制局势。苏·班纳吉率代表团晋见明托总督，要求政府平息动荡，稳定局面。另一方面，温和派元老们四处游说，力图瓦解激进派阵营，抑制年轻的动乱煽动者。激进派与温和派的矛盾激化了。

1907年国大党苏拉特年会上，温和派与激进派公开决裂，并且后者被清除出党。双方斗争的直接起因是国大党主席的人选。1900年前，对于主席职位的人选几乎没有任何争论，随着国大党内派系和小集团的发展，这才成为一个有争议的问题。此时激进派与温和派的尖锐对立，使这一争议更趋激烈。苏拉特年会上，双方各提出一名候选人，结果温和派候选人拉·高士当选。此后双方在另一些问题上也争执不休，甚至动粗，造成混乱局面，致使会议中断。最后，温和派唤来警察，将激进派逐出，然后单独召开会议，制定国大党组织法。

《1908年组织法》是精心准备的，十分详尽，尽管以后有多处修改，但它的基本特点仍然保留下来了。这份新章程规定，“印度应与英联邦内自治的成员一样，享受同样的政府制度，以同等的条件参与帝国的权力和责任。通过宪法手段，对现存制度进行稳步改革，促进民族团结，培养公众精神。通过推广民族知识，提高道德水准。通过组织资源，发展经济，由而实现既定目标”。新章程进一步加强党内纪律，规范组织结构及程序。它规定，每个国大党成员须以书面形式保证接受上述宗旨；还规定了国大党中央及地方的各级组织机构及其权限、代表人数、职责范围等。至此，尽管国大党作为一个完善的政党还差距甚远，但它至少有了一个正规和健全的各级组织机构。1908年组织法将那些“不负责任的”、“卤莽的”、

“直率的反英”分子排除在外。梅罗特拉教授评论说:“国大党获得了所谓体面的社会地位,但失去了群众性。它在急切保持效忠和温和的面目时,同正在兴起的印度民族主义者的新一代割裂了。它赢得了外国政府的默认,却遭到自己人民的抛弃。”

国大党分裂后,激进派当即在奥罗宾多·高士的主持下召开会议,声称继续坚持“四点纲领”,以民族主义为号召,发动民众,在各地组织罢工、罢市。秘密组织策划的“以血还血”的恐怖活动也时有发生。冷峻、貌似超然的明托总督以颁布法令和动用警察大肆逮捕的手段,严厉镇压运动。1908 年殖民政府先后颁布了“防暴法”、“报刊(教唆违法)法”、“印度刑法的补充案”,对激进派的活动设置种种障碍并予以摧毁性的打击。许多激进民族主义报刊被查封,大批武装警察在印度各地四出袭击,逮捕了包括提拉克、奥·高士在内的大批爱国志士。他们或被处死,或流放,或监禁,提拉克也以“煽动叛乱”罪,在 7 月 22 日被判六年徒刑。

7 月 23 日,孟买 10 万工人举行政治总罢工,商人、学生也罢市、罢课,要求立即释放提拉克。总罢工定为六天,表示抗议殖民政府判处提拉克六年监禁。这次三罢几乎席卷了孟买所有的工矿企业、交通海港、商店学校,工人们还筑起了街垒,与武装警察发生了激烈冲突。1905—1908 年的民族运动就在这波澜壮阔的高潮中,告一段落。

经历了印度民族运动三年的冲击,殖民政府也作出了政策上的调整。1909 年 5 月 25 日,英国议会通过的《印度议会法》经英王批准后,正式在印度实施。由于该法案是 1908 年 12 月英国内阁的印度事务大臣莫莱和印度总督明托提议制定的,因此这次改革史称“莫莱—明托改革”。《印度议会法》对印度的立法机构作了若干调整,扩大了中央立法议会和省立法议会的规模。中央立法议会的议员由原来的 25 人增至 69 人。具体分配是:政府官员占 28 席;总督直接任命的议员 5 人;另有 27 人选举产生,其中 14 人指定由单独选区选出,大土地主、穆斯林、加尔各答和孟买的欧洲商人,分别设单独选区,余下 13 人从各地普通选区选出;来自中央行政部门的当然议员 6 人;还有 3 人为英印军队总司令、总督及副总督。各省立法议会的议员人数最高为 50 人,名额分配方式大致与中央相同。无论如何,新法案在中央与地方的议会中较大幅度增加了印度议员,这种进步确实是印度民族不屈斗争的初步成果。

印度人民没有忘记孟加拉分省案带来的愤恨,抵抗活动时有发生。

1911年英印政府借英王乔治五世访印,策划了一次新的安抚。乔治五世登基不久就亲临印度,这是第一位访问印度的英国国王。他在德里举行的加冕为印度皇帝的隆重庆典上,以"维护孟加拉语言区域的完整"为由,宣布撤销孟加拉的分治,改建为三个省,孟加拉省和阿萨姆省恢复建制,另辟出比哈尔与奥里萨地区组成新省。殖民当局还宣布将首都从加尔各答迁至德里,既预示一种新的统治的开始,又表示对印度传统的尊重,博取印度民众、尤其穆斯林的好感。但这多少令孟加拉人感到若有所失。

三、穆斯林联盟的建立与青年一代的崛起

在赛义德等老一代的启蒙下,印度穆斯林觉醒了,在文化教育运动的推动下,青年一代穆斯林迅速崛起。他们是承上启下的一代,进一步将文化教育运动深化,汇聚了印度穆斯林的力量,并逐渐向政治运动转型。

自我意识的不断增长,随之而来的是成为独立力量的实践。殖民政府实施的孟加拉分省案客观上带来了契机。寇松总督几次游说印度穆斯林上层,希望他们支持分省案,总督保证分省案将给穆斯林带来自莫卧儿帝国垮台以后最可观的实际利益。此外,殖民当局动用权力,在经济上有目的地支持有影响力的穆斯林贵族。如达卡的萨里穆拉先后从寇松和明托两任总督那儿获得10万英镑和31.5万卢比的"政治性"低息贷款,而且他在政治上也受到惠顾,先后成为省立法议会和总督立法议会的议员。

1906年,印度穆斯林不失时机地进行着两方面的准备。11月9日以阿加汗为首的穆斯林代表团向明托总督提出请求,穆斯林在立法议会选举时设立单独选区,"鉴于印度穆斯林的特殊情况和利益,穆斯林应得到更高百分比的代表名额",并且不通过选拔考试,直接任命穆斯林担任各级文官。明托总督对代表团的要求给予了口头允诺。另一方面,印度穆斯林意识到需要有一个自己的政治组织,以便保护本教派的利益。萨里穆拉具体操作了第一步,他为"全印穆斯林同盟"设计了一个方案,要旨是支持英印政府,维护穆斯林利益,削弱国大党日益增加的影响,阻碍穆斯林加入国大党。萨里穆拉向总督提交一份备忘录,呈请建立一个全印穆斯林的组织。1906年12月30日,"全印穆斯林联盟"在达卡正式成立。1907年12月,穆斯林联盟在卡拉奇召开年会,通过联盟章程,选举在文化教育运动中作出贡献的阿加汗为联盟的常任主席。

穆斯林联盟成立后，为“保卫和发展印度穆斯林的政治和其他方面的权利”，他们继续着争取设立单独选区的既定方针。他们不断向英国和英印政府申明这一要求。1909 年 2 月 23 日莫莱谈到:“我非常高兴接见他们的代表，并且我清楚知道他们的意愿是什么。他们要求在各级立法议会占有超出他们人数比例的议席。我们准备并且也意图充分满足他们的要求。”1909 年《印度议会法》第一次规定了设立单独选区的原则。

随着局势的发展，印度穆斯林坚持本身独立性的倾向越来越明显地表现出来，这与新兴的青年一代进入穆斯林领导层有着密切的关系。新一代穆斯林的代表人物有阿里兄弟、阿布尔·卡勒姆·阿萨德、真纳、安萨利等，南亚次大陆政治局势的变化，越来越多地留下了他们的痕迹。

阿里兄弟出生于兰普尔一个有着根深蒂固的伊斯兰教传统的家庭，却又系统地接受了西方式教育。穆斯林联盟创建时他俩是积极的参与者。兄长邵克特·阿里(1873—1938)1894 年毕业于阿利加尔学院，1898 年作为“赛义德纪念基金会”的成员，流露出非凡的演说才能，以及在筹款、理财上的天赋。穆罕默德·阿里(1878—1931)比兄长更为知名，他“是伊斯兰教传统和牛津大学教育的奇怪的混合体”。宗教的启蒙教育来自于他的母亲，她“常给孩子们讲历史传说、先知的故事，充满悬念、生气，富有戏剧性，最后引出伦理的教导”。穆罕默德·阿里师从巴利，在他的指导下，阿里第一次细细地、全面理解地通读了《古兰经》。而后，他就读英语学校，接受了系统的英语教育。1890 年 8 月 18 日他 12 岁时发表了第一篇文章《近代英语教育的必要性》，逻辑地、极有内涵地论证:应该放弃传统的教育体系，因为它不能培养青年学生的批评能力。于是他赴英求学。1902 年他作为兰普尔第一位牛津大学毕业生回归祖国。

为鼓动穆斯林积极参与改革，穆罕默德·阿里创办了《同志》和《难友》。《同志》是英文周刊，1911 年 1 月 14 日创刊于加尔各答。第一期《同志》走上街头时，阿里到达加尔各答还不到两个星期，并且由他一人撰写、编审和付印。问世不久，《同志》就后来居上，成为青年知识分子最受欢迎的刊物。1914 年即使联合省政府也评价道:“没有一份刊物能像《同志》那样对学生有这样大的影响，也没有一个人能像穆罕默德·阿里一样如此有权威性。”《同志》具有如此魅力，是因为它有着新颖的特性，以及鲜明合理的原则。“我们将竭力去大胆面对局势，并且尊重事实、事实，不管它们怎样丑卑和不利。视而不见不利的现实是一个可怜的政治家”。“在给今天提供什么时，我们决不忘记翌日”。据此，《同志》“有了强烈的时代感，并且与读者的民族、信仰息息相关，赢得了民心，道出他们的希望、担忧和志向”。

《难友》，乌尔都语日报，1913 年 6 月 13 日问世于德里，穆罕默德·阿里任主编。它更具乡土气，弥补了《同志》选择面窄的缺陷，因为有许多人是无法读通英语的。它的宗旨及格调与《同志》大同小异，在穆斯林中也是争相购阅的。当 1915 年穆·阿里欲停刊时，有人写信深切恳请：“我不赞成你的决定，你无法想象《难友》的失去对我们穆斯林意味着什么。”总之，《同志》和《难友》在广开民智，宣传群众，启发穆斯林的自尊、自觉、自主方面是殊有功勋的。

阿布尔·卡勒姆·阿萨德(1888—1958)出生于知识分子家庭，虽是一位乌尔玛，却不囿于传统。“他就是他，在印度穆斯林的政治舞台上是独树一帜的”。阿萨德是一名学者兼记者，“阿萨德”是他的笔名，意为“自由”。渊博的知识、咄咄逼人的笔锋，动员、宣传、组织群众的才能，充满思想火花的乌尔都语诗篇，这些才干使他在穆斯林社会，无论是宗教界还是知识分子中，均取得了领袖的地位。也是这些才干使他自负而傲慢，无论与乌尔玛还是西方派，都存在一定程度的游离。

作为乌尔玛，阿萨德却对西方派的先驱赛义德有着浓厚兴趣。他常常阅读赛义德的书籍，尤其热衷于《古兰经诠释》。这套受到大多数乌尔玛抨击的书，却使阿萨德大受裨益，他甚至承认，是赛义德的作品导致他对传统教育提出质疑。阿萨德惯于理性主义的思考方式，不仅有助于他对现代知识的探索，而且对其研究东、西方哲学也起了很大作用。乌尔玛改革派对于自己的活动，都一再声明是出于宗教、文化，决非政治，而阿萨德之所以闻名全印，是因为他作为乌尔玛却公开倡议介入政治活动。反之，他在与西方派争执时，常以宗教卫道士自居，从《古兰经》大量引经据典来说明自己的观点。他对阿利加尔派持远远观望的态度。他指责西方派是卑屈地模仿欧洲习俗，缺乏信念，对英语阿谀奉承。简言之，阿萨德是综合了东方与西方的因素来追求自己的模式，同时又以东方与西方的思想与西方派和乌尔玛保持距离。

阿萨德以激进、坚决的反英态度著称，他的主张与观点每每见诸他创办的《新月报》。1912 年 6 月 12 日《新月报》创办于加尔各答，1914 年 11 月停刊。它是乌尔都语的刊物，办刊原则是下定决心要使所有识字的穆斯林都能看懂,都感到有自己的贴心话。由于它是普及型,所以阅读的人很多,一年后发行量达到 2.5 万份。他激烈抨击英国对伊斯兰教阵营的政策;反对穆斯林联盟与英国殖民政府合作;在倡导穆斯林自治的同时,提出可以也应该团结国大党,一起反对英国统治者。

穆罕默德·阿里·真纳(1876—1948)出生于皮革商人家庭,虽然近祖是穆斯林,但是像印度许多穆斯林家庭一样,再往上溯,则是印度教徒的后裔。他 15 岁时就读于卡拉奇基督教传道会中学。1892 年赴英攻读法律,毕业于伦敦的林肯法学协会,是"取得律师资格的最年轻的印度学生"。1896 年回印度后在孟买当律师。他在伦敦目睹了瑙罗吉当选英国下院议员的一幕,聆听了他在议会上的演讲,深受其自由主义思想的影响。1906 年国大党加尔各答年会时,新近加入国大党的真纳担当瑙罗吉的秘书。他对于穆斯林联盟成立初期过浓的教派政治色彩不甚赞同,所以保持一定距离。1910 年他当选为立法议会议员。1912 年 12 月,他应邀出席了穆斯林联盟年会,因为它此时已不再奉行"过于狭窄和过于混合"的政策。真纳在会上畅谈他的看法,为穆斯林联盟的政策调整,发挥了很大作用。1913 年,在穆罕默德·阿里和穆斯林联盟秘书的力劝之下,真纳在伦敦正式同意参加穆斯林联盟,此时他身兼三职,中央立法议会的议员,国大党和穆斯林联盟的成员。以后他一度为促进国大党与穆斯林联盟的合作,发挥了很大作用。

穆克塔尔·阿赫默德·安萨利(1880—1936)是一位穿针引线的人物,在穆斯林内部的团结,在印度教徒与穆斯林的合作方面,发挥了相当的作用。他于 1901 年赴英求学,后成为第一位查林·克劳斯医院的印度外科医生。他深受西方教育的熏陶,并且与阿里兄弟有着密切关系。由于他的兄长是甘戈西的高足,因此他们家与德奥班德派过往甚密。安萨利早在 1898 年就加入国大党,与许多印度教的领袖保持良好的关系。他与各方或沾亲带故、或朋友情谊的特定地位,加之本人又是积极的民族主义战士,因此担当起了维护各方团结的重任。如,乌尔玛"古兰学校"在德里创立,他是最积极的赞助人;德里国大党委员会的建立,他操心操力;同时他还担当了穆斯林联盟接待委员会主席。

穆斯林的青年一代,不管他们倡学西方,还是崇尚传统,也不管他们通过学校教育、文化组织,还是利用新闻报刊,或埋头实干,或滔滔不绝鼓动,都试图以自己的方式去复兴伊斯兰教文化,强化穆斯林的内聚力,加强教派的地位。穆罕默德·阿里对一位英国朋友说,在印度没有专职的政治家,这是可悲的。显然他在自赋其职。现在一个新的领导阶层在逐渐形成,这就为穆斯林联盟与国大党两大组织的合作,打下了基础。

四、1916 年勒克瑙的团结聚会

1916 年的勒克瑙呈现为"团结、合作"的盛会,国大党温和派与激进派在勒克瑙年会上重新统一,国大党与穆斯林联盟两大组织以民族主义为核心,以争取自治为基础,达成了勒克瑙协定,实现了合作。

1907 年苏拉特会议上,激进派被逐出国大党,接着提拉克等领导人又相继被捕入狱,民族主义运动随之陷入低潮。国大党煞费苦心制订的《1908 年组织法》实行效果不佳,不仅激进派远离国大党,公众对于其活动兴趣明显减弱,而且出席国大党年会的人数也急剧下降,1907 年苏拉特年会的代表人数为 1 675 人,1908 年马德拉斯年会的出席者骤降为 626 人,1909 年拉合尔年会更降到 243 人的低点。国大党已失去了灵魂,连国大党孟加拉负责人也叹息:"国大党缺少生气,成了一个颓废的组织,视英国官员的喜怒而行事。"

此后,在两件事上还能听到国大党的声音。其一,自 1909 年起,国大党在对待《印度议会法》中穆斯林设立单独选区及议员名额分配问题上,表露出很大的不满。在 1909 年至 1913 年连续五届年会上,国大党通过措辞强烈的决议,要求殖民当局予以修正。其二,1910 年随着郭克雷、班纳吉等人进入中央立法议会,他们尽量利用这一讲坛,以议会道路的方式,谋求英帝国辖内的自治。

激进派在 1905—1908 年的民族运动中,遭受到殖民当局的镇压,许多领袖被捕入狱,或被驱逐出境。严酷的现实促使他们深刻反省。激进派最终认识到,原先的简单、鲁莽只能招致无谓的失败和牺牲,企图脱离英帝国独立又谈何容易,因此决定以争取自治为努力的目标,并且放弃暴力斗争的手段。这样他们与温和派的方向渐趋一致了。另外,自苏拉特会议后,激进派失去了自身统一的组织,他们曾在 1908 年准备重塑一个自己的"国大党",但这企图被殖民政府挫败了,所谓的"国大党"遭到强力驱散。这种游兵散勇、各自为战的状态,使他们感到势孤力薄,因此他们渴望回归国大党。但是,由于大多数激进派仍不信奉国大党现行的纲领和工作方法，所以他们一面保留自己的独立选择权，保留重新加入国大党的行动上的自由，一面盼望着有人带领他们走出困境。

提拉克和贝桑特夫人为国大党的统一，再一次作出了贡献。1914 年 6 月，提拉克出狱，8 月 27 日，他在《马拉塔人》报上，以公开信的方式，发表了宣言，借助第一次世界大战前夕的局势，呼吁印度人在英国困难时刻，帮助英国政府。他表示了自己对英王的效忠，并希望与政府合作，进行政治改革。他也希望英国政府在度过危机后，予印度以自治。这显然表明他决心在法律允许范围内，争取实现目标。此后，他投身于自治运动的宣传鼓动工作。他学习爱尔兰的经验，意图建立“印度自治同盟”，并以此为宣传鼓动基地，重新集结力量。经过一年多的努力，1916 年 4 月 28 日，印度自治同盟在浦那成立，以后积极扩展，当年其成员就发展至 1.4 万多人，并先后在孟买、中央省、比拉尔等地建立六个分部。同盟继续以《狮报》和《马拉塔人》为宣传阵地，还编辑出版了一些英语和马拉塔语的小册子。

此时，安妮·贝桑特夫人(1847—1933)在南印度积极筹建自治同盟。贝桑特夫人原籍爱尔兰，1893 年作为传教士来到印度，1915 年加入国大党，投身于争取印度自治的政治活动。她善于组织，擅长宣传，能熟练运用印度的方言和文字。她与印度普通妇女一样穿着，怀着与她们一样的情感和希望。她著作甚多，如《印度，一个国家》、《醒来吧，印度》、《印度何以为自由而战》、《社会革新刍议》等。她曾声情并茂地向英人呼吁：“伟大、自由、志满意得的盎格鲁—撒克逊民族，你们看不见吗？你们听不懂吗？真是不知道你们的印度兄弟现在的感慨？假如你们也在外族的统治下，你们会需要什么？印度现在所需要的就是一个平凡国家需要的东西。她需要自由正如英国人需要的自由一样，她要自己管理自己，自己开垦土地，自己开采矿产，自己铸造货币，在自己的领土内享有完整的主权，这不是苛求，难道印度人就该当亡国奴吗?”这位情深意切的夫人，设计了建立自治同盟的计划，1915 年她将设想提交国大党，却不了了之。于是她四出奔波，终于在 1916 年 9 月自行在马德拉斯成立自治同盟，并很快在其他一些地区建立了分部，成员扩展到 7 000 多人。她和她的助手还创办了《新印度报》和《公益报》作为宣传阵地。

激进派修正了自己的政策和目的，温和派中不少人也对国大党威信不断下降忧心忡忡，双方都希望国大党能保持民族主义的性质，恢复往日的强盛和威望,成为全印人民利益的代表。尽管双方的一些分歧仍然存在,但希望统一已是大势所趋。此时,唯一的症结是只有郭克雷和梅塔等极少数领导人还持反对意见,他们一贯抱有"一个统一的国大党,或者意味着国大党的完蛋,或者意味着为极端派所把持"的僵硬思想。1915 年两人相继去世,统一的进程加快了。就在这一年,组织法修正案通过了。修正案规定,凡成立两年以上的任何协会,只要接受国大党的纲领,就能够至多选派 15 名国大党代表。于是,提拉克和他更为现实的同仁们决定重返国大党,"利用对我们部分开放的有利条件,然后,努力奋斗以求完全彻底打开大门"。

1916 年 12 月,统一的国大党在勒克瑙聚会。不仅九年来激进派和温和派第一次握手言和,而且国大党老一代领导人与涌现出的新一代并肩而坐,按贝桑特夫人恰如其分的描述,是"昨天"和"明天"在"今天"会聚一堂。出席年会的代表增至 2 301 人。此后国大党成为印度民族运动的领导核心。

就在同一年,同一地点,国大党与穆斯林联盟同样第一次实现了合作。这一重大事件在印度民族运动的历史上留下浓重的一笔。

穆斯林联盟的诞生就是在英国殖民当局的偏袒下,作为国大党的对立面而出现的。1909 年《印度议会法》关于"单独选举"的条款,被认为是穆斯林联盟的胜利。然而,穆斯林联盟作为印度穆斯林政治上的核心组织,创立不久就力图成为印度的一支独立的政治力量,谋求自身利益。尽管穆斯林联盟在许多方面与国大党的立场针锋相对,但随着穆斯林的独立性越来越强,他们与宗主国的矛盾也日渐显露出来。在希土战争、巴尔干战争时期,印度穆斯林对于英国貌似中立,实质偏袒反土耳其方大为不满,他们的领袖常以此事例提请教友们对英国保持警惕。1911 年孟加拉分省案取消,穆斯林认为遭到了政府的愚弄,他们相信效忠政府未必有善果。此外,印度教徒斗争成功的事例也使他们有所感触。在穆斯林联盟的年会上,有人开始提出把实现印度自治作为斗争目标,并且提议与国大党进行接触。

坎普尔清真寺事件使穆斯林与英印政府的对立进一步激化。1913 年 7 月当地政府为了扩建道路,派出大批武装人员,拆除坐落于大道边的清真寺的东部。穆斯林聚集起来,试图阻止神圣建筑被拆除。他们打电报给省督,期望他"能够反对当地权威对坎普尔穆斯林感情的大施淫威",

但没有任何作用。无法容忍对宗教的侮辱,穆斯林召集了会议,大声疾呼:伊斯兰处于危急中,把宗教从毁灭中拯救出来是他们义不容辞的责任,如果必要,牺牲生命也在所不惜。会议结束后,人们举着象征悲伤和哀悼的黑旗涌向清真寺,动手修复拆除部分。警察开了枪,导致 17 人死亡,33 人受伤。全国穆斯林被激愤了。各地召开声援会,募集救济款。穆斯林联盟紧急会议通过决议,谴责联合省政府,“全然无视穆斯林感情的表达”,“广大印度穆斯林的宗教感情被严重损伤了”。穆斯林的各种报刊纷纷抨击当局:“如果政府在近期内没有寻找到纠正错误的方法,那么让动乱一代一代持续下去,最终的胜利属于我们。”为此事,穆斯林派出了哈桑与穆罕默德·阿里等组成的赴英使团,“为了解释穆斯林的观点和阐明局势的后果”。关于这次对立,哈丁总督承认,此事决非一省的事件,而是影响遍及全国,并且斗争“与其说是宗教目的,不如说是政治目的”。

与此同时,穆斯林联盟本身在组织上和政策上也发生了一些变化。1912—1913 年穆斯林联盟内部新老两代领导人经过一番交锋,完成了交替。“老卫士”们先后退出,如 1912 年穆斯林联盟常任主席阿加汗辞职,萨利穆拉、阿米尔·阿里等人也纷纷退隐。1913 年 3 月 22 日,穆斯林联盟通过了修改后的新章程,规定通过宪政方式,建立适合印度的自治制度,争取“更大的民族利益”。这就与国大党的政策逐渐协调了。

国大党对此迅速作出反应,在其决议中表述:全印穆斯林联盟制订了在英帝国范围内建立自治政府的目标,强调印度的政治前途有赖于两大教派携手合作的信念,我们对此表示热烈赞赏。1915 年 12 月,国大党与穆斯林联盟有意选择同一月份,同一地点(孟买)召开年会。12 月 30 日穆斯林联盟年会开会,为了显示“统一战线”,国大党的三位领袖班纳吉、贝桑特夫人和刚从南非归来的甘地,第一次参加全印穆斯林联盟年会,并与年会主席马兹哈尔·哈克及真纳并肩坐在主席台上,形成热烈、团结的气氛。两大组织在各自年会上,分别成立一个委员会,负责相互商讨和制订有关印度自治的改革方案。双方求大同,存小异,都作出一定让步。尤其在穆斯林设单独选区的焦点问题上,国大党表示了理解和认可,而穆斯林联盟也同意为统一的印度争取自治。

1916 年 12 月,双方再次共同选择在勒克瑙召开年会。基本一致的观点就如穆斯林联盟会议主席真纳所说:“印度归根到底是印度人的印度”,“只有依靠两大教派间的真诚谅解与和睦关系,印度才能获得真正进步。"双方的年会分别通过了共同起草的改革纲领,这就是著名的"勒克瑙协定"。其中主要内容有,重申印度在战后应取得与英国其他自治领一样的自治地位;各级立法议会的席位应有五分之四为民选议员;穆斯林设单独选区,中央立法议会中民选议员的33%为穆斯林。在省立法议会方面,穆斯林占人口多数的省,如旁遮普和孟加拉,其议员席位略低于人口比例,占人口少数的省,如北方省、马德拉斯省等,则可高于人口比例。

五、第一次世界大战对印度的影响

对照印度社会在第一次世界大战前后的状况,其中的变化之大令人感叹,斯皮尔教授甚至认为:"第一次世界大战是印度近代进程中的一条分界线。"

在这四年间,印度人对于世界的看法发生了很大变化。1914年前,绝大多数印度人对世界的了解和认识,是通过英国人展示给他们的。据《牛津现代印度史》记述,当时接受西方式教育的印度人毕竟是极少的一部分,一般印度民众认为,英国和俄国是世界两大强国,由于对英国海上力量的迷信,"在此烟幕笼罩下,他们对于其他欧洲列强和美国,只有一种迷惑和模糊的认识"。世界大战吹散了烟雾,不久印度人就认识到,英国只不过是实力相近的诸强之一,其海上力量也并非不可挑战。"1914年前的一种莫明荣耀感,现在看起来多少是一种羞辱"。英国的基座动摇了,它的威望在一般印度民众心中也是一落千丈。

1914年前,"自治"的设想尚处于创立阶段,总是在英帝国辖内规划。1918年后,"自治"包含的思想、内容、手段等发生了很大变化,并且在国大党多次决议中成为首要目标。不仅如此,世界大战还激起一种"革命"的意识,即便老一代较保守的国大党人,也在这战争年代中发生了变化,如瑙罗吉在晚年时大声呐喊:"当东亚的中国和西亚的波斯正在觉醒,当日本早已觉醒而俄国正在为解放而斗争,当这些国家都在反对专制制度的时候,难道列于世界文明创造之林最早的印度帝国的自由公民可以在专制统治下苟安吗?"以后,甘地对"革命"的思想更是一次又一次进行了表述。

就印度民众对英国的态度看,从战争初期的热烈支持到战后的强烈反英情绪,形成很大反差。作为英帝国的一部分,印度以一种自然而然的状态，被牵连进了这场战争。从印度教徒到穆斯林，从英印殖民地到土邦王公，在战争之初一致表示支持宗主国。战争对印度的政治期望给予一种新的动力，国大党希望通过效忠的行动，帮助英国政府度过困境，以图改进宪政，并获得英帝国内类似自治领的地位。穆斯林与土邦主们，或从教派考虑，或从本位出发，都期望在未来印度中获得更大利益。整个印度居然被动员起来，在人力和物力上尽其所能，给予英国极大支持。宣战一个月内，7 万印度部队即开拔海外，以后不断征募新兵，不断派往海外，前后共达 120 多万，其中 80 万为战斗人员，伤亡超过 10 万人。1 亿英镑的巨款作为军费开支，无保留地奉献给了英国。此外，土邦主们还争先恐后提供大量武器和金钱。知识分子也在报刊上连篇累牍为宗主国大肆鼓噪。

在不到一年的时间内，这种全力支持的热情开始降低，失望、继而反英的情绪不断增长。印度人付出如此高昂的“钱税”和“血税”，但对于他们所有的改革要求和期望，英国人只用一句话回答：“战后再说。”而同时他们却喋喋不休地号召印度人民，要对英国忠诚，要勇于作出牺牲。还有，百多万的印度士兵主要派赴法国、埃及和伊拉克，他们名义上是大英帝国的部队，但受到的待遇却十分悲惨。据记载，“一支印度军队登陆法国时，一阵激动，斗志昂扬。随着冬季来临，毫无准备的他们只能遥望着苏伊士运河，盼着冬装。随后一溃千里”。同样的组织混乱在伊拉克也发生着。但是，那些欧洲士兵的待遇要远远高于千里跋涉而来的印度士兵。这些丑闻在印度引起了对参战的反感。英印政府又一次在旁遮普征兵时，遭到了拒绝。这不仅因为前方传来的丑闻，而且穆斯林反对英国与土耳其开战，因为土耳其苏丹名义上还是穆斯林世界的哈里发。

付出了巨大牺牲，却仍然遭受民族压迫，并且宪政改革的要求一再遭到拒绝，印度人从失望转而斗争。1916 年“勒克瑙协定”就是在这样的背景下产生的，此后印度教徒与穆斯林携手合作，他们有时互相支持，有时并肩战斗。这为战后初期以穆斯林为主的哈里发运动，以及由甘地领导的非暴力不合作运动的开展，奠定了基础，迅速掀起了民族运动的第二次高潮。

战争后期，有两个事件对印度产生了很大影响。其一是 1917 年的俄国十月革命。对激进者来说，十月革命带来了马克思主义，印度的孟买、马德拉斯、坎普尔、拉合尔等地出现了共产主义小组。马克思主义也影响到印度其他一些阶层,如甘地说:“马克思的经济问题的调查分析,大概可以说是正确或者错误的,但是一个不可否认的事实是他认为要为被剥削的人做一些事情。”对于十月革命本身,甘地也有所欣赏,他说:“虽然俄国已经使用了很多粗野的力量,但是那儿的权力归属人民。”对一般的印度民众来说,“那是世界上最大的反动堡垒崩溃了,是被压迫民族获解放的榜样”。第二个事件是1918年美国威尔逊总统提出的“十四点计划”,尤其是其中“民族自决”的建议。印度民族主义者一时为之欢呼,他们认为,不管愿意不愿意,英国人事实上已经接受了威尔逊计划,一种新黎明即将拂晓的期待充斥整个印度。

对于印度一直要求在英帝国内实现自治领地位,英国政府的态度在四年期间,发生了一些变化。1914年前,英印政府仅在1909年《印度议会法》进行了部分宪政改革,并且其中还隐含着惯用的“分而治之”的手段。至于印度民族自治的要求,则不屑一顾。时任印度事务大臣的莫莱在论及议会改革与印度自治的关系时,他厌烦地提请不要将两者缠在一起,“那是两码事”。然而,大战之初印度各种力量争先恐后,各尽所能,全力支持英国作战,这令英国政府都感到意外。为了能源源不断取得印度的人力、物力、财力,英国政府发表了一些值得印度民族主义者期待的言论。战争爆发仅三个月,英国首相艾斯奎斯就表示:“关于印度问题,今后恐怕不得不从一个新的角度来研究了。”以后在言及战后印度的政治地位时,他许诺给予适度民族自治,以酬偿印度在大战中作出的奉献。继任的劳合·乔治首相也曾笼统表示,民族自决的原则可适用于战后的印度。但在具体付诸实施时,英国政府显然犹豫不决,除了“战后再说”千篇一律的回答外,没有任何实际行动。然而在对待持激进态度的民族主义人士方面,殖民政府仍然严厉镇压,如将穆斯林的阿里兄弟等投入监狱,将贝桑特夫人软禁等。但是,经过炮火洗礼的印度民众毕竟越来越成熟,勒克瑙团结的盛会后,印度人的力量也愈来愈强大。不懈的斗争,终使英国政府作出实行政治改革的承诺,这就是“蒙塔古宣言”。

1917年8月20日,印度事务大臣埃德温·蒙塔古在英国议会宣读了政府有关战后印度的政策,并表示这是“国王陛下的统治政策”,战后的“印度政府将完全与之一致”,那就是:“印度人将越来越多地参与统治机构的各个部门,并逐步发展自治体制,以便在作为英帝国的不可分割一部分的印度,进一步实现责任政府。”

作者点评：

觉醒后的印度民族，开始行动起来，为自身前途奋起斗争。这一时段对印度历史进程影响较大的事件，是孟加拉分省案及第一次世界大战。在反对孟加拉分治的斗争中，国大党从苍白无力的会议和决议的空谈中走了出来，以提拉克为首的激进派走向社会，掀起了一次又一次颇具规模的政治运动。同样以孟加拉分省案为切入点，已然步入近代的印度穆斯林，带着教派政治的色彩，成立了全印穆斯林联盟，成为印度舞台上的另一股力量，在南亚近代历史的进程中留下了自身的足迹。如果说印度民族的启蒙运动，只是使印度教徒与穆斯林的精英层对世界、对时代有了一定的认识，使他们为民族、为教派的前途忧患、奋争的话，那么第一次世界大战对印度民众是一次世界知识和民族意识的普及教育，令人民大众对世界、对自身有了真正的清楚认识。第一次世界大战期间，国大党和穆斯林联盟都因局势的变化，调整了政策。国大党的两大派终于再一次并肩而坐，进入了提拉克时代。穆斯林联盟则是青年一代崛起。两大组织以新的视野、新的高度，重新审视自身，制订政策，这就使得以勒克瑙协定为标致的团结、合作新局面出现了。此后，当甘地成为民族的新领袖时，他带来了新的理想、新的斗争手段，印度进入了波澜壮阔的群众政治的时代。

第十五章 甘地与民族运动第二次高潮

一、甘地及其思想

莫汉达斯·卡拉姆昌德·甘地(1869—1948)出生于印度西海岸卡提阿瓦邦的波尔邦达城。他家世代巨商,到甘地祖父时,弃商从政,担任卡提阿瓦几个小邦的首相。甘地的父亲卡兰昌德25岁时继承父业,为波尔邦达土邦的首相。卡兰昌德两度丧偶,第三任妻子生了一女三子,其中最小的儿子就是甘地。甘地母亲笃信印度教,这对他后来的思想成长打下深刻烙印。1887年,18岁的甘地中学毕业后升入萨玛达斯学院。次年9月4日,甘地从孟买起航,赴英留学,三个月后进入伦敦大学,主修法律。1891年6月10日甘地通过律师考试,正式取得英国高等法院的律师注册证,12日启程回国。留英三年,正逢各种新思潮广泛传播,甘地接触到了自由主义思想、费边社会主义思想、克鲁泡特金的互助论,马克思的《资本论》第一、二卷已出版,达尔文的进化论正在英国热烈讨论,这

甘地像(徐悲鸿作)

些大大有助于甘地思想领域的拓展。回到印度后,甘地从事律师业。因业务不兴,1893 年 4 月他应征南非一家印度侨民的公司,以 105 镑的年薪,出任其法律顾问。此后他在南非生活 21 年,积累了丰富的斗争经验。

南非也是英国的殖民地,印度侨民因是有色人种,受到双重的不平等待遇。甘地以他的法律知识和奉献精神,全力领导印侨进行反歧视斗争。他组织"印度人协会"、创办"凤凰村"等新村、发行《印度舆论》周刊、发动大规模的群众反抗运动、代表印侨赴伦敦请愿抗议等,为印侨的利益抗争。甘地在 1913 年也曾经因主持的学校有学生品行堕落而以此自谴,第一次绝食七天,最后学生悔改。通过这些活动,甘地显露出了卓越的组织才能和领导才能。另一方面,他在斗争实践中,不断总结经验,用"爱"来团结群众,创立"消极抵抗"(又称"坚持真理")的新的政治斗争方式,并逐渐形成非暴力的思想体系。甘地严于律己的品德,全力奉献的高尚人格,坚忍不拔的斗争精神,使他不仅成为印侨的领袖和精神旗帜,而且在印度也博得同胞的敬重和崇高声誉。1915 年 1 月甘地被冠以"圣雄"的尊称。

1915 年 1 月,甘地因病回到印度,时年 46 岁。此后他步入印度的政治生涯,并以其独具特色的思想为指导,结合日臻成熟的斗争艺术,唤起民众,组织民众,为印度的民族解放和独立,立下不朽功勋。

糅合宗教与政治,这是甘地思想的一大特色。甘地的宗教思想是以印度传统宗教为基础,吸收西方宗教以及近代西方思想而形成的。甘地是虔诚的印度教徒,他的宗教思想主要来源于吠檀多哲学及其他一些经典。如尼赫鲁描述,甘地"每当危急之际,心灵被忧虑所苦恼,被责任的冲突所困惑时,便格外转向《薄迦梵歌》寻求光明的导引。甘地曾将他非暴力的坚固信仰奠基于此"。甘地也十分欣赏佛教和耆那教的一些教义,如泛爱众生,无人我之分;专注慈爱,拯救众生等,因此甘地认为,自我牺牲赎救世人是最积极而决非消极的行为。所以他不是寻求自我解脱,而是历经磨难,奉献牺牲,服务社会与民族。

甘地将这种出世的泛爱精神,作用于入世的政治主张,使得宗教的理想与现实的政治结合,拓展了宗教的现实性和政治的理想化。这在甘地身上具体表现为:前期以坚持真理和非暴力为斗争手段,力图纠正英印殖民政府所施行的种种不义;后期以追求真理和非暴力不合作的方式,通过合法的和和平的手段,获得印度民族的解放和独立。

关于"宗教、神与真理"的关系,甘地出生于印度教家庭,应是印度教徒,但是他说:“我所信仰的印度教,不是有别于其他宗教的一种宗教,它包含了伊斯兰教、基督教、佛教、拜火教、锡克教中最善的教义。”所以他不是信仰某一尊神,因为这样就会有明显的排他性,而是用笼统的、模糊的“神”来涵盖诸多宗教。其次,在甘地看来,神是无形、无影、无色、无臭的,然而无处不在、无时不在。神以真理指导世界,人们只要坚持真理,追求真理,就能觉悟到神的存在。从这一意义上,甘地提出,“神即真理”,“真理即神”的论断。同时又进一步演绎出“真理就是我所信仰的宗教”,从而为他一生追求真理奠定了基础。

如何追求真理,甘地表示:“非暴力是实现真理的唯一途径。”甘地认为,“暴力,有它自己的倾向,例如发怒、自私、肉力等等,无法使我们实现目标。非暴力不是一个否定的概念,它是一个比暴力更远远有效的实在的力量”。这是因为,暴力之源是恨,而非暴力的核心是爱。因恨而得到的,终究是一种精神负担;因爱而获得的,亦是无所谓获得,反而是永存的。所以“对真理与非暴力应笃信不疑”。甘地甚至认为:“非暴力应该被认为是印度对于世界最大的贡献。”

二、战后英印政府的政策

经过了大战炮火的洗礼,印度民族已经觉醒,要求自治的呼声一浪高过一浪。面对如此局势,从战争中喘过气来的英国政府,经过周密慎思,制订出了软硬兼施的策略。

1918 年 7 月,印度事务大臣蒙塔古与印度总督蔡姆斯福德,以《蒙塔古宣言》为基础,拟定了具体的改革方案,并由两人联署发表。1919 年底该方案在英国议会通过,经修改后定名为《印度政府法》,1921 年开始实施。这就是英国殖民政府推出的所谓宪政改革,以图用“抚”的手段将印度民族的自治要求,纳入设想的轨道。

《印度政府法》规定的目标,与蒙塔古宣言如出一辙,仍是通过一系列渐进阶段,逐步建立责任政府。其主要内容有:立法机构改为两院制,由国务会议和立法会议组成,分别类似英国的上院和下院。国务会议有 60 人组成,其中 26 人由总督指定,34 人经选举产生。立法会议共有 145 席,其中 105 席选举产生,在余下指定的名额中,26 席为官员,14 席为非官员。省立法机构仍行一院制,称立法议会,议员的名额有所增加,其中

70%由直接选举产生,提名议员中,官员不得超过20%。中央与各省立法机构在选举时,仍设单独选区。行政方面,总督参事会增加三名印度人员。实行中央和地方分权负责制,中央管理国防、外交、交通运输、邮政、货币、公债、商业、司法、宗教、兵役等。有关税收和其他一些岁入项目,中央与地方也划分了各自范围。在各省行政方面,英印政府实行二元管理,各省的行政机构分成两部分,称为"保留部门"和"移交部门",分别向总督和立法会议负责。"保留部门"包括治安、司法、森林、水利、饥荒赈灾、田赋管理和工厂监管等。"移交部门"管理教育、卫生、市政、公共工程、农业及工业的发展等。新法案对殖民政府的权力还有很大保留,它规定印度总督和省督对立法机构的各项提案拥有最后的确立权和否决权。还规定新法实行十年后,应成立调查委员会,审查实施情况,并提出是否进一步推进或限制建立责任政府的报告。

蒙塔古—蔡姆斯福德改革方案与印度人民渴求战后获得自治的愿望,相差甚远。印度各派对改革方案提出了质疑。在国大党1918年8月孟买特别会议上,激进派反对改革方案,温和派主张有条件接受,最后的决议认为这是"不适当、不使人满意"的,建议修改此方案。1918年12月的德里年会则完全拒绝了改革方案。贝桑特夫人认为这"既不值得英国提出,也不值得印度接受"。真纳认为对这一方案"要持慎重的态度",应该做的是,"面对这样重要的改革,我们应以自己全部的智慧和精力,先唤起民众"。

大战结束,殖民政府为了稳定统治,阻止印度民族运动发展,也使出了一系列的强硬手段。罗拉特法就是在这一背景下出笼的。1917年12月10日,殖民政府成立了以英国法官罗拉特为首的委员会,调查处理印度社会治安问题。1918年7月,罗拉特委员会的调查报告以及旨在镇压印度民族运动的法案发表,引起印度各阶层的不满。1919年3月,"罗拉特法"正式实施,它授权殖民当局可以随意拘捕任何嫌疑犯,不审讯就可予以不定期监禁。被捕者不得聘请律师及证人辩护。警方有权解散群众集会和示威游行。

印度人民的强烈不满爆发了。真纳谴责政府"无情践踏了大不列颠公开宣称的为之而战的原则"。"在其他任何文明的国家中,很难找到类似性质的法律的先例"。因此,"为了抗议这项法案的通过和通过法案的方法,我辞去中央立法议会的议员"。穆罕默德·阿里给蔡姆斯福德的信中,愤怒抨击:“罗拉特法正在实施最暴烈的手段,它终止了法治,代之以恐怖统治。”甘地号召印度人民把3月30日作为“抗议日”(后改为4月6日)并进行总罢工,掀起一个公民不服从运动。3月30日,德里工人罢工、商人罢市、学生罢课,人们纷纷走上街头,举行抗议示威,殖民当局开枪镇压,造成8人死亡,多人受伤。4月6日,大罢工、大示威在孟加拉、联合省、比哈尔、马德拉斯等各地声势浩大地开展起来,印度民族运动的领袖们在集会上进行极富鼓动的演说。殖民当局大为恼火,一度拘捕了甘地。

“阿姆利则惨案”表明,殖民政府对待印度人民反英的示威行动时,不惜进行严厉镇压,甚至斥诸血腥屠杀。1919年3月,锡克教中心阿姆利则不断出现群众性的集会、游行等反殖民政府的示威。4月10日双方冲突加剧,印度民众占领了火车站、电报电话局等要地。当晚,省督令戴尔将军率部队开进阿姆利则。4月13日是锡克人的宗教节日,近万名群众聚集广场,席地而坐,静听民族主义者的讲演。戴尔率军不经警告,就下令向手无寸铁的人群扫射,造成379人死亡,1 200多人受伤。殖民当局开始曾企图封锁消息,当全印掀起强烈的抗议运动时,就草草进行所谓调查。最后在1919年底通过“豁免法案”,公然为戴尔开脱。英国国内甚至将戴尔捧为英雄,一些贵族为他募集2万多英镑,作为嘉奖。

印度人民表示了十分强烈的愤慨,甘地及许多印度民族领袖谴责了这“肆意残暴和违反人道的罪行”。五十余个城市和地区的民众举行了声势浩大的示威游行,抗议殖民政府的暴行。拉合尔、卡苏尔等地区的人民还与殖民当局发生了激烈冲突,他们破坏了铁路,倾覆了军用列车,炸毁桥梁,袭击监狱、警察局和一些政府机关。孟买、加尔各答及阿马达巴德等城市举行了大罢工。以甘地为首的国大党调查委员会在1920年3月发表报告,指责这次血腥屠杀是“一次精心策划的残忍行径”。

觉醒的印度民族再也不会任人宰割,甘地领导的非暴力不合作运动与穆斯林为主的哈里发运动结合在一起,互相合作,彼此声援,迅速在全国掀起了民族运动的第二次高潮。

三、哈里发运动

哈里发运动是第一次世界大战刚结束时,印度穆斯林为了表达自己的愿望,争取自身的利益,为了反对列强肢解土耳其帝国,保卫穆斯林精神领袖哈里发而发动的一次政治运动。穆斯林进入印度,成为统治者,尽管伊斯兰教在印度发展很快,但哈里发一直在印度之外,印度穆斯林始终是臣属,相互间的联系从未中断过。早在1258年,德里苏丹就给巴格达的阿巴赛德哈里发进献象征性的贡赋。16世纪土耳其强盛起来,从阿拉伯人手里取得了哈里发的地位,莫卧儿帝国的统治者继续尊奥托曼苏丹为哈里发,并一直延续到20世纪。

哈里发运动从1918年开展至1924年末消逝,前后延续约六年。根据运动的发展状况,大致可分为三个阶段。其一,1918年世界大战末期到1920年7月底不合作运动正式开始前。其二,1920年8月1日印度穆斯林不合作运动开始,至1922年2月甘地中止非暴力不合作运动。其三,1922年2月至1924年末。1924年穆斯林联盟的拉合尔会议标志着印度教徒与穆斯林同盟关系的彻底决裂。此后,哈里发运动一蹶不振,组织虽存,但丧失了号召力,只是空有其名。随后它逐渐地、自行地于20年代末消逝于滚滚向前的历史潮流中。

1918年5月14日,英国等国对土耳其的停战草案公布,土耳其面临肢解,圣地前程垂危,哈里发地位受到威胁。消息传到印度,穆斯林焦躁不安,“如果土耳其被征服,那将是极大的悲愤,因为它是伊斯兰教世界剩下的最后一个伟大力量。我们担忧我们将如犹太人一样,成为一个没有自己家园的民族”。

10月30日,英国、法国、意大利等迫使土耳其签订了停战协定。消息传来,印度穆斯林忿忿不已,西方派和传统派迅速打出保卫伊斯兰教、保卫哈里发和圣地的旗帜,纷纷行动起来,汇成了一股力量。1918年12月穆斯林联盟德里会议是双方团结战斗局面正式形成的标志,年会邀请乌尔玛参加共商大计,巴利率代表欣然前往,并在主席台显赫位子就座。传统派最高领袖之一参加以西方派为主的公开政治会议,这在历史上是第一次。大会通过一系列的决议,表示双方深切关注着哈里发和土耳其的命运。剑桥大学的罗宾逊教授评价这次大会:“这是史无前例的联盟,阿利加尔最优秀的儿子与勒克瑙最博学的奉神者们,在时代的事务上并肩战斗了。”

在运动初步发展的关键时刻,穆斯林联盟发生了变故,难以成为政治运动的领导核心。1919年初,由于对蒙塔古—蔡姆斯福特改革方案的意见不一,穆斯林联盟发生了分裂,许多人辞了职,影响最大的是马赫迈德巴德和哈桑。两人均是穆斯林联盟的元老,前者在1915—1919年期间任穆斯林联盟主席,后者在穆斯林联盟的创建以及"勒克瑙协议"的最终签订等诸方面功勋卓著,并且1912—1919年期间一直是穆斯林联盟的书记。他们的引退,致使穆斯林联盟的元气大伤。其次,真纳坚持留守穆斯林联盟并担当主席,但是他坚决反对不合作方针,因此始终与哈里发运动保持着一段距离。再者,哈里发运动的重点转向广泛动员群众,并且与殖民政府的对立也日益尖锐。因此,许多穆斯林感到曾向政府表示效忠的穆斯林联盟终究难以摆脱阴影,需要成立一个新的不受束缚的组织。还有,绝大多数乌尔玛都非穆斯林联盟的成员,双方要团结战斗,穆斯林联盟亦力所不及。因此,一个新的全印穆斯林政治组织的诞生势所难免。

"哈里发委员会"作为一个新的全印穆斯林政治机构,在1919年建立了。随后的几年里,它替代境遇不佳的穆斯林联盟,成为全印穆斯林的政治中心。1919年3月20日,约1.5万名穆斯林集会于孟买,成立了孟买省哈里发委员会,当地富商柯泰尼任主席。7月5日,孟买哈里发委员会召开会议,决定举行各政治派别、各教派都参加的全印穆斯林大会,以制订统一的纲领,并考虑在各地建立省哈里发委员会。9月21日全印穆斯林大会在勒克瑙召开,与会的400名代表和数千名观摩者来自全国各地。他们在会上提出,全部的阿拉伯半岛,加上叙利亚、巴勒斯坦和美索不达米亚,仍然应有穆斯林单独控制;君士但丁堡是穆斯林的城市,应予保证;不可用种族或宗教的偏见去损伤穆斯林国家的信仰等。大会通过决议,表达了印度穆斯林上述愿望。

1919年11月23—24日,在勒克瑙大会的基础上,穆斯林在德里召开全印哈里发大会,与会代表约300人,许多乌尔玛也出席了大会。会议由法扎尔·哈克主持,通过四个决议,(1)号召穆斯林抵制12月的和平庆典。(2)如果不公正的对土耳其条约危及哈里发,拒绝与政府合作是全印穆斯林的宗教责任。(3)抵制欧洲货。但这一措施遭到温和派的反对。(4)派遣代表团赴英及欧洲诸国,为穆斯林的利益申诉、游说。甘地参加并主持了24日的会议,他在会上用乌尔都语发表了演讲,以"患难之友才是真友"表示对哈里发运动的支持。这是甘地对哈里发运动影响的开始。1920年2月孟买全印哈里发大会又相继发表了宣言和组织法,哈里发运动的司令部形成。

印度穆斯林在哈里发运动中主要运用的斗争手段有二:起先是遵循旧模式,向英国政府和英印殖民政府情愿、呼吁,以及派出赴欧代表团游说英、法、意等国,陈述印度穆斯林的要求。在遭受冷遇和失败后,“不合作”的斗争方式运营而生并轰轰烈烈地展开了。

1920 年 1 月 19 日,以安萨利为首的 23 人哈里发代表团向总督申述了印度穆斯林的看法和愿望。蔡姆斯福特表示了他的深切关注,并且就穆斯林要求派代表参加巴黎和会,表示他相信英国政府完全能代表印度穆斯林的感情。会见的结果使穆斯林感到“哈里发的前景是暗淡的”。

1920 年 2 月 1 日哈里发委员会赴欧使团从孟买出航,旨在游说欧洲一些国家,以使土耳其能受宽遇,特别是寄望于宗主国,希望它兑现自己的诺言。1914 年 11 月英国对土耳其宣战不久,就对印度穆斯林郑重声明,战争仅涉及国家,不干预宗教,保证圣地免受战火。1918 年战争结束,据阿加汗的备忘录记载,英国“首相郑重宣告,土耳其国家的主权及其国内土地和首都君士但丁堡将不受到损害”。赴欧代表团有穆罕默德·阿里等四人组成,历时八个月,对英、法、意、瑞士等国进行了穿梭式的访问。3 月 17 日代表团受到劳合·乔治首相接见,以后又两次与印度事务大臣蒙塔古会谈,但只得到笼统的回答:所有战败国,不管是穆斯林还是基督教徒,都一视同仁,不可期望有利于土耳其的例外。对法国的访问同样收效甚微,8 月 11 日代表团拜会了法国总理米莱朗,总理彬彬有礼但又斩钉截铁地告诉他们应该“感情服从理智”。其他各国的答复也大抵如此。

煞费苦心的出使,却遭受到列强的冷遇,穆罕默德·阿里在给邵克特·阿里的信中,深有感触地说:“我已尽力而为了,但我还是强调,我们的事业在印度。”从希望到失望,许多穆斯林在失败的原因分析中,寻求到了一种新的斗争手段,“圣战不适用于今天,而通过决议的时代已经过去,不合作是帮助印度的唯一武器”。

不合作的斗争方式作为印度穆斯林的议案,是在 1919 年 11 月 23—24 日德里全印哈里发大会召开时,由《独立报》的赛义德·侯赛因最早提出的。他提议,如果哈里发由于不公正的土耳其和平协定而受到危害时,撤销与政府的合作是全体穆斯林的宗教责任。大会还任命一个委员会去研究它的可行性。1920 年 5 月中旬,中央哈里发委员会在孟买召开会议,制订不合作纲领。在有关“从警察和军队中辞职”的条款上,委员们发生了激烈的争执。结果,反对派从哈里发委员会中辞职。6 月 1—2 日,中央哈里发委员会在阿拉哈巴德召开全印哈里发大会,通过了不合作纲领。它分四步骤:放弃头衔;辞去政府职务;从军队和警察中辞职;拒纳税。四步骤依序进行,前者完成后进入下一步,避免过激,杜绝暴力。大会还任命以甘地为首的一个"小组委员会",指导不合作运动的进行,这是一个真正的实权机构。大会为兼顾商人的利益,决定以提倡自产为主,来减弱抵制"洋货"的宣传。大会还决定建立遍及全印的分支机构,成立"哈里发志愿团",制订募款计划以及动员群众参加不合作运动。大会初拟了 8 月 1 日为不合作运动的开始日期。

8 月 1 日,印度穆斯林不合作运动如期开展。它是在悲壮的气氛中揭幕的,印度著名领袖提拉克就在那天去世,这更壮大了不合作运动的气势。有些本来对不合作策略抱有疑虑的人,也参加了那天的罢工,以示对提拉克的悼念。哈里发运动第二阶段的一个显著特征,是在此后的一年多时间里,穆斯林与印度教徒并肩战斗,哈里发运动与非暴力不合作运动交织在一起,形成规模大、声势壮的群众政治运动新局面。

四、甘地与不合作运动

甘地在倡导非暴力不合作策略的初始时,曾遭遇到穆斯林和印度教徒两方面的种种阻力,一度身陷困境。对印度教徒而言,他是穆斯林采用非暴力手段的保证人,对于穆斯林,他又成为印度教徒坚持不合作运动的保证者。

8 月 1 日前,印度教徒曾为"不合作"问题争论再三,如摩拉维耶的一些国大党人向甘地施加压力,要求不合作运动延期。他们认为,英印政府毕竟在逐步改革,因此国大党应予以响应并与之合作,使宪政改革能平稳进行。穆斯林在获知此事后,表示不满,作为传统派领袖的巴利立即去信甘地,表示:"如果印度教徒坚决回避罢工和不合作行动,那也不能动摇穆斯林的决心,不合作已确定为穆斯林的一种宗教责任。"另一方面,穆斯林对于非暴力手段持有不同看法,而一些国大党人对于群众一旦发动起来,尤其是穆斯林能否信守非暴力,持强烈的怀疑态度。确实,一些印度穆斯林,尤其是乌尔玛更趋向于认为非暴力是不适宜的。他们声称:"如果任何异教徒占领圣地,所有的穆斯林必须战斗,圣战就像祷告和洗礼一样重要。"巴利的文章也时时暗示着战斗:"任何与英国异教徒合作的人,他将被视为异教徒,所有真正的穆斯林为了印度的自由必须准备牺牲自己的生命。"

甘地为了民族事业辛劳奔波,做了大量的工作。他在《青年印度》、《新生活》等报刊上大力宣传非暴力不合作思想,同时走访各地,与众多领导人广泛接触、沟通,进行耐心的说服工作。他对团结穆斯林的重要性进行了解释,"如果我们害怕和不信任穆斯林,我们必然站在英国一边,并且延长我们被奴役地位的时间。如果我们足够勇敢,不害怕我们的穆斯林同胞,并且明智地信任他们,那么我们必须与穆斯林共同奋进,以种种和平的和坚持真理的手段来保证印度自治"。另一方面,他积极支持印度穆斯林在 8 月 1 日如期举行总罢工,并顺利开展不合作运动。就在当天,甘地率先退回在南非获得的两枚战争勋章,并在写给印度总督的信中说:"帝国政府连续采取无耻的、不道德的和不可理喻的态度,我不能再敬爱这样的政府。"

1920 年 9 月 4 日至 9 日,国大党加尔各答特别会议上,各种思想、观点进行了直接而激烈的交锋。甘地在会上提出的不合作议案,除了哈里发委员会通过的不合作纲领的内容外,还适时把"自治"列为不合作运动的目标,以与国大党历来的决议合拍,并号召抵制英货以及建议大规模推行土布运动。尽管反对派试图以修正案加以抗拒,但甘地的不合作议案还是通过了最终的表决。

1920 年 12 月国大党那格浦尔年会在印度历史进程中留下光辉的一页。出席会议的代表人数创历史之最,达到 14 582 人。大会按照程序,以明显优势确认了特别会议上通过的甘地的议案,并以不合作策略作为国大党的行动纲领。随着甘地非暴力不合作思想得到认可,他在国大党的领导地位也获得确立,国大党进入了"甘地时代"。年会还通过了甘地主持制订的新党章,再次将国大党的奋斗目标释定为"通过合法的和和平的手段实现自治"。新党章在国大党的组织结构上进行了严密规划,全国以语言为基础,分成 21 个省,强调每 5 万人产生一名党代表,并规定了自下而上的选举程序。全印国大党委员会由 300 名委员组成,在两次年会之间,负责指导党的事务。全印国大党委员会任命一个"工作委员会",由党主席、秘书长、财政委员等九人组成,实际上是国大党的核心和决策机构。国大党向 21 岁以上的人开放,只要他以书面形式表示接受国大党的宗旨和方策，并且每年交纳四安那的党费。有了一位新的领袖，有了规范严密的组织并能够深深扎根于民众，国大党的面貌更新了，它引导群众投入非暴力不合作运动，与印度穆斯林的哈里发运动迅速汇成一股强大力量。

甘地和阿里兄弟在全国各地巡回演说，鼓吹不合作运动。从城市到农村，印度各阶层人民纷纷放弃称号、官职，抵制法庭，自动从公立学校退学，抵制洋货等。1920 年 11 月，时逢立法会议选举，国大党和哈里发委员会的候选人退出竞选，普通选民则拒绝投票。莫提拉尔·尼赫鲁堪称印度最负盛名的大律师，为抵制法庭，宣布不再执行律师业务。对于如何安排尚年幼的英迪拉·甘地上学的问题，莫·尼赫鲁与贾·尼赫鲁父子两人还大吵一场。爷爷要将她送入修女主办的圣塞西利亚学校，小尼赫鲁则认为，该学校属受抵制之列，不应将女儿送入，而应进入印度人办的学校。最后父子妥协，英·甘地由特别聘请的家庭教师来教导。

青年学生们成为运动闯将，他们纷纷退学，杀向社会。1920—1922 年，3 000 名研究生、6 000 多名大学生和 4 万多名中学生自动退学。例如，哈里发运动的领袖阿里兄弟、阿萨德等就曾多次造访阿利加尔穆斯林大学，1920 年 10 月，穆罕默德·阿里号召："把学院从压抑我们精神的英国控制下解脱出来，而不合作是唯一取得自由的手段。"学生们热烈响应，不久数百名学生放弃学业投入运动。10 月 17 日，一些学生写信给校长："我们，下列签名者，都是不合作运动的中坚分子，我们希望您通知理事会，我们是不合作者，我们将奋斗……"落款的签名者达 162 人。这些学生成立自己的组织并通过决议：谴责政府对土耳其的政策，赞成哈里发委员会的建议，要求学校立即放弃政府资助，用一切手段把学校改变成由中央哈里发委员会管理的民族大学。10 月 29 日，在数千名穆斯林的支持下，以穆罕默德·阿里为首的领导小组建立，并在学校的清真寺召开了穆斯林民族大学的成立庆典。接着，加尔各答穆斯林学校、贝拿勒斯大学等许多学校效法阿利加尔大学，参加了抵制。穆斯林民族大学的学生闻信，难以掩饰兴奋："有了你们的帮助，我们坚信印度需要大胆的、决定性的行动，需要恢复青春的活力。这样才能使她从奴役的锁链中，从长期的水深火热中获得自由。"

成千上万的学生走出校园，组织了"志愿团"，他们到群众中去，到边远地区去，宣传不合作思想，成立运动的地方组织，为民族运动募捐，组织集会、游行等。1921 年 10 月 6 日《独立报》记载:“志愿者们在城里各个地区,从早到晚呼吁自产,高呼自治,并且引歌被捕的、深受爱戴的领袖们的诗篇。日复一日对家家户户的宣传产生了很好的效果。”

运动在不断升级,殖民政府也在行动。1921 年 7 月,在卡拉奇举行的全印哈里发大会上,穆罕默德·阿里在主持讲演中号召拒服兵役,“对于穆斯林来说,在这种时刻还在服役或应征于英国军队是完全不理智的,应把禁令带入军队,使穆斯林士兵知道,这是他们的职责”。甘地也号召印度文职和军职人员不应再为政府服务。殖民当局很快作出反应,认为:这种运动的公开目标是反对英国统治,如果让其得逞,将很快使国家陷入无政府状态。总督也报知印度事务大臣,“阿里兄弟企图诱使士兵和警察堕落。如果此类煽动性讲演继续无限止不受检查的话,我们认为一场灭顶之灾是不可避免的”。9 月 14 日殖民当局逮捕了阿里兄弟。即便如此,阿里兄弟在狱中也没有放弃斗争。1921 年 9 月 28 日,穆罕默德·阿里在卡拉奇审讯时争辩:“维多利亚女王宣言给予人们的宗教以广泛的保护,只要宣言存在,那么在英属印度人们就可以自由地进行宗教宣传,如果政府伤害了他们的宗教,要求穆斯林士兵从军队退出有何不可呢?”

11 月 4 日,甘地发表一个声明,表示将进一步推动不合作运动,甚至包括拒绝纳税。就在不合作运动和哈里发运动处于高潮时,11 月 17 日英国王储威尔士亲王访印,两教共同号召群众和平抵制官方的欢迎活动。早有思想和组织准备的民众反应迅速,抵制势头猛烈。印度许多大城市都举行和平罢市,到处是空荡荡的街道。而在王子到达的孟买冲击更甚,抵制者与少数参加欢迎王子的人发生了冲突,有轨电车遭到袭击,那些营业的商店被罢市者砸毁或焚烧。警察开枪进行镇压,三天有 59 人死亡。抵制使政府颜面扫尽,当局老羞成怒,宣布“志愿团”为非法,并开始了全印大逮捕。两教许多领导人都被捕入狱,有的被判处几月至几年的徒刑。他们中间较著名的有莫·尼赫鲁、拉·拉伊,阿拉哈巴德的贾·尼赫鲁、加尔各答的达斯及阿萨德等,还有旁遮普、德里、联合省等地方领导人。勒克瑙的哈里发委员会被毁,孟加拉甚至逮捕了达斯夫人和一些妇女。

令殖民政府始料未及的是,印度民众响应甘地的号召,高高兴兴甚至争先恐后要求入狱,以抗议殖民当局的大逮捕。结果 3 万多人被抓,监狱人满为患。就连官方报刊也不无感慨:“两年来对法律和权威的连续挑战,使人们勇敢起来,对大多数人来说监狱已丧失了它的恐怖性。以前被认为涉及社会不光彩的囚禁，现在被看成是爱国主义的最高奖赏。”

1921 年 12 月国大党在阿拉哈巴德年会上，宣布即将开展拒绝纳税和公民不服从运动。甘地一面选择孟买省苏拉特地区的巴多利税区作为试点，进行着充分的准备，一面等待着政府的态度。至 1922 年 2 月 1 日，甘地眼见政府无意和谈，就向总督里丁提出最后通牒，要求政府在七天内释放所有政治犯，保证不干涉人民的爱国行动，取消对报刊的限制，否则将发动全面的公民不服从运动。

就在事态一触即发之际，2 月 5 日曹里曹拉村事件改变了整个局势。2 月 4 日，约 2 000 名志愿团员和农民在举行游行示威时，遭到警察开枪镇压，死伤多人。第二天愤怒的民众袭击并火烧了曹里曹拉村警察所，打死警察 21 人，更夫 1 人。甘地认为，群众运动正在发展成为暴力革命。2 月 8 日他决定停止开展公民不服从运动。在甘地主持下，2 月 11—12 日，国大党工作委员会在巴多利召开紧急会议，通过了巴多利决议，以印度人民对非暴力还没有做好充分的精神准备为由，决定中止非暴力不合作运动。

这个决定令国大党内许多人惊愕、不解，甚至愤怒。狱中的领导人如莫·尼赫鲁、达斯、拉伊等，纷纷写信责问甘地，认为个别地区的偶然暴力事件，不应该影响全局战略，如此断送大好局势，这才是民族运动真正的失策。钱德拉·鲍斯甚至认为，甘地下令退却是一场民族灾难。

这个决定使印度穆斯林感到愤怒，他们认为自己被出卖了，巴利在中央哈里发委员会公开指责甘地为叛徒，攻击巴多利决议是投降书。因为在运动中 99%的穆斯林官员辞去了官方职务，被政府拘捕的人中 90%是穆斯林。他们的愤恨难以控制，教派间的猜忌和对立在这样的背景下再次返潮。

这个决定让殖民政府获得了喘息机会。3 月 10 日，距巴多利决议宣布仅一个月，甘地就以煽动罪被拘捕，经审讯后判刑六年。

五、真纳与穆斯林联盟的崛起

不合作运动中止，国大党与哈里发委员会的同盟关系结束。尽管后者表示继续坚持哈里发运动，但仅靠穆斯林支撑已无力回天，加之各种错综复杂的矛盾重又泛起，哈里发运动走到了它的尽头。

矛盾之一，是两教间的冲突频频发生，有时相当激烈。从领导层来说，哈里发委员会的头头们认为甘地和国大党片面停止不合作运动，以及国大党内“主变派”甚至加入政府倡导的立法会议选举，这是对穆斯林利益的出卖。加入国大党的穆斯林纷纷脱党，就连与甘地情谊最深的阿里兄弟也在 1924 年离开了国大党，并且在同年 9 月坎哈特的教派冲突事件上，兄弟俩与甘地的矛盾公开化。甘地对于冲突中寺庙被毁，偶像遭砸，以及两名印度教徒因拒绝改信伊斯兰教而遇害，表示了不满，并说：“穆斯林无兴趣于国内的政治生活和国家的进步，因为他们没有把印度看作引以为骄傲的国家。”阿里兄弟对此极不高兴，直言不讳地指责甘地的态度是倾向印度教徒的。而在社会基层，两教的对抗更是针锋相对。如克其鲁建立名为“组织”的团体，旨在组织穆斯林为自身的“自治”全力奋斗，他说：“我将简单地宣告一件事，听着，我亲爱的印度教兄弟，如果你们在‘组织’运动的路上设置障碍，并且不给我们应有的权力，我们将与阿富汗和其他穆斯林国家一起进行共同的事业，并在这个国家建立我们的统治。”而好斗的印度教教派主义者，如哈尔德亚尔在拉哈尔的《力量报》上发表宣言，要在印度建立印度教的统治，他把达到目标分为四个步骤：印度教团结一致；印度教统治；改宗穆斯林；征服和改宗阿富汗和边境地区的穆斯林。

矛盾之二是与英印政府的冲突。英印政府为瓦解哈里发运动，使用了离间手段，用于削弱、破坏两教关系；使用大肆逮捕的手段，造成运动群龙无首，并摧垮中坚力量；使用血腥镇压，以图威慑广大民众；使用利诱手段，令两教的一些著名领袖参加议会选举，使民族主义阵营发生分裂。

矛盾之三来自凯末尔及其领导的土耳其国民议会。起初，印度穆斯林十分赞赏凯末尔对土耳其民族利益的保卫，幻想由他来重振伊斯兰教的威望，甚至誉他为“伊斯兰教之剑”。然而，正是此剑砍掉了他们作为运动旗帜的哈里发。1924 年 3 月 1 日，凯末尔领导的国民议会通过决议，废黜哈里发，并放逐其家族的全部成员。消息传来，印度穆斯林震惊万分，如果哈里发为外国或异教所废，或许会使运动再起一波，但竟是自己阵营所为，则茫然不知所措。阿里兄弟等看到处心积虑经营的旗帜就这样倒了，气得大骂凯末尔，然后伴随着每星期五祷告中念哈里发的名字，逐渐淡出了历史舞台。

就在阿里兄弟等与哈里发委员会渐趋消退时，真纳与穆斯林联盟正在重新崛起。历史上有“两个真纳”，此语并非猎奇。纵观真纳的政治生涯，从现象看，20 年代的真纳与 30 年代后期、40 年代的真纳判若两人。前期的真纳羽翼尚未丰满，往往在可接受的妥协的基础上，解决穆斯林与政府、与印度教之间的争端；后期的他拟就一种严峻而强硬的态度，在谈判中不折不挠、咄咄逼人。

事实上，真纳是一位民族主义者，自 20 年代前后起，他始终不渝地坚持印度穆斯林社会的利益。他的战略目标是要穆斯林社会自主、强大，成为印度独立的第三力量。是时，真纳身兼数职：中央立法会议议员，国大党成员，地方自治同盟成员，穆斯林联盟成员并在 1919 年任永久主席。多种身份孰轻孰重，他审时度势，具体问题具体处理，一步步踏实地向着既定目标迈进。

真纳对立法会议的态度是先退出，后又争取入选，在一退一进中充分展现了他的现实主义特色。他退出立法会议的原因是表示对罗拉特法案抗议，因为通过罗拉特法案“清楚表明了帝国立法会议是个徒具虚名的立法机构，只不过是外国政府所操纵的一架机器而已。在立法会议里，印度议员的意见和公众舆论都得不到尊重”。因此，真纳愤然辞职，在大是大非问题上斩钉截铁的态度赢得喝彩。但真纳拒不参加当时甘地领导的声势颇壮的“坚持真理”运动，足见他的独立性。到了 1923 年真纳又反过来积极争取入选立法会议，这并非他没有主见，恰恰相反，正是他坚持现实主义原则的表现。此时哈里发运动的危机不断出现，两教的裂痕明显，势单力孤的真纳复出的时机到了。可是从哪儿起步再登历史舞台呢？因此入选立法会议是权衡再三的。国大党甘地派及哈里发运动领袖们对议会选举进行抵制，这正是乘隙而击的好机会。其次，20 年代的真纳一直反对过激的手段，所以据他看来“能够有效地承担为印度的要求而斗争的唯一地点是立法会议”。

真纳对哈里发委员会的态度是保持距离，静观其变。1919 年 11 月，哈里发委员会成立大会召开，真纳认为它处在甘地影响下，所以没有参加会议，也不加入该组织。但他策略性地拍了贺电，以免被穆斯林同胞误解，“很抱歉我没有出席这次大会，无论怎样，我希望它在各方面都获得成功”。

真纳在国大党中与甘地进行了正面交锋，坚持他的独立性，坚决反对不合作政策。1920 年 9 月 7 日穆斯林联盟会上在涉及不合作问题时，真纳表示不赞成,但只是提出告诫。而在同年12月的国大党那格浦尔年会上,许多反对派都在压力下转而支持不合作,惟有真纳拒绝改变意向或保持沉默,坚持反对不合作。因此,他在受到一片“耻辱”、“政治骗子”喊叫声的冲击下,拂袖而走,永远离开了国大党。同样出于反对不合作,他还从已被甘地控制的“地方自治同盟”辞了职,并且毫不客气地在给甘地的信中说:“你的方式已经在迄今为止你所接近的几乎每个组织中,以及在国家的公共生活中,引起了分裂和不和,全国人民都在铤而走险,所有这一切都意味着彻底的无组织和无秩序,其后果如何,我焦虑地注视着。”敢于对甘地如此直言相斥,恐怕在印度民族主义者中并不多见。

相反,真纳对穆斯林联盟十分重视。他的政治概念是争端只能在两个平等的、相互尊敬和相互害怕的党派之间解决,这就必须培育起并立于殖民政府和印度教的第三力量。因此他需要一个能够主宰的组织,以便推行自己的战略。这个组织就是穆斯林联盟。由此可见,真纳辞去了立法会议议员、离开了“地方自治同盟”、退出了国大党,对哈里发委员会的成立漠然视之,惟独保留了穆斯林联盟的位子,这是他用心良苦的选择。事实上他在穆斯林联盟也不是一帆风顺。1918年12月30日德里全印穆斯林联盟大会,真纳的提议遭到多数人的否决后,他也曾拂袖而去,但并不退出该组织。恰恰相反,1919年阿姆利则会上真纳欣然就任穆斯林联盟永久主席。尽管此时哈里发委员会风头正劲,而穆斯林联盟黯然无光,它“无声无息地躺着,已经失去了威信和重要性”,甚至开年会出席者也疲沓不堪。真纳担任主席后,长远的计划从头越。他首先把穆斯林联盟作为自己对时局看法的讲坛,1920年9月7日他在这儿发表了与“不合作”对立的意见。1923年真纳谋求入选立法会议,也是以穆斯林联盟为立足阵地。1924年哈里发运动已成强弩之末,真纳看到时机成熟,开始实施壮大穆斯林联盟的计划。1924年2月27日他在德里召集立法会议中穆斯林成员的会议,会议委托真纳主席尽早召开穆斯林联盟委员会会议。3月16日该会在真纳主持下于德里召开,许多哈里发运动者也出席了会议。在与真纳尖锐争执后,穆罕默德·阿里等自动退出会议。1924年5月24—25日穆斯林联盟拉哈尔会议上,真纳的地位已无人挑战。他强调把哈里发这个“最令人吃惊的复杂问题”的解决,留给世界穆斯林大会去苦思冥想,而至上的问题是把眼光移到国内,注目于自治和宪法的修改。真纳找到了一个显露政治才能和领袖素质的地方,在穆斯林展现于他的热忱和依附中，真纳的精心设计终于有了结果，为战略目标的实现得到了坚实的根据地。

重新崛起的真纳和穆斯林联盟，首先要求调整穆斯林在中央与省立法机构中的席位。据1919年法案规定，十年为改革一阶段，因此1927年殖民政府指派以西蒙为首的七人调查团，调查改革状况并提出进一步改革的报告。由于调查团成员全都是英国人，因此1928年2月3日该团在孟买登陆时，遭到国大党、穆斯林联盟等各派的抵制。印度事务大臣伯坎海德为缓和对立的局势，就要求印度人提出一个他们的宪法方案。1928年间以莫·尼赫鲁为首的委员会多次召开多党派会议，旨在向英印政府提出印度人的宪法方案。12月28日，又一次多党派会议在加尔各答召开，53岁的真纳代表穆斯林联盟提出新建议，在由选举产生的代表议席中，穆斯林在中央立法会议应有三分之一的席位；在穆斯林占人口多数的孟加拉和旁遮普两省，穆斯林的席位应与人口比例相符；在穆斯林占人口少数的其他省，适当增加穆斯林的席位；如满足上述条件，穆斯林可以放弃单独选举制。但是这一建议没有被接受。尼赫鲁委员会制订的报告最后拟定不设单独选区，穆斯林在中央和省的立法机构中的席位与人口比例相等。真纳深感失望，拒绝在报告文件上签字。他严正重申：对穆斯林少数派要公正，尤其应以团结为重，否则，从此就要分道扬镳了。

穆斯林联盟与真纳

1929年9月，真纳在穆斯林联盟特别会议上，提出了“十四点计划”，表示了穆斯林联盟在宪法原则上的强硬立场。这些计划包括:建立以省自治为基础的联邦;穆斯林设单独选区;中央立法机构中穆斯林的席位占三分之一;中央行政机构中的部长职位穆斯林应不少于三分之一;信德(是穆斯林居住集中区)应从孟买省划出,单独建省;加强伊斯兰教文化教育等。这些要求远远超出了真纳在多党派会议上的建议。“十四点计划”被称为穆斯林的“权利宪章”,得到穆斯林各派的响应,本来还持各种看法的人,现在都聚集在了穆斯林联盟的周围,真纳朝着他的目标,迈出了稳稳的一步。

六、印度的共产主义运动

俄国十月革命以后,共产主义运动一度成为东方各国的一股潮流。中国、日本、东南亚各国和印度等,都先后诞生了马克思主义政党。

马纳本德拉·那特·罗易(1887—1954)在早期印度马克思主义接受者和传播者中,无疑是最重要的。他出生于孟加拉的一个婆罗门家庭,曾因参加民族主义运动被捕。1915年,他滞留美国,开始接触到马克思主义,1917年因卷入政治案件,逃亡墨西哥,参与了墨西哥共产党的建立。1920年罗易作为墨西哥共产党的代表赴莫斯科参加共产国际第二次代表大会。以后,他受共产国际派遣,担任中亚局负责人之一,留驻塔什干,负责开展印度共产主义运动。1924年共产国际第五次代表大会上当选为国际执委会委员。

1920年10月17日,印度共产党在塔什干成立,共有七名成员,其中包括罗易在内有两对夫妻,1921年该党在莫斯科重建并加入共产国际。罗易在境外写了一些小册子和大量传单,运到印度散发,并且先后派遣二十多名党员回国工作,为印度国内共产党的成立,在思想上、组织上作出了贡献。

1921—1922年间,在加尔各答、孟买、拉合尔、马德拉斯和坎普尔等城市,共产主义小组纷纷成立。有些地区还专门创办了宣传马克思主义的报刊,如孟买小组1922年创办的英文周刊《社会主义者》,加尔各答小组1923年创办的孟加拉语报《人民之声》,拉合尔小组出版的乌尔都语月刊《革命》等。各地共产主义小组都直接与罗易联系。为了加强彼此间的合作,在罗易的指派下,孟买小组的创建者斯里帕德·阿姆里特·丹吉

(1899—1991)任各小组负责人。

为消除布尔什维克后患,1924 年 3 月,殖民当局以阴谋策划暴力革命危害政府的罪名,判定丹吉和罗易等八名共产党人犯有“谋叛”罪,判处或缺席判处他们各四年监禁。

1925 年 12 月 26 日,各共产主义小组派出代表,在坎普尔召开第一次全国会议,成立了印度共产党,组建了中央委员会。由于会前以萨·巴克塔为首的一部分人,承诺印度共产党不与共产国际发生关系,因此这次印共会议是在英印政府允许的情况下召开的,也称“合法共产党”。1926 年底,印度共产党发布了第一个党章,阐明党的目标是摆脱英国统治,建立工农共和国。1927 年 5 月,印共召开第二次全国会议,确定党的最低纲领是争取民族独立,实现土地国有化。

尽管印度共产党尚未正式加入共产国际,但它继续接受罗易发自莫斯科的指示,并且受英国共产党具体指导。共产国际在《关于印度问题的决议》中,要求印共继续在国大党和自治党左翼内开展工作,以便建立一个全印反帝同盟。英国共产党也认为,印共应与国大党结成反帝的统一战线。因此印共积极与国大党合作,多人担当国大党的各级领导职务。但由于经验缺乏和罗易及英共的指导错误,印共的工作并无多大起色且常有反复。1929 年 3 月,印共又一次遭到殖民当局镇压,三十多名骨干成员被捕入狱,组织受到严重损失。

1933 年 12 月,全印共产党会议在加尔各答召开,选出新的中央委员会,以后又宣布加入共产国际。1934 年 7 月,印度共产党被英印政府宣布为非法组织,此后不得不转入地下。

作者点评:

南亚政治格局的形成与这一时期的民族运动有着直接的关系。印度民族解放运动的总态势进入了“甘地时期”。甘地审时度势,创立了“非暴力不合作”的印度特色的斗争手段。印度沦陷为殖民地,政治、经济、军事等各方面全都由殖民政府掌控,印度人民根本没有暴力革命的能力,甚至没有通过民族战争赢得独立的意念。因此,非暴力手段既迎合了印度传统的宗教思想,又与客观实际和特定时代相符合。甘地认为这是印度革命胜利的必由之路,并赞赏为“非暴力是印度对世界的贡献”。印度人民在新领袖的指引下,以一种切合实际的斗争方式,努力争取民族自主,并渐渐看到了曙光。印度穆斯林的历程铸成了战后南亚政治局势的另一侧面。文化教育运动,不管是西方派的革新,还是传统派的改良,培育出了印度穆斯林的新一代。哈里发运动进一步发动了广大民众,印度穆斯林转向了反对殖民政府,争取自身利益的政治斗争。在运动中,穆斯林在思想上和组织能力上有了明显提高,领导核心逐步形成。当阿里兄弟、巴利等随着哈里发运动的消退而渐趋黯然失色时,韬光养晦的真纳逐渐从背景中显现,承担起了领导印度穆斯林的重任。

第十六章 国民不服从运动与艰难的自治之路

一、青年激进派及国民不服从运动

民族运动的第二次高潮戛然而止后，甘地以煽动罪被拘捕，经审讯后判处监禁六年。1924 年 1 月 11 日甘地在狱中患急性盲肠炎，获准狱外就医。2 月 5 日，殖民政府宣布提前释放甘地。身体恢复后，甘地积极推行建设性纲领，主要是推进土布运动以及为解救贱民奔走呼号。他从此改变衣着，光着上身，只系腰布，以传统的贫民形象，遍走印度，进行宣传。丘吉尔曾讥讽他为“半裸的游方僧”。期间，甘地数次以绝食来呼唤国民团结，呼吁他们遵守非暴力。就这样，甘地保持着对群众的接触，使高亢的革命气氛维系着，等待着掀起另一次民族运动的时机。

甘地像

非暴力不合作运动中止后，国大党内形成三股力量。以达斯和莫·尼赫鲁为首的一派，提出不再抵制立法会议，力主重新参加选举，以便在议会中形成反对派，争取印度民族利益，这一派称为“主变派”。1923 年 1 月 1 日，他们在国大党内成立了自治党。另一派认为,参加立法会议实际上就形成了与政府合作,这是对信念的背叛。他们原则上响应甘地的号召,投入到建设性纲领的工作中去。这一派称为“不变派”。但是两派的工作进展缓慢,成效甚微,令党内一批激进的青年十分失望。他们努力探询新的道路,以强烈的民族责任感,提出更大胆的斗争目标。这一派称为青年激进派,后成为国大党左翼,主要的领导人是贾哈拉瓦尔·尼赫鲁(1889—1964)和苏巴斯·钱德拉·鲍斯(1897—1945)。

尼赫鲁像

贾·尼赫鲁的祖籍是克什米尔,属婆罗门种姓。其祖先拉杰·考尔是当地著名的波斯文学作者、诗人,18世纪初莫卧儿皇帝法鲁克西耶尔巡游克什米尔时,深受皇帝赏识。1716年迁居德里,皇帝赐予他一栋房子和土地。地产位于西朱木拿运河河岸,波斯语“nahr”意为运河或河道,英语转译为“Nehru”,考尔为感谢皇朝隆恩,以“尼赫鲁”作为家族新姓氏。贾哈拉瓦尔意为“宝石”,本人出生于阿拉哈巴德城。父亲莫提拉尔·尼赫鲁与“圣雄”甘地关系密切,积极参加反对英国殖民统治的斗争。贾·尼赫鲁1910年毕业于英国剑桥大学三一学院,1912年获得律师证书,同年秋回到印度。他追随甘地投身印度民族运动。1920—1921年,尼赫鲁遵从“到农村去”的号召,上山下乡,逐渐了解了印度的农村和农民的困苦。1926年3月,他陪伴妻子赴欧洲看病,遍访意、法、英、德、比、瑞士和苏联各国。尤其是1927年1月,他出席了在布鲁塞尔召开的“反对殖民压迫和帝国主义的国际大会”,加深了被压迫民族的相互了解。他与中国代表会晤并发布联合声明,强调两国30年来紧密的文化联系,谴责英国在中国使用印度军队,以及共同商定有关两国民族运动的九点建议。11月他赴莫斯科参加了俄国十月革命胜利十周年的庆典,加深了对社会主义的认识。

苏·鲍斯出生于奥里萨首府库塔克，父亲是孟加拉立法会议成员。1913年，鲍斯进入加尔各答大学学习法律。因从事学生运动，1916年被除名。1919年他进入剑桥大学，为参加文官考试作准备，次年以第四名的优异成绩通过考试。但他未为名利所困，毅然回国，投身于不合作运动。他先担任达斯的副手，后当过孟加拉民族学院院长，也主编过《前进报》，再后成为孟加拉国大党领袖，并与贾·尼赫鲁一起成为国大党秘书长。

青年激进派已经不满足"主变派"与"不变派"提出的目标和制定的条条框框。他们以争取民族独立作为自己的责任和方向，大力鼓吹经济改革，号召民众积极投入民族运动。1927年底，在国大党马德拉斯年会上，贾·尼赫鲁提出关于印度完全独立的议案，并获得了通过。这在国大党历史上是第一次把"自治"的目标上升为争取"完全独立"。但是由于甘地不赞成尼赫鲁的"草率构思"以及老尼赫鲁等人也持反对态度，1928年国大党加尔各答年会上，只通过了要求自治领地位的决议，不过甘地表示将不阻止争取印度完全独立的宣传。年会还提出，宗主国若在一年内不答应印度自治，就开展国民不服从运动，争取独立。

1929年12月国大党拉合尔年会召开，经甘地力荐，贾·尼赫鲁担任年会主席。会议再次通过了争取完全独立的决议案，贾·尼赫鲁对独立释义为："我们说独立，那就是完全自由，是脱离英国帝国主义。"大会规定每年1月26日为"独立节"，还决定开展国民不服从运动，并授权甘地为运动的领导人。甘地在独立誓文中表示："撤回所有对英国的一切自愿联系，包括缴纳赋税。如果我们非暴力抗税，就必能推翻残暴统治。"

借着独立节上群众被充分发动起来的大好时机，1930年1月31日，甘地开始实施计划，他向总督欧文提出十一点要求，其中包括全面禁酒、降低田赋50%、取消食盐专营、削减军费50%、文官减薪一半、实行保护关税、释放政治犯等。3月2日，甘地要求殖民当局在八天内对这些"简单而重要的条件"给予满意答复，欧文总督当然予以拒绝。于是甘地着手准备下一步行动。

1930年3月12日，甘地以"显示其独特风格"的食盐长征，开始了国民不服从运动。是日，他芒鞋足杖，率领78名"严格遵守纪律、确信非暴力真理、言行一致、视死如归"的成员，从萨巴马帝真理学院出发，向240

英里之外的海滨丹迪村落进发。一路上,这些人以行为、以疾呼,进行着广泛的宣传,吸引了众多记者和民众,极具轰动效应。他们表示:“盐法不修改,自治不得到,永不回头。”贾·尼赫鲁也呼吁全国青年关注食盐长征:“勇者正在向前,自由等待着你们参战,诸位怎可旁观?”4月5日甘地一行到达目的地,6日早上八点三十分,甘地在海边拾起盐块以示破坏了食盐专卖法。此后甘地天天演讲,并在《青年印度》上不断发表文章,号召大家都来抗拒食盐法。“印度70万乡村,假如每村有十人自制盐,破坏盐法。那么,即使是最暴虐的君主,也不敢用大炮轰击手无寸铁的和平民众。政府必将瘫痪。”接着,抵制洋布与禁酒的运动、抵制法庭和公立学校、放弃公职的不合作浪潮,迅速在全国开展起来。帕特尔作为国大党的另一位元老,辞去了议长的职务并写信给总督:“万人准备牺牲,百万人准备入狱。”

食盐长征

殖民当局为制止运动,颁布了戒严法。4月14日贾·尼赫鲁被捕,当天就遭审讯,并依盐法判刑半年。各地的集会和游行遭到镇压,被捕者越来越多,甚至拒绝向群众开枪的军警、士兵也被拘捕。针对国大党的宣传报刊,政府下令修改出版法,强迫停刊。甘地也毫不退缩,一面号召人民见官盐就拿,一面准备率领志愿者发动一次进占政府盐库的行动。这等于向政府摊牌。5月4日午夜,甘地被捕,囚押入狱。全印度愤怒了,孟买5万工人罢工,铁路工人也奋起响应。全国商人联手抵制英国货。

5月21日,依照甘地拟订的进占达拉沙拉盐场的计划和人事安排,奈都夫人率2 000名志愿人员,进军距孟买150英里的盐场,上演了一场震撼世界的非暴力英雄主义的悲壮斗争。殖民当局在盐场外修了壕沟,筑了铁丝网,工事前方几百名军警手持带钢尖的大头木棍,严阵以待,后面是全副武装的士兵,举枪瞄准。据在场的美籍记者密勒报道,志愿队员编组前进,“第一组走近时,一声令下,军警用木棍暴风雨似地劈头猛打,队员无一人抱头或后退,一个个像被保龄球击中的靶柱,应声倒下。我可以清楚听到棒打头颅骇人心弦的声音。在旁观战的人们噙着眼泪,屏息而立。每看到志愿队员被击中,即发出同情怒号。头破血流的志愿队员倒在地上,有的失去知觉,有的挣扎着向前爬行,直到又一阵猛击”。第一组完全倒下后,第二组人员踏着血迹照样前进。“虽然每一个人知道后果,但他们没有丝毫畏缩退却,昂头挺胸英勇前进,不需任何呐喊助阵,也没有鼓角助战,更没有防范死伤的掩护。第二批队员被打倒,没有反击,没有搏斗,只有静静向前走,直到被打倒。倒下去的时候,甚至没有愤怒的咒骂,只传来低微的呻吟”。至上午 11 时,两人被打死,320 人受伤,许多人尚处昏迷中。帕特尔感叹道:“任何企图调和印度与大英帝国的希望,从此永不再有。”

斗争进入了白热化,全印风起云涌的反抗震惊了英国。一方面,殖民当局采取更加严厉的镇压,他们拘捕了几乎所有的国大党领导人,逮捕了 6 万多名中坚分子和群众,查封了 100 多家报馆和印刷所。另一方面,正如欧文总督所说:“我们低估了今天印度的民族主义意识和力量,我们为何只是一味采取高压政策?”英国政府以落实西蒙调查团的宪政改革建议书为名,宣布在伦敦召开有印度各政党代表参加的圆桌会议,一起制订进一步的宪政改革方案,并明确表示最终目标是给予印度自治领地位。

1930 年 11 月 12 日,第一次圆桌会议在伦敦召开,会议由英王主持,这是英国国王第一次亲自主持讨论印英关系的会议。国大党拒绝参加,但穆斯林联盟、自由派、印度教大会、锡克教派、贱民代表以及英国指定的印度土邦代表等 58 人,出席了会议。圆桌会议举行了 10 个星期,研讨印度宪治的改革,由各方代表提出建议,供政府抉择。与会者认识到,由于最具印度民众基础的国大党未出席,许多问题的讨论只能流于形式。会议在 1931 年 1 月结束,初定印度政府下一步的发展应以联邦制为基础,国防、财政仍由英国国王掌控,其余部门可由印度人负责。

为贯彻既定策略,英国当局继续谋求国大党参加。1931 年 1 月 25 日,总督下令释放甘地及国大党工作委员会所有成员,并撤销禁止国大党集会的禁令,以便在“无条件的自由气氛下进行谈判”。自 2 月 17 日起,

“苦行僧模样,半裸身子”的甘地大踏步进出总督府,与欧文进行了前后八次谈判。3 月 5 日,双方在德里签订了“休战协议”,即“甘地-欧文协定”。协议规定,殖民政府停止镇压;释放约 9 万名政治犯;废除戒严法令;失职人员复职;食盐专卖仍予维持,但产盐区可自制食盐并在当地销售;抗税者被没收的土地和财产,未被转卖的,予以归还,已转卖的,再议解决方案。甘地同意停止国民不服从运动;停止抵制英货;参加第二次圆桌会议。3 月 29 日,国大党卡拉奇年会经过激烈争论,最终批准了协议。

1931 年 9 月 8 日,甘地出席了在伦敦举行的第二次圆桌会议。他声称是抱着合作的态度和谋求真正独立的目的来参加会议的。这是一次充满争执的会议,在讨论少数教派的选举制度时,各派陷入了无休止的争吵,最后毫无结果。11 月 28 日麦克唐纳首相主持了圆桌系列会议的最后一次会议,表示拟订中的印度政府法应以联邦制为基础;国防、财政、外交等仍由英国掌控,其余部门可由印度人负责;未来的选举将采用按教派划分的保留名额制,等等。

12 月 28 日甘地返回孟买。在印度各派领袖滞留英国期间,殖民政府并未遵守协议,又开始滥捕民众,包括贾·尼赫鲁等又一次入狱。甘地见状极为不满。1932 年 1 月 2 日,甘地主持国大党工作委员会,决定恢复国民不服从运动。1 月 4 日,殖民政府先发制人,下令逮捕甘地等领导人。同一天,英印政府又接连发布《紧急权力法》等四个镇压法令,在全印绝大多数地区实行戒严。四个月内又有 8 万余人入狱。

1932 年 8 月 17 日,英国政府又祭出分化瓦解的法宝,麦克唐纳首相签署裁定书,规定贱民亦可设立单独选区,保障他们在中央和地方议会中的席位。第二天,甘地在狱中电告首相:“我将以我的生命抵制您的决定。”他宣布绝食至死,用以揭露殖民当局将贱民从印度民众中分化出来、形成新的分裂的阴谋。绝食自 9 月 20 日开始,印度教领导人与贱民领袖安姆倍德卡紧急商谈。在保障议会中贱民席位、提高贱民阶级的社会地位的条件下,安姆倍德卡放弃贱民独立选区的要求。于是英政府不得不撤销裁定书,9 月 26 日甘地停止绝食。

1932 年 11 月 17 日,第三次圆桌会议在伦敦召开,国大党又一次进行抵制。会议期间麦克唐纳提出《教派自治裁定书》,主张给各教各派单独的议会席位。会议还审查了《印度政府法草案》,这就是 1935 年《印度政府法》的蓝本。

1933年8月23日甘地被释放,他以自己仍是有一年刑期的囚犯为理由,宣布个人停止不服从运动一年。1934年10月国大党孟买年会正式宣告停止国民不服从运动。不管怎样,经过两年多的宣传和斗争,争取完全独立的目标已在印度人民的心中深深扎根。

二、1935年《印度政府法》

在国民不服从运动渐趋消退时,国大党发生了一些变化。作为领袖的甘地,此时更多地投入建设性的事业,尤其是解救贱民的工作。为使贱民在印度社会享有平等地位,甘地首创以"哈里真"即"神的儿子"来称呼贱民。他数次绝食,致力为贱民争取利益。如1932年年底,喀拉拉邦的一所印度教神庙不准贱民入庙礼拜,甘地要求他们改正,否则他就绝食。又如1933年5月8日,甘地为取消贱民制度又一次绝食21天,尽管行动的理由假借是"神的意志",但实际是针对国大党内部持不同看法者,"这次绝食是诚心为我和我的同事涤除罪恶而为之,以求得对哈里真事业更大的觉察和注意"。1932年他一度将《青年印度》改为《哈里真周刊》。1933年2月11日,另一份《哈里真》周报正式创刊。1934年甘地为考察贱民的实际状况,足迹历经12 500英里,募集了80万卢比的基金。

甘地另一个果敢行动是退出国大党。据甘地陈述的理由是:第一,大多数党员已厌倦了他的理论和做法,并且甘地认为自己继续留在党内,有碍于党的民主,阻碍了党的发展,因为他控制了一切,其他人难以自由行动。第二,许多党员与他本人对发展前景的看法存在很大的分歧,若不是对他尊敬和效忠,早就分道扬镳了。第三,甘地热衷于建设性纲领,如推广纺车及土布运动、禁酒、建设农村等,而大多数党员对此毫无信心,也没有兴趣。第四,国大党内社会主义派的力量不断增强,他们"与我的看法有着根本的分歧",但甘地"基于道德立场,将不至于阻扰他们传布观念","假如他们得到承认,我便不能留在国大党中"。第五,土邦问题、贱民问题,"我的方式与他人的见解不一"。第六,是关于非暴力问题的认识差异,甘地认为采用非暴力行为是唯一正确的方法,虽然经过14年的考验,但它"并没有成为党员生活中不可分割的部分"。事实上青年激进派就不予苟同,尼赫鲁认为"非暴力方法不是一切场合都适用的"。1934年10月26日,国大党大会在孟买举行,甘地提出的几项修正案,多数未得到同意，这更促使甘地痛下退党决心。10 月 28 日，在几次挽留未果的情况下，国大党接受了甘地的退党决定，全场数万人一致起立，肃穆致敬，目送甘地一步步离去。

国大党的另一变化，是党内社会主义思潮蔓延。接受者和传播者主要是青年激进派和民族主义知识分子。1934 年 5 月 17 日，全国社会主义者会议在帕特那召开，会议决定在国大党内成立全印社会党。同年 10 月 21 日，国大社会党在孟买举行成立大会，选出执行委员会，贾·雅普拉喀什·纳拉扬(1902—1979)当选为总书记，成员还有纳伦达·德夫、拉诺曼阿·洛西亚等。大会制订了党章，主张在国大党领导下争取独立，并引导建立社会主义国家。由于国大社会党是国大党内的党团，所以只有国大党党员才能加入。

同时，英印政府也在加紧制订宪政改革方案，这一工作在英国和印度齐头并进。在英国，1933 年 2 月，英国政府白皮书批准了第三次圆桌会议审查的《印度政府法草案》，1934 年提交英国议会两院联合委员会审议，10 月委员会提出修改后的报告。据此，议会制订了《1935 年印度政府法》。在印度，英国政府希望印度立法会议如期改选，然后自行讨论《印度政府法草案》，以此标榜尊重印度民意。1934 年 11 月中央立法会议选举进行，在 88 个改选席位中，国大党获得 45 席，穆斯林联盟得到 19 席。但在立法会议中，两大政党的议员及其他民选议员对《印度政府法草案》都持反对态度，这与官方及官方指定议员的态度，形成尖锐对立。但法案因官方成员居多数而最终获得通过。

《印度政府法》的内容分为两部分。其一，建立全印联邦，包括英属印度和印度土邦。联邦议会由两院组成，即国务会议(相当上院)和联邦会议(相当下院)。土邦议席在国务会议中占五分之二，在联邦会议中占三分之一。其二，实行省自治。省议会议员民选产生，多数派组织省政府，省政府对省议会负责。《印度政府法》还对行政区进行调整，缅甸从印度划出，新建信德和奥里萨两省。这样，英属印度的省共有 11 个，另九省为：孟买、孟加拉、马德拉斯、联合省、中央省、西北边省、旁遮普、比哈尔和阿萨姆。

由于印度人民的激烈反对，由于众多土邦是否加入联邦政府需取决于它们的自愿，而事实上许多王公还是疑虑重重，也由于法案表面上对宗教持中立态度，而事实上印度教、穆斯林及其他诸教诸派的利害冲突始终存在，简单把它们捏合成一个联邦，短时间内根本办不到，因此建立全印联邦的时机尚未成熟。英国政府只能将全印联邦事宜暂时搁置一边，决定从1937年初开始，实施《印度政府法》中省自治的部分。

1936年12月，国大党在费兹浦尔召开会议，按照尼赫鲁制订的政策，既反对《印度政府法》，又参加依法举行的选举。这么做的目的是“在议会内外与之斗争”，并且“借合作的方式达到不合作”。1936年4月，穆斯林联盟在孟买开会，成立中央选举委员会，由真纳担纲。真纳积极向盟员呼吁：“如果不尽最大努力，就会一事无成，也得不到尊重。组织起来，全力发挥作用吧。”其他一些政党团体也为各省竞选积极努力着。

选举在1937年2月进行，国大党获得了较巩固的主导地位。在中央省、联合省、比哈尔、奥里萨和马德拉斯五省中，国大党确保明显多数。在孟买和西北边省，它也以相对多数胜出。在孟加拉和旁遮普两个重要省中，国大党处于劣势。而在另两个省中，在阿萨姆成效不大，在信德则基本出局。在整个选举中，亲英国的自由党被扫地出门，民主自治党、印度教会党也遭惨败。穆斯林联盟在穆斯林占多数的选区境遇较好，但它没有在任何一省获得多数席位。穆斯林选区共485席，穆斯林联盟仅得108席，其余为地方穆斯林政党所得，如旁遮普统一党、孟加拉农民大会党等。

国大党在选举后，关于要不要在获胜的省份组建省政府，产生了争论。以尼赫鲁为首的左翼，不赞成组建省政府，对“英帝国主义的工具，采取广泛的、根本的不合作政策”，右翼则相反，希望获得各省执政的机会，“学习行政经验，争取人民的同情，从而扩大党的社会基础”。为此国大党召开了两次会议，2月底的瓦尔达会议提出：“立法部门的党员须牢记，国大党的政策是不合作，不参与其活动，否则会壮大英国在印度的帝国主义声势”，并规定国大党员不接受英国政府的封号，议员出席会议时均穿土布制服等。然而，在征求了甘地的意见后，3月19日国大党工作委员会正式决议，凡国大党取得绝对多数议席的省份可以组阁，议员可接受省部长职位。此后，国大党在孟买、中央省、联合省、比哈尔、奥里萨、马德拉斯六个省组建了省政府。西北边省先由地方政党组建政府，遇挫后辞职，由国大党建立省政府。阿萨姆亦如是，地方政党的省政府陷入危机后解散，后以国大党为主建立了联合政府。因此在11个省中，国大党握有八省，另三省主要由穆斯林政党控制。

以国大党为首的省自治维系了两年多的时间，如果不是第二次世界大战的爆发，其理应延续下去。在此期间，国大党依据竞选纲领的承诺，作出了一定的成绩。他们释放了许多被长期关押的政治犯，有些甚至是总督严令监禁的。一些进步组织恢复了活动，新闻和出版自由也放宽了。在农村实行新的租佃法，农民的债务、债务利息、地租等都有了一定的减负。工人的待遇有了改善，有的增加了工资，有的扩大了福利。各省政府在推广教育、提高妇女地位，以及消除歧视贱民方面，也有显著政绩。由于执政的成功，国大党的威望有了很大提升，党员从 1936 年不到 50 万人，到 1939 年已增至 500 万人。

在此期间，国大党阵营内发生了一起纷争，它对印度当时的局势产生了一定影响。国大党左翼的一部分在苏·鲍斯的领导下，对甘地和右翼的权威，发起了一次挑战。1937 年的尼赫鲁、1938 年的鲍斯都是经甘地推荐，被选为国大党主席的。鲍斯采取对英决不妥协的强硬态度，并且意图利用党主席的职位影响国大党，以便发动一场新的不合作运动。这种激烈冒进的政策令甘地不甚满意。因此 1939 年甘地推荐右翼的西塔拉马亚为国大党主席的候选人，国大党中如帕特尔等众多元老级领导人借机联名支持西塔拉马亚。但鲍斯不愿放弃自己的计划，他宣布参加竞选，并在 1939 年 1 月 19 日以 1 580 票比 1 375 票击败了对手，获得连任。于是，工作委员会的 15 名成员中，12 名右翼委员集体辞职，尼赫鲁见状也提出辞呈，工作委员会中只剩下鲍斯兄弟，中央核心机构处于瘫痪中。鲍斯几经努力，希望双方能团结合作，但均遭到右翼拒绝。鲍斯又拜会甘地进行长谈，没有获得实质性的支持，他只能提出辞呈。1939 年 4 月国大党全印委员会接受了他的辞职，选举普拉沙德继任党主席。鲍斯离职后，同年 5 月单独在党内组织了前进集团，主张利用一切手段同英国作不妥协的斗争，并且不必让非暴力哲学束缚手脚，只要有利于印度民族事业，甚至可以利用轴心国的反英力量。鲍斯与国大党主流渐趋渐远了。

三、国大党与穆斯林联盟的纷争

印度穆斯林据有次大陆人口总数的四分之一，怀着曾经几个世纪统治印度的美好记忆，步入了近代。如同罗易对于印度教徒一样，赛义德在印度穆斯林的近代启蒙中，发挥了重大作用。文化教育运动，穆斯林联盟的成立，标志着新一代印度穆斯林已成长起来并果敢地担起了责任。哈里发运动使穆斯林在思想上、组织上、领导人选上渐趋成熟。不合作运动戛然而止，印度两大教派此后在民族独立运动中，再也没有协同作战。真纳和穆斯林联盟的重新崛起、壮大，加上殖民帝国自始至终对两大教派的矛盾有意识的利用，分治的道路越来越难以挽回。

穆罕默德·伊克巴尔(1877—1938)最早提出了建立单独的穆斯林国家的思想。伊克巴尔是20世纪印度最优秀的穆斯林诗人、哲学家和政治思想家，出生于旁遮普省锡亚尔科特，1905年赴英，进入剑桥大学学习哲学，获得学位后又去慕尼黑大学学习法律。回国后在国立拉合尔学院当哲学教授，后任律师。他在名诗《国家主义》中就提出过一个民族即一个国家的概念。1930年他任穆斯林联盟阿拉哈巴德年会主席，在致词时说："如果从单一民族这个概念出发，来制订印度宪法，或者以英国式民主作为印度实施的原则，那么这无疑是在印度培育一场内战。"因此他提出："我愿意看到旁遮普、西北边省、信德和俾路支斯坦构成一个单独的国家，无论在英帝国之内自治或者在英帝国之外自立，我认为建立一个巩固的西北印度穆斯林国家，至少是西北印度穆斯林的必然归宿。"

1933年，就读于英国剑桥大学的印度学生拉赫马特·阿里，提出了"巴基斯坦"的概念。"巴基斯坦"(Pakistan)是乌尔都语，源自波斯文"Pak"(纯净)和"Stan"(国土)，意为"纯净的国度"或"清真之国"。"巴基斯坦"的另一释义由印度穆斯林故乡名称中的字母组成，表达了他们共同的政治志向。即旁遮普的"P"，西北边省即阿富汗尼亚的"A"，克什米尔的"K"，信德的"S"以及俾路支斯坦的词尾"stan"。

真纳一直为使穆斯林成为印度的一支独立的政治力量，坚毅地努力着。1937年2月的选举，国大党在大多数省份获得了胜利。在组建省政府时，尼赫鲁不无得意地认为，印度此时只有国大党与英国人两方面的力量。穆斯林联盟尽管在选举中遭受一些挫折，但真纳仍希望以独立的第三方，参与共同治理，"我们乐意和具有进步性和独立性的团体合作。随时准备以平等的身份为印度的利益工作"。但是国大党拒绝了，他们在印度教徒占多数的省份中建立了清一色国大党人组成的政府。而在联合省中，甚至还规定穆斯林代表如参与多党联合政府，他们就必须遵守国大党的规矩，而且穆斯林联盟的组织形式在议会和政府中都不允许存在。这种排斥性的做法，深深刺伤了穆斯林，此后双方的关系更是急剧恶化。

国大党的错误策略刺激了穆斯林各派,反而引起他们的强烈抗争。1937 年 5 月 28 日伊克巴尔致信真纳,表示有必要重新划分政区,建立穆斯林占绝对多数的穆斯林国家,并询问真纳:"你是否认为实现这一目标的时刻已经到来。"真纳不失时机大力宣传,使本来众多而分散的穆斯林组织,纷纷聚汇于真纳与穆斯林联盟。很快,真纳被穆斯林尊称为"伟大领袖",穆斯林联盟也真正成了代表印度穆斯林的政党。6 月 21 日伊克巴尔又一次致信真纳,称赞他是独一无二的领袖,惟有他才能指引印度穆斯林迎战即将来临的风暴。

为乘势推进"独立的穆斯林"的思想,真纳适时提出了理论依据,即"两个民族"论。他认为,印度如欧洲一样,有许多不同的民族。印度居民的三分之二信仰印度教,近 8 000 万人是伊斯兰教教徒,他们是"两个不同的民族"。两者之间的差别不仅仅在于宗教,而且在法律、经济和文化传统等多方面都有区别,实际上两者代表了两种根本不同的文明。1940 年 3 月真纳在伦敦的杂志《时代与潮流》上刊文:"必须制定一部承认印度有两个民族的宪法,这两个民族必须分享对共同的祖国的管理。"

1940 年 3 月 23 日,在全印穆斯林联盟的拉合尔年会上,正式通过了建立"穆斯林国家"的决议,即著名的"拉合尔决议"。决议要求对印度的行政区进行一些必要的调整,使穆斯林占人口多数的西北地区和东部地区合并为一个独立的国家,并且这国家有完全主权和自治权。第二天,印度报刊以"巴基斯坦决议"一词登载拉合尔决议的报道,真纳和穆斯林联盟采纳了这一名词,因为它包含了他们的政治志向。

作者点评:

20 世纪 20 年代后期至第二次世界大战爆发前的 15—16 年间,今日南亚的政治格局在演进过程中慢慢清晰了。各政治力量经过分化组合,在印度舞台上逐渐形成三组势力,即英印政府、国大党和穆斯林力量。在此期间,三者都迈出了决定南亚前程的关键步伐。甘地无疑是民族运动的领头人,他的食盐进军、一浪高过一浪的国民不服从运动和建设性纲领,将群众政治运动推向了高潮。在甘地威望日高的势头中,尼赫鲁、鲍斯等青年一代渐露头角,呈现后浪推前浪之势,将国大党的目标从争取"自治"上升为争取"独立",成为民族解放运动新领头人已初见端倪。英印政府颁布了《1935 年印度政府法》,在印度宪政改革方面作出了一些实质性的让步。它也是印度人民在民族解放运动过程中富有成效的重要一环。印度的民族力量在省自治中获得了省行政权力，并在两年多的实践中，取得了不菲的成绩。真纳的耐心和坚毅此时取得了很大的成功，印度穆斯林有了“伟大领袖”，有了核心的政治组织。他们提出了“两个民族”的理论和巴基斯坦运动的目标。曾经合作过的国大党和穆斯林联盟越来越对立，裂痕再也无法弥补。南亚政局的发展趋势越来越明晰，那就是独立与分治。

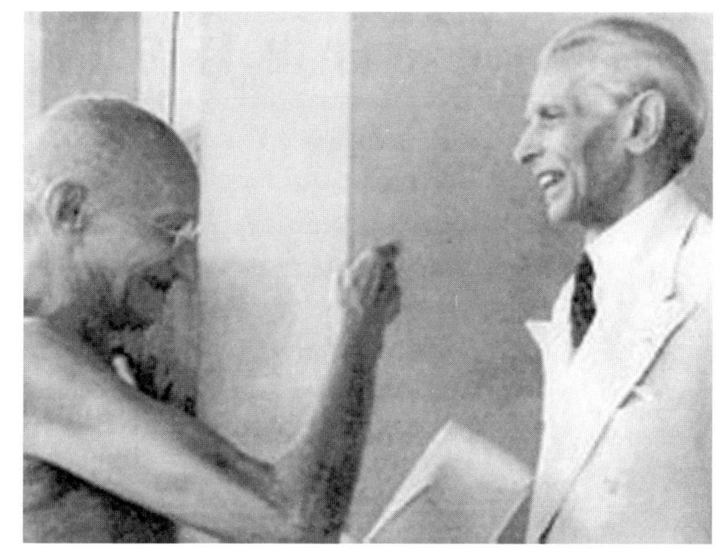

真纳与甘地

第十七章 自由与分治

一、第二次世界大战前期的印度局势

1939 年 9 月 3 日，在英国向德国宣战的同一天，殖民政府按照内阁的命令，宣布印度进入战争状态。印度民族又一次被剥夺自主的权利，无端被拖入了世界大战。但是，印度民族的态度，比之于 1914 年时，有了很大的不同，它不再是全印群情激奋，坚决支持宗主国，而是显得超然与成熟，有条不紊地按既定方针，从事着自身的事业。各党各派的反应也各不相同。

1938 年 7 月 23 日，甘地沿用其一贯的非暴力思想，去信希特勒，企图进行劝解，"你是今天世界上唯一能阻止战争的人，战争将使人类沦落为野蛮。不管你追求的目标是什么，难道非要付出战争的代价吗？摒弃战争方式就会一无所获吗?"9 月 5 日，英德宣战的第三天，甘地发表声明，表示"同情英法两国"。9 月 8 日，甘地收到波兰前总统巴特列维斯基的电报，吁请甘地："为波兰人民争取同情与友情。"甘地复电表示"全心全意同情为自由而奋斗的波兰人民"，"为勇敢的波兰人民祈祷"。9 月 11 日，甘地在社论《我的同情》中表示："总之，我的结论是希特勒应该承担发动战争的责任。"

9 月 14 日，国大党工作委员会通过了尼赫鲁起草的决议，对殖民政府未经印度人民的同意就宣布印度参战，表示强烈的不满。决议谴责了法西斯，谴责了纳粹的理论和制度。同时表示印度人民不同意将他们的资源用于帝国主义目的，也决不愿意被拖入一场所谓的为了民主和自由的战争中去，因为“印度本身未得到民主，而有限的自由也被剥夺了”。如果“大不列颠是为了维护和扩展民主而战，那么它理应在所辖范围内先结束帝国主义，予以印度充分民主，充分的自决权”。决议还敦促英印当局，战时成立国民政府，它只对中央立法会议负责。鲍斯一派则冷眼旁观，等待着时机。

穆斯林联盟带着明显的教派主义色彩注视着欧洲，寻求着可利用的机会，为印度穆斯林的现实服务。1938 年 10 月 8 日，真纳在穆斯林联盟卡拉奇会上，谴责英国人对待巴勒斯坦阿拉伯人的行为，说英国“把朋友抛给了狼”。他甚至把苏台德地区的德国人与印度穆斯林相提并论，认为两者都受到欺压，处于悲惨境遇。他称赞苏台德地区的德国人“对压迫及虐待他们的捷克人进行有力的自卫”，表示相信穆斯林也有能力在次大陆上实现“民族的完整和抱负”。1939 年 9 月 18 日，在英德宣战后，穆斯林联盟通过决议，表示了对英法等国的同情。决议还指出，英国要获得穆斯林联盟的全力支持与合作，须满足两项要求，即在国大党执政的省能予穆斯林公平待遇；制订新宪法应征得穆斯林联盟的同意。

印度教大会在 9 月 10 日通过决议，表示通过支持英国作战，来保卫印度。同时希望能进入中央议会及政府，希望殖民政府不偏袒穆斯林，以及多征募印度士兵。

许多土邦的王公们声称，将尽其力量并无条件地支持英国作战。

殖民政府继续着一贯的“抚慰与镇压”和“分而治之”的手段。印度总督在宣布印度参战的同时，发出请柬，邀 50 名印度各方领袖会商。9 月 26 日，包括甘地、普拉沙德、尼赫鲁、鲍斯、帕特尔、真纳等领袖都出席了总督召集的西姆拉会谈。由于英印几方的各种矛盾交织在一起，会谈无任何实质性结果。10 月 17 日，英国政府发表白皮书，承诺战时扩大总督行政会议，增加印度人士的名额；成立战时指导委员会，由印度各政党和王公的代表组成；战后协商修改 1935 年印度政府法，但只承诺给予印度自治领地位。

国大党对英国政府的表态深感失望。10 月 22 日工作委员会通过了较为强硬的新决议，宣布不支持英国的战争，要求宗主国承诺印度战后独立，成立战时责任政府，成立全民选举的制宪会议并由它制订印度宪法。决议还表示，英国政府若不满足这些要求，国大党将再次发动国民不服从运动。工作委员会还决定，国大党主持的省政府全部辞职。结果在两个月内，国大党主政的八省省政府全体辞职。

穆斯林联盟从伊斯兰教教派的利益出发，采取了与国大党针锋相对的政策。当国大党八省政府辞职，省督接管并重组政府时，穆斯林联盟表示愿意参加，并号召穆斯林以12月22日为“解救和感恩日”，庆祝穆斯林摆脱了国大党的“压迫、暴虐和非正义”。穆斯林联盟此时还要求殖民政府承认其是印度穆斯林的唯一代表。殖民政府则又一次祭出“分而治之”法宝，1940年4月18日，印度事务大臣声明，印度制订宪法必须以国大党与穆斯林联盟达成协议为前提。

大战初期，印度共产党坚持反战反英的路线。由于处于非法状态，共产党员常以国大社会党身份组织一些群众反战大会和示威游行。1939年10月，印共政治局通过决议，指出世界大战是一场帝国主义性质的战争，印度人不应该支持英国作战，甚至可利用战争危机，争取民族独立。1940年3月，印共与国大社会党矛盾激化，国大社会党进行党务整理，清除了所有的共产党人。在这变革时刻，印度共产党领导层决策错误，认为民族解放战争的时机已到来，准备进入武装起义，结果招致殖民政府的严厉镇压。印共领导及一批中坚分子共480人被捕，斗争陷入低潮。1941年6月苏德战争爆发，印度共产党认为世界大战的性质已演化为一场世界人民反对德、日、意法西斯的正义战争，因此印共由反英反战转变为全力支持英国反法西斯战争。他们宣传“一切为了前线”、“一切服从前线”，并且发动大生产运动，禁止工人罢工，还积极为战争征募印度士兵等。1942年7月，为了对印度共产党的转变作出表态，为了向苏联表示友好姿态，为了显示英国的民主，英印政府取消了对印度共产党的禁令，释放了印共囚禁人员。印度共产党取得合法地位后，组织迅速扩大，一度成为印度的第三政党。

1940年春夏，德国在西线攻势凌厉，占领了西欧和北欧，大规模空袭英伦三岛，英国陷于越来越困难的境地。5月丘吉尔上台组阁。6月印度总督林立兹哥分别邀请甘地与真纳到西姆拉会谈。真纳在会谈中提出了印度分治等一系列试探性要求。根据总督与甘地的会谈，7月国大党工作委员会的浦那会议提出建议，组建战时责任政府，印度战后独立，重新实施省自治。如果条件得到满足，国大党允诺放弃反对战争的信条，全力支持英国作战。8月8日，林立兹哥根据真纳的要求以及国大党的浦那建议，发表了声明，即“八月建议”。声明暗指，英国不会把权力只移交给一党统治的政府。声明拒绝了印度战后独立,其政策仍停留在1939年10月的白皮书的承诺,如扩大中央行政会议,增加印度人士,组建战时指导委员会,由各党派和土邦王公组成等。英国政府赞同战后成立"基本上由印度人自行负责"的制宪会议,制订新宪法,但希望战时暂不讨论。另有一事值得一提,6月甘地与真纳同时滞留西姆拉期间,当地印度民族主义者希望两位领袖能推心置腹交换意见,但由于双方的分歧难以弥补,遭到两人的拒绝。

对于"八月建议",穆斯林联盟是静观时局,等待时机,如真纳所说,持"善意的中立"。国大党则又一次体会到甘地的无奈之言:"国大党要求的是面包,得到的却是石头。"9月15日,国大党工作委员会孟买会议授权甘地领导新的不合作运动。10月17日甘地宣布开展"个人不服从运动"。运动又一次充分体现了独特的"甘地风格"。先是个人不服从,即一个人、一个人进行反战演讲,前者被捕,后者跟上,不断延续。接着是集体不服从,由领导以集体名义发表反战演说,仍是前赴后继。最后是一批批四出宣传,前一批入狱,后一批跟上。直至1941年6月,约有2万余人被捕,国大党领袖们自尼赫鲁起,几乎全部先后身陷囹圄。由于运动的组织和进展全部操纵在甘地手中,它的每一步都受到条条框框的限制。因此这次不合作运动全无前两次民族运动时的声势,对殖民当局亦无多大损失,但国大党组织却大伤元气,一度运转不畅。

二、第二次世界大战后期的印度局势

大战之初,尽管英国早早将印度拖入战争,但第一次世界大战时印度人争先恐后效忠英国的场面不再,他们更多专注于自身民族的命运,更积极地争取民族自主的前程,因此战争似乎与他们关系不大。1940年6月法国被摧毁,英国的孤军奋战一度引起印度人的关心,甚至博得一些敬意。但几个月后,当英印政府依旧将宪政改革拖为"战后再议"时,印度人民对宗主国充满了疑虑。这种状况一直维持到苏德战争爆发以及日本人将战火燃烧到印度的大门口。

战场扩大到了中东,印度成为这一地区物资供应的中心。太平洋战争爆发,协约国的东南亚指挥部先设在德里,后移至锡兰。东方海上运输线不畅时,孟买成为最繁忙的海港,大批战备物资运抵这儿,然后横跨南亚大陆,源源不断输往缅甸战场。印度客观上已深深卷入了战争。

英印政府的军队事实上早已参与了战争。奔赴中东的一支印度军队在威维尔将军指挥下,分享了击败一支意大利军队的喜悦。此后另一些印度军队在奥切莱克将军和蒙哥马利将军的指挥下,参加了在伊拉克、叙利亚和伊朗的协同作战。东南亚与日本的作战,更直接牵连到印度本身。印度军队经历了从马来亚的长途大撤退。1942 年 2 月随着新加坡沦陷,9 万印度军队损失殆尽。亚历山大将军指挥的从缅甸成功撤退的战役中,印度军队承担了荣耀的一部分,之后他们以血肉之躯守卫着印度的东疆。1944 年初印度军浴血奋战,击退了日本人对阿萨姆的进犯。随后印军在斯里姆将军的率领下,胜利地打回到了缅甸,1945 年大战进入尾声时,这支印度军队全力以赴,作好了进军马来亚的最后一击。在第二次世界大战的六年中,印度军队的规模从 17.5 万人增至 200 万人,并且建立了一支机械化和现代化的部队,尤其组建了一支现代海军和空军。

庞大的军需和战区物资供应中心的地位,刺激了印度工业的发展。除了早已繁荣的纺织业,钢铁业此时有了迅猛发展,塔塔钢铁公司作出了大部分贡献,孟加拉钢铁公司等也发挥了很大作用。水泥工业、化学工业、铝业乃至云母产业都有了长足的发展。

1941 年 6 月,德军进攻苏联,国际局势剧变。8 月罗斯福与丘吉尔签订《大西洋宪章》,宪章宣称:“世界人民有权自由选择政府形式,双方愿意对被强行剥夺此项权利的民族,恢复他们的主权和自主政府。”但丘吉尔声称该宪章不适用于印度,世界各国对英国的僵硬态度进行了谴责。12 月 3 日殖民政府在压力下释放了所有在囚的国大党成员。

1941 年底,太平洋战争爆发,日本军在东南亚步步进逼,印度人嗅到了家门口的火药味。对于英国一味蛮横的印度政策,美国等国家不断提出批评,罗斯福致信丘吉尔,指出在日本的军事威胁的重压下,对印度民族的独立必须作出明确表态了。1942 年 2 月,蒋介石为联合抗日事宜访问印度时,曾呼吁英国“给予印度人民政治实权”。丘吉尔政府由于接连丢失新加坡、马来亚和缅甸,在国内饱受指责,声誉大降。在各方压力下,1942 年 3 月 11 日英国政府派遣斯坦福·克里浦斯赴印,推行所谓解决印度问题新方案。

克里浦斯曾在 1939 年访问过印度,与印度政坛一些重要人物都有过接触,是同情印度的。他在英国内阁的地位仅次于丘吉尔,并且与苏联交往时不辱使命，刚从莫斯科返回，在英国的声望正高。他的赴印使命一度被期望能解开双方的死结，但是当英国内阁早已定调的方案公布后，印度人民大失所望。关于战后的部署，方案规定：一俟战争结束，立即建立制宪会议，制订宪法；英国政府给予印度自治领地位，筹建印度联邦；不愿加入印度联邦的土邦，可以保持和英国政府的原有关系；维护少数民族和少数宗教教派的利益。结果，该方案遭到了印度各方的广泛抨击，正如甘地讥讽它为："一个行将倒闭的银行开出的远期支票。"真纳是少数对克里浦斯前次访印留下不好印象的人，真纳说他"回英国后在报上发表的东西纯粹是蓄意捏造"。穆斯林联盟这次也没有接受克里浦斯方案，因为它没有提及巴基斯坦和穆斯林的自决权。克里浦斯的使命失败了，因为他只是推销殖民政府的既定方案，全然不顾印度民族的想法和感受。

甘地与尼赫鲁

尽管东南亚战局每况愈下，日本军的脚步越来越近，但英国仍顽固坚持殖民政策。甘地策略性地宣告，英国人留在印度就等于是一种刺激，将招致日本人进犯。他创造性地提出英国人"撤出印度"的口号，要求给予印度自决，然后以自主国家的地位，抗击日本入侵。这实际是一场新的国民不服从运动。甘地意识到他的这个行动将会打乱盟国在远东的全盘战略，因此在 1942 年 6 月 14 日，他分别写信给罗斯福和蒋介石，解释了印度民族主义者拟采取的行动，希望获得中美两国的谅解。他在给蒋介石的信中表示，印度看到了马来亚、新加坡和缅甸的相继沦陷，所以必须接受教训，不可一切寄望于英国。印度应该获得自由,自由的印度应该适当地担负起应有的责任,这样悲剧才不会重演。他还谈到,"印度军队中大部分士兵是由于经济窘迫而投军。他们不知为何而战,更谈不上这是国家的军队。因此,盟国可以根据条约的承诺,派兵驻印并可利用印度的基地,以抵抗日本的攻击"。

7 月 14 日,国大党工作委员会通过了甘地起草的《英国政权退出印度》的决议。"根据过去发生的种种事件,以及印度人民的切身经验,国大党确认英国在印度的统治必须立即结束。外国的统治,哪怕是最好的,其本身就是一种罪恶,因为它不断损害着被压迫民族。遭受着缚绑的印度,既无法防护自身,对于防止毁灭人类的战争,也发挥不了任何有效的作用。因此,给予印度自由是十分必要的,这不仅是为了印度的利益,而且是为了世界的安全,为了终结纳粹主义、法西斯主义和军国主义,终结其他形式的帝国主义,以及根除一个民族对另一个民族的侵略。"决议表示,由于英国一贯的"分而治之"政策,使得少数派集团的问题一直解决不了。惟有英国撤出,大家才能面对实际,面对印度本身,求得彼此同意的解决。决议还表示,英国撤出后,印度抗日不变,援助中国不变,与盟国的军事合作不变。自由印度将组织包括一切重要党派的临时政府。决议最后表示,如果印度的要求遭到拒绝,国大党将在甘地的领导下,不惜牺牲,以非暴力为武器,进行不屈不挠的斗争。8 月 8 日国大党孟买全印代表大会批准了工作委员会的决议。

同一天,殖民政府以总督的名义发布声明,"总督早已获知在过去一段时间里,国大党从事非法活动",所以此时"殊不能讨论国大党提出的要求,如此要求被采纳,印度将变成无政府状态"。于是殖民政府先发制人,在第二天凌晨四点就逮捕了甘地,同时还将尼赫鲁、阿萨德和帕特尔等主要领导人在内的近 150 名国大党高层人士投入监狱。进一步的大逮捕迅速在全印度展开,各省的中坚分子都被捕收监。国大党从中央到省区的组织均被宣布为非法。这突如其来的大逮捕,使国大党群龙无首,几近瘫痪。

全印民众在焦虑和愤怒中,爆发了更猛烈的反英斗争,罢工、罢市、罢课、集会和游行示威在全国各地迅速展开,甚至流血暴动也比比皆是,如攻打警察局,进攻政府机关、火车站、邮局等。殖民当局进行了残酷镇压,甚至出动军队,用重武器扫射,至 1942 年底,共打死印度民众 4 000 余人,打伤 1 万多人,并将 9 万多人投入监狱。74 岁高龄的甘地为抗议殖民当局的暴行，在狱中绝食21天，中途脉搏十分微弱，已入弥留时间，但这位坚毅的老人最终战胜了死神。

这场斗争风暴是国大党基层和广大群众民族激情的大爆发，他们在失去主帅和高层领导，在没有统一指挥、统一协调的情况下，抱着不行动就死亡的决心，勇敢地进行了斗争，这标志着印度民族相当成熟了。另一方面，殖民政府用尽全力，才把这场运动镇压下去，据丘吉尔说："援军陆续开赴印度，派驻那个国家的欧籍部队之多，超过了以往任何英治时期。"他还坦承这次斗争的声势和规模是1857年以来从未有过的。整个民族行动起来，印度获得自由已为时不远了。

苏·鲍斯以另一种方式坚持着反英斗争。鲍斯的激进思想与温和派的主张相去甚远，也遭到甘地和大多数国大党领袖的反对，他不仅被迫辞去党主席职务，后又被逐出领导机构。1940年7月鲍斯因反英反战演说被捕入狱。1940年底他以绝食斗争迫使当局同意他保释出狱。次年1月，他乔装打扮，穿越阿富汗，辗转到了德国。鲍斯认为，德国是英国的劲敌，为了印度的独立，何不借德国之力以击英国。但德国纳粹一则无暇顾及印度，二则对鲍斯也是利用居多。鲍斯在德国活动两年，成效甚微。1942年，日本使用它在东南亚惯用的伎俩，以"大东亚共荣"为标榜，培植当地势力，抗击西方殖民者。为了作好进攻印度的准备，日本邀请鲍斯赴日。

1943年春，鲍斯抵达新加坡。他在东南亚受到约百万印侨的热烈欢迎。不久，鲍斯被推举为在日本支持下成立的印度独立联盟的主席，并成为印度国民军的总指挥。这支军队由东南亚战争中的印度军战俘组成，如日军攻陷新加坡时，就受降印军6万余，这些人大多编入了印度国民军。1943年6月13日鲍斯到达东京，与日本就日后的行动进行了商谈。此后，在日本支持下，10月21日"自由印度临时政府"在新加坡成立。鲍斯身兼国家元首、总理、陆军部长和外交部长，并宣誓为解放印度三亿八千万同胞战斗到底。临时政府受到德国、日本等轴心国承认，并向美、英等国宣战。1944年1月鲍斯的临时政府迁都仰光，以便印度国民军随同日军北上。3月国民军以打回印度为旗帜，作为先头部队越过印缅边界，攻击英帕尔。双方的拉锯战延续到7月，英印军开始反击，7月10日日印军遭到惨败，伤亡5万余人。参战的印度国民军6 000余人，损失过半。1945年初英印军队全线出击缅甸。5月鲍斯的国民军在仰光战役中遭到围歼,几乎全部被俘。鲍斯及少数国民军军官随日军一起逃至新加坡。8 月 17 日,鲍斯从新加坡乘日本军用飞机去日本,途中停台湾,加油,再起飞赴日时失事,18 日伤重死去。鲍斯这一时段的行为备受争议,这是不可避免的。但印度人民一直对他敬仰有加,认为他毕竟为“印度的自由斗争到最后一刻”。鲍斯的家乡加尔各答人更是热爱鲍斯,因为他“举起了拳头,像阿育王石柱的狮子们捏在了一起”,他身体力行,说到做到,为把“三色旗插上红堡”,踏踏实实干了起来。独立后加尔各答人为他塑像,屹立街头,甚至把纪念英国殖民者克莱武而命名的“克莱武大街”,更名为“鲍斯大街”。

三、英国接受印度独立的要求

1943 年 10 月 20 日,原英印军总司令魏弗尔就任印度总督。1942 年群众反英运动以后,由于国大党领导层都拘禁在狱,至第二次世界大战后期,印度国内基本无大的动荡。魏弗尔深知这只是表面现象,自主的概念已根植于印度民心,一旦大战结束,独立运动又将掀起风暴。因此,魏弗尔的第一个行动是努力将宪政改革纳入克里浦斯方案的行动步骤中。1944 年 5—6 月,殖民当局释放了甘地及国大党的领袖们,解除了对国大党的禁令。同时,英印政府向穆斯林联盟表示,国大党的任何重大要求,必先与穆斯林联盟达成意见,政府才予考虑。1945 年 6 月 25 日,总督召集国大党、穆斯林联盟及其他党派的领导人在西姆拉开会,商讨建立方案承诺的制宪会议及两大组织参与政府的席位安排。战争期间,真纳在穆斯林中的威望越来越高,穆斯林联盟的权威越来越巩固。因此真纳提出,会议应承认穆斯林联盟是印度穆斯林的唯一代表,有关穆斯林的席位、人选均由穆斯林联盟提出,并且这是穆斯林联盟参加未来政府的前提。这一要求遭到国大党的拒绝。会议没有结果。

此时,发生了两桩意料之外的事情,使得印度争取民族自主的步伐加快了。其一,1945 年 7 月,当丘吉尔匆匆从波茨坦美苏英首脑会议中途回国参加竞选时,他根本没想到再回到会议桌旁的已不是他了。工党出人意料在英国议会大选中获胜。其二,1945 年 5 月,当时美英等国认为,结束日本战争需时一年左右。在此期间,英国准备在印度维持强势,维持对印度民族运动的高压。苏联红军出兵中国东北和朝鲜半岛,横扫日本赖以一搏的关东军,解放了日本海外殖民根据地。美国登陆日本本土,并以两颗原子弹表示了彻底铲除日本军国主义的决心。8 月 14 日日本宣布无条件投降。英国对印度政策也必须适时调整。

8 月 21 日,英印政府宣布中央与地方立法会议改选。9 月 19 日,首相艾德礼在伦敦就印度政策,发表了讲话,宣布英国政府尽全力促使印度早日组成自治政府,并立即着手举行新的中央和省立法会议的选举,以及在省一级重建印度人士执掌的责任政府。中央立法会议的选举在 11 月举行,省立法会议的选举在次年年初展开。结果,在中央立法会议 104 个选举席位中,国大党获得 57 席,穆斯林联盟得 30 席。在省立法会议选举中,国大党在孟买、中央省、联合省、奥里萨、马德拉斯、西北边省、阿萨姆和比哈尔八省中占绝对多数。穆斯林联盟在信德、旁遮普和孟加拉三省中,占得多数席位。但是,与 1937 年的大选不同,上次穆斯林的选票是分散的,而这次穆斯林联盟获得穆斯林选票的绝对多数。根据选举结果,国大党重新在八省建立了省政府,穆斯林联盟在信德和孟加拉主政,旁遮普建立了多党的联合政府。

战后,印度人民的政治积极性高涨,这对加快印度民族自主的进程,起了十分重要的作用。1945 年秋,殖民政府在红堡以叛逆罪公审鲍斯的印度国民军军官,这一行径遭到印度各政党和各阶层人士的强烈谴责。印度人不认为军官们是“印奸”,反而认为他们是民族的铮铮汉子,甚至将 11 月 12 日定为全国的“印度国民军日”。尼赫鲁、德赛等均出庭为军官们辩护,认为鲍斯领导的国民军是为争取自由而战,与日本军国主义毫不相干。革命志士为祖国的自由而斗争,根本无需对外来的英国效忠,否则就沦落为卑躬屈膝的奴隶了。各地纷纷举行抗议集会、示威游行、罢工、罢市,甚至在加尔各答,群众与警察发生了流血冲突。在印度人民的一片反对声中,国民军军官案最终被宣判为无罪。

又如,1946 年 2 月 18 日,孟买海军塔瓦尔号上全体水兵,因不满英国军官对印度士兵的种族歧视和虐待,奋起反抗。第二天水兵罢工扩展到港口内的所有 20 艘船。2 万多水兵打着国大党和穆斯林联盟的旗帜,乘卡车在孟买市内示威游行。2 月 21 日,前来镇压的英军炮击军舰,双方激战七个小时,仍对峙着。2 月 22 日,孟买 20 万工人举行总罢工,支持海军起义者。国大党对于这次由青年激进分子领导的武装起义,并不是热烈支持,甚至怕大规模的运动会有碍他们对中央和各省政府的掌控。

因此在国大党帕特尔的劝说下，23日起义领导机构宣布停止斗争。

在英国大选中，英国的民意显示，他们已认可战后印度独立，唯一的问题是什么时候、以什么方式移交权力。1946年2月19日，首相艾德礼顺应英印民心，宣布派内阁使团赴印，就制宪和组建临时政府等问题，与印度各方领袖协商。首相公开表示，如果印度选择独立，英国政府同意这是宪政发展的最后目标。

内阁使团由印度事务大臣劳伦斯、商务大臣克里浦斯和海军大臣亚历山大三人组成。3月23日使团抵达新德里，与各方人士举行了一连串的会谈。使团与总督、省督们及行政官员商讨纲领及方策，讨论印度形势，与印度各党派领袖、土邦王公寻求宪政问题的解决方案，尤其与国大党和穆斯林联盟的领导进行大量探讨和协调。国大党认为，独立的印度应是统一的联邦政体，地方政府享有充分的自治权；英国人应先撤出印度，遗留问题由印度人自行解决。穆斯林联盟主张建立巴基斯坦，管辖孟加拉、阿萨姆、旁遮普、信德和西北边省；英国须安排好分治大局后，才能撤离印度。为协调双方的矛盾，内阁使团、总督以及国大党和穆斯林联盟的各四名代表，一起在西姆拉商谈。但是协调毫无结果，会议不欢而散。

5月16日，英国政府根据内阁使团的建议，发表了印度问题的白皮书，给出未来印度的设想方案。方案的主要内容是：印度由英属印度和土邦组成统一的联邦国家，中央政府掌控国防、外交和交通，各省和土邦享有充分的自治权。英属印度的省份划分成三个联区，第一联区为印度教徒占多数的省份，包括孟买、马德拉斯、联合省、比哈尔、中央省和奥里萨六省；第二联区是穆斯林占人口多数的西北各省，包括旁遮普、西北边省和信德三省；第三联区是穆斯林占人口多数的东部省份，包括孟加拉和阿萨姆两省。各联区建立自己的立法机构和行政机构，制定单独的宪法。中央制宪会议共358名议员，由英属印度和土邦的代表组成，英属印度的代表共292名，按照每100万人口选一名代表，通过分区选举选出。土邦代表93名，产生办法另议。中央制宪会议将制订印度联邦的新宪法。在新宪法制订以前，建立过渡时期的临时政府，临时政府在总督行政会议的基础上改组而成。希望新独立的印度将来仍留在英联邦之内。

国大党和穆斯林联盟都宣布基本上接受内阁使团方案。中央制宪会议中英属印度的292名代表很快选出，国大党获211席，穆斯林联盟获73席。土邦的代表未能马上产生，因为王公们主张指派，而国大党要求民选。

经半月磋商，6 月 16 日内阁使团和总督发表联合公报，宣布邀约 14 人组成临时政府。其中印度教徒 6 人(5 人为国大党成员，1 人为哈里真)，穆斯林 5 人，锡克教徒、基督教徒和祆教徒各 1 人。公报还宣布，如有政党不接受，就授权接受的政党组建政府。24 日，国大党决定不接受，因为名单中国大党的人选不是原来定好的名单。国大党还要求在应得名额中列入 1 名穆斯林，穆斯林联盟坚决反对未经它提出的穆斯林人选入阁，总督也不同意。26 日国大党宣布拒绝参加临时政府。由于僵持无望在短期内解决，内阁使团 29 日飞返伦敦。

此时，真纳和穆斯林联盟表现出了强硬的和咄咄逼人的态度，要求总督依照公报的规定，由他们单独来组建政府。总督当然清楚，没有国大党参与的临时政府究竟意味着什么，因此决定暂时搁置。这次是穆斯林联盟对一系列举措表示不满了，首先，它认为这不仅是言而无信，而且是一种耻辱。第二，尼赫鲁曾表示将在制宪会议上，利用国大党的绝对多数，废黜联区的方式，这就根本动摇了巴基斯坦的基础。第三，7 月 22 日，总督向真纳暗示，增加国大党在临时政府的席位，使其与穆斯林联盟席位之比为六比五，成为多数。真纳对此十分不满，认为这是“过分之举”，“你提出的建议显然破坏了平等的原则”。因此在 7 月 29 日，穆斯林联盟孟买会议通过决议，不再接受内阁使团方案，不参加临时政府，也不参加制宪会议。它进一步宣布，为强力推进巴基斯坦事业，定 8 月 16 日为“直接行动日”。16 日，大规模的教派流血冲突在加尔各答爆发，印度教徒遭受的损失更为惨重，三天的冲突中有 5 000 人丧生，2 万余人受伤，约 10 万人家园被毁。接着，印度教徒在比哈尔与穆斯林少数派互相仇杀，很快双方冤冤相报，残杀进一步扩大到东孟加拉和联合省。

在穆斯林联盟拒绝内阁使团方案后，8 月 8 日，总督力邀国大党组织政府。8 月 17 日，尼赫鲁拟定共 12 人的政府成员名单，24 日总督表示同意。9 月 2 日，国大党的临时政府就职，锡克教徒等少数教派也参加了政府，总督魏弗尔任主席，尼赫鲁任副主席。同一天，穆斯林举行了抗议活动，全印几百万穆斯林家庭在屋顶上升起黑旗，“默默地表示蔑视”。鉴于现状以及着眼将来，真纳为避免被长期排斥在中央政府之外，决定改变政策。而总督意欲引进穆斯林联盟，否则临时政府并不完整，而且可对国大党有所牵制，因此二次邀请穆斯林联盟商谈。结果，10 月 13 日真纳通知总督："我们决定参加临时政府，穆斯林联盟提出5名代表。"10月26日，临时政府改组，新政府共有14名成员，国大党和穆斯林联盟各5人，锡克教徒、基督教徒、祆教徒和贱民各1人。5名穆斯林联盟成员分别担任财政、商业、交通、法律、卫生部长。由于双方不可调和的对立，临时政府常常陷于毫无结果的反复争论，无法正常开展工作。

首相艾德礼12月初邀尼赫鲁、真纳、锡克教的巴尔德夫·辛格赴伦敦会谈，希望召开举国一致的制宪会议，制订印度宪法，但始终未能取得一致意见。穆斯林联盟希望制宪会议暂缓召开，然而在国大党的一再要求下，会议于1946年12月9日在德里举行。穆斯林联盟拒绝参加，土邦因代表产生方式的争议，也没有参加。无奈，第一次大会后制宪会议只能宣布休会，徒剩虚名。

四、蒙巴顿与印巴分治

1947年初，印度各地教派冲突不断，而且规模越来越大。中央的政治危机愈演愈烈，穆斯林联盟坚持不参加制宪会议，尼赫鲁则致信总督魏弗尔，要求穆斯林联盟或者派遣代表参加制宪会议，或则干脆从临时政府退出。印度的形势十分紧张。

二次大战严重削弱了英国国力，而饱受战火的英国国民思念安宁，不愿再受动荡的印度拖累。而且，第二次世界大战以后，民族解放运动已成为不可抗拒的世界潮流，民族自决的国际舆论已成大势。因此英国政府决定尽快从印度撤出。2月20日首相艾德礼在下院宣布对印政策，主要为：英国拟于1948年6月以前将政权移交给印度人组织的政府；英王任命蒙巴顿接替魏弗尔任印度总督，他的使命就是尽早以合适的方式移交政权。

蒙巴顿是英王乔治六世的表兄弟，二战期间是东南亚盟军的最高统帅，素以率领皇家海军打空袭战著称。3月22日，蒙巴顿到达印度，作为"新印度的引路人"与国大党和穆斯林联盟的领导会晤，交换意见。当他意识到统一的印度无望时，就抛弃内阁使团方案，努力说服国大党接受现实，接受分治。

起初，国大党反对"巴基斯坦"的出现，经蒙巴顿一个多月的游说，尤其尼赫鲁、帕特尔为首的领导层在仔细研究时局后，尽管十分不愿意，但还是以求实的态度接受了分治。他们意识到,只要两大政党达不成协议,教派间的流血冲突将永无宁日。其次,两大教派的斗争由来已久,既有历史的和文化的因素,又有政治的和经济的因素,并且两者之间的和解在短期内根本无望。强行统一带来的只是破碎的联邦,充满了动乱,甚至内战。再说,印度民族经过几代人的艰苦卓绝的斗争,才赢得眼前即将到来的胜利,与其继续磨难,不如两大政党分享独立的成果。

蒙巴顿不间断地与国大党、穆斯林联盟、锡克教等各方面商谈,然后是提出建议,形成结论,汇报伦敦,获得批准。6 月 2 日,蒙巴顿携分治方案,邀约印度各党派领袖集会新德里总督府,进行最后商讨。6 月 3 日蒙巴顿通过广播向全印度人民发表了英国政府的声明,宣布 8 月 15 日前印度完成分治,此后英国撤出印度,并且详细公布了分治方案,即史称的"蒙巴顿方案"。总督语毕,同时在场的尼赫鲁、真纳和锡克教的巴尔德夫·辛格先后发表了广播讲话。真纳在讲话结束时,情不自禁地高呼"巴基斯坦万岁"。蒙巴顿方案的要点是:印度获得自治领地位,如果穆斯林人口占多数的地区希望单独建立政权,可以建立单独的自治领,原英印政府的政权将分别移交给这两个自治领。两个自治领可分别筹建制宪会议,制定各自的宪法。孟加拉和旁遮普的省立法会议,按照印度教徒和伊斯兰教徒人口占多数的地区,将议员划分为两组,分别投票。只要有一组赞成分治,该省就一分为二,分别加入印度和巴基斯坦。土邦可自由选择加入任何一个自治领,总体原则仍同 1946 年 5 月 16 日的内阁使团方案。

6 月 14 日,国大党全印委员会在德里召开会议,讨论蒙巴顿方案。反对派认为,接受决议是没有骨气和勇气,是向英国投降。另一派则认为,这不是理想的、但是现实的结果,这是印度能获得自由的唯一途径。如果不接受这一方案,无疑是政治自杀。最后不得不由甘地出来说话。甘地开始时是竭力反对分治的,他甚至斥责蒙巴顿的分治方案是"活体解剖"。他向总督进言,宁可将英印政府的政权移交给真纳,三亿印度教徒受穆斯林统治,也不愿印度分治。但现实终于使甘地发生了转变。最终,甘地以长者的口吻,说服大家接受了分治方案。6 月 15 日出席会议的 218 人最后进行表决,结果 157 人赞同,29 人反对,32 人弃权。甘地的这次讲话,后来成为罪犯行刺甘地的理由之一。

在此之前的 6 月 9 日,穆斯林联盟的中执委开会,尽管孟加拉和旁遮普有可能一分为二,但"残缺不全的巴基斯坦总比没有巴基斯坦好",分治方案基本上符合穆斯林联盟的要求。大会以压倒多数通过决议,接受方案。

锡克人对于蒙巴顿方案的反映,更多的是无奈。锡克教徒约400万人遍居于旁遮普省,如该省分为印度和巴基斯坦,那么锡克教徒将被迫分属于两个自治领。为了他们自身的利益,对于会造成旁遮普分省的蒙巴顿方案不能等闲视之。因此以达达·辛格为首的一派坚决反对分治方案,要求他们自成为一个行政单位。而锡克人公认的领袖巴尔德夫·辛格与国大党尼赫鲁较为接近,因此还是接受了方案。

印度共产党对蒙巴顿方案持强烈的反对态度。印共认为方案是帝国主义分而治之政策的新发展,以前是直接统治,现在是培植反动势力,然后利用它们来控制印巴两国。因此印共在6月20日和8月通过两个决议,表示对分治方案的反对以及要担负起印度民族革命的重任。印度教大会基于一贯的教派立场,反对建立巴基斯坦。他们认为分治是"不公平、不合理的","所有印度教同胞决不接受国大党的决定,也不受此项决定的束缚"。

按照蒙巴顿方案的规定,自6月20日至7月17日,孟加拉、旁遮普和信德三省由省议会投票,俾路支通过部落酋长会议投票,西北边省和阿萨姆的锡尔赫特县由全民投票,决定了意向。这样巴基斯坦就包括东孟加拉、西旁遮普、信德、西北边省、俾路支斯坦和阿萨姆的锡尔赫特县。

为了划定孟加拉和旁遮普的印度教徒与穆斯林的边界,组建了由英国法官拉德克利夫主持的划界委员会。尽管他的仲裁立场被印巴双方认为是可信的,不偏不倚的,但他的分界线不管怎样划定,总会受到指责,这是客观现实造成的无可奈何。据说,这位法官只要追忆起这段经历,总会感到十分后悔和懊恼。

多少年来积聚的资源和财富,从领土、人口、军队、资产、军用物资,到运输的车、舟、火车,乃至图书、办公用具等,都要划分给两个自治领。例如,英印军队的三分之一划归巴基斯坦,团队中曾经一起出生入死的士兵们,现在带着枪炮各分东西,互相成了仇敌。分治后的人口:巴基斯坦是6 760万人,其中土邦并入的人口为200万;印度为27 010万,其中土邦并入的人口约4 000万。土地面积:巴基斯坦约占原印度面积的14.7%,分治后印度的面积是巴基斯坦的3.8倍。财产分配上:巴基斯坦得到17.5%,同时负担同样比例的债务。

印度和巴基斯坦重要工业情况表

	棉织厂	麻织厂	钢铁厂	水泥厂	造纸厂	糖　厂	玻璃厂
印　　度	380	108	18	16	16	156	17
巴基斯坦	9	0	0	3	0	10	2

作为政权移交的最后一道程序，7 月 4 日英国议会正式讨论分治方案。18 日，经英王签署，以蒙巴顿方案为基础的《印度独立法》(共二十条，附款三则)颁布施行，并将建立印度和巴基斯坦两个自治领的日期法定为 1947 年 8 月 15 日。同时英王对于印度土邦的宗主权也自然消亡。英国和印度之间的一切条约和协定都将失效。

1947 年 8 月 14 日，巴基斯坦自治领宣告成立，建都卡拉奇，真纳出任首届巴基斯坦自治领总督。8 月 15 日，巴基斯坦内阁阁员们宣誓就职，列雅格特·阿里汗出任政府总理。

1947 年尼赫鲁就任总理

8 月 15 日，印度自治领宣告成立，首都在新德里。国大党邀请蒙巴顿出任印度自治领首届总督，尼赫鲁担任总理。8 月 14 日午夜 11 时，新印度诞生大典正式开始，与会者大都穿着白色的甘地土布衣服。主席普拉沙德宣布大典开幕，国大党主席克里帕拉尼夫人颂唱印度临时国歌，然后普拉沙德呼吁国民纪念为印度自由而牺牲的先烈，并向甘地致以最高敬意。尼赫鲁在新德里制宪会议上满怀豪情地发表了《体悟自由》的讲话:“很多年前，我们与命运之神许下约定，现在我们实现誓约的时刻到了，不仅是全部或完全的，而且是实实在在的。当午夜的时钟敲响时，世界正在酣睡，而印度将清醒地体悟她的新生和自由。”“我们走出过去，迈向明天。一个时代结束了，长期遭受压抑的民族灵魂获得了解放”。“我们今天结束了一个不幸的时代，印度重新发现了她自己”。晚上11时58分，一面饰有印度星徽的英国国旗，从新德里总督府的旗杆上悄然降下。12时，按东方人普遍心理，在黑夜已尽，黎明将至时分，会议代表全体起立，宣誓，欢呼新印度的诞生。尼赫鲁在对全国广播中称颂了甘地："在今天，我们首先想到了自由的奠基人、我们的国父。他体现了印度传统的立国精神，高举自由火炬，驱散了环绕我们的黑暗。"他还说，世世代代的印度人民在心灵深处缅怀着这位印度伟人，他的信心与力量，勇敢与人道永驻人民心间。半圆形的会议大厅外，人声鼎沸，欢声雷动。朝阳升起时，印度赭、白、绿的三色国旗在晨曦中，迎风飘扬。印度人民站起来了，他们向着自己的理想迈进。

作者点评：

这是世界上被压迫民族获得民族解放的独特的道路。它同样有艰难困苦的斗争，同样有为民族独立流血流汗、前赴后继的无数英雄。但它没有战火纷飞的武装斗争。对着凶狠的殖民政府，对着残暴的镇压，印度民族不是以血还血，不是武装暴力奋起反抗，而是大搞群众政治运动，用非暴力手段，用不合作、不服从的斗争策略，以“非常的勇气”，经过几十年的斗争，终于获得了民族独立。这是甘地思想的胜利，也是印度特色的民族解放道路的胜利。

这是一个翻天覆地的时代，它宣告了长期殖民统治在印度的结束。这不是简单的改朝换代，而是埋葬了一个旧制度，一个旧时代。这本应是一个普天同庆的日子，民族获得了自主，民众获得了自由。但它却没有给所有次大陆居民带来同样的欢天喜地。印巴分治了，曾经比邻而居的印度教徒和穆斯林，有些人卷入了相互残杀，数十万人倒在血泊里，一千多万人背井离乡，含泪跋涉。次大陆的民族独立了，印巴却分治了。

第十八章 从自治领到共和国

一、自治领政府的建立

8月15日，印度自治领成立，蒙巴顿任总督，这只是象征性的国家元首，并不拥有行政实权。以尼赫鲁为首的部长会议成为行政的决策和执行机构。尼赫鲁任总理，兼管外交、公共关系、科学研究等部门。帕特尔为副总理，兼管内政、宣传和土邦关系部。新政府成员共14人，其中国大党八人，其他政党团体六人，分任12部部长。如普拉沙德任粮食、农业部长，阿萨德为教育部长，印度基督教的马太任交通运输部长，锡克教的巴尔德夫·辛格任国防部长，贱民领袖安姆倍德卡任法律部长，印度教大会的穆克吉任工业供应部长，原甘地秘书甘荷女士则担当卫生部长。

尼赫鲁总理在立宪会议上讲话

自治领建立时，原来的中央立法议会已解散，存在的是按内阁使团方案建立的制宪会议,它是印度独立前后的一个承上启下的机构。1946 年 12 月 9 日,制宪会议召开第一次会议,是时穆斯林联盟予以抵制,出席者只有国大党和其他政党及团体的代表,会议选举普拉沙德为制宪会议主席。第二次会议在 1947 年 1 月召开,通过了有关制宪方针的决议。印度自治领成立后,8 月 29 日,制宪会议任命了宪法起草委员会,全力以赴制订印度独立后的新宪法。在新宪法制订前的过渡时期,印度根据 1935 年《印度政府法》及其补充的修正性法令,即 1947 年的《印度(临时宪法)法令》,进行操作,赋予制宪会议具有制宪和议会的双重职能。

印巴分治时,印度分得陆军 31 万,海军和空军分别为 1.1 万和 1.2 万人。原英印军队总司令奥金莱克留任印度军队和巴基斯坦军队的总司令。英籍军官约 1 万多人,几乎全部留任,他们把持着中高级职位,师一级以上的指挥官全部为英国军官占据。1947 年 9 月,印度成立了国防决策机构,即以总理为首席的内阁国防委员会。1948 年,印度废除了总司令统辖陆海空三军的制度,实行三军分立,分别设置参谋长职位,均向国防部长负责。国防部长由文职担任,加强文官对军队控制。为尽快培养印度军官,陆海空军分别成立军事院校。1948 年印度成立了国防学院。自治领建立时,印度有 500 多个土邦,各土邦都有军队,土邦加入联邦后,印度政府对土邦军队进行统一整编,或加入正规军,或改编为地方部队。

在司法系统方面,按照 1935 年《印度政府法》,印度设立联邦法院,由一名首席法官和两名助理法官组成,具有初审权、受理上诉权和解释宪法的权力。印度独立后,这一体制基本被采用,但凌驾于司法之上的英国枢密院审判权法被彻底剥离。

新政府建立,为确保中央到地方各级行政机构正常运转,原英印政府的欧籍和印籍文官基本留任,他们仍然占据着各级行政机构的要职。当时全国文官约 1 064 人,其中印度人为 451 人。1948 年印度政府进行文官制度的改革,建立印度的行政官制和警官制,制订文官法规。公职文官通过公开考试选拔。政府对考试、任用、晋升、薪金等作出规定,并建立了“特别任用委员会”的人才机构。

新政府在过渡时期的一个特点是所谓的“双头政治”。由于甘地只是国大党的精神领袖,实际上已退居幕后,因此党内还没有形成一名无可争议的领头人。尼赫鲁代表了民主派势力,元老帕特尔则是保守派的代表,两人分别担任总理与副总理,分享着权力。帕特尔(1875—1950)出生于古吉拉特的正统的印度教家庭。他虽有留学英国的背景,但更注重传统文化。1918 年他在 43 岁时,参加了甘地领导的凯达地区农民的抗税斗争,开始了政治生涯。尽管尼赫鲁与帕特尔在印度民族利益大局上的立场基本一致,但在具体的党和国家的政策的制定和实施上,常有冲突,并且越来越激烈。在是否应遵循分治时定下的协议,支付给巴基斯坦 5.5 亿卢比现金的问题上,帕特尔因教派冲突、仇杀,提议扣留这笔钱款,而尼赫鲁表示不同意。又如在国大党主席的人选上,在文官制度如何改革的问题上,在公营经济问题上,两人屡屡意见相左,以致尼赫鲁在给帕特尔的信中说:"如果我继续任总理,我应有一定的决策自由。"不然的话,尼赫鲁表示可以辞职,将权力交于帕特尔。1950 年 9 月,尼赫鲁意图将党内左派力量团结起来,建立党内派别组织"国大党民主阵线",与右翼对抗。帕特尔则针锋相对,保守派势力也积极串联起来,意图在年底国大党工作委员会会议上,对民主阵线进行纪律制裁。由于 12 月 15 日,帕特尔病逝,双方的摊牌才没有进行;同时,"双头政治"也终告结束。以后尼赫鲁的领袖地位日益巩固,副总理一职也成为无实权的虚位。

由于英印之间的政权移交是和平方式进行的,因此殖民统治没有经过暴风骤雨式的涤荡,它的痕迹在印度延续了相当长的时段。如英王的画像仍悬挂在公共场合,英国国歌常在仪式典礼上演奏,殖民统治者的纪念碑予以保留,诸如"克莱武大街"等一类充满殖民痕迹的街名、地名,一度仍然沿用。英国女王头像的邮票与甘地像邮票一起,在自治领的邮政通信上,并行使用。随着印度共和国成立,民族事业的不断兴旺,这些烙印才慢慢消磨掉。

二、教派冲突及甘地证果

1947 年 8 月 17 日,拉德克利夫边界划定书公布,本已遍及各地的教派冲突,愈加激化。边界划定书引起颇多争议,尤其对三处界线,反应更为强烈,焦点集中在印度教徒与穆斯林杂居的孟加拉和旁遮普两地区。在本已纷乱的局势下,这无疑成了进一步扩大教派仇杀的催化剂。

其一,巴基斯坦对于将加尔各答从东孟加拉划出感到愤怒,而印度认为不管是地理位置,还是人文环境,加尔各答更趋向与西孟加拉一致。其二,旁遮普地区的印巴分界线造成颇多争端。由于宗教原则是划界的主要根据,某一地区印度教徒或穆斯林占半数以上,则该地区就划归印度或巴基斯坦。这造成极大混乱,原本共同享用的水资源和运输线,常常被人为切断。而且这些世代为邻的人们,突然被一道森严的国界线划开,他们成了相互对立的双方,无不心存恐慌,毫无安全感。其三,锡克教徒为民族解放事业作出了自己的贡献,本应与其他主要民族、教派一样,有权受到应有的褒奖。但他们在旁遮普多达400多万的信徒,却被人为地几乎均分于印巴两个自治领,"所罗门提议平分一个活生生的孩子的故事,真实地发生在锡克教徒的身上"。况且,锡克人与穆斯林在旁遮普的冲突由来已久,这更使双方剑拔弩张。

在教派主义极端分子的煽动下,大规模的教派仇杀迅速展开,并不断升级。在印度一方,众多穆斯林被杀害,房屋、土地和财产遭抢劫;在巴基斯坦一方,大批的印度教徒和锡克教徒被杀戮和驱逐。许多政府官员、军队和警察也卷入了仇杀之中。居住在两国的少数教派的居民处于极度恐慌中,为了活命,他们抛弃祖居的绝大部分财产,扶老携幼,穆斯林逃往巴基斯坦,印度教徒和锡克教徒逃命印度。巨大的难民迁徙洪流终日绵延数十里,并且不时遭到武装暴徒的袭击,有时双方难民交汇时,还不断发生相互杀戮。横尸遍野,无人收拾,加上雨季的恶劣天气,造成瘟疫流行,难民的悲惨境遇,罄竹难书。当大量对方国家的难民充斥内地城市的街头时,他们的惨状震撼了市民,本来气氛稍缓的内地,对立教派的居民间也充满了愤恨。随之,宗教仇杀席卷了内地的许多城市。据一位目击者记载,即便在首都新德里,9月上旬的一星期内,仇杀死伤者就达2 000人以上,而阿姆利则及加尔各答的惨剧要严重好几倍,"拉合尔变成了死城"。据不完全统计,从1947年8月至1948年4月底,印度与西巴基斯坦相互大逃亡的难民共达1 100万,从东孟加拉逃往印度的难民为120多万,从信德逃往印度的则为40万,双方死于教派仇杀的人数约60万。

仇杀的野火漫遍次大陆,印巴两个自治领政府不得不搁置其他政务,全力以赴处理教派残杀事务。它们制止并且镇压暴乱,动用一切交通工具从对方境内抢运难民以及遣送对方难民出境,而且还要安置千百万的流入难民。

为了呼吁民众冷静、克制,并且用爱来唤醒真知,一位尊敬的老人跋山涉水,孤身奋战,直至生命的最后一刻。7月底仇杀还没有达到高潮时,甘地离开了德里,8月初他来到了加尔各答,加市一向是印度教徒和穆斯林的杂居地，也是历次教派仇杀的祸乱中心之一。8 月 13 日甘地带着孙女在仇杀重灾区的破瓦残垣中，找到一所人去楼空的穆斯林住宅，居住下来。此后他到暴乱地区观察，用一颗爱心去感动疯狂的民众。他充满深情地向穆斯林呼喊:“回来，回来吧！不要害怕，我与你们共生死。”他的住宅成了和平总部。在甘地的努力下，双方酝酿已久的独立日大暴乱，终于在加尔各答幸免。

教派骚乱逐渐蔓延到了西孟加拉。眼看血腥仇杀就要大爆发，9 月 1 日甘地开始绝食，如果不能使两教间重新亲善，他打算绝食至死。当地的党、政、教领导人在他的感召下，用尽各种方法，终止了暴乱。甘地绝食 72 小时后，领袖们纷纷以生命向他保证，宗教仇杀的恶劣局面不会再现。

西孟加拉局势平定后，甘地前往祸患重灾区旁遮普。10 月他路过德里，那儿正处烧杀动乱中，甘地见状，心急如焚，马上停留脚步，投入劝阻的工作中。甘地为了阻止屠杀穆斯林市民的暴行，以及抗议临时政府扣压巴基斯坦按分治协议应得到的 5.5 亿卢比的款项，决定不顾 79 岁老人的心力交瘁，再次以绝食抗争。他说:“有一种绝食是非暴力者为了纠正社会的不义，被迫采取的一种步骤。我作为一个非暴力者，已别无选择。现在正是时候。”1948 年 1 月 12 日，尽管尼赫鲁和帕特尔曾苦口婆心劝说，但甘地心意已决，在晚祷会上宣布，自明日起无限期绝食，以期停止教派间的仇视。这是甘地一生中 18 次绝食的最后一次。13 日 11 时绝食开始前，一些仰慕甘地的群众围坐在一起，朗诵了古兰经、锡克教及印度教的一些诗篇。绝食五天后，在各方再三保证接受他的要求的情况下，18 日下午 12 点三刻，在众人颂念经文“领我们从谬误到真理，从黑暗入光明，从死亡向永生”中，甘地停止了绝食。

甘地全身心致力于各教派的和平亲善，却招致一部分印度教极端分子的怨恨。他们认为这是向巴基斯坦投降，欲除之而后快的忿激情绪，已在暗中酝酿。1948 年 1 月 20 日，自称印度教难民的青年马丹拉尔投手榴弹谋刺甘地，所幸未遂，甘地亲闻爆炸声，毫不惊动。1 月 30 日下午 5 时，甘地从寄居的比尔拉寓所出来，前往室外草坪与静候着的 500 余人一起举行晚祷会。当甘地边走边与听众相互合十行礼并喃喃说“我来迟了”时，一个青年挡住他的去路，先向甘地合十俯身行礼，然后顺势掏出手枪向甘地连发三枪，两枪射中前胸，一枪击中腹部。甘地双手合十，口中微念印度教大神“罗摩、罗摩啊”，徐徐倒在青草地上。凶手名叫纳·戈德赛,是浦那《印度教民族报》编辑,印度教极端派组织“国民服务团”的成员。尼赫鲁等印度领导人迅速赶到现场,总理向全国发表了广播讲话,“我们生命中的光辉消逝了,到处笼罩在黑暗之中,……不,我说错了,因为照耀在我们国土上的光辉,不是普通的光芒”,“千年之后我们仍将看到这光辉,因为它是活的真理的光芒”。

甘地之死,在全世界引起了巨大反响。美、苏、英、法等国纷纷发去唁电,对甘地去世表示哀悼。蒋介石夫妇也致电尼赫鲁吊唁,称甘地为“一代主张非暴力主义、实现人类和平之神圣斗士”。中华民国驻印大使罗家伦出席了追悼会并赴火葬场送葬。按中国习俗,甘地火葬后七日,南京举行了大规模的甘地追悼会,并由蒋介石亲自主祭。

甘地之死,震惊了印度,愤怒的印度教徒捣毁了印度教大会、国民服务团的组织机构。政府也下令取缔了国民服务团。秉承这位老人的愿望,在印巴两国政府的努力下,教派仇杀在1948年春季后逐渐缓和下来。

三、土邦的归属

据1942年内阁使团方案,“当新的自治政府或独立政府成立以后,英国政府即停止其最高权力,英王对各土邦的主权关系已不存在,而将至高权返回各小邦。……各小邦的未来,或者进入相继的政府成为同一联邦,或者与相继的政府作出政治上的特别安排”。这就为众多土邦的去向定下了基调。

后来,由于蒙巴顿的印巴分治方案成为大趋势,国大党和穆斯林联盟倾力开展争取土邦的工作,力图说服它们加入自己的自治领。此时一个棘手的问题出现了,少数土邦王公开始策划土邦独立,如特拉凡克尔在1947年6月11日宣布为独立国家,12日海德拉巴也宣告独立。有些王公甚至主张成立一个单独的“土邦斯坦”。尼赫鲁在这一问题上决不妥协,1947年6月15日国大党全印委员会通过决议,不承认印度境内土邦独立,并对海外正告:任何国家承认“独立”的土邦,将被视为对印度不友好。6月17日安姆倍德卡表示,即便按照英国宪法,“只要土邦仍在宗主权的庇护下,无论宗主权属于英王或印度自治领,它们都不能算独立国”。7月5日印度临时政府成立土邦部,由帕特尔任部长。根据他的建议,除极少数土邦外,其他各邦都派出代表参与制宪,加入联邦,蒙巴顿也表示同意。另外,帕特尔采取了软硬兼施的政策,一方面宣布土邦只需将国防、外交、交通三项权利交给自治领政府,其余权利仍归它们掌控,中央不予干涉。另一方面,指示各土邦内的国大党组织向王公阐明,如果不加入印度,就策划推翻他,并且财产不保。这样,众多土邦的归属进程大大加快了。至印度独立日时,除少数与巴基斯坦毗邻或在其境内的土邦加入了巴基斯坦外,其余绝大部分土邦都选择了加入印度,只有朱纳格特、海德拉巴和查谟-克什米尔等少数土邦,还游离在印巴之外。

印度政府在土邦归属的同时,进行了土邦行政区的合并和重组。其一,根据地理位置毗连,文化、语言和习俗相通,以及历史渊源密切关联等因素,众多土邦或者并入邻近的省份,如东方各土邦并入奥里萨和中央省;或者重组成土邦联区,如中印度土邦联区、东旁遮普联区、诸多拉其普特土邦组成的拉贾斯坦土邦联区、特拉凡克尔和柯钦组成喀拉拉联区等五个土邦联区。迈索尔仍然在印度联邦统辖下,自成一邦。其二,还有21个土邦,因战略地位、交通枢纽或其他一些特殊原因,均置于中央政府的直接统辖。至1949年底,除了海德拉巴和克什米尔外,印度政府基本完成了对土邦的合并。印度政府的白皮书对土邦的顺利合并进行了总结,“一则是民主思潮发挥了作用,二则是统治者的爱国情深,由此带来了一次不流血的革命。这是一种可喜的变化”。

但是,朱纳格特和海德拉巴土邦的归并,并不是顺顺当当的,而是经历了大规模的军事冲突,克什米尔则更为错综复杂。朱纳格特是一个拥有海港的小土邦,位于印度西海岸卡提阿瓦半岛,居民约81万,其中印度教徒占80%以上,但纳瓦布(王公称号)是伊斯兰教教徒。1847年8月15日,纳瓦布宣布加入巴基斯坦,印度政府表示不予承认,并立即陈兵边界,实行经济封锁。印度政府要求该土邦实行全民公决,并帮助从土邦逃出的亲印分子组成流亡政府。10月印军进入朱纳格特邦,纳瓦布逃亡巴基斯坦。尽管巴基斯坦抗议印度侵略并要求联合国干预,但印度仍在11月7日接管了朱纳格特政权,并在1948年2月进行邦内全民公决,将其合并。

海德拉巴地处南印度中心地带,是印度人口最多的土邦,约1 700万人,面积近82 700平方公里,仅次于克什米尔邦。居民85%是印度教徒,而尼扎姆(王公称号)是伊斯兰教教徒,其家族背景甚至可上溯至莫卧儿时代。尼扎姆不愿加入印度,由于地理位置的关系,又不可能并入巴基斯坦。1947年11月29日该邦声明,关于是否加入联邦,还是继续维持独立状态,延期一年再作决定,时限为1948年8月15日。由于海德拉巴可能成为印度国中之国,这是印度政府“心中的结石”,是不可容忍的。并且,海德拉巴与毗邻的马德拉斯、中央省和孟买各省,在边境上经常发生纠纷,使这些地区的人民不胜其忧。1948年上半年,印度联邦与海德拉巴的一系列谈判均告破裂。6月18日,蒙巴顿总督在离开印度前三天,还致信尼扎姆,要求他加入印度自治领,但仍无结果。于是,印度政府实施经济制裁,而王公不愿就范,一面扩军备战,一面争取巴基斯坦援助。1948年9月13日,印度政府宣布,“为了恢复邦内的和平,以及毗邻印度边界的安全”,印度不得已采取“警察行动,但决非是战争行为”。就这样,印度军队进入了海德拉巴邦。9月18日下午四点三十分,土邦军队总司令率部投降,尼扎姆见大势已去,改变了态度,予以印度充分合作,并在11月24日宣布海德拉巴加入印度自治领。为了局势稳定,印度政府保留了尼扎姆的王公地位,但实行全邦军事管制。1950年1月26日海德拉巴正式加入印度联邦,1956年再度改组后,它已不复是一个独立的土邦了。王公仅保留了一些特权,还有500万卢比养老年金。

查谟-克什米尔是面积最大的土邦,战略位置十分重要,资源、尤其是水力资源十分丰富,巴基斯坦的三条主要河流、包括印度河在内,均发源于此。邦内人口402万,其中77%的居民是穆斯林,但王公哈里·辛格是印度教徒。无论是地缘上,还是多数民众的意向上,以及历史的渊源上,甚至是按朱纳格特和海德拉巴土邦归属的先例上,巴基斯坦自然渴望将其置于版图内。而印度的态度是针锋相对且决不退让。哈里·辛格深知事情的复杂性和潜藏危机的严重性,他希望维持独立,保全自身利益。1947年10月22日,武装的帕坦部落民从巴基斯坦一侧进入克什米尔,深入到伽罗姆河谷,威胁首府斯利那伽。哈里·辛格见形势危急,就向印度求援,蒙巴顿表示,只有克什米尔加入印度,印度才能出师援助。10月26日,在哈里·辛格的授意下,谢赫·阿卜杜拉正式访印,要求印度政府接受克什米尔为一行省。6月27日清晨,印军空运至克什米尔,迅速控制了局势。12月31日,印度向联合国呈递备忘录,请其照会巴基斯坦,“停止对侵入部族的一切援助”。巴基斯坦进行反击,指控印度以阴谋和暴力侵占了克什米尔和朱纳格特。1948年初,印巴第一次战争爆发,经联合国调停,1949年元旦双方停火。依照确定的停火线,印度控制了包括斯利那伽在内的三分之二地区和四分之三的人口，其余为巴基斯坦控制区。

四、《印度宪法》

1946年12月6日，制宪会议成立，1947年印度自治领政府成立后，加快了制订宪法的步伐。8月29日成立了以法律部长、亦为贱民阶级领袖的安姆倍德卡为首的七人宪法起草委员会。1948年7月印度宪法草案初成，经过反复修改，1949年11月26日印度宪法第三稿在制宪会议上正式通过，由印度首任总统普拉沙德签字批准，定于1950年1月26日生效。印度有着封闭的种姓制度，人民信奉着彼此相对独立的九种以上的不同宗教，操着20种以上不同的语言，林立着500多个各自独立的大小邦国，要把他们纳入一个统一的、现代的民族国家里，修订这么一部宪法，其繁杂性是可想而知的。

安姆倍德卡，印度“宪法之父”

《印度宪法》全文共395条，8附则，长达270页。1935年《印度政府法》对于新宪法的影响是显而易见的，《印度宪法》正文中，约有半数条文是从1935年政府法移植来的，其中大多是原文照搬或略加修改。还有一些借鉴了英联邦的加拿大和澳大利亚法案。整部宪法基本上是西方模式的联邦制和议会民主制。

宪法规定，从1950年1月26日起，印度是主权的民主共和国，采用联邦制。全印行政区共划分为29个邦。这29个邦分为四类，A类邦9个，即原英属印度改制而来的9个省；B类邦9个，即保留的三大土邦(海德拉巴、查谟-克什米尔、迈索尔)和合并而成的5个土邦联区，再加上原直辖区现组建为邦的文底亚邦；C类邦10个，即原来的10个中央直辖区；D类邦1个，为安达曼与尼科巴群岛。为了对王公实行必要的抚慰，宪法规定原有王公可得到一笔年金，数额视其原来收入而定。王公原先享有的一些经济和礼仪的特权，予以保留。

这不仅是全国行政区划的统一，而且是政治体制的统一。原先的印度自治领是民主体制和王朝体制共存，500 多个归并的土邦遍布印度各地区，占印度总面积的三分之一，人口总数的四分之一。印度宪法把土邦调整进印度统一的行政体制中，实际上将王朝体制取消了，土邦自行制宪和内部自治的权力也同时自行消失。这样，原先的土邦与其他邦几乎一样了，在与中央的关系上，在内部结构上，都完全统一起来。1956 年印度通过了邦重组案，打破了原先四类邦的划分，邦的边界也作了相当大的调整，土邦的痕迹更为淡漠了。1971 年宪法第 26 次修正案，对原土邦王公的年金和特权的遗留问题作了处理。取消了对土邦王公的认同，也自然取消了他们的年金和特权。至此土邦归并问题得到了彻底解决。

共和国的最高立法权属于联邦立法议会。立法议会由联邦院和人民院组成。联邦院的议席至多为 250 席，其中 12 席由总统提名，其余从各邦议会议员中选举产生，任期六年，每两年改选三分之一，副总统是联邦院的当然议长。人民院共有 500 个民选议席，每 75 万人口产生一个议员，各邦按人口确定其名额，由公民普选产生，任期五年。另有 22 席由普选产生或总统任命。除财政议案外，任何立法需经两院通过，总统批准，始能生效。如果人民院通过的财政法案，联邦院不同意，人民院可坚持原议案，在本院内复议通过后，直接送交总统批准。

普拉沙德

共和国的最高行政权名义上属于总统。总统由中央和各邦议会中普选产生的议员选举产生，任期五年。由于印度实行的是英式内阁制，不是美式总统制，因此实际行使国家行政权力的是以总理为首的部长会议。总理由总统任命，为使行政部门与立法机构在实际工作中减少摩擦，总统往往指派议会多数党领袖担任总理。总理任期五年，可连任，并且没有届数限制。各部部长依总理的建议由总统任命。部长会议向人民院负责。

共和国的最高司法机构是最高法院，它由首席法官和其他七名法官组成。法官由总统任命，无任期限制，但规定年满 65 岁退休。最高法院负有解释宪法的权力；审理中央与各邦之间、邦与邦之间的争执和诉讼；受理下一级法院判决后不服的上诉案。最高法院之下，在各邦设立高等法院，法官由总统任命，亦为终身制，年满 60 岁退休。再下，各邦可设立地方法院，法官由邦督任命。

邦政府体制与中央政府体制大致相同。但邦政府与邦议会按照邦的类别不同，有所区别。A 类邦，设邦督一人，由总统任命，邦督下设首席部长一人。B 类邦属原土邦合并而成，设行政首领一名，由原来王公担任。C 类邦，每邦设一名高级行政专员，由总统任命，代表总统治理邦务。D 类邦，因情况特殊，由总统按实际需要，任命一名行政专员治理。A、B 类邦设有邦立法会议，议员民选产生。C 类邦，由政府任命若干人士，参以民选代表，组成立法机构。

宪法在基本人权方面的规定，既有借鉴美国《独立宣言》的痕迹，也有针对印度社会弊病的改革。如“不分宗教、种族、阶级、性别与出生地域，在法律面前人人平等”。又如，有关歧视贱民阶级的习俗一律禁止，并规定贱民可以请求法院给予平等权利的保障。宪法还确立世俗主义为国策，规定宗教信仰自由，各宗教都可举行宗教仪式，不得破坏；宗教与政治脱离。宪法对于妇女权利虽然没有特别的规定，但各项权利的条文内均声明不分男女，所有公民皆可享受。宪法还规定，联邦的官方语言为印地语，但“在本宪法实施十五年内，联邦官方场合仍继续使用英语”，等等。

为了适应时代的变化，宪法规定，可以对宪法条文提出修正，但修正案必须有两院三分之二多数票通过，总统批准，方为有效。

作者点评：

这是一个承上启下的时段。从独立至 1950 年 1 月 26 日共和国成立，印度不得不“清偿”英国殖民政府和旧体制长期以来留下的“债务”。并且，印度政府在清算殖民地“旧债”时，付出了相当昂贵或惨重的代价。例如，英国殖民政府在印度一贯实行“分而治之”的统治方针，这不仅是针对两大教派，而且也在英属印度与各土邦间实施。从“分而治之”到印巴分治，英国殖民者走了，印巴却为解决留下的“陈年旧账”，付出了60余万人的生命，以及大约1 400万人的流离失所。英国人走了，在印度留下西方式民主制和东方王朝体制的混合体，印度在合并众多土邦时，不仅向王公们偿付5 800万卢比的年金，而且在处理朱纳格特、海德拉巴及克什米尔等邦的归属时，发生了流血的大规模的军事冲突。《印度宪法》体现了总结继往和放眼未来的使命。它将清偿旧体制的成果以法的形式固定下来，同时为未来的发展定下了基调。例如，联邦体制运用于政治、经济、文化多元的局势复杂的印度，是现实的、有效的。还有，印度在英联邦内成立了共和国，这在事实上和法律上真正体现了自由与独立。印度倡导的这一新方式，以后英联邦内的诸多自治领也实践了。尽管对英联邦来说，这是一种更为松弛的形式，但却不失为一条更现实的道路，适应了时代的发展。

第十九章 尼赫鲁执政时期的印度

一、议会民主制进程

独立后的印度逐渐确立了民主主义、社会主义和世俗主义的立国支柱以及不结盟等基本国策。其中,议会民主制是印度民主主义的核心和具体体现。

印度民族实现了"命运誓约",1950 年 1 月 26 日印度共和国成立。根据印度宪法,1951 年 10 月 25 日至 1952 年 2 月 21 日,印度举行了首届议会大选。为了搞好这历史上的第一次盛举,选举委员会制定了两个选举法,即《1950 年人民代表法》和《1951 年人民代表法》,前者详尽规定了选民资格、选区划分及议席分配等事项,后者规定了选举的具体方法、程序、主要的选举机构等事宜。

印度实行成人普选权。当时的选民人口约 1.73 亿,其中约 80%以上是文盲,许多人不知何谓投票,而且这些文盲无法通过文字辨认候选人的名字和所属政党。为了帮助这些人,参加竞选的 70 多个政党大多制定或被分配了代表本党的图像,这些选举标志五花八门,如代表国大党的图像是"两头架着轭的公牛",社会党是"农舍",人民党是"扶犁的农民",其他各党有古老的油灯、弓箭,有现代的飞机、轮船,有手表、缝纫机,也有铁锹、锤等工具,更有飞禽走兽,花草树木。

参加竞选的 70 多个政党中,绝大多数是地方性政党。各党派的竞选十分热闹,纷纷发表竞选宣言。印度共产党号召人民踊跃参加投票,希望在选举中击败国大党,可以"成立人民政府"。尼赫鲁作为国大党的领袖,积极承担竞选重任，43 天行程 3 万多英里，所到之处，不断发表讲话，共有 3 000 余万人听了他的演说。国大党也制定了竞选标语："国大党以非暴力的方法取得国家独立，今天我们一以贯之，定将克服印度面临的一切困难。"

选举结果，国大党取得了重大胜利，获得人民院 489 席中的 364 席，占 74.4%。在各邦立法会议选举中赢得 3 283 议席中的 2 246 席，占 68.4%。印度共产党也取得一定胜利，它在人民院获得 16 议席，在各邦立法会议中获得 234 议席，成为议会中最大的反对党。社会党为第三位，获人民院 12 议席，各邦议会的 126 席。其他政党所获寥寥。

1957 年 2 月 24 日至 3 月 15 日，印度举行第二届议会大选。这次选举进行了一些重大改革，如改正选民登记和投票方法等。选举委员会还对全国性政党和地方性政党进行了资格审定，它以是否在上届人民院或邦议会大选中获得超过 3%选票为指标，对众多政党予以判定。结果，全国性政党只有国大党、共产党、人民社会党和人民同盟四党，邦一级政党为 12 个。最后的选举结果，国大党又一次赢得大胜，在人民院选举中，获得 371 席，占总议席的 74.5%，在各邦立法会议的选举中赢得 65.7%的席位。不过共产党升势明显，不仅在人民院获得 27 席，而且在喀拉拉邦赢得了邦立法会议的多数席位，还组建了邦政权。此后，共产党主政的喀拉拉邦政府在政治、经济、文化教育各方面颁布了一些较为激进的措施。由于反对势力不断挑起冲突，常常组织集会、罢工及游行示威等，造成社会动乱不已。1959 年 7 月 31 日，印度政府以喀拉拉邦的法律和秩序遭到破坏为由，按照宪法接管邦政权，实行总统治理。

1962 年，第三届议会大选举行，国大党依旧赢得了优势明显的胜利，获得人民院席位 361 席，占总议席 488 席的 74%，以及各邦立法会议的 58.4%。应该看到，经过十多年民主普选制的实践，印度低收入人群及下等种姓者多少感觉到了自身群体的作用，意识到他们选举或拒绝候选人的权力能够产生明显效果。高级种姓独占官位的特权受到了严厉冲击。现在，得不到占人口多数的低级种姓的选票，一名婆罗门种姓者就很难赢得选举。在有些地区，低级种姓群体成了各党候选人积极拉拢的对象，这些不识字者对选举的结果有着不可预见的活力。这对于促使尼赫鲁下定决心在农村推行改革，制订一些有利于这一群体的政策，起到了一定的促进作用。

国大党在三届议会大选中压倒性的胜利,确保了尼赫鲁的总理职位的连任。自1950年以后,这位国大党的掌门人一直是印度的掌舵人。直到1964年去世,他的地位几乎没有受到任何挑战。因此尼赫鲁的思想及国大党的政策,从1947年至1964年间,得到了连续的和较完整的贯彻,印度在总体上也获得了较为安定的和成效显著的发展。

二、建设印度式的社会主义

关于印度自主后的前途和发展道路问题,国大党内各派的争论由来已久。尽管各种不同主张在独立之前就已纷纷提出,但鉴于当时局势,这一问题并非当务之急。独立以后,在"双头政治"时期,由于帕特尔的处处掣肘,尼赫鲁的建设社会主义类型社会的思想,还不能为全党、全印一致接受。帕特尔去世后,尼赫鲁先致力于在组织上、思想上一统国大党。他以退为进,1951年9月以其方针难以施展为由,请求退出国大党工作委员会,在当然得到竭力挽留后,就施加压力,迫使原国大党主席、右翼代表坦顿辞职。随后尼赫鲁被选为国大党主席。接着他先从党内,再从国内,开始全面推行他胸有成竹的发展蓝图。

尼赫鲁有关印度发展道路的思想、方策,是在长期实践积累中,逐渐形成的。1931年国大党卡拉奇会议通过了尼赫鲁起草的《关于经济政策和基本权利的决议》,这是国大党第一个带有社会主义色彩的纲领性文件。决议宣称:"国家将掌控主要工商业、大型矿山、铁路、航运及交通运输等关键部门。"尼赫鲁不无骄傲地表示,这是"向社会主义迈出了一小步"。1933年10月,尼赫鲁发表了若干篇《印度向何处去》的组合文章,进一步阐述了他的观点。1938年省自治时,国大党获得了一次难能可贵的实践机会。它适时成立了以尼赫鲁为首的"国家计划委员会",并设置一套管理的行政机构及制定发展计划,强调了主要部门国有化的政策。1947年11月,在独立后的国大党全印委员会第一次会议上,成立了以尼赫鲁为主席的"经济计划委员会",开始着手印度式的社会主义工农业改造。1950年3月印度政府又成立了以尼赫鲁为主席的"国家计划委员会",作为策划印度经济发展的至关重要的司令部,负责编制中、长期的发展计划。1955年1月,国大党阿瓦迪年会通过了《关于建设社会主义类型社会的决议》,宣称:"主要的生产资料为社会所有或为社会控制,生产逐步发展,财富公平分配。”

何为尼赫鲁的“社会主义类型的社会”？尼赫鲁认为,以获取性为基础的资本主义社会,尽管有过辉煌的成就,但已落伍时代,它不是印度仿效的对象。尼赫鲁曾发表过一系列赞美苏联的文章,对它的国有体制、计划经济留下深刻印象,但在力主议会民主制的印度,实行苏联式的社会主义也是不可能的。所以,尼赫鲁倡导的是一种独特的印度式的社会主义。它立足于民族利益,看待社会主义是一种控制资本的方式,是相对私有资本而言的,而不是意识形态的立场。因此尼赫鲁尽管在多种场合、多次自称社会主义者,但同时坚定地排斥马克思的共产主义。

就印度式的社会主义的内容而言,它不是甘地倡导的非工业的农村民主模式,而是尼赫鲁一再强调的“工业化是唯一道路”。这一方针体现了尼赫鲁的远见和雄心,适时吸收新的要素,符合时代的潮流,结合印度的实际,应是一条适合印度国情的发展道路。第二,它不是用强权或剥夺来改变现存的社会制度和所有制结构,而是在议会民主制的前提下,对基本而重要的工业实行国有化,以及实行农业土地的合作化和集体管理。因此,受印度共产党攻击最厉害的海德拉巴王公尽可以随心所欲地成为世界上拥有钻石珠宝最多的富翁之一,塔塔公司和比尔拉财团高达 3 亿美元的资产毫发无损,并继续发挥作用,不断增值。比尔拉深有感触地认为,印度式的社会主义是印度资本主义合适的生存土壤。由此可见,印度式社会主义倡导的是国有经济与私营经济同时存在,并行发展的道路。正如 1948 年尼赫鲁在谈到工业政策时说:“不管你称这个阶段是‘混合经济’或者是其他什么名称,但我们毕竟能达到这一阶段。”随着时间和实践的发展,1950 年“混合经济”逐渐成为一种体制,成为印度经济长远战略的核心。第三,公营和私营经济并存,以公营为主导的混合经济体制,如何能通畅运行,这就需要国家以计划的手段来对混合经济进行有效调控,从而形成了计划经济与市场经济结合,以计划经济为主导的体制。第四,强调平等观念,这不仅是崇尚宗教、种姓、教派和性别的平等,而且尽可能在经济平等方面有所作为。“向贫穷宣战”是尼赫鲁的基本观点之一。比如,他强调加强劳工保障,让人人都有充分就业、自由择业的机会,并且通过调节分配,使收入及财富的占有更加公平。

三、印度的工业发展模式

印度的计划经济主要包含三个方面的筹划。其一,在发展的侧重方面,重工业及农业之间孰前孰后的排位。其二,作为混合经济体制,如何对公营企业和私营企业的经营范围进行划分,并且使它们并行发展。其三,印度实行五年为一期的经济发展计划,规定每个五年计划的发展重点,项目规划,指标测估,投资数额,产出预期,等等。因此,每一个五年计划实施时,第一和第二方面的内容已包含在筹划之中了。

1951 年 4 月开始实施第一个五年计划,1956 年 3 月完成。当时印度经济发展的战略还没有完全成熟,为医治印巴分治及随后动乱造成的创伤,改变粮食靠海外接济的状况,"一五计划"尤其强调发展农业,解决粮食及工业原料的紧缺。结果第一个五年计划获得了较大成功,经济增长了 25%。一些发电站和一批大型的水利工程建立起来并发挥了积极作用。在工业发展方面,资金投向偏重于交通运输以及关键工业部门,尤其是化肥、钢铁、机床等基础工业,兴建起了一批国营企业。例如,分别吸引英国、联邦德国、苏联外资的三家新型的国有钢铁企业,破土兴建了,并在 1956 年完成。信德利化肥厂和吉大兰加机车工厂都是当时亚洲同类产业中规模最大的企业。在"一五"期间,政府亦鼓励私营企业放手发展,常常以低息贷款来扶持它们,尤其在轻工业方面,使私营企业有大展身手的机会。

第二个五年计划是在比较成熟的条件下开始制订的。尼赫鲁的发展战略已有了清晰的理念,那就是政治上的民主自由,经济上的合理公平。对于发展道路,尼赫鲁认为,从世界上一切现存制度中吸取它们的精华,倡导适合于本国历史和哲学的第三条道路。为了贯彻新的发展战略,尼赫鲁需要制订能够体现这一思想的经济计划。他委托首席顾问、经济学家 P. C. 马哈拉诺比斯教授拟定具体的战略模式。该模式的特点是在资源配置上向国营重工业部门倾斜,具体来说就是:优先发展重工业和基础工业,然后带动轻工业或消费品工业的发展,迅速建立起完整的工业体系,并且生产资料或生产设备逐步实现替代进口,达到自给。由于重工业和基础工业等生产资料的生产主要依靠国家投资来完成,因此国营资本在国民经济中迅速占据主导地位。通过国家的计划和指导,私营资本重点发展轻工业，满足国民日常生活需要。国家鼓励和扶植小型企业和乡村企业，这不仅是在一些商品生产方面拾遗补漏，而且着重解决了空闲劳动力的就业问题。在这一战略模式的框架下，第二个五年计划显得更有理性、更加完备。

“二五计划”从1956年开始，它体现了印度政府的勃勃雄心。计划的目标是国民收入五年内增加25%。“二五计划”总投资是“一五计划”的两倍，其中国家投资约480亿卢比，私人投资额约为310亿卢比。发展中产生的一些资金缺口，由国外贷款解决，尤其是向美国贷款。“二五计划”在执行期间，尽管遇到外汇危机和农业歉收等困难，但计划的一些重要指标，大部分得到完成。国营经济为主导的体系基本建立，私营企业也有了长足的发展。国民生产总值年均增长率为4.27%，工业体系中的空白点得到了弥补，薄弱环节得到增强，工业布局也更加合理。在1951—1961年两个五年计划期间，国民收入增加了42%，人均收入增加了20%，人均消费增加了16%，这些令人印象深刻的数字表明成就是巨大的，它们证明尼赫鲁“向贫穷开战”是相当成功的，况且在此期间印度的人口还激增了7 800万之多。

第三个五年计划开始于1961年4月，继续遵循既定的发展战略模式。“三五计划”总投资1 160亿卢比，其中投资国营企业为750万卢比。这庞大的预算旨在国民收入每年提高5%，基础工业得到迅速拓展，工业的自给率大大提高以及粮食生产达到自给自足。

“三五计划”于1966年结束，实施结果是毁誉参半。燃料、电力、运输设备、化工产品及机器制造等基础工业和重工业的扩展，取得了一定成绩，完整的工业体系已基本建立。工业品的自给率达到80%左右。但国民收入年增长仅为2.2%，是设定目标的一半。农业方面的问题更为严重，不仅年均增长5.2%的指标没有完成，实际反而年均下降3%左右。“三五计划”期间粮食进口达到2 500万吨，大大超出“二五计划”时期。

五年间国内外局势的变化对“三五计划”的实施产生了很大影响。1964年尼赫鲁去世，1965—1966年连续大旱灾，以及印度政府连年的扩军备战、1962年的中印边境战争和1965年的印巴战争，耗费了大量人力财力，国防费用直线上升，1961年为29亿卢比，1962年上升到42.5亿卢比，1965年更高达71.7亿卢比。

四、印度的农村建设

印度独立之初，首先要解决的是3.6亿人口的吃饭问题，印度落后的农业根本无法承担如此重任，因此改造农村、发展农业生产是当务之急。独立初期国大党发动“增产粮食运动”，它是依照英印政府的“增产粮食计划”而设定的，作为过渡时期的权宜之计。同时国大党自治领政府立即着手改造农村封建的生产关系，确定了以制度改革为主的农业发展战略，其中土地改革是战略的核心。土地改革通过三个步骤完成，即废除包税地主制，规范租佃制，实行土地最高限额。

1948年国大党斋浦尔年会通过了“经济计划委员会”提交的关于废除包税地主的报告。同年12月，邦税务部长会议决定，各邦政府根据自身的实际状况，自行制定废除包税地主制的立法。1949年7月以库马拉帕为首的土地改革委员会制订的《国大党土改委员会报告》，对土地改革政策的形成起了决定性的作用。报告强调，应取消国家和耕种者之间的各类中间人，实行耕者有其田，禁止转租土地，等等。各邦政府经过反复斟酌，先后制订法律，大约在“一五计划”时期付诸实施。

“包税地主制”或称“中间人地权制度”是殖民时期遗留下来的一种畸形地税制，它将包税与土地所有结合在一起。包税人，亦称柴明达尔，由他将某片田地上征收的地税上缴给政府，此时他也成了包税所辖田地的地主，形成了柴明达尔租佃制，这些土地上的农民就成了他的佃农。废除包税地主制的地区主要包括实行原柴明达尔制、马哈瓦尔制的部分地区和原土邦的大多数地区，约占总耕地面积的60%。

各邦有关废除包税地主制的法令有65个之多，但主要原则大同小异。如各种名目的承包地税的中间人一律取消，实际耕种的佃农直接向政府纳租税。中间人的地权除了“自耕地”可留下外，其余的土地包括耕地及荒地、森林、矿山、水利沟渠及渔牧场等，均有政府统一赎买。地价一般为土地年收入的若干倍，但各地区核定的倍数不尽相同，如北方邦的地价是年收入的8倍，中央邦是10倍，拉贾斯坦邦是7倍。赎买金有的支付现金，有的支付定期债券。佃农可根据核定的地价，购买所耕种的土地，可一次性付款，亦可分期付款，当然前一种付款方式更优惠。事实上，政府将佃农购买土地的现金中的五分之四，直接补偿给了原先承包地税的中间人。

在废除包税地主制的过程中，既得利益者不甘心失去地权，进行了一些抗争。由于“自耕地”可予以保留，他们在界定“自耕地”时，将分成农耕种的和雇工耕种的土地，与租佃的耕地区分开，均算作“自耕地”。他们使用各种手段，尽量拖延邦政府有关立法的实施，以便利用时间差，将原来租出的土地收回而变成“自耕地”。如北方邦 1950 年通过了《废除柴明达尔法和土改法》，但一直延期至 1952 年 7 月方才生效。有的包税地主以宪法保障私有财产的规定为由，向法院提出诉状，以图阻挠土地改革进行。印度议会在 1951 年的宪法第一修正案和 1955 年的第四修正案作了努力后，才使土地改革走上正轨。全印度赎买耕地面积总计约 1.73 亿英亩，占当时全国耕地 3.6 亿英亩的近一半，政府共支付赎买金约 41.34 亿卢比。原包税地主的佃农中，有 2 000 万户与政府建立了直接的租税关系，其中许多农户通过购买方式，获得了自己的土地。

几乎在废除包税地主制度的同时，以确保佃农利益为目的的租佃制度改革也在进行。租佃制改革的主要内容是调整地租、保障佃农的租佃权和鼓励佃农购买土地。在“一五计划”期间，联邦政府建议地租不得超过总产量的四分之一或五分之一。各邦的土改立法基本围绕这一定额制订，实际是从三分之一到六分之一不等。立法还规定禁止地主强迫佃农提供其他无偿服务，禁止增派杂税等。但在实际操作中，地主征收的地租往往高于立法规定的数额，有的甚至定为二分之一的租额，加上佃农要负担生产费用，因此他们的实际所得有的还不到一半。

农民的租佃权十分重要，否则佃农在制订租税比率时往往处于弱势地位。1949 年 7 月，土改委员会的报告提出“立即阻止逐佃”，并建议租佃农已连续耕种土地达六年的，应自动获得永佃权或对所耕土地的购买权。但地主为逃避和破坏法律的限制，常常对佃农的耕地不停更换，或以自耕名义夺佃，或逼佃户自愿“退佃”。1955 年联邦土改小组针对出现的情况，建议各邦在制订改革租佃制的立法时，必须停止驱逐佃农，已被逐佃者应予以恢复，除非佃农不交纳地租或滥用土地资源。然而，这些政策在贯彻落实时，总是打了很大折扣。

佃农购买的土地，主要是国家在废除包税地主制后，通过赎买政策收回的土地。佃农直接从地主那儿购买土地的情况较为少见。当然也有例外，如西孟加拉的永佃户可以无偿获得土地所有权。

在废除包税地主制和规范租佃制基本完成后，土地大量集中于少数人手中的问题仍然十分严重。1954—1955 年间，全印 50%以上的土地掌握在 10%的农户手中，25%的农户无立锥之地，另 25%的农户仅有全印土地的 1.2%。印度政府的土地改革重点适时转移到实行土地最高限额上来，以便将过于庞大的地主的剩余土地，分给无地或少地的贫穷农民。1949 年国大党土改委员会提出了实行土地持有最高限额。1955 年议会通过第四次宪法修正案，授权邦政府可规定土地占有的最高限额，并有权分配超额的土地。1959 年 1 月，国大党通过"农业组织模式"的决议，责成各邦政府制订土地持有最高限额的立法，要求把超过额定的土地归村会管理，由其将无地农民组成合作社进行耕作。至 1972 年前，联邦政府没有一个统一的土地持有最高限额的标准。各邦的规定差异较大，如南方的喀拉拉邦的个人土地持有最高限额，根据土质的优劣，定为 15 至 37.5 英亩，西孟加拉为 25 英亩，中央邦为 28 至 84 英亩，旁遮普为 60 英亩，而迈索尔邦的弹性较大，为 27 至 216 英亩，安德拉邦更高达 27 至 324 英亩不等。

但在具体执行时，大土地所有者往往会钻立法不严的空子。例如大地主把土地化整为零，分散在多人名下。又如，立法对种植园、果园、糖厂的甘蔗地、牧场等占地，均不列入最高限额内，所以大地主把农田临时改为果园、牧场等，以逃避最高限额。结果，政府最终征收到的土地与预计的征地数差距很大，据《国家农业委员会报告》事后对这一阶段的总结，各邦征收的土地加在一起才 100 万公顷，而印度当时拥有的净播种土地面积为 1.41 亿公顷，其比率仅为 0.7%。况且这些剩余土地中，大部分还是不能继续耕种的弃田。因此，真正能分给无地农户的耕地所剩无几了。

以尼赫鲁为首的印度政府在独立后，以较大的气魄，对印度土地制度进行了大胆改革，这对印度的农村建设，有着深远意义。它埋葬了殖民统治色彩的地税制以及原土邦的封建的土地关系。这次土地改革在某种程度上，是一次全国性的土地再分配，它破除了个人大土地持有，保障了租佃农的权利，为印度成为以小土地所有者为主的土地制度，打下了基础。

印度政府在破除旧制度的同时，也十分注重新制度的建设，例如组织农业生产合作社，建立新的农村行政机构，甚至以新的理念、新的方式和新的技术，即以近代化的模式经营农业，使印度农业开始了脱胎换骨。

1949 年 7 月，土改委员会报告中构设了农业四种经营方式，即联户合作耕种、集体农庄、家庭农场和国营农场。由此可见,农业合作社的方式已孕育其间,尤其在前两种经营方式中。按尼赫鲁的设想,是在保留土地私有权的前提下,引导农户们互助合作,联合经营。1959 年 1 月,国大党那格浦尔会议制订的“农业组织模式”决议,把农业合作社的经营管理正式定为基本模式。农业合作社大体分为:信贷合作社、供销合作社和生产合作社,前两种合作社办得较多。生产合作社主要有联合耕种社和集体耕种社两类,尽管时机尚未成熟,但也有一定发展,如政府把征收的超过核定限额的土地划归村会,由村会把无地农民组成合作耕种社。据统计,1959—1960 年度各邦建立的农业生产合作社已达 2 651 个,其中联合耕种社为 1 758 个,集体耕种社为 893 个。

过去,包税地主对于包税区域,由承包租税权得到土地权、转而产生了行政权、司法权等政治上的统治权,他们把持着农村的各级机构,操纵着与农村相关的重要事项。土地改革后,以包税地主为中心的旧式管理体制破除了,那么设立新的管理机构就十分必要了。《印度宪法》第四十条给出了指导原则:“邦应采取措施组建潘查亚特(村会),并给予必要的权力和权威,使之发挥地方自治单位的作用。”1954 年国大党潘查亚特委员会界定了村潘查亚特的职责:“应包括地方的、社会的、经济的和司法的活动”,具体地说,包括诸如赋税征收、土地的管理与开发、制订生产计划、水利建设、灾荒救济以及社会治安、司法诉讼等事务。为使潘查亚特体制规范化,至 1957 年 1 月各邦先后制定了潘查亚特法,使村会的操作有章可循。为进一步完善和健全潘查亚特体制的结构,1956 年政府决定在全印筹措建立县、区、村三级潘查亚特。从 1959 年 10 月起,印度农村逐步实行了三级体制,其中区一级的潘查亚特较为重要,承担更大的责任,执掌更多的实权。三级潘查亚特体制是破旧立新的结果,也是农村行政体制的近代化,它在联邦政府与农村基层的联系方面,是不可缺少的纽带。

印度农村在土地改革和制度改革的同时,新的理念和新的经营方式产生了,为印度的农业现代化,打下了良好的基础。土地改革后,印度农村演化为地主、自耕农、租佃农和雇农四个阶层,土地私有权也确立了。其中自耕农人数最多,而租佃农的变数最大,并且人数越来越少,如租佃地的面积在总耕地面积中所占的比重,由 1953—1954 年度的 20.33%,下降至 1961—1962 年度的 10.69%。地主以及自耕农开始进行商品生产,以贴近市场的眼光和理念来谋划生产。他们增大投入,开办农场,大面积种植单一产品,使用新工艺、新机械,并且雇工经营,真正促使农业近代化并迅速向现代化迈进。

与此同时,尼赫鲁政府积极推行“乡村发展计划”,主要内容为:实现农村居民充分就业,科学知识引导生产,培训科技人员;建立信心,推广合作;兴办公益事业,如建设乡村道路、蓄水池,建立学校、社团中心,大搞公共卫生等。这项计划从1952年开始,力求十年内完成。乡村发展计划以区为发展单位,全国农村分为5 000多个区,每区由近100个村组成,约10万人。各区均有政府派的官员,负责制订和实施计划,建立合作社和村潘查亚特就是其中两项核心工作。到1965—1966年度,印度99.6%以上的农村地区都参与了乡村发展计划。

1960年以后,尼赫鲁政府在美国福特基金的资助下,选择一批基础较好的县,实行“强化农业县计划”。所谓“强化农业县”,即在最初选择的七个县中,集中使用诸如良种、化肥、农药、灌溉、机械等现代化技术,建成样板县,然后以点带面,不断推广。1964年后,又扩大强化地区,计划在全国20%—25%的农耕区实施。在政府一系列措施的激励下,印度农业发生了较大变化,也为以后“绿色革命”的开展,打下了坚实的基础。

五、世 俗 主 义

新印度在政治革命、经济革命、社会革命和外交革命诸战线上齐头并进。大刀阔斧进行社会改革,这是尼赫鲁政府心仪已久的,其心目中的最大目标是追求现代化。这不仅在物质方面要赶上西方世界的水平,而且在社会体制方面也应有大的飞跃。推行世俗化政策就是社会革命的主要内容之一。世俗主义倡导政治和宗教分离,倡导宗教平等、民族平等、种姓平等以及男女平等。

政治和宗教分离,各宗教平等,人民信仰自由,这些明显带有西方式“自由、平等”痕迹的观念,也是尼赫鲁决心要贯彻实施的,使之成为同胞们基本的权利。1947年,在新宪法起草以前,尼赫鲁主持制订了《目标决议》,成为指导起草宪法的大纲,决议提出宗教平等,信仰自由,对“少数教派提供充分保护”。1949年《印度宪法》宣称:“不分宗教、种族、阶级、性别与出生地,在法律面前一律平等”,公民有“信教、传教和参加宗教活动的自由”。尼赫鲁重申:“政府保护所有的宗教和文化,并向它们提供平等的机会,创造宽容与合作的氛围。”印度共和国成立时,穆斯林人口约占总人口 3.47 亿的 13%,其中一半以上居住在克什米尔地区、北方邦、西孟加拉、比哈尔邦和喀拉拉邦。印度穆斯林没有全国性的政治组织,只有一些政见不一的地区性政党、社团。印度政府奉行世俗主义政策,穆斯林享有社会政治生活的各种权利,他们通过全民普选制,许多人被选入人民院和联邦院。联邦政府中一直有穆斯林担当部长。锡克教徒在独立初期的状况也大抵如此,印度政府尽量发挥锡克教徒尚武的长处,国防部长由锡克教徒担任,锡克人在军队中也大展身手。因此 50 年代前期,各教派之间的冲突事件较少发生。

50 年代后期、60 年代初,教派之间的纷争又有抬头之势。在语言问题上,北方邦和比哈尔邦众多穆斯林和穆斯林组织,要求给乌尔都语以官方语言的地位,但遭到了政府的拒绝。其次,如印度教大会、人民同盟等一些印度教的偏激政党以及一些狂热分子,甚至攻击穆斯林为“第五纵队”,叫嚣要他们皈依印度教。锡克教的阿卡利党 1960 年起,多次要求组建一个讲旁遮普语的锡克教徒占多数的旁遮普邦,但在尼赫鲁执政时期,一直遭到拒绝。再者,在印占克什米尔区穆斯林与印度教徒不时发生一些冲突。在其他地区,穆斯林、印度教徒、锡克教徒彼此毁坏寺庙的事情也时有发生。应该指出,尽管这些带有宗教色彩的冲突屡屡出现,但印度政府在政治上坚持世俗主义政策和宗教平等的立场从未改变,并且确实做了许多补救工作。

民族平等或者各地区居住群体间的平等,也是世俗主义政策的一个重要组成部分。50 年代中期,语言邦或民族邦的组建,就是遵从各地区居住群体的意愿,从而对行政区划进行的一次大调整。按语言的区别建邦,可使同一语言的群体聚合在一起,获得更好的发展机会,也使行政管理更为方便。

印度是一个多种族和多民族的国家,千百年来形成了各不相同的语言和区域文化。1961 年普查时登录了 1 652 种语言,其中主要语言有 18 种,全国 95%的人口使用这 18 种语言。印地语是第一大语言,但使用的人数也仅占全国人口的三分之一。英国征服印度时,随征服时间及统治的方便,以行省和土邦为单位进行划分,并不考虑语言的因素,结果同一语言区域被分割得支离破碎。

国大党考虑了历史的和语言的因素,也为了更方便推动民族自治运动,早在独立前就提出按语言划邦的意向。1920年国大党那格浦尔会议决定党的省一级组织按语言区域建立,并在第二年就付诸实行。1937年和1945年,国大党在选举宣言中,把建立语言行省列为未来施政纲领的一项内容。独立后,国大党政府本应顺理成章地实施语言邦政策,但此时却踌躇不前了。这是因为,最初实施行政区划时,主要是解决土邦的归属问题,邦界不宜变动太大。其二,印巴分治的创伤让国民沮丧,这是一个惨痛的教训,因此警惕地方主义成为一种共识。1948年12月,国大党任命尼赫鲁、帕特尔和西塔拉玛亚三巨头组成语言委员会,研究语言邦问题。结果尼赫鲁等认为,这项工作应至少十年后再实行。

但是,地方领导人及许多地区的民众,对于联邦政府的这种决定十分不满,并且迅速转变成群众运动,形成了地方与中央的对立。1949年南印度泰卢固语地区的人民首先行动起来。他们要求将马德拉斯邦按泰米尔语和泰卢固语分成两个邦。民众不断集会,示威游行。尼赫鲁担忧建语言邦会成为一种地方主义的政治表达,威胁中央的权威,就一直未予允诺。1952年12月25日,资深的国大党员、运动的领导人帕提·斯里拉姆卢为抗议政府对民众的要求置若罔闻,绝食58天而死。这导致该地区发生大规模的动乱。尼赫鲁政府被迫让步,次年1月同意建立泰卢固语的安得拉邦。此先例一开,其他地区纷纷提出建立语言邦的要求。

1953年12月,政府宣布组成以法扎尔·阿里法官为首的三人"邦重组委员会",研究和制订建立语言邦方案。1956年人民院通过了委员会提呈的长达267页的报告,并在此基础上,颁布了宪法第七次修正案。根据该法,印度的行政区按主要语言分布,改组为14个邦和六个中央直辖区。14个邦为中央邦、拉贾斯坦、北方邦、比哈尔、西孟加拉、阿萨姆、安得拉、孟买、奥里萨、旁遮普、马德拉斯、喀拉拉、迈索尔和查谟-克什米尔。六个直辖区是德里、喜马偕尔、特里普拉、曼尼普尔、安达曼和尼科巴群岛、米尼科伊岛。邦的疆界均按语言的分布作出了调整,各邦分别以通行的主要语言作为该邦的官方语言。但是,孟买邦和旁遮普邦的遗留问题仍悬而未决。

孟买邦北部的古吉拉特人和南部的马拉塔人,曾一再要求分别建邦,但是它们的要求未被接受,其症结在于究竟将繁华的孟买城划归谁。双方多次为争夺这一名城发生骚乱和流血冲突。联邦政府则表现得犹豫不决。1957年大选,国大党甚至为此付出代价,失去了若干人民院及邦立法会议的席位。在各方面的压力下,经过反复协商,1960 年 4 月 30 日,国大党政府同意孟买邦正式分成马哈拉施特拉邦和古吉拉特邦,孟买城划作前者的首府。作为平衡或补偿,另建阿迈达巴德城为古吉拉特邦的都城,费用由双方共同承担。

孟买

旁遮普的问题更为复杂,语言、宗教等因素渗透其间。印巴分治及大迁徙后,外来人口大量涌入,锡克教徒仅占据全邦人口的 35%。1920 年成立、代表锡克教徒利益的阿卡利党,感到自身在旁遮普的优势地位受到了威胁,1949 年 2 月该党领袖塔拉·辛格要求建立锡克人邦,并率众向新德里进军,遭到政府逮捕。但中央在压力下,宣布印地语和旁遮普语同为该邦的官方语言。1950 年阿卡利党又提出以旁遮普语言为基础,建立旁遮普邦。由于说旁遮普语的主要是锡克人,因此这就等于锡克教徒单独建邦。居住在旁遮普东、南部的印度教徒针锋相对,要求建立联合周围地区的大旁遮普邦,增强印度教徒占优势的地位。1960 年阿卡利党再次发动单独建邦运动。塔拉·辛格以绝食、以圣战不断向政府施压,使矛盾迅速激化。政府采取了强硬措施,包括塔拉·辛格在内的数以万计的示威者被捕入狱,运动暂时平息。旁遮普问题一直搁置到 1966 年才得到解决。是时,经英迪拉·甘地政府批准,成立了说旁遮普语的旁遮普邦,而印地语地区被划出,一部分成立哈里亚纳邦,一部分并入喜马偕尔邦。

在印度,有关全国官方语言的问题一直争论不休。殖民地时期,英语是官方语言。独立后,民族的感情要求一种乡土语言代替英语成为官方语言。但在选择何种语言时,立宪会议中展开了激烈的争论。最后的表决结果是 78 比 77,印地语以极微弱的优势被定为官方语言。同时,为了不让印度孤立于世界之外，并考虑到非印地语地区、尤其是南印度各邦的民意，宪法还规定英语仍作为官方语言，继续使用15年。由于印地语主要流行在北印度及中印度几个邦，使用者还不到全国人口的一半，因此宪法责成政府采取措施在全国逐步推广。1955年政府建立了20人的官方语言委员会，1958年该委员会提交的报告被印度议会相关机构接受。报告规定，1965年后印地语正式全面取代英语，因此建议政府在官方场合逐步倡导印地语，如文官考试可用英语和印地语为应试语言，英语的议会立法应配有印地语文本，地区的判决、法令等都应使用印地语。但是南方各邦的抵触还是十分强烈，出于对自身政治、经济和文化利益的考虑，他们宁愿以英语为官方语言。1958年1月，马德拉斯政府要求延长英语作为官方语言的时限。3月西孟加拉议会决定本邦不接受印地语为全国官方语言，继续使用英语。南印泰米尔语系各邦更是十分不满，它们对政府的有关决定置之不理。各邦群众纷纷集会、示威，抗议强行推广印地语的各种举措。鉴于各种压力和建立语言邦时的一些教训，尼赫鲁在1959年做出保证，关于英语延续为官方语言的问题，印地语区与非印地语区拥有同样的决定权，政府决不会强制执行。1963年5月，议会通过《官方语言法案》，宣布：鉴于印地语取代英语的条件尚未成熟，1965年1月26日以后，英语可继续作为官方语言使用，并撤销了印地语取代英语的确切时限。尼赫鲁政府作出了正确的和必要的让步，这暂时平息了非印地语地区人民的不满风波。

种姓平等或阶级平等，这亦是尼赫鲁政府世俗主义政策的一个重要方面。独立后，印度政府在消除种姓压迫和种姓歧视方面，做了大量的工作，其间显示出三个主要特点。1.政府从政治、经济、社会、文化教育诸方面齐头并进，制定一系列消除种姓歧视的改革措施，显示了很大力度。2.不是针对一时、一地的情况，而是从近期到远期，进行系统规划，显示了一定的战略眼光和持久而坚毅的决心。3.不是将高级种姓从原有的较高水准拉下来或降下来，而是尽力扶持低级种姓和表列种姓，以此减少不平等的差距，并且对原先社会地位越低者，扶持的力度越大。这样可以减少社会动荡，求得平稳发展，显示了社会改革的有的放矢的策略性。尽管消除种姓歧视和种姓压迫的工作至今还有种种值得检讨之处，但总的来说印度历届政府在这项工作上的决心和成果是十分显著的。

从政治方面看，印度政府首先从宪法上，然后通过不断立法，来推进种姓平等的改革。宪法的总序庄严宣告了法律面前人人平等，并在许多条款中，作出具体的规定，如第十五条第二款规定，不可以种姓为理由限制任何公民应有的权利，如商场、饭店、娱乐场所等的出入，以及公共水池、浴场、道路等的使用。如宪法第十六条第二款规定，在政府公职的聘用和任命方面，不得以种姓等理由排斥和歧视任何公民。如宪法第十七条规定，以“贱民”为借口，剥夺他人权利的行为属于犯罪，应依法惩处。1955 年政府颁布《犯罪法案》，明确指出，对原贱民的任何歧视行为都构成犯罪，需受法律制裁。以后又颁布《废除契约劳工法》、《民权保护法》等，从各方面消除由于种姓造成的不平等。

成人普选制使各阶级、各种姓的人们在政治地位上，处于一个相对平等的地位。低级种姓和表列种姓以平等的身份参与选举，而且他们以人数上的优势，成为选举中的重要力量，有时甚至是举足轻重的决定性力量。这令他们自尊心、自信心大增。

“保留制度”保证了低级种姓和表列种姓能平等参与和享受中央及地方各级的立法以及行政管理的政治权利。在制订宪法时，立宪会议就定下一个目标，要把保护少数教派和落后阶级的政治利益的条款写入宪法。《印度宪法》充分体现了这一思想，它以法的形式规定，在人民院、在邦的立法会议，均为低级种姓和表列种姓、表列部落，保留一定数量的议席。同时规定，在联邦政府和各邦政府中为他们保留一定数量的公职，甚至保证他们的发展机会。例如，第一次大选和第二次大选时，大部分人民院选区都为单议员选区，即每一选区只选举一名议员。为保证表列种姓和表列部族的成员能够当选，政府在他们的聚居地区设双议员选区，其中一席必须保留给他们。1952 年，在人民院总共 479 个竞选席位中，为表列种姓保留了 70 个席位，1962 年的 488 个总议席中，保留席位为 76 席。又如 1955 年“落后阶级委员会”建议为低级种姓保留 25％至 40％的政府职位。

《印度宪法》中的一些称呼值得注意，这表明议会和政府从政治上对贱民制度和种姓制度的否定。印度宪法废除“不可接触者”制度，这样“不可接触者”、“贱民”等称呼不能再用，否则带有侮辱性，被判定违法。印度政府从政治和法律的角度出发，以“表列种姓”成为原贱民的合法称谓，以示“贱民制度”不复存在。又如，宪法在涉及处于社会下层、生活在贫穷中的低级种姓时，有意识避开种姓制度范畴，称他们为“落后阶级”，为他们提供保护。以后印度政府也遵循此意,1953 年任命一个“落后阶级委员会”,具体负责有关维护低级种姓利益的工作。

从经济方面来看,“向贫穷开战”是尼赫鲁政府的首要目标之一。在大社会的框架下,处于社会最底层的低级种姓和表列种姓、表列部落群体,得到了政府有力的扶持。在农村,政府以赎买方式废除包税地主制,实行土地最高限额,改革租佃关系等,这一系列土地改革的主要受益者是低级种姓和表列种姓为主的佃农和雇农。他们有的获得了土地,有的在政府的帮助下组成合作社,在经济地位和经济收益方面,都有了一定的提高。其次,政府在每个“五年计划”中,专门拨出扶贫款,以使该群体的解困和持续发展有一定的保障。在第一、二、三个五年计划中,政府用于扶贫的款项分别为 3 亿卢比、7.94 亿卢比和 10 亿卢比。再者,当社会对歧视低级种姓和表列种姓的陋习进行抨击时,这原先的弱势群体也开始冲破职业世袭的旧限制,他们自行抉择职业和经济活动,尝试向新的领域拓展,不少人还取得了相当的成功。他们的经济地位也随之发生了变化,有些人被聘为高级职员,有些人甚至成了企业主,雇佣高级种姓为职员。经济的实力地位与种姓逐渐脱节,经济发展使种姓制度的根本发生了动摇。

从社会方面看,印度政府大造舆论,营造一个反对种姓压迫、种姓歧视的社会环境。政府领导人在各种场合宣传“我们是一个整体”的思想,制宪会议主席普拉沙德在制订宪法时,多次说“许多印度人数百年来连基本的人权都被剥夺,现在要给予他们在平等条件下进行竞争的机会”,“必须对社会不平等现象的受害者予以优惠”,“采取在立法机构为低等种姓及表列部族保留名额等一些短期措施,但长期目的是促使弱势部分在进步的过程中,发展到与其他社会部分平起平坐”。尼赫鲁也说:“我们将消除阶级差异,我们将建立一个没有上等阶级和下等阶级的国家,一个妇女得到尊重的国家。”

由于种姓制度在印度根深蒂固,尼赫鲁政府当时若简单地以一法除之,必会引起社会的不安定,因此政府在立法和制订政策中,对贱民制度坚决予以取缔,对种姓制度则不作公开取消的表态,而是大力弘扬民主和平等的思想。政府通过立法,利用舆论、媒体等宣传工具,为提高落后阶级的社会地位大声呐喊。换言之,政府有意识营造一个淡化及边缘化种姓制度的氛围。此外,政府还通过社会福利改革,为低级种姓和表列种姓获得平等地位，做了一些实事。如在教育方面，政府规定教育机会均等；对14岁以下的所有学龄儿童提供免费义务教育。又如1949年颁布“印度教徒婚姻认定法”，鼓励人们冲破种姓婚姻的限制，南印度有的邦政府还许诺，婆罗门种姓与表列种姓结婚满十年者，奖金表一块。

多少年来，低级种姓和表列种姓为了自身利益和平等的社会地位，进行了不屈不挠的斗争，为印度社会的进步作出了贡献。在政治上他们组织政党或加入政党，主动积极参与民主选举，成为一支受尊敬和受重视的力量。在社会活动方面，他们不再屈从于千百年来歧视他们的社会习惯势力，不再遵守歧视性的社会规范。他们在勇敢抗争中不断成长，出现了一批自己的社会活动家。例如，有印度“宪法之父”称呼的安姆倍德卡博士，出身于贱民阶层，他以自强不息的精神完成学业，接着投身于贱民解放运动，成为表列种姓群体的领袖。他为了表示对传统势力不满，对社会长期歧视表列种姓不满，1956年10月，在那格浦尔率2 000余名表列种姓，集体皈依佛教。在他的表率作用下，短期内约350万表列种姓者纷纷投身佛门。这既体现了他们理直气壮地贯彻宗教信仰自由，又表现出他们以宗教改宗的形式，对世俗社会陋习表示强烈抗议。这事件对当时的社会产生了很大的震动。

男女平等，这是世俗主义政策的另一个侧重点。印度宪法在基本人权的条款方面，虽然很少专门列出女权，但其使用的都是全概念，显然男女都包括在内。如，全体公民在法律面前人人平等；印度公民不论宗教、种族、种姓和性别，一律享有选举权；凡年满21岁的男女公民，都享有被选入人民院和邦议会的权力；14岁以下学龄儿童享有免费义务教育等。以后，议会还通过一系列法案，来确保妇女的利益。如1954年《工厂法修正案》，禁止女工和童工上夜班。1955年《印度教徒婚姻法》，禁止童婚，允许妇女离婚，禁止一夫多妻。1956年颁布《印度教徒继承法》，规定在财产继承方面，男女享有平等权利。1956年《印度教徒收养法》规定，男女在收养子女方面有同等权利，未婚女子、寡妇、离婚者都能收养。1956年还通过了《印度教寡妇再嫁法》；1961年颁布《禁止嫁妆法》；1972年公布《堕胎法案》，妇女获得自行决定堕胎的权利，等等。尽管这些法令在真正执行时，离原本要求还有相当差距，但妇女的地位至少在法律上得到了确认。

六、印度的主要政党及其概况

政党林立,执政党与在野党并存,这是印度议会民主制和世俗主义国策的必然和必需。在印度独立早期的诸多政党中,最大的有四个,即国大党、印度共产党、人民社会党和人民同盟,其中国大党是执政党,是占据绝对优势的一党执政。其他政党均处于在野地位。

1948 年 1 月甘地遇害,国大党进入"双头政治"时期,帕特尔认为其主内,尼赫鲁主外,相互配合,可称完美,但事实上一度内耗不断。帕特尔去世后,大权掌控在尼赫鲁手中。1949 年尼赫鲁正式改组国大党,宣布它为单一政党,不得在党内建党,并清除党内的跨党者。同时,强化党章的权威,强调党的纪律,重申党章规定的主旨,即:增进人民福利,提高大众生活水准,坚持政治、经济、社会的权利平等与机会均等的原则,循民主立法的途径,建设富强、繁荣、幸福的印度,进而谋求世界和平。党章还规定,年满 18 岁,接受上述宗旨,年纳党费一卢比者,都可申请为党员。预备期两年以上,且符合下列条件者,可成为正式党员,即年满 21 岁,常穿土布衣服,不饮酒,不歧视贱民,未参加其他政党者。据 1950 年第一次大选前统计,全党预备党员 2 900 万,正式党员 117 万。

1942 年,印度共产党公开支持英国的第二次世界大战政策,由此结束了地下状态,取得了合法政党的地位。共产党得到了一次难得的发展机会,从党员约 7 000 人至 1946 年发展到 6 万人。1957 年印度大选中,共产党已达 8 万人左右并在人民院获得 27 议席,一度成为议会中最大的在野党。共产党控制的全国性的下属或外围组织有:全印职工联盟、全印农工协会、全印学生同盟等;并且主办 11 种不同文字的地方性刊物。印度共产党的总部原设在孟买,1952 年迁至马德拉斯,再迁至新德里。

1950 年底,由高士、丹吉和拉奥等四人组成的印共代表团访问了莫斯科,以后经常接受苏共的指导,关系相当密切。1956 年 4 月,印度共产党在帕尔加特举行第四次代表大会,通过了政治决议。决议声明,印共的革命目标是在印度建立一个以工人阶级为领导的、包括一切民主阶级在内的人民民主国家;印度当前的基本矛盾是帝国主义、封建势力与印度民主力量的矛盾,因此反帝、反封建是现阶段的主要任务;印度政府是资产阶级为主导的政府,它既有发展民族经济、捍卫民族自由的进步性,又有对帝国主义、封建主义妥协的软弱性,因此共产党应支持政府的进步性,反对它的妥协性。对于政府以国营重工业为主导的经济发展方针,共产党表示赞同。

在苏共二十大政治思想路线的影响下,印度共产党一再强调议会斗争、和平过渡的路线。1957 年第二届大选,共产党在喀拉拉邦获胜,组建了邦政府,实行了一系列激进的改革。印共将此作为和平过渡的模范,定为“喀拉拉式道路”,意图逐步在全国推广,从而完成从地方到中央的和平过渡。1958 年 4 月 6 日至 13 日,印度共产党在阿姆利则召开第五次代表大会,把和平过渡路线写进了新党章,写进了《关于当前政治形势的决议》中,成为印共的根本方针。然而,1959 年 7 月,印度总统以治理“动乱局面”、“恢复法律和秩序”为名,解散了共产党的喀拉拉邦政府。施政的挫折,使共产党内部的矛盾又逐渐激化。60 年代初,印共在国内政策和国际共产主义运动方针上发生分歧。1964 年印度共产党在加尔各答第七次代表大会上,以丹吉为首的一派与以南布迪里巴德和孙达拉雅为首的另一派正式分裂。后者另外成立政党并在 1966 年 11 月改称印度共产党(马克思主义),以后一度获得较快的发展,党员人数从 1964 年分裂时的近 12 万人,发展到 1997 年的 70 余万人。

人民社会党是人民党与社会党在 1952 年第一次大选后合并而成。社会党原是国大党中的社会主义派,1948 年 3 月自组社会党,领导人是纳拉扬和马泰。1919 年,纳拉扬自美国留学返印,投身国大党并任劳工部长,深得尼赫鲁赞许。马泰原籍孟买,1931 年开始从事政治活动,曾四度被捕入狱。人民党领袖为克里帕拉尼,甘地自南非返印发动斗争时,克里帕拉尼就是甘地的得力助手。独立后,他一度继尼赫鲁为国大党主席,曾极力反对尼赫鲁的作风与政治路线,但无力制衡尼赫鲁。1950 年克里帕拉尼愤而退出国大党,自组人民党。在印度第一次大选中,人民党和社会党所得甚少,两党领袖达成合作共识。1952 年 9 月,经协商后组成人民社会党,以克里帕拉尼为主席。后来两派在对国大党的态度上产生分歧,1955 年 12 月产生过一次分裂,退出者恢复了社会党。

人民同盟成立于 1951 年 10 月,起初有着印度教教派主义的烙印。1948 年甘地遇害后,印度教大会和国民志愿服务团声誉大降,为重新赢得机会,它们借第一次议会选举之机,在大选前夕成立新的政党,取名人民同盟,希望以新形象出现于印度政坛。人民同盟的成员主要来自于印度教大会和国民志愿服务团。其政纲是建立一个继承和发扬印度文化和传统的统一的现代国家。

除上述四大政党外,1958 年创立的自由党也受人注目。曾接替蒙巴顿任印度总督的拉贾帕拉恰雷是该党的旗帜,他原是国大党元老及高级领导人,因政见不同而退党。自由党是一个右翼政党,标榜代表地主、商人和私人企业主,鼓吹自由主义,反对国大党的国营重工业为主导的经济政策,倡导私营资本发展,反对农村合作社等。在 1962 年和 1967 年的大选中,它分别获得人民院议席 22 席和 42 席。

除全国性政党外,一些重要的地方性政党值得注意,如查谟-克什米尔地区的国民会议党,锡克族的阿卡利党,泰米尔纳杜的德拉维达进步联盟等。例如,德拉维达进步联盟正式成立于 1949 年 9 月 17 日,带有泰米尔人的地方民族主义色彩。它主张复兴民族古老文化,保护泰米尔语言,并一度要求建立独立政权,即德拉维达斯坦。该党领导人是电影剧作家安纳杜莱博士。德拉维达进步联盟在 60 年代中期领导了抵制印地语为国家官方语言的群众运动。在 1967 年的邦议会选举中,该党获得胜利并组建了邦政府。

七、尼赫鲁的外交政策

尼赫鲁在印度外交事务上几乎享有完全的自由权力。殖民地时期,外交大权由英印政府掌控,如第一、二次世界大战,宗主国可以不问印度民意,就将它拖入战争漩涡。其他方面的对外交涉,也由它一手包办,如对缅甸战争,对西藏的侵略等,莫不如是。此时期的国大党自甘地退居二线后,涉外事务一般均有尼赫鲁负责。独立后的印度政府在初掌自主的外交大权时,几乎没有任何经验,因此只能笼统定下目标:印度应享有独立大国的平等权益,并在国际事务上有充分的发言权。至于其他具体事宜,则有尼赫鲁全权操作。

尼赫鲁在实践中,逐渐形成了外交政策的核心思想,主要有五种:独立自主、民族主义、反殖民主义、国际主义和中立主义或称不结盟。它们融合在一起,成为印度外交事务的指导原则。

不结盟是印度外交最基本的政策。按尼赫鲁在 1958 年和 1961 年所下的定义,不结盟就是不与军事集团结盟,不与世界大国集团结盟。

1946 年 9 月 7 日,在印度过渡政府成立的第六天,尼赫鲁发表施政演说,首次提出了不结盟的思想,"我们要尽可能地避开集团的强权政治,不与任何一方结盟反对他人,那(强权集团结盟)在过去曾把世界引向战争,今天可能再次导致更大规模的灾难"。此后,尼赫鲁多次在不同场合论及印度的不结盟外交政策,如 1947 年 1 月 22 日,尼赫鲁在制宪会议上表示,印度"应在大国前保持独立与自由"。1949 年尼赫鲁访问美国在哥伦比亚大学的演讲中,强调不同大国集团结盟,用独立自主的外交政策追求和平。1952 年 6 月在人民院辩论中,尼赫鲁直截了当地用了"不结盟"一词,"就我们的政策而论,尽管事实上我们主要同联合王国和美国打交道,我们从它们那里买我们需要的东西,并且我们接受它们的帮助,但我们完全没有因为任何集团而背离我们的不结盟政策。"

尼赫鲁奉行不结盟的外交政策,这与当时的世界局势息息相关。印度独立之初,国际上两大阵营已初步形成,东西方冷战态势正在展开。尼赫鲁当然不希望印度卷入纷争,以便让新生的祖国有一个和平发展的环境。而且,印度的传统文化也在潜移默化地影响着尼赫鲁,他特别批评了那种以备战来免战的认识。1949 年 3 月 8 日,尼赫鲁在议会的答辩中说:"有些人认为世界战争是不可避免的,所以他们就为此而准备,实际上这使战争更接近了。我个人认为这是一种非常错误又非常危险的事。"因此,"印度不应该同任何大国集团站在一起,它们因为各种原因充满了战争恐怖,并积极备战"。于是,一种积极的不介入政策孕育出来了。其次,奉行不结盟政策是印度对于国家安全的考虑。尼赫鲁认为,国家安全是首位的,印度要靠政策而不是靠武力来保障国家安全。尼赫鲁在谈到不结盟时说:"每个国家的外交政策,首先考虑的是自身的安全和保障其进步。安全可通过多种途径获得。一般认为,安全是靠军队保护的,这仅仅对了一部分。安全更是靠政策保护的。一种深思熟虑的与他国友好的政策,比任何别的东西更能保障国家的安全。"再者,不结盟标示着印度的独立自主的外交政策。独立运动之初国大党就明确表示,有朝一日要清扫印度外交政策的"奥吉亚牛厩"。尼赫鲁 1948 年 3 月 8 日在国会中说:"参加集团意味着什么呢?说到底这只能意味着一件事,放弃你对某一问题的观点,采用另一方的观点,以图使它高兴和讨好它。"因此尼赫鲁表示,印度应以独立自主国家的身份而非别国的卫星国参与国际事务。尼赫鲁还强调"不结盟不是不选择,而是我们选择了不选择"。最后,经济总是影响外交政策的一个重要的因素。尼赫鲁1948年3月在制宪会议表示,印度接受其他国家的帮助,不管是经济帮助,还是政治帮助,但"把我们的鸡蛋都放在一个篮子里,这不是一种明智的政策"。因此印度不偏向美苏任何一方,并与两者都保持良好关系,反而获得了对立双方的各种援助。例如,至1963年,印度从美国得到近40亿美元的经济援助,占其接受外援总数的60%以上。从1954年到1965年,印度从苏联得到10亿多美元的经济援助,除了社会主义阵营的国家外,印度的受援额也是最多的。

1955年4月在印度尼西亚万隆召开的第一次亚非会议,应是当时全世界最有影响的事件之一,它贯彻了和平共处的原则,也是不结盟思想的具体实践。万隆会议有29个亚非国家参加,会议的主题是促进亚洲各国的亲善与合作,促进各国社会、经济、文化的交流,建立睦邻友好关系,反对种族主义和殖民主义,探讨亚非国家在世界上的地位及积极为世界和平与合作作出贡献。这次会议是战后第一次在没有西方国家参加的情况下,由亚非国家单独召开的会议,它标志着亚非国家作为一支独立的政治力量出现在国际舞台上。尼赫鲁作为不结盟国家的领袖,是万隆会议最引人注目的人物之一。他力主邀请中国参加,并且在会议中力排含沙射影的反华议论,恳切陈词,竭力保持会议沿健康轨道发展。会议通过了《亚非会议最后公报》,在和平共处五项原则的基础上,制订了"国际关系十大准则",确立了体现独立、和平、友好与合作的"万隆精神"。这次会议证明,不结盟思想已具有世界性的影响,不结盟运动也颇有声势地开展起来了。

世界不结盟运动的具体实践以及蓬勃发展,与"三驾马车"的努力倡导和积极奔走是分不开的。1955年初,南斯拉夫总统铁托访问印度,与尼赫鲁进行了深谈,两人在不结盟问题上,产生了许多共鸣,并且发表了联合公报。同年2月,尼赫鲁访问开罗,与纳赛尔总统达成了不结盟问题的共同认识。1956年7月,铁托邀请尼赫鲁、纳赛尔共商不结盟运动事宜,会后发布了《布里奥尼宣言》,呼吁新兴国家加强各方面的合作。1961年6月5日至13日,20个国家的领导人在开罗召开第一次不结盟国家会议的筹备会,会议制订了加入不结盟运动的五条原则:奉行不结盟的独立自主的外交政策;支持民族解放运动;不卷入军事联盟;不加入大国的双边联盟;不允许外国在本国设立军事基地。1961年9月1日至16日,

25个国家的领导人出席了在南斯拉夫首都贝尔格莱德召开的首次不结盟国家首脑会议。会议通过了《不结盟国家和政府首脑会议宣言》。《宣言》要求全力支持为争取和维护民族独立而斗争的各国人民；反对殖民主义和帝国主义；全面裁军，禁止核战争；倡导与会国加强经贸、文化合作等。这次会议标志着不结盟运动的兴起。

尼赫鲁、铁托和纳赛尔

就印度外交的具体对象而言，它有三个主要的侧重方向，即与巴基斯坦的关系，与美国、苏联诸大国的关系，以及与中国的关系。这三者交织在一起，一方发生变化，其他方面也会受其影响，如中印关系的变化，就会引起印美、印苏关系的连锁反应。

印巴分治之初，双方的关系较为复杂，关注的焦点主要是殖民政府遗留下的财产的分配，千百万迁徙民流的安置，印度河河水的分配和使用，克什米尔的问题等。由于印巴双方政府的努力，迁徙的难民很快得到了安置。经双方协商，殖民政府留下的财产作出了分配，并且在甘地的努力下，应支付给巴基斯坦的那部分款项也得到了落实。关于印度河及其支流的河水分配问题，应上溯到旁遮普分省以前。当时为了促进农业发展，设计了一项庞大的水利工程，这原本不该有任何问题。但印巴分治后，流经巴基斯坦的一系列运河的水源，现在却掌握在印度手里。如果印度一旦切断水源的话，这对巴基斯坦的打击几乎是致命的。1948年印巴双方进行了谈判，但没有结果。不久，印度宣布了一个新计划，要在上游截走一大部分水资源，这使双方的关系更紧张了。1952年，世界银行出面，双方重开谈判。

1960年9月19日,印度、巴基斯坦、世界银行三方在卡拉奇签署了世界银行提出的《印度河水条约》。根据条约,印度河流域水系的西三河(印度河、杰姆卢河、奇纳布河)河水归巴基斯坦使用,东三河(拉维河、比阿斯河、苏特里杰河)河水归印度使用,巴基斯坦获得全部水量的80%,印度获得20%。这一遗留了12年的问题,终于得到了基本的解决。

克什米尔归属问题是印巴双方一个难解的结。第一次印巴战争经联合国调停,在1949年7月划定了停火线。迫于各方面的压力,双方都承诺通过公民投票来解决克什米尔的归属问题。但由于穆斯林与印度教徒各占居民的78%与20%,因此印度对于公民投票并不积极,并且采取一系列措施,致使公民投票始终未能实现。

首先,印度宣称巴基斯坦应从克什米尔全部撤军,而印度在巴基斯坦军队全部撤走后,才减少在克什米尔的驻军,等到实现了"非军事化"后,进行公民投票。巴基斯坦当然不会同意单方面撤军。由此公民投票就搁置起来了。第二,1949年尼赫鲁建议在维持现状的基础上,解决克什米尔争端。这显然有利于印度,因为它占据克什米尔五分之三的土地和四分之三的人口。巴基斯坦予以拒绝。第三,由于美苏竞相在南亚争夺势力范围,致使克什米尔问题更趋复杂化。鉴于军事力量方面印强巴弱,1954年5月19日,美巴签署了《军事互助条约》,巴基斯坦以此作为抗衡印度的措施。1954年9月3日巴基斯坦参加了"东南亚条约组织",一年后又加入"巴格达条约组织",通过外交增强自身地位和话语力量。印度在得到苏联支持的表态后,就更加强硬,它以巴基斯坦加入国际军事集团为由,干脆宣布不再同意公民投票。当联合国安理会呼吁克什米尔举行全民公决时,印度坚决反对,尼赫鲁表示,"即便是在世界上最强大势力的压力面前,我也不会出卖印度的荣誉和自由"。第四,印度加强了对克什米尔印占区的控制。1954年5月,印度总统宣布印占克什米尔正式成为印度的一个邦,实施印度宪法。12月印度操纵印占克什米尔议会通过加入印度的决议。1956年11月,印占克什米尔制宪会议通过邦宪法,批准加入印度联邦。1957年1月26日邦宪法正式生效,宣布克什米尔是"印度联邦不可分割的一部分"。在此期间,印度在印占克什米尔进行了一系列改革,以巩固对该地区的统治。如进行土地改革,无偿没收地主土地分给农民;以原价75%的价格向克什米尔供应廉价大米;增加贷款,扶植当地工农业;扩大教育和福利设施等。

1962年，中印边界冲突爆发，美国以军援为筹码，推动印巴两国在1962年12月至1963年5月，举行了六次部长级会谈。双方只做了一些象征性的让步，最终没有取得实质性进展。当中印局势稍缓，印度又加强对克什米尔的控制。1964年12月，印度政府宣布印度宪法中的“紧急状态的规定”适用于印占克什米尔。同时，双方武装冲突不断加剧，1965年1—7月，在克什米尔停火线附近的冲突高达1 800余次。不断升级的冲突，最终导致9月第二次印巴战争的爆发。

印度与苏联和美国的关系是与不结盟政策联系在一起的。它在处理与苏美的关系时，十分注重维护自身的独立性，所以不与两者中任何一方结盟。尼赫鲁以民族利益作为判断尺度，决定着与苏美关系的孰轻孰重和时亲时疏。因此印度在尼赫鲁执政初期与美国的关系好一些，50年代中期后与苏联的关系不断走近。1959年中印冲突加剧后，印度公开接受军援，并同美国达成联合空防协定，这时尼赫鲁用与美苏的双重结盟来维护印度的不结盟。

印美关系是在时冷时热的过程中发展起来的。印度独立后，尼赫鲁对原宗主国的态度若即若离，印英关系已无足轻重；他的不结盟政策不与东西方缔结军事同盟，但意图与它们发展其他方面的正常关系，以获取利益。因此，印度在西方集团中，当然选择最强大的并且又毫无宿怨的美国。尼赫鲁派胞妹潘迪特夫人为驻美大使，就显示出对印美关系的重视。美国从其全球战略出发，不管是对苏联的遏止，还是构筑对中国的包围圈，实行议会民主制的印度都是它意欲竭力拉拢的对象。1949年1月20日杜鲁门的“第四点计划”就将印度列入援助范围。

1949年10月，尼赫鲁首次访问美国，与杜鲁门总统、艾奇逊国务卿举行了会谈。通过这次访问，印度获得了一定的援助。如1950年，美国给予印度小麦贷款1.9亿美元，1951年又给予印度一笔捐款，从1950年至1952年，双方签署了三份技术合作协定，印度还得到120万美元赠款。但是在另一方面，双方原有的一些裂痕，仍然未能得到很好弥补，时时影响着双方关系的进一步发展。尼赫鲁对美国有关克什米尔问题的做法一直耿耿于怀。在印巴争执克什米尔归属时，美国力主克什米尔独立，成为“东方的瑞士”。美国认为克什米尔地处亚洲心脏，战略位置十分重要，军方曾向杜鲁门总统提呈秘密报告，建议将克什米尔变成由美国托管的“独立国”，建为军事基地，“以克什米尔为基地的飞机，可轰炸亚洲任何地区”。这令尼赫鲁十分愤怒。反之,美国对于尼赫鲁与新中国的友好态度感到恼怒,并且对印度的不结盟政策深感不满。杜勒斯就公开指责印度的不结盟,不仅是“一套老调子”,而且是“一种不道德和短视的原则”。当印美分歧趋于增大时,1953年美国宣布向巴基斯坦提供军事援助,两国关系一度陷入低潮。

50年代中期,印美关系又一次互相接近,改变了以前的冷淡关系,这亦可视为尼赫鲁不结盟政策的成效。是时印苏关系趋暖,美国不愿它们过于走近,也采取了拉拢印度的政策。1957年“二五计划”初始,印度遇到严重粮荒和外汇危机。美国适时予以了一定的援助。1957年9月,印美签订“印美投资保证协定”,美国向印度“输血”。1959年12月艾森豪威尔总统访问印度,受到热烈欢迎,而在艾森豪威尔讲话中显示,美国对不结盟政策的看法亦有了根本改变,从深感不满转变为表示认可。随后,美国开始了一系列对印度的经济援助项目。在此后的四年里,援助资金达到40亿美元。

中印关系恶化,进一步促使了印美交好。美国等西方国家成立了“援印俱乐部”。而真正促使印美关系升温的是肯尼迪政府。1961年尼赫鲁出访美国。以后双方往来频繁,尼赫鲁竭力向美国示好,美援则源源不断流向印度。中印边界战争爆发后,印度公开寻求美国的军事援助。印度连续两次向美国提出请求,要求提供空中保护伞,美国务院发言人怀特1962年10月31日宣布,美国从本周起向印度空运步兵轻武器、弹药以及运输和通讯设备。怀特还表示:“我们的同情完全在印度方面”,并说已授权美驻印大使发表声明,支持印度关于“麦克马洪线”的说法。美国的军事代表团也来到印度。边界冲突发生后,美国立刻向印度提供了6 000万美元的“紧急军事援助”,随后美国大约每年提供1亿美元的武器装备,直至印巴战争爆发才终止。印度与美国订立了“空防协定”,大批美国军事人员驻扎印度,双方互相提供军事情报,美国的军用飞机在印度为其调兵遣将,印度与西方联合军事演习等等。尼赫鲁政府甚至还打算让“美国之音”在印做反华宣传,但由于国会反对被迫取消。美国对印度求援的积极反应,使其在印度公众中的形象突然升高。根据美国新闻处的民意调查,1957年10月印度有2.5%的人对美国怀有“非常好”的看法,1962年10月达到7%,11月底已经升到62%。1963年印度总统拉达克里希南访美期间,印美联合公报称,双方同意“两国分担一种阻止中国对次大陆的侵略计划的共同防御事业”。这简直有点像共同防御条约了。1963 年尼赫鲁撰文说,“印美关系很少像现在这样密切和真诚”。有一点值得注意,中印边界冲突以前,美国援印的目的在于使印度在同中国的经济发展竞赛中获胜,借此证明资本主义制度的优越性;中印边界冲突后,美国援印的目的在于加强印度的包括军事在内的综合力量,使之与中国抗衡。

印苏关系经历了由冷淡到友善的过程。尼赫鲁在 20 年代赴苏联参加十月革命十周年庆典时,就对苏联留下了良好印象。他在《印度的发现》中认为,当时世界“有活泼的潜在力的民族主要有三个,美国人、俄国人和中国人”,俄罗斯民族“史无前例地复活起来了,正在变得年轻,并且有惊人的坚强毅力和生命力”。另一方面,尼赫鲁对共产主义反感及担忧的态度,又使他对苏联有所顾忌。因此新生的印度对苏联表示出谨慎的友好姿态。

苏联起初对印度也是一种不冷不热的态度。按照斯大林民族解放的思想理论,印度毕竟是世界反帝反殖斗争的重要一环,并且摆脱了殖民帝国的统治,因此苏联应予支持。另一方面,从当时教条的理论来看,尼赫鲁政府不仅是民族资产阶级的代表,而且是大资产阶级、封建地主阶级、甚至诸如土邦王公的代表,在政治上有反动的一面。印巴分治也是印度资产阶级、地主与英帝国主义交易的结果。因此,一方面印度和苏联在 1947 年 4 月 14 日宣布建立大使级外交关系;另一方面在独立初期,两国的关系一直相当冷淡,即便尼赫鲁派其胞妹任印度驻苏大使,斯大林也以没有时间为由,不接见她。50 年代初,印度对苏联支持印度共产党一直表示不满,使尼赫鲁在对苏关系上谨慎从事。而苏联对尼赫鲁的中立主义也持怀疑态度,批评其形式上中立,实际上亲西方。由此,两国在整个斯大林时期,大体上是冷峻相对,但互利的经济、文化交流,也偶尔为之。如 1953 年英迪拉·甘地应邀访问苏联,双方签订了第一个贸易协定。

自 1955 年起,印苏关系有了明显的改善。美巴的军事同盟促使印苏接近。赫鲁晓夫“和平竞赛”、“和平过渡”的主张,导致苏联对尼赫鲁中立主义从批评转而赞同。1955 年 12 月 29 日,赫鲁晓夫在最高苏维埃两院联席会议上说:“印度在我们和其他国家之间采取中立地位,我们对印度领导人的立场是完全理解和支持的。印度的确是中立的国家,它值得我们以及其他国家对它表示信任和尊敬。”另一方面,印度对苏联重工业、轻工业、农业的经济发展排位秩序十分赞赏,“二五计划”也有所借鉴。1955

年2月双方迈出了改善关系的重要一步，签订了有关比莱钢厂的协定，苏联以优惠的条件帮助印度建设第一个大型国营钢铁厂。借此友善气氛，苏联主动邀请尼赫鲁来访并作了精心准备。如组织翻译小组，赶在尼赫鲁访问前夕，翻译出版了尼赫鲁的《印度的发现》，组织撰写一批介绍和赞扬印度的文章。6月1日《真理报》称赞，在苏联和印度的努力下，平息了朝鲜战争和印度支那战争。在访苏的16天时间里，尼赫鲁与赫鲁晓夫、布尔加宁等领导人进行了广泛的会谈。苏联甚至建议提名印度为第六个联合国安理会常任理事国，好在当时尼赫鲁认为时机尚未成熟，暂时搁置一边。最后，双方发表了联合公报，在和平共处五项原则、万隆会议精神及全面核裁军等问题上，形成了共识。

1955年11月至12月，赫鲁晓夫和布尔加宁对印度进行了回访。苏联向印度提供经济和技术上的援助，并且还公开表示支持印度在克什米尔、在要求从葡萄牙手中收回果阿等问题上的立场。12月10日赫鲁晓夫在访问克什米尔首府斯利那加时宣称，克什米尔的问题已有了结局，它应作为印度的一个邦。据说，如此直白之语令尼赫鲁都深感吃惊。11月27日，布尔加宁在马德拉斯表示，继续保留果阿为葡萄牙的殖民地，这是文明社会的一种耻辱，苏联人民支持印度一扫殖民主义残余。1961年12月，当印度最终以武力收复果阿时，苏联领导人勃列日涅夫表示了坚决的支持。

同样，在中印边界冲突问题上，苏联貌似中立，实际对印度明显偏袒。1959年8月25日，印度入侵西藏朗久地区，中印双方发生第一次武装冲突。9月9日晨，苏联驻北京代办向中国提交了准备发布的塔斯社声明的副本，声明以“中立”的态度对朗久事件表示“遗憾”。中国政府立即要求苏联不要发表，但苏联置之不理，当晚就将声明公诸于世。同一天，莫斯科与新德里还签订了向印度“三五计划”提供3.78亿美元贷款的协定，表明了苏联的偏袒态度。以后苏联不断向印度追加援助款项，在“三五计划”期间达到5亿美元。苏联对印度的军事援助是从1960年开始的，并以十分优惠的条件向印度提供先进武器。如1962年印度购得两个中队的米格-21战斗机，而中国当时装备的是米格-19战斗机。中印边界冲突之后，苏联停止了对中国的燃料供应。此时印度的订单中包括有米格飞机、地对空导弹、轻型装甲车和潜艇，苏联对于印度似乎有求必应，显得十分慷慨。1964年印度国防部长访苏，签署了“军事援助协定”，至此苏联提供的年度军援共计 1.3 亿美元,超过美国同时期提供的数字。

泰戈尔与徐悲鸿

尼赫鲁时期的中印关系经历了从友好到恶化的过程。1949 年以前,印度国大党及独立政府与国民党政府保持着和好关系。印度国大党运动和中国的旧民主主义革命,都是在 19 世纪末几乎同时起步的。1885 年印度国民大会成立,1894 年中国兴中会成立,这两件事不仅对各自民族有着划时代的意义,也使中印面临着反对帝国主义、争取民族解放的共同任务。1927 年 1 月在布鲁塞尔召开的"反对殖民压迫和帝国主义的国际大会"上,两国代表首次正式接触并发表了联合声明。旅居欧洲的尼赫鲁与中国广东革命政府的代表团共同商定了两国民族运动的九点行动建议,主要有加强通气,广东革命政府代表常驻印度,互相访问和中国代表出席印度国大党年会,等等。尼赫鲁关于这次会议给国大党写了一个报告,在谈到同中国的合作时,说:"我们目前应该尽力而为,但更重要的是奠定将来合作的基础。英、印、中的联合声明定下了明确的行动路线。"

甘地、尼赫鲁等深切关注着中国人民的抗日战争。1937 年 8 月 30 日,尼赫鲁在给梅农的信中说:"我们的态度是坚决反对日本侵略和同情中国。"为争取印度国大党的支援,宋庆龄、陈铭枢等曾致信尼赫鲁,尼赫鲁在回信中表达了对中国人民的敬意,表示尽可能提供支援。1938 年 8 月 21 日,尼赫鲁在加尔各答的《前进》上登载了"为什么印度支持中国?"的文章,指出中国与印度一样,也是为了民族自由而战。中国人民当然不会忘记伟大的国际主义战士柯棣华大夫和印度医疗队,他们为中国的抗日战争做出了贡献。1937 年底尼赫鲁收到八路军总司令朱德的求助信。翌日,国大党哈里普拉年会上通过了由尼赫鲁发起的帮助中国的决议,包括派医疗队援华。印度国大党还在各地举行"中国日"活动,在这一天里,举行声援中国的集会,悬挂中国国旗,不买日货以及向中国捐款等。1939 年 8 月,尼赫鲁出访重庆,实现他要向英勇战斗的中国人民亲自致意的愿望,尼赫鲁在渝向中国人民发表了广播讲话,转达印度人民的同情,并希望中国内部团结御敌。很遗憾,由于欧战突然爆发,尼赫鲁不得不中断访问,提前回国,未能实现访问延安的愿望。1939 年 7 月 11 日他在复毛泽东的信中,说他期待着与毛泽东的会晤。

1942 年 2 月 4 日,蒋介石夫妇出访印度,与英印政府磋商远东战局,蒋介石和夫人一行在加尔各答拜访了住在比尔拉家中的甘地。双方交谈了六个小时,讨论了中国的抗日战争及甘地的消极抵抗和不合作运动。拜访中的一段趣事,至今成为佳话。在双方交谈半小时后,甘地向蒋介石提议:"尊夫人的英语如此流利,声音又如此美妙,你同我一个平民晤谈,可否不究官方形式,请尊夫人为我们翻译(原为董显光翻译),让我有机会多听听她美妙的声音。"当宋美龄表示最近一年多来,她已基本不充任翻译,而由译员代劳时,甘地开玩笑说:"那么你不是一位贤内助了。"蒋夫人也取笑说:"他不是和一位译员结婚,他是和一位女士结婚。"结果蒋介石夫妇同意了甘地的要求,余下四个多小时的交谈都由宋美龄翻译。尼赫鲁则一直是访问团的座上客,他与胞妹潘尼迪夫人及女儿英迪拉·甘地与蒋介石及代表团成员进行多次长谈。蒋介石临

毛主席在延安接见柯棣华大夫

别前在加尔各答广播电台发表了一篇演讲，提出严正呼吁："我希望我们的盟邦英国不久将给印度人民政治实权。"事实上，蒋介石以后也曾劝说罗斯福迫使丘吉尔给印度独立，以减轻日本对中国战区的压力，增强盟国力量。蒋介石以后曾致信甘地邀请他访华，但甘地由于健康原因终未能成行。

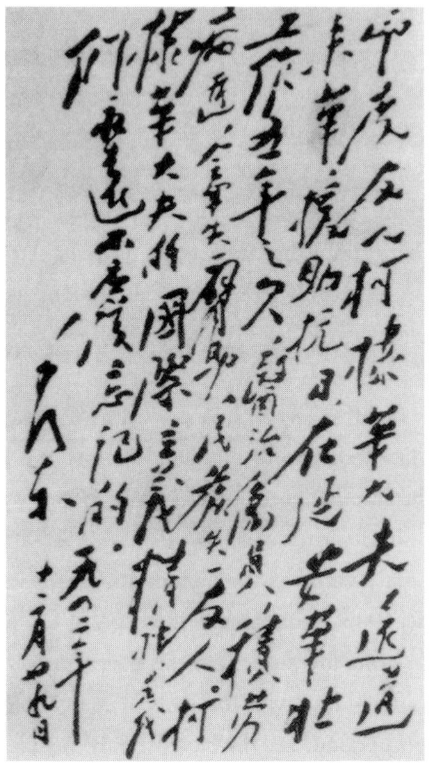

毛泽东题词

1943年4月5日，毛泽东和朱德就柯棣华大夫逝世，致函印度国大党，表示了对这位国际主义大夫的悼念和敬意，"中国军队和人民从此失去了一位好朋友，印度人民失去了一位好战士"。朱德在柯棣华的墓碑上写道："生长在恒河之滨，斗争在晋察冀，国际主义医士之光，辉耀着中印两大民族。"

还有，当日本军队封锁了滇缅公路后，盟国的援华物资有一部分从印度经西藏运进各战区。卡拉奇一度成为援华物资的重要集散口岸。通过西藏联系中印的交通线有三条，另外还有从阿萨姆丁江机场飞越喜马拉雅山抵昆明的"驼峰航线"。大战期间为保障中国的军需供应，这些通道发挥了重要作用。

独立后的印度与国民党政府继续保持着和好关系。1946年9月7日，尼赫鲁在广播讲话中阐述外交政策时，特别谈到与中国的关系。他说："中国，我们的邻居，是有着伟大的过去的伟大国家，多少年来一直是我们的友邦。这种友谊将会持续和增长，我们真诚希望中国为促进世界的和平与进步发挥重大作用。"中印两国不久决定建立正式外交关系，原驻中国的印度专员梅农升为大使。梅农奉调回印后，由著名学者兼政治家潘尼迦赴南京出任驻华大使。中国也将驻印度专员公署升格为大使馆，并且特地派学者及清华大学、中央大学校长罗家伦博士为驻印大使。1947年2月5日晚，罗大使到达新德里，成为世界各国驻印大使莅任的第一人。

1947年8月15日零时,印度独立大典收到了一件独特的礼物,这是罗家伦大使赠送的英文诗“为印度自由而高歌”。这首诗用金边镜框装饰,留书“印度国会惠存”。此前,尼赫鲁已读过这首诗稿,并送交宣传部,指令印发各报,在8月15日同时刊载出来。另外,据罗家伦记载,几经他手为印度帮忙的事共有14件,他都对尼赫鲁列举过,这包括建议印度国旗采用阿育王轮和移交权力定为零时等。

1949年,蒋家王朝已濒临灭亡,印度的对华政策也悄悄变化。4月20日解放军占领南京,国民党政府退至广州,此前曾通知各国使节同迁广州。当时苏联也把使馆迁穗,但潘尼迦大使却留在南京,直至1949年10月偕夫人直接回到新德里。在滞留南京期间,他把使馆人员名单及财产清册送交新政府。

中华人民共和国成立后,印度政府对于是否承认新中国分歧不大,但在时间上意见不一。帕特尔认为不宜过早,但尼赫鲁认为,一个足够强大又受人民拥护的政权屹立在亚洲,你不能视而不见,并且如果跟着别人后面承认,就显示不出印度独立自主的外交政策。1949年12月30日,尼赫鲁致照周恩来,正式承认新中国并希望建交,同一天还要求国民党政府撤销驻印使馆(1950年1月25日正式撤馆)。1950年4月1日,中印同时宣布建交并互派大使。印度是非共产党国家中第二个承认中国的(缅甸为第一个),但是第一个建交的。原本印度应与英国一起采取行动,后来尼赫鲁决定单独先行。

两国建交后,尼赫鲁积极支持中华人民共和国恢复在联合国的合法地位。尼赫鲁为此曾公开批评竭力反对中国恢复联合国合法席位的美国国务卿杜勒斯。1950年7月1日,尼赫鲁写信给杜鲁门,16日去函斯大林,建议用恢复中华人民共和国进入联合国来换取朝鲜战争停战。不管怎样,此举支持中国的用心还是可鉴的。即便在1961年11月,尼赫鲁还对美国电视采访记者表示,对占据世界人口四分之一的中国视而不见,任何重大国际问题都难以得到解决。此外,在台湾归属问题上,尼赫鲁一贯主张一个中国的原则。印度与北京建交时,就与台湾断交,承认中国在联合国的地位时,就主张台湾的代表从联合国撤出,这些都明确表示印度坚持一个中国的立场。1953年9月,尼赫鲁在人民院表示:北京和台湾谁能代表中国呢?台湾提出的任何承诺,在中国大陆能实行吗?肯定不行,所以台湾无法代表中国。1955年2月25日尼赫鲁在人民院再次表态,

“台湾是中国的一部分,台湾岛归属中国,这是无可争议的”。

所谓西藏问题,一直在中印关系中起着重要和关键的作用。这需追溯到英印殖民政府侵略西藏的历史。1774 年哈斯丁斯任印度总督时,就开始了策划略藏的图谋。他们作了长远打算,采取稳扎稳打、积小胜为大胜的方式,一步步吞并西藏。初始英印殖民政府以发展商务贸易为名,在 1774 年、1775 年、1777 年、1782 年,四度派员赴藏,进行刺探。接着,1816 年英印政府军逼加德满都,迫尼泊尔订城下之盟,1861 年又以威胁手段迫锡金订《英锡条约》,此后英国以尼泊尔、锡金的保护国自居,扫清了入藏的通道。

英人开始直接侵略西藏有两次战争。1887 年,英国驻华公使华夏姆屡次向清政府抗议,声称驻扎在锡金的藏兵阻碍了商路,印度总督将以武力驱逐。在英人的威胁下,清政府强令西藏撤兵,但遭到西藏地方政府反对,因为是时锡金和不丹附属于西藏。1888 年 3 月 20 日,2 000 余英印军队在格拉哈姆率领下,向藏军发动进攻,击败西藏锡金联军。1890 年 3 月 17 日,不平等的《中英藏印条约》签订。据约,锡金脱离中国,成为英国的保护国。1893 年 12 月,又签订《中英藏印条约补遗》,规定 1894 年 9 月 1 日起,西藏境内的亚东开关,任由英商前往贸易,并可派员进驻。

由于藏人对亚东开为商埠等事项有强烈抵触情绪,加之印度总督寇松好大喜功,竭力主张排斥中国对西藏的主权,使西藏成为英国保护下的“缓冲国”。1902 年 5 月,寇松以西藏不履行条约为辞,发兵自锡金入藏。1904 年江孜战役中 1 500 余藏军浴血奋战,全军覆没。8 月英军渡曲水,攻入拉萨,达赖逃往青海。9 月 7 日,西藏代表与英印军将领荣赫鹏签订《拉萨条约》,条约要害是排斥中国对西藏的主权,英国纳西藏为保护区并意图独占。但清廷未予签押及批准,故该条约无国际法依据。

1905 年,清廷派唐绍仪为全权大臣,赴加尔各答会谈。双方争执的要点是,唐绍仪力争中国在西藏的主权,而英使只承认中国在西藏有宗主权。另外,俄美等国亦反对英国独占西藏,不断施加压力。1906 年 4 月中英正式签订《续订印藏条约》,尽管中国挽回了在西藏的部分权利,但它无疑仍是不平等条约。该约规定:“英国应允不占并藏境,不干涉西藏一切政治。中国亦应允不准其他外国干涉藏境,及其一切政治。”1908 年,根据《续订印藏条约》第三条规定,清政府派张荫棠为全权大臣,至印度与英人正式签订《中英续行藏印通商章程》,共十五条。要点有四:各商埠事务由中国官吏督饬藏官办理,英国驻藏商务专员不得自用卫队,治安秩序由中国警卫负责维持;划定商埠界限;指定通商路程,英商入藏不得另绕别道或潜往西藏内部;由中国收回英人从前所建沿途旅舍等。

印度独立之初,英国移交权力时,把在中国西藏享有的不平等特权,一并交给了印度。这些所谓的特权显然是英国侵略中国西藏的遗产。中国和印度在西藏问题上的分歧已初露端倪。1950 年 10 月人民解放军解放西藏,印度大为不满,照会中国外交部,称印度对解放军进藏“深表遗憾”,并向藏军提供军火。中国与之进行针锋相对的斗争,印度的态度才有所收敛。1951 年 5 月 23 日,《十七条协定》在北京签署,宣告西藏和平解放。在这种情况下,中国政府还是暂时保留了印度与西藏交往的现状,但阐明了原则和立场。据资深的外交部副部长韩念龙记载,1952 年 6 月周恩来就印度政府向中国政府递交的《关于印度在西藏利益现状》,对印度驻华大使表示:“中国同印度在中国西藏地方的关系的现存情况,是英国过去侵略中国过程中留下的痕迹。对于这一切,新的印度政府是没有责任的。英国政府与旧中国基于不平等条约而产生的特权,现在已不复存在。因此,新中国与新的印度政府在中国西藏地方的关系,要通过协商重新建立起来。”当时,尼赫鲁以一种现实的态度,权衡利弊后,采取明智方式,积极推进中印关系大局。

1953 年 12 月 31 日至 1954 年 4 月 29 日,中印两国代表团就西藏问题在北京举行谈判。双方签订了《中华人民共和国和印度共和国关于中国西藏地方和印度之间的通商和交通协定》并互换了照会。协定的主要内容是中国在新德里、加尔各答和葛伦堡三地设立商务代理处,印度在亚东、江孜和葛大克三地设立商务代理处;中国指定亚东、江孜、帕里和葛大克等 13 处为贸易市场,印度同意按习惯在葛伦堡、西里古里和加尔各答等地进行贸易,并同意将来考虑在靠近西藏阿里地区的印度边界指定贸易市场;此外两国还就朝圣香客的过往和印度撤退在西藏的卫队达成协议。这个协定对中印关系来说具有开创新时代的意义,为中印关系的发展铺平道路。首先是印度政府在具有法律效力的协定中,明确了对我国西藏的态度。协定标题直称“中国西藏地方”,这是一个带有主权意义的提法。其次,印度放弃了从英国继承下来的在西藏的特权,这样中印两国就消除了过去遗留的不平等关系。第三,中印各自在对方互设商务代理处和开放贸易市场,有利于经济交流的发展。印度《民族先驱报》评论,

"随着西藏成为中国的西藏地区,印中关系向前发展变得不可避免了"。

中印两国在国际事务上的互相支持,互相合作,也使双方有了更多的共同点,关系更加融洽了。印度曾拒绝签署旧金山对日和约,原因之一是没有中国参加。1950 年朝鲜战争爆发,联合国在 6 月 27 日提案,要求各会员国向南朝鲜提供援助;7 月 7 日,安理会通过决议,正式授权美国组建"联合国军",并以联合国名义同北朝鲜作战。印度对上述两案均投了弃权票。以后,尼赫鲁积极做冲突各方的调解人,并指出解决朝鲜问题不能撇开中国。1950 年 12 月 6 日,尼赫鲁提出解决朝鲜问题的步骤,即停火、划定非军事区、谈判。当战争双方进入谈判时,印度直接参加了战俘遣返工作,并且是中立国遣返委员会的主席和执行人,还为此提供了工作人员和警卫队。印度为解决朝鲜战争问题所作出的贡献是全世界一致公认的,也得到了中国的称赞。在此期间,美国为报复印度在朝鲜问题上的立场,曾否决了印度购买美国谷物。中国尽管粮食供应相当紧张,但还是慷慨向印度提供了近 67 万吨粮食。

中印首创和平共处五项原则,对妥善处理国际事务发挥了巨大的影响。1954 年 4 月 29 日,中印交通协定的开头写进了五项原则,即"互相尊重领土主权;互不侵犯;互不干涉内政;平等互惠;和平共处"。两个月后,在周恩来和尼赫鲁的联合声明中,两国总理向全世界倡导和平共处五项原则。

五项原则是国家之间睦邻友好和国际间和平繁荣所不可或缺的行为标准,也是中国的一贯外交立场和印度的不结盟目标这两股强大的主动力碰撞而发出的火花。毛泽东在党的七届二次全会上的报告,在《新政治协商会议筹备会上的讲话》中,都阐述道:"我们愿意同外国政府在平等、互利和互相尊重领土主权的原则的基础上,谈判建立外交关系。"就印度方面而言,五项基本原则称为"潘查希拉",该词源出于梵文"Panchshilla",意为"和平五原则",原是用来约束个人行为的准则。尼赫鲁把它同印度的传统联系起来,认为这可追溯到阿育王,他曾把类似的原则镌刻在岩石和石柱上。尼赫鲁还认为,在现实世界中,印度的不结盟不是自我封闭,而在与各国的交往中,需要一个准则,这就是和平共处五项原则。

五项原则的意义和影响可以从双边和多边的角度来考察。首先它是中印两国的共同愿望,并为日后两国关系的发展,打开了一个广阔的天地。其次它为国际社会提出了若干行为标准,这些标准是在总结了前人经验和当今的世界局势后得出的，这些原则对于消除国际对抗和维护世界和平有着巨大的促进作用。第三，五项原则为不同社会制度的国家友好相处树立了典范，它把意识形态的争论抛在一边，而谋求建立一种正常的国际秩序。在两大阵营对峙的冷战格局中，这一点有着特殊的意义。今天，五项原则被这么多国家提倡和遵循，这充分体现了它的价值。

1954 年印度支那战争成为世界冲突的热点之一。4 月 26 日解决这场战争问题的日内瓦会议正式开始。参加国有苏联、美国、英国、法国和中国等，印度虽然因未能与会而恼火，但仍十分关心印度支那局势。尼赫鲁认为这场战争并非意识形态之争，而是亚洲民族主义反对外来殖民主义的斗争。鉴于这一立场，印度积极"穿针引线"，与各方频繁接触。如在会议期间，印度驻联合国大使梅农十多次与周恩来会晤。休会期间周恩来访问印度，与尼赫鲁在新德里举行会谈，就印度支那问题交换了意见。另外，尼赫鲁还提出解决印度支那问题的六点建议。因此，当日内瓦会议印支协定签订后，周恩来立即给尼赫鲁发去贺电，对印度的努力给予很高评价。他说："日内瓦会议关于恢复印度支那和平问题所签署的协议，是全世界爱好和平的国家和人民从各方面共同努力的结果。在这里我愿指出，您不仅早在日内瓦会议开始之前就表示了停止印度支那战争的愿望，而且您与其他的几位科伦坡会议国家的总理们共同努力，推动了日内瓦会议的进程。在日内瓦会议期间，您又指派梅农先生去日内瓦，对我们的工作提供了宝贵的帮助。您的努力毫无疑问是促进日内瓦会议成功的重要因素之一。请允许我为日内瓦会议的成就同样向阁下和您的政府祝贺。"世界诸多国家对印度所作的努力也十分赞赏，因此日内瓦会议成立的国际停火监督委员会由印度出任主席。

1954 年至 1958 年间，中印友好迅即达到了高潮。1954 年 6 月梅农向周恩来发出访印邀请，周恩来欣然答应并宣布当月成行。进展如此之快，令印度感到出乎意料，尼赫鲁推迟了去喜马拉雅山的度假，以迎接中国客人。周恩来访印时双方发表了倡导和平共处五项原则的《中印总理联合声明》，声明认为这些原则运用于国际关系中"将形成和平和安全的坚固基础，而现时存在的恐惧和疑虑，将为信任感所替代"。

1954 年 10 月 19 日至 31 日，尼赫鲁受邀首次访问新中国，这也是非社会主义国家的政府首脑第一次来华访问。中国极为重视，尼赫鲁到达北京时，受到 50 万群众的夹道欢迎，中国政府与国务院的领导人几乎全都出席了欢迎宴会。访问期间，毛泽东主席与尼赫鲁举行了三次会谈，中方参加的还有刘少奇、朱德、周恩来、宋庆龄、陈云和驻印大使袁仲贤等。10月19日毛泽东与尼赫鲁第一次会谈，主题是“东方国家的共同点”，例如中印有共同遭受西方欺负的经历，“我们都要对付帝国主义”，都处于弱国与有着共同的处境，等等。

毛主席接见尼赫鲁总理

毛泽东强调，我们两国“着重的不是思想和社会制度方面的不同，而是我们的共同点”。因此，“我们东方人有团结起来的感情，有保卫自己的感情”，“都想尽快发展我们各自的国家”。10月21日晚，印度驻华大使赖嘉文在北京新侨饭店，为尼赫鲁总理访华举行宴会，毛泽东应邀出席。席间，双方就和平共处五项原则的话题，简单交换了意见。毛泽东说：“国与国之间不应该互相警戒，尤其是在友好的国家之间。我们是信任印度的，印度是使我们可以睡得好觉的。”10月23日毛泽东与尼赫鲁在中南海颐年堂举行第二次会谈，探讨的主题是“战争作为政策的工具是否有利益的问题”。讨论中，毛泽东与尼赫鲁发生了意见分歧，相持不下。这场友好争论达成的共识是：不应该再打大战，应该长期和平，应该共同努力来防止战争，争取持久的和平。10月26日，第三次会谈在中南海勤政殿举行。会谈伊始，带有惜别的气氛。尼赫鲁对在座的周恩来说：“我想周总理一定知道法国的一句话：‘离别好像是使人死去一部分一样。’”毛泽东则吟诵了屈原的诗，“悲莫悲兮生别离，乐莫乐兮新相知”。尼赫鲁感叹：

“我们两国经过了很久的时期以后，又相遇了，因此第二句诗特别适用。”毛泽东说：“中国是需要朋友的。”“我想印度也是需要朋友的。”接着，双方重申了前两次会谈中阐明的一些观点。然后，毛泽东对尼赫鲁提出的建立和扩大和平区域的建议表示支持。最后，毛泽东作了总结，“建立和扩大和平区域是一个很好的口号，我们赞成”；“中印签订了关于西藏的协定，这是有利于消除引起怀疑、妨碍合作的因素”；“我们共同宣布了五项原则，这也是很好的”；“华侨问题也应该适当解决，免得有些国家说我们要利用华侨捣乱”；“凡是足以引起怀疑、妨碍合作的问题，我们都要来解决，这就能达到五项原则中的平等互利”。

周恩来与尼赫鲁举行了四次会谈。通过会谈，双方巩固了两国政府关于西藏地方与印度的关系问题的谈判以及周恩来访问印度的成果。周恩来明确表示，中国政府支持创议中的亚非会议，支持尼赫鲁对亚非会议的赞助，表示中国愿意参加这个会议。通过两国领导人多次成功的会谈，增进了互相了解，消除了一些不信任，使中印两国的睦邻友好关系在一段时间里发展得比较顺利。

1955年伯勒萨德总统会见周恩来

1956年底至1957年初，在短短的三个月中，周恩来总理对印度进行了四次访问。对于两国人民的友好情谊，12月9日周恩来在加尔各答市民的欢迎会上，不无动情地说：“当我们看到千千万万的印度人，不论在白天，还是在黑夜，也不论在城市，还是在乡村，都走到街上来欢迎我们，手里挥着印中两国的国旗，向我们欢呼‘印地秦尼巴依巴依’(印度中国是兄弟)的时候,我们知道,这决不能看作是一种外交礼节,或者是什么例行的仪式,它只能是两个伟大民族从心里深处发出的伟大的友谊,是蕴藏着伟大的力量的友谊。"

20 世纪 50 年代末,由于西藏叛乱和边界问题,中印关系逐渐恶化。1959 年 3 月 10 日,西藏地区上层集团策划了武装叛乱,达赖喇嘛仓皇出逃。印度自认在文化和商业上与西藏关系密切,并始终认为西藏不同于中国其他地区,甚至希望西藏成为两国之间的缓冲地带。因此印度对属于中国内政的西藏事务横加干涉。达赖到达印度后,印度外交部官员率武装部队迎接,尼赫鲁赶去达赖下榻地与其会面。达赖所谓"声明"的英文本也由印度外交官员散发给报界。自 1959 年 3 月 17 日至 5 月 8 日,尼赫鲁在议会九次发表同情和支持西藏叛乱的讲话。印度官员、媒体也对中国大肆诽谤。中国对此作出了强烈反击,一方面中央政府以强有力的手段,一举荡平西藏叛乱,另一方面 1959 年 4 月 15 日《人民日报》"观察家评论"点名谴责了印度国内对中国平叛的叫嚣。5 月 6 日《人民日报编辑部》文章"西藏的革命和尼赫鲁的哲学",系统而有力地驳斥了尼赫鲁的观点。

西藏叛乱以后,中印关系全面恶化,原先潜伏着的边界问题,成为双方争执的焦点,矛盾日益激化,最终导致了 1962 年 10 月的边界战争。1959 年 3 月 22 日,尼赫鲁致信周恩来,率先发难,向中国提出面积达 12.5 万平方公里以上的领土要求。因此,有必要对中印边界争议问题作一简略回顾。

中印边界全长约 2 000 公里,习惯上分为三段。新疆、西藏与印控克什米尔的拉达克接壤的一段称为西段,印度在西段提出的领土要求达 3.35 万平方公里。西段东南端到中国、印度和尼泊尔三国交界处为止的一段称为中段,印度在此段占据着我国领土约 2 000 平方公里。不丹以东的一段称为东段,涉及 9 万平方公里的领土归属问题。

在西段,印度一再对属于中国的阿克赛钦地区提出领土要求。"阿克赛钦"源于维吾尔语,意为"中国的白石滩"。早在清朝时,中国的军队一直在那里设防和巡逻。1865 年印度测量局的官员约翰逊划出了一条从班公湖到喀喇昆仑山口的边界线,把整个阿克赛钦和喀喇昆仑山以北的大片土地划入印度版图。1868 年上述勘测的结果正式编成地图出版。19 世纪下半叶,英国与俄国在中亚的"大角逐"越演越烈,这使清朝政府警觉起来。1892 年中国对边界表明了态度,派人在喀喇昆仑山口树立界石,并踏勘了阿克赛钦。1950 年中国人民解放军从新疆通过阿克赛钦进入西藏。从 1956 年 3 月到 1957 年 10 月,中国修筑了新藏公路,全长 1 200公里,其中 180 公里通过阿克赛钦地区。印度驻华大使将公路竣工的消息并附上简图报告新德里,经派人巡查,印度政府才知道这条公路穿过了印度所自认的领土。1958 年 10 月 18 日,印度政府给中国备忘录,声称对中国在印度领土上筑公路表示惊讶和遗憾。1959 年 12 月 17 日,周恩来给尼赫鲁的信表示,从 1950 年西藏和平解放到 1958 年 9 月印度武装人员侵入阿克赛钦为止,中国方面在自己领土上进行了大量活动,而印度方面一无所知。这实际也说明了该地区的归属问题。

东段的争论焦点是所谓的"麦克马洪线"是否合法。清朝政府垮台,英国政府中那些坚持"前进路线"的人跃跃欲试,妄图把西藏从中国分离出来。1913 年 10 月 13 日西姆拉会议召开,会上背着中国代表,英国和西藏地方当局进行了秘密换文,将所谓的"麦克马洪线"偷偷标在会议条约草案的附图上。中国代表和驻伦敦公使都在当时发表声明,不承认英国与西藏地区的任何条约。1937 年"麦克马洪线"始现于印度测量局的地图上,注明"未经标界"。英国撤出印度前,才开始在地面上实际占领该线以南地区,这占领过程到 50 年代初完成。此时,尼赫鲁在议会,在面对媒体,以及在许多外交场合,一再肯定"麦克马洪线",甚至 1954 年在印度官方修订的地图上,将"麦克马洪线"改为已定国界。中国历届政府从未承认这条非法的边界线。新中国成立后,1959 年 9 月 8 日周恩来致信尼赫鲁,重申"中国绝不承认所谓的麦克马洪线,但中国军队从未越过这条线"。

1959 年 8 月 25 日,朗久事件爆发,是日印度武装部队甚至越过"麦克马洪线",与中国边防人员交火,引发了第一次公开武装冲突。8 月 27 日在中国军队反击下,印度武装部队退出朗久。10 月 20—21 日,西段的空喀山口两国军队又一次发生了严重的武装冲突。为和平解决事端,1959 年 11 月 7 日,周恩来致函尼赫鲁,建议双方军队从各自控制线后撤 20 公里,停止巡逻,并尽快举行两国总理会谈。1960 年 4 月,周恩来亲赴新德里希望合理解决边界争端。会谈中,尼赫鲁坚持"麦克马洪线"是合法边界线,阿克赛钦地区应归属印度,中国修筑新藏公路是对印度侵略。4 月 22 日周恩来提出合理解决争端的五点建议:应通过谈判,合理、对等、友好地解决边界；现存的实际控制线可作为划界的根据之一；划界的地理条件都应考虑；不应对不属于自己管辖的地区提出领土要求；双方要顾及民族感情。4月25日，周恩来在记者招待会上，又提出六个“共同点”，其内容与上述五点基本相同，加上了双方在边界应停止巡逻，给商谈一个安宁的气氛。由于尼赫鲁受到印度国内甚嚣尘上的反华舆论压力、国大党内部批评的压力，由于美国总统艾森豪威尔和苏联部长会议主席赫鲁晓夫访问印度，前者明确表示支持，后者意在偏袒，也由于尼赫鲁本身威望下降，他急于改变抱怨和不信任，因此，政治解决中印边界问题，恢复两国友好的机会被遗弃了。

印度政府又一次祭出了“前进政策”，这名词让人回想起19世纪英国参谋部的那些扩张分子。此时，前进政策就是尽可能多地在中国哨所的空隙地带建立印度哨所，切断中国的供应线，直接与中国军事对抗，图谋领土要求。它是一种攻守兼备和一举两得的策略，既可以压迫中国哨所后撤，又可以造成印度在争议地区存在的事实。国防部长克里希纳·梅农后来提出，“因为印度军队是在自己国土上执行任务”，所以“前进政策”提法欠妥，应是“前进运动”。从1961年起，印军在西段新设军事哨所43个，在东段新建约24个军事据点，有些哨所就设在中国哨所几米之远，有些干脆设在中国哨所之间甚至侧后，与中国哨所形成犬牙交错局面。中央军委按照毛泽东指示，定出了反蚕食斗争的“二十字方针”，即“决不退让，力争避免流血；犬牙交错，长期武装共存”。

印度在完成军事部署后，1962年10月10日印军一个连渡过河试探性地向中国扯东哨所发起进攻。12日尼赫鲁讲话，“我们的指令是解放我们的领土”，并下令把中国军队“清除掉”。14日国防部长梅农声明，决心与中国战斗到最后一个人、一支枪。同日的《人民日报》中，中国政府警告尼赫鲁：“悬崖勒马吧，不要拿印度军人的生命做你的赌注。”17日印军在东、西两段同时炮击中国阵地。同一天，中央军委下达《歼灭入侵印军的作战命令》。

10月20日凌晨，中国军队全线自卫反击，东西两段推进顺利。10月24日周恩来致信尼赫鲁，提出三项建议：尊重1959年11月7日的实际控制线；以此线为准，双方军队后撤20公里；两国总理举行会谈。印度政府拒绝建议，反而提出因“前进政策”新获得的约1.3万到1.5万平方公里的领土要求，并且宣布全国处于紧急状态，发布军事总动员。11月14

日全线战斗再次打响,中国人民解放军经过一周激战,把印军全部赶出中国领土。19日惊恐不安的印度政府两次致信美国总统肯尼迪,要求美国派兵直接干预。20日毛泽东、刘少奇、周恩来等经研究决定,主张采取积极步骤,实行全线停火并主动后撤,扭转中印边界的紧张局势。21日零时,中国政府发表声明,宣布自22日零时起单方面停火,军队从1959年11月7日的实际控制线后撤20公里,并保留自卫反击的权利。中国军队从12月1日起后撤。印度政府尽管仍然态度强硬,重提恢复1962年9月8日前的边界状况,但实际上印度军队遵守了停火,避免与中国军队发生冲突。停火以后,中国政府遣返了全部印度战俘,交还了缴获的印方军用物资。边界战争后,中印外交关系从大使级降为代办级,官方与民间的往来一度中断,中印关系陷于低潮。

八、遗憾的结局

尼赫鲁执政后期,在政治上遭遇了一连串的棘手问题。1962年2月,印度举行第三届大选。尽管国大党在收复果阿和利用中印边界争端,大肆宣扬民族主义,揽得一部分民心,但大选的结果仍显示国大党在中央和各邦的地位有所削弱,如在人民院减少了10议席。更严重的是,1963年8月22日社会党议员克里帕兰尼利用国大党政府在中印边界战争中惨败,在议会中对尼赫鲁的内外政策进行攻击并提出不信任案。这是独立以来反对党第一次对尼赫鲁的领导地位提出挑战。在内阁中,尼赫鲁一手提拔的亲信国防部长梅农也被迫下台。

国大党内的派系之争此时日益表面化。内政部长潘特和财政部长莫尔拉吉·德赛为首的右翼集团对尼赫鲁的经济政策表示不满。1961年潘特去世,德赛作为国大党元老,以及凭借在党内和政界的资格,接任内政部长本无可厚非,但尼赫鲁对他进行排斥,任用了较为听话的夏斯特里担任这一要职。中印边界战争后,德赛派利用尼赫鲁威望下降,对其政治、经济、外交等方面的政策提出了更多的责难。如1963年5月,由于国大党在补缺选举中的失败,国大党全国委员会80名委员联名要求中央召开特别会议检讨遭受挫折问题,这被称为"罕见的请愿"。党内外的反对声连成了一片。

对于这一不利局势,尼赫鲁决不会无动于衷,他的反击从党内开始。

契机是所谓的“卡马拉季计划”。1963年春，马德拉斯邦首席部长卡马拉季建议，为了使国大党焕发活力，重塑形象，要求党的领导人辞去政府职务，将全部时间和精力投入党的工作。5月尼赫鲁批准卡马拉季辞去马德拉斯邦首席部长。8月8日国大党工作委员会通过卡马拉季计划，尼赫鲁率先提出辞呈，但受到再三挽留。在以身作则的标榜下，8月10日担任中央部长和邦首席部长的国大党人几乎全都提出了辞职，由尼赫鲁决定去留。结果共有12人被免职，中央部长和邦首席部长各六人。其中有财政部长德赛、内政部长夏斯特里等。即便在十年后，德赛仍耿耿于怀，认为这是有预谋的别有用心，目的是为英迪拉·甘地接班扫清障碍。

尽管德赛的后话夹杂着诸多个人恩怨，但当时的接班人之争并非空穴来风。在内阁经历了“不流血清洗”后，一向不被看重的国大党主席职位成了新一轮争夺的目标。因为当上党主席者，为继任总理增加了砝码。当时德赛和夏斯特里是最有力的竞争者。1963年10月以卡马拉季为首的五名地方领袖组成的实权派，在安得拉邦提鲁帕帝聚会。由于这五人都是执掌一邦的实权人物，政见相同并且共同进退，报界就借经济学中“辛迪加”一词的概念，称他们为“辛迪加派”。这五人达成一致，力荐夏斯特里为党主席人选，并竭力排斥德赛占据此位。这并非政见不同，而是两人秉性各异，德赛自恃老资格，保守、强横，而夏斯特里谦逊、无争，是一名出色的协调者。辛迪加派认为夏斯特里更易控制。1963年11月，在选举国大党主席时，夏斯特里不愿与德赛公开冲突，拒绝参与竞选。在尼赫鲁的允诺下，辛迪加派出面工作，终使卡马拉季获得通过，当选为国大党主席。但是德赛作为党内右翼反对派，仍在等待时机，原先内部较为稳定的国大党，现在却是暗流涌动。

此时，一贯比较忠诚的军队也产生了一些不同的声音。军官们表示不希望文官干预军事。尼赫鲁则时时担心“军队权力增长的危险”，担忧发生军事政变。政府采取了一些秘密措施，一些高级军官受到监控，中央后备警察的一些特务部队安营在首都附近。甚至还制订了应急计划，一旦情况紧急，就将尼赫鲁转移到安全地方。

在尼赫鲁执政后期，印度的经济一路下滑，陷入了困境。在中印边界战争中，印度支出了巨额费用。战争惨败后，更是走上了大规模扩军备战的道路。军队从战前的51万人，增至1963年的71万人，并在五年内进一步扩至90多万。在1963—1964年度的财政预算中，军费开支占总支出的46%,高达81.6亿卢比。由此造成的财政赤字达45亿卢比,比战前翻了一倍多。为了弥补财政缺口,尼赫鲁政府不得不在国内募集基金、发行国债、增加税收,搞通货膨胀,这转而使人民怨恨,社会不稳。其次,大量进口军火,进口粮食,使本已岌岌可危的外汇危机,濒于崩盘。尼赫鲁政府不得不转向国外乞求"援助",形成债台高筑。为了从美苏获得更多援助,印度政府不得不向两者靠拢,不结盟名存实亡。

社会危机接踵而至。60年代起,印度民众多次举行集会、罢工,提出反饥饿、反迫害,要求增加工资。政府以战时"全国紧急状态"名义,调集军警,对群众运动进行镇压,多次发生流血冲突。同时,克什米尔局势再度紧张,1963年12月克什米尔爆发群众运动,要求政府释放地方领袖阿卜杜尔,以及建立民主政府。再者,印度教徒与穆斯林的仇杀又在印度境内蔓延,东巴基斯坦与印度交界地区一度造成新的难民迁徙流。

1964年1月8日,尼赫鲁在国大党年会上突然中风,以前若隐若现的接班人之争,此时越来越表面化了。为削弱右翼势力,并在卡马拉季等人的力挺之下,1月21日尼赫鲁宣布夏斯特里重新入阁,任不管部长。同时,顽强的尼赫鲁并不退缩,抱病坚持工作,并且让迅速崛起、已逼近最高权力的女儿英迪拉·甘地在身边处理政府与私人事务。4月22日尼赫鲁坚持出席人民院会议并讲了话。然而他的病情发展很快,5月27日早晨尼赫鲁突然感到腹部疼痛并昏迷过去,下午1时20分与世长辞,享年74岁。5月28日,印度政府为尼赫鲁举行了隆重的国葬,300万印度民众为他送行,全国举哀12天。英迪拉考虑再三,没有完全遵照尼赫鲁的遗嘱,即只进行非宗教的葬礼,而是按传统的印度教习俗为尼赫鲁举行了葬礼,但仍遵从尼赫鲁的遗愿,将他的一部分骨灰撒入三河汇流处的恒河中。

作者点评:

印度独立之时,正处在印度特色的近代化的演进中,所谓印度特色的近代化,就是印度民族在完全殖民地的统治形式下,忍辱负重地在近代化进程中艰难前行。她在政治上丧失主权,在经济、社会、文化等诸多领域中,受压迫、受冲击、受摧残,但她顽强斗争,永不屈服,争取着自身的自由和自主。当印度民族终于重获新生时,她坚毅、倔强、永不退缩,经历了断裂与继承的抉择,勇敢地承载起时代的使命。"建设社会主义类型的社会”，这是独立之初的印度的一个重要决策，也是印度特色的现代化进程的开端。

尽管这种毫无畏惧的、在探索中前进的精神值得敬佩，但实际的发展道路并非一帆风顺。经过十多年的奋进和坎坷历程，尼赫鲁政府的政绩既不是灿烂辉煌，也不是一败涂地。它大张旗鼓采用议会民主制，奠定了印度政治生活的基本模式；但却一党独大，不存在具有竞争能力的其他政党，缺乏这一制度完善运转的润滑剂。国营大工业迅速发展，填补了许多空白，夯实了工业基础，这绝非单靠私人投资在如此短期内所能取得的成就；但却没有足够的物资迅速提高全体国民的生活水准。农村的土地和税制改革，使众多佃农、雇农得益，但农业生产的真正大发展还有待时日。高等教育的扩张令人印象深刻，但普及教育却步履蹒跚。中产阶级迅速膨胀，形成推动社会发展的一股有生力量，但它却吞食了国民生产增值的绝大部分，留下80%以上的人们依然停留在40年代的水平。制定了《印度宪法》，有了持之为据的根本大法，但是社会的陋习仍然存在，种姓歧视、压迫妇女、旧传统的习惯势力等残渣余孽，不时泛起。世俗领域的改革取得了令人瞩目的成就，但传统宗教的反冲力依然强大，各教派间的互相攻击和互相怨恨依然故我，与巴基斯坦的关系尤其紧张。在人口的控制方面一筹莫展。印度在世界舞台上担当了重要角色，但甘地的哲学思想及其伦理观念正在逐渐消失。显然，独立的印度取得了迈向现代化的良好开局，为以后的发展打下了较为坚实的基础，但许多方面仍显十分落后，有些是原本基础薄弱，积重难返，有些是决策失误，天灾人祸，这些都留待以后发展中逐步解决。

第二十章 英迪拉·甘地执政时期的印度

一、夏斯特里的短暂执政

尼赫鲁去世后,新总理的人选主要在夏斯特里和德赛之间抉择。以卡马拉季为首的辛迪加派紧张而高效地为夏斯特里的出任铺平了道路。他们说服了诸多持不同看法的议员,甚至迫使德赛放弃了竞选。这样,夏斯特里就被国大党议会党团一致推举为党团领袖,1964 年 6 月 9 日经总统任命,成为印度第二任总理。

拉尔·巴哈杜尔·夏斯特里(1904—1966)1904 年 10 月 2 日生于贝拿勒斯,出自下级种姓家庭。幼时父亲去世,贫寒的生活锤炼了他的意志,养成了平易近人,善于协调的能力。尽管夏斯特里身高仅一米五,但他在民族解放运动中,却是一位顶天立地的坚毅的斗士。16 岁时,他毅然辍学,投身国大党领导的抵制运动。此后,他为民族解放运动六次入狱。夏斯特里深得尼赫鲁赏识,逐步走上领导岗位。独立后,他担任国大党的秘书。入阁后,先后担任铁道部、交通运输部、工商业部、内务部和不管部的部长。

夏斯特里政府基本上继续尼赫鲁的政策。他保留了前内阁大多数成员,也将辛迪加派的成员吸收入阁。同时他很有策略地对待尼赫鲁家族成员,邀请英迪拉·甘地担当新闻部长,并且在内阁中排位第四,仅次于担任内政、国防和财政部长的老资格的国大党人。又请尼赫鲁的妹妹潘迪特夫人作为自己的特使,多次出国与联邦德国的阿登纳、法国的戴高乐等各国政要会谈。

在夏斯特里短暂执政时期,国内较为棘手的一起事件,是 1965 年 1 月在马德拉斯发生的“语言骚乱”。据印度宪法修正案规定,1965 年 1 月 26 日是印地语定格为唯一官方语言、并取消英语同样享有这特殊地位的最后期限。南印度非印地语民族对此反应强烈,他们认为印地语是北方的语言,将它定为唯一官方语,实际是提升北印度而贬抑南印度。他们以马德拉斯为中心,用各种方式、甚至暴力方式进行了抵制。他们举行集会、游行,将一些印地语标牌砸碎或涂上黑油漆,甚至有两名抗议者当众自焚,被激怒的群众捣毁政府机关,破坏交通,与军警对抗,发生多次流血冲突。两名南方出生的中央部长也提出辞呈,抗议政府的语言政策。南印度的政党德拉维达进步联盟在抵制印地语为国语的运动中,表现得更为激进。它声称,如果确定印地语为唯一官方语言,泰米尔纳杜邦将宣布自治,这甚至威胁到了国家的统一。英·甘地曾亲临动乱重灾区,并显示出处理和调解严峻事件的才能。最后,夏斯特里政府在全印广播电台宣布五项决定:各邦均有权选择自己邦的语言;邦与邦之间的交流可使用英语或附有英语译文;非印地语的邦可用英语与中央政府进行正式交流,传递信息;中央政府机关继续使用英语;全国文官考试使用英语。在政府的承诺下,动乱才慢慢平息。

在对外关系上,印巴第二次战争无疑是夏斯特里倾心倾力的头等大事。1964 年 12 月,印度政府正式宣布克什米尔地区为印度的一个邦,巴基斯坦和克什米尔的部分民众表示了强烈反对,双方的关系再次紧张起来。1965 年 2 月两国就库奇兰恩地区的归属问题产生纠纷,逐渐演变成武装冲突。8 月印巴在克什米尔争议地区交火,巴基斯坦军占得上风。印度军部及时改变战略,另遣军队越过印巴国境线对信德省发动进攻,克什米尔地区的局部冲突升级为印巴两国间的战争。战场上双方互有胜负,战局处于僵持状态。在英国政府斡旋和联合国的调停下,双方于 1965 年 9 月 23 日停火。随后由苏联出面邀请及安排下,夏斯特里与巴基斯坦总统阿尤布·汗在苏联的塔什干进行和谈。1966 年 1 月 10 日,印巴双方发表了《塔什干宣言》,共同承诺两国军队在 1966 年 2 月 25 日前从对方领土上撤出,退回战前位置;遵守克什米尔停火线;遣返战俘;以和平手段解决争端;两国恢复全面外交关系。克什米尔争端仍悬而未决,双方只是阐述了各自的立场。

就在协定签署几小时后,夏斯特里突发心脏病,1 月 11 日在塔什干去世。

二、英迪拉·甘地初掌政权

夏斯特里猝然病逝,国大党领导层不得不面临又一次抉择领袖的艰难问题。德赛作为国大党资历最深的元老,自认本应继承尼赫鲁任总理,只是遭"阴谋"暗算,才赋闲在家,这次是当仁不让了。在夏斯特里去世仅 48 小时,德赛就公开表露了心迹。内政部长南达也试图出任总理,在前两位总理去世时,他都出任代总理,执掌过渡政府,这次是否可以水到渠成转正呢?尼赫鲁家族及其忠实追随者认为,这是英迪拉上台的好机会,并为此积极奔走。英·甘地本人则不动声色,以沉默等待着时机。

起决定作用的仍是辛迪加派。1 月 15 日,卡马拉季出面召集八名邦首席部长在新德里开会,经磋商后,他们决定全力支持英·甘地。1 月 19 日在国大党议会党团选举中,英·甘地以 355 票对 169 票的绝对优势击败了德赛。1 月 24 日,英·甘地宣誓就任第三任总理。这次上任实际上是初试牛刀,因为 1967 年的大选迫在眼前。然而,就在这一年时间里,英·甘地经受了一系列考验,显示出了果敢处理问题的能力,为以后十多年的政治生涯奠定了坚实的基础。

1966 年 3 月,已严重失衡的第三个五年计划期满,此时仓促上马下一个宏大计划,显然是不合时宜的。为了有充裕的时间总结经验和教训,政府果断进行了策略调整,决定暂停"四五计划"的实施,改为以每年定出目标,逐步调整以扭转不利局面。此后共实行了三个年度计划。

粮食的严重短缺成为燃眉之急。"二五"和"三五"计划期间,过分强调了发展重工业,造成国民经济比例严重失调,农业投资占计划总投资的比率大幅下降,粮食生产基础薄弱,如"一五"计划中农业投资占总投资的 31%,"二五"、"三五"计划中分别为 20.7%和 20.5%。1965 年和 1966 年又连续两年遭遇前所未有的旱灾,1965—1966 年度农业生产下降了 17%,形成了粮食恐慌。英·甘地一面酝酿粮食政策的修订,一面在 1966 年 3 月出访美国,请求粮食援助。结果 1966 年共进口粮食 1 000 万吨,暂时缓和了紧张的粮荒。

英·甘地对夏斯特里执政时制定的一些粮食政策,予以支持并继续执行。如1965年印度成立了农产品价格委员会，负责确定农产品的收购价和销售价体系，重视了生产者的利益；支持推广新技术，使土地资源得到合理使用。还有，印度政府为稳定粮价，减少价格波动对社会的冲击，规定由中央政府和邦政府或其指定代理机构对粮食统一购销。1965年成立了印度粮食公司，是政府收购、储存、调运、加工和销售粮食的总机构。

英·甘地在财政方面大刀阔斧进行改革，其中最具威慑力及最受争议的是1966年6月宣布卢比贬值36.5%。由于外汇储备严重短缺，为了提高出口产品的竞争能力，这是不得已而为之。此举遭到党内外一片指责声，国大党工作委员会通过一项决议，对政府的这一决定进行了谴责，党主席及辛迪加派领头人卡马拉季也抨击了这一做法。一些左翼党派认为英·甘地此举是屈服于世界银行和国际货币基金的压力，有损民族尊严和利益。英·甘地则力排众议，认为这是必要且必需的措施。但是，最后实施的效果并未完全达到她的意愿。

在政治方面，尽管英·甘地得到辛迪加派的支持而当上总理，因为这实力集团认为她比德赛更易驾驭，但她并非驯服工具，而是时时伺机摆脱辛迪加派的控制。英·甘地组阁初始，本想撤换南达的内政部长职务，因为这是仅次于总理的掌握实权的职位，而她心目中有更理想的人选。但在总统拉达克里希纳和卡马拉季的双重压力下，英·甘地不得不暂时妥协。1966年11月，“宰牛动乱”事件发生，即一批印度教徒的极端分子视牛为神圣，提出严禁宰牛的动议并要求成为法律。他们开展大规模的骚乱活动，对政府施加压力。政权初稳的英迪拉借题发挥，指责南达在这事件上进行了与内政部长职责不相称的活动，罢免掉了他的职务，巧妙实现了她的初衷。

在中央与地方的关系方面，英·甘地政府顺应潮流，解决了尼赫鲁政府遗留下来的建立旁遮普语言邦的问题。长期以来锡克人及其政党阿卡利党为达到这一目的不懈努力，此时，他们改变了语言问题与宗教问题混为一谈的立场，采取将两者分离的态度，为最终解决这一问题，扫除了一大障碍。而且，在1965年的印巴战争中，锡克士兵的勇敢表现得到政府和民众的赞许。1966年议会通过法案，将旁遮普一分为三，建立讲旁遮普语的旁遮普邦，说印地语的哈里亚纳邦，东北山区则并入邻近的喜马偕尔邦。

就在政治动荡、财政拮据的状况下,1967 年 2 月,印度第四届人民院和邦议会选举拉开了帷幕。参加这次大选的全国性政党一共有七个,即国大党、印度人民同盟、自由党、人民社会党、社会党、印度共产党和印度共产党(马克思主义),邦一级的政党有 16 个以及众多更小的地方性政党。在竞选过程中,英·甘地行程 5 万多公里,发表了上千次演说,充分显示了她的决心和刚毅。有一次她在演讲时,被反对派扔来的石头击中鼻子,造成骨折并鲜血直流,但她用手绢止血,继续慷慨陈词。尽管如此,由于大气候的不景气,国大党仍遭受了重大挫折。在人民院,国大党上届获得总议席的 75.1%,为 361 席,而在本届则大幅下滑到 54.4%,在 520 个席位中,获得 283 席。在各邦议会选举中,国大党获得的议席还不足一半。在 17 个邦中,国大党在八个邦的议会中失去多数,丧失了执政的资格。国大党在中央的居高地位暂时仍在,因为各反对党派隔裂成各个对立团体,但在地方邦中,国大党垄断政权机构的局面已被打破。在比哈尔、马德拉斯、西孟加拉、古吉拉特,奥里萨、喀拉拉和旁遮普等邦,国大党已失去了执政者地位。如,马德拉斯是德拉维达进步联盟、古吉拉特邦是自由党掌权,喀拉拉邦由印度共产党主政,中央邦和北方邦是印度人民同盟组建政府。

印度共产党在这些年中也发生了一些变化。1964 年 10 月,印度共产党在加尔各答召开第七次代表大会期间,以党主席丹吉为首的一派与总书记南布迪里巴德和孙达拉雅为首的另一派,在对内政策和国际共产主义运动的方针问题上,存在着严重分歧。南布迪里巴德和孙达拉雅派认为丹吉派向国大党妥协,斥之为修正主义,双方公开分裂。南、孙派于 1966 年 11 月改称印度共产党(马克思主义),丹吉派仍沿用印度共产党称谓。印度共产党(马)宣布反对国大党政权,不与之合作,也不参加联合政府,并且图谋与其他左翼党派联合,争取在一些地方邦建立左翼的邦政府。印度共产党则表示支持国大党的大力发展公营经济的政策及其坚持民族独立的立场,提出联合国大党,参加联合政府的方针。印度共产党在 1967 年大选中获得人民院议席 23 席,印共(马)获得 19 席。但印共(马)在西孟加拉和喀拉拉邦的议会选举中有所收获,与印度共产党及地方党结盟,分别组成了两邦的邦政府。

两个社会党与两个共产党一起,在议会中构成了左翼势力,社会党和人民社会党在第三次大选后一度合并,后又再度分裂。在 1967 年的竞选中,两党都没有什么新的主张,最后在人民院共获得36席。这次大选以后,两党更是江河日下,至70年代中已销声匿迹了。

自由党和人民同盟可说是这次大选的真正赢家,前者在人民院选举中获得42席位,比上次大选足足多了20席,成为议会中的第一大反对党。后者获得35席位,而上次选举仅为14席,成为第二大反对党。以这两党为首,在议会中构成了右翼势力。

大选后,国大党组建了新一届联邦政府,英迪拉·甘地仍出任总理,作为平衡或让步,德赛任副总理兼财政部长。由于辛迪加派成员在这次大选中纷纷落马,甚至卡马拉季也没有进入议会,英·甘地进一步加强了在国大党和政府内的地位。

三、渐露峥嵘

再次出任总理后,粮荒依然是英·甘地面临的一个严重问题。为了从根本上改变印度农业长期落后的状况,英·甘地启动了积极的"绿色革命"。这是以高产种子等生物技术为主,辅之以水利、化肥、农药、农业机械等现代农业技术,力争提高单位面积产量,然后逐步扩大种植面积,在总产量上获得突破,从而根本扭转粮荒局面。

国家增加农业投资,世界银行提供贷款,绿色革命的资金有了一定保障。国家又通过价格、补贴政策、税收、信贷等具体调控手段和优惠措施,支持农民采用高产良种以及农业新工艺、新技术、新农具。

1966—1967年,实施农业新战略的试验地区定为西北印度的旁遮普、哈里亚纳及北方邦西部,约占全国耕地面积的十分之一。高产良种开始时以小麦为主,后来水稻、玉米、高粱、谷子等也有优良品种投入播种。大兴水利工程实行两条腿走路的方式,由政府投资兴建和民间筹资合建。化肥和农药的用量猛增,如化肥的施用是原先的6.4倍,农业机械也得到积极推广。在各种措施到位的情况下,高产良种与传统品种的单产产量差距悬殊,小麦良种每公顷的产量是6 000公斤,传统品种是1 200公斤;水稻良种每公顷可产5 000公斤,传统品种为1 200公斤。几年下来,绿色革命初见成效。1965—1966年印度的粮食产量为7 200万吨,1970—1971年,在天时地利的帮助下,粮食产量达到1.08亿吨,下一年度更是创记录的1.12亿吨。

国大党内的紧张关系仍未消解,此时英·甘地与辛迪加派在政治、经济、外交等方面或多或少产生了意见分歧,而且愈演愈烈。双方在控制和摆脱的斗争中,英·甘地是主动的,而且始终把握着主动。她在国内四处巡视并且频频出访各国,不仅增加了印度的国际名声,同时也树立起自己的形象。在国内她实行激进的经济政策,1967 年 5 月,国大党工作委员会通过了英·甘地倡导的《关于贯彻国大党纲领的决议》,决议规定将在 1967 年开始实行"十点纲领":对银行实行社会控制;普通保险业国有化;私营的进出口贸易逐步由国营公司经营;实施粮食配给政策;组织城乡消费合作社;采取有效措施遏止垄断和经济权利的集中;保证最低的粮食需求;限制个人在城市土地上的投机收入;推进土地改革和农村发展计划;取消土邦王公的特权。其中在银行国有化的问题上,英·甘地与德赛和辛迪加派的对立最为尖锐。英·甘地和左翼要求银行国有化,德赛和辛迪加派则认为银行不应受政府控制,否则其作用就不能发挥。

随着分歧的加深,直接冲突不可避免了。双方较量的第一回合始于 1967 年。是年在新总统人选方面,辛迪加派举荐在任总统拉达克里希纳,英·甘地以其年届 79 岁,健康欠佳,并且眼睛已近失明为由,力挺当时的副总统扎基尔·胡赛因。结果,国大党最终提名胡赛因为总统候选人并在 1967 年 5 月 9 日当选。但是在 1967 年国大党年会上,属辛迪加派的右翼成员尼贾林加帕当选为国大党主席,并且在他组成的工作委员会中,绝大多数是右翼成员。英·甘地曾提名一些左翼人士入组,但遭拒绝。这一回合双方各有所得。

最后的摊牌发生在 1969 年。其时,卡马拉季等辛迪加派的头头通过补缺选举,重新成为人民院议员。在 1968 年的国大党主席选举中,辛迪加派和右翼的力量有所加强,英·甘地又一次受挫,尼贾林加帕继续当选。英·甘地不断聚集左翼力量,继续打"社会主义"牌,准备实施银行国有化措施。1969 年 5 月 3 日,总统胡赛因突发心脏病去世,总统提名又成为双方必争的焦点。因此,围绕着交叉在一起的银行国有化和总统提名问题,双方展开了新一轮的较量。

辛迪加派推举桑吉瓦·雷迪为国大党提名的总统候选人,英·甘地曾撤掉雷迪的内阁部长职务,也曾阻挠他当选人民院议长,因此雷迪对她深有成见。英·甘地派推出的总统候选人是贾格吉凡·拉姆。结果英·甘地的一些亲信临时倒戈,雷迪获得国大党提名。英·甘地一边哀叹自己“正在成为党阀们的囚徒”，一边奋起反击，她利用不寻常的做法，即在总统选举上，不支持本党提名的雷迪，而是呼吁“凭良心投票”，积极支持国大党左翼、现任副总统吉里作为独立候选人参加竞选。

在此期间，英·甘地抓紧落实银行国有化措施。7月9日她向国大党工作委员会递呈“关于经济政策的意向书”，要求实行银行国有化、控制私人资本、实行土地改革等，获得工作委员会批准。7月18日，英·甘地宣布解除德赛财政部长职务，由自己兼任，因为德赛坚决反对银行国有化。德赛被解职后，一并辞去了副总理职务，退出内阁。7月21日总统正式签署法令，将印度14家私营大商业银行国有化，政府还通过电台迅速向全国广泛宣传，告知了国民并壮大了声势。此后国营银行控制了全国信贷的90%，并大力向农村发展分支行。这一行动赢得了城市中小工商业者和农村广大民众的赞同，普通市民也有所获益。一些右翼政党、大工商业者和财团则纷纷表示反对。新德里成千上万市民涌到英·甘地家，以敬献鲜花和花环，表示对她的信任和支持。

8月20日深夜，另一战场的结果终于揭晓，英·甘地支持的吉里以微弱多数获胜，当选为印度总统。这胜利主要靠英·甘地从共产党、德拉维达进步联盟、社会党部分人员那里争取来的选票，其中也包含着交易和妥协，如向共产党作出废除预防拘禁法的保证，一些地方政党支持吉里，其所在邦也将获得大笔救济资金等。

为了进一步赢得民众支持，9月1日英·甘地在人民院提出宪法修正案，要求取消原土邦王公享有的津贴及其他一些特权，如免交水电费、免费医疗、保留头衔、拥有私人旗标等，这些特权是独立之初作为土邦王公们的合作而给予的回报。时过境迁，民众对此类特权已表现出日益不满，况且众多王公还参加了右翼政党自由党，在许多方面与英·甘地的主张唱反调。最后，该修正案在人民院以绝对多数票通过，但在原土邦王公占据不少席位的联邦院未获通过。尽管如此，英·甘地在政治上得分颇多。

在总统竞选中，国大党形成了泾渭分明的两派，总统选举后，国大党分裂的迹象愈加明显，愈加公开了。英·甘地在国大党议会党团中获得三分之二议员的支持，但在国大党工作委员会21名成员中遭到11人的反对。首先发难的是60名国大党议员，他们谴责英·甘地不顾党的决定，竟然另聚力量击败党的正式总统候选人，要求对她实行党纪制裁。由于众多英·甘地的支持者反击,指责国大党主席也与自由党和人民同盟有秘密交易,制裁一事才不了了之。

英·甘地决意反击,她授意支持者提出书面申请,要求召开国大党全印委员会特别会议,改选党主席,以扭转右翼担任国大党主席的局面。双方已没有了退步。11月1日国大党工作委员会两派成员分别开会,出现了两个平行的工作委员会。会后,双方都发表了指责对方的声明。11月8日,英·甘地发布了致国大党党员的公开信,对辛迪加派进行了指责。11月12日辛迪加派掌控的工作委员会提议将英·甘地开除出党,并决定召开国大党议会党团会议,另选一名新的议会党团领袖,以替代英·甘地总理的职务。结果辛迪加派未能如愿,约80%的议员支持英·甘地,她再次当选。11月16日,支持辛迪加派的议员另行组成议会党团。国大党议会党团也一分为二了。

国大党议会党团分裂后,英·甘地派在议会中已不足半数席位,辛迪加派乘机提出对政府不信任案。但英·甘地争取到了印度共产党和德拉维达进步联盟等一些全国和地方政党的支持,仍在议会保持微弱多数,挫败了对手的企图。11月22日英·甘地进行反击,召开国大党全国委员会会议,辛迪加派予以抵制。结果英·甘地派在会上撤销了尼贾林加帕的党主席职务。12月下旬,国大党两派分别召开党的年会,宣告彻底决裂。由于双方均自称正统,最后经最高法院裁决,英·甘地派称为国大党执政派,德赛阵营与辛迪加派称国大党组织派。前者声称坚持尼赫鲁改革的真正精神以及温和的社会主义;后者则标榜民主自由、反对个人专制,更多代表大工商业主的利益并寻求与自由党和印度人民同盟接近。

印度的政党往往带有其领袖的很深的烙印,而当领袖失去领导能力时,它们便离析了,共产党、社会党和国大党莫不如此。正如斯皮尔教授所说:“尼赫鲁去世后,国大党和印度政府都暗流涌动,极不平稳。印度正在寻找一位领袖,就像西藏人寻找一名转世活佛,然而在过去那些日子里,他们没有找到。”

国大党分裂后,英·甘地不仅彻底摆脱了辛迪加集团的控制,而且排除了来自党内的干扰,并以左翼形象赢得了党内外广大民众的支持。她一鼓作气继续推出一些激进措施。1969年12月,国大党(执)孟买年会通过了《关于经济政策的决议》,重申了“十点计划”。同月又制订了《垄断和限制性贸易行为法》,抑制大财团的经济活动,并成立专门委员会负责贯彻该法。1970 年 2 月,政府强令推行新工业许可证制度,垄断财团扩大生产、开发新产品、建立新企业,都需经过政府部门审批后,才能实施。1970 年 3 月,推迟了三年的“四五计划”提交议会讨论。计划提出的社会发展目标是“通过改革社会经济体制,实现社会公平”,而不再是“建设社会主义类型社会”。国家经济发展的重点转移到农业上,提出“农业发展新战略”,加大对农业投资,继续推进“绿色革命”。1970 年 4 月,议会通过法令,取消了殖民时期传承下来的经理行制度。

四、1971 年大选及英迪拉·甘地大权在握

英·甘地在国大党(执)有了独一无二的话语权,但在议会中、尤其在人民院的席位仍不足半数,议案和法令只能靠印度共产党等左翼政党的支持,才能与联合的反对党抗衡。因此,议案和法令必须兼顾左翼政党的利益。英·甘地在议会中的地位是摇摆不定或脆弱的。为了扭转这一局面,1970 年 12 月在她一再建议下,总统宣布解散人民院,提前一年在 1971 年 3 月举行第五届人民院选举。由于邦议会选举仍按期举行,此后两者的选举不再同步进行。

英迪拉·甘地

反对党在大选中建立起联合战线,称为“大联盟”,主要有国大党(组)、自由党、人民同盟、统一社会党等,它们的口号是“消除英迪拉”。国大党(执)全力投入竞选中,将选举标志改为更亲近民众的母牛和小牛,并到处宣扬英·甘地的“激进”、“勇敢”。英·甘地的竞选旅程达到近 6 万公里,先后向 2 000 余万听众演讲。

她巧妙地把大联盟的口号“消除英迪拉”,改为切中时弊的“消除贫困”、“实现社会公正”。她的大度、机智和顺应潮流,她以民主社会主义为标榜的激进主义,深得民心,全印掀起了“英迪拉浪潮”。

选举结果,国大党(执)获得惊人的胜利。在人民院总共518席中,它得到353席,远远超过上届国大党总共得到的283席。反对派的“大联盟”遭到惨败。国大党(组)由分裂时的68席,剧降为16席,上届第一大反对党自由党从42席惨跌至8席,第二大反对党人民同盟相对好些,由上届的35席跌为22席。印共(马)和印度共产党分别获得25席和23席,成为议会中第一、第二大反对党。两个社会党惨淡经营,只获得2席,1971年8月再度合并,以图有朝一日。大选后,第五届国大党政府建立,英·甘地继续担任总理。

1972年,在邦议会选举中,国大党(执)又获得压倒性胜利。全印21个邦,其中16个邦和3个中央直辖区举行了议会选举,国大党(执)卷走了总议席数的70%以上,并在这些邦中都获得绝对多数或相对多数。全印除了3个邦由其他政党掌权外,国大党(执)在14个邦执政,在4个邦建立联合政府。

英·甘地乘着大选胜利的良好形势,进一步推出了一系列激进措施。1971年5月,政府宣布接手64家保险公司的管理权,后由议会立法实行保险公司国有化。10月政府接管214家私人煤矿,后收归国有。以后又先后对一些铜业公司、钢铁公司以及一百多家处于病态的纺织厂,实行国有化。这些措施体现了国大党(执)实现“社会公平”的承诺而作出的一些努力,但对于经济有多大的促进作用,这还是有利有弊的,如接管病态纺织企业等,反而背上了亏损的包袱,显然负面效应居多。

英·甘地在国内的威望不断攀升,此时遭遇了来自外部的一次挑战,即1971年的第三次印巴战争。凭借这场战争的胜利,英·甘地登上了权力与声望的高峰,有些媒体甚至奉她为“女皇”。

巴基斯坦分隔成东西两部分,相距2 000多公里。60年代后期,东、西巴基斯坦在政治、经济、文化等各方面的矛盾逐渐激化。首都位于西巴基斯坦,中央政权和军权基本由来自西巴的官员和高级将领控制。东巴大量出口黄麻,但创汇收益的80%用于西巴建设。巴基斯坦法定官方语言为乌尔都语,这引起流行孟加拉语的东巴人民的不满。1970年12月,巴基斯坦举行大选,双方冲突加剧。以穆吉布·拉赫曼为首的人民联盟在竞选中，提出东巴自治、并进一步“完全独立”的主张。结果人民联盟在东巴选举获胜，取得162席中的160席。而后该政党提出了东巴自治的“六点纲领”。1971年3月，在要求巴基斯坦叶海亚总统解除军管、交出权力未果后，拉赫曼宣布东巴为孟加拉人民共和国。3月25日，叶海亚总统逮捕了拉赫曼等人，并对东巴自治运动进行了军事镇压。但一味的高压政策更激起了东巴民众的愤怒，他们在印巴边境组建了“孟加拉解放军”，武装反抗巴基斯坦政府。人民联盟的一些逃亡人员4月10日在印度建立“孟加拉国临时政府”。

英·甘地敏锐地感觉到，这是削弱巴基斯坦的大好时机。她立即在国内做好干涉东巴事务、甚至战争的准备，同时积极开展外交，试探大国的态度及争取它们的支持和援助。印度的议会、内阁和国大党分别开会并各自通过支持东巴独立运动的决议。4月初英·甘地向军队发出指示，要求它们做好战争准备。同时，印度政府抓住“难民”问题大做文章。它先后派出13个代表团向70余国家，大谈东巴难民问题(据世界银行统计，至8月底难民达到900万之多)。第一，争取国际的财力资助，减轻巨大难民流造成的压力；第二，要求国际社会施加压力，迫使巴基斯坦从东巴撤军，有利人民联盟达到目的；第三，为印度出兵干涉大造舆论，因为在印度粮食自顾不暇的情况下，数百万难民的涌入，给印度造成的压力是不堪负担的，所以这已不是巴基斯坦“内部事务”，而是印度的“内部事务”了。

在世界各大国中，中国反对外来势力肢解巴基斯坦，这是毋庸讳言的。后来印度将发动进攻巴基斯坦的时间定在11月，原因之一就是“利用大雪封山，阻止他国军队大规模越界参战”。美国与巴基斯坦是有条约的盟国，因此一再要求印度保持克制的态度。所以，英·甘地此时亲自出马，与一些大国广泛开展外交，尤其是寻求苏联的支持。早在1969年，经苏联倡议，印苏就“和平友好合作条约”进行了详细讨论。现在，签订这一条约就更有必要了。1971年8月9日，在柯西金访印期间，两国外长正式签约。条约带有军事同盟性质，为期20年。同时苏联外长葛罗米柯明确表示，将牵制中国援助巴基斯坦，并给予印度军事上、外交上强有力的支持。10月英·甘地出访欧美各国，进行最后的外交摸底。她在为期三周的时间里，遍访了法国、联邦德国、比利时、澳大利亚、英国和美国等。之后又对苏联进行了两天访问。一切准备就绪。

1971年11月21日印军向东巴八个地区发动进攻。11月23日叶海亚总统宣布全国进入紧急状态,12月2日印度政府作了同样的动员。12月3日印巴军队在东巴、西巴全面交火,第三次印巴战争爆发。印军东攻西守,东巴是主战场,印军投入东巴战场16万兵力,作战飞机460架,舰船40多艘。巴基斯坦在东巴战场9万人,飞机200余架。印军多路强势出击,迅速包围达卡并在16日将其攻克。英·甘地清醒地见好就收,在征得军方同意后,她宣布西线军队在17日22时30分停火。叶海亚眼见无力回天,只得接受停火。战争遂告结束。1972年1月,获释的拉赫曼返回达卡,正式宣布孟加拉人民共和国成立。印度率先予以承认。3月底,印度向孟加拉遣送回原东巴几百万避难者,并且,除少数应孟加拉政府要求留驻的军队之外,从孟加拉撤出所有印度的军队。接着,英·甘地访问了达卡,与拉赫曼签订了友好协议。然后她才与巴基斯坦谈判,缓和双方的紧张关系。6月28日至7月3日,英·甘地与巴基斯坦总统布托在西姆拉举行会谈,双方签署了《西姆拉协定》,同意今后以双边谈判及和平手段解决两国间的争端,不用武力或武力威胁破坏彼此的领土完整;双方承诺以联合国宪章为指导,逐渐恢复两国关系并使之正常化。此后印巴关系趋缓,1976年7月恢复了外交关系并互派大使。

五、经济、政治危机与英迪拉·甘地下野

印巴战争的胜利固然确立了印度在南亚的优势地位,但战争的巨大消耗引起了财政的沉重负担。近千万东巴难民最高峰时每月需2亿美元的开销,巨额的军费以及美援的大幅削减,使得"四五计划"头两年的成果荡然无存,后续发展的资金也无从着落。1972年印度发生大旱,粮食产量由1970年度的1.084亿吨,降为1972年度的9 700万吨。大旱引起水资源匮乏,不仅造成水力发电严重不足,连锁累及钢铁、水泥、化肥等工业生产,而且有些地方连人畜饮水都发生了困难。许多企业国有化后因管理不善,效益反而下降。收归国有的病态企业更是财政补贴的无底洞。而1973年国际石油价格暴涨,又增加了成本支出和外汇的捉襟见肘。因此印度的工业生产连续两年下降,计划指标大都没有完成。

英·甘地的对策是全方位的紧缩政策。1974年起,政府减少投资,收紧对私营资本的信贷。同时政府对分配也进行了严格限制,如冻结工

资、限定红利分配，强制年收入 1.5 万卢比以上的高薪阶层储蓄收入的 4—8%，等等。这一政策使一般工人、农民、高级白领乃至大小工商业主的利益，都不同程度受损，因此民怨四起，人心不稳。

怨恨与不满迅速转化为行动。1974 年 1 月，古吉拉特邦莫尔维工程学院的学生首先发难，他们抗议膳食费用上涨，并迅速演变成学潮。学潮很快蔓延，全邦 360 多所大中学校以罢课响应。德赛领导国大党(组)发动工人和学生，在全邦掀起反对通货膨胀和抗议官员腐败的运动。斗争演变为捣毁商场和仓库的动乱，并与警察发生流血冲突，死伤数百人。2 月 9 日政府采取强硬措施，总统接管邦政府，邦议会解散。

比哈尔、阿萨姆、西孟加拉、北方邦、中央邦和旁遮普等地的民众和反对党纷纷行动，暴力行为不断出现。尤其比哈尔邦的学生，他们以古吉拉特邦学生为榜样，或者打砸、或者焚烧了该邦的国大党总部、首府巴特那市政府、报业公司、议员宿舍、部长寓所等。社会党资深领袖 J. P. 纳拉扬领导了比哈尔邦的运动。

纳拉扬(1902—1979)出生于比哈尔邦的农村，1922—1929 年居留美国期间，曾一度倾向于共产主义运动，自诩为列宁的信徒。1930 年加入国大党，推崇甘地的政治思想和哲学，也是尼赫鲁的老朋友。1954 年 4 月，纳拉扬退出政党活动，专注于“献地运动”。献地运动渐渐退潮后，他脱离了政治舞台。此时，他借机重返政坛，宣称要开展一场“全面革命”，即不仅要推翻国大党政权，而且要进行全社会的政治经济制度变革，建立一个以农村为基础的，没有剥削和压迫的公有制社会。所以，历史将他领导的这场运动以其名字定为“J. P. 运动”。

1975 年 6 月发生的两件事情，使国大党(执)又一次受到沉重打击。其一是国大党(执)在古吉拉特邦议会选举中失利。1974 年由于该邦发生动乱，总统接管邦政府，依法应于六个月内重新选举邦议会，重组邦政府。但英 · 甘地以条件不成熟为由，一再拖延选举。1975 年 3 月 6 日，纳拉扬联合一些反对党在新德里进行了一次请愿进军，向联邦政府上书，要求古吉拉特邦举行议会选举。4 月 7 日，近 80 高龄的德赛以“绝食至死”的强硬手段，要求政府答应开展邦议会选举。他的抗议行动引起人们极大注意，众多赞同者进行了 24 小时绝食以示声援。国大党(执)的几十名少壮派议员也反戈一击，在人民院内敦促政府重视德赛的要求。4 月 15 日，纳拉扬向全国发出“令政府瘫痪”的号召。在反对派声势巨大的压力下，英·甘地只得同意6月8日至11日举行古吉拉特邦议会选举。为赢得选举，国大党(组)、人民联盟、印度民众党和社会党等组成“人民阵线”，制订共同纲领，连手竞选。结果人民阵线获胜，得到邦议会议席168席中的87席，国大党(执)获得75席。人民阵线组成了邦政府。

其二是英·甘地被指控大选中舞弊。1971年英·甘地与社会党人拉杰·纳拉扬竞选北方邦莱巴雷利选区的议员，前者险胜。拉杰以英·甘地命国家公职人员助其竞选等事项，向阿拉哈巴德法院提出英·甘地大选舞弊的指控。经四年审理，1975年6月12日，阿拉哈巴德高等法院判拉杰胜诉，判决取消英·甘地议员资格，并在六年内不得再参加竞选。根据印度法律，政府总理及部长必须是议员，英·甘地失去议员资格，也就不能担任总理了。决不轻易认输的英·甘地迅速行动起来，她一边请求法院将判决延缓20天执行，一边立即向最高法院提起上诉，并请求最高法院下达“无条件暂缓执行令”。6月24日最高法院允准英·甘地继续履行总理职务，直至最终裁决判定。

在此期间，反对派倒英·甘地的活动一刻也没有停止。一些报刊连篇累牍要求英·甘地引咎辞职，反对党宣布英·甘地已失去总理资格，并在各地组织集会、游行，“逼她立即下台”。6月25日，纳拉扬组织了全国协调委员会，将国大党(组)、印度民众党、人民同盟和社会党等反英·甘地力量纠集在一起，开展“坚持真理运动”。不仅鼓动学生、工人，而且号召警察、军人，不服从英·甘地非法政府，甚至宣告6月29日至7月5日在总理府门前组织一周抗议活动。国大党(执)内部以钱德拉·谢卡尔为首的少壮反对派要求英·甘地在党内让位，一些如拉姆等资深领导人，也要求英·甘地辞职。

英·甘地漫画

是辞职退却，还是抗争？英·甘地毅然选择了后者，并且使出最强硬手段进行反击。就在 6 月 25 日晚 11 时，总统艾哈迈德签发了英·甘地准备好的全国实行紧急状态的法令。次日凌晨 2 时，军警奉命突击逮捕了纳拉扬、德赛、瓦杰帕伊、谢卡尔等几乎所有的反对势力领导人。此后，共有 123 名人民院议员和 76 名联邦院议员遭到拘捕。27 日晚英·甘地发表对全印人民的讲话，解释了实行紧急状态的理由。她宣称，瓦解国家的势力到处活动，并准备发动一场反对法律和秩序的动乱，因此政府号召人民合作，维护大局的稳定。

英·甘地的果敢行动还在继续，她颁布新闻管制令，控制新闻媒体为反对势力鼓噪。为了掩盖 26 日的大逮捕行为，当政者甚至令一些大报社所在地区突然大面积长时间停电，致使《印度时报》、《印度快报》等无法按时付印。政府取消了公众的言论、集会、游行等自由权力。英·甘地还在 7 月 4 日取缔了 26 个反对派组织。

英·甘地在采用"严禁"的手段时，也运用了"宽弛"的政策。7 月 1 日即在实行紧急状态的第六天，她宣布将实施国大党称为"向贫困直接进攻"的"二十点纲领"，意在争取民心。在这一紧一弛中，显示了英·甘地政治经验的老到。"二十点纲领"显然更符合大多数中下阶层民众的利益，其中的内容包括：降低生活必需品价格；严控政府财政开支；迅速落实土地最高限额法；加快分配剩余土地；提高农业雇工的工资；向无地农民提供宅基地；削减或取消农民及农村手工业者的债务；加快实施发电计划；制止逃税；简化投资手续；向学生提供廉价学习和生活用品；扩大就业，提供就业培训；提高所得税征收基数；等等。政府还通过媒体大力宣传，鼓吹"二十点纲领"将"把穷人从世世代代受剥削和贫困中解救出来"。

英·甘地为博取民心，整肃纪律，不断加大社会整治力度。政府大力控制物价，严厉打击囤积居奇、牟取暴利的不法商人，同时规定零售商明码标价。这样一定程度上平抑了物价，保证了人民基本生活用品的供应。政府提出"自愿揭发计划"，开展反逃税、反走私活动。结果，25 万人坦白了隐瞒收入和财产，补纳了税款，在实施紧急状态的 1975—1976 年度，征收到的直接税比前一年度增加了 27%。反走私同样取得成效，自 1975 年 7 月总统颁布法令至 1976 年 7 月，在孟买、德里和马德拉斯有 2 100 多名走私者遭监禁，查获价值几亿卢比的货物，"彻底破获了走私集团"。此外，政府严格规定公务员上下班时间，对违纪者予以从重处罚。狠抓火车的正点运行，大力整顿铁路秩序。结果一贯的社会懒散作风发生了很大改变,火车正点,政府办事效率提高,工厂、学校的纪律大为改观。良好的社会秩序一时成为佳话。

7 月下旬,国大党(执)利用在议会的多数地位,使议会两院通过了紧急状态法,补全了法律程序。接着又连续通过了宪法第 38 和第 39 两项修正案。前者规定法院不得反对总统颁布紧急状态法。后者的目的是使指控英·甘地选举舞弊失去法律依据,因为它规定,有关对选举结果上诉的法律,均不适用于总统、总理、人民院议长等参加的竞选活动。尽管议会和司法对于第 39 修正案的看法尚不一致,但 11 月 7 日最高法院还是批准了英·甘地的上诉,认定对她有关 1971 年大选舞弊的指控不能成立,其议员资格有效,英·甘地终于摆脱了最棘手的司法困境。

拘捕了反对派领袖,取缔了反对势力的组织,平息了司法麻烦,英·甘地暂时渡过了政治危机。此时,印度政府实施的第五个五年计划凸显出了它的效果。1974—1979 年的"五五计划"转变了观念,没有再沿袭过去的苏联模式,而是以诺贝尔经济学奖获得者、美国经济学家列昂杰夫的投入产出理论为依据。它的战略目标是消除贫困和自力更生,由此提出三项具体任务,年增长率达到 5.5%;提高国内储蓄和投资,促进出口,限制进口;提高农业生产增长率,重视农业科学和技术的研究及推广。由于行之有效的经济措施,又恰巧 1975 年和 1976 年两年风调雨顺,英·甘地政府在经济上取得了显著成绩。1976 年粮食产量达到了创记录的 1.21 亿吨,1977 年粮食储备达到 1 800 万吨,外汇储备高达 30 亿美元。通货膨胀的下降趋势明显。社会比较稳定,工人罢工而损失的工作日也大幅下降,如 1974 年 7 月至 9 月损失了 600 万个工作日,1975 年 7 月至 9 月则为 156 万个。与此同时,煤、电、钢铁、铝、化肥等工业的生产有了很大提高。

但是从另一方面看,无情的清洗,紧急法的压迫,新闻检查制度的严厉,独裁及官吏的高压,政治危机一直潜伏着。而桑贾伊及其一伙的"过火行为",更使民众的不满情绪迅速蔓延。

桑贾伊是英·甘地的小儿子,从小骄横、任性,就读杜恩寄宿学校时,因桀骜不驯,屡次不服教管,曾被这所闻名全印的贵族学校遣送回家。以后桑贾伊去了英国,进入劳斯莱斯工厂学习汽车制造技术。回国后,在其母亲提携下,常常涉足政务。他自我狂妄、践踏惯例、对哲学一无所知,对权力却有着一种强烈本能,这些特性遭到一部分人的嗤之以鼻,却深受另一些人的热烈追捧。紧急状态实施期间,正是他大显身手的时刻。当英·甘地在广播讲话中推出“二十点纲领”后,桑贾伊作为青年国大党的一名领导人,也紧跟着提出社会改革的“四点计划”,即计划生育,整顿城市市容,实行绿化,铲除社会弊端。这看似正确的计划,却因桑贾伊等一干人的骄横跋扈,被搞得一团糟,尤其在计划生育和整顿市容方面,他们的胡作非为,令印度民众怨声载道。为推行三年内大约使 2 300 万人实行绝育的指标,他们先是物质利诱,如做绝育手术者可得到一台半导体收音机。后变成胁迫,凡拒绝做绝育手术者,如果是政府职员、教师、司机等,都将被解雇或者不准从业,行商者则得不到营业许可证。最后有些邦干脆将绝育指标下达给各县级官员,并作为政绩考核,因此强迫绝育不可避免地在许多地区展开。行政官员和警察常常把无权无地位者,从家里或从公共汽车上拉到临时绝育的营地,不分青红皂白,强行实施绝育手术,其中有些甚至还是未婚青年。

在整顿城市方面,桑贾伊及其一伙认为贫民窟有碍市容,就在新德里展开大规模拆除活动。由于事先未作妥善安排,两年中 15 万户贫民住房遭到强行拆除,约 70 万居民被迁出新德里,有些重新安置在市郊匆忙建起的新宅区内,许多宅区没有饮水或基本生活实施,另有一些居民甚至无处栖身。清真寺周围的贫民窟中,世世代代居住着穆斯林,现在他们遭到强行迁出,就奋起反抗,造成了一些流血事件,也激化了宗教矛盾。

这种表面太平,暗中涌动着反抗浪潮的局面,持续了约一年半。人民院选举本应在 1976 年 3 月举行,但根据宪法,在紧急状态时期,经议会批准选举可推迟举行,每次延长期不得超过一年。因此在英·甘地坚持下,1976 年 2 月和 11 月两次通过了推迟大选的决定,将选举一直延期到 1978 年 3 月。

1977 年 1 月 18 日,英·甘地出人意料地通过广播宣布,总统将解散人民院,大选提前在同年 3 月举行。究其原因,首先英·甘地毕竟持有议会民主制的固有观念,认为紧急状态时期的专制只能是一时的,迟早应恢复原来的社会制度,只是应选择较为合适和有利的时机。第二,当时经济状况相对较好,她认为民意应该是对她和她的政党有利的。第三,她认为社会较为稳定,就连以前总是与她保持一定距离的大工商业主,也不断称赞她。第四,由于实行新闻检查制度,此时媒体一直粉饰太平,颂歌不断,英·甘地自己也被这假象迷惑,就此判定应稳操胜券。第五,各反对党在紧急状态时期遭受沉重打击,主要领导人大多拘捕在押,反对活动也趋停止,而选举突然提前,会令他们措手不及。因此,提前选举对她和她的政党一定是有利的。

依据宪法规定,1 月 18 日所有在押的反对党领导人都被释放,1 月 20 日紧急状态法的一些措施被中止,如取消针对反对党的禁令,放宽新闻检查制度等,以便反对党领袖能参加竞选和宣传其竞选主张,使大选在较为民主、自由的气氛中进行。

反对党立即行动起来。1 月 18 日,在纳拉扬的倡议下,国大党(组)、国大党(执)内反英·甘地的少壮派、人民同盟、印度民众党和社会党等领导人聚会商议。第二天与会各党派达成合并协议,新党定名为“人民党”,推举德赛为主席,查兰·辛格为副主席,以统一的纲领,统一的候选人参加大选。1 月 23 日人民党正式成立,组建了一个九人委员会担当人民党的竞选领导工作,并提出党的竞选口号是“自由与面包”。纳拉扬进一步号召印度人民为“印度抉择民主还是独裁、自由还是奴役的最后机会”而投出明智的一票。同时,人民党还决定与印度共产党(马)、德拉维达进步联盟和阿卡利党等尽力联盟,以贯彻击败英·甘地的主要目标。

英·甘地也在为大选日夜奔波。她的行程几乎遍及全印度,平均每天要作五次以上的竞选讲演。她一再宣传国大党(执)的竞选口号:“结束贫困,消除不平等和非正义”。同时,她为实行紧急状态辩护,正是由于这一特殊措施,印度才取得了经济稳定,而经济稳定有赖于政治稳定。她攻击人民党是拼凑的大杂烩,内部冲突不断,这难以提供一个稳定的政治局面。只有国大党(执)才能组织一个强大而稳定的政府,才能推进国家向前发展。

然而,就在宣布大选不久,国大党(执)内部却不稳定了,发生了一次重大的分裂。贱民领袖、曾任国防部长的贾·拉姆宣布退出国大党,与其他一些持不同政见者组建了民主国大党,提出争取民主,反对独裁的口号,并且决定在大选中与人民党合作。由于他在印度 8 000 万表列种姓中的影响力无人能及,他的离去令国大党(执)在选票上蒙受的损失难以估量。

第六届大选在 1977 年 3 月 16 日至 18 日进行,选举结果,国大党丧失了自独立以来连续 30 年的中央统治权。国大党(执)仅获得人民院 542 个议席中的 154 席,占 28.4%。而且英·甘地与桑贾伊母子在议员竞选中,双双落败,国大党(执)在内阁的49名部长中仅15人当选。北印度、中印度原是国大党(执)的强势地区,这次大选却遭到惨败,如在北方邦、比哈尔邦、哈里亚纳邦和德里直辖区,居然全军覆没,在中央邦和拉贾斯坦邦也仅各获得一席。

人民党则一举成功,它与后来加入的民主国大党一起,共获得人民院297个席位,占总议席数的54.8%。1977年3月21日代总统贾拉发布撤销紧急状态的法令,结束了长达21个月的非常时期。3月22日,英·甘地向代总统递交了辞呈,结束了长达11年的统治。人民党受命组阁。

六、人民党执政时期及英迪拉·甘地东山再起

1977年3月24日,人民党组阁完毕,新政府由德赛任总理。为了平衡党内不同派系的利益,人民党政府任命了两名副总理,这在共和国的历史上是第一次,副总理由内务部长查兰·辛格和国防部长贾格吉凡·拉姆担任。内阁共有44名部长,大部分由组成人民党的原五个政党瓜分,另外民主国大党得到3名,阿卡利党2名。是日下午,新政府宣誓就职。

5月1日,执政的人民党召开正式建党大会,根据精神领袖纳拉扬的提议,原国大党少壮派的钱德拉·谢卡尔出任党主席。大会成立了工作委员会,是为党的最高执行机构。5月5日,早已决意加入的民主国大党正式并入人民党。

人民党执政不久,为了加强对各邦的控制,下令解散九个国大党执政的邦政府,进行重新选举。这一行动旨在改变全国邦政权大多数都不属人民党控制的不利局面。然而,此举属非常行为,有违法理,是独立后第一例。1977年6月重新选举后,人民党在其中的七个邦获胜并建立了邦政府,这七个邦是中央邦、北方邦、奥里萨、比哈尔、哈里亚纳、喜马偕尔和拉贾斯坦。

人民党的执政显示出推崇甘地主义、权利分散化和注重农村发展的三个特点。它把甘地为绝大多数人谋福利,保障人民自由、平等权利的思想,作为执政的思想基础。这与纳拉扬和德赛对甘地的崇敬不无关系,同时也为了显示出与英·甘地的独裁统治不一样。为了贯彻甘地以民为本的精神,人民党明显表现出政治权利的分散化。各政党派系分享权利,这既是一种客观平衡,也是一种主观追求。纳拉扬在人民党建党会上就表

示,他多年的愿望就是在印度实行两党制。权利分散化也是人民党政府制订经济政策的基础。1977 年 12 月政府制订的《工业政策声明》显示,工业政策的重点倾向于发展小型工业和家庭工业。大工业主要起促进中小工业和农村工业发展的作用,为它们提供必要的设备和技术。促进农业的发展是甘地的梦想,也是人民党工作的重点。新政府将英·甘地政府执行得比较顺利的"五五计划"提前一年于 1978 年结束,随后编制和推行体现人民党主张的 1978—1983 年的"六五计划"草案。这是一个以农业和农村发展为中心的计划,大大增加了对农业的投资预算,达到"五五计划"的两倍,占总计划开支的 40%以上。由于人民党政府只执政了两年零四个月,草案未修订完就下台了,实际投资只完成计划的 21%,粮食实际产量只达到预定指标的 76.5%,全套计划最终未能实现。

1977 年 5 月,人民党政府为调查前政府官员在紧急状态时期的滥用职权和不法行为,成立了以最高法院退休法官沙阿为首的调查委员会。10 月 3 日政府根据委员会的报告,认为英·甘地应为前政府的大量非法行为负主要责任,如非法拘捕和监禁公民、强拆民房,有关马鲁蒂汽车厂的经济犯罪等。随后军警拘捕了她。但是次日上午 10 时 30 分,经过法庭审理,首席法官宣布,拘留英·甘地理由不足,当庭释放。这次逮捕闹剧在民众中引起很大反响,诸多媒体认为这是人民党政府蓄意报复,反而使英·甘地博得更多同情。

国大党不甘心失败,英·甘地也不息奋斗着。1977 年 3 月国大党在大选中惨遭败绩后,一度陷于混乱,这毕竟是 30 年来第一次下野。党内一部分人对英·甘地的专制深为不满,对她周围的一批亲信也严厉抨击,更指责桑贾伊集团的胡作非为是大选失败的主要原因。结果,英·甘地不得不承认对大选失败负主要责任,国大党主席巴鲁阿也引咎辞职,亲信们或被开除出党,或遭受处分。但是党内的矛盾并没有缓和,反而更趋激化。5 月国大党全国委员会上,恰范当选为新的议会党团领袖,雷迪为国大党新主席。英·甘地眼见局势难以挽回,就决心培植自己的根基,创建完全忠顺于自己的团体。12 月 18 日,英·甘地辞去了工作委员会委员的职务。1978 年 1 月 2 日,她自行召开国大党全国委员会会议,并以真正国大党自居,自任党主席,形成了英·甘地派国大党,后简称"国大党(英)"。原党主席雷迪和议会党团领袖恰范领导的国大党,仍称为国大党。

1978年11月，英·甘地参加人民院补缺选举，以多7万的选票击败了人民党对手，在“英雄，英迪拉”的欢呼声和“恶魔，恶魔”的诅咒声中，她重返人民院。她的回归，令人民党感受到了威胁，就以她阻挠议会调查工作为名，给她安上“蔑视议会”罪名，不仅利用议会多数在12月19日把她开除出议会，而且将她拘捕入狱。这一明显带有党派利益的行为，引起了很大反响。各地民众纷纷集会、游行，向英·甘地表示同情和支持，向政府表示抗议。一周后，英·甘地被释放，享受着人们的欢呼和祝贺。人民党政府则弄巧成拙，遭到怨恨和讥讽。

进入1979年，人民党政府在经济管理上的无能逐渐表现出来。工农业生产衰退，通货膨胀加剧，能源供应出现严重短缺，而政府的支出却不断上升。不到两年时间，英·甘地政府贮备的1 800万吨粮食和30亿美元的外汇积蓄，都被德赛政府消耗殆尽了。

更严重的是，人民党内部各党派之间的勾心斗角愈演愈烈。查兰·辛格与德赛的分道扬镳，使人民党陷入四分五裂的境地。查兰·辛格1902年生于北方邦。1929年加入国大党，成为民族解放运动的中坚分子，独立后长期在北方邦政府担任要职。1967年4月因与英·甘地政见不同，退出国大党，以后两度任北方邦政府首席部长，并建立了印度革命党。1974年8月，印度革命党、统一社会党、自由党等7个党派合并组成全国性的印度民众党，查兰·辛格任主席。紧急状态时期，查兰·辛格遭到拘捕。1977年大选时，印度民众党并入人民党，他任副主席。此时，他意欲取德赛而代之，1979年中他以原印度革命党为班底，另建人民党(世俗派)，后称民众党，致使7月份人民党在人民院的席位不足半数。7月9日，反对党借机对德赛政府提出不信任案，人民院决定在7月16日投票表决。德赛见大势已去，遂于7月15日被迫提出辞呈，执政两年零四个月。7月27日德赛正式辞职，人民党政权宣告垮台。

按照宪法规定，当执政党在议会不具有多数地位时，总统有两种选择，或者授权能获得议会多数议员支持的政党组阁，或者解散人民院，重新举行大选。雷迪总统在征询意见后，邀请查兰·辛格组阁。辛格在获得国大党两大派和印度共产党的支持后，与正统派国大党组成联合政府，并在7月29日宣誓就任总理，国大党的恰范出任副总理兼内政部长。由于查兰·辛格的联合政府不是一个多数党政府，总统责成辛格在三周内取得人民院的多数信任票。当时，查兰·辛格为得到国大党(英)的支持，承诺撤销审判英·甘地的特别法庭作为回报。随后查兰·辛格迫于形势变了卦。8月20日，就在人民院信任投票之前几小时，国大党(英)撤销了对新政府的支持。查兰·辛格眼见无力回天，只能在人民院开会前十五分钟向总统提出辞呈。8月22日雷迪总统宣布解散人民院，初定于同年年底举行人民院大选。

1980年1月3日至6日，印度第七届大选举行。参选的六个全国性政党是以贾·拉姆为首的人民党、以查兰·辛格为首的民众党、以恰范为首的正统派国大党、国大党(英)、印度共产党和印度共产党(马)。针对人民党政府内争不断、经济衰退、政治动荡，英·甘地提出的竞选口号是："建立稳定和有效率的政府"，以迎合人心思稳的大势。结果，国大党(英)获得了从大财团到贫苦民众的普遍欢迎，在大选中全线告捷，得到353席，占总席位数542席的65%。民众党获得41席，成为第一大反对党。印共(马)得36席为第二大反对党。人民党从上届的297席，直落到31席，堪称完败。1月14日，阔别两年十个月后，英·甘地再度出任总理。

国大党(英)尽管在中央政府卷土重来，但在地方各邦政府中，仅执政安得拉一邦。2月17日英·甘地如法炮制人民党的做法，解散9个非国大党(英)控制的邦政府，重新在5月份进行邦议会选举。结果国大党(英)在其中的8个邦获得多数席位。与此同时，她在其他诸邦或策反、或颠覆，最终在全国22个邦中控制了15个邦。

英·甘地重新上台后，吸取了以往内部纷争不已的教训，为坐稳江山，努力使国大党(英)成为高度统一的政党，或者说成为她个人专权统治的工具。对于敏感的政治、国防和社会问题以及外交政策，她都亲自过问，作出具体指示。她也不断加强对地方的统治。尼赫鲁时期，邦的首席部长一般由邦议会选举有权有势者出任，中央政府加以认可。英·甘地则常常任命亲信出任邦的首席部长或邦的党主席，以此控制地方。

英·甘地第二次执政时，为扭转经济下滑的趋势，果断废止了人民党的"六五计划"，全新编制和实行新的"六五计划"(1980—1985年)。新计划延续了"五五计划"的指导理论，并且更注重实际，它一改带有理想主义成分的口号式的"实行社会公平"，规定了四项主要战略目标：大规模提高经济增长率，有效利用资源，提升投入产出比；实现经济和科技上的自力更生，进一步推动现代化；减少贫困和失业；控制人口增长率。"六五计划"强调农业、轻工业和重工业的均衡发展，强调国营和私营比肩前进。

政府加大了对农业的支持力度，据1982年1月颁布的新二十点纲领，具体规定了增加旱地灌溉面积，增加科学技术的投入，增加豆类及油菜籽生产，实行农业土地限额，有效保障农业工人收入等促进农业的措施。在工业方面，政府不再强调公营成分占据国民经济主导地位，对私营企业在经营领域和生产规模方面的限制有所放宽。“六五计划”期间国营部门投资额是1 522亿卢比，私营与合营投资总额为1 518亿卢比，实际的私营投资超出了计划数的17%。政府对工业结构进行了调整，加强基础设施和高科技生产，重点扶植出口产品。“六五计划”期间工业生产平均年增长率为5.2%，超过70年代4.3%的年增长率。政府提高经济增长率的现实主义目标获得了较大成功。应该看到，印度发展至今的整个经济改革，实际上是从1980年英·甘地第二次执政时起步的，这是她始料未及但却是热切盼望的。她为印度至今势头未减的经济发展，开了一个好头，尽管受到当时的思想意识和眼界的局限，许多方面今天来看还是很不到位的。

英·甘地重新上台后，另一个处心积虑和竭力而为的策划，就是抓紧培养自己的儿子接班。桑贾伊是她的第一选择。她认为此子的政治嗅觉十分灵敏，并有很强的领导才能。1971年大选时，英·甘地就让他成为助选班子成员。紧急状态时期，他专横果敢是英·甘地最得力的干将，大逮捕的名单也是桑贾伊拟就的。1975年底，桑贾伊出任青年国大党主席，在他周围拢聚了一批青年心腹，形成政治集团，桑贾伊的名声和地位迅速上升，以致1976年1月国大党年会上，有些代表竟高呼“桑贾伊·甘地万岁”。1980年的大选中，桑贾伊竞选议员成功，为“有朝一日”铺平了道路。在这一届议会中，母子俩有意识地让大量少壮派充实进去，而且在总理的内阁班子里，年轻一代也占据了重要位置，其中多人是桑贾伊的密友。1980年5月，桑贾伊被任命为国大党(英)总书记，子承母业大局已定。然而6月20日，桑贾伊驾驶飞机时突然坠机身亡。失子之痛与重大策略毁于一旦，这对年过60岁的英·甘地打击之沉重，是可想而知的。

这位坚强而刚毅的母亲和女政治家，很快从痛楚中恢复过来，并毫不灰心地重新再来，决心把无意从政的大儿子拉吉夫·甘地培养成政治家。拉吉夫(1944—1991)出生时，身处狱中的外公尼赫鲁称他为“第四亿零一个印度人”并给他起了名字。1955年拉吉夫就读于杜恩寄宿学校，与桀骜不驯的桑贾伊不一样，他是一个中规中矩的好学生。1960年他与桑贾伊一起去伦敦留学，第二年进入剑桥三一学院学习机械工程。求学期间结识了意大利女留学生索尼亚。1965年,拉吉夫学成回国,1968年2月25日与索尼亚完婚,12月就职于印度民航公司任飞行员,以后升为机长。他本人无意从政,对科技趣意甚浓,十多年来极少过问政治。桑贾伊身亡后,他应召来到母亲身边,开始涉足政坛。1981年5月,拉吉夫正式加入国大党(英)。6月,经英·甘地的精心安排,以及他自己平易近人的风格,克勤克俭、不辞劳苦的竞选努力,在北方邦议员补缺选举中当选。此后他端正的品行以及朴实无华的作风,逐渐赢得民众更多好感。1982年1月,拉吉夫进入青年国大党的全国委员会,1983年2月,他成为国大党五名总书记之一并很快跃居前列。

尼赫鲁与拉·甘地

与此同时,英·甘地几路出击,在拉吉夫登顶政坛的道路上,为他扫除障碍。首先,在称为"天堂造反"的尼赫鲁家族风波中,老辣的英·甘地将桑贾伊的遗孀玛尼卡驱出家门,并对她组成的反对势力穷追猛打,因为这儿媳显示出勃勃的政治野心。其次,她竭力削弱本来由她一手扶植起来的桑贾伊旧党派的势力,因为他们不甘退出政坛,并正在成为拉吉夫的强劲对手。第三,为培植拉吉夫的政治势力,她不断调整国大党(英)及中央政府,把支持拉吉夫的人员提拔到重要的岗位上来。另外,深明大义的索尼亚为了不让政客们说三道四,为了不影响拉吉夫的政治前程,毅然放弃了意大利国籍,成了印度公民。拉吉夫的接班之路已通坦无阻了。

七、教派冲突与英迪拉·甘地殉难

在印度,中央与地方的矛盾、民族间的矛盾以及教派间的矛盾,互相搀杂在一起,构成独立以来长期存在的一个社会现象。国大党的政治垄断,加之以计划经济为主的国家控制,印度中央权力之大远超一般议会民主制和联邦制的国家。随着国大党一党独大被打破,以及计划经济逐渐消退,长期压抑着的中央与地方的矛盾,教派间的矛盾,越来越激烈,越来越表面化。至 80 年代,矛盾双方的直接冲突,使本已严峻的局势迅速恶化。其中最具代表性的是阿萨姆的本土民族驱逐“外乡人”运动,以及旁遮普邦由来已久、最终酿成武力冲突的锡克教的分离主义运动。

阿萨姆邦地处印度东北,几乎是全印最贫穷的地区。早在英国殖民时期,英国人就曾大量雇佣受教育水准较高的孟加拉人来阿萨姆工作。因此阿萨姆地区社会地位较高的职务和收入较优越的职业,如政府雇员、公司职员、商人、医生、律师、警察等,大多由这些外乡人把持。独立以后,东巴基斯坦人不断越境移民阿萨姆,务农经商收益明显。1971 年东巴基斯坦局势剧变,900 万孟加拉人进入印度。孟加拉国成立,大部分难民重返家园,但仍有相当部分的人滞留下来。至 1981 年,阿萨姆约 1 900 万人口中,本土居民与外来移民几乎各占一半。这不仅是语言、文化、生活方式的差异,更主要是政治和经济利益的冲突。当外乡人获得了选举和被选举权时,由于知识结构和经济实力的优势,他们的当选几率相当大。此外,外乡人的挤压,也造成当地人工资降低、失业增多,使他们产生了强烈的排外情绪。为了维护讲阿萨姆语社会的利益,当地人强烈要求驱逐外乡人。

阿萨姆邦借 1980 年大选之际,掀起了规模颇大的驱逐“外乡人”运动。1979 年冬,领导运动的“阿萨姆学生联合会”和“阿萨姆人大会”等社团,向中央政府施加压力,要求阿萨姆邦选举延期,直到外乡人问题得到较满意的解决为止。政府与运动组织先后进行过数十次谈判,本地人要求驱逐自 1961 年以来迁入的外乡人,政府主张将 1971 年以后流入的外来者逐步遣返,1980 年 2 月,英·甘地还在新德里直接与运动领导人对话,但都没有结果。而且,驱逐外乡人运动得到地方政府和官员的支持,他们对中央阳奉阴违,致使中央政令在当地无法贯彻。随着离心力倾向越来越严重,政府将阿萨姆定为“动乱地区”,派出军警进行镇压,上万人遭到拘捕,并在1981年总统接管了邦政权。但种种强硬手段,都没有能将运动的火焰扑灭。根据立法,1983年3月总统接管期满,应进行邦议会选举,但阿萨姆人还是予以抵制。2月英·甘地不顾多方反对,强行宣布进行邦议会选举,于是引发了邦内各地的流血冲突。在不到一个月的时间里,死者超过3 500人,伤者数万,流离失所者超过30万,如在瑙刚县拉里地区,2月18—19日,当地人残杀了1 000多名孟加拉人妇孺。最后在警察强行干预和监视下,仅有不满20%的选民投了票,投票者主要是信仰伊斯兰教的孟加拉人。结果国大党(英)获得三分之二的席位,并建立了邦政府。但在英·甘地任期内,阿萨姆的动乱延绵不息。

旁遮普的锡克教运动造成的骚乱,是英·甘地政府面临的更为棘手的问题。阿卡利党成立于1920年,代表锡克教教派的利益。1960年它在锡克教徒中发起运动,要求单独建立锡克人占多数的旁遮普语言邦。1966年英·甘地政府满足了这一意愿,阿卡利党的政治号召力因此大增。1977年在邦议会选举中,阿卡利党力压国大党以58∶17的席位获胜,并组建了以它为首的邦政府。联邦中央为了削弱阿卡利党势力,开始支持锡克教派的另一股势力,即以宾德兰瓦拉为首的锡克教极端主义分子。1978年10月,全印阿卡利党会议系统地提出了锡克教运动的总纲领,即“阿兰德普尔·萨希布决议”。它在政治上要求最大限度的自治,除国防、外交、货币和交通等四项事务由中央掌握外,其余权力均归邦政府。在经济上尽力发展民族产业和地方产业,以获取最大利益;要求重新分配河水资源;力主把工商业较发展的昌迪加尔划归旁遮普。在文化上,保护和弘扬锡克教的传统文化,出版锡克教经典,培养神职人员,制定全印锡克教寺庙法,并宣布阿姆利则为锡克教圣城。在民族权利上,要求把其他说旁遮普语的地区全部划归旁遮普邦。由于这一纲领遭到国大党的反对,阿卡利党希望借助宗教,发动广大的锡克教徒投入运动,因此它逐渐向宗教势力靠拢。

此时,另有一些锡克教的激进分子,大力推行“卡利斯坦独立运动”。“卡利斯坦”一词出现于1940年,意为“纯洁的土地”,原是阿卡利党提出的。1947年印巴分治时,锡克人要求建立自己的“卡利斯坦”。1980年6月,锡克教一些激进者重弹老调,全印锡克学生联合会主席山杜在阿姆利则自行宣告建立卡利斯坦政权。国外的锡克教激进者也在伦敦建立锡克流亡政府,并制订了国旗、国歌等。

原本受联邦政府支持的宾德兰瓦拉此时发生了大逆转。他原是一名普通的主持僧,其激情布道和苦行生活,揽得锡克人最初的好感。后在旁遮普国大党党魁宰尔·辛格(后成为印度总统)的支持下,声名鹊起。他的宗教极端主义的影响也越来越大,由此得到了“锡克人的霍梅尼”的称号。此时,他决心建立卡利斯坦独立国,并不惜为之而战。他招募锡克教青年,建立起一支数千人的武装力量,在阿姆利则的金庙设立总部。

1981 年 9 月,越来越转向与中央政府激烈对抗的阿卡利党大造舆论,以“反对歧视锡克人”为号召,积极进行组织工作,为掀起一场政治运动作好充分准备。1982 年 4 月 9 日阿卡利党发动了大规模的不服从运动,与政府发生冲突,数万人遭到拘捕。阿卡利党、卡利斯坦独立运动与宾德兰瓦拉为首的宗教极端主义者,锡克教的三股主要势力,在国内外互相呼应,互相声援。局势十分严峻。

英·甘地为缓和局势,曾作出了一定的让步,如释放 200 名锡克教各政治势力的在押者,派特使与阿卡利党谈判等,并且意图在昌迪加尔归属问题,河水资源分配问题上也作出让步。但锡克教各股势力一浪推一浪,越来越强硬,越来越激进,难以有回转的可能。而英·甘地政府维持全印度一统的底线也不允突破。双方的矛盾已无法调和。

1984 年 4 月 4 日,联邦政府将旁遮普定性为“骚乱地区”。英·甘地发表广播电视讲话,希望各教派克制。阿卡利党则毫不退让,决定在 6 月 3 日再一次掀起不服从运动,号召产粮大邦旁遮普不要将粮食外运、拒纳土地税和水税。宾德兰瓦拉则屯兵金庙,建立军火库,频频接见世界各地的记者和支持者。极端者们一边宣称为独立而战,一边组织暗杀活动。5 月底英·甘地以强硬对强硬,着手实施“蓝星计划”。5 月 30 日晚 7 万政府军包围金庙。6 月 2 日总理对全国作了电视讲话,告知反对“恐怖主义”的决心。6 月 4—5 日,数次敦促金庙内锡克教武装缴械。6 日晨发动进攻,晚上攻击规模扩大,坦克、大炮齐鸣,最终攻占金庙。据官方报道,宾德兰瓦拉和全印锡克学生联合会主席山杜被击毙,另有 554 人被打死,1 500 多人被打伤,7 000 多人被俘虏。

“蓝星计划”打击了锡克教的反政府势力,阻止了武装分裂旁遮普的局势进一步恶化。但武力占领及破坏金庙的行动,严重损伤了锡克教徒的宗教感情,加剧了他们与政府、与印度教徒的对立情绪。一些参加国大党的锡克教官员、议员、军官纷纷退党,有的还辞职或自卸军职,锡克教徒在许多城市举行抗议活动。焚毁建筑、破坏水渠、军队哗变的暴力事件屡屡发生。总统宰尔·辛格视察金庙时,就曾险遭枪击。

暗杀英·甘地的计划也在秘密谋划中。情报部门对此有所察觉,曾劝阻英·甘地谨慎任用锡克人警卫。英·甘地从政治上考虑,认为撤换现在的警卫,只能表示宗教间的不信任,不利于维护民族团结。10 月 31 日,阴谋终于发生了。早上 9 时多,她从总理府的寓所前往同在府内、相距约 30 米的办公室,如约接受英国记者的电视采访。当她走到一道白色拱门前,守卫在门侧的锡克警卫本特·辛格用左轮手枪向她连发五枪,拱门另一侧的萨特万特·辛格也用自动步枪连射 25 发。英·甘地于当天下午抢救无效,去世。

八、英迪拉·甘地政府的外交政策

英·甘地在外交上依然执行尼赫鲁的不结盟政策,但相比乃父的理想主义,她更多注重现实。英·甘地政府竭力谋求控制南亚,将其作为自己的势力范围,不容外来势力染指。同时,它力求在两个超级大国之间搞平衡,并从两边得到更多资源。

印度作为南亚的头等大国,视这一地区为自己的势力范围,往往采取较为强硬的政策。然而在没有外来势力干预以及在双边原则的基础上,印度亦谋求和平解决地区内的争端,同时它倡导地区间合作以促进经济的共同发展和政治稳定。

第三次印巴战争,印度获胜,最终使东巴地区脱离巴基斯坦,成立了孟加拉国,印巴双方一度断绝了外交关系。1972 年 7 月,在国际社会的斡旋下,两国签署了《西姆拉协定》,关系稍缓,1976 年印巴恢复了外交关系。此后,两国避免再一次全面战争的意愿加强,因此都努力把双方的冲突局限在克什米尔争议地区。另一方面,1974 年印度爆炸了核装置,一度取得了对巴基斯坦的绝对军事优势。在克什米尔问题上,印度政府的立场更趋强硬,不再谈论那是争议地区,印度议会甚至宣称,克什米尔过去与现在一直是印度领土的一部分。克什米尔问题仍然长期陷于僵局。

孟加拉国是在印度直接支持和扶植下建立的。在独立初期,与印度关系密切。在拉赫曼与英·甘地互访后,1972 年双方签署了《印孟和平与友好合作条约》,孟加拉国从印度得到了大约33.53亿卢比的经济援助。1975年8月15日,孟加拉国发生军事政变,拉赫曼政权被推翻。军法管制政府在对外政策方面有了很大转变,大力发展与沙特阿拉伯等伊斯兰教国家的关系,也积极修复与巴基斯坦的关系。印度与孟加拉国之间原先潜藏的一些矛盾表面化了。恒河水资源的分配成为双方争端的焦点,印度在恒河中上游过多使用河水,造成孟加拉长期用水短缺。其他的争议还有廷比加走廊问题、孟加拉国的非法移民问题以及印度建筑法拉卡水坝问题。由于两国关系的一些不和谐,印度大幅降低了对孟加拉国的经济和军事援助。1977年3月,人民党政府执政,双方关系有所缓和,11月两国签订了干旱季节恒河水分配的为期五年的协议。12月孟加拉国总统访印,1979年4月德赛总理访孟,进一步推动两国关系发展。1980年,国大党再次执政,双方就恒河水资源分配问题又一次协商,1982年签订了《谅解备忘录》,两国关系发展平稳。

由于历史和宗教的原因,印度与斯里兰卡的关系比较密切,两国在筹备亚非会议时就曾合作融洽。1974年6月和1976年3月,两国签订协议,先后解决了卡恰提伍岛的归属问题和领海划分问题。但是,民族问题一直困扰着两国关系,在斯里兰卡僧伽罗人与泰米尔人的长期武装冲突中,印度经常向泰米尔人提供物质支持。80年代初,斯里兰卡政府镇压泰米尔猛虎组织,印度常表示不满,双方为此几度关系恶化。

尼泊尔地处中国和印度之间,1955年前,它与印度关系较为密切,1955年马亨德拉国王继位后,积极发展对华关系,努力在两大邻国间寻求平衡。1962年在中印边界战争中,尼泊尔保持中立。1970年在尼泊尔敦促下,印度撤走了军事顾问团和留驻尼泊尔北部边界的监听站人员。1972年1月,比兰德拉国王即位,提出建立"和平区"的建议,与印度展开了控制与反控制的斗争。人民党上台,两国关系有所改善,1978年2月,双方签订了为期七年的贸易和过境运输协定,增强了经济合作。但在印度频繁干涉其内政方面,尼泊尔表示出不满,一直试图摆脱印度的控制。

长期以来,印度在经济上援助不丹,在政治上控制不丹。1960年不丹国王旺楚克为摆脱国家的封闭状态,积极开展广泛外交。1971年不丹加入联合国,1973年加入不结盟运动,1978年取得与印度以外国家贸易的权利。80年代后,不丹陆续与一些国家建立外交关系。尽管受印度控制的局面已经打破,但在经济上对印度仍有所依赖。总的来说,两国的关系一直较为平稳。

与美苏关系,历来是印度外交的重点,尽管英·甘地力求平衡,但她的天平还是微微倾向苏联的。1966 年 3 月,英·甘地访美,除了得到 350 万吨粮食外,约翰逊政府并没有给印度更多帮助。同样,英·甘地也没有放弃对美国政策的批评。美国空袭越南,她谴责了美国的侵略,要求美国立即无条件停止轰炸。1967 年第三次中东战争,英·甘地指责美国在背后支持以色列。1971 年,印度与苏联的友好条约,令美国十分不快,同年的印巴战争最后导致巴基斯坦被肢解,美国更是强烈谴责印度,并停止了部分经济援助,两国关系陷入新的低潮。1972 年尼克松入主白宫,印美力求改善关系,一度有所好转。但是,随着美国对华关系解冻,英·甘地感到十分担忧,多次表示了对尼克松的反感。据《时代周刊》等多家报刊报道,她在与尼克松交谈时很少出现笑容,当尼克松热情询问许多问题时,她出于外交礼节,只是冷漠地以单音节词回答,到后来甚至以“Is that all?”作为一种不愿意再谈下去的反问,然后是令人生寒的沉默,使尼克松陷于尴尬境地之中。难怪尼克松与基辛格私下谈话时称英·甘地为“老巫婆”。这充分体现了铁腕女总理的强硬和外交策略。直到 1974 年 10 月,国务卿基辛格访印,勾销了印度欠美国 22 亿美元的债务,双方的关系才有所改善。但好景不长,1975 年 2 月美国军事援助巴基斯坦,印度提出强烈抗议。同年 6 月,英·甘地颁布紧急状态法令,美国予以抨击,双方关系又落低潮。1977 年人民党上台后,注意了与美国改善关系,同年 9 月外长瓦杰帕伊访美,1978 年 1 月卡特总统访印,促进了双方的友好关系。美国亦恢复了对印度的经济援助。英·甘地再次执政时,延续了这一势头,她在 1982 年 5 月访美,从美国得到了尖端科学技术和大量经济援助。

在战略上,苏联以发展与印度的关系来抗衡美国、遏制中国以及达到其势力南下的目的。1971 年 8 月 9 日双方签署了《印苏和平友好合作条约》,建立了准军事同盟的关系,印度不仅获得了大量经济援助,而且得到许多先进武器。1973 年 11 月,勃列日涅夫访问印度,两国签订了为期 15 年的经济贸易合作协定。1976 年 6 月,英·甘地访苏,双方达成领导人定期会晤的协定,加强了两国经济和技术合作,以及在科学、文教、医学及文化交流方面的联系。1977 年 4 月苏联外长葛罗米柯访印,带来了向印度提供 2.5 亿卢布贷款的礼物。1979 年 3 月部长会议主席柯西金访印,不仅签订了贸易和科技合作的一系列协定,而且还答应以60万吨石油换取印度大米,并向印度赠送一批农业设备。1979年6月德赛总理访苏,双方发表了《印苏声明》,苏联援助印度建设维萨卡帕特南大型钢铁厂,等等。总之,在英·甘地与人民党执政期间,印苏两国保持着政治、经济、军事、文化等领域全面的良好关系。可以说,印度在亚洲国家中与苏联的关系是最密切的。

1979年邓小平会见印度外长瓦杰帕伊

中印边界战争后,印度在中国只保留代办关系。1976年两国才恢复互派大使,关系开始缓和。1979年2月12日至18日,印度外长瓦杰帕伊访华,与黄华外长进行了坦诚会谈,并受到邓小平的接见。邓小平表示,边界问题可以通过和平协商解决,不应妨碍两国在其他方面的改善。1981年1月黄华外长访问了印度。1984年双方签署中印贸易协定,恢复了两国的商业往来。关于中印关系的发展,邓小平在1982年10月22日会见印度社会科学理事会代表团时,提出了他的一些设想。首先,“中印两国都是发展中国家,但在世界上都不是无足轻重的国家”。其次,两国间“既不存在中国对印度的威胁,也不存在印度对中国的威胁,无非就是一个边界问题”。第三,两国应恢复50年代的友谊,例如当时两国总理共同倡导了和平共处五项原则,并得到世界公认。第四,解决边界问题的方法,应是“一揽子解决”。这就是“你们让一点,我们让一点”,“你们有人民感情的问题,我们也有人民感情的问题。只有采取‘一揽子解决’的办法,才有可能各自说服自己的人民”。第五,“即使一时解决不了,可以先放一放,在贸易、经济、文化等各个领域还可以做很多事情”,“增进了解和友谊,双方合作仍然有广阔的前景”。

1981年黄华夫妇拜会英·甘地

随着国力的增长，尼赫鲁“做有声有色的大国”的愿望得到实施，英·甘地时期的印度政府与欧洲、阿拉伯世界、日本、东南亚等地区和国家，有着广泛的交往与合作。印度一直保持着英联邦成员国的地位，与英国保持了较好的政治关系与经济关系。在1973年至1979年间，印度与英国的合作协定有403项。印度与联邦德国的合作发展迅速，1973年至1979年印度与联邦德国的合作协定达到418项，联邦德国也是印度的第三大贸易国。印度作为发展中国家，第一个与欧共体建立了外交。1974年至1980年间，印度对欧共体的出口增长了三倍，进口增长了四倍。欧共体对印度工业、农业和科学技术的发展一直积极提供援助和帮助。70年代，印度努力加强与阿拉伯世界的外交，意在打破与伊斯兰教国家相对冷淡的关系，因为它们在传统上与巴基斯坦更为接近。此外，印度石油的一半以上依赖海湾产油国，双方一直保持着密切的贸易关系。印度与日本的关系主要体现在贸易和文化的交流方面。80年代起，两国在政治上的交往频繁起来，为以后拉吉夫·甘地政府与日本高层的交往打下了基础。印度与东南亚的关系源远流长，然而冷战时期，存在着美苏两大阵营的现实状况，时时影响着印度与东南亚的交往，彼此的关系呈现出时冷时热。1966年印度尼西亚苏哈托上台，派出外长访问印度，新加坡李光耀总理访印，马来西亚拉赫曼总理访印，以及1968—1969年英·甘地对这三个国家的访问，促进了彼此的友好关系。印度还向印度尼西亚提供了1亿卢比的援助。但在越南战争问题上的分歧，在1979年越南入侵柬埔寨以及印度承认柬埔寨韩桑林政权方面的分歧，上述三国对印度关系渐趋冷淡。由于冷战时期印度与苏联关系密切，因此印度与越南关系相对走得较近,1972 年印度与越南的关系升格为大使级。1978 年和 1980 年,范文同总理两访印度,双方签订了经济、贸易和科技合作的多项协定。也由于同样的原因,印度与泰国的关系则比较冷淡。

作者点评:

这是印度政权从老一代民族领袖向中生代领袖转移的时期。随着时代与世界局势的变迁,人们观念的改变,印度两代人的理念也发生了很大变化。如果说尼赫鲁的基本国策还有些许理想主义的话,如"社会主义类型的社会"、"公平的福利社会"、"有声有色的大国",那么英·甘地更注重实力,更多采取现实主义的态度。在政治上,印度的议会民主制开始走向成熟。尼赫鲁时期是一党独大,是他大权独揽,"尼赫鲁全盛的时候,可以说印度有了一个不愿建立独裁制度的独裁者",这是马克斯韦尔对当时的写照。但是当英·甘地气势汹汹实行紧急状态时,"印度有了独裁制度,却又没有一个独裁者"。尽管英·甘地在紧急状态时期,貌似大权独揽,但她仍不得不宣布大选,并在大选中被击败,致使国大党第一次下野。这在尼赫鲁时期是难以想象的。人民党的执政表明,印度的议会民主制正在走向名副其实。在经济上,尼赫鲁摸索着国营为主、公私结合的混合经济,解释着何谓"社会主义",大谈"消除贫困"等带有口号色彩的豪言壮语。而英·甘地已很少谈"社会主义"等多少带有意识形态的词语,而是实实在在努力提高经济增长能力。计划经济在不断萎缩,市场经济正悄悄扩张。外交上同样是不结盟,尼赫鲁更注重向"有声有色的大国"努力,英·甘地则更为实际,牢牢控制南亚地区,并且希望从美苏两大集团获取更多尊重,更多援助。这父女两代的执政,正印证了尼赫鲁的一句话:"理想主义是明天的现实主义。"

第二十一章 从拉吉夫·甘地政府到拉奥政府

一、突如其来的接班

英·甘地遇害后，国大党高层对于总理后继者问题，立即进行了商讨。由于事出突然，许多党政主要领导人当时都不在新德里，如总统宰尔·辛格正在也门访问，内政部长拉奥在安德拉邦，财政部长穆克吉与拉吉夫·甘地在巡视西孟加拉邦，国防部长恰范和国大党代主席德里巴第也不在首都。高层领导在得悉英·甘地遇刺消息后，纷纷火速赶回新德里。先期到达的一些政府部长、国大党（英）领导人和邦首席部长们，在副总统文卡塔拉曼的临时召集下，在抢救英·甘地的全印医院科学院八楼会议室，讨论继承者问题。

尼赫鲁和夏斯特里去世时，都是由总统任命资深部长南达任代总理，待执政的国大党选出新的议会党团领袖后，再进行政权正式交接。当时英·甘地内阁排位第二者是财政部长穆克吉，但他的资历逊色于内政部长拉奥，而拉奥是联邦院议员，按常规总理人选应出自人民院议员。因此，如果前者任临时总理难以服众，而后者任代总理，谁也不愿开新的先例。加之穆克吉与拉奥同处内阁但互不相让，而且这两人充其量不过是过渡性人物，因为拉·甘地接班总理之职早已是大势所趋。所以最后的结论是，不如一步到位，直接推举拉·甘地为正式的总理人选，提呈总统任命。因此，国大党中央部分在场的资深成员讨论后，通过了上述结论，完备了组织程序。总统宰尔·辛格提前结束外事访问，飞抵新德里并立即宣布任命拉·甘地为政府总理。

1984年10月31日，就在英·甘地遇刺的当天下午6时40分，拉·甘地在总统府阿育王厅宣誓就任总理，时为印度共和国第五位、也是第六任总理。11月2日国大党全印委员会一致选举拉·甘地为新的议会党团领袖，补全了手续。11月4日拉·甘地以原内阁成员为班底，组成了新政府，其中只进行一名国务部长的调整。11月12日，国大党工作委员会又选举拉·甘地为党的主席。

拉吉夫·甘地

拉·甘地就职之日，也正是印度教徒与锡克教徒因英·甘地被刺而爆发相互仇杀的时候。过激的行为迅速使社会局势陷于混乱。报复性仇杀很快就在新德里、北方邦、哈里亚纳、中央邦、比哈尔、拉贾斯坦、奥里萨、马哈拉施特拉和西孟加拉等地蔓延，势头之猛，范围之广，是印巴分治动乱后最严重的一次。

面临混乱的社会局势和复杂的政治局面，甚至可说是关系国家安危的千钧一发时刻，拉·甘地经受了重大考验，显示了良好的心理素质以及掌控政局的能力。新政府立即行动起来，在新德里动用军队，实行戒严，在全国近百个城市实施宵禁。拉·甘地就职当晚为处理政务通宵达旦。11月1日凌晨他发表广播讲话，指出英·甘地的理想是建立一个统一、和平、幸福、昌盛的印度，因此全体国民应冷静、克制、理智，以屠杀泄愤以及破坏秩序的骚乱将极大伤害这位全国人民的母亲的灵魂。拉·甘地命令各邦的首席部长、国大党邦主席及各邦的议员们，马上返回各辖区，全力安定地方的社会局势。11月1日拉·甘地与15位各党派领导人发表了联合声明，呼吁民众理智和克制。联合声明还表示，锡克人从来就是印度人民不可分割的一部分,并且为印度民族解放作出了贡献,因此一小撮误入歧途者犯下的罪行,不可归罪于整个锡克群体。同时拉·甘地政府成立了中央控制中心,制定严厉措施,对经严重警告后仍继续行凶作案的歹徒可就地执行枪决。11 月 2 日,拉·甘地指示秘书组织对难民的救援,紧急调去食品和毛毯,派出救护人员。同时他亲赴骚乱地区视察。由于新政府处置得当,措施得力,加之各政党尽力合作,11 月 3 日新德里基本恢复平静,此后各邦的局势也逐渐得到控制。

仅仅半个月,拉·甘地的第二次严峻考验就接踵而至,那就是 12 月 24 日至 27 日的第八届人民院选举。参加竞选的主要有五个全国性政党,国大党、印度共产党、印度共产党(马)、印度人民党和人民党,还有泰卢固之乡党、德拉维达进步联盟等一批地方性政党。

国大党的竞选宣言强调了稳定,它向选民表示,国大党是"唯一能保证印度稳定与团结的力量",并竭力宣传,拉·甘地不仅为人民渴望的稳定作出了努力,而且他也是未来安定的象征。在国大党内,拉·甘地也尽力营造一种团结安宁的气氛,令大家可以同心协力投入竞选。他召集党内大约 200 名领导核心层开会,重新审定候选人名单,除了 80 人确有"不良记录"遭剔除外,其余在任议员全部获得竞选连任的资格,澄清了先前人心惶惶的"大换血"的说法。国大党的另一竞选口号是维护国家统一。拉·甘地在行程 1.9 万公里的竞选巡游讲演中,对着 15 邦约 2 000 万民众,每次都必提维护国家统一,得到全国上下的普遍支持。此外,由于英·甘地为国殉职,在选民中赢得很大尊敬与同情,更由于她第二次上任以来,印度的经济发展取得较为显著成绩,博得良好口碑。当然还有拉·甘地年轻有活力,富有现代意识以及自身廉洁的形象,受到印度青年一代的广泛好评和追捧。结果,国大党在这次大选中赢得了空前的胜利。第八届人民院总议席数为 542 席,因旁遮普和阿萨姆邦局势不稳,未能及时举行大选,故总竞选议席数为 517 席,国大党获得 403 席占总议席数的 78%。应该指出,北方印地语腹地共包括七个邦和直辖区,其人民院议席数占总数的 40%,历来是国大党稳固的政权基础。然而 70 年代以后,国大党(英)在这一地区的影响不断减弱,1977 年大选中国大党(英)在印地语腹地竞选的结果惨不忍睹,只获得该区 221 个议席中的 2 席。而在本届选举中,拉·甘地领导的国大党一举收复失地,获得该地区 96%的选票。

其他那些全国性政党对本次大选的判断有误,认为这次大选不可能呈现一面倒的格局,没有一个政党能获得过半数席位。因此它们不似前几届大选那样,组成联合阵线竞选,而是单兵作战,结果在这届大选中或多或少都遭受到了挫折。印度共产党和印共(马)分别从上届的 11 席和 36 席,降为 6 席和 22 席。人民党也进一步走弱,从上届的 31 席降至 10 席。

这次大选还有一个显眼的特点,那就是地方政党正在崛起。它们不仅在邦议会中占据优势,而且在人民院的竞选中显露头角,这为 80 年代末 90 年代印度第三势力的强盛留下了伏笔。在本届大选中,泰卢固之乡党表现优异。它是安得拉邦的地方性政党,1982 年才成立。创立者是电影明星拉姆·拉奥,他以在泰卢固语影片中扮演印度教大神而著称。该党在这次大选中,获得安得拉邦人民院 42 议席中的 30 席,一跃成为人民院最大的反对党。

二、缓解中央与地方的矛盾

尼赫鲁时期,中央联邦和地方政府的大权都控制在国大党手中,中央和地方的一些冲突,往往通过协调,就可以得到解决,双方的矛盾不致激化。即便最为棘手的土邦归属问题、语言邦问题和官方语言问题,通过上下协调,最终都迎刃而解了。而在他执政后期,一些地方势力正逐渐形成,并日趋强大。尼赫鲁去世后,已然坐大的地方势力集团辛迪加派甚至左右了夏斯特里与德赛、英·甘地与德赛由谁继任总理职位的大势。

地方势力强大,地区性政党不断破土而出,并始终在动态中分化组合,而且时时搀杂着民族矛盾、宗教因素,致使整个局面更加复杂,矛盾更为尖锐。1967 年至 1984 年英·甘地的前后两次执政以及人民党的短期执政中,地方势力以政党形式,在联邦议会和邦议会进行竞选,尤其在地方上破除了国大党独掌邦议会大权的局面。接着,许多地方政党向中央提出各自的要求,如 1971 年泰米尔纳杜邦的德拉维达进步联盟组建的邦政府向中央递交的“拉贾曼纳尔委员会报告”,阿卡利党的纲领性的“阿南德普尔·萨希布决议”,以及 1977 年西孟加拉左翼联合政府向中央表示意见的“西孟加拉备忘录”,等等。这些地方政党提出的文件都要求地方在政治上、立法上、经济上,拥有更多的自主权利。面对如此错综复杂的局面,英·甘地政府则显示出时而缓和、时而强硬,前期缓和、后期趋强的政策走向。如在执政初期,英·甘地用缓解的方式解决了旁遮普语言邦问题,而在执政后期,联邦政府又采取了强化中央的方针,例如对阿萨姆驱逐外乡人运动采取了高压政策,对旁遮普锡克人的武装动乱,采取了严厉的军事镇压,最后英·甘地本人也在贯彻强化中央的政策中殉难。

拉·甘地在处理中央与地方的矛盾上,采取了缓和、协商的政策。这一基调在他一上台果断处理教派仇杀中就已显现出来。从另一方面看,此时地方权势已然形成,地方政党愈加成熟,并且互相联合的趋势愈见明朗,因此联邦政府的政策调整也势所必然。

拉·甘地在人民院选举获胜后,就把解决旁遮普问题摆在优先地位。他采取和解政策,努力与阿卡利党的温和派谈判寻求合作,并且在内阁设立一个委员会,专门处理旁遮普问题。为营造一个缓和的气氛,联邦政府采取了一系列措施,如对旁遮普进行经济援助;1985 年 3 月无条件释放了在押的阿卡利党领导人;撤销了判决全印锡克学生联盟为非法组织的命令等。通过拉·甘地任命的旁遮普首席部长阿尔琼·辛格与阿卡利党温和派领袖隆格瓦的谈判,1985 年 7 月 24 日双方签订了旁遮普十四点协定,接受了阿卡利党提出的部分要求。协定的主要内容有:把昌迪加尔市和说旁遮普语的地区划归旁遮普邦;同意制定全印锡克寺庙法;解决拉维—比阿斯河运河河水的使用分配问题;军队兵员的征召以严格的军事要求为标准,这显然有利于尚武的锡克教徒;建立一个专门的委员会,考虑给旁遮普邦更大自治权等。由于协议签订不久,隆格瓦被锡克极端分子刺杀,也由于邦际界线的调整必定牵涉到哈里亚纳邦和拉贾斯坦邦的利害关系,而联邦政府的工作过于草率,致使邦与邦之间新的矛盾产生,因此印度政府未能如期实施这一协定。但它毕竟是中央与旁遮普邦地方紧张关系缓和的重要转折。由于旁遮普局势得到缓和,1985 年 9 月中央宣布结束对旁遮普邦的总统治理,并举行邦议会选举和延误的人民院旁遮普邦议席的选举。结果,阿卡利党获得邦议会 117 席中的 73 席,也取得人民院议员选举的多数席位。9 月 29 日阿卡利党建立了单独执政的邦政府。拉·甘地为此对阿卡利党表示了祝贺,这显示他把维护国家统一、地方和解的大局放在首位,至于邦政府是否由国大党掌控已退居次要地位。但是极端分子的势力仍然强大,曾经的教派仇杀在锡克人心中的阴影还未散去,离心的力量在一部分锡克人中仍然存在。1987 年局势又一度恶化。

拉·甘地执政初始,阿萨姆地区因抵制1983年邦议会选举而形成的混乱局面依然继续着,反对外乡人运动的组织仍然十分活跃。拉·甘地继续沿用缓和与协商的政策。1985年8月15日,政府与阿萨姆人民联盟签订了协议,接受了阿萨姆邦反对外乡人运动组织的部分要求。协议规定,1961年1月1日前进入的移民可享有充分的公民权,1961年1月1日至1971年3月24日间的入境者,10年内没有选举权,但保留公民权,1971年3月25日后的外来移民应予以遣返;邦界线处设立检查站,阻止外乡人渗入;邦政府在立法和行政上有更多自治权;充分保护阿萨姆人的文化、语言及社会风俗等民族特性;中央政府在经济上予以更多援助。根据协议,1985年12月邦议会进行了重新选举。阿萨姆人民联盟获胜,成为邦政府的执政者。拉·甘地同样予以祝贺。持续五年的反对外乡人运动引起的动乱终于结束了。以后由于协议没有得到充分贯彻,1979年成立的阿萨姆极端势力组织"阿萨姆解放阵线"在90年代初又引发起新一轮分离主义的骚乱。

1986年6月30日,政府与米佐民族解放阵线签订了协议,终止了米佐拉姆自1966年以来的20年动乱。米佐拉姆族居住在印度东北地区,人口20万,主要信奉基督教。米佐解放阵线在60年代初提出建立独立国家的要求,并开展武装斗争。联邦政府一面进行镇压,一面与之谈判。后来米佐人退而求其次,提出建独立邦的要求。1972年政府将其定为中央直辖区,并在经济上予以一定帮助,但武装叛乱始终未停。1976年中央政府对该区实行总统治理。拉·甘地执政后,经过协商,双方签署协议,米佐民族解放阵线同意解散武装力量,作为一个政党走议会民主竞选的道路。中央政府同意米佐由中央直辖区升格为正式的邦,原由国大党担任的首席部长职务让位给解放阵线的领导人拉尔登加。1987年2月进行邦议会选举,米佐民族解放阵线获得总数40议席中的24席,拉尔登加再次出任邦首席部长。米佐拉姆问题基本得到了解决。

1986年11月6日,拉·甘地还与克什米尔地方领袖法鲁克签订了协议,试图和解中央与克什米尔地方的紧张关系。1984年英·甘地为强化中央对克什米尔的控制,调走了反对她的邦长,解散了法鲁克邦政府,任命自己的亲信为邦的首席部长。拉·甘地上台后,采取与法鲁克和解及合作的方策。经协商后,政府与地方签订了协议,法鲁克重新担任首席部长,并得到国大党的支持。但因克什米尔特别复杂的关系,以及印度教徒与穆斯林的教派冲突时有发生,克什米尔问题的彻底解决实非一时之功。尽管如此,拉·甘地和解政策的努力还是十分明显的。

三、传承与革新

1984年12月3日下午5时许,拉·甘地以获得印度人民直接授权的名义,再次宣誓就任总理。一如他的沉稳,拉·甘地秉承了其外祖父、母亲的立国之策,"印度现代国体的三大支柱是议会民主、世俗主义和社会主义"。又如他的年轻、活力和前瞻性,他努力把"强大、独立、自信的印度位于世界前列"的梦想,作为自己的目标,尽力与时俱进,"印度尽管错失了工业革命,但在电子革命时期决不落伍"。

拉·甘地认为议会民主制在印度发展历程中居功之伟,他在1988年说,民主制"使我们在40年的快速变化中维系着一条稳定的路线"。经过几十年的发展,印度的议会民主制已趋成熟,"保证了所有在宗教、种族和语言上的少数派享有平等权利"。作为民主程序重要一环的言论自由,"不仅具有其本身内在的价值",而且为民众"提供了释放压力的通道,促进了社会的稳定"。"世俗主义是国家的第二支柱"。世俗主义主要包括政教分离、信仰自由和宗教平等,重点在于政治世俗化和社会世俗化。拉·甘地阐述,政治世俗化意味着"印度没有国教","不鼓励宗教与政治结合","国家不干涉宗教信仰和宗教习惯",同时"国家尊重人民的宗教感情,珍视宗教赋予人民的精神和文化,并且保证所有宗教的信仰、仪式和传播的自由"。"所有宗教教团在社会中都有着很高的荣耀地位"。社会世俗化的目标是消除社会上各种不平等现象,这是独立以来,各届印度政府的一贯方针,拉·甘地表示要承上启下走好前进历程中的一站。事实上他的努力还是有所成效的,例如根据印度计划委员会的统计,拉·甘地上台的1984—1985年度,印度穷人的数量为2.73亿人,在拉·甘地卸职的1989—1990年度,穷人的数量为2.11亿人。大约6 200万的脱贫者主要出自于贫困人口主体的表列种姓和表列部落。又如,1986年拉·甘地政府制订的《国家教育政策》就表示:一切教育计划都将按世俗主义的价值观来制订和贯彻执行。拉·甘地强调,由于印度各政党及社会团体大多拥护世俗主义政治制度,这就使世俗主义国策有了广泛的社会基础。

“社会主义”作为印度现代国体的第三支柱，其含义在前后几代人的观念里，发生了一些微妙的变化。比较尼赫鲁的“社会主义”，拉·甘地的解释带有明显的时代痕迹，把传承和革新结合在了一起。“印度的社会主义不是教条，它产生于我们自身的经历和条件。它对变化着的环境有着迅速的反应，因此有着与时俱进的发展弹性”。印度式社会主义的宗旨“是扶植穷人、帮助弱者、给受压迫者以公正，是平衡各地区的发展”。为达到这些目的，“国家必须执经济牛耳，自力更生应当成为发展的首要原则”。“全国各地将公平获得发展机会，所有阶层的人民将公平分享发展的果实。为使印度经济在公平的情况下发展，各地区必须保持平衡并缩小差距”。因此拉·甘地制订的混合经济战略是：国有部门在核心工业和基础设施中占主导地位，轻工业的大部和整个农业都属私营部门。

在继承政治传统的同时，拉·甘地对执行过程中显露的一些政治弊病进行了革新。首先，倒戈行为是当时政治腐败的一个突出表现。一些政党为了党派利益，常不择手段策划其他政党要员倒戈，以使己党在联邦政府和地方邦获利、甚至取而代之。印度政坛上一时倒戈、脱党、另行组合等现象层出不穷。人民党上台时解散国大党执政的9个邦政府，英·甘地重新掌权后的如法炮制，以及许多党派在争权夺利时颠覆、策反、收买、行贿等手法无不用尽，就是最好例证。1985年初拉·甘地提出并在人民院通过了“反叛党法”，规定一个政党的议员如在任期内脱党，其议员身份即告丧失；一议员如对其所属政党的提案投弃权票或反对票，并在15天内受其政党党纪处分，该议员身份亦告失效；无党派议员若加入某一政党，其议员资格随之丧失。但一个政党的议员集体脱党人数超过三分之一，则该政党判为分裂，或者一个政党有三分之二议员赞同与他党合并，这亦属正常政治组合，此两种情况均不受此法限制。其次，选举中的不正之风十分猖獗。许多政党不问候选人的品行，只要能拉到选票就可得到提名，因此一些地方权贵，甚至有犯罪记录者也能当选。拉·甘地认为这是一种政治腐败，所以1984年人民院大选中，他在确定国大党候选人时，取消了约80名有“不良记录”或被控贪污的候选人。1988年政府正式提出法案，规定有违法行为的人不得成为议员候选人。选举的另一弊端是大肆花费竞选费用，甚至收买选票。按选举法，每个候选人的竞选费用不得超过3.5万卢比，有限公司不得向任何候选人或政党提供竞选费用。尽管每次选举总会有一些凑热闹的候选人，但真正热衷当选的候选人的竞选费用几乎是个黑洞,十几倍或几十倍于法定的竞选费用,并且这些钱大部分来自黑钱或成为黑钱。因此拉·甘地几次与助手讨论改革选举法问题,终因国大党本身在这方面卷入太深,他只能屡屡提出警告而已。再者,官员受贿、官商勾结,都是民众深恶痛绝的政治腐败,这类权钱交易产生了花样繁多、数量巨大的非法收入。由于黑钱是非法的地下资财,很难有确切的统计数,据政府的直接税收委员会估计,黑钱的数量低者为国民收入的10%,高者几乎占国民收入的三分之一。拉·甘地为此大伤脑筋,任命了一个专门的委员会研究对付方法。尽管采取主动承认从宽的软政策,以及强行查封的硬手段,但这只能表明拉·甘地力图遏止黑钱的态度,实际收效却不大。例如逃税商人常常与官方银行勾结,1985年印度税务局在德里银行进行突击检查,发现大量没有入账的货币,假名登记的储蓄单也屡有发现。还有,针对原先政府中的"腐败、无能及懒散",拉·甘地通过多次行政改组,进行了党政领导班子的更新。他将那些有才华、讲效率的青年一代的佼佼者提拔到领导岗位,并以电子监管和量化标准等先进手段监督他们的工作,以效率、廉正、成果作为对他们的考核。

拉·甘地继续着英·甘地重新执政后进行的经济调整政策,并且根据时代和环境的不同,有所创新,有所进步。

拉·甘地首先在理论上进行了创新。他对"自力更生"的既定方针提出了新的诠释。他认为简单地将自力更生看作自给自足以及用国产替代进口,只会将国内市场封闭起来。自力更生的真正精髓在于建设一个"独立而强大的民族经济"。要做到这一点,反而有必要开放市场,进口一些先进的技术、设备和产品,而且印度经济应努力接轨国际市场。这样,印度才能在全球化的世界经济的强劲浪潮中立于不败之地。其二,拉·甘地主张以科技为主导,引领经济快速发展。他提出用电子革命将印度带入21世纪。事实上这一新的理念在印度一直贯彻至今。

拉·甘地推行的新经济政策,主要内容是经济自由化和建立竞争机制。印度政府减少经济领域的国家干预,扩大市场作用。1985年3月开始的第七个五年计划中,政府调整了私营工业的政策,把工业总投资的53%份额留给了私营部分,这是"二五计划"以来,私营部分的投资第一次超过50%。其次,放宽了私营经济在经营领域方面的限制。原先国营垄断的一些工业部门自1985年5月起向私营大企业开禁,私有资本亦可投资诸如石油、电力、化肥等重点工业。许可证制度的限制也松动了,诸如电力设备工业机械及新材料等 25 种工业的新建和扩建都取消了许可证制度。长期以来,小型企业一直得到政府有意识的扶持,例如它们可享受免除许可证的优惠,可涉足更广泛的经营领域。现在小型企业的定性由原先的 100 万卢比以下上调到 350 万卢比以下,使免除许可证的适用范围大大扩大了。《垄断和限制性贸易法》的制订原本是为了限制大财团,拉·甘地政府对此进行了调整,把受限制的大企业的资产由 2 亿卢比提高到 10 亿卢比,使近 580 家大企业有了一展拳脚的机会。同时对于公营部分政府更注意培养其自身的造血功能,让其在同样的条件下进行市场竞争。对于经营不善的病态企业,政府采取卸脱包袱手段,或者出售部分股票,或者重新资源整合,或者关闭停产。

放宽进出口限制,以出口为导向,尽快使印度企业参与国际竞争。政府的具体措施是:以前为"保护国内工业",受到禁止和限制的进口货物,现在只要有利于技术革新,有利于出口创汇,无论是原料、产品和设备,有些通过进口许可证予以放开,有些破除关税壁垒,大幅降低进口税率,高科技产品诸如高级计算机、电子通讯设备等甚至可免去关税。为鼓励出口,政府更对出口企业给予各种优惠,如产品全部外销的厂商可获得收税减免以及免税进口原料和设备的优惠。为增加印度商品在国际市场的竞争能力,80 年代卢比的汇率几次调整,1980 年卢比对美元的汇率是 7.8 卢比兑 1 美元,1989 年则为 16.2 卢比兑 1 美元。还有,政府划出专门地块建立自由贸易区或出口加工区,以优惠的税收刺激出口。

吸引外资,引进外国高科技,迅速提高印度经济的现代化水平。政府有意识开放一些所谓"自力更生"产业的禁区,鼓励外资介入。1980 年英·甘地开放了电力、机床、化肥等工业部门和石油、煤炭等矿产部门。拉·甘地更在高科技领域如计算机、电子、汽车、港口设施等,向外资开启了大门。同时建立了降低税率和简化申报投资手续等配套政策。

印度的电子信息技术产业在当今世界位居前列,它对于现代化进程的重要性在英·甘地重新执政后始有认识,但真正的起步应在拉·甘地执政时期。这一领域的突飞猛进,可视作印度重点发展高科技产业的典型。1981 年 11 月,英·甘地政府颁布计算机工业政策,对计算机技术、元件和设计的进口放宽限制。拉·甘地上台后亲自兼任科技、电子部长,发布了一系列促进电子信息产业的政策，如1984年12月的计算机新政策，1985年的电子技术政策，尤其是1986年12月的《计算机软件出口、开发和培训政策》，政府承担了引进技术、科研、开发和培训人员的部分费用，积极推动了印度电子信息技术产业迅猛发展。

对教育、对人口素质培养的重视，既体现了拉·甘地政府的前瞻性，又给高科技为先导的经济发展，提供了源源不断的人力资源。1986年印度议会通过的《国家教育政策》以及实施这一国策的《行动方案》，是印度教育改革的纲领性文件。它不仅体现了世俗主义的价值观，而且旨在使教育成为"印度进入21世纪的引领者"。《国家教育政策》确定了教育事业的指导思想，坚持民族主义、世俗主义、社会公正的价值观，以民主主义、科学精神、环境保护等先进理念为教育重点。《政策》还强调采取果断措施普及初等教育，大力发展成人教育，巩固高等教育和技术教育体制；并且确定了课程体系。另外，在师资培养、教育手段方面也都有创新。

在农业方面，拉·甘地继续着绿色革命。"七五计划"的目标主要是提高大米产量和旱地、半旱地杂粮的产量，即绿色革命在旁遮普等一些小麦产区取得成功后，很快推广到全印更广大的地区。根据印度政府《经济调查年度报告》来看，拉·甘地政府继续并扩大着绿色革命的成果。1980—1981年度印度的粮食总产量为1.296亿吨，1990—1991年度为1.764亿吨。在同一时段内，大米产量由5 360万吨增为7 430万吨，小麦由3 630万吨增至5 510万吨，豆类由1 060万吨增加到1 430万吨，油料作物由940万吨猛增至1 860万吨。印度政府在"七五计划"期间对以奶牛业为主的"白色革命"加大了投入，投资额超过"六五计划"份额的26%。作为"蓝色革命"的渔业和水产养殖业也取得了良好成绩，1980—1981年度渔业总产量为244万吨，1990—1991年度为384万吨。

四、拉·甘地政府的外交

拉·甘地政府把发展经济作为首要目标，为服务这一宗旨，印度外交政策进行了适当调整。拉·甘地政府确立全方位外交的政策，采取灵活和平衡的策略，既保持与苏联的密切关系，同时以更务实的态度与西方世界打交道，改善与中国和巴基斯坦的关系，并且频繁与世界其他国家进行接触和交往。在1985—1988年间,拉·甘地出访了近50个国家,并在印度接待了众多国家首脑和政府领导人。如在执政的五年内,印度与苏联最高层的互访就达八次之多。

相对英·甘地时期印美关系或多或少的磨擦而言,拉·甘地时期的两国关系则显得较为友好。出于本国利益的考虑,拉·甘地希望从以美国为首的西方世界得到印度急需的资金和科学技术,以迅速提高本国的经济实力;希望贯彻武器来源多样化,以加速印度军队的现代化;希望美国在政治上不强加干预,以巩固其在南亚地区首屈一指的地位。因此印度需要加强与美国的友好关系。另一方面,美国不愿印苏关系过分密切,也认识到印度在南亚的中心地位以及有效的和深远的影响力,并且印度本身就是一个潜在的富有价值的大市场,因此美国也怀有发展印美关系的愿望。1984年11月两国签署了谅解备忘录,美国放宽对印度转让高新技术的限制,并同意向印度提供计算机、电子仪器等先进设备。1985年6月美国同意向印度出售9亿美元高新技术产品,为此拉·甘地宣称此举是"实质性伙伴关系的开端"。1987年美国向印度有条件交付了一台GRAY—XMP—14型超级计算机,这是美国首次向西欧、日本以外的国家提供这项技术。1988年4月美国国防部长访印,1989年印度国防部长首次正式访美,双方加强了军事方面的合作。美国向印度提供轻型战斗机的引擎等先进军事装备,在研制通讯、气象卫星等方面提供了便利和援助。1988年印美双边贸易达到56.5亿美元,美国成为印度最大的贸易伙伴。与此同时,印度与西方其他国家也进行了广泛外交。拉·甘地出访了英、法、德、加等几乎主要的欧美发达国家,争取多来源的资金和技术援助。如1984年至1988年,印度共有42个项目得到欧洲共同体的援助。1984年日本中曾根首相访问印度,这是23年以来日本高层首次访印。1985年11月拉·甘地总理回访日本,印日关系迅速升温。

拉·甘地政府继续奉行对苏联的友好政策。1985年5月拉·甘地访苏,双方签订了《至2000年印苏经济、贸易和合作协定》,苏联向印度提供10亿卢布的优惠贷款。1986年11月戈尔巴乔夫访问印度,这是他担任苏共总书记后出访的第一个亚洲国家,可见对印度的重视,并且再次向印度提供15亿卢布贷款。1987年拉·甘地再度访苏,两国签订了为期12年的科技合作纲要。1988年戈尔巴乔夫再次访印,宣布向印度提供

57 亿卢布的巨额贷款，等等。在军备方面，苏联是印度最大的武器供应国，印度当时的坦克和飞机，绝大部分购自苏联，其中包括先进的 T-72 型坦克和米格-29 战斗机。

针对南亚地区的邻国，拉·甘地采取了缓和政策，倡导和平对话和友好往来。1977 年孟加拉国总统齐亚·拉赫曼在会见南亚六国首脑时，提出了建立南亚区域合作的构想，得到各方的赞同。1980 年 5 月，他致信南亚各国领导人，倡议召开首脑会议，讨论建立南亚区域合作组织。拉·甘地执政后对此项动议表现了积极的态度，1985 年 12 月 8 日，南亚七国政府首脑在孟加拉达卡通过了《达卡宣言》，南亚区域合作联盟正式成立。

印巴关系在这一地区总是最重要的。拉·甘地在 1989 年 7 月访问了巴基斯坦，那是时隔 30 多年后印度总理首次访巴，并与巴基斯坦新一代领导人贝·布托签订了《互不攻击核设施》、《避免两国贸易的双重征税》以及《加强两国文化交流》的协定。1989 年两国外交部、国防部和内政部副部长级官员频繁会谈，就反恐怖、反毒品走私等方面进行合作，在文化、科技和贸易方面进行交流。但由于克什米尔问题、核武器研制问题的存在，两国的真正友善仍有待时日。

拉·甘地执政时期，印度与斯里兰卡的关系一直处于僵持状态。斯里兰卡的僧伽罗人与泰米尔人武装冲突不断，印度长期以来一直向泰米尔人提供物资支持，因此印斯两国的关系几度紧张。1985 年 7 月拉·甘地与斯里兰卡总统贾亚瓦德纳签订协议，承诺帮助斯里兰卡政府解除叛乱势力的武装，而斯里兰卡政府则相应对泰米尔人作出实质性让步。根据 1987 年 7 月签署的印斯和平协定，印度向斯里兰卡派出数万名维持和平部队。但包括猛虎解放组织在内的泰米尔人武装力量拒绝放下武器，并与前来强制执行的印度军队发生战斗，斯里兰卡局势反而进一步恶化。在双方持续两年的战斗中，约 1 100 名印度军人丧生。1988 年 12 月斯里兰卡总统易人，新总统普雷马沙达要求印度撤军，双方发生严重争执，直至拉·甘地下台，印军并未撤出。

拉·甘地另一次遣军海外是赴马尔代夫。1988 年马尔代夫发生政变，应马政府的请求，印度出兵平定了局势。美国曾公开表态，赞赏印度出兵镇压马尔代夫的叛乱。此后印马关系大大加强，两国在经济、文化等领域进行了广泛的合作。

印度与尼泊尔的关系一直较为平稳，但在1978年一度出现危机。是年，尼泊尔政府颁令，规定外国人须有工作许可证才能就业，意图阻止印度移民渗透。接着，尼泊尔又从中国进口一些防御性武器。这些措施令印度大为不满，印度实行对尼泊尔经济封锁，使尼泊尔的经济陷于崩溃边缘。最后尼泊尔无奈让步。

邓小平会见拉·甘地总理

在拉·甘地执政时期，中印关系的改善有了实质性的进展。1981年以后，中印两国建立了副外长之间的每年会谈制度，这对双方的互相了解和互相信任是有所助益的。1984年中印签订了贸易协定，恢复了双方正常的商业往来。1987年5月，拉·甘地的特使赴华表达了希望与中国进一步改善关系的愿望。1988年10月，刘华清访印并邀请拉·甘地访问中国。1988年12月，拉·甘地对中国进行了五天访问，期间邓小平会见了拉·甘地总理，成为中印关系发展的新高点。两国总理李鹏和拉·甘地就中印关系及边界问题进行了认真而深入的讨论，发表了《中印联合公报》，达成了通过和平友好方式解决争端的共识。拉·甘地在访华期间，多次谈到中印友好关系，他有意识地宣扬历史上两国的友好往来，并强调双方应着眼未来。“两国的交流，或许在中国的三国时期达到鼎盛，印度艺术对中国艺术产生了影响，而中国的艺术品、物产品和技术输入了印度”。他谈到法显和玄奘，谈到34年前“我的外祖父贾·尼赫鲁作为和平与友好的使者前来中国并在这里寻到了一种和平友好精神”，并重申“这种精神现在正在重新振奋”。“结束我们之间的疏离，

印度总理拉吉夫·甘地于1988年12月会见朱镕基，在场的还有索尼娅·甘地夫人

开辟未来的时机已经到来”，“在互相理解和互相信任的气氛中，用耐心、智慧和政治家的风度来解决边界问题”。邓小平则重申，以和平共处五项原则为准则，建立国际新秩序，“只要有高度的智慧和战略的胆识，就一定可以完成”。

五、拉·甘地的困境

尽管拉·甘地执政前期，改革似乎声势颇壮，政坛较以前有所清新，经济取得一定的发展，社会秩序略有好转。但随着改革的深入，各利益集团冲突加剧，遭遇的阻力越来越大。大约自第三个年头起，矛盾的碰撞逐渐激烈，革新的进展渐趋迟缓，甚至停滞，原先潜伏的危机重又泛起。

拉·甘地曾以清新、廉洁的形象，在1985年大选中赢得众多选票，但博福斯军火案的丑闻，最终令他形象大损。1986年3月，政府与瑞典博福斯军火公司达成一笔高达13亿美元的军火交易，印度购买400门155毫米的榴弹炮。1987年10月9日《印度教徒报》独家报道了来自瑞典国家审计局披露的消息，印度官员与国大党一些高层官员接受了博福斯公司近5 000万美元的回扣。反对党媒体更是将受贿矛头直指国大党和当时兼任国防部长的拉·甘地，并要他辞去总理职务，12个政党的一百多名议员甚至以集体辞职要挟。最后尽管查无实据，但漏洞颇多的军火交易丑闻仍长期被反对党和媒体大肆渲染，对拉·甘地的形象造成了难以挽回的影响。

拉·甘地此时在国大党和政府内部都遭到了层层矛盾的冲击。党内的元老派以原财政部长穆克吉为首,公开上书,全面攻击拉·甘地的方针政策,并指责他起用一些曾不忠于国大党的人担任要职。结果穆克吉及其追随者被开除出党,他们另组"国家社会主义国大党"。在政府内部同样存在着斗争。维·普·辛格曾在拉·甘地内阁中担任过两年的财政部长,期间他以严厉的手段深挖当时十分猖獗的"黑钱"。他在商界查处逃税和将资金非法转移到国外的行为,甚至不惜违反印度外汇管制法,雇佣美国费尔法团侦探公司,调查印度人在外国大银行的账户。这些行为遭到了企业界和商界大亨们的强烈不满。同时,由于辛格过于专制以及采取与法律相悖的措施,遭到舆论界的批评。拉·甘地在经济界和新闻界的压力下,1987 年 1 月将维·普·辛格调任为国防部长。但辛格依旧坚持其反腐败的斗士形象。当有人揭发 1981 年印度购买联邦德国的舰艇有人从中受贿时,他又公开声明追查并组织了调查小组。因潜艇交易案可能将当时兼任国防部长的英·甘地牵涉进去,辛格的行为激怒了国大党,也引起拉·甘地的不满。维·普·辛格被迫辞职,后又被开除出国大党。

1987 年国大党在一系列邦议会选举中失利,这使党内对拉·甘地的领导能力产生了信任危机。在 1985 年 9 月的旁遮普选举、1986 年 12 月的阿萨姆和 1987 年 2 月的米佐拉姆的选举中,国大党都失败了,这或可说是在中央执政的国大党为顾全统一大局、采取缓和措施所致,那么 1987 年 3 月喀拉拉邦选举中败给印度共产党,失去了在南印度的最后一个邦,在西孟加拉选举中败给印共(马),6 月在北印度印地语腹地的哈里亚纳邦议会选举中的惨败,以及在安得拉邦、卡纳塔克邦选举中的一败再败,致使国大党内的不满情绪急剧上升,拉·甘地的威信则降到了低点。

同时,拉·甘地推行的经济革新遭遇到了困难。他的一些改革措施使得既得利益集团受损,它们原先享有着许可证制度带来的排他性的垄断利润和控制着贷款。拉·甘地的新经济政策使他们的利益大大缩水,因此他们打着"社会主义"旗号,指责拉·甘地数典忘祖。下层民众作为社会的另一端,也对拉·甘地的新经济政策深感失望,因为改革的得利者主要是处于中产阶级的私营工商业者,而广大的下层民众却不得不承受着消费品价格的不断上涨。

民族矛盾、教派骚乱,这使拉·甘地政府在贯彻世俗主义方面的努力黯然失色。由于“旁遮普协议”达成后并没有有效执行，锡克教的极端分子借机发挥，直呼联邦政府为“骗子”。1987年1月26日，他们挑选印度共和国日的那一天，在金庙召集万人大会，焚烧了印度国旗，升起卡利斯坦旗帜，意图再掀起建立独立国运动。他们宣布在阿姆利则立国，在一些村镇创建了自己的政权。同时他们大肆鼓吹原教旨主义，冲击印度教徒的烟店、酒店、肉铺和理发店等，迫使大批印度教徒逃离旁遮普。7月中央政府不得不对旁遮普实行总统治理并向金庙发起代号为“霹雳行动”的军事进攻。

此时，廓尔喀人也提出自治的要求。廓尔喀人中世纪时为尼泊尔西北山区的部族，早先以打猎为生，也常常出山抢劫。18世纪突然兴盛，向东扩展，打败当时统治尼泊尔的马拉人，取而代之，至今仍为尼泊尔的统治者。廓尔喀人有一部分移民印度，此时他们在廓尔喀民族解放阵线的领导下，要求以尼泊尔语为根据单独建邦，一时闹得风风雨雨。

印度教的教派主义势力同样对世俗主义国策发起挑战，他们以“振奋印度教”为旗帜，兴起排他性的教旨主义活动。他们结成“同盟家族”，形成一股合力。“同盟家族”主要由印度人民党、国民志愿团、印度教大会及三者众多附属组织组成。80年代“同盟家族”的活动非常广泛，他们号召印度教徒团结起来，弘扬传统文化的精神价值。他们为达到印度教社会的紧密性和团结，倡导破除印度教的一些旧规陋习，宣扬消除种姓差别、包括对原贱民的歧视，主张不分语言、教派，一起参加宗教仪式，增强印度教统一的意识，并对其他宗教教派的“进攻”采取自卫行动。其中尤以印度人民党最为活跃，它作为有着印度教教派主义和民族主义浓厚色彩的一个政党，提出了自己的政治、经济纲领，确立了建立“一个国家、一个民族、一种文化”的目标。就在印度教教派主义掀起的一系列集会和活动中，一部分激进分子煽起了狂热的宗教情绪，尤其是策划恢复中世纪曾被穆斯林改建为清真寺的印度教圣地，最终酿成了两大教派间的流血冲突。

印度人民党领导的阿约迪亚运动，在80年代后半叶至90年代初，造成了印度社会的一次大动乱。阿约迪亚是北方邦的一个小镇，据传那儿是印度教罗摩大神的诞生地并且有一座罗摩神庙。1528年巴卑尔的军队占领了这座小镇后，摧毁了罗摩庙，并在原址建起了后以巴卑尔的名字命名的巴布里清真寺。1949年12月，曾有一批印度教徒夜闯清真寺，把罗摩神及另一些印度教神像安放寺内，引起两教间的激烈冲突。该年12

月当地法院下令关闭了清真寺。此后穆斯林要求移走印度教偶像，恢复清真寺原貌，但此案一直被搁置。1986 年 2 月，以世界印度教大会为首的一些印度教社团，强烈要求开放清真寺，以便他们崇拜这原来的印度教圣地，这一要求获得地方法官允准，声称两教信徒均可入寺崇尚己神。这一糟糕决定势必造成宗教磨擦。拉·甘地明知会引起尖锐冲突，但为了不得罪印度教徒，态度暧昧，未予干涉。这一行为令穆斯林大失所望，也受到各方的指责和抨击。

拉·甘地的威望正处下降通道之中，大选的日期却正在逼近。为避免局势更加不利，国大党决定提前几个星期进行大选。

第九届人民院选举在 1989 年 11 月 22 日至 26 日举行，这届选举的一个特点是选民的年龄由 21 岁降至 18 岁，使选民总数增至 4.986 亿人。参加大选的全国性政党有国大党、印度人民党、印度共产党、印共(马)以及名为“全国阵线”的诸党联盟。“全国阵线”是经过一连串的分化组合后形成的。1987 年 10 月，同是脱离国大党的维·普·辛格、阿伦·尼赫鲁、阿里夫·穆罕默德、达姆、达恩等人建立了人民阵线。1988 年 10 月 11 日，人民阵线与人民党、民众党合并，组成一个新的人民党，由维·普·辛格任主席。接着在 1989 年初，又以新人民党为主体，与德拉维达进步联盟、泰卢固之乡党和阿萨姆人民同盟三个强势的邦级政党联合，组成了参加竞选的“全国阵线”。

选举结果，国大党在人民院的席位从上届的 415 席猛降到 197 席，虽然仍是人民院的第一大党，但没有获得超过半数的席位。全国阵线获得 143 席，名列第二。余下的排名依次为印度人民党 86 席、印共(马)33 席及印度共产党 12 席。这样，自独立以来，第一次出现人民院中没有一个党获得执政所需的半数以上的席位，这称作“悬浮议会”现象。拉·甘地在大选失败后，对于新形势未能“急速转弯”，只表示愿意接受人民裁决，不出面组织联合政府，因此在 11 月 29 日主动提出辞呈。全国阵线在两个印度共产党的支持下，组建了联邦政府，维·普·辛格于 12 月 2 日宣誓就任总理，这是独立以来第二个执政联邦的非国大党政府。

六、维·普·辛格与谢卡尔的执政

维·普·辛格政府上台后，迅速采取了一系列缓和矛盾的措施，以解决世俗化进程中遇到的问题。总理成立了五个内阁委员会,分别负责处理几个敏感地区和教派之间出现的一些问题。辛格上台后就许诺旁遮普邦进行邦议会选举。为显示中央的诚意,他率员访问阿姆利则,并赤足步入金庙。接着,联邦议会撤销了宪法第59条修正案,该法案授权联邦政府在旁遮普邦动乱时可实行特别紧急状态。1990年初辛格再次许诺,将设立特别法庭,审判1984年反锡克教骚乱的肇事者,对受损害的家庭予以适当赔偿。但由于联合政府内部分歧比较大,而锡克族极端分子势力仍然强大,如1990年12月1日狂热分子强迫旁遮普全印广播电台用旁遮普语广播未果,杀害了昌迪加尔电台的台长,又如政府曾邀请阿卡利党参加党派会议,遭到激进派首领曼恩的拒绝,因此辛格的和解愿望未能实现。1990年克什米尔局势又一次恶化,辛格总理一面动用总统治理权,以及派遣强硬的贾格穆汉任邦长,增调治安部队高压穆斯林武装分子,一面亲赴清真寺与一些穆斯林领袖谈判,探讨缓和的途径,但未有积极成果。同一年,印度东部的阿萨姆联合解放阵线再次引起骚乱,辛格同样动用了总统治理条例,并在1991年以软硬兼施的手段,基本平息了动乱,恢复了已拖延两年的人民院议员选举和邦议会选举。有趣的是,选举的胜利者却是国大党。

维·普·辛格政府在内政治理的其他方面是有得有失。辛格大树廉洁政府的形象,指令内阁部长们公布个人财产,并且成立不受干扰的独立的反腐败机构。但在采纳"曼德尔报告"一事上,在国内引起了很大的反响。早在1978年,人民党政府为贯彻世俗主义方针,提高社会弱势群体的地位和待遇,议会成立了以曼德尔为首的第二个"落后阶级委员会",负责调查落后阶级状况并提出解决措施。第二年委员会提出报告,肯定了以种姓高低为划分落后阶级的标准,然后提出政府机关、国营部门、银行、大学以及接受政府资助的私人公司,都应该向落后种姓提供保留职位。英·甘地重新执政时,曾将"曼德尔报告"提交议会,但未作出结论。此时维·普·辛格政府宣布将推广报告的建议,把中央政府所辖职位的约50%保留给落后阶级、表列种姓和表列部落。这一决定在高等种姓人群中引起了很大不满,他们认为这是以种姓为由,剥夺了他们应有的竞争就业的机会。各地爆发了拥护和反对"曼德尔报告"的群众分别举行的集会和游行,双方在许多地区发生了流血冲突。也有一些高等种姓的学生以自焚、自残等方式表示强烈不满。曼德尔报告本身在理论上也引起了激烈争辩,关键是落后阶级的划分标准,是仅仅按种姓的高低来划分,还是以实际的经济状况为根据,因为随着时代的变化,许多人的经济状况与其种姓已不相符合。报告不仅存在划分标准不合理的缺陷,而且客观上为已渐趋消退的种姓制度进行了大张旗鼓的宣传。一些反对者甚至将辛格政府告上了最高法院。1990 年 10 月 1 日,最高法院判决曼德尔报告暂缓执行,才使冲突慢慢平息。

在阿约迪亚圣地之争中,教派主义狂热分子的极端行为,激化了重重矛盾,致使维·普·辛格政府进一步陷入危机深渊。80 年代末印度教教派主义在全印掀起一场恢复印度教圣地运动,他们不仅认为阿约迪亚是罗摩大神的诞生地,而且声称马苏拉清真寺是建立在克里希纳神的圣地上,贝拿勒斯一座清真寺的原址是毗湿奴大神的诞生地。他们要求这些地区归还印度教并重建印度教寺庙。1989 年 11 月 9 日世界印度教大会在阿约迪亚的巴布里清真寺旁进行象征性的建庙仪式。印度人民党主席阿德瓦尼为示支持,也为扩大宣传考虑,亲自举行历程万里的“战车游行”。他们把一辆汽车依照史诗《罗摩衍那》的战车模样装扮起来,阿德瓦尼坐于其上,由众多党徒和信徒簇拥前行。9 月 25 日“战车游行”从古吉拉特邦的索姆钠特神庙出发。之所以选择此地为起始点,是因为该地的前印度教圣庙、包括庙中闻名于世的悬浮神像,在中世纪被伊斯兰教军队彻底摧毁。“战车游行”一路高呼“拆除清真寺,建立罗摩庙”,经过古吉拉特邦、马哈拉施特拉邦、卡纳塔克邦、安得拉邦、中央邦、拉贾斯坦邦、德里及比哈尔邦,预计 10 月 30 日达到阿约迪亚,然后推翻巴布里清真寺,建造罗摩庙。而在另一方面,穆斯林围绕巴布里清真寺之争,也成立了“巴布里清真寺运动协调委员会”和“巴布里清真寺行动委员会”两个组织。双方剑拔弩张,流血冲突一触即发。全国阵线政府担忧天下大乱,10 月 22 日在“战车游行”行至比哈尔邦时,逮捕了阿德瓦尼。当天印度人民党宣布撤销对政府的支持。10 月 30 日数千名进入阿约迪亚的狂热印度教徒不顾政府禁令,仍强行冲击清真寺,造成了流血冲突。

由于维·普·辛格政府中的各派原本就是同床异梦,在印度人民党撤销对政府的支持后,全国阵线内部也进一步分化。人民党主席谢卡尔与副总理德维·达尔两派连手,另外组织了社会主义人民党。11 月 7 日在人民院的信任投票中,维·普·辛格派未能获得多数支持,在执政 341 天后,被迫辞职。

文卡塔拉曼总统曾先后尝试让国大党和印度人民党组阁，都未能成功。1990年11月10日，在诸如比尔拉、安巴尼等一些大财团的影响和作用下，在国大党的支持下，谢卡尔组建联邦政府并出任总理。谢卡尔的人民党(社)在人民院中仅有58议席，只有依靠国大党的197席的支持，才勉强凑成多数，其脆弱性是显而易见的，故有“国大党的影子”之称。

钱德拉·谢卡尔1927年生于北方邦，是印度教徒，曾获得阿拉哈巴德大学政治学硕士学位。1952年加入人民社会党，1965年加入国大党。1969年国大党分裂时追随英·甘地，后成为党内少壮派领头人，成为英·甘地的反对派。1975年紧急状态时期入狱，1977年人民党执政时期任人民党党主席。

谢卡尔的执政维持了不到四个月的时间。1991年3月初国大党在人民院会议上发难，直接造成人民党(社)政府下台。会议议程原是审议谢卡尔提交的政府财政年度预算的议案，但国大党借机指责政府情报人员监视了拉·甘地寓所及国大党总部，随后宣布抵制会议并撤销对谢卡尔政府的支持。联邦政府顿时瘫痪。3月6日十分无奈的谢卡尔宣布辞职。3月13日文卡塔拉曼总统宣布解散议会，提前大选，并要求谢卡尔留任看守总理。

第十届人民院大选的主要竞争者有拉·甘地领导的国大党、印度人民党、人民党、人民党(社)、两个共产党以及逐渐壮大的邦一级政党，如泰卢固之乡党、全印德拉维达进步联盟等。拉·甘地提出“团结、统一、建立稳定的政府”的口号，以迎合民心思安的大气候。维·普·辛格则坚持“曼德尔报告”和阻止“阿约迪亚进军”的理念，争取落后阶级及穆斯林的选票。印度人民党以史诗般的“罗摩与饼”为号召，“罗摩”象征坚持印度教传统，“饼”则表示以解决民生为己任。由于参选的各党派政见分歧，各自为战，全国阵线式的团结奋战，在这一届大选中不再出现。

根据选举委员会的决定，第一轮投票在5月20日开始进行。就在第二天一桩悲剧发生了。5月21日国大党主席拉·甘地到泰米尔纳杜邦马德拉斯附近的小城镇进行竞选活动，不幸遇刺身亡。策划暗杀阴谋的是斯里兰卡泰米尔猛虎组织。由于拉·甘地当政时一改以前印度政府援助泰米尔反政府武装的做法，反而与斯里兰卡政府合作。这引起了猛虎组织等的不满，而且它们认为拉·甘地极有可能在1991年大选获胜并重新执政，这样猛虎组织设于印度南部的活动基地就可能遭到摧毁，因此决定将拉·甘地刺杀。经过周密谋划,一名妇女身携塑料腰带炸弹,5 月 21 日晚 10 时许,以向拉·甘地献花环为掩护,与他同归于尽。噩耗传遍世界,尽管拉·甘地遇难时并未担任政府职务,但国际社会还是给予高规格待遇。美国总统布什及英国首相梅杰高度评价了拉·甘地。李鹏总理对拉·甘地为改善中印关系所作的努力予以赞扬,并对他的不幸表示了深切哀悼。巴基斯坦总理谢里夫则悼念"南亚地区失去了一位重要的政治领导人"。印度看守政府以国家首脑的高规格,为拉·甘地举行了隆重国葬并下半旗志哀。

国大党并未停滞竞选步伐,工作委员会一致同意拉·甘地遗孀索尼亚继任国大党主席,但遭到她的婉言拒绝。此后拉奥被推选担此重任。选举结果,国大党获得 231 席,虽是议会第一大党,但仍未过半数。印度人民党获得 119 席,成为议会第二大党。维·普·辛格的新人民党获得 59 席,与上届的 143 席无法比肩,谢卡尔的人民党(社)只得到寥寥 5 席,两者堪称完败。印度共产党获 12 席、印共(马)为 35 席,变化不大。国大党靠着小政党的支持,在议会信任表决中勉强获得过半数。6 月 20 日拉奥组成新内阁,21 日他在文卡塔拉曼总统的主持下,宣誓就任印度总理。

七、拉奥政府的锐意进取

拉奥政府执政五年(1991 年 6 月 21 日至 1996 年 5 月 16 日),期间对印度最大的贡献是推出新经济政策,其深远的影响一直延续至今。拉奥政府继续了拉·甘地的经济革新,而且其改革的幅度更大、步子更快、领域更广。

纳拉辛哈·拉奥(1921 年 6 月—2004 年 12 月)出生于海德拉巴的卡林那加尔县,属婆罗门种姓。其父亲是一位受人尊敬的农学家。拉奥先后就读于海德拉巴奥斯马尼亚大学、孟买大学和那加浦尔大学,得到理学士和法学士学位。1938 年投身印度独立运动,步入政坛。印度独立后,从事海德拉巴邦的国大党党务工作,1956 年任该邦国大党主席,1957 年进入邦议会和邦政府,先后出任法律和新闻部长、法律和基金部长、卫生部长、教育部长和邦的首席部长。1974 年他进入中央,出任国大党总书记。1980 年后他在英·甘地和拉·甘地政府中担任外交部长、国防部长和卫生部长等职,在党内声望颇高。拉奥博学多才,通晓多种语言,包括法语、英语、西班牙语和德语,有"语言大师"的美誉。他还是一位作家,运用印度多种方言写作,曾获印度最高文学奖"文学宝石奖"。拉奥还曾到英、美、瑞士、埃及等国讲学。

1991年拉奥政府上台时,国家正面临着一场经济危机。拉·甘地改革伊始,一度大张旗鼓、颇具生气,但随后掣肘不断,束缚了改革的充分发展。此后是频繁的政府更迭以及不休的党派之争,这些因素严重影响了政府对国民经济的系统管理。同时,国际上的海湾危机、世界经济衰退、苏联及东欧的剧变,对印度的能源供应、进出口贸易以及接受援助方面,或多或少产生了负面影响。因此1991年在印度终于酿成了一场严重的经济危机。

拉奥

由于宏观管理失控,印度财政收支和国际贸易收支均告失衡。国营企业管理不善,效益低下,1990—1991年度中央直属的大型企业共有230多家,其中仅有130家盈利,其余多为亏损。地方一级的公营企业的经营状况更为困难,微利企业和长期亏损企业不断增多。国家经济体制的正常运转出现了问题。赤字创出历史最高记录,达到近278亿美元,相当于国内生产总值的8.6%。通货膨胀加剧,物价上涨了17%。据世界银行统计,至1991年印度举外债总额643.15亿美元,仅次于巴西和墨西哥,居世界第三位,还本付息压力巨大。世界油价暴涨,造成印度进口支出大增,1990—1991年度的贸易逆差高达80亿美元。印度的外汇极度短缺,至1991年5月外汇储备已降至12.13亿美元,仅够维持两周的进口量。这使得印度的国际金融信用地位丧失殆尽,国际银行纷纷拒绝贷款。5月21日谢卡尔看守政府不得不动用了20吨储备黄金,抵押给苏黎世银行,获得2.34亿美元的硬通货贷款。

从亚洲环境来看,中国大陆改革开放成绩斐然,四小龙继续着强劲势头,泰国、马来西亚蒸蒸日上。尽管印度在英·甘地重新执政和拉·甘地政府时期改革已然起步,但进展相对缓慢,已明显落后于亚洲诸多国家。印度在亚洲的地位越来越低,一些政治家和有识之士对印度被边缘化的危机感倍增。因此有胆魄、大幅度的改革势在必行。

拉奥政府颇具效益的经济改革的设计师是财政部长曼莫汉·辛格。这位理财能手在出任财长后的第一次讲话中就显示了扭转印度经济颓势的决心,他引用法国文学家维克托·雨果的话:"当一种新思想的时代已然到来时,地球上任何力量都无法阻挡。"拉奥政府先着手解决外汇储备告罄的燃眉之急。1991 年 7 月 4 日至 24 日间,印度动用近 47 吨黄金作抵押,向英格兰银行借贷 4 亿美元硬通货。接着曼·辛格以一种新经济理念,制订了长期的经济改革方案,即"拉奥—辛格方案"。这是对印度独立以来的经济体制的一次较为彻底的革新,为延续至今的印度经济的发展起了决定性的作用。曼莫汉·辛格的"印度经济改革之父"的称号由此而来。

拉奥政府强调,在国家诸多方面的发展中,经济发展应放在第一位,只有经济增长了,才能做到社会稳定、人心思安,从而为解决政治、社会等方面的问题创造条件。只有经济发展了,才能更好体现社会公正,因为财富增加了,在不降低各阶层原有收入的情况下,才有较多资源兼顾分配,促进社会公正。而追求社会公正正是印度独立以来各届政府孜孜以求的努力方向。

拉奥政府新经济改革的方向和目标是实现印度经济的自由化、全球化和不断加强市场化。新经济政策改变了传统的控制加限制的计划经济管理模式,引入自由竞争的市场机制。1991 年 7 月 24 日发布的新工业政策和以后的一些改革措施表明,政府把原来由国营部门专营的 17 种工业门类减为 6 种,主要是国防工业、原子能、与原子能相关的矿业、铁路运输及采煤业、石油等能源门类,其余均允许私人资本参与。实行了四十多年的许可证制度有了很大变化,除了 15 种涉及国家安全、战略、环保及高档消费品的产品许可证外,其余的都先后被取消。新工业政策还着重要求国营企业改善经营管理,并以效益取向作为考评它们的标准。对经营不善的企业,或关闭、或出售、或兼并、或承包。而对一些赢利企业,为使它们更适应市场竞争机制和获得可持续发展的动力,也为政府能把部分投资抽回,增加了社会化融资,或股票上市,或部分私有化。

在对外贸易方面,政府通过 1992—1997 年的进出口政策,把促进出口放在十分重要的地位。政府首先在经济观念上作出了调整,并进行了新的阐述。拉奥—辛格方案努力把印度从计划性的内向型经济转变为以世界市场为目标的外向型经济。在阐释这一观念与传统的自力更生观念的关系时,曼·辛格认为,坚持自力更生的本质目的是让印度经济在世界市场中具有稳固的地位。自力更生不是所有的东西印度自造,而是可以借鉴日本、韩国以出口导向为经济战略的方式,大力发展出口,然后进口印度所需的产品,这就是新经济政策的自力更生的理念。因此印度经济应该、也有必要融入全球化的经济浪潮。拉奥政府以出口为重点,采取了一系列措施。第一,调整汇率。1991 年 7 月上旬政府将卢比贬值 20%,增强了印度产品在国际市场的竞争力。第二,改善外汇制度。规定经常性项目的外汇收入可全部自由兑换,提高了出口商的积极性。1993 年拉奥政府进一步实行汇率自由浮动。第三,放宽国家专营的出口产品领域。1991 年 8 月将 16 种专营出口产品门类向私营商开放,国营贸易公司也由 12 家减为 5 家。第四,简化进出口手续。除少数关系到国家安全、卫生和环保的产品外,其余绝大多数商品在交纳关税后,均可自由贸易。至 1994 年基本取消了进出口的许可证制度。第五,降低关税率。关税逐年递减,1991 年印度进口商品的平均关税为 87%,最高为 350%,至 1996 年平均关税已降至 23%,最高关税为 40%。第六,给大出口商以更多自主权。政府按出口规模将出口商分为"出口商行"、"贸易商行"、"星级贸易商行"和"超星级贸易商行",分别给予不同优惠的自主权。第七,参加世界贸易组织。如 1994 年 4 月印度等 148 个国家在马拉卡什签署乌拉圭回合协议。第八,支持印度优质品牌占领世界市场。为提升印度商品在世界市场的知名度,获得较高的附加价值,1996 年印度建立"品牌基金",基金总数为 50 亿卢比,政府与工业部门各占 50%。经过不断努力,印度的进出口贸易有了大幅增长,自 1992—1993 年度至 1995—1996 年度,出口的年增长率分别为 3.8%、20%、18.4%和 20.8%,进口年增长率分别为 12.7%、6.5%、22.9%和 28.1%。长期存在的外贸逆差有所缩小,如 1993—1994 年度贸易逆差仅 11 亿美元。外汇储备也不断增加,由 1990—1991 年度濒临崩溃时的 12 亿美元,增加到 1995—1996 年度的 170 亿美元。

拉奥政府利用外国资金的战略,从外国经济援助为主转向大力吸引外国资本投资。为此政府制定了一系列引进外资的措施。1992 年 2 月颁布新的《外汇管理法》,外商在完税后可以汇出利润,以此鼓励外国私人资本进入。同年还规定除了国防、铁路运输、原子能及有污染的工业外,其他行业向外资开放。国家优先发展的一些工业部门,如冶金、机械、化工、电子、农机、交通等,外资持股可达 51%。外商可独资经营电力、石化、计算机等产业,以及产品全部出口的外向型企业。此外,外商还可享受税率优惠;有权购买土地和转让土地及其他财产;可设立分公司和子公司等。拉奥政府首创印度企业海外融资,1992 年允许印度知名企业向国外发行股票和可兑换债券,以解决企业可持续发展的资金短缺问题。从 1992 年至 1996 年,印度公司在海外发行股票 58.91 亿美元,发行可兑换债券 7 亿美元。在一系列新措施的鼓励下,进入印度的外资不断增加。据 2000 年《印度储备银行公报》,1991—1992 年度至 1995—1996 年度,年吸引外资分别为 1.33 亿美元、5.59 亿美元、41.53 亿美元、51.38 亿美元、48.92 亿美元。而且,印度引进外资的来源广泛,美国占据首位,其他主要外资来自英国、日本、德国、韩国等,如日本对印度家电业的大力投资,又如 1996 年韩国现代集团的协议投资额达 6.14 亿美元,居跨国公司对印度汽车业投资的首位。

拉奥政府在财政金融方面也进行了改革。政府减少财政开支、精简机构、改革税收体制,努力降低财政赤字。同时,修改国家银行法,允许私人银行建立,外国银行开办。至 1996 年 3 月各种资本性质的商业银行达到了 293 家,增强了金融市场的竞争活力。此外,允许国营银行股票上市,上市股票可达总股本的 49%。政府减少对银行系统的行政干预,允许银行自行规定存款和贷款的利率。规范资本市场,包括股票交易所和债券市场,并开放保险市场。

拉奥政府在工业、商业等方面的改革初见成效时,又积极推动农业领域的改革。1991 年政府不再豁免农民债务,并逐步削减对农业用水、电、化肥的补贴,意在将农业推入市场。从后来的实践结果看,政府在真正将农业补贴转变为农业投资方面,做得相当不尽如人意,因为许多明补实际上演变成了暗补。1994 年政府制订了农业新战略决议草案,开启农业的自由化、全球化改革。1.强化农产品出口,既可以创造外汇,增加农民收入,又可以推动农业持续发展。2.推进农、林、牧、副、渔综合发展。3.发展农产品加工业,增加农产品的附加价值。4.吸引更多国内外资本投资农业和农产品加工业。各邦政府依据中央新战略的思路制订了一些激励农业经营者的措施，如调整农产品价格、增加农民收入，废除一些地方性限制，如允许粮食跨邦销售等。

拉奥政府的经济改革取得不菲成绩，不仅在短时期内消除了经济危机，制止了经济下滑，而且很快使国民经济恢复发展。执政之初的1991—1992年度经济增长率跌落到1%左右，以后逐年上升，从1992—1993年度到1996—1997年度，印度国内总产值年增长率分别为5.1%、5.9%、7.2%、7.5%、8.2%，尤其是后三个年度的平均增长率，创造了印度独立以来的新记录。

随着经济逐步繁荣，人心思安，这为政府解决国内社会问题创造了良好条件。长期以来动乱不止的旁遮普、阿萨姆等地区，大都在拉奥政府执政时期基本上复归了平稳。1987年拉·甘地政府因旁遮普地区局势恶化，又一次对其实行总统治理。拉奥政府上台后，阿卡利党及该邦其他一些政治力量要求恢复民主，举行大选。拉奥政府在实施代号为“保卫者”的大规模清剿行动、重创锡克恐怖分子后，顺应民意，在1992年2月25日恢复选举。结果国大党取得胜利，获得人民院13议席中的12席，邦议会117议席中的87席，建立了以宾特·辛格为首的邦政府。新地方政府努力恢复城乡的政治民主，促进经济发展。新德里法庭也适时将参与1984年杀戮锡克教徒的89人判刑，以示安抚。阿卡利党作为反对党，表示与政府合作，积极维护安定。但对于锡克教的极端分子，邦政府并不手软，它以强硬手段抓获其首领马农·查哈尔，迫使其他极端势力投降。旁遮普的动乱基本消除。1997年2月7日旁遮普再次大选，阿卡利党和印度人民党联盟获胜，组建了联合政府，持续了近20年的混乱局面终于结束了。

拉·甘地政府时期，阿萨姆邦的动乱曾一度平息，80年代末阿萨姆联合解放阵线再次以驱逐“外乡人”为借口，发起骚乱并不断斥诸暴力，甚至提出政治独立的要求。1990年联邦政府对其实行总统治理。1991年5月骚乱基本平息后，阿萨姆邦恢复大选，结果国大党获胜，组建了邦政府。联合解放阵线不满，继续以暴力抗争。中央政府则剿与抚双管齐下。1991年9月15日武装军警进驻阿萨姆邦，同时拉奥政府与联合解放阵线的领导人进行谈判，并且实施分化政策，对放下武器者许以11亿卢比的安置费。结果约3 000名极端派武装分子解甲归田。眼见组织瓦解，联合解放阵线领导层同意停止暴力,寻求在宪法框架内解决争端,阿萨姆邦延续了12年之久的动乱基本安定下来了。

尽管拉奥政府在克什米尔问题上也施展着软硬兼施的方法,但终因复杂的局势,遗留问题仍悬而未决。1987年克什米尔邦议会选举中,国大党与国民会议党联盟获胜,反对派发起了动乱。在极端势力中,有些人提出克什米尔归属巴基斯坦,而以查谟—克什米尔解放阵线的一些人主张克什米尔独立。动乱演变成越来越多的暴力。1990年联邦政府对印控克什米尔实施了总统治理,并进行大规模的军事镇压。拉奥政府上台,力图在克什米尔恢复正常秩序,它承诺宪法第370条给予印控克什米尔的特殊地位不变,仍享有一定的自治权,这为和平解决提供了条件。同时对于坚持分裂的极端分子,政府予以重拳打击。1993年10月政府军队包围了斯利那加市的一座清真寺,收缴了恐怖分子储藏在内的大批武器。1996年5月局势稍缓后,拉奥政府兑现允诺,结束了总统治理,举行邦议会选举并亲自去克什米尔以示抚慰。选举的结果是国民会议党获胜,法鲁克担当了首席部长。中央政府承诺给予3.5亿卢比的资助款,帮助克什米尔进行经济重建工作。当然仍应看到,极端分子的武装斗争一直没有停息过。

除了中央与地区政治力量、种族分离主义的斗争外,宗教教派间的冲突是另一个积重难返的社会政治问题。始于80年代中期的印度教与伊斯兰教的寺庙圣地之争,在拉奥政府时期达到狂热并演化为大规模的教派流血冲突。1990年阿德瓦尼的"战车游行"尽管被中止了,但印度人民党强硬的教派主义立场使它在印度北方几个大邦中的影响飙升。不仅在1991年的大选中成为人民院的第一大反对党,而且获得在北方邦、拉贾斯坦邦、中央邦和喜马偕尔邦的执政权。当卡利安·辛格为首席部长的北方邦政府成立后,建立罗摩庙的动议就开始强行实施。北方邦政府采取一系列措施,把巴布里清真寺周围的土地转让给印度教狂热分子并纵容他们在清真寺边上实施印度教寺庙奠基。同时阿德瓦尼重新组织了进军阿约迪亚的朝圣运动。1992年12月6日在印度人民党及世界印度教大会的鼓动下,50余万印度教徒涌向阿约迪亚,在巴布里清真寺外集会。在"捣毁清真寺,建立罗摩庙"的口号声中,成千上万的狂热分子冲入清真寺内,将有着四百多年历史的清真寺拆毁,并在原址修起一座临时性的罗摩庙。护寺的穆斯林奋起反抗,200余人在冲突中丧生。

毁寺当晚，拉奥发表电视讲话，呼吁人民保持冷静，重申政府坚持世俗主义的国策。为阻止事态发展，政府下令拘捕了阿德瓦尼及其骨干26人。此后政府宣布禁止世界印度教大会、国民志愿服务团以及与之对立的伊斯兰教志愿服务团等宗教社团的活动。联邦政府派军进驻阿约迪亚，并表示重建巴布里清真寺和修建罗摩神庙。12月15日政府还宣布对印度人民党执政的北方邦、中央邦、拉贾斯坦邦和喜马偕尔邦实行总统治理。尽管如此，毁寺事件仍然引发了全国性的教派冲突，新德里、贝拿勒斯和孟买的反应尤其强烈，一周之内造成了1 000多人死亡。1993年1月4日孟买又一次发生了袭击穆斯林的教派动乱，致使500余人丧生，大批穆斯林逃离孟买。1月7日政府控制了巴布里清真寺周围的土地，局势才慢慢平息。这是印巴分治后规模最大的一次印度教与伊斯兰教的教派流血冲突，前后约有3 000多人死亡，近6 000人受伤，其中三分之二是穆斯林。拉奥政府对整个骚乱局势的应对无力，饱受各方的批评。

八、拉奥政府的外交

在美苏争霸两大集团对垒的冷战时代，印度以不结盟作为外交基石，既保证了独立自主的地位，又能够与两个超级大国保持良好关系，同时获得它们的援助，并且印度还成为不结盟运动的领袖，对发展中国家有着广泛而巨大的影响力。随着苏联和东欧社会主义阵营解体，冷战结束了，不结盟运动也趋向边缘化，印度在国际上发挥作用的平台此时已无足轻重。在世界新格局中，印度外交政策必须作出调整。

自拉·甘地执政以来，印度各届政府大多以发展经济作为首要任务，这就要求外交政策为之服务。拉·甘地适时调整，更多以经济外交和全方位外交的姿态活跃在国际舞台上。拉奥政府沿承了这一外交政策的基调，并根据世界局势变化，作出了一些新的调整，如经济外交的成分不断增加，政治外交更多地起辅助作用。1991年12月20日拉奥在议会作报告，解释外交政策的重点是创造对印度有利的国际经济环境。鉴于西方集团强大的经济实力和贸易权重，印度有意识地加强与美国、与西方国家的关系并逐渐使之上升到重要位置。

印美关系日趋密切，这是世界新形势下，双方共同的政治、经济、军事的利益所决定的。随着苏联解体，南亚地区印苏与美巴对抗的局面消失了。美国国会认为“加强与南亚各国的接触,目前已成为现实。经济机遇以及冷战结束后更显示出这一地区的重要”。印度在区域内首屈一指的实力,更为稳定的政局,以及印美同为民主政体的潜意识作用,使美国意识到加强与印度的关系更有价值。对印度而言,曾经是超级大国的苏联变为动荡不已的独联体,为首的俄罗斯在实力上已不可同日而语,为了自身经济的发展以及在国际事务中争得发言权,印度转而增强与美国的关系,这是必然的选择。其次,两国在经济和贸易上合作的前景也十分广阔和诱人。印度需要美国的贷款、投资和科学技术方面的帮助与合作,美国则可以得到印度充满魅力和潜力的广阔市场,美国商业部已把印度定为世界十大新兴市场之一。第三,海湾战争后,美国调整军事部署,削减了在印度洋的军事力量,并打算逐步扶植印度来填补空白。印度当然也想得到这个机会。第四,拉·甘地时期印度就已逐步执行武器来源多元化的政策,苏联解体后,拉奥政府更希望从美国得到高科技的武器和军事设备。因此两国的军事关系也迅速发展。

愿望很快转化为行动。1991 年 12 月印度在联合国支持了美国的提案,该提案要求撤销联合国把犹太复国主义等同于种族主义的决议。美国在克什米尔问题上也开始改变主张,表示尊重《西姆拉协议》,由印巴双方谈判解决问题,不再坚持由联合国监督解决。美国在多个场合,高度赞扬印度以自由化、全球化为方向的发展市场经济的新政策。在经贸关系上,美国成为印度的第一贸易伙伴,两国双边贸易额迅速增长,1992 年为 60 亿美元,1994 年达到 78 亿美元。美国也成为印度的重要投资者,1989 年美国对印度的直接投资不足 4 000 万美元,1991 年为 2.5 亿美元,1993 年则高达 12 亿美元,占印度当年吸收外资额的约 40%。1993 年一些投资印度的大公司,如可口可乐公司、美国电话电报公司、福特汽车公司、宝丽来公司、国际商用机器公司等,成立了“印度利益集团”,以便协商在印度更好发展。1994 年 5 月拉奥访美,将两国关系推到一个新的高潮。双方在联合声明中表示,要建立战略伙伴关系。1995 年 1 月中旬,美国商务部长布朗率领 25 家跨国公司总裁代表团访印,双方签订了 70 多亿美元的合同,还签署了建立“美印商业联盟”的协议。同年 2 月,美国能源部长奥里利访印,双方又订立逾 14 亿美元的投资和贸易协定。

印美在军事方面的交往也十分频繁。1991 年 4 月,美国驻太平洋陆军司令基克莱特中将访问印度,双方商定军队高层互访,定期信息交流及进行政策研讨，两国陆军参谋长会谈，以及在一些军事领域进行合作等。以后，美国太平洋司令部总司令克拉森上将、驻太平洋陆军司令科恩斯中将、空军司令亚当斯上将、美国参谋长联席会议主席鲍威尔、陆军参谋长沙利文等先后访问了印度，而印度陆军参谋长罗得里格斯上将、国防部长帕瓦尔、空军总参谋长苏里中将等先后访问了美国。如此高密度、高级别的互访，可见双方的相互重视以及关系密切。尤其 1995 年 1 月美国国防部长佩里访印，双方签署了《印美防务协议》，标志印美军事关系进入广泛合作的新阶段。协议的主要内容有：双方建立新的伙伴关系；两国军方定期举行安全磋商；国防生产及科研方面广泛合作；定期政策研讨；各军种、各部门高层互访；举行联合军事演习，等等。另外，乔治·布什总统还批准向印度提供第二台超级计算机。1992 年 5 月，印美在印度洋西海岸举行了联合军事演习，这在印苏关系密切时也没有发生过。1995 年 5 月 18 日印美在喀拉拉邦海岸的联合军事演习中，美国的核动力潜艇"马拉巴尔二号"与印度战舰、直升机进行了联合作战演习。6 月，两国精锐的陆军部队也首次进行了三周的联合演习。

但是，当印度认为牵涉到民族尊严和利益、牵涉到独立自主的原则时，它仍然不予让步。例如，印度发展核武器的计划就是印美关系进一步密切的一大障碍。美国先后提出压制印度放弃核计划的"五国磋商"及"九国磋商"建议，但遭到印度明确拒绝。尤其 1993 年印度向俄罗斯购买低温制冷火箭技术，招致了美国制裁，双方关系一度低落。1994 年克林顿政府调整政策，从压印度放弃核计划，改为敦促印度保持核克制，并且将核武器防扩散与发展两国关系脱钩，终使双方经贸关系发展顺畅。

拉奥政府时期，印度与欧洲共同体的经济和贸易关系上了一个新台阶。此前，印度在欧共体的对外贸易中，居于无足轻重的地位。1989 年印度对欧共体的贸易只占后者进口的 0.93%和出口的 1.71%。拉奥为从欧盟吸引投资、发展经贸和技术合作，1991 年分别出访德国、法国和西班牙，宣传印度宽松的贸易政策和日益改善的投资环境。1993 年三国总理或首相分别回访了印度。1992 年 3 月，印度与欧共体商界高层人士建立了"印度—欧共体商业论坛"，讨论双方在贸易、技术转让、投资和技术培训等方面的合作问题。1993 年 12 月 20 日，印度与欧共体签署第三代全面合作协定，加强和深化在各个领域的合作。协议规定相互给予贸易最惠国待遇；促进印度科技发展，使印度进入对方的技术市场；欧共体首次视印度为“合作与发展伙伴”，使双方处于对等关系。双方还采取共同步骤，在反恐怖主义、人权、领事签证、避难政策等方面进行合作。在与各国合作方面，印度与法国加强了军事领域的合作，1995 年 6 月双方在新德里就海军、空军合作以及印度购买法国军备等方面，进行了磋商。1993 年 1 月英国首相梅杰访问印度，双方签订了 2.4 亿英镑的投资合同，主要帮助印度开发天然气和发展电力。同年年底，两国达成共同兴办 10 家企业的意向。1995 年夏印英成立了“防务磋商小组”并举行了首次会议。

印苏关系原本一直密切，但苏联解体以及俄罗斯一度自顾不暇，印俄关系趋于冷落。1993 年 1 月 28 日俄罗斯总统叶利钦访问印度，重启两国合作进程，此后双方友好关系进入恢复和发展时期。叶利钦访印期间，双方签署了有关政治、经济及军事的 10 个协定。新的为期 20 年的《印俄友好条约》替代了《印苏友好条约》，新条约删去了具有军事同盟性质的条款，强调了互惠互利和务实的经贸、军事合作关系。双方还同意贸易、信贷等以卢比结算并确定了卢比与卢布的汇率。根据防务协议，俄罗斯保证向印度军队使用的俄式武器提供维修及进一步的配套装备。1994 年 6 月 30 日拉奥总理对俄罗斯进行为期四天的回访，双方签署了《进一步发展和加强印俄合作的宣言》和《保护多民族国家利益莫斯科宣言》，前者指明两国关系发展的主要方向和目标，后者道出同为多民族国家的印度和俄罗斯对民族主义、分离主义的看法，表明在维护国家独立和领土完整方面，双方相互支持和有效合作。此外，两国领导人就政治、经济、军事、文化和科技等方面的具体问题，签署了 9 个协定，如《旅游合作协定》、《避免双重征税协定》、《科学技术和原子能合作协定》等。

印度和巴基斯坦的关系仍然时好时坏。1991 年初两国《互不攻击核设施》协议生效，1992 年双方按协议交换了核装置和核设施的现况。1993 年印控克什米尔局势不稳时，双方关系也一度紧张。此后核武器竞争的新因素，又使两国关系面临新的考验。至于南亚区域经济合作方面，总体进展顺利，1993 年南盟七国签署了《优惠贸易协定》，通过减少贸易壁垒，促进各国间贸易发展。《协定》在 1995 年 12 月正式实施，同时南盟又提出了更远大的区域合作目标，即 2005 年前建立南亚自由贸易区。

中印两国都在进行富有成效的经济改革，发展需要和平，和平促进发展，因此两国的关系得到进一步改善。1991 年 12 月李鹏总理访问印度，与拉奥总理发表了《中印联合公报》，在建立国际新秩序等问题上达成广泛的一致。双方还就在上海和孟买重设领事馆达成了协定。1992 年 5 月印度文卡塔拉曼总统访问中国。1993 年拉奥总理访华,9 月 7 日两国政府签订《关于在中印边境实际控制线地区保持和平与安宁的协定》。此外双方还签订了三项经济协定,主要内容包括广播电视合作、环境合作和扩大边境贸易。经过两国的共同努力以及高层领导的不断互访和沟通,中印关系有很大改善。双边贸易和经济合作也一直稳步增长,1991 年两国贸易额为 2.65 亿美元,1996 年增加到 14 亿美元。

江泽民总书记会见文卡塔拉曼总统

"东向战略"是印度全方位外交的重要组成部分,着重加强与东南亚、东北亚等国家以及与亚太经合组织的交往和合作。拉奥政府期间,印度与日本的关系有了迅猛的发展。日本是当时世界第二经济强国,印度发展经济需要日本的资金和技术。日本寻求向海外扩展,当然看重印度的广阔市场和发展前景,因此加紧发展与印度的合作关系。1990 年 4 月日本首相海部俊树访印,在印度人民院发表演说,寻求合作机会。1991 年拉奥政府派出政府与工商界组成的代表团访日,1992 年 1 月印度外长索兰基、4 月财政部长曼莫汉·辛格率高级官员和工商代表访日,详细阐述印度的经济政策,吸引外资的优惠,推动了双边经济的合作。1992 年 6 月拉奥总理访日,邀请松下电器、三菱电机、丰田、铃木等大企业去印度投资设厂,使印日关系达到新的高点。1951 年至 1990 年,日本对印度的总投资仅为 1.96 亿美元,而在 1991—1992 年度,日本提供的官方的长期低息援助贷款就为 4.5 亿美元,其还款期长达 30 年,年利率仅 2.6%。而且,1992 年 1 月由 100 家日本大企业高层组成的大型代表团访印,考察印度的投资环境,决策投资项目。

韩国的情况与日本大抵相似,双方的互补性是显而易见的。1993年9月拉奥总理访韩,与韩国总统金泳三就两国关系进行了全面的讨论,双方的关系进入快速通道。两国签署了旅游合作协定、科技合作备忘录以及三年文化交流计划,等等。1994年韩国官方代表团对印度的经济政策和投资环境进行了考察。1995年韩国首次向印度提供官方贷款。1996年2月金泳三总统访问了印度,两国签订了双边投资保护促进协定和新的文化交流计划。

东南亚国家的经济经历了飞速发展后,东盟组织的实力大增,成为亚太地区一支重要的政治和经济力量。印度希望加强与之合作,既可发展贸易、吸收投资,分享东南亚经济高速发展的繁荣,又可与东盟靠拢,在冷战后的世界格局中谋求新的政治地位,还可出于军事考虑,抵制中国的影响力,建立制衡中国的军事机制。1992年1月在新加坡举行的第四届东盟首脑会议上,印度谋得了"部分对话伙伴"的地位。1993年拉奥访问了东南亚一些国家,促进了双方的贸易往来。1995年11月在泰国曼谷举行的第五届东盟首脑会议上,印度升格为"完全对话伙伴"的地位。印度与东南亚国家的贸易额逐步增加,1990—1991年度东南亚占印度出口贸易额的14.3%,1996—1997年度上升到22.7%。在军事合作上,1992年7月印度和新加坡举行了首次海军联合演习。1993年2月印度与马来西亚、印度尼西亚和新加坡三国举行了海军战术联合演习。

另外,印度、南非和澳大利亚是印度洋经济圈的发起国,印度与它们的贸易也不断发展,如印度对澳大利亚的出口1990—1991年度为32.1亿卢比,1995—1996年度则增加了一倍多。还有,1992年印度与以色列建立了全面的外交关系,两国的政治、经济关系迅速发展。如1992年双边贸易额为2亿多美元,1997年上升到6.36亿美元。

作者点评:

这是一个剧烈变革的时代。印度国内是,整个世界亦是;客观形势是,主观观念亦是。首先,政治上议会民主制显现了真貌,一党独大的局面一去至今不返,国大党经历着历练,从1989年拉·甘地拒绝联合组阁到1991年拉奥接受现实,这便是最好证明。其次,政治与经济的关系问题,即两者孰先孰后的问题,其实在印度一直存在着。就尼赫鲁家族的三代总理来说，政治色彩一代比一代趋淡，而经济因素愈来愈浓，到拉·甘地时期，以经济为主、为重的问题已基本解决。再者，世界局势也如出一辙，1989 年苏联与东欧的剧变，在印度普遍看来，“这是教条政治趋向没落的结果”。冷战结束，和平与发展成为整个世界的主旋律，印度也深受影响。拉奥政府大张旗鼓并且卓有成效地进行了经济改革，这与中国的改革开放、东南亚等一些国家的迅猛发展，在世界的舞台上无形中展开了一场经济竞赛。这现象实际上也是世界历史发展的必然结果，最终“是经济说话”。此外，世界经济呈现出自由化、全球化、市场化的趋势，印度的观念也发生了变化，正与世界经济发展方向亦步亦趋。例如，坚持了几十年的“自力更生”的观念得到了新的诠释；又如，倡导出口、开放市场、吸引外资等政策措施，实际上是在鼓励印度经济迅速融入世界市场。还有，局势的变化和观念的变革在外交政策上也充分体现出来。由于发展经济成为主导方向，全球化经济又是一大特点，外交政策自然得到修正。经济外交为主，政治外交为辅的倾向越来越突出，外交的目的已演化成“为印度的经济发展造就一个合适的国际和周边环境”。因此全方位外交、多元外交以及睦邻外交成为势所必然。其实，这已不是印度特有的现象，而是同时代诸多国家的一种共性了。

第二十二章　全国阵线与全国民主联盟

一、1996 年大选

1996 年第 11 届人民院大选如期举行。参加大选的主要政党有国大党、印度人民党、以人民党为首组成的全国阵线、以两个共产党为核心的左翼阵线，还有声望不断提升的地方性政党，如泰卢固之乡党、德拉维达进步联盟及阿卡利党等。选举结果仍是一个“悬浮议会”，但印度人民党经过长期奋斗，终于力压国大党，一跃成为人民院第一大党。在总共 545 议席中，印度人民党获得 161 席，占席位总数的 29.54%，国大党得到 140 席，人民党本身为 46 席，印度共产党（马）是 32 席，印度共产党 12 席。

这次大选有两点值得注意。其一，议会中形成了势均力敌、分庭抗礼的三支力量。国大党及其盟友获得人民院 144 席；印度人民党及同盟湿婆军等共计 193 席；全国阵线、左翼阵线和一些强势地方性政党独立于上述两大党团，自行联合起来，称为“联合阵线”，据有 111 议席，成为第三势力。

其二，有些小政党在此次大选中表现较为活跃。大众社会党的创立者是坎西·拉姆，成立于 1984 年 4 月 3 日，因为这一天是贱民领袖安倍德卡尔的生日，由此可见该党代表的是表列种姓、低级种姓和下层民众的利益。大众社会党在北方邦颇有人气，1993 年邦议会选举中，获得 67 席，1995 年在印度人民党的支持下，在北方邦执政，表列种姓出身的女教师马雅瓦提是党的领袖，也担当了邦的首席部长。1996 年大选是印度人民党的同盟军，获得人民院11议席。社会主义党1992年10月成立于北方邦首府勒克瑙，以民主社会主义为宗旨。第二年在北方邦议会选举中，依靠低级种姓和穆斯林的支持而获胜，与大众社会党组成联合政府。1996年大选中获人民院17议席，属联合阵线，党的领导人雅达夫在1996—1998年的联合阵线政府中任国防部长。平等党成立于1994年，原人民党费尔南德斯派脱离人民党而建立，在比哈尔邦、奥里萨邦比较活跃。1996年大选获人民院8议席，属印度人民党的同盟。1998年大选获12席，其党魁后在印度人民党领导的全国民主联盟政府中任国防部长和铁道部长。

拉奥政府尽管在经济改革方面看似成就辉煌，尽管在竞选中不可不谓竭尽全力，但最后还是失败了。深究其因，这并非出人意料。经过经济改革，整个国家的财政、生产方面有了很大发展，但在分配上极不平均，增值部分或直接收益，大多为外国资本及其在印度的合资者，以及一些涉外的公司企业获得，为少数顺从大势的私有资本获得。相反，众多设备落后的中小民族资本受外资大鳄的打击，市场萎缩、生产下降，有的甚至破产。原本就经营不善的国营企业，更有40余万家倒闭和减产，由此又增加了大量的失业人员。并且，卢比贬值、通货膨胀及物价上涨，直接打击了普通百姓，令他们承担了改革的代价。因此，对这一部分的印度民众来说，经济改革在初始的动荡阶段产生的竟是负面影响。他们的直接反应就是不投国大党的票。

从国大党本身来看，它的内耗使其能量大损。在国大党内颇有权势的阿尔琼·辛格提出一人一职的原则，结果迫使拉奥辞去党主席的职务。北方邦的提瓦里、中央邦的阿尔琼·辛格在大选中另立山头，国大党在两个重要邦中的力量严重受损。1996年1月哈瓦拉贿赂案曝光，国大党七名内阁部长涉嫌贪污，不得不辞职。拉奥本人也受到指控，党的政治声誉大损。这些辞职官员因此未能成为国大党提名议员的候选人，他们不甘寂寞，就以独立候选人的身份参选，国大党的力量进一步分散、削弱。此外，国大党在策略上也时有失误。如在泰米尔纳杜邦，国大党选择全印安纳德拉维达进步联盟为竞选盟友，而该组织的领导人贾雅拉丽达由于贪污而威望扫地。国大党泰米尔纳杜邦组织据理与党中央力争未果，就另组泰米尔纳杜前进国大党，与德拉维达进步联盟结为竞选伙伴，结果国大党在该邦人民院议席的竞选中全军覆没。

印度人民党在这次大选中第一次成为议会第一大党,并且此前此后在印度政坛上都是一支举足轻重的力量。这一切是它几十年来奋斗的结果。印度人民党成立于1980年,其前身是1951年成立的印度教教派主义政党印度人民同盟。1977年大选时,印度人民同盟与几个反对党合并组成人民党,曾经击败国大党,组建了联邦政府。1980年,下台后的人民党产生分裂,以瓦杰帕伊为首的原印度人民同盟作为主要班底,与其他一些政党的部分成员一起,退出人民党,成立印度人民党。印度人民党以甘地主义为旗帜,带着宗教热情鼓吹印度教传统文化,并有着强烈的民族主义色彩,提出“一个国家、一个民族和一种文化”的主张。

印度人民党成立后,无论在区域范围、社会层面及中央议会,其势力不断拓展。成立之初,印度人民党的力量主要限于印地语腹地,其后向西、南、东三面扩展。在北印度根据地,它在六个邦的议会选举中,一步步获得进展,1989年得到59席,1991年获81席,1996年增至113席。在西印度,在马哈拉施特拉邦的1996年选举中,印度人民党与湿婆军联手竞选,击败了国大党并联合执政。在旁遮普邦,历来是国大党与阿卡利党两强争雄,但在1997年邦议会选举中,印度人民党白手起家,一举夺得18议席,而国大党只得到可怜的14席。结果印度人民党与阿卡利党组成了邦联合政府。在南印度的卡纳塔克,1989年印度人民党在邦议会中只占4席,1996年已增至40席。印度人民党在社会层面获得的支持广度也在不断扩大。成立之初,该党的社会基础主要是城市中有文化的印度教徒,从阶级来看,主要是工商业主、手工业者和广大市民,或者说出身中等种姓者居多。此后,它在高等种姓和低等种姓都获得持续发展。从选举得票情况表明,尽管印度人民党在表列种姓和表列部族中的得票率很低,但获得了高等种姓过半数的选票,也是获得低等种姓选票最多的政党。从另一角度看,无论在城市还是在农村的印度教徒中,它都获得了较多的选票。因此,印度人民党在历届人民院的选举中步步高升。1984年首次获得2席,1989年飙升为86席,1991年增至119席,1996年以161席居于首位。

印度人民党异军突起,吸引力和号召力越来越强,这是因为它顺应了社会发展的某些趋势。印度国内分离主义运动从未间断,各民族及各教派如锡克人、克什米尔的穆斯林、东北地区的诸多少数民族等,闹自治和求独立的斗争此起彼伏,这使占人口80%以上的印度教徒深感忧患与威胁。80 年代以后,社会上形成了一股强大的印度教复兴思潮,印度人民党顺应这一趋势,在 1989 年印度人民党大会上提出,力争恢复印度教在印度政治、社会、文化生活中的主导地位,用印度教精神一统全民思想,并作为制订国家政策的基础。而且,它还一再强调国家和民族的统一。

印度人民党的战斗力越来越强,这首先应归功于长期艰难的斗争环境使它得到了锤炼,如印度人民党及其前身印度人民同盟成立后,组织多次遭禁,主要领导人几乎都曾被捕入狱,可说是历经磨难或久经沙场。其次,印度人民党内部比较团结,组织相当严密,并逐渐形成了一批斗争经验、组织能力和宣传能力比较突出的中坚骨干。第三,城镇中小工商业主是印度人民党传统的社会基础,在 80 年代以来的经济自由化改革中,他们是主要的得益者。随着政治、经济地位的提高,他们发挥的作用和影响力越来越大。这大大提升了印度人民党的形象。第四,印度人民党大张旗鼓宣传,要将印度建设成世界瞩目的第一流大国,要在国际事务中取得应有的话语权。该党还主张采取强硬的国防政策,它指责拉奥政府削减军费,忽视军队现代化建设,这样一旦发生战争必将处于劣势。印度人民党强调印度应坚持核武器计划,不在外力压迫下放弃导弹的发展。这种强烈的民族主义的情结,赢得了官员、军人和知识分子的喝彩,这些人也成了印度人民党的强力支持者。

印度教庙

第五,印度人民党勇于争斗的同时,也善于吸取教训,并及时修正政策。在拆毁巴布里清真寺的骚乱中,拉奥政府在 1992 年 10 月 15 日对印度人民党主政的重要四邦实行总统治理。次年 11 月,总统治理期满,依宪进行邦议会选举。民众对于印度人民党过激的教派煽情的反感，在投票中表达出来了。结果，印度人民党在中央邦和喜马偕尔邦败在国大党手下，在教派流血冲突的肇事地北方邦也易手社会主义党和多数人协会党的联合政府，仅在拉贾斯坦邦侥幸获胜。三邦失守令印度人民党震动，瓦杰帕伊等人指出党在阿约迪亚运动中的重大失误，呼吁吸取教训，修正政策。此后，印度人民党减弱了宗教宣传，更多以世俗主义的政治主张和经济要求来争取城镇和乡村的下层社会民众，向原先势力薄弱的南方发展，并取得了显著的效果。

第六，印度人民党由小到大、由弱变强，这与瓦杰帕伊、阿德瓦尼等一批能力出众、风格各异的领袖的引导分不开的。阿塔尔·比哈里·瓦杰帕伊 1924 年 12 月 25 日生于中央邦瓜廖尔的教师家庭，获文学硕士学位。后又进入勒克瑙大学攻读法学，因参加政治活动中途辍学。1941 年参加印度教教派组织“国家公仆会”，1942 年加入国大党，同年因投身独立运动被捕。1947 年印度独立后脱离国大党。1951 年参与创建人民同盟并先后任书记和主席，还被选为该同盟的议会党团领袖。1977 年组建人民党，是重要领袖之一。1980 年另组印度人民党后，曾任主席和议会党团领袖。1957 年以来几乎一直当选人民院和联邦院议员，1977—1979 年任人民党德赛政府的外交部长，1979 年访华，打开了中断二十多年的两国高层对话的渠道。1996 年领导印度人民党获得大选的胜利。瓦杰帕伊为政廉洁，为人正派，亲和力强，深得党内拥戴，他在印度人民党中属稳健派或温和派，如在阿约迪亚运动中反对拆毁巴布里清真寺的过激行为。在政治观点上，他认为苏联为首的社会主义阵营解体，表明国际共产主义运动已失败，而资本主义也不会成功，因此希望带领印度闯出充满印度民族主义理想的“第三条道路”。

阿德瓦尼 1927 年 11 月 8 日出生于今属巴基斯坦的信德省的海德拉巴。毕业于孟买大学法律系，早年参加“国民志愿服务团”，1967 年当选新德里市政委员会主席。1970 年入选联邦院。1973—1977 年担当人民同盟主席。英·甘地实行“紧急状态”时被捕入狱。1977 年参与组建人民党，在德赛政府中任广播与宣传部长。1980 年脱离人民党，是印度人民党的创建者之一，并在 1986 年接替瓦杰帕伊当选印度人民党主席。阿德瓦尼是党内的激进派领袖，教派主义色彩很浓，他有着极强的组织能力和宣传能力，善于煽动和利用宗教情绪。1990 年因“战车游行”、1992 年因“捣毁巴布里清真寺”先后被捕入狱。1995 年 10 月连续第四次当选党主席，在第 11 届大选中带领全党获得胜利。

二、组阁风波及联合阵线政府

1996 年 5 月 15 日，在总统夏尔马的授权下，印度人民党组建了政府，瓦杰帕伊担任总理。但是，印度人民党政府未能维持长久。5 月 20 日，人民党与两个共产党为首的左翼联盟等 13 个政党组成联合阵线，拥有 190 多个议席，它们决心阻击印度人民党执政下去，并与持同样意图的国大党一起，在议会对印度人民党的信任表决中投反对票。结果印度人民党得到的赞成票为 195 票，反对票为 313 票。5 月 28 日，瓦杰帕伊不得不辞职，印度人民党政府仅存在了 13 天。此时，国大党仍未能完全摆脱一党掌权的旧观念，不愿与其他政党分享权力，所以尽管作为第二大党，对于结盟组阁并不积极；同时第三阵营的强大，国大党要凑得众多小政党支持而在议会中获得多数也并非易事；最后其情愿以在野地位支持联合阵线组阁。于是在总统授权下，1996 年 6 月 1 日联合阵线 13 个政党经过协商，成立了新一届政府，并推举原卡塔纳克邦首席部长德维・高达出任总理。

高达是人民党领袖，1933 年 5 月 18 日出生于南印度卡塔纳克邦的农村，自称“土地的儿子”。他边耕田，边读书，19 岁时获得土木工程学位。1953 年加入国大党，1962 年退出，并以独立人身份当选卡塔纳克邦议会议员。英・甘地实行紧急状态时曾入狱。70 年代末任卡塔纳克邦人民党主席。1983 年和 1994 年人民党在卡塔纳克邦议会选举获胜，高达两任该邦首席部长，1991 年当选人民院议员。

高达就任时面临两难，一方面他认为，一个政党控制中央政府的时代已不复存在，诸多政党或联合政治力量群雄并起，该听听它们的声音了。另一方面，高达政府是靠国大党在外部的支持才得以执政并维持的，所以在政策大局上不得不对国大党的看法有所顾忌。最后还是因国大党撤销了支持，根底浅疏的高达政府仅维持了 10 月余。

1996 年 9 月，拉奥涉嫌受贿辞去国大党主席职务，由凯斯里接任。1997 年 1 月，凯斯里又当选为国大党议会党团领袖。他上台后，以增强党内团结和振奋党威为号召，呼吁原先的国大党人回归。索尼亚・甘地夫人也予以支持并施加影响。国大党蒂瓦里派、中央邦发展党、泰米尔纳杜国大党等，有些甚至从原先已加入的联合阵线中退出，重新回归了国大党。这样议会中的力量发生了变化。此时凯斯里判断，如果现在倒阁成功并由国大党组阁，既可树立党威，又可巩固自身地位。于是，他借一大串理由，如国大党的政策在政府内屡屡遭反对，政府未能制止教派的对立活动，以及物价上涨、失业增加、社会治安糟糕、内阁玩忽职守等等，然后宣布采取“非常行动”，撤销对高达政府的支持。1997 年 4 月 11 日议会在信任投票中，对高达政府的不信任票为 292 票，赞成票为 158 票，8 票弃权。

现代建筑

高达政府下台后，联合阵线立即开会协调各党立场，并作出了坚决抗争的强硬政策，即决不支持国大党或印度人民党组建政府，宁愿重新举行大选。国大党原以为联合阵线遭此打击后会分崩离析，现在适得其反。在无望单独组阁的情况下，国大党提出妥协方案，只要替换高达，国大党可恢复对联合阵线的支持。于是双方实行了“体面的和解”。

1997 年 4 月 21 日，原外交部长古杰拉尔继任联合政府的总理。古杰拉尔 1919 年 12 月 4 日出生于现巴基斯坦的杰赫勒姆市。学生时代就投身于反英国殖民统治的政治运动中，1930 年他带领一批儿童游行示威时遭到警察毒打。他就读于拉合尔医科大学，并显示出组织才能和领导能力，担任过拉合尔学生联盟主席。他因参加民族解放运动两次被捕入狱。1947年印度独立时,其全家由巴基斯坦迁居新德里。50年代后期加入国大党,1964年成为联邦院议员。以后一直追随英·甘地,1976年后任印度驻苏联大使四年。后脱离国大党加入人民党(社会主义),1989年后任人民院议员。在维·普·辛格政府和高达政府时,先后两次出任外交部长。

然而仅仅七个月,国大党又一次宣布撤销对联合政府的支持。起因是"拉·甘地遇刺案"的调查报告指控德拉维达进步联盟与刺杀拉·甘地的斯里兰卡的泰米尔人组织过往甚密。11月17日国大党议会党团开会,决定要求古杰拉尔总理将德拉维达进步联盟的三名部长清除出政府,否则将撤销对联合阵线政府的支持。19日国大党正式向古杰拉尔总理提出这一要求。11月28日,不愿屈从的古杰拉尔政府不得不提出辞呈。在三大政党集团都无法凑足单独组阁所需的多数信任后,12月4日总统纳拉亚南依宪法程序,宣布解散人民院,定于1998年2月举行新一届大选,并责成古杰拉尔作为看守内阁总理留任。

第十二届人民院大选在1998年2月16日至3月7日举行。联合阵线已基本离析,各党自行竞选。但以印度人民党为核心的13个政党却在1997年4月组成了全国民主联盟,在竞选中颇有气势。该联盟中各政党的性质比较纷杂,其中有印度人民党、湿婆军等宗教性的政党,有阿卡利党、全印安纳德拉维达进步联盟等地区性政党,还有平等党等一些种姓政党。国大党为东山再起,力请索尼亚出山主持竞选,再次利用尼赫鲁家族的旗帜来招徕人心。由于国大党一年中两次出尔反尔,颠覆了高达政府和古杰拉尔政府,引起民众的不满,也由于国大党虽有索尼亚助阵,但未能提出有吸引力和号召力的纲领和政策,因此最后仍难免再遭败绩。选举结果是印度人民党再居首位,获得182议席,国大党其次,得141席。其他还有印度共产党9席、印共(马)32席、社会主义党20席等。总统授权第一大党印度人民党组织政府,此时全国民主联盟在人民院的总议席数为264席,尚未过半数。在这关键时刻,获得12议席的安得拉邦的泰卢固之乡党决定对全国民主联盟予以外部支持,终使后者勉强过半数,顺利组阁。

1998年3月19日,全国民主联盟政府宣誓就职,瓦杰帕伊再任总理。印度人民党上台后,一反竞选前的激进面貌,而以务实的态度推进它的治理。原先印度人民党一直叫嚣要付诸实施三大任务,即建立罗摩庙、取消宪法370条以及建立全印统一民法，而在1998年3月18日印度人民党及其联盟公布的施政纲领中，却将这无法达成一致的所谓的三大任务束之高阁，转而将发展经济放在首要地位，并提出了一系列确保国民经济增长的措施。

瓦杰帕伊

全国民主联盟的统治并非一帆风顺，1999年4月印度政局出现新的动荡，直接起因是内部产生分歧，是联盟内第一大党印度人民党与第二大党全印德拉维达进步联盟间的矛盾激化。引起危机爆发的导火索是海军参谋长帕格瓦特被免职事件。帕格瓦特因不同意国防部安排哈达林·辛格任海军副参谋长而遭到解职。许多军官和媒体认为这桩任命有浓重的政治色彩，违背了军队不牵涉政治的传统，他们纷纷为帕格瓦特鸣不平。政府和军界的草率做法以及后来的含混解释更激起军官们的不满。随后16名陆军和空军的将军联名上书总统，表示对海军军官们质疑的支持，并强烈反对军官任免政治化。各方的批评矛头直指国防部长及总理本人。

全印德拉维达进步联盟与印度人民党常有磨擦，双方存在着一些利益冲突。前者本来希望借助政府的帮助，将它在泰米尔纳杜的主要对手德拉维达进步联盟组建的邦政府赶下台，但瓦杰帕伊受本身利益所驱，一直按兵不动。其二，全印德拉维达进步联盟总书记贾雅拉丽达被控贪污受贿将受到追究，她希望政府能出面开脱，但未能如愿。其三，贾雅拉丽达认为她的党仅有两人入阁担当部长，与党的实力不相符合，要求另增加七人。瓦杰帕伊断然拒绝，因为全印德拉维达进步联盟总共才18名议员，如九人入阁，几占一半。

贾雅拉丽达在正式发难前，与索尼亚进行了会晤，在取得默契后，全印德拉维达进步联盟提出三点要求：费尔南德斯辞去国防部长；恢复帕格瓦特的职务;议会成立联合调查组对此事调查深究。在遭到拒绝后,全印德拉维达进步联盟宣布退出全国民主联盟。18 议席流失后,全国民主联盟在议会已不足半数,并在 4 月 17 日的信任表决中以 269 比 270 一票之差败北。其后索尼亚曾寻求组阁,但国大党反对组织联合政府的立场,使原本意图借合作而入阁的社会主义党大失所望,该党曾一齐倒瓦杰帕伊,现在又作梗国大党组阁。索尼亚终未能凑集足够的支持。仅隔 13 个月,总统纳拉亚南只好再次宣布 1999 年 9 月举行第十三届人民院大选。

以印度人民党为核心的全国民主联盟仍遵循既定方针,积极投入竞选。国大党是有备而来,以党主席索尼亚挂帅,巡游、演讲、宣传,尽心尽力。原先的联合阵线则呈分化趋势,如德拉维达进步联盟、克什米尔国民会议党等投入全国民主联盟,另有一些成员如两个共产党等左翼阵营则各自为战,并仍旧与印度人民党和国大党两大阵营保持一定距离。选举结果,印度人民党获得 182 议席,仍为人民院第一大党,国大党积重难返,仅得 113 席,甚至比上届还少。其他一些主要的独立竞选的政党,如印度共产党(马)为 33 席,印共为 3 席,泰卢固之乡党为 29 席,社会主义党为 25 席。

全国民主联盟再次获得组建政府权,为防止再有个别政党撤销支持、联邦政府就会陷于瘫痪的覆辙,联盟阵营扩大为 24 个盟党,加上外部支持的泰卢固之乡党,全国民主联盟牢牢把持了议会的多数。1999 年 10 月 13 日新政府宣告成立,瓦杰帕伊继续担任总理,并平稳地渡过了五年任期,"联合政府不能进行长久、有效统治"的旧观念就此作古。

三、经济改革与社会治理

政治上政府频繁更迭,经济上一如既往平稳发展,社会痼疾正在治愈,但沉渣仍不时泛起,这已成为近十年来印度局势的一大特点。

联合阵线两届政府共执政了 22 个月,时任财政部长的奇丹巴拉姆起草了"最低共同纲领",明确把发展经济放在首位。他曾在拉奥政府中任商业部长,因此有利于保持经济政策的一贯性。其中,经济发展的一大重点是农村建设,纲领指出没有农业的持续和全面发展,任何改革战略都不可能成功。因此政府把预算的 60% 投向农业,加强农村的基础设施建设,重点扶持小农,扩大农业信贷,发展食品加工业和促进农副产品出口等。联合阵线政府认为经济发展的另一关键是大量吸收外资,这不仅有立竿见影的效果,而且可以引进现代化管理,并可为产品开拓新的市场。所以在外资引进上必须有大的突破。1995 年印度吸收外资为 20 亿美元,而高达政府计划从 1996 年起,每年吸引外资 100 亿美元。为达到这一目的,政府出台了一些具体的措施,如进一步放宽外商参股的上限,在 35 类优先发展的工业门类中参股限额由 51%提高到 74%;国外金融公司在印度证券市场上的投资比例限额由 24%上升至 40%等。

印度独立五十周年庆祝夜景

全国民主联盟政府自 1998 年至 2004 年执政了六年多,第一任财政部长亚什瓦特·辛格曾把这一阶段的经济发展概括性地分为前后两期,前两、三年只是承上启下,把既往的进展推向前进,而进入 21 世纪后则推出了"第二代经济改革"。

1998 年 3 月全国民主联盟的施政纲领以及 1999 年 3 月 13 个政党签署的"治国纲领"是前期经济发展的指导方针。政府以优先考虑民众的充分就业和加快基础设施建设、尤其是能源和电力生产的发展为重点,来确保国民经济的增长。政府提出"消灭失业"的口号,认为这口号不仅体现了历届政府孜孜不倦追求的"消灭贫困"的最终目标,而且充分显示了国家发展中的人道精神。与"消灭失业"相辅相成,政府还强调对农业和小型工业的大力扶持。1998 年的施政纲领提出要把 60%的计划资金投向农业,因为农业不仅是全国建设的基础行业,而且农业、小型工业及自谋职业占了就业的 80%。

进入 21 世纪后,为继续努力将印度经济推向自由化和全球化,印度的经济改革逐步走向深化,涉及了一些过去未曾触动的关键问题,如劳工市场改革，价格体制的管理与改革，以及经济领域的立法和司法体制的建立与改革。至于一些已具体实施中的政策和措施，也被加以重大调整。例如，对外资的政策进一步宽松，准允其投资基础设施，如公路、港口、桥梁、150亿卢比以下的电站等，并且外资可以100%控股；其他如软件开发、大宗粮食贸易和加工、非传统能源等领域，外资现在亦可独资经营。2003年的后九个月，印度引进的外资达到100多亿美元。在金融方面，外资投资银行、证券市场的限额都进一步提高到49%。原先保留给小型企业的门类不断减少，以提高市场调节的活力。自2003—2004年度起，印度进行了全国性的税制改革，实行统一增值税制度。

经济改革的成果相当显著。自1996年以来，印度的经济维持了较高的发展速度。1996—1997年度国内生产总值比上年度增长了8.2%。1997年后，由于亚洲金融危机和世界性经济衰退，印度的经济增长率尽管也出现下降，但相对来说仍维持在一个较高水平，从1997年至2003年，国内生产总值的平均年增长率仍达到5.3%。2003年以后印度的经济发展又迎来一个高潮，2003—2004年度的增长率高达8.7%。政府计划委员会认为未来几年年均增长率达到8%—10%是完全可能的，印度是继中国之后另一个快速发展的国家。从发展领域来看，除了农业、传统工业保持了比较平稳发展的态势，服务业呈现较快发展之外，新知识产业领域的快速增长更加显著，为印度经济的“光芒闪耀”发挥了巨大作用。信息技术产业已成为印度的龙头产业之

莲花宫

一,印度的软件及其服务业出口连续保持20%以上的年增长率。生物技术产业在印度也有了长足的进步,不管是理论性的人类基因研究、干细胞研究,还是已转化为商品生产的生物制药、转基因技术和生物信息产业,其发展势头十分迅猛,并仍在继续。此外,在核能的和平利用和空间技术的研究和应用方面,印度都在大踏步赶上。1990—1991年度印度的外汇储备几尽枯竭,以后其外汇储备基本保持上升势头。1996年至2000年印度的外汇储备年均增加40亿美元,"第二代经济改革"后增幅进一步扩大,2004年印度外汇储备突破了1 000亿美元大关,据不完全统计,2005年第三季度时外汇储备已达1 400亿美元。财政部长贾斯万特·辛格甚至要求工商业主"不要把钱锁在保险柜里"。

印度在加大吸收外资的同时,也大力倡导"走出去",鼓励印度跨国公司向海外投资。1992—1993年度拉奥政府取消了企业以现金直接投资海外的限制,此举虽然可说在真正意义上为投资海外打开了大门,但仍设了一道门槛,即无需批准的限额定在200万美元。联合阵线政府时期,无限制投资额扩大到400万美元。2000年全国民主联盟政府的《外汇管理法》将海外投资的限额提高到一亿美元。2001年至2003年,印度年均海外实际投资额约为9亿美元。

在经济改革的积累中,印度逐渐发展起了一批实力雄厚的跨国公司,至今已达20多家,在印度和世界经济舞台上十分活跃。例如,阿齐姆·普雷姆吉是维普罗尔技术公司的董事长,号称印度的比尔·盖茨。1967年因父亲去世,中断了在美国斯坦福大学的学业,回到孟买经营杂货店,80年代转型,从事电脑硬件生产,90年代则以软件的开发及其服务业为核心产业,并且率先研制进入互联网和电子商务的软件,今天已是印度数一数二的信息公司和软件出口公司。1998年该公司的股票在美国纳斯达克上市,普雷姆吉身价猛增,数年来一直在《福布斯》全球超级排行榜上稳居前100位。安巴尼财团由父子创办经营,是印度的石油和石油化工大王,以后又经营发电站和电信事业。1997年1月财团属下的里拉安斯工业公司在国外成功发行了为期100年的债券一亿美元和30年期限债券2.14亿美元,这使该公司声名大振,跻身于可口可乐、迪斯尼、IBM之列,成为发行世纪债券的公司。其他如塔塔财团、比尔拉财团等则是老树开新花,这两大历史悠久的财团在经济改革的浪潮中,不断进行产品结构的调整和转型,至今雄风犹在。而在2005年《福布斯》全球富豪榜上,印度的钢铁大王拉克希米·米塔尔的排位从上一年度的62位，一跃进入世界十大富豪之列的第三位。

印度的第十个五年计划(2002—2007)正在实行中，从计划的主要数据中，我们能一瞥其发展的态势。"十五计划"的总开支为159 230亿卢比。国民生产总值的年增长率设定为8%，出口年增长率为12%；年均吸收外资75亿美元；五年内贫困人口从26%降至19%。2003年美国高盛公司专家们预测，在未来的50年中，经济取得较快增长的国家是印度、中国、巴西和俄罗斯，预测印度的年均经济增长率为5.8%，中国为4.9%，而同期的美国和日本分别为1.8%和1.4%；印度的国内生产总值在2020年将超过法国、2025年超过德国，成为仅次于美、日、中的第四大国。

在社会治理方面，印度国内长期骚乱的动因如教派冲突、种姓压迫、中央与地方的矛盾等，到90年代后期渐趋平稳，但稍有风吹草动沉渣有时也会泛起。

2002年的古吉拉特事件是一次教派矛盾和冲突的集中反映。2月27日，约300余名印度教徒参加了阿约迪亚的宗教活动后，乘坐火车离开，途经古吉拉特首府附近的格特拉车站时，遭到2 000余名穆斯林狂热分子的纵火袭击，四节车厢被焚毁，当场造成58人死亡，43人受伤，引发了自1992年以来印度最严重的教派流血冲突。印度教极端分子立即在古吉拉特邦各大城市对穆斯林报复，焚烧清真寺、住宅、商店等，流血冲突导致1 000余人死亡，1 000余人失踪，财产损失达几十亿卢比。瓦杰帕伊痛斥教派仇杀的卑劣行径为"印度的耻辱"，并采取有力措施，如实行戒严及派军队平乱等，防止了骚乱事态扩展到全国。同时瓦杰帕伊向印度教教派领袖发出呼吁，要求他们放弃3月15日重建罗摩庙的计划。13日最高法院判决禁止在阿约迪亚寺庙遗址举行建庙仪式。为防止15日有人闹事，政府在全国逮捕了约1.8万人。骚乱大体在5月底平息，然而9月24日黄昏，教派冲突再次返潮，是时古吉拉特邦首府的阿克萨达姆神庙发生了宗教狂热分子的袭击事件，又造成46人死亡，100余人受伤。

为了更好治理地方，也为使地方更好地发展以及尽量杜绝地区矛盾激化，印度议会在2000年8月2日、11月1日和11月8日，先后通过决议，组建了贾克哈德、查提斯加尔和乌塔兰查三个新邦，它们分别从比哈尔邦、中央邦和北方邦分割出来。三者都有自己的语言和历史传统，并且较早就有单独建邦的意愿。新三邦建立的整个过程平稳有序，过去新邦建立时常有的动乱现象，已不再出现。

四、印度的核能政策

印度核能政策的制订和发展，与国内政治、经济形势及国际形势的演变，与历任印度领导层的观念，有着密切的关系。

1947年印度独立时，各国民众刚从第二次世界大战的炮火中走出，厌战浓烈，渴望和平，对用于战争的核武器非常反感。取得自主和自由的印度也十分希望天下和平，以便全力以赴解决国内民主和民生问题。其次，印度是世界不结盟运动的倡导者和领袖之一，第一次不结盟国家首脑会议的《宣言》就提出了"禁止核战争"。还有，美苏两强的核竞赛以后愈演愈烈，一时使世界处于是否会爆发第三次世界大战而且是核战争的恐怖中。因此，尼赫鲁在整个统治时期基本上贯彻了和平利用核能的政策，换言之，既反对用于战争或战争威胁的核武器，又科学利用核能为民造福，为经济发展提供动力。从历史上看，1945年塔塔公司在新德里设立了"塔塔基础材料研究所"，开始对核物理进行研究。1948年4月4日尼赫鲁在制宪会议上提出了为和平利用目的发展核能的设想。当年印度成立了原子能委员会，负责制订相关政策和确定研究项目。1954年又成立了原子能部，推进核能开发和利用，由尼赫鲁兼任部长。50、60年代，尼赫鲁在各种国际场合多次表示了印度主张禁止和销毁核武器的立场。1957年1月尼赫鲁在主持阿普萨拉核反应堆建成仪式时，表示印度在任何情况下，永远不会把原子能用于罪恶目的。当然在另一方面，后期的尼赫鲁企图称雄南亚，控制印度洋，进而争当世界一等强国，他对于拥有核武器与提升印度的国际地位和声望之间的关系是十分清楚的，所以他对于原子能委员会主席霍米·巴巴的核能计划，予以了肯定的支持。

夏斯特里政府的核能政策有了重大转变。1964年中国原子弹爆炸成功是一次重大冲击。印度议会在辩论时，强硬派指出"印度拒绝接受与中国不对称的地位"，因此"原子弹对付原子弹"的观点占了上风。1965年夏斯特里批准了原子能部门制订的地下核试验计划，这是印度核武器付诸具体实施的开端。但在舆论上夏斯特里仍给核试验冠以"发展和平的核爆炸"。此时霍米·巴巴正秘密向美国寻求核技术援助，只是美国决定奉行核不扩散政策，印度未能如愿。

英迪拉·甘地执政后在行动上终结了不发展核武器的政策。1968年英·甘地以《核不扩散条约》带有歧视性为由,拒绝签署该条约,为印度保留了核武器选择权。1971年印巴战争,美国谴责印度为侵略者,并将载有核武器的航空母舰的编合舰队开往孟加拉湾,这又一次刺激了印度。国内的辩论更倾向于政府公开宣布"和平核爆炸"。1972年英·甘地政府公开授权建立一个统筹核试验的机构。1974年5月18日印度在波卡兰进行了名为"佛陀微笑"的第一次核装置爆炸,展示了生产核武器的能力。英·甘地第二次执政后,主张发展核武器的舆论已成为主流,印度实行了"尊重实力"的现实主义政策。军界认为"弱小不会得到人们的尊重,当今世界是实力说话"。政界认为印度的核战略环境是中国、苏联核大国压境,海上游弋着美国的核力量,巴基斯坦正在获得制造核武器的能力,因此印度发展核武器是无庸再争论了。他们认为美国迫不及待与中国建交,那是因为中国拥有核武器和八亿人口,中国的经验值得借鉴。统筹全局的英·甘地,尽管发展核武器的政策没有改变,但出于国内和国际的政治、经济形势的考虑,谨慎地放慢了核试验的脚步。例如她曾授权进行另一次核试验,但在24小时内又下令取消了。

拉吉夫·甘地政府时期,印度政界、军界的强硬派提出建立和部署核能储存库的要求。拉·甘地出于对美苏的外交考虑,出于国内经济状况和改革的考虑,未答应强硬派的建议,但在提高和改善裂变武器研究方面,在核武器的设计和弹道导弹的发展方面,给予了一定的支持。所以拉·甘地对核武器一直实行不装配、不实验和不部署的政策。拉奥政府上台,以拯救国内濒临崩溃的经济为己任,进行了大刀阔斧的改革,无论从精力和经济力对于核试验的支持都暂时有力不从心之感。从外部国际形势来看,冷战刚结束,两个超级核大国的对抗趋缓,中国全神贯注于国内的改革开放,世界形势的走向是和平与发展,因此拉奥政府限制了核武器的研制和试验,削减了费用开支。这一政策遭到了叫嚣建立核大国的在野的印度人民党的猛烈抨击,他们认为政府还徘徊在保留核选择的十字路口,这是一种彻底的失败。然而在拉奥政府后期,这一政策有了松动。当1995年5月,《核不扩散条约》获得永久性延长时,拉奥政府对这"歧视性"的国际条约公开表示反对。此时印度经济已经好转并有了长足的发展。拉奥政府曾打算进行两次核试验,但经通盘考虑后,最终还是取消了决定。

1998年大选，印度人民党将核试验作为竞选宣传的一部分，正式执政后，印度明确地实施了核选择权。政府高层声称："核弹将赋予我们威望、国际话语权和地位"，"核武器能使我们昂起头，理直气壮地说话"。同年5月11日，印度进行了三次地下核试验，分别是1.5万吨当量的裂变装置、当量4.5万吨的热核装置和一个当量200吨的小型装置，5月13日又试验了两次分别为300吨和500吨当量的核装置。这集中而多种类的核试验被取名为"实力"，既展示了印度设计和制造核武器的能力，又表明了进军核大国的志向。

印度人民党的核政策在国内外产生了很大的影响。印度在连续的核试验后，制订了一系列相关政策和措施，加快了核能化国家的进程。1999年8月17日，印度出台了"最低限度有效核威慑"的战略草案。就其内容来看，第一，制订了核武器原则，表示印度是负责任的有核国家，声称不首先使用和不对无核国家使用核武器，在遭受核打击时则进行有效的惩罚性报复。第二，建立控制核力量的指挥机构，由国家军事战略司令部、情报机构、通讯中心、核武器的研发和生产指挥中心等部门组成，确保核武器的配备、使用和储存的统一和有序。第三，"最低限度的有效核威慑"包括拥有适当数量的核弹头、2 500公里以上射程的导弹以及"三位一体"的核力量布局，即计划建立以陆上基地弹道导弹为主、空中飞机和海上核潜艇为辅的核力量体系。据美国中央情报局分析，印度现今核弹头总数已达70—90枚，并且制造潜力十分惊人。

由于核武器化的耗资巨大，印度政府的军费开支迅速增长。1998—1999年度的国防预算为100亿美元，1999—2000年度增加到124亿美元，下一年度又上升至159亿美元。而且原子能部用于发展核武器的费用以及发展弹道导弹的费用，分别都有另外调拨的专款，如1998年，用于航天及导弹的专项拨款为160亿卢比，用于核能的拨款为137亿卢比。2000年5月，印度政府决定以巴巴原子能研究中心为主，实施为期30年、耗资160亿美元的核力量发展计划。

为核弹配备运载工具，印度加速了导弹的发展。1983年国防研究和开发局提交了综合制导导弹的开发计划，其中主要包括中程、远程弹道导弹和近程、中程防空导弹及反坦克导弹等一揽子开发和发展规划。1988年印度首次发射"大地-1"型导弹，而1999年发射的"烈火-2"导弹，其射程已达2 500公里，可以打击巴基斯坦境内任何目标。现今印度正积极研制射程超过 5 000 公里的“太阳神”洲际导弹，以及“萨加里卡”海下潜射导弹。

1998 年，印度政府关于核试验的公开借口是“中国威胁”论。时任国防部长的平等党主席费尔南德斯在核试验前大肆宣扬“中国是潜在的头号威胁”，“中国潜在的威胁远甚于巴基斯坦”，甚至说“中国在与印度交界的一些地方储备了核武器”。他还说中国援助巴基斯坦的导弹技术可打击印度的大部分领土等。中国对这类言论予以了严厉驳斥和批评，对这种做法嗤之以鼻，对印度核试验本身在宣传上基本以冷处理待之。

美国以坚持核不扩散原则为理由，立即对印度的核试验作出了反应，并予以制裁。美国冻结了 1998 年对印度的开发援助款、农产品援助和以前援助未用完的款项。世界银行和国际开发组织也冻结了援助印度的部分贷款。为缓解紧张关系，印度采取主动姿态争取得到谅解，如一再强调印度核武器原则，再三标榜自己是“最大的民主国家”、“亚洲的平衡力量”，声称“印美是天然盟友”，等等。毕竟印度是美国商品和投资的巨大市场，并且美国政界和国会中有一股强大的反华力量，欲利用印度牵制中国，1999 年 10 月 27 日，克林顿总统宣布取消对印的部分制裁。

德、日两国是响应美国对印度制裁较为积极的国家。例如日本停止了所有政府的援印项目，印日关系一度降温。俄罗斯叶利钦总统仅对印度核试验表示了一下失望，但仍按原计划访印，俄外长普里马科夫明确反对经济制裁印度。俄杜马主席则公开赞扬印度核试验并祝贺印度成为核国家。英法对印度核试验表示遗憾，但拒绝对印制裁。1998 年 9 月法国不顾西方谴责印度的舆论，仍邀请瓦杰帕伊总理如期访问法国。

五、联合政府的外交政策

在联合阵线的两届政府中，古杰拉尔先是外交部长，后来担任总理，因此在这一阶段的对外交往中发挥了积极的作用，尤其在改善与南亚邻国的关系方面作出了贡献，也显示了一定的个人特色，因而其外交政策被称为“古杰拉尔主义”。古杰拉尔重新解释了不结盟原则，强调印度在国际交往中的指导思想是“坚持独立思想、独立决策和独立行动”。有关与南亚诸国的睦邻关系问题，1996 年 8 月古杰拉尔在伦敦的讲话中具体提出了五项原则：1. 在处理与斯里兰卡、孟加拉、不丹、马尔代夫和尼泊尔的关系上,应诚恳而信任地给予力所能及的一切帮助,并且不图任何回报。2. 互相尊重主权与领土完整。3. 不允许将本国领土用来损害这一地区其他国家的利益。4. 不干涉他国内政。5. 通过双边和谈解决争端。古杰拉尔主义为印度在南亚地区发挥最大的影响力,夯实了基础。这五项原则也适用于东盟及环印度洋地区合作联盟的 14 个国家。

在南亚地区印巴关系总是居于首要地位。1997 年古杰拉尔总理与巴基斯坦总理在南亚区域合作联盟会议期间进行了会谈,双方决定恢复自 1994 年 1 月以来中断的高层接触。1998 年新的因素又搀杂进来,整个局势需要重新审视。3 月,全国民主联盟执掌印度联邦政府,5 月,印度和巴基斯坦在时隔两周期间,先后并且分别进行了五次和六次核试验,完全改变了两国关系的背景。双方公开进行核弹和导弹等的核军备竞赛,充满危机的核对抗的南亚地区引起了全世界的关注。由于印度在常规军力方面拥有绝对优势,当核武器因素出现时,印度策略性地作出对巴不首先使用核武器的承诺,企图换来巴方同样的许诺,这样印度可用常规军力优势压制住巴基斯坦。但巴基斯坦一直不予回应。此外,与印度文官掌握国家核指挥体系不一样,巴基斯坦建立了世界上唯一由军队控制核武器的指挥体系,因此印巴间的任何军事冲突随时有可能升级为核对抗。

核对抗中不会有胜利者,印巴双方不得不探寻和平通途。核试验后第一个有"重要历史意义"的外交行动是"巴士外交"。1999 年 2 月 20 日瓦杰帕伊乘坐巴士来到拉哈尔城,对巴基斯坦进行两天正式访问。两国领袖会晤后签署了《拉哈尔宣言》,表示以和平方式解决两国间的争端,其中包括克什米尔问题。双方发表联合声明,同意成立一个印巴商会,开展双边贸易。以后双方还就核问题进行了讨论,同意加强相互信任,避免核对抗。两国领袖商定将继续进行高级官员的新一轮会谈。

缓和气氛仅仅维持了两个多月,1999 年 5 月至 7 月,双方爆发了大规模的武装冲突。5 月初,大批穆斯林武装分子越过巴基斯坦边境,占据了印控克什米尔卡吉尔地区的一些制高点,印巴双方发生了激烈战斗。卡吉尔冲突历时 70 余天,印军还动用了空军作战,双方都遭受了重大伤亡,最后以穆斯林武装分子撤出而告终。由于印巴已是拥有核武器的国家,这场被称为"非战之战"的对抗,给南亚和全球的和平与稳定带来严重威胁。各国对此表示了关注,中国呼吁双方维护克什米尔控制线的现状,尽快达成停火,通过双边协商解决争端。美国表示,实际控制线已长期存在,理应以此为界,双方应坐下来和平协商。俄罗斯认为,印度是清剿武装渗透者,属自我防卫,维护主权……

直至2001年7月15—16日,巴基斯坦总统穆沙拉夫与瓦杰帕伊举行了阿格拉会晤,两年以来两国的僵持对立才有所突破。但由于双方的分歧太大,这次会谈没有产生具体的结果。

两个月后“9·11”事件发生,美国出兵阿富汗,南亚局势直接受到影响。印度意图把克什米尔地区的不安定与恐怖主义联系起来,借国际反恐的气势,一举击垮巴基斯坦。10月1日印控克什米尔邦议会发生爆炸,造成死38人,伤60余人,印度声称此案是巴境内恐怖组织所为,应炮击巴境内恐怖武装分子的营地。同年12月13日,印度议会大楼遭恐怖分子枪击,印政府指责这是巴情报局支持的伊斯兰教极端组织“真主军”和“先知军”所为,要求巴政府取缔这些组织并将犯罪嫌疑分子交印度处理。双方关系急剧恶化,相互采取外交上的一些惩罚性措施,如印度召回驻巴大使,中断两国间的陆路与空中的交通,驱逐一名巴基斯坦驻印外交官等。巴也作了类似的报复。军事上双方在克什米尔实际控制线陈兵百万。最后在国际社会的斡旋下,双方分别撤兵。

2002年2月印度古吉拉特邦的大规模教派流血冲突,又一次引起双方互相指责,印度内政部长阿德瓦尼谴责巴基斯坦是幕后策划者,巴反驳印度是一派胡言。

2003年,印巴双方都主动而谨慎地作出和解姿态。瓦杰帕伊发表向巴伸出“友谊之手”的讲话。4月28日印巴政府首脑互通热线电话,巴方主动向瓦杰帕伊发出访问邀请,印度总理认为时机尚未成熟,以委婉的解释未接受邀请,但大谈恢复双边经贸合作、恢复民航运输的意愿,以及阻止“越境恐怖主义”问题。5月2日,瓦杰帕伊宣布恢复两国大使级外交关系,终使双方关系正常化。

2004年1月,瓦杰帕伊到巴基斯坦出席第十二届南亚区域合作联盟首脑会议时,与巴总统穆沙拉夫进行了会谈。瓦杰帕伊对两国关系保持乐观态度:“我认为我们不会再发生战争了,和平将在两国之间永存。”瓦杰帕伊提出新的看法,认为印巴和平进程的最大障碍不是克什米尔问题,而是缺乏信任和互相猜疑。一旦两国恢复互访,增进贸易往来,感受到和平共处带来的利益,那么就可以找到每一个问题的解决方法。会晤后,两国发表了联合声明,印巴关系出现了前所未有的好转。

2004 年 1 月 5 日，巴基斯坦总统穆沙拉夫(左)与到访的印度总理瓦杰帕伊(右)在伊斯兰堡会谈前握手

印度和孟加拉国的关系出现摇摆状况。1997 年孟加拉总理哈西娜访印，双方签订了为期 30 年的恒河水资源分享条约。但当年旱季，孟加拉只得到恒河河水分配定额的近 27%，这引起孟加拉的强烈不满，加之领海划分、难民等积累问题，导致 1972 年签订的《印孟和平友好合作条约》在 1997 年到期时，双方不再续约。1999 年瓦杰帕伊访问孟加拉，两国的工商联合会签署了《谅解备忘录》。两国还开通了加尔各答至达卡的交通专线。然而 2001 年 4 月，两国发生了边界纠纷，甚至出现严重的边境冲突，16 名印军士兵被孟加拉捕押并处决。2005 年 8 月，双方武装人员又一次在边境交火。两国 70 年代的密切关系已难再现。

2000 年 3 月，克林顿总统兑现了因印度核试验而推迟一年多的访问行程，显示了印美关系又一次走近。作为成果，双方签署了《印美关系，21 世纪展望》，声称建立长久的政治和经济上富有成果的新型的战略伙伴关系，双方还达成了 50 亿美元的经济合同。同年 9 月印美签署了联合声明，印度明确表示冻结核试验。美国和国际社会也不再压印度签署《全面禁止核试验条约》和《不扩散核武器条约》，美国还宣布部分解除对印度的制裁。布什总统上台后，表示要加强美印关系。印度也迅速传递了信息，主动表示支持美国的“国家导弹防御计划”。2001 年 5 月 1 日，布什希望以导弹防御计划替代 1972 年美苏签订的《反弹道导弹条约》。当时国际上对该计划存在普遍疑虑，美国的盟友们尚在彷徨，但一向对美国导弹防御体系持反对态度的印度却迫不及待表示支持，以“博得美国好感”。5 月 10 日美副国务卿阿米迪奇赴印度通报情况，磋商与印度建立全新的创造性的安全体制。“9·11”事件后，瓦杰帕伊表示无条件支持美国，允许美国使用印度的军事基地和设施用以打击阿富汗塔利班政权。美国则以完全取消对印经济制裁作为回报。2002年2月25日美国国防部长决定向印度出售价值1.46亿美元的“寻火者”雷达定位系统，表示美印军事关系提升到空前的高度。而在经济上，印美双边贸易在2004年达到210亿美元，比上一年度增长了17%。

90年代以来印日关系进入了快速发展阶段。此时两国面向海外拓展，出于经济和政治利益的驱动，双方感觉到有必要保持相互间的密切关系。例如，从波斯湾、印度洋、马六甲海峡、南中国海、至日本的运输线，对印度要实现争霸印度洋，并且向东扩展的蓝图来说，这条“能源运输线”必须掌握手中；对日本而言，这是“日本经济的生命线”；因此双方都有意加强合作，“共同保卫”这条重要航道。另外，“加强日印关系，旨在牵制中国”的政治目的是心照不宣的。1999年底至2000年初，印度外长贾·辛格和国防部长费尔南德斯相继访日，2000年日本首相森喜朗访印，双方迅速建立了“全球伙伴关系”并决定两国定期开展国防和外交对话。印日两军甚至以反海盗为名，在马六甲海峡和南中国海进行了军事演习。在经济方面，印日研讨了将日本的制造技术与印度的软件技术结合的可行性及其前景。2004年印度是日本海外发展援助的最大受惠国，接受了日本高达125亿美元的援助。此外，日本在90年代曾反对印度成为联合国非常任理事国，至21世纪初双方达成了互不妨碍对方进入安理会的意向，到了2005年印度、日本与德国、巴西联手，结成四国联盟，一起申请成为联合国常任理事国。这一变化也可印证印日关系越来越密切。

1993年，俄罗斯国内的动荡局势稍稍平稳后，总统叶利钦就出访印度，恢复了两国传统的友好交往。经过1996年俄罗斯外长普里马科夫、联邦总理切尔诺梅尔金先后访印，以及1997年印度总理高达访俄，双方的关系进一步发展。1998年印度因核试验受到国际社会广泛的批评并遭到美国为首的西方国家的经济制裁，但由于俄罗斯对印度表示了“理解”，反而促使双方的关系更为密切。

2000年10月2日至5日普京总统访问印度，对于奠定当前印俄关系有着更实际的意义，因此成为印俄关系发展的一个“里程碑”。双方签署了《战略伙伴关系宣言》，内容包括：双方正式建立战略伙伴关系；努力实现世界范围内的全面和彻底的裁军，削减并最终销毁核武器；防止核扩散;双方不参加针对另一方的政治-军事同盟;两国最高领导人每年进行会晤等。瓦杰帕伊认为这份宣言显示了双方合作的坚定不移并且是良好关系的长期保证。普京还明确表示支持印度成为联合国安理会常任理事国。另外,印度一直是俄罗斯军火的购买大户,此前每年的交易达 10 亿美元左右。普京访印也达成了大宗军火购买协议,其中包括苏-30 战斗机、T-90 坦克以及“戈尔什科夫海军上将”级航空母舰等,并且俄罗斯允许在 2001 年完成交货后,印度可在本国生产同型的战斗机和坦克。在利用核能方面,印俄签订了核能备忘录,俄将援助印度建设两座核电站。

2001 年 6 月印度外长访俄,订立了两国直至 2010 年的军事合作计划。2001 年 11 月 4 日至 7 日,瓦杰帕伊总理对俄罗斯正式访问,双方就阿富汗问题及反恐事宜,两国政治、经济及军事合作等问题进行了磋商。其中两大经济合作事项引人注目,一是俄罗斯在印度援建一座价值 25 亿美元的核电站工程;二是印度投资 17 亿美元开发俄罗斯萨哈林油田。2002 年 2 月 8 日俄罗斯副总理与印度国防部长签署了两国军事合作协定,俄向印度出售火箭、火炮、潜艇、坦克等先进武器,并出租给印度可配备反潜导弹和中程巡航导弹的“维克托-3”潜艇。当时印度还提出租赁俄罗斯的核潜艇和“戈尔什科夫元帅”级航空母舰的要求,俄则答复“容日后再议”。

1996 年 11 月,江泽民主席、副总理兼外交部部长钱其琛和政治局后补委员曾庆红在印度泰姬陵

近十年来,中印关系总体

上是和平与安宁，并不断朝着友善与合作的方向发展。1996 年 11 月江泽民主席对印度进行国事访问。28 日江泽民在夏尔马总统举行的欢迎宴会上，引用“欲穷千里目，更上一层楼”，来期待两国今后的友好进程。他还说：“可以肯定，我们的共同利益远远大于分歧，相互之间都不构成对对方的威胁。我们应该彼此信任，互利合作。”29 日两国在新德里签署了《关于在中印边境实际控制线地区军事领域建立信任措施的协定》等四项协议，将双方的关系推到一个新的高潮。作为访问的丰硕成果，双方共同确立在和平共处五项原则的基础上，建立面向 21 世纪的建设性合作伙伴关系。

1998 年的“中国威胁论”，虽使中印关系出现倒退，但两国领导人随后都不懈努力，修复了关系。1999 年 2 月，中印外交官在北京会谈，确认双方互不构成威胁。6 月，印度外长贾斯万特·辛格访华，双方确认中印关系发展的前提是互不视对方为威胁，并且愿意一起努力推动双边关系继续恢复和改善。以后中印高层互访不断，并频频在国际场合会晤。重要的有如下几次。2000 年 5 月印度总统纳拉亚南访华，2001 年 1 月李鹏委员长访印，达到了增进了解、发展友谊和加强合作的目的，进一步推动了“中印睦邻友好关系在新的世纪持续、健康、稳定地向前发展”。2002 年 1 月朱镕基总理访印，双方就进一步加强经贸、科技、文化等领域的合作达成广泛共识，并签署了包括旅游、科技、水利、空间等领域进行合作的六个文件。2003 年 6 月 22—27 日，瓦杰帕伊总理访问中国，这是印度总理十年来首次访华，胡锦涛、江泽民、吴邦国、温家宝、曾庆红分别会见了瓦杰帕伊。胡锦涛表示，中印双方应为两国关系的长远发展打好基础，使中印睦邻友好世代相传。瓦杰帕伊则重申：“如果占世界人口三分之一的中国和印度建立起稳定而持久的关系，21 世纪将是亚洲的世纪。”两国总理进行了会谈，温家宝对双边关系的发展提出了扩大交往、拓展合作、加强协调和维护友好关系等四方面的具体建议。而后，双方签署了《中印关系原则和全面合作的宣言》，确认了发展“长期、稳定和建设性合作伙伴关系”，即“建立新型国家关系”。在《宣言》中，印度政府首次明确承认，西藏自治区是中国领土的一部分。两国还签署了科技、海洋、司法、教育、文化、能源、签证、边境贸易等领域的 10 个合作文件，标志着两国关系进入全面发展的新阶段。

近十年来，中印经贸发展迅速。1992 年中印边境贸易恢复，双方以易货为主,年边贸额才500万人民币;1995年双边贸易额增至10亿美元;1997年为18.2亿美元;2000年为29.1亿美元;2003年中印贸易总额为75.95亿美元,比2002年增长53.6%;2004年中印贸易总额又增长79%,达到136亿美元。另外,截至2004年上半年,印度在华投资共101个项目,中国在印投资为15个项目。

自1988年12月拉·甘地总理访华以来,双方一直在努力寻求彼此都能接受的解决边界问题的办法,并同意建立有关解决边界问题的副外长级联合工作组。至2005年上半年,联合工作组已举行了15轮会谈。2003年6月瓦杰帕伊访华,双方重申通过平等协商,寻求公正合理的解决边界问题的方案。双方同意各自任命特别代表,从两国关系大局的政治角度出发,探讨解决边界问题的指导原则。2003年10月、2004年1月、7月和11月,双方特别代表已四次会晤,商讨和交换了相互的意见。2005年4月10日,中国特别代表、外交部副部长戴秉国与印方特别代表、国家安全顾问纳拉亚南在新德里举行第五次会晤,双方就"解决中印边界问题政治指导原则的协定"达成一致,4月11日正式签署。双方同意的解决边界问题的政治指导原则共有11项,主要为:通过和平友好方式协商解决边界问题,互不使用武力或以武力相威胁,对各自有关边界问题的主张作出富有意义的和双方均能接受的调整,一揽子解决边界问题;边界应沿着双方同意的标识、清晰和易于辨认的天然地理特征划定;边界问题最终解决之前,双方应严格尊重和遵守实际控制线,共同努力保持边境地区的和平和安宁。

中印边界问题解决的途径将经历三个阶段,即确定政治指导原则;制定边界划分的框架;边界的最后划定。现在第一阶段可说已基本完成,第二阶段正在进行中,边界问题的最终解决看来已可期待。

六、意料之外,情理之中

"意料之外,情理之中",这一文艺创作的金科玉律,竟现实地为全国民主联盟的执政结局所印证。瓦杰帕伊政府执政六年,成绩斐然。国内政局基本平稳,经济增长迅速,2003年后更是快马加鞭,国内生产总值的年增长率保持在8%—10%之间。近年来外交业绩显著,国际交往范围不断扩大,国际声誉和地位大大提升,美、俄、中、日及欧洲各国首脑接二连三访问印度，印度高层也频频出访世界多极。鉴于如此众多的“好感觉因素”，印度人民党自忖威望颇高，为了更有把握获得下届连任，2004 年 1 月决定乘着“印度大放光芒”之时，将原定于 10 月举行的大选提前半年，在 4 月举行。

第十四届人民院选举如期在 4 月 20 日开始，5 月 13 日结束。全国有选举权的选民高达 6.75 亿人，参加竞选的大小党派约有 750 多个，其中主要有印度人民党、国大党、社会主义党、大众社会党及两个共产党等。由于“悬浮议会”、联合政府已成为当前印度政局的必然现象，因此第十四届大选的主要竞争对手是以印度人民党为首的全国民主联盟与国大党领导的团结进步联盟。此外，左翼阵线是一支不可轻视的力量，它的倾向性往往有着举足轻重的作用。印度人民党喊出的竞选口号是“印度大放光芒”。全国民主联盟在竞选宣言中许诺，如果继续执政，2020 年印度将进入“发达国家”之列，副总理阿德瓦尼也放出豪言壮语：“21 世纪属于印度。”国大党则以其传统基础为基层民众的特点，采取亲民政策，以“面向穷人”为竞选口号，并针对印度人民党的宗教色彩，提出“世俗主义”。

大选前，印度人民党认为应是稳操胜券，继续连任仅是“履行应该的手续”。选举前夕举行的几次民意测验都表明执政联盟将以较大的优势获胜，印度主流媒体的看法和国外研究机构的预测也大抵如此。然而大选的结果却让绝大多数的所谓权威大跌眼镜，团结进步联盟以无可争议的多数获得了胜利。5 月 13 日的统计结果显示，以国大党为首的团结进步联盟获得 217 议席，其中国大党得 145 席；印度人民党及其盟友获得 185 议席，其中印度人民党为 138 席。以印度共产党(马)、印度共产党等组成的左翼阵线获得 107 席，其中印共(马)为 43 席，印共为 10 席。此外，社会主义党也比较成功，获得 36 席，比上届净增 10 席。国大党联盟在获得左翼阵线的支持后，依据宪法以 322 议席的相对多数得到了优先组阁权。此时社会主义党决定予以“外部支持”，加上其他一些小党的附和，实际上国大党联盟控制了人民院议席近 360 席，大大超过法定的 272 席的简单多数。

许多研究机构和分析人士解析了竞争双方胜败的原由。首先，执政联盟尽管在经济建设上取得了令人注目的成绩，但这看似繁荣的经济只是让印度中层和高层阶级受益，而近 3 亿的贫困人口依然生活艰辛，甚至连基本的生活必需品都难以得到保证。而且，印度的经济增长很大一部分来自高科技及其服务业，如电子信息技术、生物科学等。这些行业需要高知识结构的人来担当，并且难以造就出更多的就业机会，这对于缺乏学识的弱势群体来说，他们根本没有机会。因此全国的失业率一直高达8%以上。国大党针对时弊，不仅提出“面向穷人”的竞选口号，而且在竞选宣言中具体提出增加就业、改善农民生活、提高妇女地位和加强青少年教育的投入等一系列切实可行的改革方案。况且，媒体调查以及一些研究机构做民意测验时，往往不重视弱势群体，他们的意愿在预测中难以反映出来，而在选举时，他们的意向通过投票得到了表达。在这次大选中，左翼政党及社会主义党的得票数均有较大增加，这应是有力佐证。其次，对国大党实力的估计出现了偏差。1999 年大选国大党遭遇惨败，但对各政党在各选区所得票数进行具体分析，依然可看出国大党有着较广泛的基础和影响力。例如国大党有 388 人的得票数居选区的第一位和第二位，比印度人民党多出了 81 人，仍居首位。再者，国大党采取了一些正确的竞选策略。国大党在挫折中更加务实了，不仅抛弃了单独组阁的陈旧规矩，而且一再放下架子，以平等身份与其他政党组成竞选联盟，还放弃若选举获胜、必须由国大党领袖出任总理的前提。这些举措受到不少政党的支持和欢迎，也使它们能齐心协力投入竞选。这一姿态对获得左翼阵线和社会主义党的支持也不无帮助。此外，尼赫鲁家族与印度走向自主、民主和强盛有着密切联系，英·甘地与拉·甘地母子为国牺牲，一直令印度人民尊敬，索尼亚虽是意大利血统，但她不记名利、地位，尽力为印度的利益奔走，也获得了印度民众的尊

胡锦涛与索尼亚·甘地

重与爱戴。并且,索尼亚适时推出儿子拉胡尔和女儿普里扬卡参加竞选。这两位30多岁的尼赫鲁家族传人,朝气蓬勃且口碑上佳,对年轻的选民颇具吸引力。有趣的是,因"天堂造反"被英·甘地逐出家门的二儿媳玛内卡以及她的儿子瓦伦·甘地,在2004年2月16日宣布加入印度人民党,为其竞选添薪添火。玛内卡还对索尼亚横加指责,说她"根本没有能力"担当总理职位。由于玛内卡在印度民众中形象不佳,桑贾伊·甘地的所作所为更难与拉吉夫·甘地的奉献相提并论,况且尼赫鲁家族本应与国大党联系在一起,因此,印度人民党打出的玛内卡的尼赫鲁家族牌,结果适得其反。还有,全国民主联盟在民众中的好印象与瓦杰帕伊的个人魅力是分不开的。瓦杰帕伊务实、温和、有胆识、有创意,得到了印度人民的尊敬和赞扬。但他已79岁高龄且身体状况不佳,甚至有些媒体报道他精力大不如前,显然不再可能连任总理。他的接班人阿德瓦尼也已77岁,并且其鲜明的宗教色彩、激进的思想以及十多年前"阿约迪亚事件"的强硬做法,虽然赢得了一大群支持者,同样也遭到一大批人的反对。因此在许多人看来,他不是总理的合适人选。

"我们已不能再管理国家了",印度人民党主席文卡亚·奈杜无奈感叹道。大度、沉稳的瓦杰帕伊并没有黯然神伤,5月13日他面对失败的既成事实,平静地向总统递交辞呈并得到了总统的同意。

附:团结进步联盟政府

一年半的执政状况

全世界都在注视着,印度是否会出现第一位非印度血统的印度总理;在全世界的注视下,印度出现了第一位出身于锡克族的印度总理。

索尼亚是意大利人,1946年生于都灵附近的奥巴萨诺镇,父亲是天主教徒,当过建筑商,后经营旅馆业。1965年19岁的索尼亚在留学英国剑桥大学时,与拉吉夫·甘地在一家希腊饭店邂逅,相识、相恋,1968年在新德里成婚。为了丈夫的政治前程,1983年索尼亚放弃了意大利国籍,成为印度公民。1991年5月拉·甘地遇害,她婉拒了国大党人请她出任党主席的要求。此后她缄默不语,静待时机。1996年国大党在选举中惨败,在国大党领导层一再恳请下,她于1997年正式加入国大党,1998

年 3 月被推选为议会党团领袖,4 月担任党主席。以后她尽心尽力,为国大党重新执政兢兢业业地努力着,尽管 1998 年、1999 年连遭挫折,但在第十四届大选中终于获胜。作为国大党无可争议的第一号人物,如果出任总理本是顺理成章的。但鉴于当时印度涌动着一股潜流,欲以索尼亚非印度人血统而掀起反对她的风浪,为了政局稳定,为了国大党的前途,索尼亚决定退居幕后。她举荐誉称为"经济改革之父"的曼莫汉·辛格为新政府的总理。也有分析人士认为,索尼亚为了使尼赫鲁家族东山再起更为顺利,这一后退实是为了使其儿女更好一跃。

5 月 19 日印度总统卡拉姆任命曼莫汉·辛格为总理。由于 5 月 21 日是拉·甘地遇刺 13 周年纪念日,为表示对这位前总理的尊重和悼念,曼·辛格在 22 日正式宣誓就职。

曼·辛格

1932 年曼·辛格生于旁遮普邦首府阿姆利则,是锡克族人。他就学于旁遮普大学,专攻经济学,以后曾先后进入英国剑桥大学和牛津大学深造,并获得牛津大学的硕士、博士学位。1957 年至 1965 年在旁遮普大学教授经济学,1966 年后在纽约任联合国贸易部门的财务长。1969 年至 1971 年在德里大学任国际贸易教授。1971 年起先后任政府外贸部、财政部的经济顾问和首席经济顾问。1976—1980 年任印度储备银行行长。1985—1987 年任印度计划委员会执行主席,然后赴日内瓦任南方委员会秘书长。三年后即 1991 年,出任拉奥政府的财政部长。曼·辛格思路清晰流畅,说话语调缓和,为人谦恭和蔼。作为一位经济学家和学者型的政治家,他出任新政府总理被认为是比较理想的选择。瓦杰帕伊尽管是竞争对手,但仍大度地向曼·辛格表示祝贺,并赞扬他知识渊博,注重实干,忠于职守。由于对这位新总理充满信心,孟买股市也应声由熊转牛。

5月20日曼·辛格在新闻发布会上陈述，团结进步联盟政府将继续推进经济改革，并显示了必胜的信念，认为印度成为世界经济强国正值其时，是任何力量无法阻止的。这位出身于"一贫如洗"家庭的总理还表示，自己从未敢忘却穷苦的劳动大众，在推行经济改革时，一定会溶入"人性化"因素，政策会向社会下层的农民和工人倾斜。"要毫不留情地打一场消灭贫困和疾病的战争"，"使印度远离战争、贫困和剥削"，所以他施政的三个重点是农业、就业和社会保障机制。

对于宗教问题，新总理强调，民族团结应居于首位，"如果我们因为宗教而分裂，国家将陷于危险境地"，要获得发展，国内必须营建一个和平环境。

在对外政策上，新政府将为印度的经济、社会发展创造一个有利的国际和周边环境。曼·辛格上任后，迎来送往坚持全方位外交，与世界多极保持着友善和合作，在与巴基斯坦、中国、美国的关系上都有新的突破。

曼·辛格在施政纲领中表示，处理好印巴关系是首要任务，要寻求与巴基斯坦"最友好的关系"。两国友善交往的第一浪潮出现在双方历来冲突的是非之地克什米尔，那就是多少有着瓦杰帕伊"巴士外交"影子的"公交线路外交"。2005年2月，印度外长访巴期间，双方达成协议，开通印控克什米尔地区首府斯利那加与巴控区首府穆扎法拉巴德之间的公交线路。4月7日曼·辛格在斯利那加手执发车大旗，亲自为两辆共载有24人的公交车送行，驶往相距约160公里之遥的穆扎法拉巴德。车队出发前，国大党主席索尼亚、外长纳特瓦尔·辛格等分别与车上的乘客握手告别。与此同时，一辆载有30名乘客的巴士也从穆扎法拉巴德驶向斯利那加。这是印巴分治五十多年来，在克什米尔控制线两边第一次开通公交线路，标示着双方迈出了相互信任的具体一步。那些入选参加首次通车的印巴乘客也纷纷发出"梦想成真"、"历史性旅程"的感慨。

印巴和平进程的第二浪潮则是"板球外交"。2005年3月4日，巴基斯坦总统穆沙拉夫借着印巴双方开通克什米尔地区公交线路、两国关系持续缓和的好势头，适时表示自己"热爱板球运动"，"如果被邀请去观看板球比赛"，将会乐意前往。届时巴基斯坦板球队将在印度参加国际比赛。印度作出了友好反应，这就是印巴历史上的第二次"板球外交"。1987年印巴关系一度处于紧张状态时，时任巴基斯坦总统的齐亚·哈克曾出人意料专程赴印度斋浦尔城观看两国的板球比赛，为缓和双方关系发挥了作用。2005 年 4 月 16 日穆沙拉夫抵达印度,开始“非正式访问”。次日上午与曼·辛格总理在新德里沙特拉体育场比肩而坐,观看球赛。“正宗球迷”穆沙拉夫在观看比赛时还不时向不谙此道的曼·辛格饶有趣味地讲解板球术语和战术。板球比赛一般要持续一整天,两位首脑则在观摩 90 分钟后离场,进行了会谈。4 月 18 日,两国在新德里发表联合声明,认定“和平进程现在是不可逆转的”,双方同意用“真挚和明确的方式”继续谈判,以解决两国间长期悬而未决的一些问题。联合声明其他的主要内容有:同意增加穿越克什米尔地区的公交线路的车次;加强双边贸易,允许货车通过双方边界;年底前分别在孟买和卡拉奇互设领事馆;绝不允许恐怖主义破坏和平进程。两国首脑还大打感情牌,许多喻意尽在不言之中。曼·辛格将穆沙拉夫在德里的出生证明及其儿时旧居的画像送给对方。穆沙拉夫则以盛着曼·辛格出生地泥土的盆栽植物回赠,并送给曼·辛格一本纪念册,上面有他出生地村庄的金属雕刻图。

温家宝与辛格

中国与印度的友好交往则直率得多,双方在政治、经济、军事、文化领域,官方和民间的往来十分频繁。索尼亚·甘地近几年来已多次访问中国,并一再明确表示要继续发展中印友好关系。2005 年 4 月 9 日至 12 日,温家宝总理对印度的正式访问,将中印关系又进一步推向前进。温家宝在印期间会见了总统卡拉姆、副总统伯龙·辛格·谢卡特瓦、国大党领袖索尼亚、外长纳·辛格和反对党领袖阿德瓦尼等。4 月 11 日两国总理会谈后，签署了《中印联合声明》，主要内容有：1.两国领导人在诚挚、友好和建设性的气氛中，就双边关系和共同关心的国际和地区问题深入交换了意见，达成广泛共识。2."中印关系进入了全面发展的新阶段"；"建立信任与理解的进程不断向前推进"。3."建立中印面向和平与繁荣的战略合作伙伴关系"。4.保持和加强两国政府、议会、政党间的高层交往。5.两国举办一系列纪念活动，庆祝中印建交55周年，定2006年为"中印友好年"。6."全面拓展包括贸易和投资在内的经济合作"，双边贸易额在2008年将实现200亿美元或更高，责成部长级的中印经贸科技联合小组协调落实各项建议；由两国总理指定一个联合工作组，对中印区域贸易的可行性及其带来的利益进行研究。7."在互利互惠的基础上，进一步开展教育、科技、卫生、信息、旅游、青年交流、农业、乳制品业和体育等领域的合作"。8.扩大两国直达航班和轮船；开展旅游及民间接触。9."交换双方同意的跨界河流的汛期水文数据"。10.加强军事领域中的交流与往来。11.通过平等友好协商解决中印边界问题，寻求公平合理以及双方都能接受的解决方案，在最终结案前保持边境地区的和平与安宁。12.印方重申，"承认西藏自治区是中华人民共和国领土的一部分"，不允许西藏人在印度从事反华的政治活动。13.对解决印度原驻沪总领事馆的房产问题的原则达成共识。14.双方"都有在地区和国防事务中建立更加密切和广泛的理解与合作的愿望"，"主张建立公正、合理、平等、互利的国际政治经济新秩序"。15.双方"愿意在联合国改革进程中进行密切磋商与合作"。16."坚决谴责任何形式的恐怖主义"。17."中印是亚洲两个最大的国家，又是命运相连的近邻"，应"共同致力于亚洲乃至世界建立相互理解、信任与合作的氛围，加强安全与合作的多边协调机制"，等等。访问期间，中印两国还签署和发表了12个协定和备忘录，如《解决中印边界问题政治指导原则的协定》、《中印全面经贸合作五年规划》等。

《联合声明》和12个文件的内容全面、广泛、深入、翔实，从中可看到中印友好合作进程的现状和前景，这一意义也反映在双方对这次访问的评价中："标志着中印关系提升到新的水平，揭开了两国友好合作的新篇章。"曼·辛格也意味深长地对温家宝说："我们现在开始共同创造新的历史。"

印度与美国之间相互重视的程度明显加强了。2005年3月美国国务卿赖斯访问印度时，告诉曼·辛格，美国与印度交往的最新目的是"扶助印度成为21世纪的世界强国”。2005年7月17日曼·辛格开始对美国进行正式访问,双方就许多问题进行探讨,其中颇为困扰的是印美的核谈判。为了取得一致,双方事先进行了详细讨论。印方曾经多次向美国试探,希望通过签订条约世界多极正式承认印度核能大国的地位。但美方认为,美国不可能正式承认印度是一个核国家,而且布什政府期望印度会签署《核不扩散条约》并且最终放弃核武器。国务卿赖斯召集高级助手和顾问连连开会,希望寻找到一种“使印度在核俱乐部中获得合法地位”,同时也不违背美国的一贯立场和利益的最佳途径。

7月18日布什与曼·辛格举行会谈,结束后发表了一份《联合声明》。关于印度核国家地位问题,声明表示,“印度是一个掌握先进核技术的负责任的国家,印度需要享受与其他国家一致的利益和优势”。前半句,美国暗示了承认印度的核大国地位;后半句表明,美国改变了一贯在核能的关键技术方面不扩散给印度的做法,而是“将与印度在民用核能领域开展合作”。在说服美国国会改变对印度的核政策后,美国将帮助印度建造两座核电站。印度为获得美国先进的核技术,在《联合声明》中承诺将民用与军用核设施分开,允许民用核设施置于国际原子能机构的监督之下,同时承诺不向无核国家转让核能技术。

《联合声明》公布后,关于核问题的说法引起了各方不同的看法。美国朝野的一些反对者认为:1.不能仅为了让印度受惠,就违反《核不扩散条约》的规定,因为印度至今不愿在这一条约上签字。2.美印两国在核能领域展开合作,这给解决伊朗和朝鲜半岛核问题带来了潜在的麻烦,因为这显然是奉行“双重标准”。3.对巴西、南非、沙特阿拉伯、土耳其这些签署了《核不扩散条约》的国家来说,这就显得更为不公平了。它们规规矩矩信守不发展核能的承诺,而印度却不顾国际压力,坚持制造核武器,现在反而受惠。印度持不同看法者认为,印度的核设施要把民用与军用完全分开是绝对不可能的,政府的让步有悖国家利益;允许国际机构监察印度核设施,“将会妨碍印度的快速中子增殖反应堆的研究”。国际舆论认为,这是“大国政治对核不扩散政策的胜利”。另有分析人士认为,就在曼·辛格访美期间,美国五角大楼大肆喧嚷所谓“中国军力报告”,称中国是“第三大军费开支国”。因此,将“中国威胁论”与“印度机遇论”联系在一起,就可看出这是美国故意所为。有的媒体则断言:“印度正成为继英国、日本之后,美国竭力拉拢的第三盟国。”

这次访问双方还在军事合作、太空技术合作、经贸及推进全球民主进程等各方面达成协议。

但是，曼·辛格这次访美的另一目的未能如愿，即原本希望美国能支持印度成为联合国安理会常任理事国。布什明确表示，对印度、日本、德国和巴西"四国联盟"的提案，不予支持。

任重而道远

团结进步联盟政府面临的困难主要来自国内。失业问题一直困扰着历届印度政府。近年来印度的失业人口常年保持在 4 000 万人以上，半失业人数也大抵相当，而且印度每年平均增加劳动力 900 万人左右。尽管"增加就业"是曼·辛格施政纲领的重点之一，但要真正根治这一顽症，谈何容易。

与失业相伴的是贫困，由于统计标准不一样，印度的贫困人数在 2.6 亿至 3.5 亿不等，但用"庞大"来形容总不会错。这也是一个陈年诟病。更麻烦的是，贫富差距越来越悬殊，这更容易引发众多的社会问题。富翁的奢侈已达到"登峰造极"，例如钢铁大王米塔尔在 2004 年一掷 7 000 万英镑购得一座豪宅，创下单座房屋交易额的世界记录。同年 6 月 18 日，竟又将女儿的婚宴摆到以前法国国王的王宫凡尔赛宫。另一名亿万富翁苏布拉塔·罗伊在 2004 年的情人节，为自己两个儿子的婚宴耗资 5 000 万英镑，婚礼庆典在勒克瑙的宫殿中举行。而就在这个邦，生活着约 6 000万贫穷人口，他们的卫生和文化水平是"世界上最差的"。不知曼·辛格在"面向穷人"、"倡导公平"方面能否比诸多前任干得更出色。

居高不下的财政赤字是一个积重难返的老问题。十几年来，中央政府加上各邦政府的财政总赤字一直占到国民生产总值的 10%—11%，可说是世界上财政赤字率最高的国家之一。为填补巨大的财政窟窿，滚雪球般的内外债、尤其是内债，压得政府喘不过气来，印度内外债总额占国民生产总值的比率已超过了 60%。曼·辛格政府面对债台高筑，不知有何良策？

印度经济发展势头之猛，世人有目共睹，但其间令人头痛的问题也不在少数。"绿色革命"的增长脚步早已趋缓，"靠天吃饭"仍是主流，因此农业生产很不稳定，加上不断增加的人口，这就是曼·辛格政府将发展农业放在重中之重的原因。"国营企业不可偏废"，国营企业的改革却举步维艰,这矛盾将使新政府头痛不已。“印度是亚洲大国”,但进出口规模与这既定地位很不相称。2003 年印度的进出口总额为 1 141 亿美元,仅排在世界的第 30 位,而同年度中国的进出口总额为 8 521 亿美元,几乎是印度的 7.5 倍。在吸收外资方面,2003 年印度吸收外国直接投资 40 亿美元,而“十五计划”(2002—2007)降低了的指标是 75 亿美元,看来差距不小。同样,2003 年中国吸收外国直接投资已达 570 亿美元,是印度的 14.25 倍。

政治上,如何缓和与避免教派间的冲突、地区间的矛盾,这对新政府是一个考验。如何处理好团结进步联盟内部的政党间的关系,尤其与左翼阵线及社会主义党的关系,这对于维系一个稳定的政府是至关重要的。在外部如何处理好与在野政党的关系,尤其在与印度人民党竞争中,如何把握好原则性和艺术性的“度”,这些都是新政府面临的课题。事实上,曼·辛格政府执政以来朝野已有过激烈冲突。2004 年 12 月 1 日,印度议会“冬季会议”开幕,反对党议员纷纷发难,连连责问政府。如在曼·辛格内阁中,5 名部长有曾经被指控犯罪的记录,依印度法律,有案情记录者是没有资格当部长的。又如,泰米尔纳杜邦的司法部门以涉嫌谋杀,拘捕了一名印度教徒崇拜的“圣人”,反对党认为这是政府借机报复,因为此人是反国大党政府的干将。由于近几个月来,燃油价格不断攀升,食品和生活日用品的价格大幅上涨,通货膨胀达到 8%,创下新世纪以来最高,反对党又一次群起而攻之,批评曼·辛格政府无能。为了大造舆论和声势,12 月 6 日瓦杰帕伊、阿德瓦尼等印度人民党领导人在新德里安贝尔卡广场集会,然后率领数千人向议会街进发,游行示威。途中游行队伍被警察截住,年近 80 的瓦杰帕伊,以及阿德瓦尼、前外交部长纳·辛格、前财政部长贾·辛格等人,纷纷被拘捕。所幸,瓦杰帕伊等一干人很快被释放,没有酿成更大的骚乱。

作者点评:

印度几代人孜孜不倦追求的“大国”、“强国”地位,渐渐走近了。印度独立之初,尼赫鲁总理不甘平庸,振振有声地说:“印度不能在世界上扮演二等角色”,要“做一个有声有色的大国”。这或可说是一种“大国梦”,一种“大国蓝图”。拉·甘地提出印度应“站在世界各国前列”,应成为“主要经济大国”,这或可说已是一种“大国理想”。拉奥政府成功的经济改革,夯实了基础，经济的腾飞致使瓦杰帕伊政府及曼·辛格政府在现实的形势下，务实地建设着“大国”、“强国”。

瓦杰帕伊在国内以稳健、温和著称，被誉为国内矛盾的“调和剂”。然而在国际舞台上却显示出一定的强硬、有时甚至是咄咄逼人。初次执政仅两个月，就进行了五次核试验。为何？追求大国目的使然，因为“拥有核武器是达到这一目的的捷径”。尼赫鲁说，“鸡蛋不能放在一个篮子里”，他显然不认为印度属“篮子”之列，只是要在美国与苏联之间搞平衡。瓦杰帕伊提出，“今天是多极的世界”，美、俄等国是“极”的话，印度至少也是其中一“极”，大国之心或追求大国之心，昭然若揭。印度自尼赫鲁以来的不结盟政策，某种意义上是带有“防御性”的，是一种自我保护，显然是在被动中寻求主动。意即：这是我的，希望不要受到损害。古杰拉尔政府对不结盟作了新的诠释，就瓦杰帕伊和曼·辛格的外交政策来看，主动性大大增强了，有时甚至更有“侵犯性”，意即：这是我想要的，希望得到它。印度正朝着大国目标稳稳地迈进。

德里红堡

主要参考书目

中文译著：

(印)辛哈、班纳吉 著,张若达、冯金辛 译:《印度通史》,1—4 册,商务印书馆 1973 年版。

(印)阿罗频多 著,徐梵澄 译:《薄伽梵歌论》,商务印书馆 2004 年版。

(英)渥德尔 著,王世安 译:《印度佛教史》,商务印书馆 1987 年版。

(印)阿罗频多 著,徐梵澄 译:《瑜伽论》,商务印书馆 1988 年版。

(法)沙海昂 注,冯承钧 译:《马可波罗行记》,中华书局 2004 年新版。

(印)马宗达、赖乔杜里、达塔 著,张澍霖等 译:《高级印度史》,商务印书馆 1986 年版。

(英)麦唐纳 著,龙章 译:《印度文化史》,1989 年影印本。

(印)高善必 著,王树英等 译,《印度古代文化与文明史纲》,商务印书馆 1998 年版。

(澳)巴沙姆 主编,闵光沛等 译,涂厚善 校:《印度文化史》,商务印书馆 1997 年版。

《甘地自传》,杜危、吴耀宗 译,商务印书馆 1985 年版。

《尼赫鲁自传》,张宝芳 译,世界知识出版社 1956 年版。

(印)尼赫鲁 著,齐文 译:《印度的发现》,世界知识出版社 1956 年版。

(英)博莱索 著,李荣熙 译:《巴基斯坦的缔造者——真纳传》,商务印书馆 1977 年版。

(印)塔帕尔 著,林太 译,张荫桐校:《印度古代文明》,浙江人民出版社 1990 年版。

中文著作、刊物：

法显撰，章巽 校注：《法显传校注》，上海古籍出版社 1985 年版。

玄奘、辩机 著，季羡林等 校注：《大唐西域记校注》，中华书局 1985 年版。

义净 著，王邦维 校注：《南海寄归内法传校注》，中华书局 1995 年版。

林承节：《印度史》，人民出版社 2004 年版。

林承节：《印度近现代史》，北京大学出版社 1995 年版。

林承节 主编：《印度现代化的发展道路》，北京大学出版社 2001 年版。

培伦 主编：《印度通史》，黑龙江人民出版社 1990 年版。

耿引曾：《汉文南亚史料学》，北京大学出版社 1991 年版。

季羡林：《中印文化交流史》，新华出版社 1991 年版。

季羡林：《中印文化关系史论文集》，三联书店 1982 年版。

章巽：《我国古代的海上交通》，商务印书馆 1986 年版。

金克木：《比较文化论集》，三联书店 1984 年版。

吕澂：《印度佛学源流略讲》，上海人民出版社 1979 年版。

常任侠：《印度与东南亚美术发展史》，上海人民美术出版社 1980 年版。

黄心川：《印度哲学史》，商务印书馆 1989 年版。

孙培钧、华碧云 主编：《印度国情与综合国力》，中国城市出版社 2001 年版。

孙士海、葛维钧 编著：《印度》，社会科学文献出版社 2003 年版。

黄思骏：《印度土地制度研究》，中国社会科学出版社 1998 年版。

邱永辉、欧东明：《印度世俗化研究》，巴蜀书社 2003 年版。

梁洁筠：《尼赫鲁家族浮沉录》，时事出版社 1994 年版。

刘建、朱明忠、葛维钧：《印度文明》，中国社会科学出版社 2004 年版。

袁放生：《尼赫鲁执政时期的中印关系，1947—1964》，硕士论文，1986 年。

《南亚研究》

《南亚研究季刊》

外文书籍：

Smith, V. A., *The Oxford History of India*, Second Edition, Oxford, 1923.

Thapar, R., *A History of India*, London, 1990.

Basham, A. L., *The Wonder that was India*, Fontana, 1975.

Spear, Percival, *The Oxford History of Modern India 1740—1975*, Delhi, 1978.

Bhambri, C. P., *The India State: Fifty Year*, Delhi, 1997.

Gehlot, N. S. ed., *Current Trends in Indian Politics*, New Delhi, 1998.

Dutt, R., *Indian Economy*, New Delhi, 2001.

Hansen, T. B., *The Saffron Wave: Democracy and Hindu Nationalism in Modern India*, New Jersey, 1999.

Biardeau, M., *Hinduism: The Anthropology of a Civilization*, Oxford, 1995.

Nayar, R., *Indias's Mixed Ecomoniy*, Bombay, 1989.

Craven, R. C., *India Art, A Concise History*, New York, 2001.

后记

2003年秋，同学们从世界各国、全国各地，又一次汇集复旦园，参加时隔20年后召开的班会。会上洋溢着对老师的感恩之情，许多同学不约而同地把更多的感谢给了两位老师，感激他们在传道、授业、解惑方面的谆谆教导。张广智老师便是其中一位。张老师早就是教授、博导，然而许多事业或学业有成的同学在表达感谢时，无一用那些“距离遥远”的职称头衔，而是用着平平淡淡、实质饱含浓浓深情的“张老师”的称呼。学生们对老师的感恩和真诚赞誉不带有丝毫的功利性，然而却是发自20年后的心底深处，这才是无价的、至高的。我很幸运，至今仍能得到张老师的教诲，这本书便是张老师鼓励和鞭策的结果。行文至此，我真不知如何表达“谢”字。

本书反映了一名中国的史学工作者对印度的历史与文化的认识。这具有个性的撰述也受到教育部与复旦大学的重视。事实上，本书的第十二、十三、十四、十七等章是教育部重点课题《“现代性”的历史研究——近代西欧、东亚与南亚地区“现代性”形成》的一部分，而第一、二、三、八等章是复旦大学重点研究项目《宗教、科学与社会：比较史学的视野》的一部分。当然，我也十分感谢上述集体研究项目的同事们，他们予我慷慨允诺，致使这些成果能在本书率先发表。

“与丛书的体例一致，写一部具有现时代新意的《印度通史》”，张广勇编委对本书的写作仅提出一点要求，然而对我的请求，则尽量予以满足。这不设框框且尽可能予以帮助的资深编委，往往站在读者的立场，要求是最高的，实在也是令人惶惶的。能达标其要求者几无可能。因此，本著的诸多不足之处敬请读者及编委谅解。

图书在版编目(CIP)数据

印度通史 / 林太著 .— 上海 ：上海社会科学院出版社，2012
(世界历史文化丛书)
ISBN 978-7-5520-0013-9

Ⅰ.①印… Ⅱ.①林… Ⅲ.①印度-历史 Ⅳ.①K351.0

中国版本图书馆 CIP 数据核字(2012)第 020475 号

印度通史

作　　者：林　太
责任编辑：张广勇
封面设计：陆红强
出版发行：上海社会科学院出版社
上海顺昌路 622 号　邮编 200025
电话总机 021-63315947　销售热线 021-53063735
https://cbs.sass.org.cn　E-mail:sassp@sassp.cn
照　　排：南京理工出版信息技术有限公司
印　　刷：上海市崇明县裕安印刷厂
开　　本：710 毫米×1010 毫米　1/16
印　　张：32.5
插　　页：2
字　　数：533 千字
版　　次：2012 年 4 月第 1 版　2025 年 4 月第 8 次印刷

ISBN 978-7-5520-0013-9/K·153　定价：68.00 元

版权所有　翻印必究